由緒・偽文書と地域社会

北河内を中心に

馬部隆弘［著］
BABE Takahiro

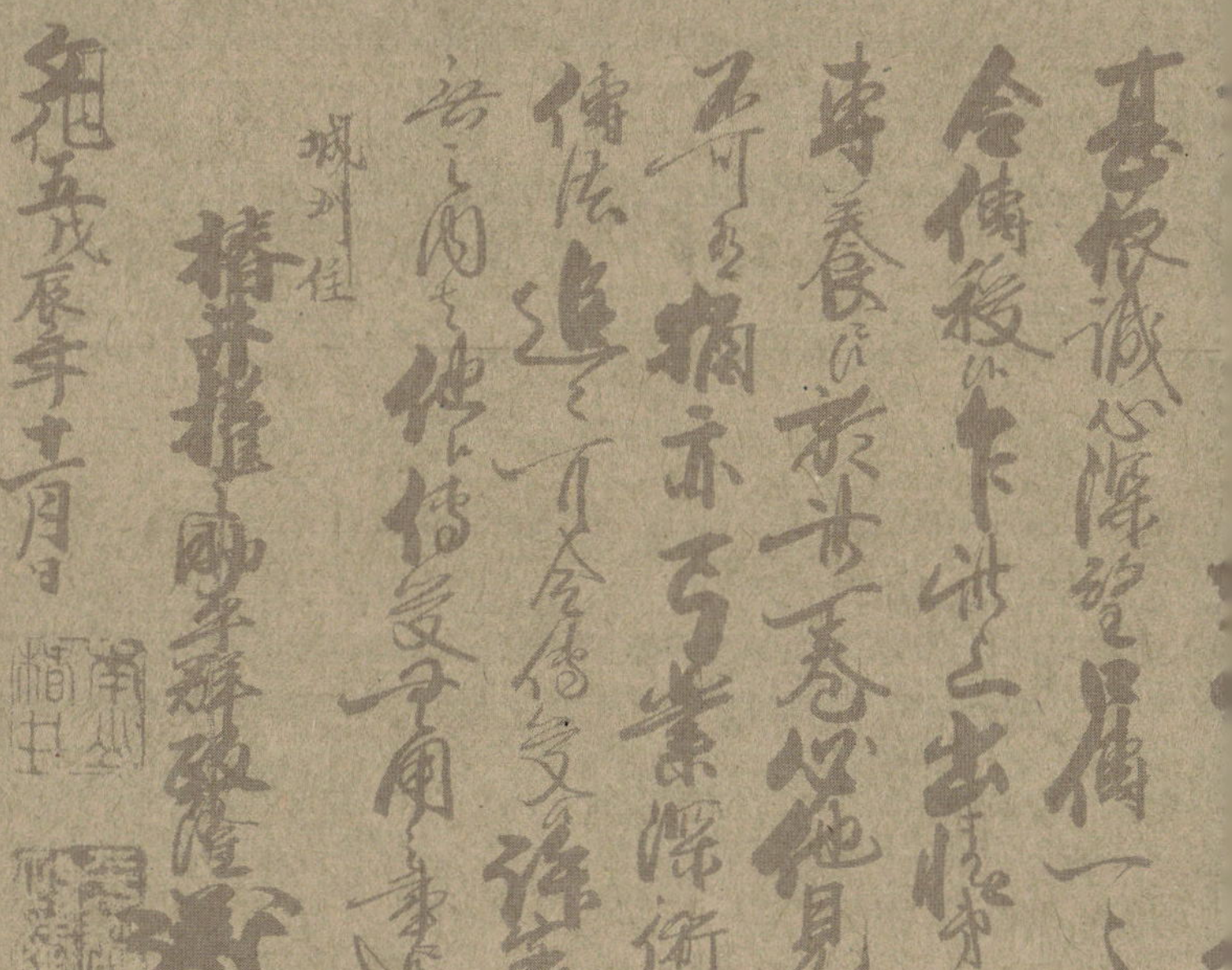

勉誠出版

目次

挿図表目次

挿図

挿表

〔凡例〕

一、参考文献の副題は、原則として省略した。

一、頻用する枚方市史編纂委員会編の書誌情報は以下の通りで、本文中では逐一明記しない。
『枚方市史』第一巻（枚方市、一九六七年）／『枚方市史』第二巻（枚方市、一九七二年）／『枚方市史』第三巻（枚方市、一九七七年）／『枚方市史』第六巻（枚方市役所、一九六八年）／『枚方市史』第七巻（枚方市役所、一九七〇年）／『枚方市史』第八巻（枚方市役所、一九七一年）／『枚方市史』第九巻（枚方市、一九七四年）／『枚方市史』別巻（枚方市、一九九五年）／『津田山訴訟記』（枚方市、一九七三年）／『朝日新聞記事集成』第一集〜第九集（枚方市、一九七四年〜一九八二年）

一、『枚方市史』第六巻所収の中世編一般編年史料の出典を示す場合は、「『枚方市史』編年」と略し、文書番号を併記する。

一、寺嶋宗一郎編『枚方市史』（枚方市役所、一九五一年）は、「旧『枚方市史』」と略す。

一、枚方市教育委員会事務局社会教育部文化財課市史資料室に架蔵されている史料は、「枚方市史資料室蔵」と略す。

一、引用史料は、可能な限り写真などで内容を確認した。それに伴い、既刊本の翻刻にも適宜訂正を加えている。

序章　問題の所在と本書の構成

一　筆者の研究の歩み

研究史を整理したうえで課題を設定するのが、論文集における序章の常道かもしれないが、本書は研究史上の課題から出発したわけではなく、筆者が研究生活を送るなかで、行きがかり上、取り組んだ作業の成果によるものである。そのため、まずは本書の執筆に至った経過から説明しておきたい。

筆者は、一九九九年三月に熊本大学を卒業して、四月に大阪大学大学院へと進学した。卒業論文で扱ったのは、元和の一国一城令を始めとする近世初期の幕府による城郭政策であった。大学院では、中世城郭研究の泰斗である村田修三先生に師事したこともあって、関心は徐々に中世史へと傾き、修士論文では戦国期の毛利領国における城郭政策を検討した。なお、大学院へ進学した当初は、卒論の延長で研究を続けるつもりでいたため、村田路人先生の近世史ゼミにも同時に参加させていただいていた。そのため、二〇〇二年三月に村田修三先生が定年退職され、同年四月に博士課程へ進学すると、以後は中世史を学びつつも近世史ゼミに属することとなった。今思うと、中世と近世を自由に往復できる筆者の研究スタイルは、この環境なくして生まれることはなかったはずである。

それと前後して、生活環境の変化もあった。博士課程に進学して三ヶ月後の七月から、大阪府枚方市の非常勤職員として市史の業務に従事することとなったのである。正直なところ、縁もゆかりもない町で、その歴史にもさして関心はなかったが、あるとき地域史の重要性に気付かされる一件があった。仕事をしているなかでの偶然の産物なのだが、枚方市を代表する中世城郭として知られてきた津田城が、実は近世の山論を有利に進めるために創られた存在だと判明したのである(本書第一部第二章)。それ以降、中世史を考えるにあたっては、それぞれの地域において近世や近代にどのような歴史認識が育まれていたのか、強く意識するようになった。

前述のような学習環境にいたこともあって、中世と近世の垣根は思いのほか感じることもなく、枚方市内の他地域へも研究を拡大していった。例えば、津田城の存在を主張して山論を有利に進めようとする動きに対抗し、山論の相手方の村は、古代に氷室があったという偽りの伝承を創作する(本書第一部第一章)。城の存在は人々の関心を集めるためか、枚方城なるものも近世から近代にかけて創作されている(本書第三部第四章)。また、漢字を日本に伝えた人物の墓として、伝王仁墓は現在大阪府指定史跡となっているが、これも近世に捏造されたもので、偽文書が指定の有力な根拠とされていた(本書第二部第一章)。同じく交野天神社も、継体天皇樟葉宮跡伝承地として大阪府指定史跡となっているが、この伝承も明治時代に創作され、隣接する牧野地域との由緒主張の競合を経て定着をみたものである(本書第一部第三章)。その牧野地域には、昭和から平成にかけてアテルイの首塚が捏造される(本書第一部第五章)。牽牛石をはじめとした七夕伝説も、本来は創作された話なのだが、昭和から平成にかけて勢いを増しながら広まっている(本書第一部第四章)。

右にみた創られた史的シンボルは、津田城が津田村、氷室が氷室村、枚方城が枚方町、伝王仁墓が菅原村、継体天皇樟葉宮跡伝承地が樟葉村というように、明治二二年（一八八九）の町村制施行時の行政区に一つずつ存在するのが興味深い（図1）。しかも、空白地帯の旧牧野村にはアテルイの首塚、旧川越村には牽牛石という具合に、

図1　枚方市域における明治22年の町村合併
『新版郷土枚方の歴史』（枚方市教育委員会、2014年）219頁より引用

昭和から平成にかけて補塡されているのである。地域を振興したいという想いや近隣との対抗意識などから、偽りの史的シンボルを創作することは必ずしも珍しいことではないが、ここまで均等に密集する例はあまりないのではなかろうか。その要因については、本書を通じて検討するつもりであるが、各地域で創出されたシンボルを行政が万遍なく拾い上げたことが一因となって、今現在のような定着をみたと考えている。実際、枚方市が刊行する小中学生向けの刊行物などには、いずれのシンボルもバランスよく盛り込まれている[1]。

もちろん、行政内部にいた筆者が、

見て見ぬふりをしていたわけではない。そのような刊行物の編集担当者に批判は何度も試みたが、所詮は非常勤職員なので大した効果はみられなかった。そのため、将来誰かが省みてくれることを期待しつつ、学術論文で論理的に否定していくという作業を続けた成果が本書の基礎となっている。

一方で、歴史を活用しながら地域への愛着を涵養するのも、筆者の責務であると自覚していた。そのため、偽りの歴史をただ否定するだけでなく、市民に関心を持ってもらえそうな正しい歴史も掘り起こし続けたつもりである。その際、特に力をいれたのが新出史料の発掘と紹介であった。代表的なものとして、三浦蘭阪関係資料・今中家旧蔵文書・片岡家文書という三つの史料群が挙げられる。(2) また、楠葉台場の研究を通じて、遺跡の保存にも携わった。(3) 当然のことながら、研究者として史料整理や調査に携わるだけでなく、行政担当者として展示や講演などを通じて歴史的価値の周知にも努めた。

その結果として、二〇一〇年四月に三浦蘭阪関係資料と今中家旧蔵文書が枚方市指定文化財に、二〇一一年二月に楠葉台場が国指定史跡に、そして二〇一一年九月に片岡家文書が枚方市指定文化財になったのを見届けて、筆者は二〇一二年四月に京都府長岡京市へと転職した。

二　本書の研究姿勢

研究者にとって、大事なものの一つに問題意識がある。筆者が枚方市に在職していたときに最も意識していたのは、歴史学は人々の生活にいかに役に立つのか、ということであった。歴史学の社会的意義を論ずる際に古今を問わず俎上にのぼってきたテーマで、よりよい未来を創るために過去から学ぶというのが教科書的な回答であろう。行政に身を置いているうちに、筆者はそのようなありきたりの抽象的な回答に飽き足らず、現実に市民生活と接する現場で活動することで、具体的な成果を挙げてみたいと思うようになった。その結果、自分自身に必要というよりは、市民にとって必要と判断される研究に力を入れるようになっていく。

このようなことを考え始めた理由は、先述の史的シンボル群にある。これらは、歴史学の視点からみればすぐに偽りとわかるようなものばかりであったが、枚方市内では不動の地位を築いていた。おそらく、この問題に気付いている歴史学者も少なからずいたと思われるが、たわいないものとして捨て置いた結果、このような状況に至ってしまったのであろう。そこで、偽りの史的シンボルに基づく空虚な歴史観から市民を解放すれば、歴史学は市民生活にも密接に関わっていることを示せるだろうと思ったのである。今思うと安易な発想だが、現在のところ筆者が想像していたほどの効果は出ていない。筆者個人の発信力には限界があり、残念ながら市民の意識を変えるまでには至らなかったのである。そのため、成果を一書にまとめて、世に問うことを目標としてきた。

このような地域密着型の研究を始めた当初は、大学院生の間だけ勤務するつもりでいたので、限られた期間にやれるだけのことはやってみようと意気込んでいた。早いうちに一つのテーマに的を絞って課程博士論文をまとめるという以外に、研究者への道を認めないという学界の風潮もあまり好きではなかった。比較的自由な若いうちにこそ、あらゆる経験を積んでおくべきだと考えていたからである。その一方で、博士号を取得しても就職できないという状況が、折しも社会問題化しつつあった。その点では、日本学術振興会の特別研究員となって、最短距離で課程博士論文と著書をまとめることが理想なのかもしれない。そのコースに乗らなかった筆者は、結果的に博士課程修了後もしばらくは枚方市のお世話になった。こうしたなかで、大学院生やオーバードクターと行政がどのような関係を築くべきか、筆者自身が実験台になって考えてみようという思いも出てくる。

昨今の行政では、どこでも業務の効率化が叫ばれている。そのうえで重視されるのは、正職員の業務を誰でもこなせるようにルーチン化するということと、専門的業務は外部に委託するということである。この点については賛否両論あると思われるし、研究者サイドからみれば、専門的知識をもった正職員を配置し、ノウハウの安定的な継承を求めるのは当然といえる。しかし、現実はそれほど甘いものではないことも、現場にいるとよくわかっていた。そこで、むしろこの逆境を利用して、大学院生が積極的に行政に食い込んでいけばよいのではないかと考えるようになった。現場の最前線での経験は必ず将来の研究にも活かせるであろうし、経験が買われれば行政への就職の道も残される。このような考えはさして目新しいものではないが、筆者が知る限り、行政職員と大学院生の二足の草鞋を履いた場合、行政での業務はあくまでも収入源の一つと割り切って、大学等への研究機関への就職を目指すか、あるいは業務に重きを置いて行政への就職に収まるか、いずれかに偏る傾向にあると思う。

筆者が目指したのは、自らの研究と行政として必要な研究を両立することであった。モチベーションを維持するのも困難であるが、何より難しかったのは、博物館のような機関でもない行政の一部署で、業務の一環に研究が位置付けられるかどうかという点であった。

筆者は当初、「歴史資料整理員」という肩書で枚方市の非常勤職員として採用された。これは、枚方版ワークシェアリングの一環で新規に設置された役職で、二〇〇五年三月末までという任期も当初から決まっていた。市史業務とはいっても、『枚方市史』そのものの刊行はすでに完了しており、刊行物の編纂や史料の収集・公開、レファレンスなどを細々ながらも継続するというのが主たる業務である。二〇〇四年四月にともに仕事をしてきた正職員の鈴江智氏が異動となって以降は、業務の全容を把握しているのが筆者一人となってしまい、仕事量は非常勤職員のそれを明らかに凌駕するものとなる。(4)当時は市役所にて業務を行っていたが、二〇〇五年四月に開館する中央図書館内への移転も決まっており、引越の段取りや新しい部屋の間取り、今後の窓口対応のあり方なども筆者に一任されていた。そのため、継続して専門の担当者が必要と判断され、「市史資料調査専門員」という新たな役職を設置して、二〇〇五年四月に再び非常勤職員として採用された。

それと前後する同年二月に、筆者のこれ以後の身の振り方を変える事件が起こる。中央図書館への引越作業中に、消火用連結送水管改修工事の請負業者による過失で、市民から借用していた大量の古文書が水損してしまったのである。[5] 以後、その失態を収拾するために多くの時間を費やすこととなってしまった。また、古文書所蔵者および市民に対して示すことのできる筆者の最大限の誠意は、枚方市が保管する古文書を可能な限り論文等に活用することだと考えるようになっていく。

このように思わぬ重責を背負うこととなったものの、新規の役職で、かつ業務の全容を把握しているのが筆者のみであったため、自身で試行錯誤しながら業務形態を定めていくという、大学院生ではなかなかありつけない立場を得ることとなる。と同時に、いつまでも非常勤職員の立場にはいられないので、中央図書館に新たに設置される市史資料室の業務を少しでも早く軌道に乗せて、後進に道を譲らなければならないという状況にもあった。そこで、当面の方向性として、市史資料室を枚方市の歴史研究の最前線に触れられる場として、市民に広く周知していこうという青写真を描いた。もちろん、研究が業務の一環か否かというのは、職場内でも相当の議論があったが、市民にとって研究が必要であることを証明するための業績は、年を追うごとに積み重ねていた。その結果、現在は「枚方市教育委員会非常勤職員に関する要綱」のなかで、「市史資料調査専門員」の業務として、「枚方市関連資料の調査、整理及び研究に関すること」と謳われている。この点は、後進に道を開くことができたのではないかと自負している。

以上のように、当時の筆者は、市民と歴史研究を結びつける役割を行政に求めていた。そして、それを実現するために、行政内部での研究にこだわっていた。この方面の研究をまとめたものとしては、本書のほかに先述の楠葉台場の研究がある。(6) また、個人研究の主立ったものとしては、西国大名の城郭政策に関する博士論文と戦国期細川氏の研究がある。(7) 理想からはほど遠いものの、辛うじて両立を保ってきたつもりである。

三　本書の課題

先述のように、本書の出発点でもある第一の課題は、偽りの史的シンボルを一つ一つ分解していくことにある。そして第二の課題は、行政のなかにおける研究のありかたを模索するということにあった。かかる研究が軌道に乗り始めた段階で、どのように総括していくか、あるいは自らの試みを歴史学にどのように反映させるべきかということも考えはじめた。

例えば、歴史学全体が抱える課題として、研究の膨大な蓄積に伴う細分化という問題がある。これについては、地域を一定の範囲に絞れば、個人の力でも時代の枠組を越えた研究がある程度可能なことを実感するようになってきた。その一方で、限られた範囲を対象とする地域史では、必然的に中世史料に制約が生じてくる。通常は、そのような地域には手を出さないのであろうが、その制約を乗り越える方法を構築できれば、研究の細分化という問題に対して、何かしらの回答が提示できるのではないかと思われた。かくして第三の課題は、中世史を分析する際の史料的制約を乗り越える方法を模索しつつ、時代の枠組を越えた地域史を構築していくということになった。限られた史料のなかで地域史を描こうとすると、縄張図・地籍図・絵図などの多様な史料に目が向くようになる。この点に関しては、あらかじめ理論立てて考えるというよりも、とにかくあらゆる方法を実践するよう心掛け、総合的な地域史を描く技術を磨いてきたつもりである。

さて、第一から第三の課題は、一見無関係のようにみえるが、本書では密接な関係を有している。例えば第一の課題を解決するために、近世の由緒書や偽文書を徹底的に分析し、虚飾を剝いでいく。そこに残されたものからは、うまくいけば第三の課題でもある中世史の断片を読み取ることも可能である。また、第二の課題から、大字レベルの地域史研究を徹底して積み重ねてみると、中世段階に遡りうる村落内の地域秩序や一村レベルを越えた村落間の地域秩序が読み取れることもあった。これは第三の課題に繋がるものであるし、地域と密着したこの作業の過程で、新たな中世史料を発掘することもできた。研究の細分化という第三の課題の前提となる現状は、近世の創作過程を踏まえない由緒書や偽文書の内容を鵜呑みにする古代・中世史研究を生み、結果として第一の課題に関わる偽りの史的シンボルを助長することもある。これは、つまるところ自治体史等の行政における歴史研究という、第二の課題とも密接に関わる。この問題は、後述する椿井文書という偽文書に顕著にみられるため、本書では重点的に検討したい。総じていうならば、今も命脈を保つ由緒・偽文書を媒介として、過去の地域社会と現在の地域社会を相対化することが本書全体を貫く命題でもある。

そして、行政で研究する以上は、市民への還元を常に念頭に置いていた。そのため、いつしか通史を描きなおすという点に最終的な目標を置くようになった。北河内の戦国期における地域勢力には、国人領主だけでなく寺内町も多くみられる。ゆえに『枚方市史』は、これらを素材としてとりあげ、統一権力に屈していく姿からごくありふれた筋書の中近世移行期を描いていた。そこで、個々の寺内町や国人領主に徹底的な分析を加えて一旦分解したうえで、『枚方市史』に縛られない形で再構築していくことを目指した。

四　本書の構成

本書は、第二部第三章を除き、筆者が大阪府枚方市に勤務していた際に執筆した論考で構成している。諸般の事情で、退職翌年の二〇一三年に公表されたものもあるが、本書の構想そのものは退職段階から変わっていない。

第一部「由緒の形成過程と偽文書」では、近世から近現代にかけて、北河内の各地で創作された史的シンボルの由緒を対象としている。ここでは、関係する由緒書や偽文書を網羅して分析を加え、それぞれの由緒の形成と定着の過程を明らかにするだけでなく、そこから遡及することで由緒の虚飾を剝ぎ、中世以前の地域像についても可能な範囲で迫りたい。前者の議論は第二部の、後者の議論は第三部の前提となるものである。なお、対象とする史的シンボルは一様ではないため、それぞれの対象に即した方法をとるよう心掛けている。

第一章「津田山の山論と三之宮神社文書」では、津田山周辺五ヶ村（津田・藤坂・杉・尊延寺《そえんじ》・穂谷）の惣社である三之宮神社の祭祀構造を踏まえながら、古代に氷室が存在したという言説など、津田山の山論を有利に進めるために穂谷村が創作した由緒を分析する。さらにその由緒の補強を図って、近世後期の考証家である椿井《つばい》政隆が三之宮神社文書を偽作したことも示す。本章は、山論の相手となる津田村を対象とした次章と一対の論考であると同時に、第二部で検討する椿井文書の予察でもある。

第二章「城郭由緒の形成と山論」では、津田山の山頂にある津田城を対象とし、この城の由緒は津田村が山論を有利に進めるために創作したものであることを論じる。ここでは、津田城の縄張図と由緒書の内容を対比するという方法で、史実と創作の分別を試みたい。

第三章「交野天神社の祭祀構造と樟葉宮《くずはのみや》伝承地」では、楠葉《くずは》郷内の祭祀構造を復元的に考察しつつ、継体天皇樟葉宮跡伝承地が創作された過程を、主として近代の行政文書を分析対象として明らかにする。これの筋書とも関わるものとして、交野天神社を桓武天皇による昊天祭祀の場とする由緒も存在するが、補論『交野天神縁起』についてではその創作過程について論じる。

第四章「茄子作《なすづくり》の村落秩序と偽文書」では、偽文書研究でもあまり取り上げられることのなかった、どこの村にでもありそうなたわいない偽文書を分析対象としている。それらの創作目的を明らかにしたうえで、戯れに過ぎない内容がなぜ広まったのか検討するとともに、そこから七夕伝説が派生していく過程についても論じる。

第五章「蝦夷の首長アテルイと枚方市」では、現代に創造されたアテルイの首塚を対象として、古代における禁野の範囲と対比することで、歴史的根拠がないことを指摘する。それとともに、行政の動きを踏まえたうえで、首塚が地元のみならず広く定着していった過程を明確にしている。

第二部「椿井文書の創作と展開」では、椿井政隆が偽作した椿井文書を素材として、北河内以外にも視野を広げつつ、誤った歴史認識が定着していく過程を構造的に分析する。単に椿井文書の利用に警鐘を鳴らすだけでなく、椿井文書が地域史や地域社会に与えている影響を明らかにし、偽文書を用いるという過失から歴史学や自治体史等が抱える課題についても言及したい。

第一章「椿井文書の基礎的考察」では、椿井文書がまとまって残る南山城と北河内を主たる対象として、その作成方法や目的など、基礎的な情報を確認する。

第二章「椿井政隆による偽文書創作活動の展開」では、椿井文書の分布状況から、椿井政隆の活動範囲や行動パターンを確認する。

第三章「椿井文書が受容される理由」では、椿井文書がなぜ広く受容されてしまったのか、作成方法や伝播の仕方だけでなく、歴史学の対応の仕方などからも、多面的にその理由を検討する。

第四章「三浦蘭阪の『五畿内志』批判」では、並河誠所《なびかせいしょ》が編纂した『五畿内志』が、のちにそれを擁護する者と批判する者の二つの潮流を生み出したことを論じる。そして擁護派が常に有利であったため、『五畿内志』の誤りを補うかたちで作成された椿井文書も受け入れられやすかったと結論づける。

第三部「北河内の寺内町と地域秩序」では、北河内における寺内町の成立過程について、看過されがちであった周辺地域との関係性にも配慮しながら、個別具体的な検討を重ねる。従来、寺内町は本願寺勢力が単独で建設したと考えられてきたが、鍛代敏雄氏の研究によって、石清水八幡宮と本願寺の関係性が明らかになりつつある(8)。ここから敷衍して、個別寺内町の分析に石清水八幡宮の視点を導入することで、由緒書などに基づく通説の相対化を図りたい。そして、寺内町と周辺地域との関係性や第一部で考証した地域像などを重ね合わせることで、最終的には北河内全体の地域秩序を明らかにする。

第一章「楠葉郷の石清水八幡宮神人と伝宗寺」では、かつて北河内で最も栄えていた楠葉郷を対象として、石清水八幡宮の神人によって維持されていた集落の実態を検討する。そして、南下する神人たちの動きが、楠葉郷の衰退と北河内における寺内町の成立をもたらしたと結論づける。

第二章「石清水八幡宮勢力の展開と招提《しょだい》寺内町」では、由緒書をもとに論じられてきた招提寺内町について、新出史料を交えながら批判的に検討し、石清水八幡宮の侍たちが成立に深く関わっていたことを明確にする。

第三章「享保期の新田開発と出口寺内町」では、防御施設がないことから原初的でやや特異とされる出口寺内町にも、他の寺内町と同様に土塁等があったことを近世の絵図から明らかにする。加えて、石清水八幡宮勢力の関与がここでもみられることから、成立過程も他の寺内町と同様であることを確認する。

第四章「枚方寺内町の沿革と対外関係」では、わずか二年ほどの記述しかない『私心記』をもとに描かれてきた従来の枚方寺内町像を相対化するため、成立から解体までの時期を検討対象としている。『私心記』記主の実従という本願寺一家衆の目線から一旦離れると、枚方寺内町も石清水八幡宮の強い影響のもとにあったことが明らかとなる。

第五章「牧・交野一揆の解体と織田権力」では、度重なる寺内町設立の延長線上で形作られた牧・交野一揆という地域秩序を踏まえたうえで、織田権力が当該地域を支配下に収めていく過程を描くこととしたい。補論「河内における『神君伊賀越え』」では、本能寺の変直後における徳川家康の逃走経路から、右で措定した北河内の地域秩序を裏付ける。

そして、終章「北河内の戦国時代」では、本書での検討を総括すべく、戦国時代を中心として北河内の中世から近世にかけてを通史として描く。

註

(1)『ひらかた昔ばなし』子ども編（枚方市、二〇〇三年）。『ひらかた昔ばなし』総集編（枚方市、二〇〇四年）。『発進!!タイムマシンひらかた号』（枚方市教育委員会、二〇〇八年）。

(2)『三浦家文書の調査と研究』（研究代表者村田路人、大阪大学大学院文学研究科日本史研究室・枚方市教育委員会、二〇〇七年）。拙稿「史料紹介　一五～一六世紀の楠葉今中家文書」（『枚方市史年報』第八号、二〇〇五年）および「河内国楠葉の石清水八幡宮神人と室町将軍家祈願寺伝宗寺」（『枚方市史年報』第九号、二〇〇六年）。拙編著『招提村片岡家文書の研究』（枚方市立中央図書館市史資料室、二〇〇九年）。

(3) 拙稿「楠葉台場研究の回顧と展望」（後藤敦史・髙久智広・中西裕樹編『幕末の大阪湾と台場』戎光祥出版、

二〇一八年)。

(4) 鈴江氏の異動後は新入職員の杉谷繁人氏が補充されたが、二〇〇七年四月に異動となり、以後正職員が補充されることはなかった。

(5) 「漏水事故による古文書被害の報告」(『枚方市史年報』第九号、二〇〇六年)。

(6) 拙著『楠葉台場跡(史料編)』(財団法人枚方市文化財研究調査会・枚方市教育委員会、二〇一〇年)。

(7) 拙著『戦国期城郭政策論』(大阪大学博士学位論文、二〇〇七年)。拙著『戦国期細川権力の研究』(吉川弘文館、二〇一八年)。

(8) 鍛代敏雄『戦国期の石清水と本願寺』(法藏館、二〇〇八年)。

第一部　由緒の形成過程と偽文書

第一章　津田山の山論と三之宮神社文書

はじめに

大阪府枚方市東端の穂谷に、三之宮神社という神社がある。その成立事情は不詳ながら、中世前期には当地の有力者中原氏の一族を中心とする宮座によって管理されていた。(1)そして戦国期には、津田城に拠る新興領主津田氏の登場によって中原氏は駆逐され、三之宮神社の宮座は動揺と再編を経験し、その後津田村・藤坂村・杉村・尊延寺村（中世は芝村）・穂谷村五ヶ村の惣社になったという。本章では、この五ヶ村を津田地域と呼ぶ。(2)

三之宮神社の宮座を掌握することが津田地域の掌握に繫がるという当該地域の基本構造を指摘したのは、片山長三氏による『津田史』であった。(3)それ以降の津田地域史に関する言及は、『枚方市史』をはじめとして、すべてこれを踏襲している。

片山氏は三之宮神社の来歴を整理する際、「穂谷三之宮大明神年表録」などの三之宮神社所蔵文書に全面的に依拠する。(4)『枚方市史』もこれを踏襲し、史料編の中世に、「穂谷三之宮大明神年表録」（以下、【三之宮1】）、「穂谷惣社記録」（【三之宮2】）、「交野郡五ヶ郷惣侍中連名帳」（【三之宮3】）、「氷室郷穂谷氷室遺址権輿紀」（【三之宮

4】)、「氷室本郷穂谷来因紀」(【三之宮5】)、以上五点の三之宮神社文書を掲載し、(5) 本文にも多用している。

しかし結論からいうと、これらはすべて近世段階に作成された、いわゆる広義の由緒書あるいは偽文書と呼ぶべきものである。もちろん片山氏もそれなりの分析を加え、史料の記載が史実であると説明している。その検証には何ら疑義が呈されることなく、当該地域の歴史叙述には欠かせないものとして、一連の史料はこれまで活用されてきた。(6)

近年、由緒に焦点をあてた研究は非常に活発である。(7) そこでは、個人や家の由緒がさまざまに関連し合いながら利権を確保するための村の由緒となっていくこと、そして村が由緒を自覚するのは、村にとって危機的状況である場合が多いということなどが明らかにされてきた。また、由緒の筋を創るためには調査や学習など歴史研究が不可欠であり、その後由緒を定着させるために教化活動を行うといった点も示されている。本章と関わる限りでは、以上の成果が注目される。

津田地域では、一七世紀以降近代に至るまで、津田山をめぐる山論が繰り広げられていた。村の危機的状況にこの山論が当てはまるのではないだろうか。片山氏は由緒の作成目的を看過しているため、結果として史料批判が不十分になっているように思われる。

本章の目的は次の三点である。まず上記五点の史料を分析し、批判なき利用に警鐘を鳴らすことである。そのうえで新出史料を紹介しながら、可能な限り正確な中世における三之宮神社の歴史を明らかにする。さらに山論の状況下で作成されたことを重視して、三之宮神社の由緒書作成の目的を追究し、そこから近世の三之宮神社を取り巻く社会状況を描く。なお、三之宮神社文書の内容が、社歴・土豪・氷室の由緒に大別できるので、その順に取り上げていく。

一　三之宮神社の由緒

1　津田山の山論と三之宮神社

史料上で確認する限り、近世の津田山山論は元禄五年（一六九二）の三之宮神社帰属問題に端を発する。(8) 津田・穂谷両村が、三之宮神社の境内を自村領内であると主張するのである。このような問題が起こる要因は、三之宮神社が複雑な歴史経過をたどっていることにある。

三之宮神社は近世の穂谷村内に立地するが、中世段階では連綿として津田村一村の氏神であった。社殿の修築も常に津田村が願主で、周辺諸村は奉加という立場でしかなかった。ところが、中世から近世へ移行する過程で、津田・藤坂・杉・尊延寺・穂谷村の五ヶ村惣社へと転化するのである。(9) 両村が三之宮神社を自村領内と主張する背景にはこのような事情があった。神社の帰属がここまで重要視されるのは、津田山が三之宮神社の宮山であることによる。津田山の用益権の問題と三之宮神社の帰属問題は直結していたのである。

結局、この問題は訴訟に持ち込まれ、元禄八年に京都町奉行所において裁決が下される。その内容は、山年貢は津田村の高についており、物成も五ヶ村家数に割り付けたものを津田村が取り集めていることから、津田村が山本であるというものであった。同時にこれは、津田村が三之宮神社の宮本に確定したことを意味する。そして、津田村と穂谷村および穂谷村に荷担した尊延寺村の三ヶ村の間で、証文が取り交わされた。

しかし、津田村以外の村、特に山間の村である穂谷村にとっては、この決定が不服であったに違いない。その後、近代に至るまで波はあるものの、両村の間には緊張関係が残った。立木盗みなどを両村は互いに繰り返し、穂谷村は遂に浪人を山番人として雇うにまで至る。特に嘉永五年（一八五二）の争いは激しく、津田村民が穂谷村民を斬りつけるという事件まで発生する。

このような状況下で両村の由緒書は作成されたのである。片山氏はこの状況を全く視野に入れずに由緒書を分析しているが、以上の経緯を踏まえると津田地域に残された由緒書は次のような性格を持つと仮定できる。

まず、津田村に残された由緒書は、津田村が常に他の四ヶ村に対し支配的立場を取っていたことを強調すると思われる。一方、穂谷村に残された由緒書は、三之宮神社と穂谷村の関係が往古より続いていることや、近世以降の五ヶ村惣社という状況を中世段階にまで遡及させ、五ヶ村の並列を強調すると推測される。

以下でみていくように、三之宮神社文書は後者の性格を色濃くもっていることから、この視点を重視して分析を加えていく。

2　「穂谷三之宮大明神年表録」の作為性

三之宮神社の歴史や津田地域の村落の形成過程などについて、片山氏は次にあげる【三之宮1】と【三之宮2】に大部分を依拠して整理している。

【三之宮1】「穂谷三之宮大明神年表録」（棟札下部に付した数字は筆者註。以下同）

河内国交野郡氷室郷惣社
穂谷三之宮大明神年表録
人皇拾七代仁徳天皇廿九辛丑年依神異勧請也、
和銅三庚戌年社頭成建、
（九項目略）

一貞応元壬午年九月十八日亥之剋賊党社頭炎上云々、
其後再興、
一奉修覆御宝殿棟上
嘉禄二壬戌年三月二日
当願主中原惣兼津田村住人卅余人
奉加尊延寺住侶粟而・同穂谷村・同芝村・野村郷卅余人
大工藤原昌次　山城国山子　惣交野郡郷也

Ⅰ

一奉修覆当社御宝殿棟上
正嘉二戊午年　聖々賢々
当願主津田郷刀称(祢)氏
同願主中原惣包津田郷産人三十余人
同願主粟田行吉　結縁衆野村住人三十余人
大工散位藤井国友宮道藤村

Ⅱ

一奉建立牛頭天皇御宝殿
永仁六戊戌四月九日
上下遷宮尊延寺別当上西原坊浄海
奉加津田長中・藤坂村・尊延寺輪番衆・穂谷・杉村惣中

Ⅲ

慶長八卯年九月十三日

改正書記畢

一元和三丁巳年九月六日奉上葺

津田・穂谷・尊延寺・藤坂・杉惣中

代官山下平左衛門殿

津田小右衛門殿

津田大工藤原朝臣萩原新兵衛尉則清

津田新左衛門

一寛永十一甲戌年五月吉日

奉造宮、五ヶ村惣氏子中

大工萩原新兵衛

一三宮鳥井（居）奉造立、五ヶ村中

寛永十七庚辰年八月六日

（後略）

【三之宮2】「穂谷惣社記録」

河州交野郡穂谷惣社記録

（中略）

一奉上葺屋形大明神　一

天正六戊酉（戊寅）年六月十日亥之時
　遷宮別当池之坊祐山
　神主穂谷　藤左衛門尉
（V）

一屋形大明神奉上葺
慶長七壬寅年三月十日下遷宮
　上遷宮四月二日
　宮坊主浄順・祐山房・同弟子少将
　池之坊祐奉
　大工新兵衛　菱屋新左衛門　京大工孫七
（VI）

これらの史料から、およそ中世段階の三之宮神社修復の願主は、津田村及び津田を拠点とする有力者中原氏であり、(10)周辺諸村は奉加の立場でしかないことが知られる。片山氏はこれらの史料を代々書き継いできたものと想像し、当時は今日より信仰心が厚いので神殿の棟札を書き換えるはずはないと述べる。さらに、近世三之宮神社の神主は穂谷村民がつとめたので文字の改変は穂谷村の意のままになるにも拘らず、三之宮神社の祭祀における津田村の支配的立場をありのまま記していると指摘する。以上の点から【三之宮1・2】を信用にたる史料として、ここに記される事績をすべて史実と認めた。その結果、三之宮神社の修復歴を、Ⅰ嘉禄二年（一二二六）、Ⅱ正嘉二年（一二五八）、Ⅲ永仁六年（一二九八）、Ⅴ天正六年（一五七八）、Ⅵ慶長七年（一六〇二）と整理するのである。(11)そして、ⅢからⅤの一八〇年の間に修復の記録が一度もない理由を棟札を失ったためと推測し、津田村尊光寺に残る由緒書に記される次の棟札写を引用する。(12)

める。

【記録1】「当郷旧跡名勝誌」

一奉修復御宝殿棟上嘉吉二年三月二日 大歳壬戌
当願主　中原宗兼　同願主　津田住人三十余人
奉加　尊延寺村　穂谷村　野村三十余人
大工　藤原昌次　山城国山子　惣交野郡郷々也

Ⅳ

この嘉吉二年（一四四二）の事例をⅢとⅤの間に位置づけ、以上をもって片山氏は三之宮神社の修復歴をまと

さて、まず指摘したいのはⅠとⅣの内容が非常に似通っていることである。日付に注目すれば、嘉禄二年壬戌三月二日と嘉吉二年壬戌三月二日、その差は「禄」と「吉」のみであり、いずれかが誤りと推測される。現実には嘉禄二年の干支が丙戌、嘉吉二年が壬戌であることから、Ⅰの誤りはほぼ明白である。

問題は、これが意図的か否かである。(13)仮に作為したとするならば、その理由は何に求められるだろうか。【三之宮1】では、Ⅲの後ろに位置づけるべき棟札Ⅳを嘉吉から嘉禄に変更することで冒頭に配置した。本来ならば、最初にあげるべきⅡの棟札には穂谷村の名はない。一方、Ⅳには奉加とはいえ穂谷村の名がみえる。つまり、津田村が祭祀の支配的立場にあることは揺るぎない事実であるものの、穂谷村が往古より三之宮神社と関わっていることを主張したかったのではないだろうか。

そう考えると、Ⅳ以前のⅢの棟札で、すでに「津田長中」が願主から奉加にまわっていることも疑わしい。Ⅲに出てくる藤坂村や杉村は、「当郷旧跡名勝誌」やほぼ同内容の「古跡書」では戦国末期に開発された村と記されていることから、(14)その疑いはさらに濃厚となる。

また、「当郷旧跡名勝誌」や「古跡書」には、天正六年の修復は津田村以下周辺八ヶ村の奉加によって行われたと記される。Vの棟札には、その点が一切記されていない。ことさら「神主穂谷　藤左衛門尉」と記すあたりが、さも穂谷村一村によって修復がなされたと言わんばかりである。

以上のように【三之宮1・2】は、穂谷村が往古より三之宮神社と深い関係にあったことを主張しているのである。ここでは三之宮神社の祭祀における津田村の支配的立場は早い段階で解消され、鎌倉後期にはすでに津田地域諸村の惣社となっていたかのように記されている。村々の並列を強調するのみならず、穂谷村が祭祀の中心的存在ともとれる記述もみられた。このように、穂谷村に有利な主張が端々から窺えるのである。

3　正しい棟札の記載

【三之宮1・2】の作為性はみえたが、これのみでは正確な三之宮神社の歴史を捉えることはできない。そのうえ、筆者自身にも由緒書に依拠して説明したという問題点が残るため、もう少し材料を揃えて確証を得たい。その方法として最適なのは、言うまでもなく当時三之宮神社に掲げてあった棟札と比較することである。もちろん今となっては現物もないが、記載内容を知る手がかりはある。

津田の三宅家に伝わる「三之宮由来書集」は、明治四四年（一九一一）に三宅源治郎正隆が筆写したものである。[15] その原本は穂谷村上武治左衛門の所有で、文政四年（一八二一）の作成とされている。内容は「推古八年（六〇〇）庚中年ニ勧請、浪花之都之鬼門」封じとして三之宮神社が創建されたとするなど、かなりの飛躍がみられる。この点は、筆写した三宅源治郎も「此書は穂谷を本として編纂せるものなるか故に」、「牽強付会之説を記載したる麁多く抱腹に堪へさる記事ある」と指摘する。しかしながら、近世以降の記述にはおよそ誤りはないようである。

そこで注目されるのが、「寛永拾壱戌年ニ当テ神社悉ク再興致し、往古之棟札改書入ル」という寛永一一年（一六三四）に過去の棟札を新たに作り替えたという記事である。その後も、「貞享元子歳（一六八四）ニ神社之内上棟札相改再書記也」の如く棟札は度々更新されている。このようなことから、次に掲げる新出史料は、慶安二年（一六四九）段階の棟札の状況をかなり正確に伝えるものと考えられる。

【記録2】「三之宮神社棟札・拝殿着座之次第写」(16)

河州交野郡五ケ村三之宮屋形大明神
不知其草創、至中興左視再建暦数、
正喜(正嘉、以下同)弐午年加之、嘉禄(嘉吉、以下同)弐壬戌年也、
従正喜当寛永十一甲戌年、既《ステニ》得三百七十七年余、

正喜弐戊午年
聖々賢々
一奉修覆当社御宝殿棟上
当願主津田郷刀祢氏津田産人三十余人
同願主中原宗包
同願主漆大自粟田行吉結縁衆野村住人三十余人
大工散位藤井国友宮道藤村番無時

i

一奉修複御宝殿棟上　嘉禄弐大年壬戌
三月二日

当願主中原宗兼津田郷住人三十人余
　　　　　　奉加穂谷村
奉加尊延寺村住侶　　　奉加野村郷卅余人
奉加芝村
大工藤原昌次山城国山子宗（惣）交野郡郷也

ii

奉上葺屋形大明神上遷宮　六月十日井（亥）ノ時
　　別当池坊御遷宮
　天正六年戊酉（戊寅）六月十日亥ノ時
奉加長（ママ）尊延寺村米四斗弐升
　　　　　　芝村壱石三斗三升
杉村壱斗九升　穂谷壱石九升
　　　　　　藤坂村四斗壱升
　　　　　　同津熊古里壱斗

iii

長尾壱斗　津田郷弐石六斗壱升
一屋形大明神奉上遷　慶長七壬寅年三月十日
下遷宮上遷宮同四月二日　津田村惣中
神主穂谷村藤右衛門　宮坊主浄順
　　　　　　祐仙房同弟子

iv

少将上下遷宮　　尊延寺村池坊祐春
大工新兵衛　桑屋新左衛門　京都大工孫七
奉加津田長中・藤坂村・尊延寺村輪番衆等
杉村（穂谷村カ）・津田惣中

造宮正喜二戊午より嘉禄二壬戌迄百八十弐年也、
嘉禄二壬戌ゟ慶長七壬寅年迄百六十二年、
合三百四十四年　慶長七ゟ元和三年迄十六年也、
　都合三百六十三年也、
奉上葺屋形大明神　元和三年九月六日
津田村・穂谷村・尊延寺・藤坂村・杉村惣中
　代官　山下平左衛門殿
　　津田小左衛門殿
津田大工藤原朝臣萩原新兵衛尉則清
　津田村新左衛門
奉造宮正喜弐ヨリ嘉禄迄百八十二年也、
嘉禄ヨリ慶長七迄百六十弐年也、　慶長七ゟ十六年、
元和三ヨリ寛永十七迄廿三年也、
合三百八十三年

右三之宮宗(棟)札無之処、むかしハミへ不申、
中興見へ申、あら〱如件ニ候、穂谷村之改、
慶安弐年　　山下尊延(光)寺
八月二日　　　　教祐
御大工藤原朝臣萩原新兵衛尉殿
（後略）

【記録2】は三之宮神社の棟札と拝殿着座の座次を写した軸物である。引用部分はその前半の棟札写で、末尾にあるように、原本は津田村尊光寺住職山下教祐が三之宮神社の棟札を「あら〱」写し、大工萩原新兵衛に送った文書である。重要なのは、昔は棟札がなく見えなかったが中興後見えるようになった、つまり記録などをもとに書き改めた点である。これは穂谷村による改めであった。冒頭の「従正喜当寛永十一甲戌年、既得《ステニ》三百七十七年余」という記述は、寛永一一年に棟札を書き改めたとする「三之宮由来書集」と一致する。また【記録2】の形式から、寛永の棟札は従来の棟札を一枚にまとめたものであることがわかる。[17]これが「宗(棟)札無之」という状況での「穂谷村之改」によることから、穂谷村の作為の可能性も指摘しうるが、前節で示した【三之宮1・2】の矛盾点Ⅰ・Ⅲ・Ⅴがみられず、すべて整合的であるので、その点は考えがたい。

穂谷村にとって不利な情報であっても作為なく記載しているように、「穂谷村之改」は史実を踏まえたものと考えてよいだろう。津田村の山下教祐が取り立てて異論を唱えていないことや史実と一致することからも、[18]間違いないと思われる。

この寛永の棟札は、時を経ずして紛失したようである。なぜなら、第1項で述べた元禄の山論の際、具体的に

は元禄七年（一六九四）二月の京都町奉行に宛てた津田村役人の口上書に「三之宮棟札之写と申伝候旧記御座候、是ハ先年同国同郡私部村大工新兵衛と申者、三之宮造立仕候由、尓今伝テ旧記所持仕候ニ付、此度取寄奉入御披見候御事」とあるように、[19]私部村（大阪府交野市）大工新兵衛から棟札を写した「旧記」を借り、訴訟の証拠として提出しているからである。ここから、最も効果的な現物は紛失していたことがわかる。[20]

そして、「旧記」とはまさに【記録2】の原本であろう。【記録2】の宛所新兵衛は、津田村役人が棟札写を借りた本人もしくは先代にあたると考えられる。私部村の新兵衛が棟札の写を偽造する理由も特に見当たらないことから、【記録2】と同内容のものが慶安年間に三之宮神社に掲げられていたことは間違いあるまい。[21]

さて、ここで改めて【三之宮1・2】と【記録2】を比較してみる。まず注目したいのは、【記録2】iiiと【三之宮2】Vが、正しくは寅年である天正六年を等しく酉年と誤っていることである。よって、両者の原本は同一である可能性が高い。【記録2】iiが嘉吉を嘉禄と誤っているのも、誤写ではなく原本の段階で誤っていたと考えられる。ただし、「正喜弐ヨリ嘉禄迄百八十二年也」と記すように、認識自体に誤りはない。ここから【三之宮1】Ⅰは、原本の単純な書き間違いにつけ込んで作成されたことが想像される。

また【三之宮1】Ⅲでは、【記録2】ivの後半部分にあたる奉加の村々を利用して、永仁段階での惣社化を主張していることが明らかとなる。さらに【三之宮2】Vは、同じく【記録2】ivの奉加の村々をすべて削除したうえで、「神主穂谷」「藤右衛門」を利用したこともわかる。

このように【記録2】と比較することで、【三之宮1・2】は「創作」ではなく、厳密には「操作」により作成されていることが明らかとなる。[22]これは由緒を作成する際に、正当性を帯びるよう配慮したものと評価できよう。あわせて、第1項の末尾で掲げた、当該地域の由緒を読む際に注意すべき点の妥当性も示された。

二　土豪の由緒

1　三之宮神社所蔵文書の伝来

津田村と穂谷村は、それぞれが自村の権益確保を目的として独自に由緒を展開させるがために、両者の主張する由緒は食い違ったものになると予想される。しかし、片山氏が引用する穂谷上武治正氏所蔵記録（以下【上武系図】）と津田西村勝三氏所蔵系図（以下【西村系図】）は、両村それぞれに残る記録でありながらも内容を同じくする。(23)

【上武系図】

上武伊賀守清繁、永禄十年正月津田主水ト土地ヲ争ヒ、津田城ニ押寄セ合戦ス、戦功ヲ顕ワス、

【西村系図】

西村荘司三郎俊夏、永禄十丁酉年正月、穂谷ノ住士上武伊賀守清繁、津田城押寄セノ時津田主水助ニ加勢防戦シ、勇功アリ、

内容の一致から、片山氏は永禄一〇年（一五六七）の津田城合戦を史実と捉えた。『枚方市史』もこの合戦を山論の初見としている。しかし、このような記述の一致は不自然に思えてならない。片山氏は、該当部分しか引用していないので、残念ながらここからその伝来系譜を知る術はない。

しかし、津田の三宅家に残る【記録3】「郷社三之宮神社古文書伝来之記」がその手掛かりを与えてくれる。(24)【記録3】は先述の三宅源治郎正隆によって明治四四年（一九一一）五月に記されたもので、表題の「古文書」とは三之宮神社所蔵の【三之宮1～5】を指している。ここには当該史料の入手経緯が、当事者である三宅源治郎によって詳細に記されており、従来の津田地域史の基盤となっていた史料の性格が明瞭に示されている。以下、

【記録3】を要約する。

明治二一年二月、三之宮神社神職三松俊季は中川政勝なる人物から、山城国相楽郡木津町の名家今井良久が所持する、近江・山城・丹波・河内四ヶ国に亙る大量の古文書中に、三之宮神社関係の史料が存在することを聞く。[25] 古文書の因縁を持つ者に対して、今井氏は相当の謝礼金と引き換えに譲渡していたことから、三松氏は中川氏の仲介で、今井家へと閲覧に向かった。そこで【三之宮1〜5】を目にした三松氏は、この古文書の入手を熱望するようになり、以後購入資金の調達に奔走することとなる。

そして明治二八年一一月に、三松氏の日頃からの熱弁に動かされた三宅源治郎は、穂谷の氏子惣代上武庄太郎を誘い、三松氏と三人で木津の今井家へ向かうのである。そこで三宅源治郎は初めて【三之宮1〜5】を目にする。長文となるが、【記録3】の三宅源治郎が閲覧するところから、それ以降の経緯を示す部分を引用しておく。

【記録3A】「郷社三之宮神社古文書伝来之記」

今井氏に蔵する侍連名帳なるものは之等家々の祖先の名を例（列）記し、時の領主南都興福寺官務法印の署名有るに於ておや。右様の次第に付益々以て確実なる古文書と信する外なし。況や神社の年代記等有之。此書類を三之宮神社に所有するとせさるとは後世利害の関係如何斗そや。故に是非に譲り受くる事とせんと相誓ひて翌日帰村の途に就きたり。然して一週日を経て亦々三人打連立今井氏ニ至り、関係書類取調被下しやと問しに今井氏の申さるゝには、如何なる書類か関係書類なるや当方に於ては判断に苦む故に総ての書類を此処江持出すへけれは君等良しく選択せらるへしと、之れ我々の初より希望する処なれとも斯る事は到底叶はさるべしと思ひ居りしに、今井氏の斯く計らはれしは誠に幸のことゝ存し、夫れより日暮るゝ迄選択せしに計らすも侍中の津田村塚本・西村・生嶋・山本・津田、藤坂村寺嶋・藤井、長尾村笹田・村田（此両家は津田村より移住）、尊延寺村深尾・村嶋・辻、穂谷上武・影山・重村・神田・南（此南氏は津田南氏と関連し一巻の系譜）、其他私部村の北田・安見（之は安見右近直政ト称し私部城主なり）、山城国綴喜郡岩田村山村氏（之は津田村三宅朝四郎妻の実家）、総て系譜弐拾巻を発見し三人は夢かと斗り驚くの外なかりしも、互に目と目て暗示し感心せぬ風体に見せかけ居りぬ。然して其日は一同川喜楼に引取同夜一泊し、翌日亦々今井氏へ至り愈譲受けの相談に着手したるに、同家出入に川村源吉なる者あり。此者之に関係し大井に邪魔を致し迷惑致候。漸く種々の考案を講し三之宮神社古文書五巻、河州北部半国国絵図壱枚、并ニ系図弐拾巻に対し代金四百円と云ふ高価を払ひ愈譲受け、譲渡証と共に持帰りたり。貴重は貴重なれ共、当時津田村の上田壱反歩の代価は金弐百円位のものなり。斯る時代に此大金を投し此大胆なる仕事を為すは、聊カ自慢ヶ間敷あれ共、通常人は急度手出し兼る行為なり。況んや神職三松俊季氏・上武庄太郎氏の両氏は金銭に付ては厘毛の出金せさるに於ておや。されと拙者には胸中成算の有あり（ママ）。此系譜は現在其子孫か皆連綿として此五ヶ村内に居住し、已れか祖先即ち我家々の前を明にする諸家に取ては重宝極りなき宝なれは、必すや早晩是を懇望するの時来らんを期し居たり。依て此系譜を関係家々に渡すに於ては相当の寄附金を得る何の難き事やあらんと。而して神社に関する書類丈ケを我々と系譜所持者と共同にて寄附としたし。斯くする時は永世系譜所有者なり。我々なりの名を残し得る事と存するに依り此方法にて関係者に説き廻ることに相談一結し、三松・上武の両氏は只管之れか成功に熱中したり。然処系譜関係の人々に於ては大井に之に同意され、遂に翌明治弐拾九年四月を以て津田・山本・藤井・寺嶋・辻・北田・安見・山村の八氏を除くの外は一段落を告けしに依り、五月五日之れか奉告祭を行ひ関係者を招き直会を戴かしめ家々の安全と長久を祈りたり。之れか奉納古文書入唐櫃内部に書せる奉納文并ニ奉告祭文は当時国学者として有名なる大阪の人、敷田年治先生の撰に係り後の人其心して見玉へかし。
右様の次第に付、到底出金の全部を償ふ能はさるも其大部分は整ひたるを以て、残余の系譜は之を拙者に引受け以て一件を落着せしめたり。其後明治三十一年三月の頃山村氏の系譜は山城綴喜郡岩田村山村松之助氏の所望に依り同氏に之を譲り渡し、寺嶋氏の系譜は明治四十四年五月に至り藤坂村寺嶋彦三郎氏の所望に依り同氏に之を譲り渡したり。其余の系譜は今尚拙者所有せり。

【三之宮1〜5】は三之宮神社に伝来したものではなく、明治二八年に三宅源治郎らが木津の今井家から購入し、翌二九年に奉納したものなのである。この経緯自体は、当該史料が収納されている櫃にも記されており、片山氏も指摘している。(26) しかし、それだけでなく、津田村塚本・西村・生嶋・山本・津田、藤坂村寺嶋・藤井、長尾村笹田・村田、尊延寺村深尾・村嶋・辻、穂谷村上武・影山・重村・神田・南、私部村の北田・安見、山城国綴喜郡岩田村山村氏の以上二〇家分の系譜も一括して購入されたことは注目される。さらにこれらの系譜は、三宅源治郎の出費四〇〇円を補塡するため各家に売却された。最終的には、津田・山本・藤井・辻・北田・安見の六氏を除く一四家分が売却されたことから、【上武系図】と【西村系図】はこれらの一つに違いない。(27) 片山氏はこの事実を察知していなかったと思われる。【上武系図】と【西村系図】の記載が一致することは、片山氏が考えたように史実を反映しているのではなく、一括して作成されたことを示唆しているのである。

また、現在は所在不明だが、かつて三宅家に所蔵されていた津田氏の系図「津田氏家系記録」（以下【津田系図】）は、売れ残りの一つと考えられる。(28) 【津田系図】は、津田氏を楠木正成や著名人に結びつけようとする明らかな創作であるが、その点はすでに片山氏によって説明されているので言及はしない。ここで注目したいのは、【津田系図】が津田氏の系譜を、大和国人十市（中原）氏が建武年間に津田にきて津田氏を名乗ることに始まると主張する点、つまり津田氏＝中原氏という主張である。これは、津田氏が中原氏を駆逐したとする津田村の主張とは決定的に異なる。【津田系図】の主張は、永禄二年の作成とされる【三之宮3】にも共通する。

【三之宮3】「河州交野郡五ヶ郷惣侍中連名帳」

（貼紙）「河州交野郡

五ヶ郷惣侍中連名帳」

此度当郷侍中令集会、誓神明何事茂一統打寄、無贔屓偏頗、令熟談可申候、将又何時ニても、南都官務公ゟ之御下知之節、出勢者勿論、其外被仰付儀相背申間敷候、随他ゟ被相頼出勢之時者、一統申談進退共ニ可仕候、此段無批判之条、各連判仍如件、

永禄二己未年八月廿日

津田村侍中

山下外記秀時執筆

生嶋信濃守盛澄（以下22名略）

藤坂村惣侍中

村嶋加賀守遠房（以下17名略）

杉村惣侍中

伊藤太左衛門尉義直（以下5名略）

芝村惣侍中

村嶋下総守義惟（以下13名略）

穂谷村惣侍中
　宮崎主殿進義盛（以下10名略）
　　神主逸見志摩守義繁
　　祢宜津熊中務淳弘
　　宮坊光学院頼観
　永禄二年所定置也、
　　　別当津田筑後守中原範長

この連名帳には、津田・藤坂・杉・芝・穂谷五ヶ村総勢七二名の氏名が列記されている。内容は、彼らが形成する「侍中」という自治的組織と、それを統制する「別当津田筑後守中原範長」が、興福寺に対し忠節を誓うというものである。翻って【津田系図】をみると、津田中原氏九代目に、「筑後守範長　永禄二年南都興福寺官務法印ノ下知ニ依リ交野郡五カ郷総侍中連名帳ヲ作ル」とあり、両者を関係づけていることは明白である。【西村系図】の「西村庄司三郎俊夏」が【三之宮3】にも登場することから、おそらく他の系図も【三之宮3】を正当化するために周到に作成されたものと考えられる。

【三之宮1・2】が様々な改変を受けていたことを踏まえると、【三之宮1〜5】に【上武系図】・【西村系図】・【津田系図】などを加えた三宅源治郎購入文書は、一括して創作された疑いが濃厚となる。そこで、三宅源治郎購入文書の伝来系譜を、引き続き【記録3】からみておく。

【記録3B】「郷社三之宮神社古文書伝来之記」

如此書類を同家（今井家）に所持するの所謂を取調しに、相楽郡狛（高麗）村之内字椿井と云ふ処に椿井権之丞（政隆）なる郷士（南朝三代の朝庭に仕へ奉り勤王の忠を励みたる家柄なり）有りて、維新以前迄は南都興福寺の侍なりしか、維新の際如何成訳か知るに由なけれ共、同寺宝庫に秘蔵せられし古文書類を長持に二棹斗りを持出し自家に秘蔵せしか、諸家は維新後家禄を奉還し次第に零落しける程に、明治七・八年の頃に至りては所有之土地家屋は更なり、家財全部を売却し漸く其日之生計を営むといふ迄に零落しければ、今は何夫れ彼夫れ金に代へ得らるゝ品は悉く是を売却しける程に、遂に彼の大切成古文書も今井良政氏方へ入質し其後是を受け出す能はす。如此にて椿井家は一家没落の時来りしにや。家族も次第に死に失せて遂に一家滅亡の不幸にそ陥りける。如上の仕合にて諸古文書も全く今井氏の所有に帰したり。

三宅源治郎購入文書を含む大量の文書群は興福寺の蔵から持ち出され、木津の今井家に質入れされたものと伝聞しているが、【三之宮1・2】が明らかに穂谷村の論理で操作されていることから、興福寺原蔵という点は疑わしい。

これらの史料を興福寺から持ち出したとされる椿井家は、一九世紀前半に活躍する椿井権之輔政隆なる人物を輩出した家である。彼は古文書・古絵図の収集家・研究家として知られており、求めに応じて絵図・系図・文書や寺社縁起などを数多く筆写して納めている(29)。もちろん豊富な史料に基づいた緻密な考証を経ているものの、以下でみるように事実とは認めることのできない記述も非常に多い。椿井政隆は興福寺との関係が深く、大和の歴史に非常に詳しいことから、【三之宮1〜5】の作成に関わっている可能性は非常に高い。津田地域の侍中が興福寺に臣従しているという点はもちろん、大和国人十市氏を津田氏の祖に持ち出すあたり、そう考えて間違いないであろう。その他にも、三宅源治郎購入文書は興福寺文書であることを主張するために、大和の歴史に付会する傾向がみられる。

【三之宮1・2】が穂谷村の論理で記されていることや、【三之宮3】に近世段階の津田地域の有力農民の苗字が網羅的に掲載されていることなどから、[30]穂谷村の全面的協力があったことも疑いない。おそらく、穂谷村が「系図屋」ともいえる椿井政隆に作成を依頼したのだと思われる。にも拘わらず、三宅源治郎購入文書が近代に至るまで穂谷村の手に渡ることなく椿井家に残された理由は、椿井政隆が原本を販売するのではなく、自身が保管する原本の写を頒布していたことに求められる。[31]現在のところ穂谷村に写の存在は確認できないが、三宅源治郎購入文書もこの意図のもと椿井家に蓄積されていた原本の一つと考えられる。

2　系図の紹介と分析

本節では、【記録3】に記される系図二〇巻のうち、存在が確認できたものを紹介する。なお、翻刻は行論に直接関わる戦国後期部分に限っておく。

【上武系図】（穂谷上武家所蔵）

清尚

上武内膳助

永正九壬申年二月十一日大和衆交野越ニ遊佐ノ居城ニ寄来之刻防戦、首三級討取在功、弘治九（マヽ）丙寅年十一月十八日・同年十二月十八日当国ニ松永久秀三好義経（継）之若江城ニ発向之刻力戦ス、

妻**神田左衛門尉資遠**妹

永禄三庚申年四月十二日卒

長朝　**吉田大学進**　杉村吉田家相続

清繁
上武伊賀守
永禄十年正月津田主水ヨリ争土地、津田城ニ押寄合戦、顕戦功、
文禄二年正月十七日卒

【上武系図】が『津田史』に引用されていることは、すでに述べた通りである。ただし『津田史』では、「上武清繁」による永禄一〇年（一五六七）の津田城攻めの部分しか引用されていなかった。原典によると、その父に「上武内膳助清尚」の名を確認できる。彼の名は【三之宮3】「河州交野郡五ヶ郷惣侍中連名帳」にも認められる。「上武内膳助清尚」は、【三之宮3】作成の翌年永禄三年の死没とされていたので、永禄一〇年の記事には登場しなかったのである。

【三之宮3】に名が確認できる者は他にも確認できるので、該当する者は系図上にゴシックで表現しておいた。例えば「清尚」の弟は、杉村吉田家を相続し「吉田大学進長朝」を名乗るとされる。この名も【三之宮3】に登場する。これは、二〇家という限られた数の系図で、七二名で構成される「侍中」の正当性を主張しようとする努力に他ならない。その傾向は他の系図からも読み取れる。

【西村系図】（津田西村家所蔵）

俊夏
西村荘司三郎
交野郡五箇荘諸士永禄二年連判之一員、永禄十丁卯年正月穂谷住士上武伊賀守清繁津田城押寄之刻、

津田主水助加勢防戦、在勇功、
元亀元庚午年八月朔日卒
妻室　津田庄城主　**津田筑後守中原範長**女

俊秋
西村大学助
実**塚本伊予守盛重**次男西村家養子相続、天正六戊酉(戊寅)年夏六月産土屋形大明神上葺大学助奉行之、仕大和大納言秀長卿、和州郡山城在番役、天正十九卯年大納言殿薨後中納言秀俊卿勤仕、文禄三甲午年秀吉公伏見築城之刻、依命秀俊卿普請奉行内被加、
慶長元丙申年閏七月十二日卒

女子　俊秋妻

俊昭　西村太郎　早世

女子　芝村住士辻中兵庫進利国妻

道俊　当国禁野和田寺住侶
依病身入和田寺得度
道観坊附弟

「俊勝

【西村系図】も同様に、津田城合戦の部分しか引用されていなかった。その前後には【三之宮3】に名前の確認できる者がみられる。さらに【西村系図】には、三宅源治郎作成による収入印紙を貼付した領収書が添えられている。ここには【記録3】にみえる入手経緯も要約されており、前項でみた系図販売の事実は完全に裏付けられた。

【村嶋系図】（尊延寺深尾家所蔵「村嶋家系図」）

義惟
村嶋下総守、芝村城主
天正二甲戌年五月五日於讃良郡飯盛山城、織田勢ト合戦之刻顕武勇、遊佐河内守教信（ママ）生害之刻殉死ス、

長惟
村嶋大監物

遠房
村嶋加賀守　居城藤坂

義国　深尾伊予次郎　深尾家相続

【村嶋系図】は新出史料で、深尾家が所蔵する。元文三年（一七三八）前後に、村嶋姓の者が深尾家の名跡を継ぎ、現在に至ることは史料的に明らかである。[32] 名跡継承の詳しい事情は不明ながら、【村嶋系図】が深尾家の所蔵となる所以はここにある。

【村嶋系図】の戦国末期頃には、「村嶋下総守義惟」・「村嶋大監物長惟」・「村嶋加賀守遠房」の三兄弟が確認できる。【三之宮3】では、前者二名は芝村に、後者は藤坂村に存在する。したがって、この系図が三宅源治郎購入文書の一部であることは明白である。さらに、「下総守義惟」を「芝村城主」、「加賀守遠房」を「居城藤坂」と紹介するが、【三之宮3】では両村の筆頭にその名があがっている。ここからも、【三之宮3】を正当化するために作成されたものであることを知ることができる。

【深尾系図】（尊延寺深尾家所蔵「深尾家系図」）

—国勝
　深尾蔵人
属青地、永禄合戦ニ青地駿河守信長ニ降ル故ニ諸士散乱、蔵人元亀二年春正月**村嶋下総守義惟**依招、
出近江国栗太郡、移住河内国交野郡氷室郷、
天正十二年十一月晦日卒

—義国
　深尾伊予次郎
深尾蔵人無嗣子故、**村嶋大監物長惟**長男深尾称号ヲ名乗、奉仕関白秀次公、文禄四乙未年公薨去後旧里
帰交野郡、然後慶長十九年十一月大坂入城、翌卯年五月帰河州、同年七月朔日為戦疵卒、
　妻室**村嶋賀加**（マヽ）**守遠房**次女藤坂住士

【深尾系図】も深尾家所蔵である。近江青地氏の家臣「深尾国勝」は、元亀二年（一五七一）に「村嶋下総守義

惟」の招きにより「交野郡氷室郷」に来住したとされる。彼には嗣子がなく、深尾氏の名跡は「村嶋大監物長惟」の長男「義国」が継いだこととなっている。この記述が【村嶋系図】と合致しているように、元文三年の名跡継承の史実を踏まえたうえで両者は作成されたのである。したがって、三宅源治郎購入文書の作成が少なくとも元文以前に遡ることはありえない。

次節では三之宮神社所蔵の他の史料も創作されたものか否か判断したうえで、穂谷村の記録に一貫してみえる主張を抽出したい。

三　氷室の由緒

1　穂谷村の語る氷室由緒

穂谷村及び尊延寺村・杉村には、平安初期に氷室が設置されたといわれる。(33) 現在も「氷室小学校」などの名に「残滓」を留めるが、その具体的所在は不明である。時代が時代なだけにその存在の実否を確認する手段は持ち合わせていないが、以下述べるように、現在に至る氷室「伝承」が形成されるのは近世中期以降といってよい。

前近代の文献で当該地域における氷室設置の経緯を具体的に記したものは、【三之宮4】と【三之宮5】の二点に限られる。すなわち、三之宮神社文書のうち前節までの検討から漏れていた史料である。

【三之宮4】「氷室郷穂谷氷室遺址権輿紀」

凡河内国交野郡

氷室郷穂谷氷室遺址権輿紀

抑氷室ノ始ハ、仁徳天皇六十二年五月、額田大中彦皇子闘鶏《ツゲ》ト云処ニ猟狩シ、山ニ登リ野中ヲ見ヤリ玉ヒシカバ、庵ヲ作リタル様ナル処アリ、人ヲ遣シテミセ玉フニ窟也、其時近辺ノ人ヲ召テトハセ玉フニ、氷室ナリト申ス、皇子曰《ノタマハク》、其氷ヲイカヤウニシテカヲサメタルニカト、村人曰、土ヲ一丈アマリ掘テ、草ヲ其上ニ葺テ、茅萱ナドヲ厚ク取屋敷鋪テ氷ヲ置タルニ、氷リテ如何ヤウナル大旱ニモ解ス、是ヲ取ツテ熱月ニ用ルトナン、其時皇子此氷ヲ仁徳天皇ニ奉ラセ玉ヒケレバ、甚叡感アリテ後タヘズ氷室奏アリ、然後天長八年八月、氷室ヲ谷《ホタニ》ヨリ傍示・杉・芝村倶ニ置二氷室一以テ供御ス、後ノ氷室ハ有リ二傍示一ニ、其原起ハ穂谷、依テ穂谷ヲ為二ス最初一ト、穂谷・傍示・杉・藤坂・芝村・津田村ヲ氷室郷ト称ス、則氷室郷ハ以二穂谷一ヲ為《ナ》二ス其ノ本庄一ト也、

【三之宮4】は、穂谷村にまず氷室が置かれ、続けて傍示村（交野市）・杉村・芝（尊延寺）村の三ヶ所に増設され、最後に傍示村に統一されたと主張する。注目すべきは、穂谷・傍示・杉・藤坂・芝・津田の村々を総じて「氷室郷」と称す点と、氷室の起源である穂谷が「本庄」という点である。しかし、「氷室郷」の存在は管見の限り確認できない。【記録2】の棟札ⅰ・ⅱからも明らかなように、三之宮神社の修復は津田郷中心で行われており、津田地域に一定の勢力をもつ中原氏も津田郷を本拠としていた。にも拘らず、本庄が穂谷という主張も不可解である。明らかに穂谷村の地位向上を目論む創作といえる。

問題は、穂谷村が三之宮神社との関係性を主張するために、氷室を由緒の主題としなければならなかった理由である。結論からいうと、必ずしも氷室である必要はなかった。おそらく次の二点から、氷室という選択肢が最も真実味を帯びる由緒になりえたからだと考えられる。

「氷室郷」に含まれる傍示村は、津田地域に南接する村で、ここには氷室の地名や氷室山八葉蓮華寺という寺

が実在する。(34)三之宮神社とは直接的に関係のない傍示村が、【三之宮4】にのみ突如登場し、「氷室郷」＝津田地域に加えられる理由はここにある。

そして、天長八年（八三一）八月、芝村・杉村・傍示村三ヶ所に氷室が設置されたという言説にも根拠がある。『日本紀略』の「山城・河内両国各加置氷室三宇、供御闕乏也」という記事を明らかに利用しているのである。(35)『日本紀略』は具体的所在を示さず、山城・河内両国にそれぞれ三ヶ所ずつ、とのみしか記さないので、それを逆手にとって利用したのであろう。

【三之宮4】の氷室設置の筋書は、三ヶ所が「加置」かれたこと、そして傍示村には氷室の地が実在すること、この二点を穂谷村が主体となって利用することで創作されたのである。氷室が由緒の主題に選ばれたのは、主張の根拠を揃えることができたからといえよう。あとはそれを郷名に冠すれば、地域核としての穂谷村を主張することができる。

以上の由緒には、藤坂・杉村など戦国期以降に成立した村々が列記されていることからも、近世に穂谷村の立場で作成されたものと考えて間違いない。後述のように氷室の由緒自体は、椿井政隆が活動する以前の一八世紀前半まで遡れることから、『日本紀略』の記述を発見したのは穂谷村民である可能性が高い。続けて【三之宮5】もみておく。

【三之宮5】「氷室本郷穂谷来因之紀」

凡河内国交野郡

氷室本郷穂谷来因之紀

一神功皇后九年秋九月朔、新羅国御退治ノ御為メニ所々ニ行幸、（中略）穂谷三ノ宮氷室郷惣社与奉二ル崇唱一ノ以所者、神功皇后行幸之刻、此氷室本庄穂谷ニ神現マシマセシ原地ナルニヨリテナリ、将亦稲穂山嶺山渓ニ充々タルニヨリ、此地ヲ穂渓ト称号ヲ下シ玉フ、後世渓ヲ谷ノ字トス、是氷室ノ本郷而穂谷之神社タルノ由縁是ナリ、（中略）

右者当寺領河内国交野郡氷室郷本庄穂谷三ノ宮神社、請旧録ヲ以今度請書為後世亀鏡備不朽宝庫納置者也、

南都興福寺一山三綱

都維那　光円（花押）

寺主　乗学（花押）

上座　真秀（花押）

官務法印　順興（花押）

永正十七年春正月晦日

この史料はさらに趣向を凝らし、永正一七年（一五二〇）に興福寺僧によって氷室の由緒が承認されたという体裁をとる。興福寺僧の花押で偽装していることから、大和の歴史に詳しい椿井政隆がここでも作成に関わっていると想定される。さらに「穂谷三ノ宮氷室郷惣社」とあるように、津田の氏神である三之宮神社を完全に否定し、穂谷村と三之宮神社の結束の強さを主張するのである。

このような氷室郷の由緒は、【三之宮1】「穂谷三之宮大明神年表録」の表題「河内国交野郡氷室郷惣社」や、【深尾系図】の深尾国勝が「交野郡氷室郷」に来住したという記述に反映している。また興福寺とのつながりを主張している点は、【三之宮3】「河州交野郡五ヶ郷惣侍中連名帳」と共通している。三宅源治郎購入文書が、教

養のある穂谷村指導者層の知恵と椿井政隆の技術が融合することで一括して作成されたことは、ほぼ確実といってよかろう。

当地域に氷室が設置された可能性を全否定することもできないが、すくなくとも現在に伝わる「伝承」は近世段階で形作られたことが明らかとなった。氷室の由緒は明らかに津田村を意識したものであり、前節までにみた五ヶ村の並列を強調する穂谷村の主張はさらに飛躍し、当該地域の「本庄」とまで主張するのである。同時にこの由緒は、三之宮神社と穂谷村の結合を強調するものでもあった。

2　氷室由緒の創出とその展開

本節では氷室由緒の利用のありようから、創出時期とおよその展開過程をおさえておきたい。

氷室の由緒は、一九世紀作成の【三之宮4・5】にはじまるものではない。次にみる事例からも、それ以前から、おそらく村落の指導者層を中心に広められていたと考えられる。例えば津田村役人日記には、享保一九年（一七三四）に尊延寺村が能を催したことが記される。[36]五番演じられたうち、一番目に「氷室」が演じられた。津田村民にとっては聞き慣れない言葉であったとみえ、「ひむろ」とふりがなが振られている。宝暦七年（一七五七）に穂谷村が催した能でも、五番中四番は尊延寺村の題目と異なるが、「氷室」だけは共通している。[37]

このような活動を通して、氷室の由緒は穂谷村をはじめとする尊延寺村・杉村、いわゆる津田地域の「上三ヶ村」と呼ばれる村々に浸透する。そして、「上三ヶ村」は氷室の由緒を紐帯に、津田村と対峙する形で結束していたと考えられるのである。なぜなら、明治二二年（一八八九）の町村制施行時に、「上三ヶ村」は津田村等とは合併せず三村で合併し、「氷室村」を称するからである。【三之宮4・5】が三松俊季の目に触れたのは明治二一年で、実際に購入しようと動きはじめるのが明治二八年であることを勘案すると、氷室の由緒を具体的に文字で残したものは【三之宮4・5】に限られるが、氷室の「伝承」自体はすでに「上三ヶ村」に深く根付いていたことが想像される。

次に氷室の由緒が創出された時期も検討する。これまで述べてきたように、創出の契機が山論であることは間違いない。したがって、氷室の由緒も元禄前後まで遡る可能性が高い。これを裏付ける傍証を次にあげておく。

河内国における最初の地誌『河内鑑名所記』は、元禄の山論が始まる直前の延宝七年（一六七九）に刊行された(38)。著者の三田浄久は志紀郡柏原村の豪商で、河内国内の村々を巡り、多くの名所・旧跡を紹介している。津田地域でも、尊延寺・藤坂などの記述がみられるが、ここでは氷室の記述をみることができない。しかし、享保二〇年（一七三五）に刊行された『五畿内志』には、氷室が天長八年に傍示・杉・尊延寺村に「加置」かれたものとして紹介されている(39)。享和元年（一八〇一）に刊行された『河内名所図会』でも同様である(40)。このように、氷室が地誌類で紹介されるのは、一八世紀以降なのである。

別の事例もあげておく。一八世紀前・中期に尊延寺村・穂谷村が催した能では、「氷室」が演じられていた。しかし、山論が勃発する直前の元禄四年（一六九一）に尊延寺村が催した能では、大社・忠度・海士・紅葉狩・小鍛冶・猩々の順で演じられ、「氷室」は見えない(41)。「上三ヶ村」で「氷室」が演じられるようになるのは、一八世紀に入ってからなのである。この点からも、氷室の由緒は一七世紀末の山論を契機に創出されたものと考えてよいだろう。

おわりに

近世における山論の過程で作成された由緒は、自己が有利になるように作成されたがゆえに、様々な矛盾がみられる。穂谷村は自らを津田地域の中核と主張したいがため、その由緒に様々な趣向を凝らしていた。その過程に椿井政隆の如き人物が深く関わっていることは非常に興味深い。とくに椿井家が広域にわたって関係する大量の文書を所持（作成）していたと予想されること、さらに質入先の今井家が因縁を持つ者にそれを販売していた事実は、当該地域の史料調査に注意を喚起する。

そして由緒を生む必然性は、津田山の用益権という生活に密着した利潤にあった。つまり由緒の創作は、生活向上のための一手段とも評価できる。その由緒を広めるため、穂谷村では能が用いられた。由緒定着後は、「上三ヶ村」の結束を高揚させる場ともなったであろう。由緒の教化のためには、他にもあらゆる手段が講じられたと思われる。その繰り返しにより、由緒はいつしか「伝承」へと発展し、地域結合の拠り所という大きな役割まで果たすのである。

通説となっていた三之宮神社の歴史は、以上の由緒に依拠していることから、当社を軸に論じられてきた津田地域の中世史にも再構築が迫られている。それだけでなく、北河内一帯を席巻したとされる津田城主の津田氏に言及した由緒書も、次章でみるように元禄の山論前後に津田村で作成されているのである。本章では津田氏の由緒にまで触れることができなかったため、【津田系図】や【三之宮3】「河州交野郡五ヶ郷惣侍中連名帳」を創作した理由には検討が及ばなかった。第二節で述べたように、津田村の津田氏由緒と穂谷村の津田氏由緒は根本的に異なる。すなわち、【津田系図】と【三之宮3】は、穂谷村が津田村の由緒を受容し、消化していく過程を示しているのである。個々の由緒書の評価は、山論全体の構造を踏まえて、改めて検討する必要があるだろう。そのうえで、津田地域の中世史を再構築することが次章の課題となる。

註

（1）『枚方市史』第二巻三八六頁〜三九〇頁・四二五頁〜四二六頁・五三六頁〜五三八頁。
（2）本書第一部第二章「城郭由緒の形成と山論」の図2参照。
（3）片山長三『津田史』（津田小学校創立八十周年記念事業発起人会、一九五七年）。片山氏は、北河内の史蹟・文化財に造詣が深く、多くの郷土史執筆によって文化財保護と郷土愛涵養に貢献した人物として知られる（『枚方市史』第五巻二七七頁）。
（4）『津田史』二六五頁。
（5）三宮神社所蔵文書一号〜五号（『枚方市史』第六巻）。なお、引用にあたっては、枚方市史資料室蔵の写真にて校訂を加えている。
（6）『枚方市史』別巻。枚方市史編纂委員会編『郷土枚方の歴史』（枚方市、一九九七年）。稲城信子「大阪府・枚方市尊延寺所蔵　文永十年摺写の大般若経について」（『国立歴史民俗博物館研究報告』第七七集、一九九九年）。『長尾台地区、杉・氷室地区、津田城遺跡、有池遺跡、門真遺跡群　一般国道1号バイパス（大阪北道路）建設に伴う埋蔵文化財確認調査報告書』（財団法人大阪府文化財調査研究センター、二〇〇一年）。『大阪府枚方市所在　津田城遺跡　一般国道1号バイパス（大阪北道路）建設に伴う埋蔵文化財発掘調査報告書』（財団法人大阪府文化財調査研究センター、二〇〇二年）。
（7）さしあたり研究史を整理したものとして、久留島浩「村が『由緒』を語るとき」（久留島浩・吉田伸之編『近世の社会集団』山川出版社、一九九五年）をあげておく。
（8）以下に述べる津田山山論の経過は、『津田史』五二九頁〜五五五頁および『枚方市史』第一巻一三〇頁〜一五〇頁による。

（9）津田村氏神から五ヶ村惣社へと変化する過程は、本書第一部第二章「城郭由緒の形成と山論」。
（10）『津田史』三〇頁・三二一頁〜三二六頁や、前掲註（6）稲城論文に紹介される尊延寺所蔵の大般若経奥書から、この経典が文永一〇年（一二七三）に中原宗包によって奉納されたことは明らかである。稲城信子「鎌倉期における経典印刷と流布」（同『日本中世の経典と勧進』塙書房、二〇〇五年、初出一九九七年）が指摘するように、大般若経の摺写にはそれなりの財力が必要であるから、中原氏は相応の勢力を持っていたことが窺える。
（11）和銅から貞応までの出来事については言及しないが、後述のように【三之宮1】は創作であることから、事実である可能性は極めて低い。
（12）『津田史』二八六頁。
（13）ちなみに、津田村の庄屋年寄らが連署した明和三年（一七六六）の「覚」の写（『津田山訴訟記』五一頁）では、「三百弐拾五年以前ノ棟札」すなわち嘉吉二年の棟札が存在すると述べている。
（14）『津田史』二七三頁。
（15）三宅家文書その一、九七三号（枚方市史資料室蔵写真帳）。三宅源治郎は、津田村長を二六年余つとめるなど、多大な功績を残した人物である（『津田史』四九七頁）。
（16）守口市松井淳氏所蔵文書（枚方市史資料室蔵写真）。
（17）棟札の最後に、「元和三ヨリ寛永十七迄廿三年也、合三百八十三年」とあるのは寛永一一年から慶安二年の間、「三之宮由来書集」などにみえる寛永一七年の鳥居造営を追記したことに伴うものと思われる。【記録2】に鳥居造営の記事がみえないのは、筆写の段階で省略されたか、見落とされたためであろう。
（18）例えば、本書第一部第二章「城郭由緒の形成と山論」で明らかにした三之宮神社惣社化の時期など。
（19）山本甚助氏所蔵文書。
（20）ただし、「三之宮由来書集」にみえる貞享の棟札と思われるものは津田村に保管されていた。「見聞予覚集」元禄五年一〇月二〇日条（『枚方市史』第九巻三五二頁）に、「夜拙者所へ三ノ宮棟札取ニ来、頃日穂谷村ト出入有故」とあるように、山論が勃発した段階では棟札の現物を証拠に用いている。その後、棟札写に証拠が変更されるのは、この方が古かったことを示している。なお、『枚方市史』第九巻七三一頁の解説にあるように、津田村役人の日記は右の「見聞予覚集」（元禄期）のほか、記主によって、「見聞覚知記」（正徳・享保期）・「見聞録」

（延享～享和期）・「見聞録」（文化・文政期）の四種に大別される。このうち『枚方市史』で翻刻が欠けている部分は、拙稿「史料紹介　津田村役人日記『見聞録』補遺」（『枚方市史年報』第七号、二〇〇四年）および稲吉昭彦「史料紹介　津田村役人日記『見聞日記録』」（『枚方市史年報』第一七号、二〇一五年）で補っている。

(21)　もちろん、新兵衛は実在の人物である。「見聞予覚集」元禄七年七月八日条（『枚方市史』第九巻三九二頁）に、「私部村大工新兵衛見廻ニ被来、則棟札之写返シ、銀子壱両遣ス」とあるように、半年後には新兵衛へ棟札写を返却している。

(22)　よって、【三之宮1】に基づいて片山氏が整理した津田地域の村落名の初見（『津田史』二七〇頁）は、津田は嘉禄二年→正嘉二年、穂谷・芝（尊延寺）は嘉禄二年→嘉吉二年、藤坂・杉は永仁六年→天正六年と訂正される。

(23)　『津田史』四八頁。

(24)　三宅家文書その一、九七六号。

(25)　中川政勝（正勝）は京都府京田辺市にある朱智神社の神職である（京都府立京都学・歴彩館蔵京都府庁文書M五—五九—二「神社御改正一件」）。

(26)　ただし、三之宮神社所蔵文書は「かつて当社の所属であったが」、「明治二十八年十二月津田三宅源治郎、穂谷上武庄太郎両氏によって買い戻され」たと誤解している（『津田史』二七二頁）。

(27)　『史蹟調査委員会報』第三号（大阪府、一九一六年）によると、大正五年（一九一六）に大阪府史蹟調査委員会が四條畷中学校で主催した郷土史料展覧会では、三之宮神社所蔵の「穂谷総社記録」や「河内国交野郡五ヶ郷惣侍中連名帳」をはじめとした縁起・記録類五点と「河内国古趾名地細見測量図彙」の絵図一点が出展されている。上記の絵図は、「大永七年倉治玄蕃允ノ調製セシ古絵図」で（三宅家文書その四、四六号）、現在はその存在が確認できないが、【記録3】によると【三之宮1～5】の他に「河州北部半国国絵図」なる史料も一括で購入しているのでこれに該当する。

展覧会では、そのほかにも塚本家所蔵の「塚本氏系譜」、西村家所蔵の「西村氏系譜」、村田家所蔵の「村田系譜」、上武家所蔵の「上武系図」、影山家所蔵の「影山系図」、重村家所蔵の「重村系図」、長伝寺所蔵の「神田系図」、南家所蔵の「南家系図」に加え、三宅源治郎所蔵の「村島系図外十点」（そのなかには「津田系譜」・「藤井系譜」・「北田系譜」・「生島氏系譜」・「辻氏系譜」・「安見氏系譜」が含まれる）など、府外の山村家を除く概ね全ての系図が出展された。ここでは村島家や生島家の系図が三宅家所蔵となっているが、【記録3】ではすでに売却されたかのように記されており、若干の齟齬もみられる。

(28)『津田史』三〇五頁。【津田系図】を含む売れ残った六家の系図は三宅家に保管されていた。このうち「保見氏系図譜」（交野市立歴史民俗資料展示室蔵複写版）は、戦国期に交野（私部）城を拠点に活躍した安見氏の系図である。『交野町史』改訂増補一（交野町、一九七〇年）一八〇頁・一九三頁・二〇三頁・二〇七頁・三七八頁などでは、この系図を積極的に引用して安見氏の姿を描いている。

安見氏といえば、弓倉弘年「天文期の政長流畠山氏」（同『中世後期畿内近国守護の研究』清文堂出版、二〇〇六年、初出一九八九年）が、従来の通説であった安見美作守の「直政」という諱は誤りで、正しくは「宗房」であることを明らかにした。弓倉氏は、「直政」の名は太田亮『姓氏家系大辞典』第六巻（国民社、一九四四年）が引用する「安見系譜」にみられる程度で、他には見出せないとする。その『姓氏家系大辞典』は、「安見系譜」を津田村三宅氏所蔵として紹介していることから、通説として流布していた「直政」は、三宅源治郎が購入した系図を一つの根拠としていたのである。

ただし、「安見直政」の名は享保年間に編纂された『日本輿地通志』畿内部（『大日本地誌大系』一八巻、雄山閣出版、一九二九年）、いわゆる『五畿内志』河内国交野郡の「私部城」の項にも永禄期の城主としてすでにみえる。そこでの人物像からすると、「直政」の出発点は、京都大学文学部国語国文学研究室編『室町殿日記』上・下（臨川書店、一九八〇年）であろう。この史料の信憑性については、今谷明「戦国期軍記文学の虚構と事実」（『文学』第五三巻第一〇号、一九八五年）を参照されたい。

そのほか、奥野高広『増訂織田信長文書の研究』上巻（吉川弘文館、一九八八年）五二二頁では、『姓氏家系大辞典』の三宅源治郎購入文書を引用し、文書の受給者「片岡氏は河内交野郡津田村の住人であったろう」と推定している。この記述はさらに『枚方市史』第三巻一四頁にも引用される。『姓氏家系大辞典』は、安見氏の系図に限らず三宅源治郎が購入した文書を多用しているので注意が必要である。

(29)『ふるさと椿井の歴史』（京都府山城町椿井区、一九九四年）や藤田恒春「信長侵攻期近江南郡の村と『元亀の起請文』」（『国立歴史民俗博物館研究報告』第七〇集、一九九七年）など。

(30)近世の宮座の座次を記した「三之宮由来書集」や【記録2】後半と名字がほぼ一致する。

(31) 本書第二部第三章「椿井文書が受容される理由」。
(32) 阪本平一郎氏所蔵文書その三、行政三号～五号（枚方市史資料室蔵）。
(33) 『枚方市史』第二巻二四九頁～二五六頁。
(34) 『交野市史』民俗編（交野市、一九八一年）四二六頁・二九九頁。
(35) 『日本紀略』天長八年八月二〇日条（『新訂増補国史大系』一〇巻三三二頁・『枚方市史』第六巻古代編一一二号）。
(36) 「見聞覚知記」享保一九年九月七日条（『枚方市史』第九巻四八九頁）。
(37) 「見聞記」宝暦七年九月四日条（『枚方市史』第九巻五〇八頁）。
(38) 『河内鑑名所記』（上方芸文叢刊刊行会、一九八〇年）。
(39) 前掲註（28）『大日本地誌大系』。
(40) 『河内名所図会』（柳原書店、一九七五年）。
(41) 「見聞予覚集」元禄四年閏八月七日条（『枚方市史』第九巻三一九頁）。

第二章　城郭由緒の形成と山論
――津田城と津田氏の虚像――

はじめに

由緒書は、内容そのものの信憑性こそ低いものの、近年は近世史研究の素材として重視されつつある[1]。そこで指摘されてきたことを本章と関わる限りで端的にまとめると、以下の五点になる。①個人や家の由緒がさまざまに関連し合いながら、利権を確保するための村の由緒となっていく。②村が由緒を自覚するのは、村にとって危機的状況である場合が多い。③由緒の筋を創るためには、調査や学習など歴史研究が不可欠である。④由緒を記した訴状など、由緒考証の過程や結果を示す文書が作成される。⑤由緒を定着させるために教化活動を行う。

近世史研究では、仮に内容が史実ではなくとも、由緒書が作成される歴史的背景や目的から近世社会の特質に迫れるが、中世史研究の場合は、史実を反映したものと期待して由緒書に頼ってしまうこともある。その結果、十分な史料批判もなく由緒書を使用したために、誤った歴史認識が定着してしまう事例もままみられる。その一つに寺内町研究があげられよう。この分野でも、近年由緒書の批判的利用を通じて、新たな寺内町像を提起している[2]。

しかし、従来の研究は、中世史もしくは近世史のいずれかの視点に偏っており、由緒書を通じて中世史から近世史にかけてを通時代的に描く試みはあまりなかった。もちろん、そのような必要性がなかったためと思われるが、史料的制約が大きい地域を対象としなくてはならない場合は、かかる手法も有効なのではないだろうか。そこで本章では、これまでの由緒研究に学びつつ、由緒作成の目的とその背景にある社会状況から近世史を描き、そのうえで由緒の批判を通じて得られた情報から中世史を描くという手法で、一つの地域史を構築してみたい。

その素材として有効なのは、中世城郭の由緒だと考えている。その理由として、次の四点があげられる。①中世から近世を通じて、城郭がその場に実在する。②全国どこにでもあるので、汎用性の高い議論ができる。③城郭には地域シンボルとしての性格が必然的につきまとうので、近世の人々の地域史に対する歴史観を捉えやすい。④中世段階における利用の実態を示す縄張によって史料的制約の欠を補えるだけでなく、その情報をもとにした由緒書の史料批判も視野に入れられる。

城郭の沿革を調べる際に、小規模な城館などは由緒書や地誌類に頼らざるを得ないことが多い。それらの記述と縄張が一致しないことを理由に、城の由緒が創作されている可能性を指摘することはこれまでもみられた。(3)あるいは、城主由緒の作成背景が検討されることもある。(4)しかし、現在のところその危うさを指摘するに留まり、縄張研究と由緒研究を本格的に突き合わせた研究はない。その点では実験的な試みといえるが、汎用性を示すことができれば、地域史研究の一つの方法として提示できるのではないかと考えている。

本章の具体的な対象は、大阪府枚方市東部にある津田城である。この城は、北河内で最大級の国人領主である津田氏の居城と考えられてきた。津田城や津田氏を含む津田地域の中世史を真正面から扱った研究は、現在のところ片山長三氏による『津田史』のみといってよい。(5)それ以降の津田氏に関するあらゆる言及は、全て『津田史』に依拠しており、研究の進展はほとんどみられない。(6) 前章でも指摘したように、片山氏による中世史の叙述は、由緒書に多くを依拠している。(7) ゆえに検討の余地は大いにある。

一　津田地域の概要

1　津田城の位置と縄張

図2・図3に示したように、津田城は河内の北東端に程近い国見山（津田山）の山頂（標高二八五m、比高二一五m）に位置する。(8) その名の通り、山頂からは河内平野を一望でき、眼下には淀川や枚方寺内町・招提寺内町なども収める。この国見山を中心として、西麓の津田村から時計回りに藤坂村・杉村・尊延寺村（中世では芝村と称す）・穂谷村までの五ヶ村が、中世以来三之宮神社を核として結束していた。本章では、以上の五ヶ村を総称して津田地域とする。このうち、杉村以東が山間部に属している。

淀川堤防上の京街道が成立する以前まで、京坂間のメインルートは津田城からも程近い東高野街道であった。それと並行する脇街道の山根街道が、藤坂村と津田村を通っている。そして山根街道を津田村から東に分岐すると、杉村と尊延寺村を経由して山城国田辺に至り、京都や奈良へと続く。さらにこの道の途上にあたる尊延寺村で分岐し、南下すると奈良への抜け道となる。このように、津田地域は国境周辺の山間部にありながらも、京都・奈良間の往還に位置し、さらにそこから畿内の大動脈である淀川へも繋がる場所であった。津田地域は、河内国の辺境と捉えられがちであるが、河内・山城・大和の境目に位置する交通の要衝でもあることに留意しておかねばなるまい。

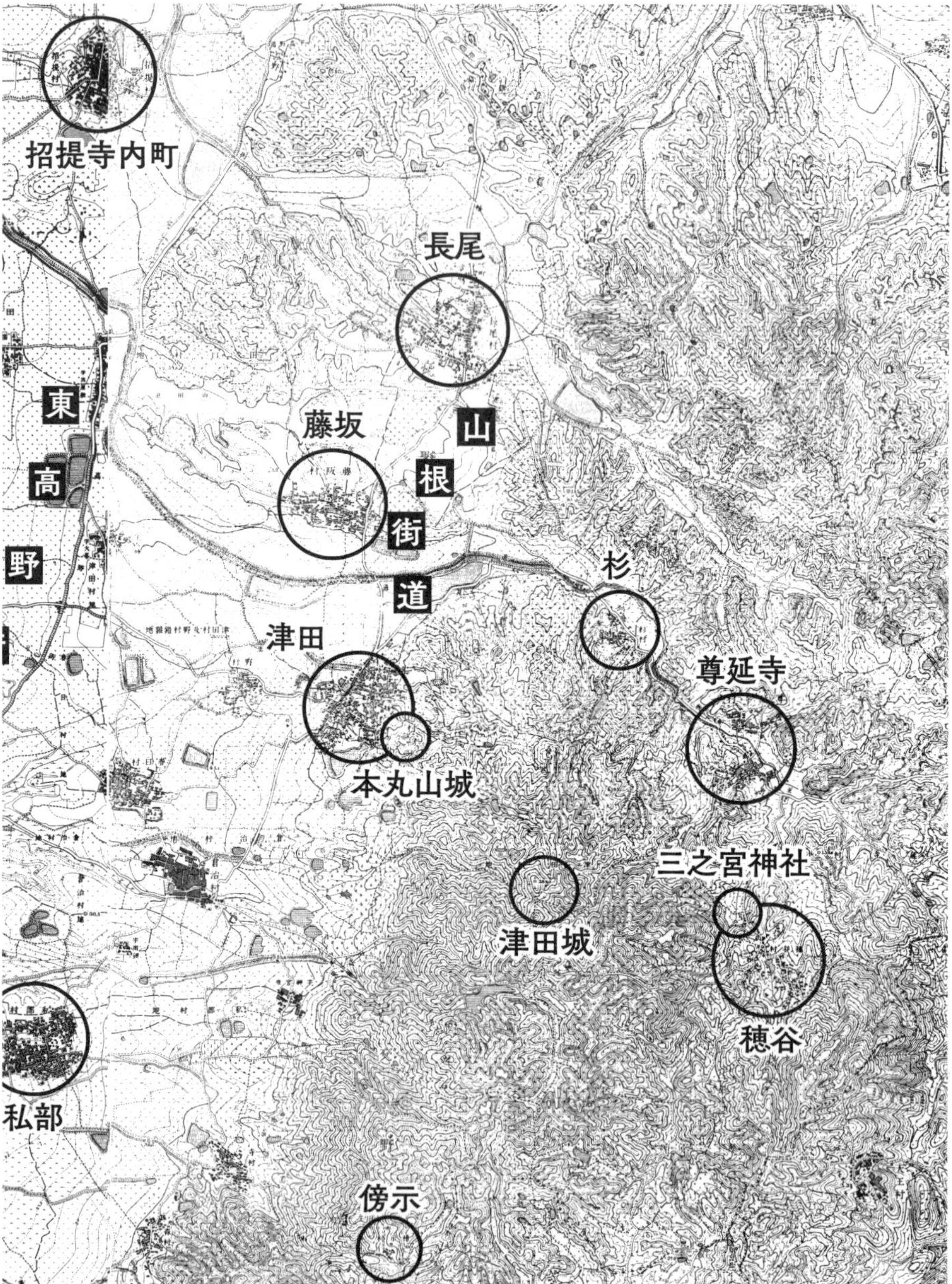

図2　津田地域周辺地形図(仮製二万分一地形図)

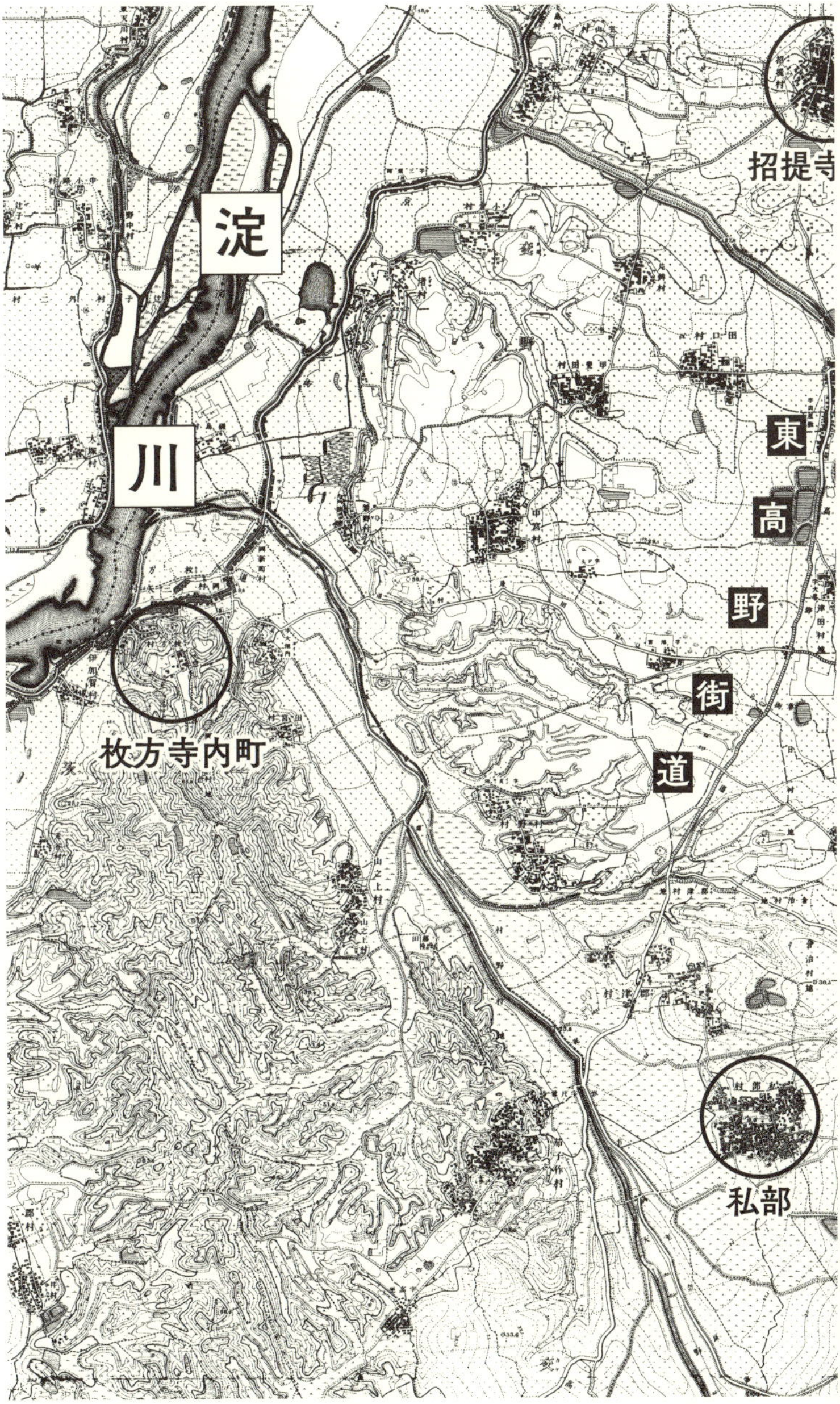
淀
川
招提寺
東
高
野
街
道
枚方寺内町
私部

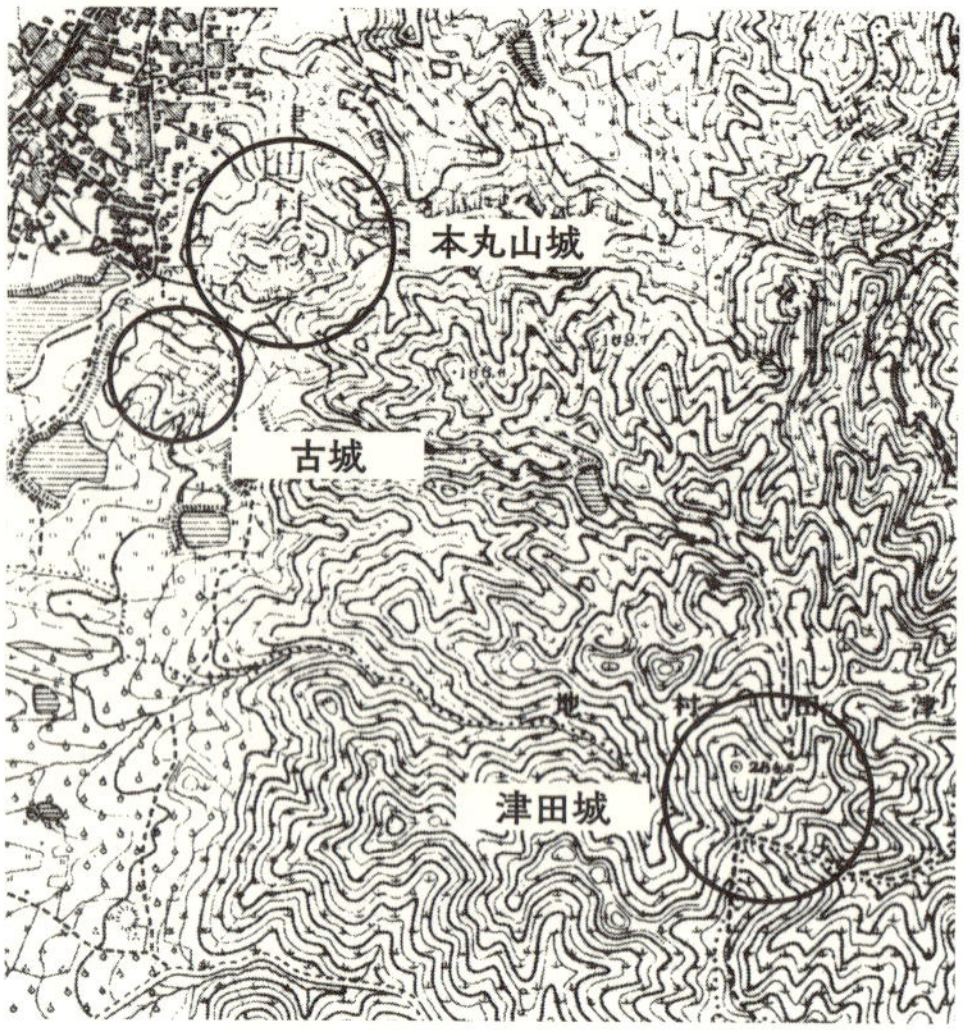

図3　津田城・本丸山城部分拡大図

さて、狭義の津田城は、国見山山頂の国見山城を指すが、地元では西麓の丘陵上に立地する本丸山城と古城を加えた三城を総称して津田城とすることもある。本章では、それぞれ津田城・本丸山城・古城と呼ぶことにする。

そのうち津田城は、麓からの比高が相当あるため、通説に従うならば、津田氏はかなりの勢力を保持していたと考えねばなるまい。一方で縄張をみると、図4のように曲輪の階層秩序はほとんどみられず、城郭であるかどうかも疑問を抱かずにはいられない。しかし、土塁に挟まれた虎口A周辺に城郭としての性格を窺うこともできる。土橋状のBは自然地形に近いが、その両側はかなりの急斜面となっており、虎口Aとも合致することから、土橋として機能しないわけではない。

そして津田城最大の特徴は、北西・北東に延びる土塁C・Dである。虎口A付近では明瞭に土塁を形成しているが、その先は切り立った尾根と同化しており、どこまでが遺構であるかはっきりしない。この土塁C・Dは東西に広がる一方で、城下への通路にあたる北面を防御する意志は一切みられない。

中心となる曲輪は、曲輪Ⅰ・Ⅱと思われる。津田城の最高所は土塁Cの北端部で、曲輪Ⅰ・Ⅱはそこからかなり下った谷地形の最奥部となる。現在は、中央を遊歩道が走っているため分断されているが、曲輪Ⅰ・Ⅱの平坦面が一致することから、本来は一つの曲輪であったと考えてよいだろう。そのように復元すると、曲輪Ⅰ・Ⅱは方形を意識していることが確認できる。しかし、ここを除くと至って居住性が少なく、(9)しかも山頂部を防御する意志がほとんどみられない。

このような非居住性から、津田城は詰城で、山麓に平時の居館があったとする説も地元にはあるが、現在のところ居館の存在は確認されていない。北面を防御する意志がない異様な縄張については、片山氏のほか中井均氏も、全山一体での防御を意図していたと説明する。(10)確かに、山頂部単体ではなく広域での防御を意図しているという視点は重要だが、本拠地の詰城と理解するならば、文字通り最後の砦として山頂部にて防御が完結している必要があるだろう。また、中西裕樹氏によると、中河内・北河内には三好長慶の居城として著名な飯盛山城と津田城のほかに山城は存在しないようである。(11)このよう

図4　津田城縄張図（馬部隆弘調査・作図）

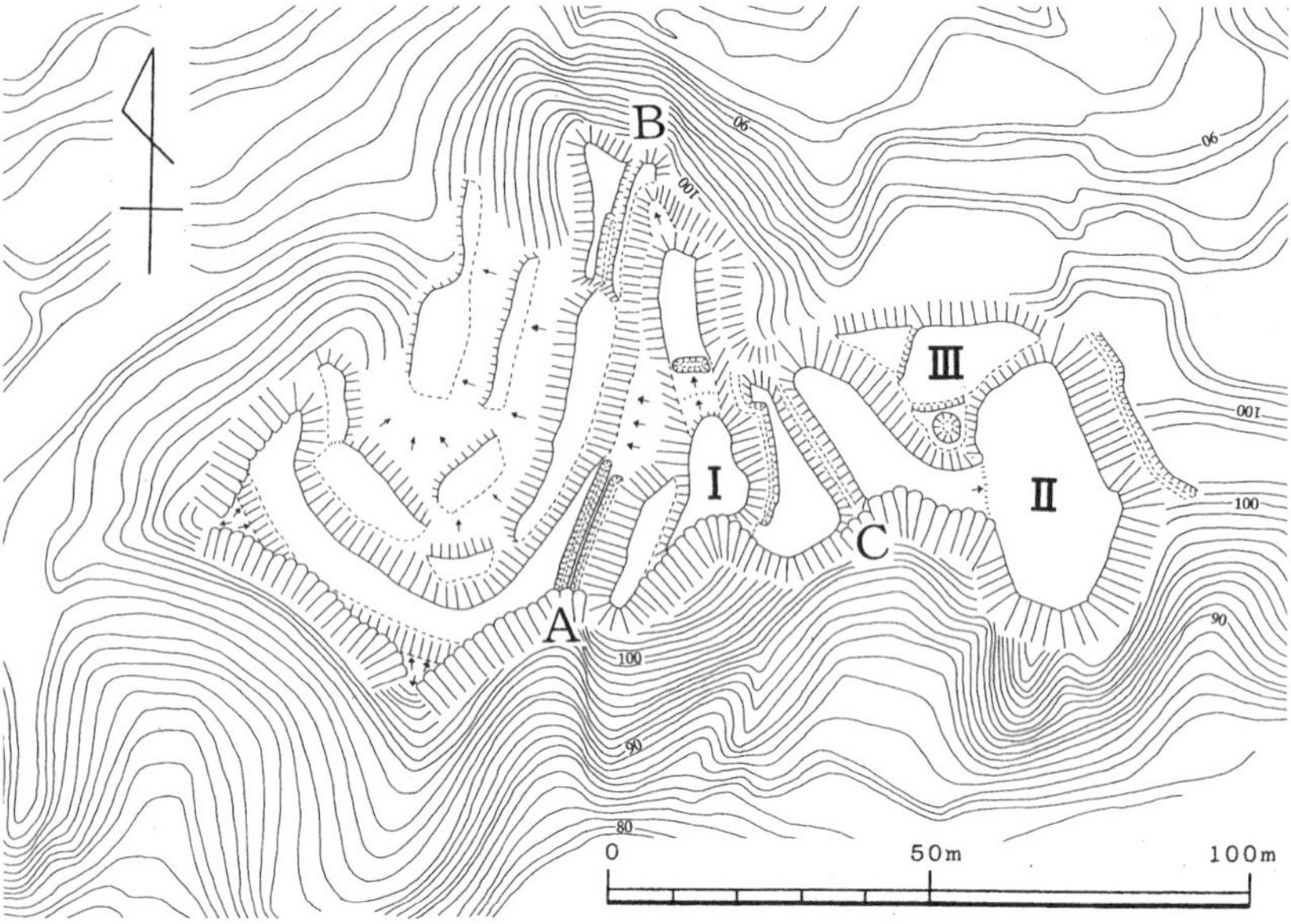

図5　本丸山城復元縄張図（馬部隆弘作図）

な分布もあわせて勘案すると、単なる詰城ではなく、ある特殊な目的のために比較的規模の大きい勢力が築いた城と推測される。

標高一一〇m（比高四〇m）の小丘陵上に立地する本丸山城は、通説では津田正時によって天正四年（一五七六）に築かれたとされる。残念ながら現在は、丘陵ごと削平され住宅地となっているが、発掘調査報告書や航空写真に基づいて、図5のように縄張を復元した(12)。

近世以降は畑地となっていたうえ、南面で大規模な崩落を起こしているように、地盤が花崗岩質で非常に崩れやすいため遺構の原状が不明な点も多い(13)。ただし、ピーク部分の主郭Ⅰ周辺を囲繞した横堀A・B・Cなどが確認できるように、津田城に比較すると技巧的である。さらにこの横堀Aは二重堀であった。また、最も幅のある横堀Cを渡った東の鞍部には、居住空間と思われる城内最大の曲輪Ⅱも存在した。この曲輪Ⅱと下段曲輪Ⅲの間には、粘土で覆われた溜池が付随している。このように横堀Cの東側は、居住空間として明確に使い分けられている。

以上のように、本丸山城の築城プランは比較的整っている。もちろん、一般的にみれば、必ずしも卓越しているとは言い難いが、周辺に類似の遺構が見出せないうえ、横堀Cの断面から相当規模の普請量を読み取れるので、津田城に比較すれば明らかに技巧的といえる。詰城の津田城に対し、平時の居城として本丸山城をあげる説もあるが、このように縄張が懸け離れていることや、柱穴や礎石などがほとんど検出されていないことから疑問も残る。よって、本丸山城の築城主体も本章の検討課題となってくる。

残る古城は、本丸山城の南西約二〇〇mにある小丘陵に位置する。津田氏以前に当地を支配していた中原氏の居城とされるが、城郭としての遺構は現状からも発掘調査でも確認できていない。そのため、本章の検討からは除外する。

2　津田地域の中世史と山論

津田地域では、片山氏の尽力によって数多くの由緒書が発掘されたため、河内では他に例をみないほど詳細な中世史が描かれている。(14) その正否はともかく、まずは片山氏が描いた津田地域の中世史について、津田氏に関わる部分に絞って概観しておく。

鎌倉期には、中原氏が当地域に勢威をふるっていた。中原氏は、三之宮神社の宮座を掌握しており、それを媒介として支配していたとされる。実際、尊延寺が所蔵する大般若経には、文永一〇年（一二七三）付の中原宗包の奥書を複数みることができる。(15)

中原氏による支配はしばらく続くが、延徳二年（一四九〇）に楠氏とも橘氏ともいわれる人物が到来して、津田周防守正信を名乗り、国見山に津田城を築城することで当地の支配関係は一変する。当初、中原氏は津田氏に臣従するも、津田氏が三好長慶と結び、さらに宮座を掌握することで次第に駆逐されていった。

津田正信の孫にあたる正明の代には、三好長慶から津田地域のみならず、牧八郷（枚方市中西部）と友呂岐六郷（大阪府寝屋川市北部）を安堵され、合わせて一万石を支配したとされる。津田氏は招提寺内町に拠る蓮如の息子蓮淳とも婚姻関係を結び、近辺では最大の国人となった。

正明の子にあたる正時の代になると、永禄一一年（一五六八）には松永久秀に味方し、三好義継を津田城に迎え入れるなど重要な拠点となるが、天正三年（一五七五）に織田信長勢によって居城の津田城が焼かれ、正時は津田から逃亡する。翌年、再び津田に戻ってきた正時は、居城を津田城から山麓の本丸山城に移す。しかし、天正一〇年の山崎の合戦では、明智光秀の誘いを断ることができず参陣し、再び逃亡の身となった。

天正一二年には、豊臣秀吉に許されて津田で二〇〇石を宛行われるが、元和元年（一六一五）の大坂の陣では正時の子にあたる新八郎が豊臣方についたため、山城八幡に幽居することとなる。以後、津田氏が津田に戻ることはなかったという。

片山氏は表1に掲げたような様々な由緒書を駆使して、如上の歴史を説明した。なお、表1には、片山氏が用いたもの以外にも、管見に入った津田地域の中世史に関わる由緒書を追加しておいた。以下、ここから引用する際は、表の番号を用いて【記録1】のように表記することとする。

このうち前章では、片山氏が三之宮神社の歴史を説明する際に用いた【三之宮1】「穂谷三之宮大明神年表録」と【三之宮2】「河州交野郡穂谷惣社記録」が、いずれも椿井政隆によって創作されていることを明らかにした。椿井政隆が作成したものはそれだけでなく、【三之宮1～5】の三之宮神社文書および【上武系図】・【西村系

表1　津田地域の中世史に関する古記録

番号	史料名	所蔵	典拠・備考
三之宮1	穂谷三之宮大明神年表録	三之宮神社（穂谷）	『枚方市史』6巻268頁・『津田史』265頁
三之宮2	河州交野郡穂谷惣社記録	三之宮神社（穂谷）	『枚方市史』6巻272頁
三之宮3	河州交野郡五ヶ郷惣侍中連名帳	三之宮神社（穂谷）	『枚方市史』6巻270頁・『津田史』268頁
三之宮4	氷室郷穂谷氷室遺址権輿記	三之宮神社（穂谷）	『枚方市史』6巻267頁
三之宮5	氷室本郷穂谷来因之紀	三之宮神社（穂谷）	『枚方市史』6巻267頁
上武系図	上武治正氏所蔵記録	上武家（穂谷）	『津田史』48頁
西村系図	西村勝三氏所蔵系図	西村家（津田）	『津田史』48頁
津田系図	津田氏家系記録	三宅家（津田）	『津田史』305頁
村嶋系図	村嶋家系図	深尾家（尊延寺）	
深尾系図	深尾家系図	深尾家（尊延寺）	
記録1	当郷旧跡名勝誌	尊光寺（津田）	『津田史』286頁
記録2	三之宮神社棟札・拝殿着座之次第写	松井淳氏（守口市）	原蔵者不明
記録3	郷社三之宮神社古文書伝来之記	三宅家（津田）	三宅家文書その1、976号（近代）
記録4	古跡書	三之宮神社（穂谷）	『津田史』273頁
記録5	三之宮由来書集	上武家（穂谷）	三宅家文書その1、973号（上武家原蔵）
記録6	国見城主歴代略縁	尊光寺（津田）	『津田史』279頁
記録7	三之宮旧記	山本家（津田）	『津田史』260頁
記録8	橘姓津田家系譜	山本家（津田）	山本甚助氏蔵文書53号
記録9	三ノ宮神社由緒記	三宅家（津田）	三宅家文書その1、953号
記録10	藤坂記録	松村家（津田）	『津田史』312頁・松村健三郎氏蔵文書7号
記録11	藤井氏記録	藤井家（藤坂）	『津田史』315頁
記録12	古座ノ記録	高島家（藤坂）	『津田史』318頁
記録13	藤井家系譜	藤井家（藤坂）	『津田史』319頁
記録14	系図語記	明善寺（藤坂）	『津田史』284頁
記録15	三之宮座中之留	枚方市史資料室	原蔵者不明
記録16	「三之宮由来書集」の奥書	三宅家（津田）	三宅家文書その1、973号（近代）
記録17	治郎兵衛宮由緒記	三宅家（津田）	三宅家文書その1、974号（近代）

註1）便宜上、『津田史』・『枚方市史』の史料名を尊重した。

註2）『津田史』・『枚方市史』に掲載されるもの以外は、枚方市史資料室蔵の原文書もしくは写真帳。

註3）三之宮1〜記録3については、本書第一部第一章「津田山の山論と三之宮神社文書」を参照されたい。

図】・【津田系図】・【村嶋系図】・【深尾系図】も含まれる。これらには、津田山の山論を有利に進めるために、穂谷村が主張していた由緒が反映されていた。ゆえに、これ以外の由緒書も、作成の契機が山論に求められる可能性は高い。そこで、津田山の山論について、あらかじめその概要を整理しておく。(16)

三之宮神社は、近世の穂谷村内に立地するが、中世段階では連綿として津田村一村の氏神であった。社殿の普請も常に津田村が願主で、他の周辺諸村は奉加という立場でしかなかった。しかし、時期ははっきりしないが、近世へと移行する過程で津田・藤坂・杉・尊延寺・穂谷村の五ヶ村惣社へと転化する。

これを背景として、近世の山論においては津田村と穂谷村の双方が、三之宮神社を自村領内と主張する。神社の帰属が重要視されたのは、津田山が屋形山、三之宮神社が屋形宮とも呼ばれるように、神社と宮山が一体であることによる。津田山の用益権と三之宮神社の帰属問題は直結していたのである。

確実な史料で確認しうる限り、津田山の山論は元禄五年（一六九二）に端を発する。この問題は、元禄七年に穂谷村とそれに荷担した尊延寺村によって京都町奉行所での訴訟に持ち込まれる。そして翌八年に裁決が下された。その結果、山年貢は津田村の高についており、物成も五ヶ村家数に割り付けたものを津田村が取り集めていることから、津田村が山本であることが決定した。これは三之宮神社の宮本が、津田村に確定したことをも意味する。しかし、穂谷村にとっては、この決定が不服であったに違いない。その後、波はあるものの、近代に至るまで津田村と穂谷・尊延寺村の間には、緊張関係が続くこととなる。

前章では、このような状況下で主張された穂谷村の由緒を検討した。その結果、穂谷村は往古より三之宮神社の祭祀に関わっているとみせかけつつ、そこでの津田村の支配的立場は鎌倉期にはすでに解消されたと主張する由緒を作成していたことが明らかとなった。このように、穂谷村の由緒は、三之宮神社との関係や五ヶ村の並列を強調する傾向にあった。

ここから敷衍すると、本章で検討対象とする津田村に残された由緒は、津田村が他の四ヶ村に対し、支配的立場を取っていたことを強調するものと予想される。その他の村も、津田山用益権の正当性をことさらに主張するであろう。近世側の視点からは、このような仮定のもと、由緒の分析を進めたい。これを次節の課題とする。一方、中世側の視点に立つと、如上の問題を惹き起こした津田村氏神から惣社への変化に大きな転換点を見出せる。よって、この変化の歴史的な意義について、第三節にて考察する。そして第四節では、以上の検討から導かれる津田城と津田氏の実態について総括する。

二　津田氏由緒の創出とその展開

1　津田氏由緒の創出

津田氏の系譜は、初代の正信に始まって正忠・正明と続き、正時に至るとされる。現在のこの津田氏の系譜は、【記録６】をもとに片山氏が整理したものである。

【記録６】「国見城主歴代略縁」

津田周防守橘正信

人皇百四代後土御門院御宇、将軍義尚公御治天、延徳二戌暦、当河内ノ国悉ク兵乱起テ、国安カラズ、其頃河南ニ於テ楠氏橘正成世々ノ孫橘正信、時ヲ得テ此ノ津田ニ地名ヲ執リ、津田周防守ト号シ、津田邑ト尊延寺邑・芝邑・穂谷村、此ノ四ヶ邑ヲ領シ、国見ニ城廓ヲ構エ、栄花ヲ極メ玉フ、時ニ文亀

三年年四月廿日卒ス、法号至徳院国城貫道居士、八十七齢、一男一女アリ、

津田備後守正忠

領ハ上ニ仝シ、復タ藤坂一邑ヲ取立テ玉フ、（中略）時ニ永正八未年七月十三日卒ス、法号明徳院現忠淳道居士、四十二齢、三男一女アリ、

息女織枝　同郡招提村敬応寺蓮淳法師ノ次室、（後略）

津田後周防守正明

同国飯盛山城主三好長慶ニ随ヒ、交野・茨田両郡ノ内、友路岐六郷・牧八郷合セテ一万余石ノ主ト成リ玉フ、永禄四酉年九月五日卒ス、法名勧善院雪岳智道居士、七十六齢、三息アリ、

権太夫正則　辻本九郎右衛門兼宗養子ト成ル、法号法祐、後ニ尊光寺ト云フ、是ニ享禄四卯年八月十五日寂ス、

息女　早世　日月知ラズ、

市郎　仔細明ナラズ、

津田参河守正氏

大杉ノ本ニテ一村ヲ取立テ、杉本邑ト云フ、法号年月知ラズ、二十五齢、

津田主水頭正時

正氏ノ弟、当代初テ居城ヲ字大原ニ移ス、世ノ人本丸ト名附ク、
于時天正六寅年三ノ宮造営、正時宮座一老タリ、故ニ棟梁トナリ再造ス、棟札ニ記セリ、並ニ石燈籠
一対ヲ寄附ス、
于時天正十年六月三日、明智光秀山崎ニ於テ陣備シ畿内近国ノ軍兵ヲ招ク、故ニ主水頭黙止シ難ク馬
将十六騎ヲ以テ明智ニ属ス、光秀敗北シ主水頭ハ南山ニ春秋ヲ送ルコト三年、後旧里ニ帰リ、今ノ山
本宗助ノ屋敷ニ屋形ヲ建テ、其身ハ太閤ニ仕ヘ、二百石ヲ領ス、（中略）文禄四未年正月廿五日卒ス、
松嶺院道仙、七十二齢、
太郎　仔細不分明、
津田新八郎正胤
後小右衛門、大坂落城後旧里ニ帰ラズ、流浪ノ身ト成リ玉フ由古老ノ伝説ナリ、
九郎右衛門道場
尊光寺歴代
法祐・明祐・宗祐・教春・教祐・教専・教岸・教覚・竹翁・海翁・恵翁・仁翁
法祐ヨリ十二世ノ古親　現住重実

津田氏が津田地域や友路岐六郷・牧八郷を支配した事実は、一次史料では確認できないが、片山氏は【記録6】が津田氏の子孫を称する津田村尊光寺住職の筆であるうえ、他の諸記録と内容が合致することから、信憑できる系図とする。しかし、【記録6】の成立が新しければ、他の諸記録をなぞっただけということになるだろう。

そこで、まずは作成年代について検討しておく。末尾の「尊光寺歴代」のうち、確実な史料で遡れるのは、五代目の教祐までである。彼は、前章でも触れた【記録2】の筆者として名のみえる人物で、慶安二年（一六四九）段階の住職であった。また、元禄七年（一六九四）の寺社吟味に「尊光寺開基、享禄二己丑歳中法祐《九右衛門》と申僧開基仕、夫ゟ宗祐《孫右衛門》・教春《与兵衛》・教祐《久兵衛》・教専《号尊光寺ト》・教峯、当住教覚迄七代ニ而御座候」とみえることから、(17)「尊光寺歴代」そのものは、ある程度信用してもよいかと思われる。その後は、享和二年（一八〇二）に恵翁の名が、文政一一年（一八二八）には病気の恵翁に代わって仁翁の名がみえ、弘化元年（一八四四）には仁翁の跡を継いで秀翁が住職となっている。(18)

つまり、「法祐ヨリ十二世」の「現住重実」とは秀翁のことである。秀翁は、少なくとも慶応四年（一八六八、同年明治に改元）までは住職をつとめている。(19)したがって、秀翁によって作成された【記録6】は、幕末から明治にかけての成立ということになる。片山氏は、他の諸記録と内容が一致する【記録6】を高く評価するが、過去のものを参照して作成したに過ぎないといえよう。

その反面、【記録6】には、他の記録にはみられない没年月日や年齢などの細かい情報も記載される。それらの情報もかなり怪しい。一例として、招提寺内町の蓮淳に嫁いだとされる初代正信の娘織枝に着目したい。蓮淳が招提寺内町に入部したとされるのは、天文一三年（一五四四）のことである。(20)正信は文亀三年（一五〇三）に没することから、仮に正信八七歳の時の子であったとしても、織枝は三九歳以降に嫁いだことになる。

そもそも、【記録6】以前のものであることが明らかな【記録1】「当郷旧跡名勝誌」や【記録7】「三之宮旧記」では、初代が「津田周防守」、二代目も「津田周防守」、そして三代目が「津田主水頭正時」とされる。ところが、【記録6】ではすべての諱を補ったうえで、「正忠」の一代を加えて正信―正忠―正明―正時の系譜に改変しているのである。したがって、【記録6】を拠り所とした津田氏の系譜は退けるべきであろう。

では、【記録1】や【記録7】は信用できるのであろうか。[21] 例えば【記録7】には、津田氏が延徳二年（一四九〇）に津田に来て国見山に城郭を構えたことや、[22]「牧八郷并茨田郡之内ともろき六郷以上田畠山三千町之大主と成て、国見之城ニ栄花を極む」といったことがみえる。【記録1】にも「飯盛山ノ城主三好長慶ニシタガヒ、右ノ二村（穂谷村・尊延寺村―筆者註）ト牧八郷ト供路宜六郷ト合テ三千町知行シ玉フト也」と出てくる。このように、津田氏による一円支配を誇張する点においては、【記録6】と共通する。

注目したいのは、【記録1】の天和二年（一六八二）、【記録7】の貞享元年（一六八四）という作成の年代である。いずれも元禄五年（一六九二）に始まる訴訟の直前なのである。おそらくは、山論が惹起しはじめた時期にあたるのであろう。ここから、三之宮神社や津田山の帰属を主張するために、中世以来の支配関係を主張した由緒を創出したのではないかと考えられる。そのために津田氏の一円支配が誇張されたと想定したい。なぜなら、穂谷村側の由緒に津田村が主張するような津田氏の姿は一切みえないからである。そのうえ、【記録1】・【記録7】以前にこの種の記録も、この由緒を裏付ける史料も一切存在しない。

その狙いが端的に顕れるのは、訴訟の最中である元禄六年に、提出資料として作成されたと思われる図6の絵図である。[23] 津田山の中心に津田氏の居城として「国見山　津田水（津田主水）古城跡」が描かれ、そのまわりに広がる山々には「津田村山内」の書き込みが九つもある。そして国見山西麓の津田村内には、「津田村主水　二城本丸」、つまり第二の城、本丸山が描かれる。中心に津田村の津田氏の居城跡があるのとないのとでは、「津田村山内」を主張するこの絵図の説得力は全く異なるであろう。このように、城という動かぬ証拠があるため、津田村の主張には大きな説得力が伴うこととなった。

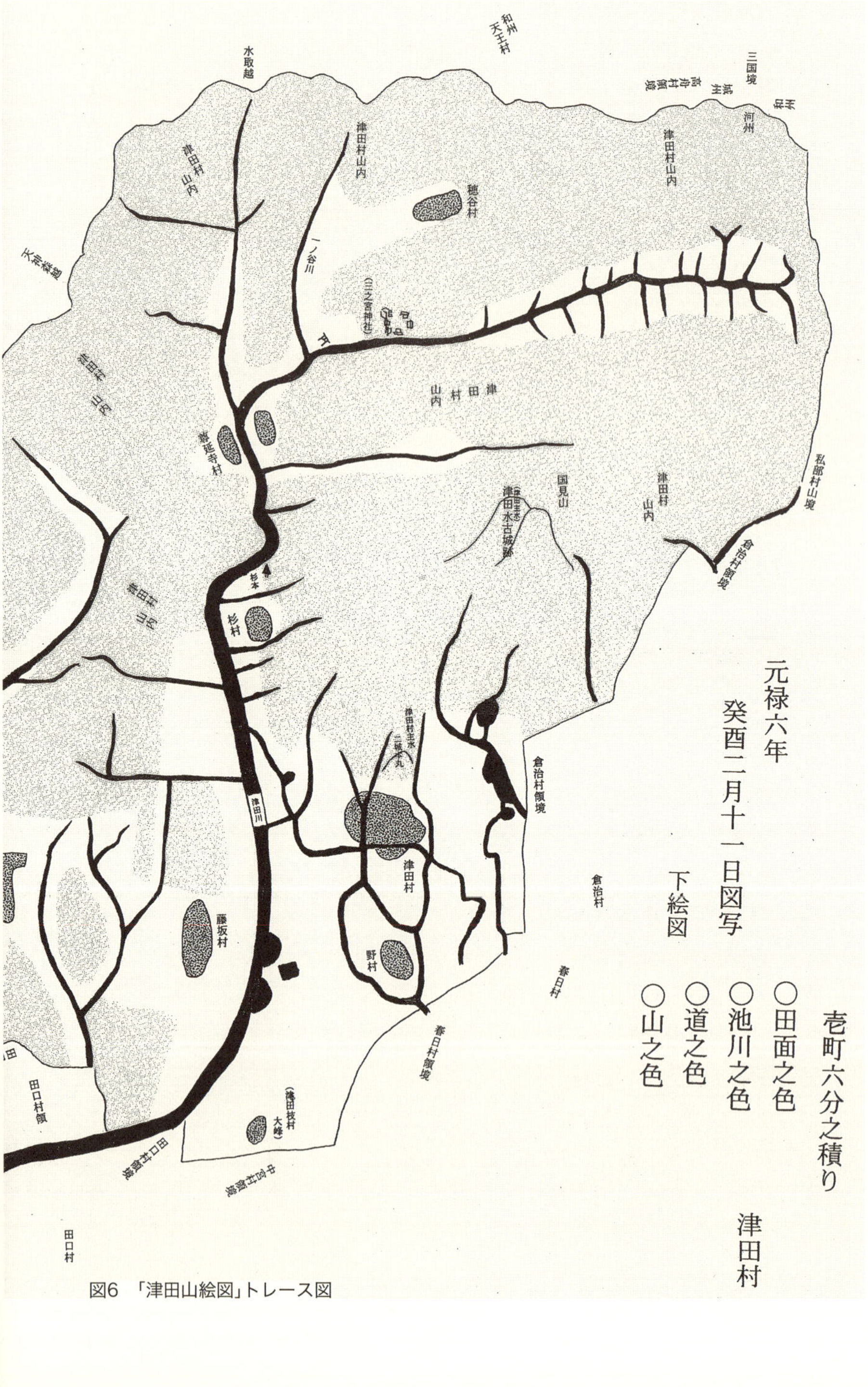

図6　「津田山絵図」トレース図

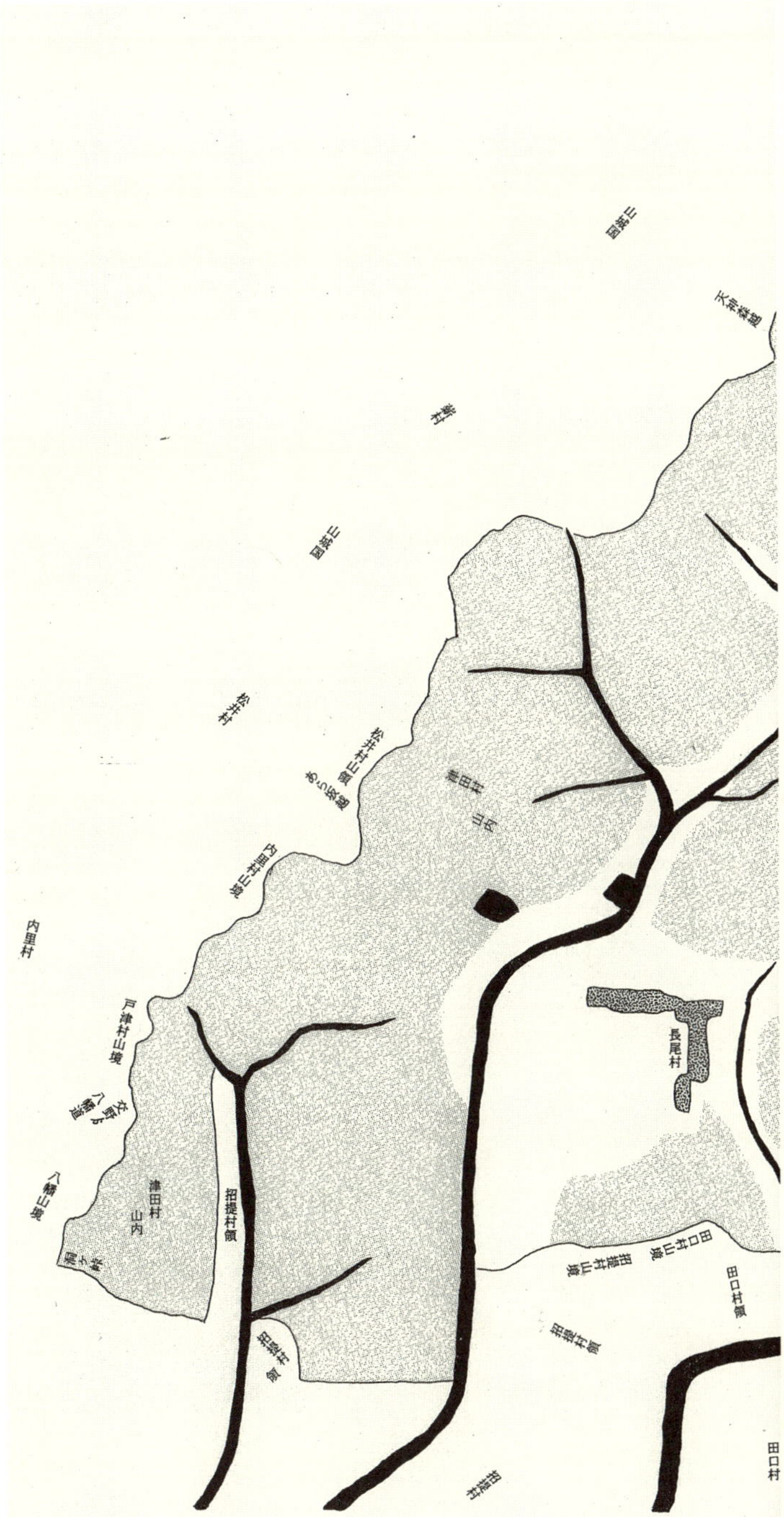
山城国
天神森越
新村
山城国
松井村
松井村山領
あら坂越
津田村
山内
内里村山境
内里村
戸津村山境
交野ゟ
八幡道
八幡山境
津田村
山内
招提村領
長尾村
招提村領
田口村山境
招提村山境
田口村領
招提村領
招提村
田口村

問題は、これらの由緒がいかに使われたかである。とくに【記録7】は「三之宮旧記」と題しながらも、内容の中心が津田氏の来歴であることに注意を払わねばなるまい。この点が【記録7】の主張したい点であろう。【記録7】の冒頭部分には「三ノ宮旧記若外雖有之、難相用、本記録相改写候所聊相違無之条、仍而如件」とあるように、内容の正当性を説いている。これは筆写の勧めとも理解できるだろう。事実、【記録7】の内容は津田村に拡がったようで、同文のものが【記録9】「三ノ宮神社由緒記」や【記録15】「三之宮座中之留」などにみられる。こうして山論の最中に、その真否は別として津田城と津田氏の言説は津田村内に定着したと考えられる。

2　津田氏由緒の転用と拡大

津田氏の由緒は、山論の勃発とほぼ同時に創出されたものと推測される。もちろん、史料が残されていないだけで、それ以前から津田氏の由緒が伝わっていた可能性も現時点では残されている。その点を否定するには、山論と津田氏の由緒が密接に関わっていることを確認する必要があるだろう。

時代は下るが、明治二年（一八六九）に河内県役所へ提出された「津田村明細帳」では、「古城跡并名所旧跡等無御座候」とされる。[24]三之宮神社の帰属裁判で勝利した津田村にとって、津田氏の由緒を主張する「熱」は次第に冷めていったのではなかろうか。

別の事例から、この「熱」の冷め具合をみてみよう。中原氏の居城ともいわれる古城の北側斜面には、自然石を十数個積み上げた津田正信の墓なるものがかつて存在した。[25]天明年間には、津田城主の子孫を自称する紀伊の津田太郎左衛門が、[26]この墓前に石灯籠を建てたいとの希望を申し出てくる。その希望を聞いた津田村の有力農民である山本甚介は、可否を問うべく、天明三年（一七八三）に津田村の領主である久貝氏へ「伺書」を提出した。[27]

その内容は、「右芝応と申所、私所持山ニ而御座候而、往古より此所ニ津田殿墓印と申石有之候処、私先祖茂津田殿へ奉仕候由緒御座候而、先年より右墓所私所持仕代参仕候、天正年中まてハ紀州御通路も有之候得共、其後紀州津田殿も御家没落之様子ニ而、慶長之頃ゟ右墓印私方石碑同前ニ取扱仕候処、百六・七拾年以前曾祖父之代、右芝応ニ有之墓印石同村馬場谷と申所へ移シ、其後廿年前後只今之墓所古城と申処へ持越置、私方より香花上ケ候」というものであった。[28]

中世に津田氏の配下であった山本氏は、近世に入ると津田氏の墓を代々守ってきたという。山本家文書から、その後紀州津田氏と文通や往来があったことは確認できるし、明治の初めころまで、天明五年銘の紀州津田氏が建立した灯籠があったようであるから、[29]「伺書」が提出されたことは間違いない。問題は「伺書」の中身である。実は、上記の見解は、あくまでも領主に対する表向きの言い分であった。

津田村役人の日記によると、天明三年六月五日に次のような出来事があった。[30]すなわち、「去ル丑年(天明元年)甚介(山本)方へ、記(紀)州津田太郎左衛門殿御出ノ節、御先祖御墓所之義御尋ニ付、久貝様ゟ村役人へ墓所有無之儀御尋候、依而村中組下ニ而寄合、相糺候所、墓所無之段申上ル」というのである。これより二年前の天明元年に、先祖の墓所を探していた紀州津田氏は、山本家を訪れていた。[31]それ以後の経過はよくわからないが、天明三年になると久貝氏を頼るようになり、その命によって津田村では津田氏の墓所さがしがなされたが、みつかることはなかった。もし「伺書」の内容が正しければ、この段階で津田村は墓の存在を報告しているはずである。したがって、「伺書」の内容は捏造された可能性が高い。

ここで重要なのは、領主である久貝氏が紀州津田氏の墓所探しに協力していることである。近世において、領内の史蹟を顕彰する行為は、領主にとって支配の正当性を追求する行為であった。[32]したがって、久貝氏にとって

「墓所無之」という津田村の回答は不服であったと思われるし、紀州津田氏に対する体面もあったであろう。そのため再度調査するよう要求しており、九月二三日に津田村は「寄合、先達而甚介一義又候吟味致可申候、久貝様ゟ申来ル」とみえるように改めて寄合を開いて対処法について談議している。

そして、一〇月二〇日には、「村役人・組頭寄合、先達而御尋墓所義、指構無之義、久貝様申上ル」と再び寄合を開いたうえで回答している。すなわち、「墓所無之」という回答は「指構」があってのものではなく、ないものはないと回答するしかなかったのである。ここから、久貝氏からの強い圧力が掛かっていたことが想像される。津田村もこの要求に四苦八苦していたとみられ、同年末には「甚介墓所事ニ付度々寄合、諸入用村中家別ニ九分掛リ」と村入用の記録がみられるように、この案件につき寄合を繰り返したため出費が嵩んでいた。

こうした葛藤の末に提出されたのが「伺書」だったのである。久貝氏からの執拗な追求に悩んだ結果、津田村が選んだ回答は、津田氏の墓を捏造するというものであった。このように、元禄の山論から一世紀も経つと、津田氏の由緒は領主側にも利用されるようになる。ここでの津田村は常に受身であった。津田村にとって、津田氏を顕彰しようとする「熱」はすでに冷めていたのである。

ただし、山本家だけは異なっていた。津田村では、右の一件を「甚介墓所事」とも称しているように、津田村で息を潜めつつあった津田氏の由緒を転用して、今度は山本家が津田氏の子孫を自称しはじめていたのである。紀州津田氏がまず山本家を訪れたのは、そのためであった。

山本家の主張は、同家に残る【記録8】「橘姓津田家系譜」から知ることができる。これによると、山本家の語る津田氏の由緒は、大筋では【記録7】「三之宮旧記」をもとにしていることが読み取れる。ただ、津田氏が山城八幡に逼塞したという【記録7】の続きに、津田氏はその後帰村して山本甚介と名を替え、家紋も改めたとという話が付け加えられる。少し離れた犬田村（枚方市印田町）の下野家には、天明五年に転写された【記録8】が残っていることから、[33]【記録8】の成立は少なくともそれ以前である。

【記録7】は、山本家に残る筆写本であるが、「延徳」とすべきところを「永徳」と誤写していた。[34]【記録8】はこれに素直に従い、津田氏が永徳二年（一三八二）前後に津田に到来したこととなっている。従って、元禄期に創出された本来の津田氏由緒では、最も活躍するはずである戦国期の叙述が系図から完全に抜けて、天正一〇年（一五八二）の山崎合戦に出陣する津田主水頭を「周防守七代孫」と短絡的に繋ぐ。その間二世紀は「土民トナリ閑居ス」として系図には何も記されない。このように、元禄期の山論段階では筋が通っていた話に新たな矛盾が生じていることから、山本家の由緒は元禄期からしばらく経過して改変されたとみられる。

以上のように、元禄期の山論で創出された村の由緒を、山本家は自らの家の由緒に転用したのであった。この事実も、津田村の由緒を語る「熱」が冷めていたことを示唆している。とはいっても、村の由緒を自らの家の由緒に転用することに対して、津田村が許容するかどうかは別である。天明三年に山本家から提出された「伺書」では、最終的に津田氏の子孫ではなく、「私先祖茂津田殿へ奉仕候」という関係に変化している。これは、寄合を繰り返した結果の妥協案と推測される。

村が由緒を語らなくなると、家が転用するということはここに留まらなかった。先述のように、【記録6】「国見城主歴代略縁」は、尊光寺住職秀翁が幕末から明治にかけて作成したものである。筆者が調査したところ、尊光寺にはこれ以外に四点の系図が存在していた。いずれも書き込みが非常に多いが、これは推敲と清書を繰り返しているためである。それぞれを比較すると作成順が明らかとなり、【記録6】はそのうち最終段階の清書であることが判明する。

一方、四点の系図のうち最初に作成されたものは、初代津田城主津田正信を橘姓楠木正成の子孫としている。そして、二点目の系図を作成するにあたって、あらかじめ永徳年間から戦国期に至るまでの七代の津田氏の名が掲げられる。以降【記録6】に至るまで、この七代を中心に矛盾のないよう推敲を加え、それとともに記載も詳細となっていく。このうち最初に作成された系図の原本は、その祖を橘姓楠木正成とする点が共通するように、【記録8】「橘姓津田家系譜」と思われる。【記録8】は、犬田村にも写本が確認できるように、ある程度流布していたが、「延徳」を「永徳」と誤写したことに伴い「周防守七代孫」まで二世紀もの欠落が生じる欠陥があった。尊光寺に残る系図五点は、この矛盾を克服し、かつ津田氏の子孫を山本家ではなく尊光寺住職にすべく作成されたものに他ならない。

重ねて家の由緒に転用されてしまっていることからも明らかなように、津田村にとっては由緒を語る意義が少なくなっていた。その理由は、次のように考えられる。元禄期の山論で、津田村が三之宮神社の宮本、津田山の山本であることはすでに確定し、津田地域の山論は小康状態となっていた。この間、三之宮神社においては、例年のように「五ヶ村立合雨乞」が行われており、津田地域内の対立は影を潜めている。(35) したがって、争いの種となる津田氏の由緒が語られることは、稀薄となっていたのであろう。

ただし、幕末に至ると、嘉永五年（一八五二）には山の用益をめぐって津田村民が穂谷村民を斬りつけるなど、山論は再燃しはじめる。そうしたなか、再び津田氏を顕彰する動きが起こった可能性もあるが、明治二年の「津田村明細帳」では、なお「古城跡并名所旧跡等無御座候」と記されていた。

ところが明治五年になると、津田地域全体を巻き込んだ大規模な訴訟が起こる。(36) この間、津田氏は再び顕彰されたとみえ、明治一七年の「地誌編輯例則」には、津田正信が国見城を築いたことや、正信の墓が存在することなどが詳述されている。[37]かくして、現代に至る津田氏の由緒は定着したのである。

以上のように、山論の激化と津田氏由緒の主張は比例関係にあることが明らかになった。したがって、津田氏の由緒は、元禄期の山論を契機に創出されたとみてよかろう。のちに、自らの先祖にゆかりある場所を探していた紀州津田氏やそれを補佐した領主久貝氏、あるいは村の由緒を自らの家の由緒に転用しようとした山本氏や尊光寺など、あらゆる立場の者が様々に津田氏の由緒を用いることで、次第にその信憑性が伴っていったのである。

3　周辺諸村における津田氏由緒

前章でみたように、穂谷村は古代に氷室が設置されたという由緒を俄に語るようになる。その内容は、まず穂谷村に氷室が設置され、その後、尊延寺村・杉村・傍示村の三ヶ所に増設されたというものである。そして、穂谷・傍示・杉・藤坂・芝・津田の村々をかつては「氷室郷」と総称しており、その「本庄」は氷室の起源である穂谷であるとした。さらに、三之宮神社を「穂谷三ノ宮氷室郷惣社」とし、津田の氏神である三之宮神社を完全に否定するのである。津田村への対抗意識から創作していることは明らかであろう。

しかも、氷室の由緒を主張しはじめたのは、元禄期の敗訴から間もない一八世紀前半であった。穂谷村にとって、敗訴そのものは納得する点もあったかもしれないが、津田城や津田氏の存在は、まさに「寝耳に水」であったに違いない。そこで、由緒に対しては、由緒で対抗しようとしたのであろう。

双方の由緒が一七世紀末から一八世紀初頭に成立したことは、地誌からも確認できる。河内における最初の網羅的地誌である『河内鑑名所記』は、元禄期の山論が始まる直前の延宝七年（一六七九）に刊行された。[38]津田地域では、尊延寺・藤坂などの記述がみられるが、氷室はもとより、津田城の記述もみることはできない。しかし、享保二〇年（一七三五）に刊行された『五畿内志』では、津田城・氷室ともに紹介されている。[39]享和元年（一八〇一）に刊行された『河内名所図会』でも同様に紹介される。[40]旧跡として地誌類に紹介されるのは、津田城・氷室ともに一八世紀以降なのである。かくして広められた津田氏の由緒は、明和八年（一七七一）成立の「招提寺内興起後聞記并年寄分由緒実録」のなかにも組み込まれているように、他村の由緒書にも転用されるようになる。[41]穂谷村の主張を踏まえて椿井政隆が偽作した三之宮神社文書は一九世紀の成立だが、[42]ここでも津田氏や津田城の由緒は取り込まれている。このように、津田城の存在が定着してしまうと、穂谷村もそれを無視しえなくなるのである。よって、ここからは、穂谷村が津田村の由緒をどのように捉え、そしてどう消化していったのかという点をみることができる。

椿井政隆が作成した【津田系図】では、大和国人十市（中原）氏が建武年間に津田にきて津田氏を名乗ったこととなっている。これは、津田氏が中原氏を駆逐したとする津田村の主張とは決定的に異なる。【津田系図】の主張は、【三之宮3】「河州交野郡五ヶ郷惣侍中連名帳」にも共通している。

【三之宮3】は、津田・藤坂・杉・芝・穂谷五ヶ村総勢七二名の「侍中」という自治的組織と、彼らを統制する「別当津田筑後守中原範長」が、興福寺に対し忠節を誓うという内容である。翻って【津田系図】をみると、津田中原氏九代目のところに、「筑後守範長　永禄二年南都興福寺官務法印ノ下知ニ依リ交野郡五カ郷総侍中連名帳ヲ作ル」とあり、両者を関係づけていることは明白である。

このように津田氏の由緒を取り込みながらも、津田地域の支配者としてではなく、津田地域全体の協調の上に成り立つ一揆組織の盟主として津田氏を位置付けるところに、津田村の支配的立場を否定しようとする意図が感じられる。権力構造的には、彼ら「侍中」が忠誠を誓うのは津田氏ではなく、あくまでも興福寺なのである。見方を変えると、忠誠の対象として興福寺を持ってくることで、五ヶ村の協調が強調されているともいえよう。この点は、【三之宮3】にみえる銘々の多くが、近世津田地域における有力農民の名字と一致していることや、【津田系図】の二代目範永の妻が津田村の生島氏出身、三代目範興の妻が穂谷村影山氏出身、範興の妹は芝村藤江氏の妻といった具合に、津田地域内の各村へ均等に姻戚関係を結ぶように配慮していることからも読み取れる。

津田氏の由緒を受け入れたのは穂谷村だけではない。表1にもあげたように、津田地域の由緒書は穂谷村・津田村に残るものの他、藤坂村にも数点残っている。そのいずれもが、藤坂村は津田村から分村したことを主張する。そのこと自体は、戦国期以降に藤坂村の名が登場することや、三之宮神社の宮座株が津田村から分けられていることからも事実であろう。問題はなぜ、それを強調するかである。

穂谷・津田両村と同じく、山論との関係で考えればその解答は自ずと出てくる。津田・穂谷両村に比べ、津田山の中心からは若干離れている藤坂村が、津田山の用益権を主張するためには、津田村から分かれたという由緒が非常に重要なのである。そのため藤坂村は、津田氏が周辺諸村を支配し開拓していったという津田村の由緒をそのまま受け入れる。さらに発展すると、【記録13】「藤井氏記録」にみられるように、諸国遍歴の武士が津田氏に気に入られて当地に留まり、その子が藤坂村開墾に尽力したとする言説まで登場する。

このように津田村が主張する津田氏の由緒が、あたかも事実の如く拡大したのは、本来自村の利益のために主張していたものが、形を変えつつ周辺にも受容されたためであった。

4　由緒のなかの正しい情報

ここまでみてきたように、各村は自村の論理で由緒を語るため、それらを鵜呑みにすることはできない。しかし、冒頭で整理したように、由緒を作成するにあたっては歴史研究が欠かせないため、そこには一定の史実が含まれている可能性もある。それを拾い出すには、次のような方法が有効ではなかろうか。すなわち、自村の主張を記録したものではなく、例えば津田村に残存する穂谷村側の由緒の写やその逆の場合である。かかる事例は、一つだけ検出できる。

穂谷村に残る【記録4】「古跡書」の前半部分は、天和二年（一六八二）に津田村尊光寺住職が記したとされる【記録1】「当郷旧跡名勝誌」の前半部分を筆写したものである。

【記録4】「古跡書」（各条冒頭の丸数字は筆者註）

①一河州交野郡津田郷は久貝忠左衛門殿・畠山飛驒守殿入組御場所にして津田村より一里東、三之宮住吉大明神御地は除地久貝殿御領分に御座候、境内は東西南北百二十間、本社は梁行二間・桁行三間、但し屋根板屋葺也、

（中略）

②一其草創ハ不レ知、定て神代の時代より跡をたれ玉ふ、僅至二リ中興老祖一ニ暦数を建つ、正嘉二戊午歳祓、其棟札ニ曰ク、

奉修祓当社宝殿棟上、正嘉二年午二月十六日、聖人賢人当願主津田郷刀祓人、津田郷住人三十余人、同願主□大目粟田行吉、結縁家（衆）野村ノ住人二十余人、津田願主中原宗包、大工散位藤井国友、宮■村香兼時如無有之、正嘉二歳午ゟ天和二年壬戌迄、四百二十五歳に相成申し候、然ニ津田村一郷の氏神にて余村氏子にあらず、依て支配津田村ゟ仕ル者也、

中原宗包は大身にて為二父母菩提一ノ、大般若経ヲ寄進被レ致、三ノ宮の什物として尊延寺村不動堂ニ預け

有ル物也、

③一正嘉二年ゟ百八十二歳の棟札ニ曰ク、

奉修復御宝殿、嘉吉二年戌三月二日、当願主中原惣包、同願主津田村住人三十余人、奉加尊延寺村・穂谷村・野村三十余人、大工藤原昌次、山城山子、惣交野郡郷々、如此有之、然共此時代迄穂谷・芝村は氏子にあらず、但奉加等有之、山城国山子とは津田領内に屋形山を城州内ニ松井・内里・戸津此三ヶ郷宛作山ニ仕リ候、此レ山子ト申候、古老の物語也、

④一当社九月九日座配と往古ゟ及ビレ今ニ津田ゟ出勤仕リ候、余村は無レシ之、但シ藤坂村三人出申候、是ハ津田村の出屋敷分と申候、此ノ九日座配衆同郡牧八郷の惣宮一ノ宮氏子ノ出仕有レ之、津田ゟも出仕致し、互に出仕致合候、然共何代共不レ知、中絶致候、永禄十七(弐)年己未歳ゟ津田村出仕の由申伝ヘ也、

⑤一扨テ此中原氏此以後棟札ニ無之、山下・山本代々宮一老を持て、記録等相伝ェ申候、又拾人座中も皆両家の子々孫々也、

⑥一中原末孫是ゟ百三十三歳前上葺の札棟、天正六年戊寅年、奉加尊延寺米四斗二升、芝村□(一)石三斗三升、杉本一斗九升、称(穂)谷村一石一斗、藤坂村四斗一升、長尾村一斗、津田村二石六斗一升、津熊一斗、〆て六石二斗五升奉加也、

⑦一然ば百五年以前迄は長尾・津熊有レ之、長尾は福岡村の事也、正俊寺境内に付、此長尾は昔名高キ白鶉有ル故也、津熊は藤坂ゟ西観音堂辺也、此村藤坂へ引込、今其筋目は津熊也、尊延寺は古は四十九坊有レ之、其頭寺にて在名にあらず、此尊延寺とは川ゟ北を申ス也、芝村は川ゟ南也、往古は芝村と申候、其後坊舎退転し尊延寺と申ス也、

⑧一杉本ゟ一町斗東ニ大杉有リ、明神此下に休給ふ泊リ跡也、故に大杉とも杉本とも云也、今ニ杉有レ之、此杉本え津田村周防守殿御子息三河守殿一村の郷を立させられ候故、其号を杉村と名付たり、根本ハ杉本也、

⑨一周防守子息備後守殿一村を取立なされ、藤坂村と名付申候、此レ備後守殿御座所也、津田に備後殿井土（戸）今に有之候、此両村は百二十年前後の村也、是皆津田村領分出村也、

⑩一嘉吉二歳ゟ百九十三年目、寛永十一甲戌年皆造宮有レ之、山下重次棟梁、此前後ゟ津田郷・穂谷・尊延寺・杉・藤坂此五ヶ村ノ村々の惣宮と成也、然共宮本は御供田津田に有レ之、九月九日御供をそなえ、神栄まして口伝なし、其後百年を経て、神社普く破壊したるによりて、嘉吉年中宗包修復のいわゆる般若を読み、慈母孝養子々孃々繁昌のため、これを宮殿に納る記録有レ之、爰に略す、

（後略）

後略部分に元禄年中（一六八八～一七〇四）の記事があることから、それ以降の成立であることは間違いない。にも拘らず、【記録4】は天和二年を基軸とした記述であることから、前半部分は【記録1】の内容に従ったものといえる。また、津田村内にある善応寺を「当村善応寺」としていることから、原本は津田村の者によって作成されたこともわかる。

⑦以降は、【記録1】からの引用を避けており、【記録6】「国見城主歴代略縁」などに引用される津田村の情報を取捨選択して掲載している。したがって、【記録4】は津田村の情報を基本としながらも、その主張をそのまま受け入れたものとはなっていない。いわば、穂谷村に受け入れられた津田村の歴史なのである。では、【記録4】の内容にどれだけの信憑性があるのか確認しておこう。

まず、前章で明らかにした三之宮神社の棟札が、②・③・⑥と正しく配列されている。内容も改変を加えた形

跡がない。②には、中原宗包が父母の菩提のため大般若経を三之宮神社へ寄進したこと、そして今は尊延寺に預けられていることを記すが、実際にこの記述の通り大般若経が尊延寺に残されている。この大般若経が、嘉吉年中にも再読されたという記述が⑩にあるが、これは大般若経の表紙の芯に入れられた薄板の「嘉吉三亥年」という記載と一致する。[43]

③では、津田地域と北接する山城国松井村（京都府京田辺市）・内里村（同八幡市）・戸津村（同上）住民で、津田山用益権の貸与を受けたものが、「山城国山子」と呼ばれていたとする。この点については、発掘調査の成果が裏付けを与えてくれる。

【史料1】[44]

一屋形山札事　（花押）
右預方城山（山城）国中奈良住人□□（国東）

これは、鎌倉期の津田トッパナ遺跡から出土した木札の文面で、「奈良」とは内里と戸津の隣村である。山城国の「山子」に与えられた鑑札といってよかろう。「古老の物語」という若干疑わしい紹介の仕方をしているが、史実だったのである。

そして、⑨には、藤坂村が「百二十年前後の村」、つまり永禄五年（一五六二）前後に津田備後守によって建設されたことが記される。後述のように、同時代史料にて、永禄期における津田備後守の活動は確認できる。⑧の津田三河守もそうだが、ここでの津田氏は津田城主ではなく、藤坂村・杉村を開発した存在としてのみしか紹介されていないことに注意したい。ここにこそ、【記録4】の信憑性が見出されるのである。

三　戦国期津田地域の特質

1　三之宮神社の惣社化

天正六年（一五七八）の三之宮神社修復は、津田村を含む津田地域八ヶ村（出郷を含む）の奉加によってなされた。嘉吉二年（一四四二）の棟札にみえるような、津田郷（津田村）が願主でその他の諸村は奉加という関係から、惣社を媒介とした横並びの関係に変化したのである。【記録4】の⑩には、寛永一一年（一六三四）前後より「惣宮」になったとあるが、おそらく村切後の正式な手続きを意味するのであって、前後を比較すれば天正六年に惣社化の端緒を求めてよいだろう。この惣社化が、津田地域にとっての中世から近世にかけての画期になったと考えられるので、もう少し時期を絞ってみたい。

そこで注目したいのが、枚方市の指定文化財となっている三之宮神社所蔵の湯釜である。この湯釜は三脚つきの鋳鉄製で、畿内に多くみられる湯立神事に使用されたものと思われる。湯釜側面に陽鋳された銘文は、早くに佐野英山氏が「奉鋳献／日郷／屋形宮／御湯釜／本願□□／永禄元□／□□八月」と紹介している。(45)ところが、一九九八年の文化財指定に先立つ調査の結果では、「奉鋳□／日郷／屋形宮／御湯釜／本願□□／永禄元戊／午年八月／吉日」と修正された。(46)佐野氏が「献」と読んだ字は解読不能とされ、年月部分が「永禄元戊午年八月吉日」と解読されたのである。

そこで、佐野氏が「献」と読んだ字を再検討するべく、銘文の拓本を図7にトレースしておいた。該当部分は、確かに解読困難であるが、裏返すと「津」と読めることが明らかであろう。(47)したがって、従来「日」と読まれてきた次の字も、「田」が磨り減ったものと解釈するのが適当である。

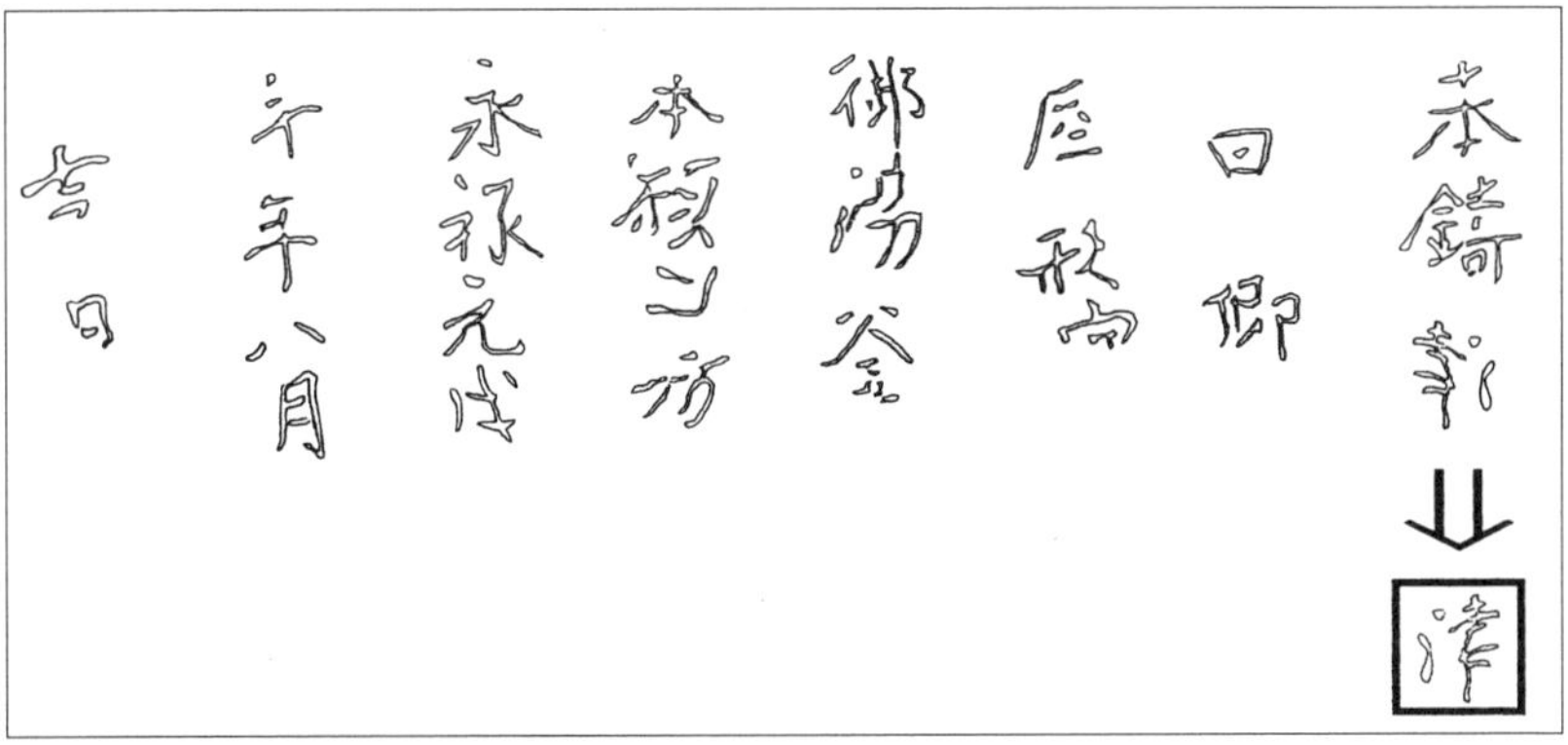

図7　三之宮神社湯釜銘トレース図

この銘文を「津田郷」が「屋形宮御湯釜」を鋳造し奉納したと解釈するか、あるいは「津田郷屋形宮」の「御湯釜」を奉納したと解釈するかで、三之宮神社に対する理解は大きく変わる。前者だと、湯釜を奉納したのはたまたま津田郷であっただけで、穂谷村など他村の場合もありうることになる。一方、後者であれば、文字通り屋形宮は津田郷の氏神ということになる。

結論からいうと後者の方が正しい。通常、このような奉納をする場合、その神社がどの共同体に属するのか明記される。また前者の解釈では、奉納の主体が「本願□□」と重複し、構文的にも違和感は否めない。(48)

以上の点から、少なくとも永禄元年（一五五八）まで、三之宮神社は津田郷の氏神であることが明らかとなる。よって、三之宮神社の惣社化は永禄元年～天正六年までの二〇年間に限定される。そこで、この時期に津田地域ではどのようなことが起こっていたのか、同時代史料を中心にみておきたい。

2　津田地域の戦乱

先に掲げた【三之宮3】「河州交野郡五ヶ郷惣侍中連名帳」は明らかな偽文書であるが、興福寺と津田地域の土豪の繋がりまで完全に否定することはできない。婚姻や金融など、近世においても国境を越えた交流は盛んにあった。尊延寺に残る大般若経が春日版であることや、三之宮神社所蔵の湯釜が河内型を基調としつつも大和型・山城型の要素も入っているとする説を考慮に入れると、[49]その交流は中世まで遡りうる。

例えば、奈良に逗留していた前関白一条教房が文正元年（一四六六）に上洛する際、「土民蜂起」が起こったため、通常の京上ルートが通行困難となった。[50]そこで利用されたのが、「高山越」である。大和北西部の高山を通過した一条教房は、「尊恵（延）寺」にて事前に「申合」せていた京都からの迎えの者と合流し、「八幡越」（八幡市）にて上洛した。メインルートではないとはいえ、京都・奈良間を結ぶ際に、尊延寺が中継地点として「申合」せるような場所であることは重要である。

また、文明一五年（一四八三）には、大和の古市澄胤が山城・河内方面へ出撃する際に、「尊縁（延）寺之城」を焼いている。[51]大和から山城・河内へ進出するうえで、やはり尊延寺は要所であったのである。

河内から山城に進出するときも同様である。ここでは、天文一六年（一五四七）に河内方面から京都方面を窺っていた細川氏綱の弟和匡・勝国の動向を取り上げたい。和匡は、勝国とともに二月末頃より山城方面へ出陣するつもりでいたが、所労により出陣が延引していた。[52]勝国は和匡に先立って出陣していたが、[53]四月になり、いよいよ和匡の出陣となった。そこでは「和匡相談、昨日至津田着陣候」と述べているように、和匡と勝国は互いに示し合わせて、津田に着陣している。[54]津田は河内から山城へ出陣する際に集結する場だったのである。

永禄七年（一五六四）に三好長慶が没すると、しばらくのちに三好三人衆と松永久秀の陣営に分裂して新たな抗争が始まる。永禄一一年正月には、「津田城多聞山へ裏帰色立了、則河州出口《テクチ》にて及一戦、木沢ノ紀伊守討死了、則首二多聞山へ来了」とみえる。[55]「津田城」が「多聞山」（松永方）へ「裏帰」り、敵に攻撃を仕掛けて首級二つを多聞山へ送ってきたのである。「津田城」は「裏帰」ったのであるから、それ以前は三人衆方だったはずである。事実、その直前にあたる永禄一〇年一一月には、津田に程近い「招提寺」に対し、三人衆方である三好康長と篠原長房の連署禁制が発給されている。[56]「津田城」の「裏帰」は、「河州津田、城州田辺、松永方へ一味云々、仍河内路通路無之云々」という混乱を招いた。[57] ここまでの検討を踏まえると、「津田城」の「裏帰」は奈良の松永方にとって、山城・河内方面へ進出する重要な足掛かりを得たことを意味する。実際、直後には「三好左京大夫殿多門城より津田城へ御入候也」とみえるように、松永方の大将である三好義継が津田城に入った。[58]

しかし、「津田城」が松永方であったのも、そう長くはなかった。永禄一一年四月には、三人衆方の三好宗渭と篠原長房が、津田にも近い牧郷一宮（枚方市牧野阪にある現在の片埜神社）に宛てて禁制を発給している。[59] そして、「山城へ津田ヨリ篠原《長房》弁釣閑斎《三好宗渭》一万五千ほとにて打廻在之」とみえるように、五月になると津田の地は再び篠原長房・三好宗渭ら三人衆方の手に渡っており、ここを拠点として、南山城の国人に対し調略を行っている。[60] これは失敗に終わったが、直後に松永方と敵対する筒井順慶の招きに応じて三人衆方は大和へ進軍し、数日後には河内へ帰還している。[61]

以上のように、戦国期の津田地域は、山城・河内方面へ出撃する大和の勢力や、あるいはその逆に大和方面へ進出する勢力にとって、常に中継拠点となっていた。とりわけ、三之宮神社が惣社化した永禄期に入ると、一年弱の間に三好三人衆方から松永方へ、そして再び三人衆方へと当地に駐屯する軍勢は目まぐるしく入れ替わっている。ここで重視したいのは、松永方へ「裏帰」ったのは、あくまでも「津田城」の意志であったように、それらの動きに対する津田氏の明確な対応が一切みられないことである。[62]

図8　足利義昭の退路と羽柴秀吉の動向

その後、織田信長が足利義昭を奉じて上洛してくると、松永久秀はこれに恭順するが、元亀二年（一五七一）ころに反旗を翻す。元亀三年四月に松永方は、信長方の安見氏が拠る交野（私部）城（大阪府交野市）を攻撃するが、信長が派遣した佐久間信盛ら救援部隊の到着によって、松永方の包囲網は解かれる。この一件について、奈良の多聞院英俊は「昨夜ツタ《（津田）》ノ付城落居了云々、実否如何」と記す(63)。つまり、松永方は交野城攻撃の付城として津田に陣取っていたのである。

翌元亀四年に、義昭と信長の対立が不可避となり、義昭が信長包囲網を企図すると、それに呼応して、「久秀ハ今日津田ノ城へ参由也」とみえるように、松永方は再び津田に入城する(64)。前年に追われた松永方が難なく津田に入城していることからも、津田地域は特定の勢力下にあるわけではなさそうである。

3　将軍義昭の追放と津田地域

ここでは、戦乱とはまた異なった視点から、津田地域の地域性を読み取ってみたい。

元亀四年（一五七三）四月、信長は二条城の義昭を包囲する。両者は勅命によって和解するが、その状態もそう長くは続かなかった。七月になると、義昭は槇島城（京都府宇治市）で再び挙兵するのである。しかし、信長によって難なく攻略され、義昭は河内若江へ追放されることとなる。その際、津田を経由している。

【史料2】[65]

（七月）十九日、天晴、信長より扱を入、若君様取申、公方様ハビワノシヤウ城へ御座相替、御物落取よし、夕御退城、

廿日、天晴、津田寺へ御座相□（替カ）□

廿一日、天晴、今日若江御成□

図8にも示したように、七月一九日には槇島城から一〇km弱南方にあたる木津川沿いの枇杷庄城（京都府城陽市）へ、翌日には木津川を渡り、国境を越えて「津田寺」に来たことがわかる。このとき、「河内国若江の城迄、羽柴藤吉郎秀吉御警固にて送り届けらる」とあることから、[66]片山氏は羽柴秀吉が若江まで足利義昭を護送し、その際津田城に逗留したと説明する。それに対し、今谷明氏は枇杷庄城付近にて、義昭が「物落取」、つまり落武者狩りに遭っていることから、秀吉が護送したという記述は信用し難いとする。[67]

次に掲げる史料は、二つに分かれていた見解を解決に導いてくれる。

【史料3】[68]（傍線は筆者註。以下同）

返々、明日早々奉待候、以上

態以折紙令啓候、仍殿様ゟ被仰出候ニハあらす候、拙者への為御合力、縄五十束か、又ハ三十束か、明日食以前ニ至御牧持せ可給候、今日者先至真木嶋（槇）迄罷帰候、明日未明ニ可越候、少々淀辺ニ指当入申子細候間、扨々如此候、御六かしき雖申事候、俄之儀ニ候条如此候、恐々謹言、

（元亀四年）七月廿日　羽柴藤吉郎

秀吉（花押）

大山崎惣中
まいる
御宿所

秀吉が、大山崎惣中に対して縄を供出するよう依頼したものである。傍線部にあるように、今日は槙島まで帰ると述べていることから、書状を認めた直前直後まで秀吉は槙島から離れているようである。七月二〇日といえば、義昭が津田に到着した日である。戦後処理もせず、槙島を離れていることから、義昭の護送をしていたと考えてよいのではなかろうか。ただし、義昭の若江到着が二一日であることに従えば、秀吉は途中で引き返したことになる。おそらく秀吉は、二〇日に義昭を津田まで送り届け、その日のうちに槙島へ帰ったものと思われる。二〇日から二一日にかけて津田に逗留していた義昭のもとには、次のような書状が到来したはずである。

【史料４】(69)

至津田城御退座之儀、先以無恙之段珍重存候、当寺行義継・康長・高屋一節和平之調、各依有存分延引、無念之儀候、就中御帷十近来雖希有之物候、軍旅之御事候間、不顧聊爾献上之候、委曲頼充法眼可申上間、宜様可被申入候、恐々、

(元亀四年)
七月廿一日

(藤長)
一色式部少輔殿

今日廿一日、津田ヨリ若江へ御座を被移之由依有之、途中迄刑部卿(下間頼廉)を被進候、御警固之分也、又御書を一式少ヘノ表書にて被遣之、文章不及注、

義昭と同行する一色藤長へ宛てた本願寺顕如の書状案である。註釈の傍線部にあるように、二一日に津田から

若江まで移動するにあたっては、本願寺から派遣された下間頼廉が護送役をつとめた。以上の経緯を整理すると、義昭は津田にて、信長方から反信長方へ引き渡されたこととなる。義昭が落武者狩りに遭ったという風聞は、哀れな将軍の姿が誇張されたものであろうか。あるいは、落武者狩りに遭ったため、急ぎ護送役として秀吉が付けられたといったところであろう。右の事例から、津田地域は信長勢力と反信長勢力の境目であり、特定の勢力に属さない緩衝地帯であったことが窺える。

本節の考察をまとめると、以下のようになる。一次史料をみる限りは、戦国期の津田地域に従来想定されてきたような強力な国人領主は存在しない。しかも、津田地域は特定の勢力に付くことなく、状況に応じて様々な勢力に付かず離れずの状態にあり、ときに緩衝地帯としても機能した。そして、外部勢力の進出が過度になる永禄期に、三之宮神社は惣社化したのである。これは、地下人の地域的結集を意味するのではないだろうか。これらの点に、河内・山城・大和三ヶ国の境目に位置することも加えて勘案すると、津田地域は、土豪層の一揆的集団が主導するいわゆる境目地域に近い状況であったのではないかと考えられる。(70) 事実、津田地域に隣接する地域にも、「牧・交野一揆」なる一揆が展開していた。(71)

四　津田氏と津田城の実態

1　津田氏の実像

津田城主としての津田氏の発給文書は一通も残っていないが、受給文書と考えられているものが一通存在する。

【史料5】(72)

従一宮急々材木相付候、招提之人足有次第、一日相頼度候、被仰付候者可為祝着候、委細使者可申候、恐々
謹言、
十二月廿四日　佐右（佐久間）
信盛（花押）
津主（津田重兼）
御宿所

「津主」とあるのは、これまで最後の津田城主である津田主水頭正時とされてきた。ここでは、津田氏に対して信長家臣の佐久間信盛が、一宮（片埜神社）からの用材運搬に際して、招提寺内町から人足を出すよう頼んでいる。この文書が招提村に残存することから、実際に津田主水が対処したことは間違いない。

この津田主水は、実は当該期の大和・河内周辺で活動していた。大和国人の鷹山氏に宛てた「津田主水佑重兼」なる人物の書状が、三通存在するのである。彼の素性がわかる一通を引用しよう。

【史料6】(73)

近日者不申承候、御床敷存候刻、御状拝見本望候、仍丹州表之儀無相替事之由候、今日　上様（織田信長）御上洛之由候、
丹州へ御出勢可有哉、左様ニ候ハヽ、昨日逗留可有候、佐右（佐久間信盛）并若衆も今日出京共申候、自然我等も可罷上候、
将亦音曽物語之一儀、被成御入魂可然存候、惣次之儀ニ付御存分者不入事候、同者箇様御儀にて候ハヽ、猶以
外聞尤候、如仰藤逸殿（鷹山）御若輩之儀候間、御異見専一候、万事かろ口ニ御済肝要候、何も不斗以参会可申述候、
委細音曽可有演説候間不能詳候、恐々謹言、
十一月十三日（天正五年）　重兼（花押）

（封上書）
「　　　　　　津主（津田主水佑）
鷹新（鷹山）　　重兼
　御返報　　　　」

丹波の戦況を伝える書状である。佐久間信盛の名がみえることから、彼が信長に追放される天正八年（一五八〇）以前に年代が絞られる。この間、丹波へ出勢する人物として即座に想起されるのは、明智光秀である。仮に【史料6】が光秀による丹波攻めを伝えるものとするならば、大和国人に対して一一月にそれを伝える蓋然性が高いのは、天正五年である。なぜなら、この年、大和にて松永久秀が信長から離反しているからである。

これを攻めた光秀らは、一〇月一〇日に大和信貴山城の久秀を自害に追い込んでいる。[74]その直後、光秀は丹波攻めの命を受け、一〇月二九日には籾井城を攻撃している。[75]注目されるのは、一一月一四日に「内府信長御上洛未明也、依不存不罷出、京都各不存也」とみえるように、信長が上洛していることである。[76]これは、【史料6】の「今日　上様（織田信長）御上洛」と合致する。

ここで確認しておきたいのは、津田重兼が「京都各不存也」という信長上洛の情報を事前に知りうる立場にいたということである。丹波の戦況とともにその情報がもたらされていることを踏まえれば、おそらく光秀から知らされたのではなかろうか。加賀藩士である津田家の由緒によると、津田重久は伏見津田の出身で、細川家、三好家、三淵家などを渡り歩いた後、天正五年に明智光秀に仕えたという。[77]事実、天正九年には、近江坂本から馬を運んでくる彼の姿が確認できる。[78]山崎の合戦でも明智方重臣として活躍したようであるが、戦後は高野山に入り、のち赦されて最終的には加賀藩前田家の重臣となっている。「重」の通字が一致することからも、津田重兼と津田重久はかなり近しい人物と考えられる。

以上の点から、津田重兼は北河内の在地勢力ではなく、伏見津田出身で光秀に近い人物と想定される。信長段階になって招提周辺の知行もしくは代官職を与えられたため、【史料5】でそこからの人足供出を依頼されたのである。(79)

信長が上洛する以前にも、一次史料にて北河内における津田氏の活動は確認できる。枚方寺内町に拠っていた蓮如の一三男実従のもとに、「津田備後」が四度ほど訪れているのである。(80)実従のもとへ数十疋以上の礼銭を持参する者がしばしばみえる中、彼は最も少ない「十疋」しか持参しない。また、実従は彼を食事に「ヨブ」という軽い扱いをしている。このように「津田備後」は、有力な国人領主というわけではなさそうである。彼の居所を実従は記さないが、河内の住人であることは間違いない。八幡の善法律寺住持で泉涌寺や唐招提寺の長老もつとめた照珍（一五五五〜一六二八）が、「河内之国津田備後守息男」で、永禄九年に八幡の寿徳院照瑜に弟子入りさせた際の「津田備後入道紹憲」の契状も残っているからである。(81)

彼の名は出てこないが、「津田山松キリ取寄」のため、実従が人夫を遣わした事例もある。(82)由緒書のなかでも、比較的信憑性が高いと思われた【記録4】「古跡書」では、「山子」という制度によって津田山が用益されている姿を確認できたが、それと重なる記述といえよう。しかも、【記録4】には、永禄年間に津田村周辺を開発する津田備後守の存在も確認できた。

津田氏は近世初頭までその名が確認できる。【記録2】「三之宮神社棟札・拝殿着座之次第写」に所収される元和三年（一六一七）の三之宮神社修復の棟札に、代官として山下平左衛門と津田小左衛門の名がみえるのである。山下氏は津田村の有力農民なので、ここではそれと並列される存在ということになる。

以上を総括するならば、【記録4】でみたように、津田村の津田氏は藤坂村や杉村などの開発で中心的存在となるが、あくまでも村落上層に位置していると考えてよいだろう。[83] もちろん、実従との関係にみえるような交遊を積極的に展開していた可能性もあるが、宮座を掌握した事実もなければ、国人領主として津田地域周辺を一円支配した事実もない。次の史料からもその点は窺えよう。

【史料7】[84]

口上之覚

津田村又野村へ古来ゟ引取申候夜分出水を、此度杉村より新法之我儘ヲ申、夜分之井手水相妨被申候ニ付、乍恐申上候、右井手水之義他領穂谷村・尊延寺村ゟ、六拾三年以前ニ押領申掛ケ、剰御郡代様へ目安指上ケ候故、其節返答書仕、罷出御僉義之上、出入相済申候、穂谷・尊延寺・杉村三ヶ村へは谷々出水之儀、井溝ゟ川へ流出候水昼之内取申候へ、又右之水夜分津田村へ取候様ニと落着被仰付候、其節杉村庄屋方ゟ、証文取置所持仕候、此趣津田村と尊延寺村水之出入之儀、むかしゟ昼之水ハほたに村・尊延寺村・杉村へ夜明ゟ日の入迄右三ヶ村へ入申候、夜之水津田村へとり申され候所実正也、

寛永九年申八月十六日　　すきむら庄や

久助（印）

津田村庄屋

与□□殿参

これは、穂谷川水系の取水について、上流側の杉村が「新法之我儘」を構えているという下流側の津田村・野村からの訴えに対し、杉村が反論したものである。[85] 傍線部についてみると、六三年前も同様の水論が起こっており、そこですでに裁定済みの問題というのである。寛永九年（一六三二）の六三年前といえば、元亀元年（一五七

○）ころである。通説でいうところの津田氏の最盛期にあたるが、その裁定を下したのは「御郡代様」であった。(86)津田氏には津田地域内で起こった水論でさえ、裁定する権限はなかったのである。

改めて整理すると、中近世移行期の北河内には、信長上洛以降に当地に入部してきた比較的有力で明智光秀と近しい津田氏と、それ以前から津田の村落上層に位置した津田氏の、二つの津田氏が存在したと結論づけられる。津田氏の由緒では、最後の津田城主である津田主水が、止むに止まれず明智方に参陣したことになっていたが、この筋書は、二つの津田氏を重ね合わせるかたちで創られたといえよう。津田村にとっては幸いなことに、双方ともに近世にはすでに不在となっていたため、自由な創作が可能になったのである。(87)

前章で明らかにしたように、穂谷村の由緒も完全な創作ではなく、史実を素材に改変を加える形で作成されていた。津田村の場合も同様で、津田氏が完全に空想上の人物ではなく、実在の人物にもいたことが津田村の由緒に説得性を持たせたのである。

2　津田築城の経緯

最後に、津田城が特殊な縄張を持つ理由について推測しておきたい。

津田城の縄張全体の完成度の低さは、一時的使用を示すものと考えられる。曲輪の削平は不十分なまま、とりあえず稜線に土塁による防御ラインを構築し、駐屯地を確保しようとする陣城の特徴を示している。しかし、単なる陣城ではない。戦国期を通して大和方面へ向かう山間部の重要なルートであったことを考えると、その山間部尾根筋の最北端、平野部に出る最後の部分に、あたかも関所のような形態で存在することに、本章でみた津田城の利用方法が反映されている。

しかし、それにしても城郭とするにはあまりに特異な縄張である。そこで、この遺構を城郭とは別の側面からも評価しておく必要があるだろう。例えば、先述のように義昭が河内若江へ護送される際に立ち寄ったのは、「津田城」でもあり「津田寺」でもあった。片山氏は、この「津田寺」をのちの円通寺とみている。円通寺は近世には規模が縮小し津田の集落内にあったが、津田城への登山口付近に「円通谷」の小字が残っていることから、本来はここにあったとされる。【記録1】「当郷旧跡名勝誌」は、円通谷で蟹の怪物と戦う山伏の伝説（「円通寺之事」の項）や、山伏峯入の地の伝承（「大峯之事」）を記しており、また近世の円通寺にも行者堂があることから、円通寺はいわゆる修験の寺であったと思われる。また【記録1】は津田城に関するものと捉えているが、国見山山頂には「鐘ツキ堂ノ跡」と称す地があったようである（「国見カ嶽ノ事」）。このように津田山一帯は修験の場であったと想定されるのである。

ここで注目しておきたいのが、鎌倉初期以前の成立とされる「諸山縁起」のなかの「北峯宿」である。(88)「北峯宿」は、生駒山系を尾根伝いに繋ぐ修験者の宿で、南から順に①「青谷寺」（大阪府柏原市青谷、大和川に接する生駒山系南端）、②「中山寺」、③「信貴山」に始まり、⑩「石船」（交野市磐船）、⑪「師子石屋」（同市獅子窟寺）、⑫「金剛寺」（同市傍示）、⑬「甲尾《カフノヲ》」（同市交野山）、⑭「高峯」（不明）、⑮「波多寺」（枚方市尊延寺）(89)、⑯「田寺」（不明）、⑰「八幡」（八幡市）の一七宿で構成される。⑭高峯はこれまで場所が不明とされてきたが、⑬交野山と⑮尊延寺の中間地点で、高い峯といえば国見山が最適である。他の宿間の距離を勘案しても、そう考えてよいのではないだろうか。事実、国見山には「タカサキ」・「タカダケ」の別称もある。(90)国見山山頂付近には、これまで知られることのなかった山岳寺院が、かつては存在していた可能性が極めて高い。

津田城の主郭Ⅰ・Ⅱは、山頂部ではなく、やや下った谷の最奥部にあった。このような占地は山岳寺院に広くみられることから、Ⅰ・Ⅱの方形の平坦地は、山岳寺院に伴うものともみることができる。そうすると、津田城は山岳寺院を利用した陣城である可能性が濃厚となってくる。

ただし、現在の遺構が陣城として改修を受けたか否かについては即断を避けておきたい。もし、松永氏や三好氏による全面的改修を受けたのならば、もう少し技巧を凝らした縄張になるであろう。「諸山縁起」にみえるように、中世以来尾根上のルートが利用されていることから、当地域を掌握するために津田城が軍事的に利用されたことはほぼ間違いない。おそらく、松永氏や三好氏らがルートを掌握する際には、ほとんど手を加えない現状で使用に耐え得たものと思われる。

もう一つ忘れてはならないのが、津田城とは別の意味で特異な縄張を持つ本丸山城である。この城は多少技巧的で、近辺には類例がなかった。したがって、本丸山城も外部勢力による築城と考えるべきであろう。津田城の西麓にあることから、西方を意識していることにも留意すべきである。

そこで想起されるのは、松永久秀による交野（私部）城攻撃である。このとき松永方によって築かれた「ツタ（津田）ノ付城」が本丸山城に該当するのではなかろうか。よって、この合戦をもう少し詳細に追ってみたい。

元亀三年（一五七二）四月中旬から「松永衆籠城」していたが、三〇日の夜に交野城を救援する佐久間信盛らの信長勢によって松永方は逆に窮地に立たされ、「河内国キサイ（私部）ヘノ城ノ相城一ツ落」とみえる。[91]やはり、松永方が付城（相城）を築いたのは間違いなさそうである。「安見新七郎居城交野へ差向け、松永弾正取出を申付け候、其時の大将として、山口六郎四郎・奥田三川両人、勢衆三百ばかり取出に在城なり」とあるように、[92]松永久秀の指示のもと、山口・奥田の両名が「取出」＝付城に籠もっていた。その後、佐久間信盛ら信長勢に取り囲まれるが、「風雨の紛れに切抜け」て脱出に成功したようである。

事実、本願寺の下間正秀は、「去月(四)十六日、信方(信長方)人数至河州交野着陣、於彼所三好方小城を取巻き、相責候き、然共城中堅固ニて、寄手之衆手あましなる躰にて候、ある夜彼小城人数若江より被引取候、左様之退口も京勢不存候て、結句寄手人数あまた討候て、罷退候」という内容の書状を近江の誓願寺に送っている。[93] ここで注目したいのは、津田にあると思われる付城を「三好方の小城」（当時三好三人衆と松永氏は同盟関係）と述べている点にある。標高二八五ｍの津田城を「小城」とは記さないと思われることから、これは本丸山城を指す記述であろう。山上の津田城では距離がありすぎて付城としては機能しない一方で、交野城に通じる山根街道や尊延寺方面からの通路を絶つうえで本丸山城は格好の場所といえる。

おわりに

津田城と津田氏の由緒は、元禄期の山論が惹起した頃に創出され、その後、あらゆる立場の者がその由緒を利用したことによって定着をみたことが明らかとなった。由緒を軸として近世における津田地域の社会状況を描くとともに、由緒の批判を通じて、史料的制約の多い中世の地域像にもある程度迫ることができたのではないかと思う。

その結果として判明した津田氏と津田城の実態は、すでに第四節でまとめた通りなので、ここでは重複を避け、その結論から若干の展望を述べておきたい。

従来の河内の戦国史は、守護の畠山氏や寺内町の研究を中心に構築されてきたといってよい。それらの視点からは、河内の縁辺部にあまり目が行き届かなかったが、[94] 本章の考察によって、当該地域における一揆の存在が浮かび上がってきた。今後は、同様の視点から北河内の地域構造を広域的に描いていく必要があるだろう。

冒頭で述べたように、本章は縄張研究と由緒研究を突き合わせる実験的な試みであった。その結果、史料的制約があるなかで、中世から近世に至るまでの地域像を描くことができたのではないかと思う。中世城郭は全国に無数に存在するし、山論は至るところで発生している。本章でみた現象を生み出す可能性は、近世社会の至るところに潜在しているといえるだろう。したがって、本章で用いた方法は、ある程度の汎用性があるに違いない。

村田修三氏は、「城そのものだけでなく、城のありかたということまで踏みこんで考えていく。そうなりますと、城郭は物史料を超えまして、事史料とでもいうものになります」[(95)]と述べる。ここで想定されているのは、あくまでも中世の「城のありかた」であるが、本章での検討を踏まえるならば、近世においても「城のありかた」まで踏み込んで考えれば、城郭は「事史料」としての威力を発揮するといってよいだろう。

本章で論じたように、その場に連綿と存在する城郭を媒介とすることで、中世段階の使用状況を示す文献史料だけでなく、近世から現代に至る段階の遺構を評価したものも含め、あらゆる文献史料を相対化することができた。このように、縄張図は中世史研究以外でも活用しうる可能性を秘めている。

註

（1）　久留島浩「村が『由緒』を語るとき」（久留島浩・吉田伸之編『近世の社会集団』山川出版社、一九九五年）。

（2）　寺内町の研究史については、本書第三部の各章を参照されたい。

（3）　関口和也「地誌からみた城郭研究史」（『中世城郭研究』第八号、一九九四年）。松岡進「『新編武蔵風土記稿』にみる古城と近世社会」（『中世城郭研究』第一一号、一九九七年）。

（4）藤田達生「城主由緒の創造」（同『城郭と由緒の戦争論』校倉書房、二〇一七年、初出二〇〇九年）。
（5）片山長三『津田史』（津田小学校創立八十周年記念事業発起人会、一九五七年）。
（6）自治体史では、『枚方市史』第一巻〜第三巻のほか、『大阪府史』第四巻（大阪府、一九八一年）の付図（今谷明氏作成）で北河内唯一の国人として表記されている。事典類では、『角川日本地名大辞典』二七　大阪府（角川書店、一九八三年）七七九頁、『日本歴史地名大系』二八巻　大阪府の地名Ⅱ（平凡社、一九八六年）八三二頁〜八三三頁、阿部猛・西村圭子編『戦国人名事典』（新人物往来社、一九八七年）五二〇頁などがあげられる。近年では、発掘調査にかかる報告書として、『津田城遺跡発掘調査概要報告』（大阪府住宅供給公社・財団法人枚方市文化財研究調査会、一九九二年）、『長尾台地区、杉・氷室地区、津田城遺跡、有池遺跡、門真遺跡群　一般国道1号バイパス（大阪北道路）建設に伴う埋蔵文化財確認調査報告書』（財団法人大阪府文化財調査研究センター、二〇〇一年）、『大阪府枚方市所在　津田城遺跡　一般国道1号バイパス（大阪北道路）建設に伴う埋蔵文化財発掘調査報告書』（財団法人大阪府文化財調査研究センター、二〇〇二年）などがみられる。津田城については、片山氏以前からも触れられていることが、井上正雄『大阪府全志』巻之四（大阪府全志発行所、一九二二年）一二五八頁〜一二六二頁、『大阪府史蹟名勝天然記念物』第三冊（大阪府学務部、一九三一年）三六一頁、平尾兵吾『北河内郡史蹟史話』（大阪府北河内郡教育会、一九三一年）一六二頁などで確認できる。
（7）本書第一部第一章「津田山の山論と三之宮神社文書」。
（8）津田地域に広がる山地を面的に捉える場合は津田山、山頂部分に限定する場合は国見山と呼ぶ。
（9）ただし、わずかに発掘調査がなされており、遺物等も確認されている。大竹弘之氏の御教示によると、曲輪Ⅲにベンチを設置する際に行われた試掘調査によって、焼土層および一六世紀の白磁が出土しているという。これらの遺物は、『特別展大阪の古城と武将』（大阪城天守閣、一九八四年）に写真が掲載されている。
（10）中井均「津田城」（『日本城郭大系』第一二巻、新人物往来社、一九八一年）。
（11）中西裕樹「戦国期における地域の城館と守護公権」（村田修三編『新視点　中世城郭研究論集』新人物往来社、二〇〇二年）。
（12）『枚方市史』第一二巻一九六頁に掲載される遺構平面図をベースに、前掲註（6）にあげた報告書を参照して作成した。また、調査を担当した財団法人枚方市文化財研究調査会の谷川博史氏と三宅俊隆氏からの聞き取りも参考にしている。

(13) 明治期の地籍図（枚方市財務部資産税課蔵）によると、本丸山城の土地は周辺と比較しても、かなり細分化された畑地となっている。その上、津田の名産であった焙烙製作のための土取によって、かなりの改変を受けているものと思われる。また、横堀A以西の全ての削平地の周囲には、溝が廻っている。この溝が、周辺の近世における畑地遺構の溝と類似することから、横堀A以西は畑地開削の影響を大きく受けていると考えられる。

(14) 片山氏が由緒書を積極的に用いざるを得なかったのは、中世史料が皆無に等しいことによる。もちろん片山氏も、古記録を読む際は、「文字の示す通りにすべてを鵜呑みにはでき」ず、「よほどの疑いの目を見張つて、信ずべきところと信ずべからざるところをよくかんがえ、すべてに矛盾のないように取捨」する必要があると述べているが（『津田史』二五八頁～二五九頁）、後述のように史料批判が不足している感は否めない。

(15) 『津田史』三二一頁～三二六頁。稲城信子「大阪府・枚方市尊延寺所蔵　文永十年摺写の大般若経について」（『国立歴史民俗博物館研究報告』第七七集、一九九九年）。

(16) 津田山山論の経過については、『津田史』五二九頁～五五五頁および『枚方市史』第一巻一三〇頁～一五〇頁参照。

(17) 「見聞予覚集」元禄七年七月九日条（『枚方市史』第九巻三九四頁）。

(18) 「元禄五年午ゟ寺社家普請ニ付大坂御番所江願上書付之写」（三宅家文書その二、八七号）。「寺社書上帳」（三宅家文書その二、九一号）。津田村の庄屋文書である三宅家文書は、枚方市史資料室蔵写真帳に拠った。

(19) 「寺社書上帳」（三宅家文書その二、八八号）。

(20) 「招提寺内興起後聞記并年寄分由緒実録」（『枚方市史』第六巻三一八頁）。なお、この史料の信憑性は低いが、招提寺内町の草創自体は、本書第三部第二章「石清水八幡宮勢力の展開と招提寺内町」でみるようにこの前後である。

(21) 【記録1】は、本章初出時の拙稿「城郭由緒の形成と山論」（『城館史料学』第二号、二〇〇四年）に校訂を加えた翻刻を掲載している。

(22) 史料中には「永徳戌之暦」つまり永徳二年（一三八二）と記されるが、片山氏が指摘するように、同じく戌年の延徳二年（一四九〇）としなければ津田氏の由緒は整合的に理解できない（『津田史』三九頁）。事実、ほぼ同文の【記録9】には「延徳」とある。【記録7】の誤写と考えてよいだろう。

(23) 三宅家文書その一、一七九号(『枚方市史』第一巻一三六頁)。「見聞予覚集」元禄六年二月七日条(『枚方市史』第九巻三五七頁)によると、この絵図は岡山孫兵衛なる絵師に依頼して作成された。

(24) 『枚方市史』第一〇巻三頁。

(25) 『津田史』二四九頁に写真が掲載されている。現在は、道路の拡張により失われ、「津田城主　津田周防守正信之墓」と彫られた新たな石碑が道路脇に新造されている。

(26) 紀州津田氏の初代とされる津田監物は、種子島から根来に鉄炮を伝えた津田流砲術の祖として知られる。文化九年(一八一二)に発行された『紀伊国名所図会』初・二編(臨川書店、一九九六年)九三六頁に「河州交野郡津田城主津田周防守正信」の「長男」とみえるのをはじめとして、紀州藩編纂のもと天保一〇年(一八三九)に完成した『紀伊続風土記』第一輯(和歌山県神職取締所、一九一〇年)七四三頁など、監物を河内津田氏の息とする説も巷間に広がっているが(『津田史』五七頁)、その説が創作される過程は本項でみる通りである。事実、正徳五年(一七一五)の序文・跋文を持つ「武芸小伝」(『改定史籍集覧』第一一冊)で、津田監物は「紀州那賀郡小倉人也」と紹介されており、河内との関係については一切触れられていない。河内出身説は、地誌によって広まったと考えてよいだろう。

(27) 山本家に残る安永六年(一七七七)付の紀州津田氏の問い合わせに対する回答の下書から、この時が最初のコンタクトであったことがわかる。「伺書」には、「七年前」に紀州津田氏から問い合わせがあったと記される。当時の用法からすると、「伺書」は天明三年に提出されたものと考えられる。

(28) 『津田史』二四九頁~二五〇頁。なお、山本甚助氏所蔵の原典に照らして校訂している。

(29) 『津田史』二五〇頁。

(30) 「見聞録」天明三年条(『枚方市史』第九巻五八〇頁~五八一頁)。以下、同年の出来事はこれによる。

(31) 後述のように、このときすでに津田城や津田氏は地誌類で広く紹介されている。

(32) 羽賀祥二『史蹟論』(名古屋大学出版会、一九九八年)。

(33) 下野家文書その二、一〇六号(枚方市史資料室蔵)。

(34) 前掲註(22)。

（35）「見聞覚知記」享保一三年七月四日条〜一九日条（『枚方市史』第九巻四八一頁〜四八二頁）。「見聞録」延享四年七月一六日条・宝暦九年閏七月八日条（同上四九六頁・五一四頁）。
（36）幕府が解体して私的土地所有が実質的に承認され、地券が交付されるに伴って生じた。訴訟の詳しい経緯は、前掲註（16）および『津田山訴訟記』参照。
（37）三宅家文書その二、八四号。ここでは、【記録6】独自の諱である「正忠」が初めて引用されている。
（38）『河内鑑名所記』（上方芸文叢刊刊行会、一九八〇年）。
（39）『大日本地誌大系』一八巻（雄山閣出版、一九二九年）二二三頁。
（40）『河内名所図会』（柳原書店、一九七五年）四九五頁・四九九頁。
（41）この史料については、本書第三部第二章「石清水八幡宮勢力の展開と招提寺内町」。
（42）本書第二部第二章「椿井政隆による偽文書創作活動の展開」で明らかにしたように、河内における椿井文書は、椿井政隆が晩年に作成したものである。
（43）『津田史』三二五頁。
（44）『枚方市史』第一二巻一八六頁。なお、津田村内には「山子」という小字も残っている（前掲註（6）『大阪府枚方市所在　津田城遺跡　一般国道1号バイパス（大阪北道路）建設に伴う埋蔵文化財発掘調査報告書』）。
（45）佐野英山『国分日本金石年表』（一九二四年）一〇四頁。
（46）『ひらかた文化財だより』第三五号（財団法人枚方市文化財研究調査会、一九九八年）。
（47）五十川伸矢氏の御教示によると、このように鋳造品の銘文が鏡像することはしばしばみられるようである。
（48）この点は、五十川伸矢「古代・中世の鋳鉄鋳物」（『国立歴史民俗博物館研究報告』第四六集、一九九二年）にあげられた他の銘文からも明らかである。
（49）前掲註（15）稲城論文。前掲註（46）文献。湯釜の類型については、前掲註（48）五十川論文。
（50）『大乗院寺社雑事記』文正元年一一月一四日条。
（51）『大乗院寺社雑事記』文明一五年八月一三日条。
（52）（天文一六年）二月二八日付細川和�París書状・同日付細川勝国書状（『城陽市史』第四巻二〇四頁）。『城陽市史』は和匡を「雅匡」と翻刻するが、奈良県教育委員会蔵「興福院蔵鷹山文書」写真帳により訂正を加えた。和匡と勝国については、拙稿「信長上洛前夜の畿内情勢」（『日本歴史』第七三六号、二〇〇九年）を参照されたい。

(53)（天文一六年）三月一七日付細川和匡書状（『城陽市史』第四巻二〇四頁）。

(54)（天文一六年）四月九日付細川和匡書状・同日付細川勝国書状（『城陽市史』第四巻二〇五頁）。

(55)『多聞院日記』永禄一一年正月五日条。「細川両家記」永禄一〇年一一月条（『群書類従』第二〇輯）には、「伏見の津田松永方へ一味して、多門より加勢之由候也」とみえるが、同時代史料ではいずれも河内の津田となっているので誤りと思われる。

(56) 片岡恭子氏所蔵文書（『枚方市史』編年一四五号）。

(57)『言継卿記』永禄一一年正月八日条。

(58)「細川両家記」永禄一一年正月条。

(59) 片埜神社所蔵文書五号（『枚方市史』第六巻）。

(60)『多聞院日記』永禄一一年五月二二日条。

(61)『多聞院日記』永禄一一年五月二三日条〜二九日条。

(62)「細川両家記」が「伏見の津田」と混同したように（前掲註(55)）、津田という情報は人名ではなく、地名として伝わっていたようである。

(63)『多聞院日記』元亀三年四月二九日条。

(64)「尋憲記」元亀四年三月六日条（『大日本史料』第一〇編之一四、二二九頁）。

(65)「二条宴乗記」元亀四年七月条（『ビブリア』第五四号、一九七三年）五九頁。

(66)『信長公記』元亀四年七月一八日条。史料の質は落ちるが、『綿考輯録』第一巻七一頁〜七二頁でも「信長も難黙止、佐久間・木下に計ひ候へと被仰、則河州若江へ送奉る」と佐久間と秀吉が護送したように記されており、『寛永諸家系図伝』第六、二二四頁にも同様の記述がみられる。

(67) 今谷明『天皇と天下人』（新人物往来社、一九九三年）。『兼見卿記』元亀四年七月一八日条にも「路次中出合一揆、御物以下落取云々」とみえる。

(68) 離宮八幡宮文書（『豊臣秀吉文書集』五九号）。

(69) 顕如上人文案（『真宗史料集成』第三巻一一六四頁・『大系真宗史料』文書記録編四、三六四頁）。なお、龍谷

大学図書館ホームページの貴重資料画像データベースにおける写真版に基づいて訂正した。
(70) 境目地域とは、山本浩樹「戦国期『境目』地域における合戦と民衆」(『年報中世史研究』第一九号、一九九四年)などが実態を示したように、単なる境界線ではなく、「半納」・「半手」に象徴される帰属の曖昧な一定の幅を持った地域を指す。
(71) 本書第三部第五章「牧・交野一揆の解体と織田権力」。
(72) 片岡恭子氏所蔵文書(『枚方市史』編年一五四号)。この史料については、拙編著『招提村片岡家文書の研究』(枚方市立中央図書館市史資料室、二〇〇九年)も参照されたい。
(73) 奈良県教育委員会蔵「興福院蔵鷹山文書」写真帳。残り二通はいずれも年未詳で、鷹山藤逸に宛てた一一月二四日付の書状と、その後見役である「鷹新」に宛てた九月二八日付の書状である。
(74) 『兼見卿記』天正五年一〇月一日条・一一日条。
(75) 『兼見卿記』天正五年一〇月二九日条。
(76) 『兼見卿記』天正五年一一月一四日条。
(77) 永山近彰編『加賀藩史稾』(尊経閣、一八九九年)第八巻列伝第六津田重久の項。日置謙編『加賀藩史料』第二編(前田家編輯部、一九三〇年)七四四頁〜七四七頁。伏見の津田家については、拙稿「伏見の津田家とその一族」(『大阪大谷大学歴史文化研究』第一八号、二〇一八年)。
(78) 『兼見卿記』天正九年二月一六日条・一七日条。
(79) その立場については、本書第三部第五章「牧・交野一揆の解体と織田権力」。
(80) 『私心記』永禄三年二月六日条・六月一九日条・七月七日条・同四年二月八日条。
(81) 『唐招提寺史料』第一、八五号・八七号・九四号。
(82) 『私心記』永禄四年一〇月八日条。
(83) かかる津田氏をイメージするには、「牧・交野一揆」の影響下にある養父村(枚方市養父元町)の養父氏が参考になるかと思われる。一六世紀初頭に行われた牧郷の合戦後、疵を被った養父氏に代わって、恩賞獲得のため畠山尚順のもとへ赴いた大門坊宥朝は、「今度合戦之儀、郷人悉致見物候間、縦兎角申方候共、其隠在間敷候」と述べるように、恩賞を得るための根拠として郷人をあげている(養父彦次郎氏所蔵文書三号〔『枚方市史』第六巻〕)。小谷利明「国人・侍文書からみた軍事編成」(同『畿内戦国期守護と地域社会』清文堂出版、二〇〇三年、初出一九九五年)が指摘するように、このことは養父氏が村落内のリーダー的性格の侍であったことを示唆している。

(84) 津田区有文書(『津田史』口絵写真)。『枚方市史』第三巻一六二頁にも書き下し文がある。念のため述べておくが、内容が津田村の利益に関わるものではなく、むしろ津田村が非難されている史料であることから偽文書とは考え難い。

(85) このような問題が起こる背景には、【記録4】の⑧にあるように杉村が本来津田村の出郷であるという津田村側の認識(近世前期の史料では津田・藤坂・杉村で「下三ヶ村」と呼ばれることもある)と、すでに水系を通じて「上三ヶ村」として穂谷・尊延寺村と共にまとまりつつあった杉村側の認識の違いがあると思われる。本章では、対立構造を山論に単純化して整理したが、現実には「上」・「下」それぞれで村落が結合していくように、水論なども含めた対立要素が複雑に絡み合っていたのである。

(86) 小谷利明「戦国期の河内国守護と一向一揆勢力」(前掲註(83)小谷著書)によると、一六世紀の守護権力による河内支配は南河内の上郡代と北河内の下郡代の体制でなされていたとされる。永禄一一年に河内は三好義継・畠山高政の半国守護体制となるが、弓倉弘年「戦国期河内国守護家と守護代家の確執」(同『中世後期畿内近国守護の研究』清文堂出版、二〇〇六年、初出一九九三年)は、半国といっても境界は明確に線引きできる性格のものではなく、両者の支配地域が錯綜していることを明らかにしている。したがって、ここでの郡代が属する上位権力については判断しかねる。

(87) 【記録7】「三之宮旧記」によると、近世には山城八幡に幽居したと記されるが、実際、中ノ山共同墓地(八幡市中ノ山)には「安永六(一七七七)丁酉年七月廿日　津田主水定功建之」の銘を持つ墓碑が存在する。

(88) 『図書寮叢刊　伏見宮家九条家旧蔵諸寺縁起集』(宮内庁書陵部、一九七〇年)一四二頁。

(89) ハタ寺は尊延寺の別称である。例えば、『大乗院寺社雑事記』文正元年一一月一四日条に「尊恵(延)寺号畑寺」とみえる。

(90) 『津田史』二四五頁。

(91) 『兼見卿記』元亀三年四月一六日条。「年代記抄節」元亀三年四月三〇日条(『大日本史料』第一〇編之九、三八頁）。

（92）『信長公記』元亀三年三月条。

（93）近江誓願寺文書のうち（元亀三年）五月一〇日付下間正秀書状（『大日本史料』第一〇編之九、三四頁～三六頁）。

（94）例えば、小谷利明「河内国守護畠山氏の領国支配と都市」（前掲註（83）小谷著書、初出一九九九年）では、「畠山氏の権力が、家臣団編成の問題から見たとき、南河内から展開し、中河内、次に北河内に向かう」ため、飯盛山城の「すぐ北に位置する津田氏などは、結局畠山氏から自立した存在であった」という指摘がみられる。

（95）村田修三「史料としての城館」（網野善彦・石井進・谷口一夫編『中世資料論の現在と課題』名著出版、一九九五年）。

第三章　交野天神社の祭祀構造と樟葉宮伝承地

はじめに

交野天神社（大阪府枚方市楠葉）の境内社である貴船神社が鎮座する場所は、継体天皇が即位した樟葉宮の伝承地として、大阪府の史跡に指定されている。本章の課題は、河内国交野郡楠葉村の庄屋家に伝わった今中家文書を中心的素材として貴船神社の歴史を紐解き、樟葉宮伝承の形成過程を明らかにすることにある。とはいえ、貴船神社は近世中後期の史料に「龍王宮」の名で若干みられるものの、それ以前に遡ることもできないし、そもそも交野天神社の境内末社という小社であるため、具体的動向を追うのも困難を極める。そこで本章では、次に掲げる二つの方法で貴船神社の歴史に迫りたい。

まず一つは、交野天神社や貴船神社に関する由緒書を分析することである。由緒書は、それそのものに記された内容は鵜呑みにできないけれども、その時代その場所に規定されて生まれてくるため、由緒の構造を分析することで、少なくとも由緒が作成されたその時代の人々の歴史認識がわかるし、その認識が徐々に変化していく姿が明らかとなれば、認識が変化する前の姿を措定することも可能となる。今中家文書には、交野天神社に関する明治前期の由緒書が比較的豊富に残されているため、そこから遡って江戸時代における楠葉の人々の貴船神社に対する認識を投影してみたい。

そのうえで、貴船神社に視野を限定するのではなく、貴船神社を取り巻く交野天神社という世界とさらにそれを取り巻く楠葉地域という世界、この二重の祭祀空間の中に占める貴船神社の位置を確認することで、それぞれの時代に楠葉住民たちが貴船神社に求めたものを探る。

以上のような、由緒や祭祀構造の時代的な変容から、中世から近代にかけての貴船神社の姿を浮かび上がらせることとしたい。なお、交野天神社及び貴船神社の名称が定められるのは明治時代になってからのことであるが、混乱を避けるため、特に断らない限り他社も含めて前近代においても現在の呼称を用いることとし、前近代の呼称は必要に応じて適宜注記する。

一　交野天神社の由緒とその変遷

1　江戸時代から明治初期にかけて

樟葉宮の伝承地について注意を要するのは、遺構が何一つ確認できておらず、文献上での確証も得られていないということである。その点は『枚方市史』にも、「楠葉字野田の交野天神社の入口に「樟葉宮舊蹟」ときざまれた碑が建てられているけれども、これは旧『枚方市史』編集（昭和二六年三月三〇日発行）のさい建てられたもので、樟葉宮跡の位置についていろいろ調査されたが、不明ということになり、仮の推定地として交野天神社に建てられたにすぎない」とすでに指摘されている。(1)

ただし、「樟葉宮舊蹟」と刻まれた裏面には「昭和二年七月　京都依三宅安兵衛遺志建之」とも刻まれているので、これはいわゆる「三宅安兵衛遺志碑」である。(2)旧『枚方市史』編纂事業が始まるのは昭和一五年（一九四〇）のことなので、『枚方市史』の指摘には少なからぬ誤解があるものの、昭和初期に樟葉宮の顕彰運動が盛んとなっていたことだけは確かであろう。

継体天皇即位地への関心は比較的早くから高まっていたようで、樟葉宮について触れた地誌はいくつかみられる。その初見は、儒者並河誠所が中心となって編纂した『五畿内志』のうち、享保二〇年（一七三五）に板行された『河内志』である。とはいっても、ここでは樟葉宮が楠葉村に比定されるとだけ記し、具体的な場所や交野天神社については一切触れていない。その点は、その後刊行された『河内名所図会』や『淀川両岸一覧』でも同様である。

地元楠葉には、近世段階で継体天皇について触れた史料は管見の限り存在しないが、元禄一五年（一七〇二）に石清水八幡宮の社僧実長が作成した「交野天神縁起」と題する交野天神社の由緒書が残されている。これについては別途紹介するので、(3)ここでは簡単に触れておくこととしたい。

「交野天神縁起」は、延暦六年（七八七）に桓武天皇が交野で昊天を祭った際に、父の光仁天皇を配祀したのが交野天神社の草創だとする。交野天神社との関係はさておき、この出来事自体は『続日本紀』にも描かれており、中国の皇帝にならって、いわゆる郊祀壇と呼ばれるものが築かれたことで知られる。

実長は楠葉村民から縁起作成の依頼を受けたが、国史には通じているものの楠葉の歴史には疎いので渋っていた。しかし、固辞するわけにもいかなかったので、交野天神社が交野郡内の天神社であることを根拠に『続日本紀』の記述をそのまま引用する。『続日本紀』には、祭祀の場が交野郡とはされても、場所を特定するような記述はないことから、それを逆手に取って利用したのである。一連の経緯から、少なくともこの段階では、郊祀壇の伝承が楠葉には存在しなかったことが判明する。

続けて今中家文書に含まれる交野天神社の由緒書から、明治前期の状況についてみておこう。同家文書を整理すると、堺県や大阪府などの指示に応じて、明治の前半だけで四度にわたり交野天神社の由緒書が作成・提出されたことを確認できる。それらは、提出したものの控だけではなく、下書も豊富に残されており、署名のあるものはいずれも今中五郎（藤原政行とも名乗る）となっていることから、彼が作成したことはまず疑いない。今中五郎は明治四年（一八七一）の壬申戸籍の段階で庄屋をつとめ、年齢は三五歳とまださほど年を取っていない[4]。

一連の由緒書は、興味深いことに一度記しては推敲を加えて清書し、また推敲を加えるということを何度も繰り返しているため、作成順を復元することができる。したがって、明治前期の四段階にわたる思考の変化と同時に、個々の由緒書作成時に今中五郎が何を主張しようとしていたのかという細部に至るまで検討を及ぼしうる素材といえよう。上記の構成に従い、表2の由緒書一覧では、まず1類から4類の四段階に分類し、さらに作成順にアルファベットで枝番を付した。

最初に作成された1類は、最終形の1Eから、堺県による故蹟調査にあたって明治八年八月に提出された書類であることがわかる。それに先だつ七月一九日に、堺県は史誌編纂のために関係書類を八月一五日までに提出するよう達していることから[5]、それに伴うものである。問題となるのは、楠葉村の戸長ではなく副戸長の今中五郎が、1Aの表題にも掲げられる「継縄別荘」に関する書類を作成した理由である。それは、「継縄別荘」の主人である藤原継縄の末裔を今中家が自称していたためであろう。したがって、同様のものを戸長が集積したうえで、堺県に提出したと考えられる。藤原継縄とは藤原南家武智麻呂の孫にあたり、桓武天皇の腹心である。先述のよ

表2　今中五郎作成の交野天神社由緒書

番号	年月日	表題	差出	宛所	典拠
1A	(明治8)	継縄別荘	—	—	1374(図9)
1B	明治8. 8. -	継縄別荘	楠葉村副戸長今中五郎	堺県令税所篤	1375(図10)
1C	明治8. 8. -	継縄別荘	今中五郎	—	1392
1D	明治8. 8. -	交野天神樟葉宮并藤原継縄別荘	今中五郎	堺県	1391
1E	明治8. 8. -	交野天神樟葉宮附藤原継縄別荘　略伝	楠葉村副戸長今中五郎	堺県令税所篤	1380*
2A	(明治12)	堺県管下河内国交野郡楠葉村字棌原天満 村社樟葉神社	右氏子総代・右村総代	—	1386*
2B	-	河内国交野郡楠葉村神社歴由之事	—	—	1385(図12)
3A	明治16. -. -	樟葉天神社	—	—	528-2
3B	明治16. 2. 18	樟葉天神社	今中政行	当村方	865(図14)
4A	明治20. 1. -	理由手続書	楠葉村平民今中五郎	—	1379
4B	明治20. 2. -	理由手続書	楠葉村平民今中五郎	—	1378
4C	明治21. 4. -	明治維新際理由ノ手続ヲ以交野天神社江社格授与願書	楠葉村今中五郎	—	1384
4D	明治21. 4. -	明治維新際理由ノ手続ヲ以交野天神社江社格授与願書	楠葉村氏子想代今中五郎他2名	大阪府知事建野郷三	1383*
4D	明治21. 4. -	明治維新際理由ノ手続ヲ以交野天神社江社格授与願書	楠葉村氏子想代今中五郎他2名	大阪府知事建野郷三	1394

註1）典拠は今中家文書その1の文書番号。＊は、『枚方市建造物調査報告VI　枚方市指定文化財交野天神社末社貴船神社本殿保存修理工事概報』（枚方市教育委員会、2009年）に翻刻が掲載される。

註2）表題等は推敲前の情報を記した。

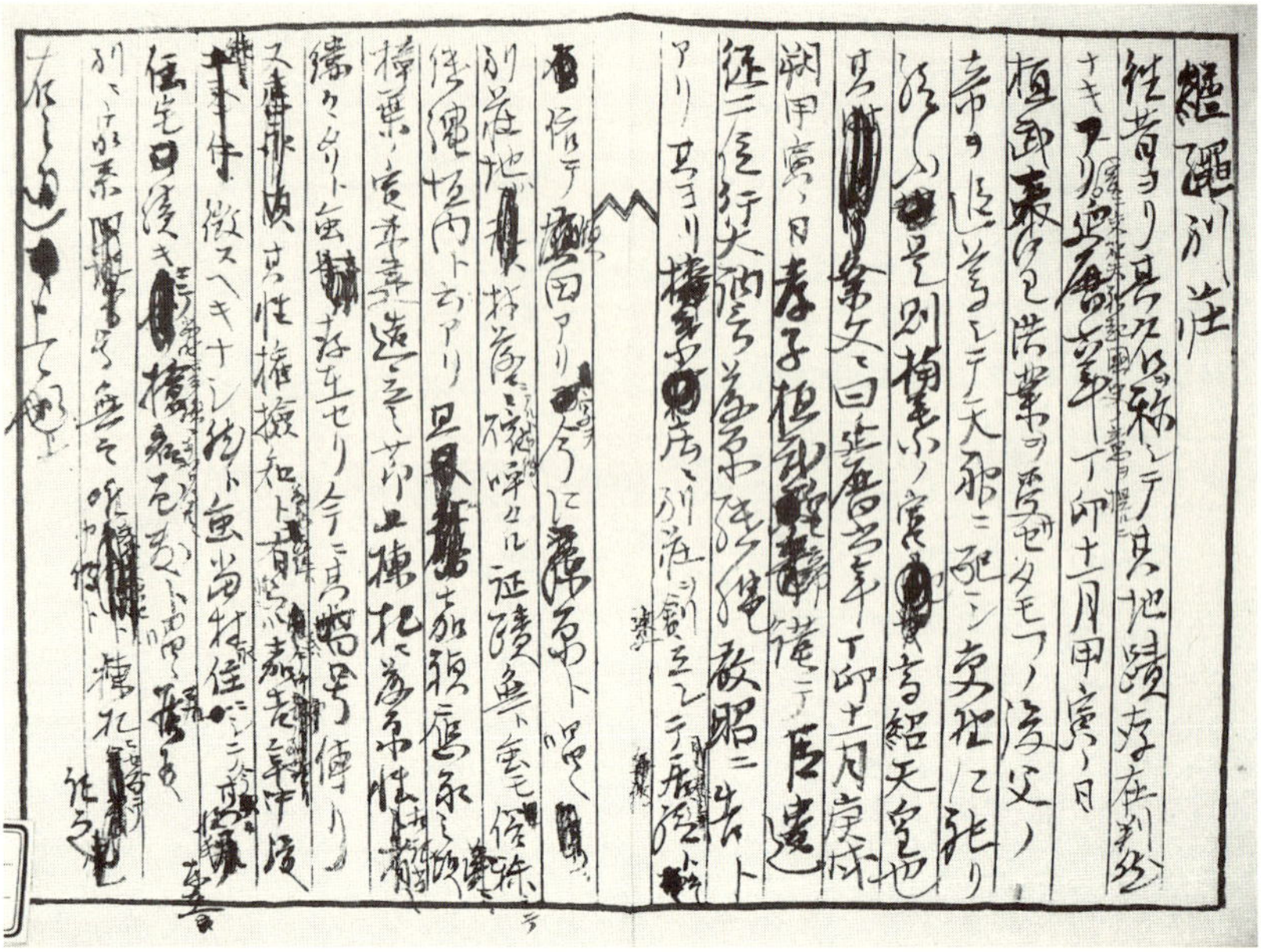

図9　継縄別荘（1A）

うに、桓武天皇は延暦六年に郊祀壇を築いて昊天を祭ったと『続日本紀』は記すが、その使となったのも継縄であった。

1Aへの書き込みは非常に多いが、この段階では基本的に表現の手直しだけである（図9）。それをもとに1Bを作成し、さらに推敲を加えて1Cを作成している。そして1Cへの書き込みの最中に、どうしたことか1Bと取り違えてしまったようで、1Cへ書き込むべきことを1Bにも書き込んでしまっている。よって、1Dは二つの原本をもとに記すこととなった。

1Bと1Cへの書き込みは単に表現の修正に留まらず、重大な改変が二点みられる。まずは継縄別荘の史料的な根拠があまりにないためか、この手の由緒では常套句の「永禄天正前後屢戦争場ニテ記書紛散焼失ト伝聞ス」を追記し、記録が残っていない理由を加えている。さらに、表題の「継縄別荘」の頭に「交野天神樟葉宮附り」を付け加えることで、昊天祭祀の遺跡として交野天神社が残っていることを話の本筋に変更し、継縄別荘をそのサブストーリーとすることで信憑性を獲得しようとする（図10）。

そして最後に改めて文章表現に手直しを加え、昊天祭祀の下りに『続日本紀』の記述を補充してできたのが1Eである。ただし、『続日本紀』から直接引用したのではなく、「交野天神縁起」から引用したため、「交野天神縁起」の地の文章も一部引用する結果となっている。1Eには今中五郎の印も捺されていることから、控のつもりで作成したようであるが、枠外に若干の書き加えがみられ、それがのちに作成された2Aにも反映されていることから、伝存はしないものの、1Eを改めて清書したものを提出したようである。

以上が明治八年の由緒書の概要であるが、ここで指摘しておくべきことは、これだけ推敲を加えたにも拘わらず、継体天皇のことが一切触れられていないことである。当時から継体天皇の即位地である伝承があったのならば、主題が継縄別荘から交野天神社に変更となった時点で触れるべきはずであろう。もう一点指摘しておきたいのは、表題には「樟葉宮」とあるものの、継体天皇即位地のことは一切触れられていないため、当時の楠葉村で「樟葉宮」といえば、あくまでも「楠葉の神社」を意味していたということである。

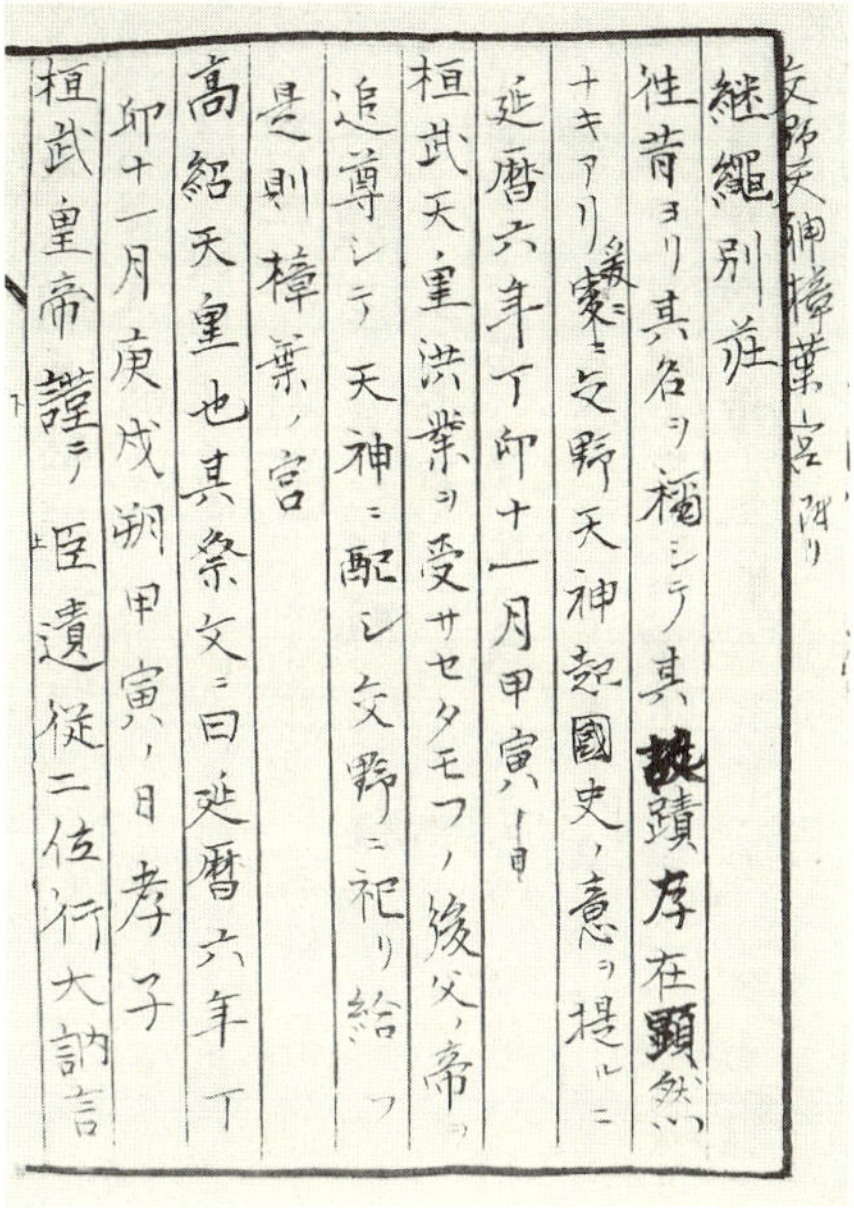
交野天神樟葉宮附り
継縄別荘
往昔ヨリ其名ヲ称シテ其故蹟存在顕然ハ
ナキアリ爰ニ交野天神起國史ノ意ヲ提ルニ
延暦六年丁卯十一月甲寅ノ日
桓武天皇洪業ヲ受サセタモフノ後父ノ帝ヲ
追尊シテ天神ニ配シ交野ニ祀リ給フ
是則樟葉ノ宮
高紹天皇也其祭文ニ曰延暦六年丁
卯十一月庚戌朔甲寅ノ日孝子
桓武皇帝謹テ臣遣従二位行大納言

図10　継縄別荘（1B）

2　明治一〇年代における由緒の転換

次に2類についてみておきたい。明治七年（一八七四）六月、教部省は特選神名牒編纂のために神社由緒の調査を全国の府県に命じる(6)。その布達に添えられた雛形と2Aは、鎮座地、神社名、祭神、由緒の順で記すほぼ同じ書式である。この調査は難航し、教部省が廃止された明治一〇年段階でも提出しない府県があったという。堺県でも、書類提出が布達されたのは随分と遅れていて、明治一〇年一月九日のことであった(7)。

しかし、2Aはこれに応じたものではない。なぜなら、教部省が作成した雛形では鎮座地を「何府県第何大区何小区何国何郡何村町」とするが、2Aには大区小区名がみえないからである。したがって、2Aの作成時期は、大区小区制が廃止された明治一一年七月以降で、下限は堺県が廃止される明治一四年二月となる。この間、内務省の布達をうけて、堺県が明治一二年八月一一日付で社寺明細帳を提出するよう達していることから(8)、2Aはそれに伴うものであろう。この提出期限は一一月とされたが、各地からの提出はままならなかったようで、堺県は翌年三月二七日にも督促をしている(9)。ただ次にみるように、楠葉村にとっては交野天神社の由緒を主張するまたとないチャンスであったから、2Aは明治一二年一一月提出分の下書と考えて間違いあるまい。

ここでの最大の変化は、何と言っても継体天皇が初めて登場する点にある。その理由については追々検討するとして、ここでは継体天皇の伝承が現在知られるものとは異なり、極めて荒削りである点に注目したい。例えば、『続古今和歌集』に所収される関白左大臣一条実経（一二二三〜一二八四）の「曇ラシナマスミノ鏡カケソフル樟葉ノ宮ノ秋（春）ノ夜ノ月」という歌の扱いである。この歌は早くからよく知られ、河内国初の本格的な地誌である『河内鑑名所記』をはじめ、『五畿内志』・『河内名所図会』・『淀川両岸一覧』などがまず間違いなく引用する。2Aはこれを継体天皇の「即位御詠」とし、「桓武天皇御遊猟ノ節、左大臣ノ詠ト河内名所図（会脱）見ル、是不全歟」と一蹴する(10)。

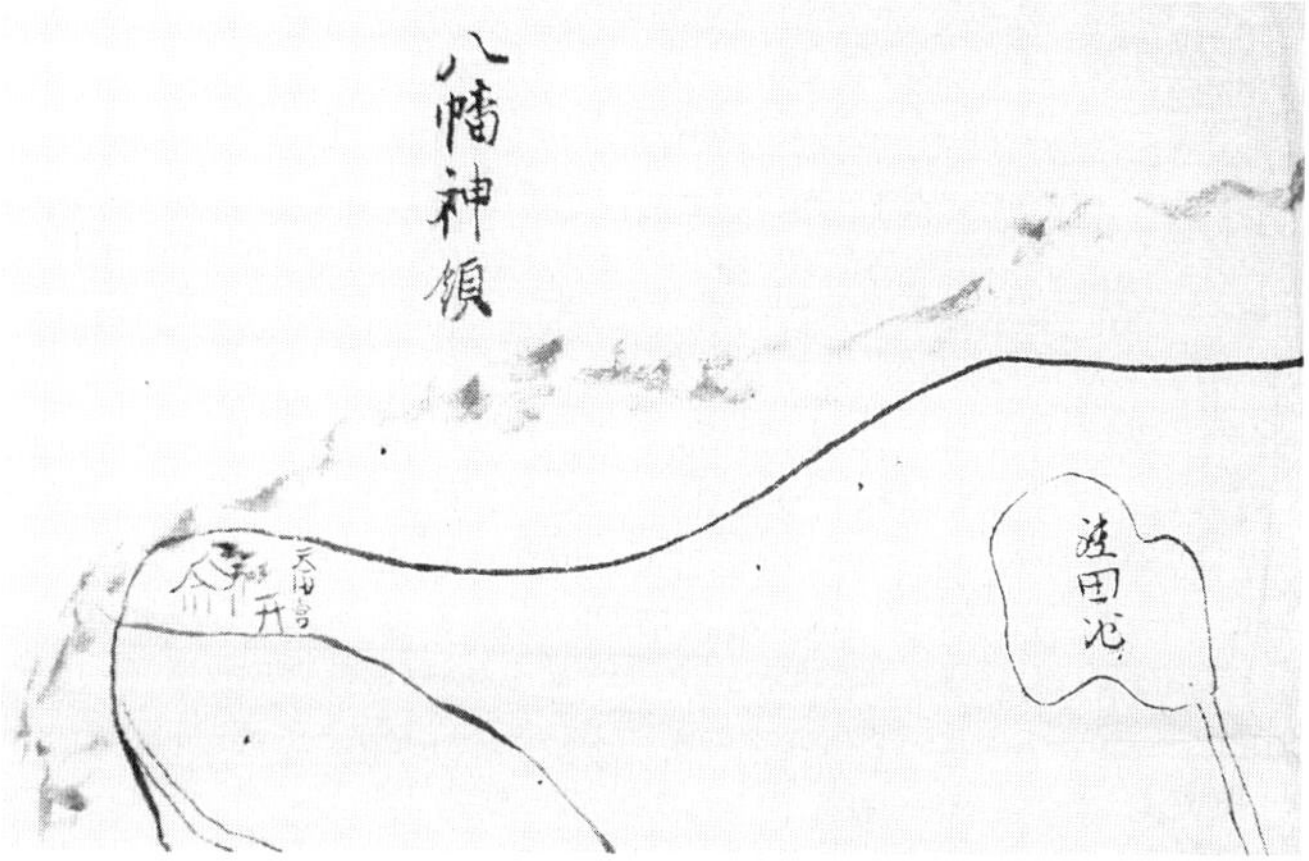

図11　交野天神社と経田池

交野天神社の南側には、雨乞い神事の大般若経転読費用などにあてるためと思われる経田がかつては存在していた。その名残は経田池として、近世絵図にも頻繁に登場する（図11）。これについても「社前ニ池アリ。今経田池ト云フ、古ヘハ鏡伝池ト書シ由ナリ、此池ヨシアリテ名付ニシヤ」とし、「即位御詠」とセットにした独自の説を展開させている。言うまでもなく、これが「鏡伝池」の初見史料であるが、現在は、市民の森「鏡伝池緑地」として整備されるに至っている。

もう一つ注意しておきたいのは、この段階では継体天皇即位地を、貴船神社でもなく、また交野天神社境内でもなく、現在の南楠葉にあたる字「天皇（王）」に求めていることである。したがって、2Aで貴船神社は「由緒不詳」とされる。[11]

2Bは、「交野天神縁起」を要約し、それに推敲を加えたもので、2Aと内容的には直接関係しない。ただ、今中五郎が「樟葉神社」という呼称を用いるのは、2Aを提出してからしばらくの間のみで、後述のように明治一六年の3Aになると「樟葉天神社」と呼称が変化するため、2Aと時期的に近いと判断しここに収めた。「交野天神縁起」に継体天皇は登場しないので、2Bの本文でも触れられないが、冒頭の加筆部分に「継体天皇即位ノ御神也、檀（壇）ヲ築キ高座ニ」とあって、2Aから発展し、桓武天皇の

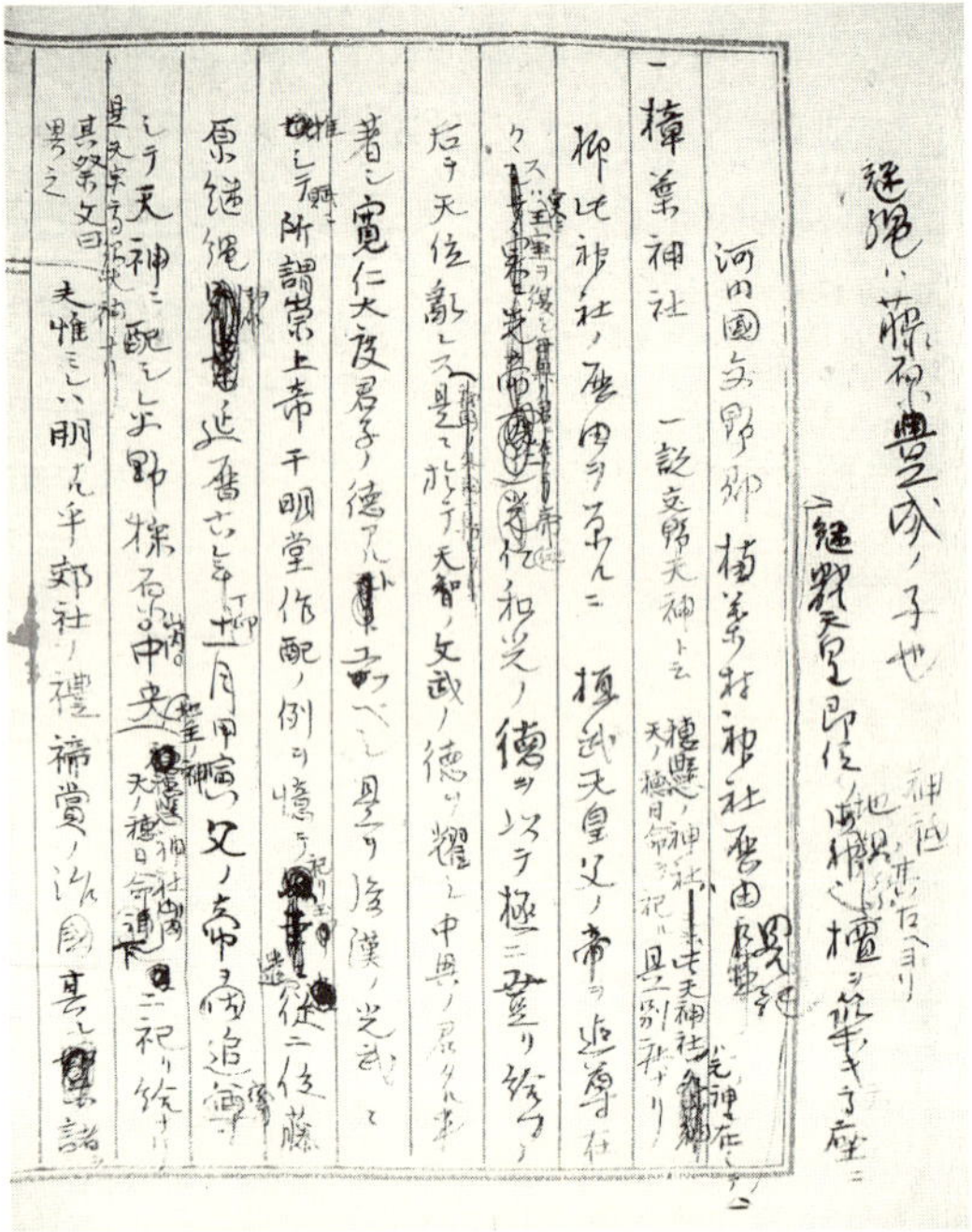

図12　河内国交野郡楠葉村神社歴由之事（2B）

郊祀壇と継体天皇を一体化させようとしていることが看取できる（図12）。このように、2A作成の直後から、交野天神社と継体天皇を結びつける道が模索されはじめた。

　大阪府が編纂した明治一七年一二月の奥書を持つ「大阪府地誌」は、交野天神社を「楠葉神社」（同書は「樟」の字は用いず「楠」で統一されている）としており、神社の由緒に継体天皇は登場しない(12)。貴船神社にも特別な由緒は記されない。3Aなどにみえる「樟葉天神社」は反映されず、神社の由緒に関しては2Aまでの提出書類を典拠としているのである。2Aでは、「貴船神社」と「高龗神」に合点を振り、それぞれに「此調ハ誤り也」・「誤り歟」と書き込まれている。よってこれらの書き込みは、2A提出後、神社と祭神の名称に異説が出てきて以降のものと考えられる。「大阪府地誌」には、交野天神社の由緒に継体天皇が登場しない一方で、古跡として「楠葉宮趾　村ノ東北隅ニ在リ、継体天皇即位ノ宮趾ナリ」とみえる。ここで初めて公的に楠葉村の北東端にある交野天神社と継体天皇が結びつけられるのである。「村ノ東北隅」が、貴船神社を限定しているのか否かは判然としないが、この段階での継体天皇の即位地は、漠然と交野天神社（いわゆる神社としての「樟葉宮」）の境内を指しているように思われる。

2A提出以後、2Bに始まる一連の作業を経て、改めて提出された由緒書が、ここに反映したことは間違いあるまい。後述のように、大阪府は提出書類の意向は加味するものの、神社の由緒を簡単に変更することは許さないという姿勢で臨んだようである。

以上のように、交野天神社の由緒に継体天皇が登場するのは明治一二年のことで、その直後から継体天皇と交野天神社を繋ぐ道が模索されるようになった。境内末社の貴船神社を継体天皇の即位地とする説はその延長線上にあるのである。その歴史的な背景については、交野天神社や貴船神社の歴史を順を追ってみていく過程で改めて検討するとして、ここでは以上の結論から導き出される二つの疑問点を指摘しておきたい。

一つは、素直に考えれば交野天神社を継体即位地としてもよかったところを、いくつかある末社のなかから、今中五郎が最終的にあえて貴船神社を選択したのはなぜかということである。もう一つは、楠葉の人々がそれまで聞いたこともないはずの突拍子もない説が、なぜ受け入れられたのかということである。その理由を次節で検討したいが、結論めいたことをいうと、貴船神社は「由緒不詳」の境内末社とされながらも、交野天神社の境内のなかでは何かしらの特別な場所であるという認識はすでに持ち合わせていたのであろう。継体天皇の即位地と聞くと皆が納得する、そうした素地があったように思えるのである。

二　前近代における交野天神社と貴船神社の関係

1　文献上の所見

順序が逆になってしまったが、本節では中世から近世にかけて、そして次節では明治期を対象とすることで、交野天神社と貴船神社の関係を通史的に描くこととしたい。なお中世の楠葉郷については、別途論じているので、まずはそれをもとに本章と関係する点について触れておく[13]。

中世の楠葉郷は、南村（現在の南楠葉）が本郷であり、もう一つの中心的な場となる港としての機能は、楠葉郷の北端にあたる木津代（現在の中之芝）にあった。その構造は近世初頭の淀川護岸整備によって大幅に改変されるが、自然地形に基づいて集落が展開したそれ以前には、盛衰はあっても、位置関係にさほど大きな変化はなかったであろう。継体天皇の即位地に関する議論は、こうした中世の景観から遡って考察する必要もあるかと思われる。

それはさておき、交野天神社の文献上の所見をここでいくつか確認しておこう。現在のところその初見史料は嘉禎四年（一二三八）の棟札で、以後応永九年（一四〇二）と嘉吉二年（一四四二）の棟札が残っており、そこに記される氏子の居所から、鎌倉時代以来楠葉郷全域の氏神であったことが確認できる[14]。一般的に天神宮と天満宮は混同されることが多く、交野天神社でも嘉吉二年の棟札や明応九年（一五〇〇）の田地売券などで「天満宮」とされるが[15]、天神宮とする場合が圧倒的に多いことから、古来天神を祀っていたとしてよかろう。

注目すべきは、楠葉の神社の意で「樟葉の宮」とも呼ばれていたことが、永正一七年（一五二〇）の田地売券で確認できることである[16]。中世から明治八年（一八七五）に至るまで、楠葉の人々にとって「樟葉宮」とは、継体天皇の即位地を指すのではなく、交野天神社の通称であった。継体天皇即位地としての「樟葉宮」由緒が無理なく受け入れられた素地は、この点にもあったのであろう。

さて、文禄・慶長期に豊臣秀吉が淀川の治水事業を推し進め、いわゆる「文禄堤」が楠葉にも築かれると、楠葉の集落構成も大きな変革を迎える。文禄堤上は京街道として利用されることとなり、周辺にあった対馬野・岸町・大鳥部・小鳥部の小集落が淀川沿いに一列に並び街村を形成するのである。これによって、近世の楠葉村は旧来の集落の中心である南組とその北にあたる野田組、そして京街道沿いに新たに形成された町組の三組で編成されるようになる。それとともに町組は、本郷であり楠葉の主導的な立場にあった南村からある程度の距離をおき、半ば自立的な集落になったと思われる。というのも、2Aにもあるように、慶長の頃に交野天神社の氏子から外れ、対馬野及びその北の中之芝の住民は新たに春日神社の氏子に、岸町以下の住民は菅原神社の氏子になるからである。(17) 明治五年に改めてその二社が合祀されるまで、江戸時代に限っては交野天神社の氏子は楠葉全域ではなく、楠葉村のうち、町組を除く南組と野田組のみであった。

中世における交野天神社の造営については、先に挙げた棟札で確認できる。しかし、近世の修復歴となると、平橋家大工組文書で若干確認できるが、屋根の葺替には大工組が携わらないこともあって、ほとんど知られていない。そこで、ここでは今中家文書をもとに、その点を補っておきたい。

今中家文書のなかには、交野天神社の中世棟札三枚を筆写したもの、及び同社の修復歴を箇条書にしたものの計四点を包紙で一括した史料群がある。(18) 棟札写の左側には、それぞれ「天明二壬寅年四月七日　本板之蠹損ヲ恐レテ書写置者也　芳山庵実乗」の如き朱書があることから、交野天神社の神宮寺である芳山坊（庵）の実乗が書写したことがわかる。さらにその下には、それとは異筆で「天明二壬寅五百四十五年ニ成」などと、中世の棟札から天明二年（一七八二）まで何年経過しているかが記される。修復歴の箇条書には、明治期の書き込みもあるが、元からあった本文は棟札写の下部にある異筆と同じ筆跡で、その箇条書は天明二年四月七日を最後としている。以上を整理すると、実乗は天明二年の修復に際し、後々のために棟札を写し、それからさほど間を置かないうちに、別人が過去の修復歴とともに四点を一括にしたことが窺える。よって、修復歴の箇条書は一八世紀段階に把握されていた情報で、ここには虚飾はないと思われる。ただし、明治期の書き込みは、それをもとにして社

表3　近世の交野天神社修復

年月日	出来事	典拠
慶長 4(1599).11.27	―	今中家文書その5、9-1号*
寛永 6(1629). 8.28	―	〃
正保 3(1646). 9.29	―	〃
延宝 4(1676).12.12	―	〃
元禄 2(1689). -.-	―	〃
享保 5(1720). 5. 1	―	〃
元文 3(1738). 3. 8	―	〃
宝暦10(1760). -.-	―	〃
天明 2(1782). 4. 7	―	〃
享和 3(1803). 8.13	氏神天神社・若宮八幡宮屋根替願上	今中家文書その1、535-4号*
文化 3(1806). 2.27	龍王宮屋根替願上	〃
文政11(1828). 7.22	氏神天神宮・若宮八幡宮屋根替願上	〃
文政12(1829). 2. -	龍王宮屋根替願上	〃
弘化 2(1845). -.-	氏神天神社・若宮八幡宮柿葺から瓦葺へ屋根替願上	今中家文書その1、414号*
弘化 3(1846).11. 6	天神宮燈籠建	今中家文書その1、348号
弘化 4(1847). 3. -	氏神天神社・若宮八幡宮屋根替	今中家文書その1、349-1号
弘化 4(1847). 3. -	龍王宮屋根替	今中家文書その1、349-2号
弘化 4(1847). 8. -	龍王宮御供献灯のため寄進が募られる	今中家文書その1、503号
弘化 4(1847).12. -	天神宮石鳥居棟上	今中家文書その1、349-3号
弘化 5(1848). 3.20	拝殿再建願上	平橋家大工組文書下120号
嘉永元(1848). 8.28	拝殿再建棟上	今中家文書その1、347号
嘉永 2(1849)～	芳山坊普請	今中家文書その1、356号
文久 2(1862). 8. -	氏神両社石垣普請につき下遷宮	今中家文書その1、546-2号
文久 2(1862). 9.13	氏神両社正遷宮	〃
文久 2(1862). 9.15	龍王宮修復	貴船神社社殿墨書*

註1）＊は、『枚方市建造物調査報告VI　枚方市指定文化財交野天神社末社貴船神社本殿保存修理工事概報』(枚方市教育委員会、2009年)に翻刻が掲載される。

註2）平橋家大工組文書は門真市立歴史資料館蔵写真帳。

図13　交野天神社と芳山坊

歴を改竄しようとした際のもので信用できない。

上記の箇条書にて一八世紀以前の交野天神社の修復歴を、そして他の願書等をもとに一九世紀以降の修復歴を編年にしたのが表3である。一八世紀と一九世紀で典拠とした史料は異なるが、概ね一五～三〇年の間隔で定期的に屋根替えがなされていることから、天明二年の次の屋根替えは享和三年（一八〇三）としてよかろう。また、一九世紀の事例からは、交野天神社（氏神天神宮）とその隣に並ぶ末社八幡神社（若宮八幡宮）を同時に修復し、それから少し遅れて貴船神社（龍王宮）を修復するというのが慣例となっていることもみてとれる。弘化二年（一八四五）から嘉永二年（一八四九）にかけて、交野天神社の本殿と八幡神社を柿葺から瓦葺に改変したのを手始めに、拝殿や芳山坊を普請するなど、境内が一新されたこともこれまで知られていなかった事実であろう。今も境内には、「弘化四丁未歳九月吉祥日　芳山現住　袋入翁法鉋白」と刻まれた鳥居があり、このときの普請の名残を留めている。

ここにもみえる芳山坊は、交野天神社の境内入口西側に存在したが、廃仏毀釈で消滅してしまった（図13）。今中家文書にもしばしばその名はみえるが、「芳山坊雨乞」の勘定書が残されているように[19]、特に雨乞いのときの大般若経転読で重要な役割をはたしたようである。この雨乞いが貴船神社の歴史を紐解くキーワードとなる。旧『枚方市史』は貴船神社について次のようにまとめている。[20]

祭神高龗神　古く楠葉の氏神として奉祀された神社で、天神社の創始後その境内神社と改められた。社殿の位置は継体天皇御即位の大典を挙げられた旧址なりと伝えられている。雨乞の神様で、近頃行われる事は稀であるが、昔は旱天の時盛な雨乞の御祈りをした。霊験あらたかで必ず喜雨沛然として到ったといわれている。

古くは楠葉の氏神であったとするが、少なくとも嘉禎四年の段階では天神社が楠葉の氏神なので、それ以前のこととなると真偽は図りがたい。しかし、何かしらの特別な場所であったという認識はここからもみてとれる。その認識と雨乞いはどう繋がるのか、次に検討してみたい。

2　貴船神社と他社における雨乞い集団の比較

貴船神社の雨乞いについては、史料もほとんどなく実態はよくわからない。しかし、交野天神社本殿ではなく、貴船神社で行われるという点から、ここに中世以来の何かしらの伝統が踏襲されていることは予想される。中世以来の郷のまとまりで雨乞いを行っていることが一般論として指摘されることはあるが、実際に中世から近世にかけての変遷を検討した研究は皆無に近い。[21]そこで、迂遠なようだが、ここでは枚方市内の他社の事例を俯瞰したうえで、雨乞い集団の形成過程にみえる普遍的な特質を浮かび上がらせ、それを敷衍する形で、貴船神社における雨乞いの歴史的な変遷を復元することとしたい。

穂谷村にある三之宮神社は、津田・藤坂・杉・尊延寺・穂谷五ヶ村の惣社であった。個々の村にはそれぞれ氏神があり、旱天の際にはまず自村の氏神に雨を乞い、それでも霊験がないときには三之宮神社で合同の雨乞いを催した。[22]

坂村の片埜神社（近世は一宮）も同様である。元禄四年（一六九一）の甲斐田村明細帳では、同村の氏神である八幡宮とは別に「一宮」の項目を掲げ、「坂村・渚村・田口村・中宮村・小倉村・正代《招提》村・甲斐田村・禁野村牧八郷之都大宮ニ御座候、旱之年ハ八郷として雨乞仕、其入用ハ八郷高掛ニ仕候」と記される。[23] 片鉾村は甲斐田村から分離したため、「牧八郷」とする場合はその名が挙げられないが、近世村で換算すると九ヶ村がその範囲となる。[24] それぞれの村には自前の氏神があり、それに覆い被さるように片埜神社の広域氏子圏が存在していた。

上記の村々のほか、山之上村と村野村の住民も片埜神社の氏子であったが、不和が生じそれぞれ山之上神社と村野神社を勧請したという由緒が残されている。[25] 時期的な問題などはあるが、そのこと自体は由緒を飾りたてたものでもなさそうであるから、事実である可能性が高い。また養父村の庄屋養父氏は、一八世紀中頃まで片埜神社の神職であったことから、[26] 本来養父村も片埜神社の氏子圏であったのだろう。このように片埜神社の氏子圏を復元すると、中世の牧郷と合致することとなる。[27] 三之宮神社の氏子圏も同様に中世の津田郷の範囲であることから、こうした広域氏子圏は、中世的な枠組に由来していることがみてとれる。

中振村の蹉跎天満宮（近世は天神宮あるいは天満宮）も雨乞いの場として知られる。[28] 当社は、寛永一三年（一六三六）から元文四年（一七三九）にかけての八枚の棟札や享保三年（一七一八）の村明細帳では中振村と出口村の立合になっているが、享保一〇年の村明細帳ではそれに「谷川村」を加えた三村の立合となっている。[29] さらに延享五年（一七四八）と宝暦六年（一七五六）の村明細帳では、「谷川村」ではなく「走谷村」との三村立合となっている。[30] こうした記述の変化は、走谷村の中心部と南部の「走谷村之内谷川」と呼ばれる地域が対立していたことに由来するものである。[31] おそらく「谷川」の住民が走谷村の氏神である賀茂健豆美神社から分離し、蹉跎天満宮の氏子となったことを意味しているのであろう。ただし、中振・出口・走谷の三ヶ村は、中世段階では中振郷としてまとまっており、永禄元年（一五五八）に「河内国中振郷天満天神并賀茂明神同殿」とみえるように、[32]本来は社殿も一所にまとまっていた。つまり、走谷村と賀茂健豆美神社は近世初期に中振郷から一旦分離したものの、それがのちのち禍根を残すことになったようである。このように必ずしも中世の郷がそっくりそのまま広域の氏子圏に移行するのではなく、近世の村切の影響を受けつつ変容を遂げていた。

船橋村の二ノ宮神社は、養父・宇山の三ヶ村に氏子圏が広がるが、例によって養父・宇山の村内にもそれぞれ独自の氏神が存在する。船橋は、中世以来その北の楠葉郷に従属的な側面があり、養父や宇山は本来は牧郷に属していた。[33]したがって、二ノ宮神社の場合は中世的な枠組とは異なるところから成立しているようである。雨乞いの史料は残されていないが、一致団結したこの三ヶ村が、豊臣期から江戸時代初期にかけて、度々牧郷の招提村に対して水利訴訟を起こしていることを確認できる。[34]推論に留まるが、楠葉郷と牧郷の境界部分にあって、水利等の利権を確保するために、新たに結束を固めたのが二ノ宮神社の氏子圏であったように思われる。

以上みてきたように、五穀豊穣など村の繁栄を祈願する個別村の氏神とは別に、如何ともしがたい問題が発生したときや、対外的に一致団結して争うべきときに発動される広域の氏子圏は普遍的に存在した。近世の農村社会にとって、最も頻繁に起こる如何ともしがたい状況というのは旱魃である。片埜神社は必ずしも雨乞いの神社ではないが、甲斐田村の明細帳がその広域氏子圏を雨乞いという紐帯で説明したのはそのためであろう。

しかし、片埜神社の氏子圏の繋がりは、近世を通じて次第に稀薄になっていたという。[35]実際、甲斐田村の明細帳には、元禄四年以降自村の氏神のことしか記されなくなる。[36]おそらく牧郷という中世的枠組は広すぎて、近世社会で現実の問題を解決するには機能しなくなったのであろう。特に旗本久貝領の田口村や片鉾村が、片埜神社から距離を置いていった背景には、領主の影響が少なからずあったと思われる。長尾村には旗本久貝氏の陣屋があり、久貝領の田口村や片鉾村は、「長尾御陣屋ゟ被仰出罷越候雨乞」に参加するようになるからである。(37)この雨乞いは長尾村の水神宮で行われ、久貝正俊の菩提寺である正俊寺の和尚が経をあげるなど、領主主導のものであった。(38)二ノ宮神社の事例などを踏まえれば、祭祀とはいえ、必ずしも中世以来の伝統が受け継がれるのではなく、現実社会の影響を多分に受けながら変容を遂げたのが近世の広域氏子圏であった。

その一方で、時としてそうした現実社会の利害関係を超越した別の論理で団結しなければ、解決しようのない危機的状況が訪れることもある。広域氏子圏という中世的枠組が崩れる一方で、それを維持しようとする力が働き続けるのもそのためではなかろうか。そのバランスのうえで再編を遂げたのが近世的な広域氏子圏に措定される。したがって、広域氏子圏には対立を内包しながらも団結するという奇妙な状況がしばしばみられる。その典型は三之宮神社で、ここの氏子五ヶ村は、近世を通じて激しい山論を展開したが、雨乞いのときは一致団結している。(39)このように、不慮の事態に備えた危機管理体制を広域氏子圏にみることができる。

いささか抽象的な素描に留まるものの、以上のような観点から、交野天神社と貴船神社の関係を捉え直してみたい。既述のように交野天神社は楠葉郷全域の氏神であったが、近世初期に町組の住民は氏神を変更し、南組から半ば自立することになる。そこに対立があったか否かは史料がなくてわからないが、少なくとも何らかの溝が生じたのは間違いあるまい。これによって、交野天神社の氏子はどのように再編されたのか、元禄五年一一月の野田組の寺社改帳のうち、交野天神社について触れた箇条からみてみよう。

【史料1】(40)

一除地　氏神天神宮　舟越左門知行所
本庄因幡守殿御知行所　入組

境内　東西三拾五間 南北八拾間　松林有之

社　梁行弐間半 桁行壱間三尺　板葺

若宮八幡宮

社　梁行弐間 桁行壱間弐尺三寸　板葺

拝殿　梁行弐間 桁行三間　瓦葺

龍王宮　辻弥五左衛門殿御代官所楠葉村 舟越左門知行所野田村 本庄因幡守殿御知行所南村　氏子入組

社　梁行六尺五寸 桁行六尺　板葺

神主　本庄因幡守殿御下楠葉村之内南村　文右衛門

社人　同下楠葉村　八郎兵衛

右之社往古ゟ有来石清水八幡宮末社之由、勧請年歴知不申候

交野天神社（氏神天神宮）及び八幡神社（若宮八幡宮）の氏子は、船越氏の知行所である野田組と本庄氏の知行所（のち幕領）の南組に限定されることとなったが、貴船神社（龍王宮）は以前と変わらず辻弥五左衛門代官所の町組を含めた三組に氏子が入り組んでいた。他村の事例と同様、旱魃時の雨乞いは中世の郷単位で催していたが、その場となったのは交野天神社ではなく、中世以来雨乞いを行っていた貴船神社で引き続き行う結果となったのであろう。また、交野天神社の神主は中世南村の土豪の系譜をひく長沢（中沢）文右衛門で、(41) 相変わらず南村が主

導する交野天神社の祭祀構造は引き継がれていた。ここにも町組が離脱した遠因を垣間見ることができよう。このように、広域的な危機管理体制としての雨乞いと南組・町組の間で生じた軋轢の二点を踏まえることで、近世的変容を遂げた交野天神社と貴船神社の祭祀構造は初めて理解可能となる。

表3のように、文久二年（一八六二）八月には南組と野田組のもとで交野天神社と八幡神社の石垣普請が始まった。九月一三日に正遷宮がなされると、平成一八年（二〇〇六）の解体修理で確認された文久二年九月一五日付の墨書にみられるように、三組の協力で貴船神社の修復がなされた。(42) 交野天神社境内という祭祀空間では貴船神社の序列は末社だが、楠葉村という祭祀空間に注目するとその頂点は貴船神社になるのである。このような歪な事態が生じた結果、交野天神社の境内には由緒不詳ながら、交野天神社よりも氏子の多い、いわくありげな神社が成立することとなった。それに目をつけたのが継体天皇即位地の新たな由緒であり、またここにその由緒が受け入れられた要因がある。

三　明治期における由緒の変転

1　明治一〇年代における由緒転換の背景

明治初期には江戸時代以来の由緒が変わることはなかったが、明治一二年（一八七九）になると交野天神社の由緒に継体天皇が登場し、その直後からは継体天皇と交野天神社の繋がりが模索されるようになる。

その直接的な理由は、楠葉における継体天皇の初見といってもよい2Aの後半に綴られる史料が、何よりも雄弁に語っている。その内容は、楠葉村の南にあたる片埜神社（当時は片野神社）の由緒となっている。実をいうと、これは2Aと同時に坂村が堺県へ提出した片埜神社の明細の一部で、「由緒」部分を抜き書きしたものなのである。[43]

交野天神社の社格は村社であるのに対し、片埜神社は村社から郷社へと社格が上昇していた。それについて、2A後半に「但シ片野神社ト称スル事ハ明治六七年ノ比郷社ニ編入ノ際附記称号セリ」という注記がみられるように、今中五郎をはじめ楠葉村はライバル心をむき出しにしていたようである。そこで、社格上昇のための手始めとして明治一二年に導入されたのが、継体天皇即位の地に近いという由緒であった。

ところが、2A後半の片埜神社由緒に「猶旧記延暦四年十一月壬寅交野柏原ニ宿禱ヲ賽ス、同六年十一月甲辰大納言藤原継縄卿ヲ遣サレ祭祀セシム」と記されるように、あろうことか片埜神社は、交野天神社が長らく語ってきた昊天祭祀の由緒までも利用したのである。今中五郎をはじめ、楠葉の人々が怒りに打ち震えたことは想像に難くないが、いくら交野天神社がその由緒を先に用いていたといっても、それを強調したところで社格の高い片埜神社と張り合えば交野天神社の分が悪い。この危機的な状況を脱するには、昊天祭祀に代わる新たな由緒が必要であり、それをもとに社格の上昇を図ることが求められた。そこで改めて俎上にのぼったのが継体天皇である。2A作成直後のものと推測される2Bは、「交野天神縁起」を要約し、それに「継体天皇即位ノ御神也、檀（壇）ヲ築キ高座ニ」と追記して桓武天皇の郊祀壇と継体天皇を一体化する試みであったが、これは坂村の動きに触発されて作成されたものと考えられる。

昊天祭祀に代わる新たな由緒が必要とされた背景には、おそらく並河誠所編纂の『五畿内志』の存在もあったはずである。別途指摘するように、この時期の社格授与には『五畿内志』が大きく作用していた。[44] 例えば、江戸時代には「一宮」と称していた片埜神社を、「延喜式神名帳」に記される式内片野神社に比定したのも並河であった。並河が式内社を比定する過程では、かなりの牽強付会があったが、ここ片埜神社についても同様である。

すでに近世後期には坂村在住の好古家三浦蘭阪によって、その説が誤りで、式内片野神社は星田村にある「カタノ大明神」に比定すべきだと指摘されている。[45] さらに、三浦家と交遊のあった二ノ宮神社の神主井上充武を通じてその説に接した鈴鹿連胤は、自著で『五畿内志』の誤りを正し、星田村の交野明神を指して「決《キハ》めて片野神社は是也といへり」と肯定的に引用している。[46]

「延喜式神名帳」には交野郡に片野神社と久須々美神社の二座しか記されないが、『五畿内志』はいずれも坂村に比定しており、かなりの無理がみられる。明治新政府による式内社比定の根拠ともいえる『特選神名牒』でも、その点には配慮がなされたようだが、鈴鹿連胤の著書が引用されながらも、「決め《（て脱）》片野神社は是也と云りとあり、されど河内志《（『五畿内志』）》にも県《（堺県）》の注進にも坂村とあるに従ふ」とする。[47] 諸文献の中で最も古いというだけで、『五畿内志』はここでも大きな威力を発揮するのである。

そして、楠葉村が『五畿内志』を無視しえない理由は、同書が郊祀壇を片鉾村の杉ヶ本神社に比定していたからだと思われる。実際のところ、郊祀壇がどこにあったのかは今となってはわからないが、少なくとも片鉾村にそのような伝承はなく、『五畿内志』の比定地は並河の思いつきに他ならない。というのも、『五畿内志』のうち『河内志』の編纂後の享保一九年（一七三四）に作成された杉ヶ本神社の由緒書では、郊祀壇のことなど一切触れられていないからである。[48] 2Aがあまりに荒唐無稽な内容だったのも、郊祀壇に代わる由緒が必要という差し迫った事情があったためであろう。

実際、この時期の提出書類を踏まえて作成された「大阪府地誌」では、片鉾村の古跡に「廃郊祀壇」が立項されることとなった。さらに、楠葉村にとっては不幸なことに、交野天神社の由緒から桓武天皇による昊天祭祀の記述は一切削られ、一方片埜神社の由緒には昊天祭祀の記述が盛り込まれる結果となっている。

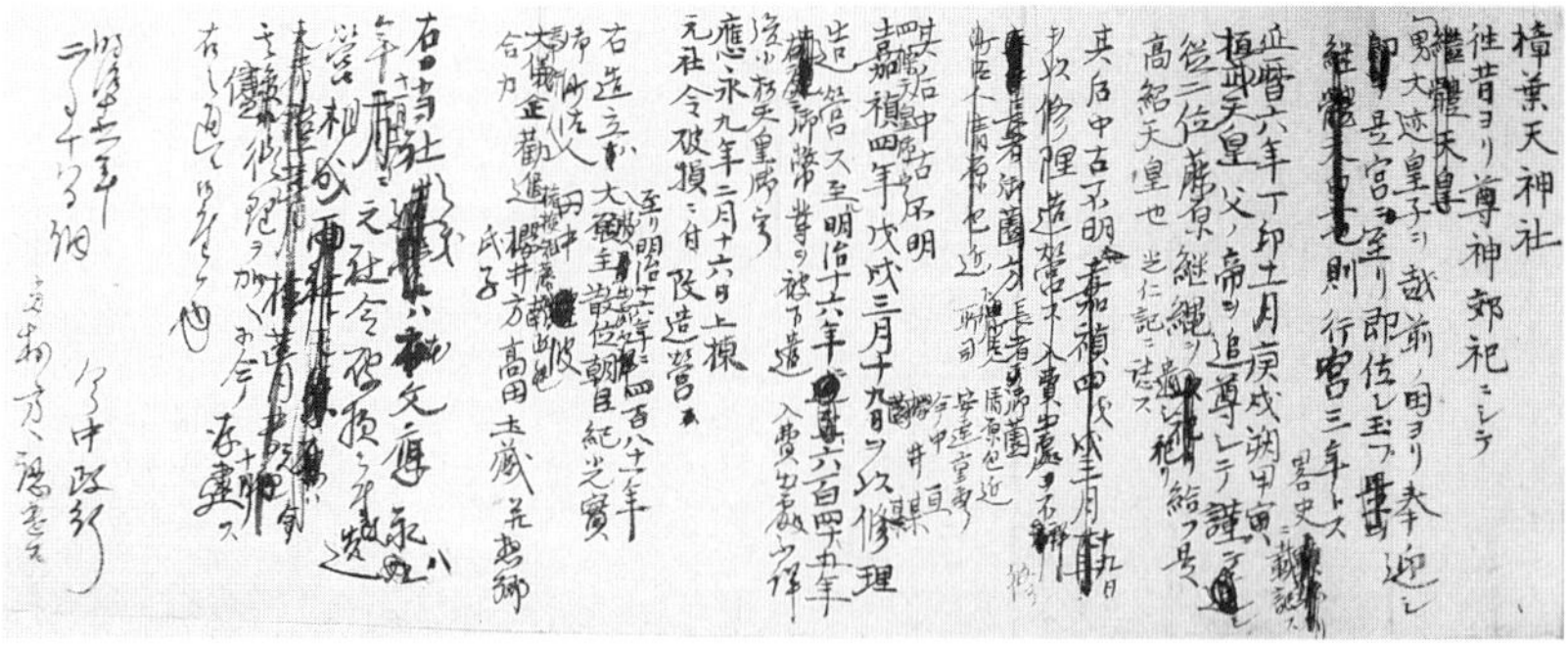

図14　樟葉天神社（3B）

2　社格上昇運動と保存資金

明治一六年（一八八三）の3Aと3Bは、「樟葉天神社」との表題をもつ（図14）。2Bまでは、交野天神社を「樟葉神社」と呼称していたが、このころになると呼称の変化がみられる。片埜神社が昊天祭祀の由緒を利用したことを察知したうえで、改めて自らの独自性を強調する目的があったことは想像に難くない。

しかし、この呼称は現在のところ今中家文書でしか確認できておらず、大阪府の神社調査によって交野天神社の公称は「樟葉神社」となり、明治一七年の「大阪府地誌」にもその名で登録されているため、これは公称ではない。ただ、当時神官代をつとめていた今中五郎が氏子札にも使用しているため、(49)今中五郎を中心に楠葉村内部ではある程度の拡がりを持っていた可能性はある。

3類はいずれも煩雑な下書きで、交野天神社を継体天皇の即位地と記すものの、まだこの段階では貴船神社とは限定していない。その内容の主眼は中世の棟札に置かれているようである。明治一五年一二月に、社寺を対象として築四〇〇年以上の古建築を翌年二月までに届け出るよう、大阪府が各戸長役場へ達していることから、(50)それに伴うものであろう。3Bの末尾に「当村方へ認遣ス」とあるように、神官代の今中五郎は、戸長役場からの要請に応じてこれを作成したのである。

その後楠葉村がどのような運動を展開したのか、はっきりしたことはわからない。しかし、その成果はある程度実って、明治二一年一月五日には保存資金として内務省から五〇円が下付されることとなる。(51)その直前の次の史料から、楠葉村がどのような対応をとっていたのか読み取ってみたい。

【史料2】(52)

庶通書第百号

別紙願書訂正ノ上御差出被成候得共、願書并絵図面中社名訂正無之処有之候ニ付、至急訂正ノ上御差出被成度、而シテ貴船神社々名并神名更正ノ儀申出ニ候得共、其確乎タル証憑モ無之候間、先ツ其侭ニ為シ置ク方可然旨、其筋ヨリ申越候条、右御了知ノ上夫々訂正ヲ要シ、折返御差出被成度候也、

(明治)二十年

十月廿二日

枚方郡役所

庶務課（印）

楠葉村

小山戸長殿

【史料2】によると、楠葉村はこれより先、交野天神社の詳細を記した願書や絵図を提出していたが、その書類に問題があったため、訂正するよう郡役所を通じて書類を返却されている。しかし楠葉村は、指示通りに訂正しないまま再提出したようである。よって、一連の書類は再び返却されることとなり、【史料2】にて至急訂正のうえ提出するよう達せられた。

再三訂正の指示を受けたのは、他ならぬ貴船神社の箇所であった。文面には表れないが、ここまでの経緯から、

楠葉村は貴船神社の社名と神名を継体天皇にちなんだ名称にしていたことは間違いあるまい。しかし、明治一七年の「大阪府地誌」にも記される通り、登録されているのは貴船神社と高龗神であったため、大阪府はそれを受理するわけにいかなかった。よって登録の通り、貴船神社と高龗神にするよう指示して楠葉村に書類を返却したが、頑強にも楠葉村は継体天皇にまつわる社名・神名のままで提出してきた。それに対して郡役所は、【史料2】にて確固たる証拠もないのでとりあえずは貴船神社と高龗神のままで提出するようにという、「其筋」からの達しを伝えたのである。「其筋」とは大阪府のことであろう。ここに楠葉村の執念と大阪府の冷静な判断の差が浮き彫りとなるのである。

改めてここまでの経緯を整理すると、次のようになるだろう。明治一二年の片埜神社の明細帳を見たときから、継体天皇を軸とした交野天神社の新たな由緒創作の模索は始まった。2Aの貴船神社に対する「此調ハ誤り也」という書き込みは、いわくありげな貴船神社に着眼した段階のものであり、まだここでは貴船神社と継体天皇を結びつけてはいない。そして、明治二〇年に至って、継体天皇と交野天神社の関係をより強固なものとするため、貴船神社に即位地を限定するという姿勢が明確となるのである。

しかし、大阪府にそれを否定された楠葉村は、願書を受理してもらうためやむなく妥協する。そして保存資金を受け取ると、間髪入れずに二つの行動に打って出る。一つは、明治二一年二月に社名を正式に「交野天神社」へと変更するのである。(53)「樟葉天神社」ではなく「交野天神社」としたのは、明らかに片埜神社を意識してのことである。そしてもう一つの行動が、社格上昇運動であることはいうまでもあるまい。

それに関連するのは表2の4Aから4Dである。一連の史料は、当初から記す内容が決まっていたようで、これまでのものと異なり内容には大きな変化がない。最も異なるのは日付の部分で、4Aや4Bの一月・二月という日付から、保存資金の下付直後から作成が始まったこと、しかしそれ相応の社名をつけることが優先されたとみえて、二月の社名変更を待って、改めて四月を日付とした下書きの4Cが作成された。なお、4Dは同文のものが二通あり、いずれも捺印されていることから、提出したものの控である。よって、四月に提出されたことは間違いなかろう。

下付金の願い出の過程で、大阪府が継体天皇の由緒に対して否定的な見解であることを知っていたため、ここで課題となったのは継体天皇に代わるもう一つの新たな由緒であった。従って4類では、推敲文言のなかであっても継体天皇については一切触れない。あっさりあきらめがついたのは、記した本人が自作の由緒であることを自認していたからでもあろう。ここでは、鳥羽・伏見の戦いの際に、官軍の仁和寺宮に対して兵糧米を提供したという極めて現実的な由緒が語られることとなった。(54)その後の経過は不明ながら、交野天神社の社格は変動していないので、この運動は失敗に終わったようである。

ただ、この動きはもう一つの大きな結果を残すこととなった。明治二二年の町村制施行により、隣の船橋村と楠葉村が合併すると、継体天皇の樟葉宮にちなんで「樟葉村」を名乗るようになるのである。こうして継体天皇の樟葉宮は、社格上昇運動のシンボルとしては機能しなくなるが、このあと樟葉村住民のアイデンティティーとして機能し続けることとなる。

むすびにかえて――その後の展開――

近世初頭に楠葉村の町組は旧来の楠葉郷から半ば自立し、交野天神社の氏子から外れ、新たに春日神社・菅原神社の氏子となった。しかし、完全に独立したわけではなく、不慮の事態に備えて楠葉村が一丸となって対処するための宗教的紐帯は、危機管理体制として残されることとなる。その紐帯として選ばれたのが、雨乞いの場となる貴船神社であった。よって、貴船神社はそれ以前から交野天神社の境内に雨乞いの場として存在したことは間違いあるまい。

近世初期にこのような再編を受けた結果、貴船神社は時代を経るうちに、楠葉の人々にとっては由緒は不詳だが、何かしらの特別な空間だと認識されることとなった。明治一〇年代を通じて貴船神社を継体天皇の即位地とする由緒が確立し、さらにその説が時間をさほどおかないうちに定着した背景はここにあったのである。

もちろん、これは楠葉内部での問題であり、その説が楠葉外部へいかにして拡大していったのかという問題は別途考察する必要もあるが、いわゆる聖蹟顕彰の時代の流れにのったことは想像に難くない。本章の課題からは外れるが、最後にその事実関係だけ確認しておこう。

先駆けとなったのは、明治三六年（一九〇三）に刊行された『大阪府誌』である。[55] ここでは「大阪府地誌」をベースとしつつも、より具体的に「楠葉村の東北交野天神社の後に在り」と貴船神社の地を指し示している。これをうけて、大正五年（一九一六）一一月一一日付の『大阪朝日新聞』には、「史蹟行脚（三四）樟葉の宮」と題した次のような記事がみられる。[56]

◇宮址は、樟葉の交野（天脱）神社境内にある。加工せざる大石を積んで階段とした具合が、いかにも上代宮域の遺跡と思はれる。

◇櫨《はぜ》・紅葉が血の如く鏡が池に映ずる処で、遠き上代の政変を稽《かんが》へると、まさに無限の感が湧く。（瓢斎翁）

この記事を記した瓢斎翁とは大阪朝日新聞の記者で、のちに天声人語の執筆を担当する永井栄蔵である。従って「いかにも上代宮域の遺跡と思はれる」というのは、歴史的な分析を加えたうえでの発言ではない。永井も、朝日新聞が創刊された明治一二年とほぼ同じころに誕生した説だと知っていれば、このような記事は書かなかったであろう。

昭和に入ると、先に述べたように、「三宅安兵衛遺志碑」が交野天神社の境内入口に建てられた。ただ、この段階ではまだ郊祀壇の由緒も根強く残っており、その隣には表面に「桓武天皇先帝御追尊之地」、裏面に「昭和六年五月　橋本中村太市依遺志嗣市治郎建之」と刻む石碑が建てられている。特徴的なのは、こうした由緒を主張するのが、京都や橋本（京都府八幡市）など、もはや楠葉の者ではなくなっているところである。

それと時期を前後して、貴船神社の階段を下ったところに、正面に「此附近継體天皇楠葉宮址」（「地」という字を彫った上から「址」の字を彫って訂正している）、右面に「昭和四年三月建之　大阪府」と彫られた石碑が建てられた。もちろん、確固たる証拠があったのではなく、碑文の訂正がいい加減であったり、正しくは「樟葉宮」とすべきところを「楠葉宮」とするなど、杜撰な仕事ぶりが窺える。当初証拠がないと否定的だったはずの大阪府も、時代の流れには抗えなかったのであろう。ただ、この段階でも「此附近」とやはり留保する姿勢は垣間見える。

戦後に至ると、ついに貴船神社のすぐ脇に、正面に「史跡　継体天皇樟葉宮跡伝承地」、左面に「昭和三十四年十二月　大阪府教育委員会建」と刻む石碑が建てられた。右面には「昭和三十四年九月二十六日　大阪府古文化記(紀)念物等保存顕彰規則により指定」とある。戦後まもなくに定められた同規則は「史跡として指定されるもの」の第一に「都城址、宮址行宮址、その他皇室に関係の深い史跡」を掲げるように、[57]聖蹟顕彰の延長線上にあるのでかかる結果となったのであろう。このように、石碑の位置からも、貴船神社に対する歴史認識が徐々に変化し、継体天皇即位地としての地歩を固めてきたことが確認できるのである。

註

（1）『枚方市史』第二巻四八頁。
（2）「三宅安兵衛遺志碑」とは、京都の商人三宅安兵衛の遺志を受け継いだ息子の清治郎が、大正末年から昭和初期にかけて各地の史蹟に建立したものである。詳しくは、中村武生「京都三宅安兵衛・清治郎父子建立碑とその分布」（『花園史学』第二二号、二〇〇一年）。
（3）本書第一部補論「『交野天神縁起』について」。
（4）楠葉村今中家文書その一、一二九〇号（枚方市史資料室蔵）。
（5）『堺県法令集』二（羽曳野市、一九九三年）二四七頁。
（6）「特選神名牒編纂次第」（教部省編『特選神名牒』磯部甲陽堂、一九二五年）。以下、特に断らない限り、神名牒編纂についてはこれによる。
（7）『堺県法令集』三（羽曳野市、一九九四年）六頁。
（8）前掲註（7）文献四七四頁。
（9）『堺県法令集』四（羽曳野市、一九九五年）六〇頁。
（10）付言すると、『河内名所図会』は桓武天皇遊猟時の歌とは説明していないので、今中五郎の誤読である。
（11）なお、「宝永年中……」の根拠は、「宝永六己丑年」の銘がある社前の灯籠と思われる。
（12）「大阪府地誌」（大阪府立中之島図書館蔵）。
（13）本書第三部第一章「楠葉郷の石清水八幡宮神人と伝宗寺」。楠葉の地理については、同上図31を参照されたい。
（14）『枚方市史』編年三〇号・八一号・九五号にも翻刻が掲載されるが、『重要文化財交野天神社本殿及び交野天神社末社八幡神社本殿保存修理工事報告書』（交野天神社、二〇〇五年）三八頁〜四〇頁で修正を施している。
（15）今中家文書その三、一〇号。今中家文書その三は、拙稿「史料紹介　一五〜一六世紀の楠葉今中家文書」（『枚方市史年報』第八号、二〇〇五年）で翻刻している。
（16）今中家文書その三、一二号。
（17）年未詳の楠葉村彩色絵図（今中家文書その一、一四二二号）には、両社が鮮やかに描かれている。
（18）今中家文書その五、九号。

(19) 今中家文書その一、五三〇―一九号。
(20) 旧『枚方市史』三〇三頁。
(21) 近辺の雨乞い神事そのものについては、高谷重夫『雨乞い習俗の研究』(法政大学出版局、一九八二年) および水本邦彦「雨乞いと近世の郷村社会」(本多隆成編『戦国・織豊期の権力と社会』吉川弘文館、一九九九年) を参照されたい。なお、本節で検討する中世の郷と近世の村の関係については、水本邦彦『近世の郷村自治と行政』(東京大学出版会、一九九三年) に学ぶところが大きい。
(22) 『枚方市史』第三巻七〇五頁～七〇七頁。
(23) 『枚方市史』第七巻一一一頁。
(24) 旧『枚方市史』二八六頁。
(25) 旧『枚方市史』二七三頁～二七六頁。
(26) 旧『枚方市史』二八七頁。
(27) 本書第三部第五章「牧・交野一揆の解体と織田権力」。
(28) 『枚方市史』第三巻七〇二頁～七〇三頁。
(29) 『枚方市建造物調査報告Ⅲ　枚方市の社寺建築』(枚方市教育委員会、一九九四年) 二九二頁～二九四頁。『枚方市史』第七巻一二二頁・一三一頁。
(30) 『枚方市史』第七巻一五一頁・一六八頁。
(31) 走谷村中尾家文書その一、五九―二号 (枚方市史資料室蔵)。中尾家のある谷川地区は、近隣の村からは走谷村ではなく「谷川村」と呼ばれることが多い。走谷村文書四二号 (枚方市史資料室蔵) によると、慶応四年 (一八六八) には、庄屋の中尾家が走谷村そのものを「谷川村」へと改名しようとするが、走谷村中心部からの反対に遭い失敗に終わる。さらに、明治一四年 (一八八一) には中振村と走谷村の合併が取り沙汰されるが、走谷村は「戸長配置分離御願」(枚方市史資料室蔵) を枚方郡役所に提出し、その結果谷川地区のみが中振村に組み込まれた。
(32) 「兼右卿記」永禄元年九月一一日条 (村井祐樹「東京大学史料編纂所影写本『兼右卿記』(上)」(『東京大学史料編纂所研究紀要』第一八号、二〇〇八年))。

(33) 本書第三部第五章「牧・交野一揆の解体と織田権力」。
(34) 拙稿「史料紹介　誓円ノ日記（二）」（『枚方市史年報』第一一号、二〇〇八年）。
(35) 旧『枚方市史』二八六頁。
(36) 享保二年甲斐田村明細帳（『枚方市史』第七巻一一七頁）。寛保元年甲斐田村片鉾村明細帳（同上一四五頁）。延享五年甲斐田村片鉾村明細帳（同上一六〇頁）。天保一四年甲斐田村片鉾村明細帳（同上一九九頁）。
(37) 『枚方市史』第八巻三三頁。
(38) 『枚方市史』第九巻五三頁〜五四頁・九八頁〜一〇〇頁。
(39) 本書第一部第一章「津田山の山論と三之宮神社文書」・第二章「城郭由緒の形成と山論」。
(40) 楠葉村中井家文書その一、四号（枚方市史資料室蔵）。
(41) 前掲註（15）拙稿。長沢家は石清水八幡宮の神職もつとめていた（今中家文書その一、四五二号）。
(42) 「発見された墨書資料」（『枚方市建造物調査報告VI　枚方市指定文化財交野天神社末社貴船神社本殿保存修理工事概報』枚方市教育委員会、二〇〇九年）。
(43) 全文は旧『枚方市史』二八九頁。
(44) 本書第二部第一章「椿井文書の基礎的考察」。
(45) 本書第二部第四章「三浦蘭阪の『五畿内志』批判」。
(46) 鈴鹿連胤『神社覈録』上（会通社、一九〇二年）四六九頁。
(47) 前掲註（6）教部省編書一一三頁。
(48) 旧『枚方市史』二八〇頁〜二八一頁。
(49) 今中家文書その一、一二四三号。
(50) 『大阪府布令集』三（大阪府、一九七一年）五六七頁。
(51) 井上正雄『大阪府全志』巻之四（大阪府全志発行所、一九二二年）一三八三頁。
(52) 今中家文書その一、一三九三―一号。
(53) 前掲註（51）井上著書一三八二頁。
(54) 兵粮米の返却を巡る明治一七年一月二日付の八木和緒書状（今中家文書その一、五一二号）にみられるように、ちょうどそのころ問題となっていたことであった。なお、この書状は4Dに引用される「八木某ヨリ」の「通牒」と思われる。同じく4Dに引用される兵粮米の「請取書」（今中家文書その一、五一三号・五一四号）によって、楠葉村の住民一一名が計八石五斗を提供したことがわかる。

(55)『大阪府誌』第五編（大阪府、一九〇三年）九四三頁。

(56)『朝日新聞記事集成』第四集二一六頁。

(57)『大阪府教育百年史』第四巻史料編三（大阪府教育委員会、一九七四年）八二九頁。なお、昭和四六年には大阪府文化財保護条例にて改めて史跡に指定された。

補論　「交野天神縁起」について

大阪府枚方市楠葉の交野天神社は、社伝によると、桓武天皇が延暦六年（七八七）に交野で昊天を祭った際に、父の光仁天皇を配祀したのが始まりとされる。その説の確実な初見は、「交野天神縁起」となる。(1) まずは跋文を引用し、その作成背景について整理しておく。

誠に惟ミれハ明乎郊社之礼禘嘗之義治国其如示諸掌と云は蓋し夫此これをいふか、こゝを以上と天子の尊崇ハ国史の記すところ既に分明なり、率土の浜王信にあらすといふことなし、宇宙の人誰か此神を仰かさらん、又おもんミれハ神功皇后西征し給ふの後天智文武の徳を振ふて礼法等相調べ玉ひしを、光仁嫡流なるを以て再ひ是を興し、桓武守文の徳を全して百王不易の帝都を定め給ふ、或ハ八幡大菩薩和気清麿に告て道鏡か逆謀を退け給ふ、皇統の正しき故を憶へハ此神祠石清水の宗廟、或ハ足立の精舎に近きこと苟も隣にあらす、或人山僧か国史の意を提るを聞て頻に筆せんことを望む、仍て固辞することをえす元禄壬午（一五年）の春これを書すと云、

石清水神宮律寺沙門實長

これに従えば、元禄一五年（一七〇二）に石清水神宮律寺沙門実長によって記されたことなる。実長は、「十八道口決・十八道面受口決抄」という巻子本にも、「元禄年中修補之 石清水神宮寺実長」とその名がみえることから、(2) 同時代に実在した人物として間違いない。

実長は、交野天神社を「郊社之礼」すなわち昊天祭祀の場とする。では、何を根拠にこのような判断をしたのであろうか。それを知るためには、実長が「交野天神縁起」を執筆するに至った経緯を踏まえておく必要がある。

跋文の末尾によると、実長が国史に造詣の深いことを聞いたある人が、縁起の執筆を頼んできたようである。ただ、実長が属す石清水八幡宮は、交野天神社に近いとはいえ、かりそめにも隣にあるとはいえないので渋っていた。しかし、それでもしきりに頼んでくるので、断ることができずに引き受けたようである。

依頼者は、間違いなく楠葉の住人であろう。おそらくは、「交野天神縁起」の所蔵者である中井氏と思われる。そして実長は、楠葉の歴史にとりわけ詳しいわけではなく、日本史全般に詳しい人物として知られていたこともわかる。したがって、実長は楠葉に残る伝承などを踏まえて縁起を記したわけではないことに注意が必要である。事実、そのような背景は縁起の構成にも反映されている。

この縁起の前半には、『古事記』や『日本書紀』などにみられる、ごく一般的な天皇家の系譜が記されてあり、楠葉での出来事は一切みられない。そして後半は、「桓武帝洪業をうけ延暦六年十一月甲寅父の帝を追尊て天神に配し交野に祀り給ふ」と始まるくだりから、交野で行われた昊天祭祀の記述がなされ、その直後に冒頭で引用した跋文が続く。昊天祭祀に関する記述は、実は『続日本紀』延暦六年一一月五日条をそのまま写したものである。該当部分を次に掲げる。

十一月甲寅、祀天神於交野、其祭文曰、維延暦六年歳次丁卯十一月庚戌朔甲寅、嗣天子臣謹遣従二位行大納言兼民部卿造東大寺司長官藤原朝臣継縄、敢昭告于昊天上帝、臣恭膺睠命、嗣守鴻基、幸頼穹蒼降祚覆燾騰徴、四海晏然万姓康楽、方今大明南至、長晷初昇、敬采燔祀之義、祗修報徳之典、謹以玉帛犠齊粢盛庶品、備茲禋燎、祇薦潔誠、高紹天皇配神作主尚饗、又曰、維延暦六年歳次丁卯十一月庚戌朔甲寅、孝子皇帝臣諱謹遣従二位行大納言兼民部卿造東大寺司長官藤原朝臣継縄、敢昭告于　高紹天皇、臣以庸虚忝承天序、上玄錫祉䜌土宅心、方今履長伊始、粛事郊禋、用致燔祀于昊天上帝、　高紹天皇慶流長發、徳冠思文、対越昭升、永言配命、謹以制幣犠齊粢盛庶品、式陳明薦、侑神作主尚饗、

以上のように、実長は交野天神社に残る伝承をまとめて「交野天神縁起」を著したのではなく、徹底して国史をまとめた古典籍に拠っていることは明らかである。

その特徴を踏まえて、改めて『続日本紀』に目を向けると、昊天祭祀が楠葉で行われたとは一切記されず、あくまでも交野で行われたとしか記されていないことに気づく。つまり、昊天祭祀が行われた場所を交野郡内の楠葉に特定したのは、実長の推測に過ぎないということである。この推測には、交野天神社が往古より「天神社」と称されていたことがはたらいていると思われるが、交野郡内には他にも天神を祀るところはあることから、根拠の不足は否めない。

なお、中世から明治初期にかけて、当社は「天神社」・「天満宮」・「樟葉宮」などと呼ばれており、「交野天神社」という呼称は一切確認できない。「交野天神社」の呼称に確定したのは明治二一年（一八八八）のことで、その直前にあたる明治一六年には、「樟葉天神社」と呼ばれていたことが史料で確認できる。(3) したがって、明治二一年の改名の根拠は、当社を指して「交野の天神」とする「交野天神縁起」にあると思われる。

以上の検討から、交野天神社にて昊天祭祀が行われたという説は近世中頃に登場した説であることが明らかに

なった。その説は、社名の変更によってあたかも補強されているかにみえるが、実際のところ証明する手立てはない。

註

（1）楠葉村中井家文書その二、四号（枚方市史資料室蔵）。旧『枚方市史』三〇三頁〜三〇四頁にも翻刻されるが、拙稿「『交野天神縁起』」（『重要文化財交野天神社本殿及び交野天神社末社八幡神社本殿保存修理工事報告書』交野天神社、二〇〇五年）で校訂を加えている。

（2）四天王寺大学蔵恩頼堂文庫一四号（『恩頼堂文庫分類目録』四天王寺国際仏教大学図書館、二〇〇三年）。

（3）本書第一部第三章「交野天神社の祭祀構造と樟葉宮伝承地」。

第四章　茄子作の村落秩序と偽文書

はじめに

近年の歴史学は、文献史料から単に文字情報を読み取るだけでなく、物史料としても捉え、それそのものが果たした社会的役割にも検討が及ぶようになっている。その先端を行くのが、偽文書や由緒書の研究であろう[1]。一方、口承を重視する傾向にあった民俗学でも、文献史料からの伝承へのアプローチに積極的な位置付けが与えられるようになってきた[2]。こうした傾向のなか、両者による学際的な研究も展開している[3]。

そのうち歴史学の場合、ある特定の社会集団にとって偽文書や由緒書を作成する必然性がどこにあったかという視点から着目するため、郷士や職人集団など、いかにも由緒を必要としそうな、全体からみればやや特殊な集団が対象とされる傾向にある。民俗学にしても、特殊な祭礼などに着目するのは当然といえば当然かもしれない。偽文書が特異な物という意識が拭いきれない部分があるのは、そういうところにも起因しているような気がする。

しかし、近世の村方文書をみていると、その家、その村でしか通用しないであろう偽文書や由緒書、あるいはそもそも通用するかどうかも疑わしい、戯れとしか思えないようなものを目にすることも決して少なくない。例えば河内国では、楠木正成の偽文書やその子孫と称する系図などは、たわいないレベルのものまで含めると無数に存在する。その内容を熱心に説明してくれる古老と出会うことで、偽文書や系図などが周辺では今も確かに息づいている事実を再確認させられることもある。

ところが、こうしたたわいない偽文書が、研究対象として取り上げられることはあまりなかったように思われる。このような課題意識から、本章では村外に由緒を発信するための偽文書ではなく、どこの村でもありそうなたわいない偽文書が、どのような目的で作成され、どのように利用されたのかを明らかにし、そこから近世・近代の日常的な村社会へアプローチするという手法をとってみたいと考えている。従来の研究によって、村や家の危機に際して由緒書や偽文書が作成されるということは一つの共通認識となっている。それを踏まえると、書式にとらわれないたわいない偽文書のほうが、危機意識はよりリアルに読み取れるという点でメリットがないわけでもない。

本章で対象とするような偽文書は、歴史学に警戒されながらも、真正面から受け止められることがなかったがゆえに正当な評価がなされず、逆にその一部が地域の歴史のなかに取り込まれていくこともある。例えば、筆者がこれまで対象としてきた椿井政隆が作成した偽文書は、疑わしい内容ではあるものの、少なくともそこに記されることが伝承されていいいいいいたことは事実だと扱われることが多い(4)。しかも、その伝承に立脚した議論が展開することもある。

しかし、歴史学と民俗学との間で、村に残る疑わしい文書から伝承をどのように拾い出すべきかという方法論的議論は、実はこれまでほとんどなされていない。そもそも、議論するための素材がほとんど共有されていないのではなかろうか。偽文書や由緒書に対して、そこに記されている内容そのものを肯定することはできないとしても、実際に伝承されていた可能性まで完全に否定することは困難ということが現実には多いはずである。そこで、偽文書の創出から現在に至るまでの過程が判明する事例を、できるだけ詳細かつ通時代的にみて、地域に実際に残る伝承と偽作者の空想がどのように織り交ぜられながら偽文書が作成されるのか、その点も意識しながら分析を進めたい。

一　端野家文書の分類

1　茄子作村と端野家文書の概略

本章で対象とする河内国交野郡茄子作村は、大阪府枚方市の中南部に位置する。正保二年（一六四五）段階の所領構成を記した正保郷帳によると、村高は六二六石で、そのうち五一六石が旗本久貝領、残る一一〇石が旗本長井領とされる。長井家は、元和元年（一六一五）の大坂夏の陣以前から、豊臣家の家臣として茄子作村の一部を支配しており、幕末まで一貫してその所領が変化することはなかった。(5) 一方の久貝領は、厳密には大坂東町奉行の久貝正俊に属する与力の知行地である。

この与力知行地は、元和五年の大坂町奉行設置とほぼ同時に設けられた。久貝家の所領ではないので、大坂東町奉行が慶安元年（一六四八）に松平重綱へと交代するに伴い、同氏の与力知行地となる。以降、寛文三年（一六六三）に石丸定次、延宝七年（一六七九）に設楽貞政、貞享三年（一六八六）に小田切直利へと東町奉行が交代するとともに、彼らの与力知行地として受け継がれていった。ところが、元禄四年（一六九一）に与力への宛行が蔵米に切り替えられると、その知行地は収公され幕府領となる。それから三年後の元禄七年に、小田原藩大久保家

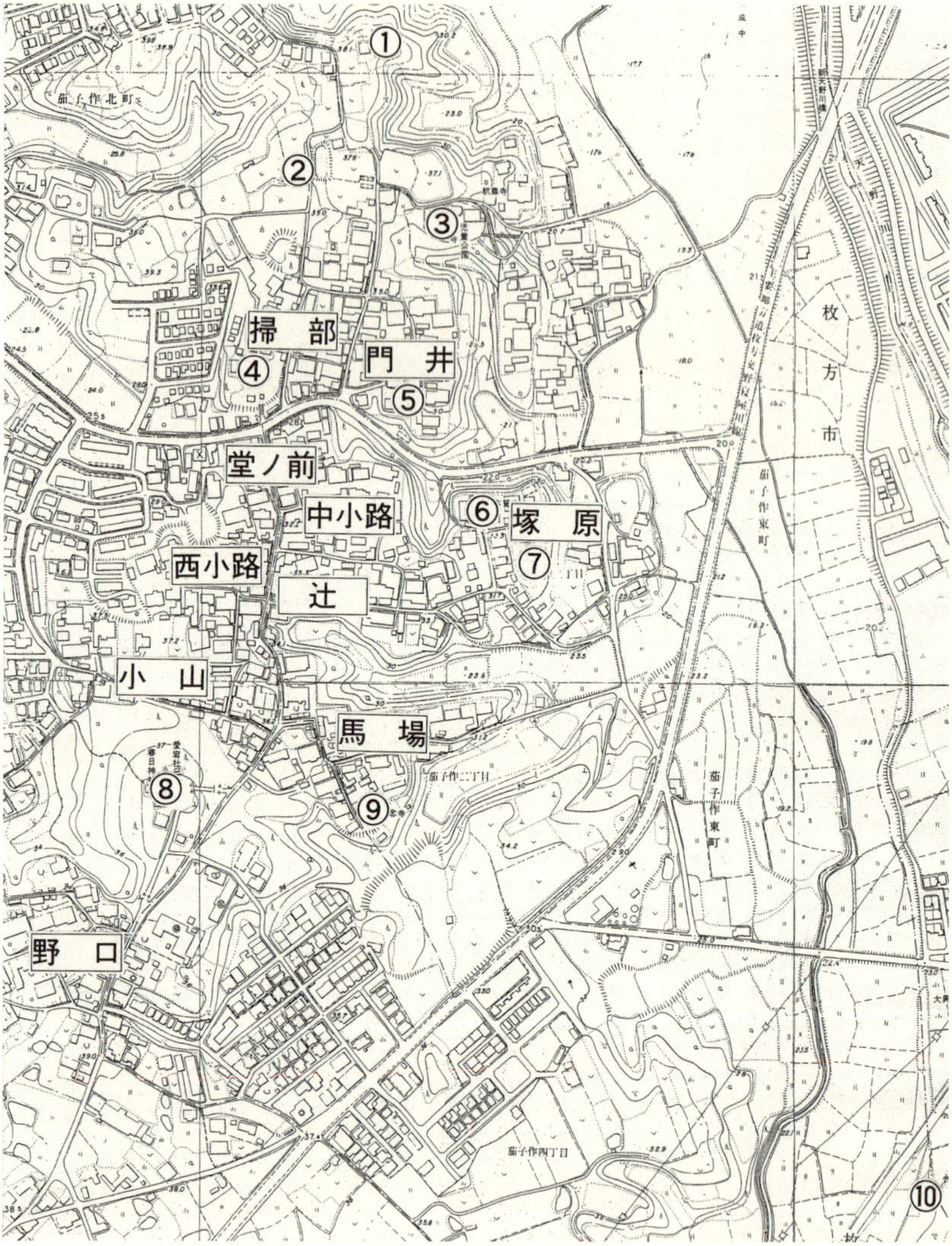

図15　茄子作の史蹟と集落構成
①土井城　②犬井甚兵衛屋敷　③釈尊寺　④金龍寺　⑤阿弥陀寺　⑥本誓寺　⑦上臈塚
⑧春日神社　⑨祐念寺　⑩本尊掛松

の所領となり幕末に至った。

　茄子作村は、村高だけみると飛び抜けて大きいわけではないが、明治九年（一八七六）の人口は九九〇人と周辺では最も多い部類に属す。(6)ここから、農業以外の職業に従事する者も多い集落であったことが想像される。また、村の面積も比較的広く、村内には南北朝期に波多野氏が居城とした土井城、古代から中世にかけて存在した山岳寺院中山観音寺、融通念仏宗を中興した法明上人ゆかりの本尊掛松（杜鵑松）や犬井甚兵衛屋敷、嘉吉年間に奈良から勧請してきた氏神春日神社など、中世以来の由緒を持つ史蹟も多く残されている。これも茄子作の一つの特徴といえる。

　その反面、『枚方市史』での茄子作に関する記述は極めて貧弱である。中世については中山観音寺跡（二巻二八九頁～二九九頁）を除くと記述は一切なく、近世についても所領構成など一般的事項を除くと、溜池の新造や（三巻一五〇頁）、雨乞い（同七〇三頁）、本尊掛松（同七四七頁）などで数行触れられる程度で、わずかに宮座の言及が目に留まるくらいである（同七二七頁～七二九頁）。(7)全体的に、文献史料を用いた考察に乏しく、民俗や伝承に偏っている印象は否めない。

　以上のような茄子作の歴史とその叙述の関係は、残された文献史料の性格そのものに起因しているといえる。すなわち、茄子作の端野己道家と端野譲太郎家には、評価を下し難い由緒書や偽文書が豊富に残されており、中世の記述は端々にみえるものの、どこまでが史実でどこからが虚偽なのか判断が付けがたいのである（以下引用の際は、文書番号を［己〇〇］［譲〇〇］と略す）。(8)真正な近世文書もそれなりの数はあるが、全体の約四分の一が以上のような性格の文書なので、利用するにあたっては選別する判断基準も必要となってくる。よって、注目すべき村でありながらも、歴史学の俎上にのぼることはほとんどなかった。

先学も注目する氏神春日神社の宮座は、端野座・清水座・桜井座・堀座・奥野座・岡市座・高橋座の七座で構成され、個々の座が一つの擬制的な同族関係にあった。したがって、それぞれの座の座頭が一族の本家という扱いを受ける。端野己道家文書は、端野本家である彦兵衛家に伝わったものであるが、後述のように他家の吉三郎が養子相続した際に吉三郎家文書も若干入り込み、さらに維新後には結果的に彦兵衛家は断絶となって吉三郎家に戻されてしまうので、厳密には本家文書、あるいは彦兵衛家文書と呼ぶことはできない。

一方の端野譲太郎家文書は、彦兵衛家の分家とされる伝兵衛家に伝わったもので、己道家文書に比べると土地売券など家政に関する史料も多数見受けられる。彦兵衛家ほど浮き沈みが激しくなく、彦兵衛家断絶後には本家を代行するなど、比較的安定して相続されてきたからであろう。そのため、いずれもが本家文書的性格を持っており、端野一族全体に関わるような文書や、端野家の過去に遡った系図や由緒書の類が、双方に多く残されている。ただし、両端野家が主張する由緒は必ずしも一致するわけではない。もちろん、完全に異なることもなく、いずれかがいずれかを踏襲するような部分も少なからずある。両端野家の居所である門井という地名の由来に注目して、その前後関係を明らかにしておこう。

近代に編纂された『茄子作村史』［譲九二］には、中世端野氏が拠った「土井城」が転訛して門井という地名になったとする説と、古代の姓「門部造」が訛って門井になったとする説が併存している。これを時系列に並べると、カドべから「カ」が取れてドイとなったのち、再度「カ」が付いてカドイになったということになり無理がある。ここから、二つの説はそれぞれ別個に生み出された可能性を指摘できよう。

そのうち「土井城」にまつわる由緒は、両端野家文書の端々にみられるが、己道家文書のなかに「門部造」について触れたものは一切なく、譲太郎家文書にしかみられない。同様の例は他にも多くあるが、主要なものを一つあげると、「波多野」氏が改姓して端野氏になったとする説も譲太郎家文書のみにみられる説である。これらの事例から、端野家の由緒は彦兵衛家で生み出され、のちに伝兵衛家で付加されていったと考えられる(9)。したがって、まずは彦兵衛家を対象とする。

2　近世後期の彦兵衛家当主

茄子作村の村役人を整理した後掲表7によると、彦兵衛は元禄一四年（一七〇一）を初見として年寄をつとめている。その座はしばらくの間藤兵衛が引き継ぎ、享保一六年（一七三一）に再度年寄として名がみえる。この間、代替わりがあったかどうかは判断し難いが、寛保三年（一七四三）の年寄彦兵衛までは一貫して「福」の一字印であるのに対して、延享三年（一七四六）の年寄彦兵衛は「富元」の篆刻印であることから、ここでは代替わりしたものと考えられる。しかし、その直後に伝兵衛が年寄へと就任し、彦兵衛はまた年寄から姿を消す。

そして明和三年（一七六六）に、三たび年寄彦兵衛の名が現れる。その事例は「表用諸事扣写帳」［己四四］という村方業務の基本事項をまとめた控帳なので、表紙に記される明和三年一二月が、今回の就任時期とみて大過なかろう。彼が年寄をつとめたのは明和六年までとさほど長くなく、それを最後として彦兵衛の名は村役人からみえなくなる。己道家文書は、明和三年を画期として残存量が格段に増えるので、偽作に関わった人物もこれ以降の人物と思われる。そこで、以後の彦兵衛家の継承関係と、それぞれの当主が活動した時期を明らかにしておきたい。

時期は下って天保一二年（一八四一）から弘化年間にかけて、他家から彦兵衛家の養子となった吉三郎は、座への加入を巡って一族藤兵衛との間で長期にわたる相論を展開する。詳細は後述するが、そこでは彦兵衛家継承の正当性を、領主である小田原藩の堂島役所に対して度々訴えている。そのうちの一つ「乍恐口上之覚」から、彦兵衛家の系譜をみておこう。

【史料1】［己二五］第五条

一弥兵衛法躰之義者独身ニて身弱く、兼て法躰常々望ニ御座候、彦兵衛名跡者吉三郎譲り候得者、阿弥陀寺と申ハ端野旧寺ニ御座候得者無住ニてハ歎ヶ敷存候て、自身当村本誓寺歓随和尚を相頼候て、剃髪致浄玄与改、弟子与相成候て村方へ相頼、則阿弥陀寺留守居仕候、然ル所伝兵衛ゟ米壱石之義者阿弥陀寺之元来奉申上候、右阿弥陀寺与申ハ端野墓寺ニて御座候所、三代先之伝兵衛娘尼ニ致利教与改、右寺之住職致させ、夫ゟ打続二代伝兵衛娘尼貞教、又三代伝兵衛娘尼知性与御座候、然ル所先年彦兵衛兄弟ニ与兵衛与申者御座候、此時分彦兵衛を源右衛門と申候て北株之庄屋ニて御座候、右源右衛門名前を弟与兵衛ニ為持、庄屋役共譲り御高田地譲り別家致させ置候所、右源右衛門子平三郎与申者大坂南堀長（長堀）町面へ入、和泉や平三郎方へ幼少ニて貰かし置候、此者余地与して山壱ヶ所・屋鋪藪共壱ヶ所・字墓ノ口上田壱反弐畝弐拾歩・下畑二ヶ所、源右衛門ゟ平三郎へ譲り置候、右之田畑山藪共平三郎存命之内阿弥陀寺仏飯料ニ付置候事、慥成証文御座候、右阿ミだ寺三代目知性迄右田畑山藪共不残伝兵衛ゟ支配致、年々米壱石弐斗宛遣し候所、右知性相果候後者如何可成与存、知性存命中直筆ニて証文認血判押、彦兵衛へ預ケ置かれ候書附御座候、然ルニ右知性相果候後無住ニ致、仏飯料不残伝兵衛へ取込居候、此義先親彦兵衛歎ヶ敷存候て、本誓寺之弟子相成法躰致堅（賢）浄与改、右阿ミた寺留守居被致候、勝（且）又浄玄義依之此寺留守居致し候、是故壱石之米仏飯料ニ候得者伝兵衛ゟ遣し申候、最早浄玄相果候後者不残伝兵衛へ取込、其上本堂も我気侭ニて借家ニ致抔誠ニ歎ヶ敷候へ共、此事申出候へハ一家不和之基与存差扣候ニ、此度浄玄へ壱石之義遣し候を申出し候故無是悲（非）申上候、右阿弥陀寺義ハ端野旧寺ニ候得者、此侭ニて相潰候てハ甚歎ヶ敷存候故、何卒阿

弥陀寺相続仕候様、乍恐伝兵衛へ御申聞被為　下候ハヽ、御慈悲難有奉存候御事、

ここでは、端野氏の氏寺阿弥陀寺の運営費である仏飯料が問題とされている。その仏飯料の由来について、【史料1】の述べるところを整理すると次のようになる。[10] かつての彦兵衛家当主は、源右衛門を名乗り庄屋をつとめていたが、弟の与兵衛に田地や庄屋役を譲ってしまった。源右衛門の息子は、大坂へ出て和泉屋平三郎と名乗っていたが、源右衛門から受け継いだ土地を阿弥陀寺に寄進する。これが仏飯料の始まりである。

阿弥陀寺は、利教・貞教・知性と伝兵衛家の娘が尼となって代々住持をつとめていたが、知性は仏飯料を彦兵衛に預ける旨の証文を残して没し、無住となってしまう。それ以前より、仏飯料は伝兵衛が管理していたが、彼は彦兵衛にそれを引き渡すことなく押領していたという。それを嘆いた弥兵衛の親である彦兵衛は、出家して賢浄と改名し、阿弥陀寺の留守居となった。そして息子の弥兵衛も、父の跡を継いで阿弥陀寺に入り浄玄と名乗った。吉三郎がこれをなぜ問題にしているかというと、浄玄の没後、藤兵衛と一味した伝兵衛によって、再び仏飯料が押領されているからである。

［譲一三九］で賢浄は、寛政元年（一七八九）段階に五四歳とされるので、元文元年（一七三六）の生まれで、先述の明和三年から明和六年まで年寄をつとめた彦兵衛に該当する。[11] 文政四年（一八二一）六月二六日が彼の十三回忌にあたるので（後掲【史料8】）、文化六年（一八〇九）に七四歳で没したことになる。延享三年にみえる年寄彦兵衛は使用印は同じであるが、年齢的にみて別人であろう。

賢浄の死没直後にあたる文化六年一二月付の［譲四〇］では、「彦兵衛」が自身の所持する山を質入れしている。【史料1】では煩雑となるのを避けるために若年期の呼称を用いているが、実際には弥兵衛もすでに彦兵衛を名乗っていたのである。彦兵衛家当主が弥兵衛の名を用いる例は他にもあるようなので、上記の彦兵衛家三代

については、賢浄―浄玄―吉三郎の名で統一しておく。

3　彦兵衛家当主の筆跡

前項で明らかにした三人の当主は、幸いにしてそれぞれ個性的な筆跡なので、彼らが記した史料は概ね特定することが可能である。ここではその特徴について、写真も交えながら簡単に触れておく。

明和三年（一七六六）から年寄をつとめた賢浄は、就任にあたって作成した「表用諸事扣写帳」をはじめ、年寄業務に伴う文書を多く残している。それらは、全て太く角張った力強い筆跡である（図16）。また年寄を辞めて以降にも、安永七年（一七七八）に伝兵衛に代わって年寄業務を代行した文書［己三七］や、寛政元年（一七八九）の三八ヶ村の申し合わせ［己二九］など、同じ筆跡のものがいくつか見受けられる。何かしらの意図が働かない限り、彼の筆跡はまず一目で判断できる。

古い年紀を持つ史料には、一見筆跡は異なるが、よくよくみると賢浄と同じ独特の崩し方をする文字が含まれているものが多い。最も見分けを付けやすいのが「寸」の崩しで、最後の点が異様に強調される。例えば、「村」という字の「寸」の横棒に最後の一筆の点が重なれば、ほぼ彼の筆である。その他にも、「丙」や「内」などの内側部分が、交わって「×」になるという特徴もある（後掲図19・20）。

文化七年（一八一〇）の仲右衛門退役に関する一連の文書の写［己二三・二四・二六・三〇・三八・三九］は、同様に線は太いが、波打つような字である点が特徴的である（図17）。宮座の由緒を記したものや座席図の多くは、この筆跡である（後掲図21）。「氏」や「武」などの最後に右下で跳ねる部分が、下向きに極端に長くなったり、自身の名前にも使う「彦」の字の「彡」部分一筆目と三筆目が極端に右に広がるのも特徴である。賢浄が没

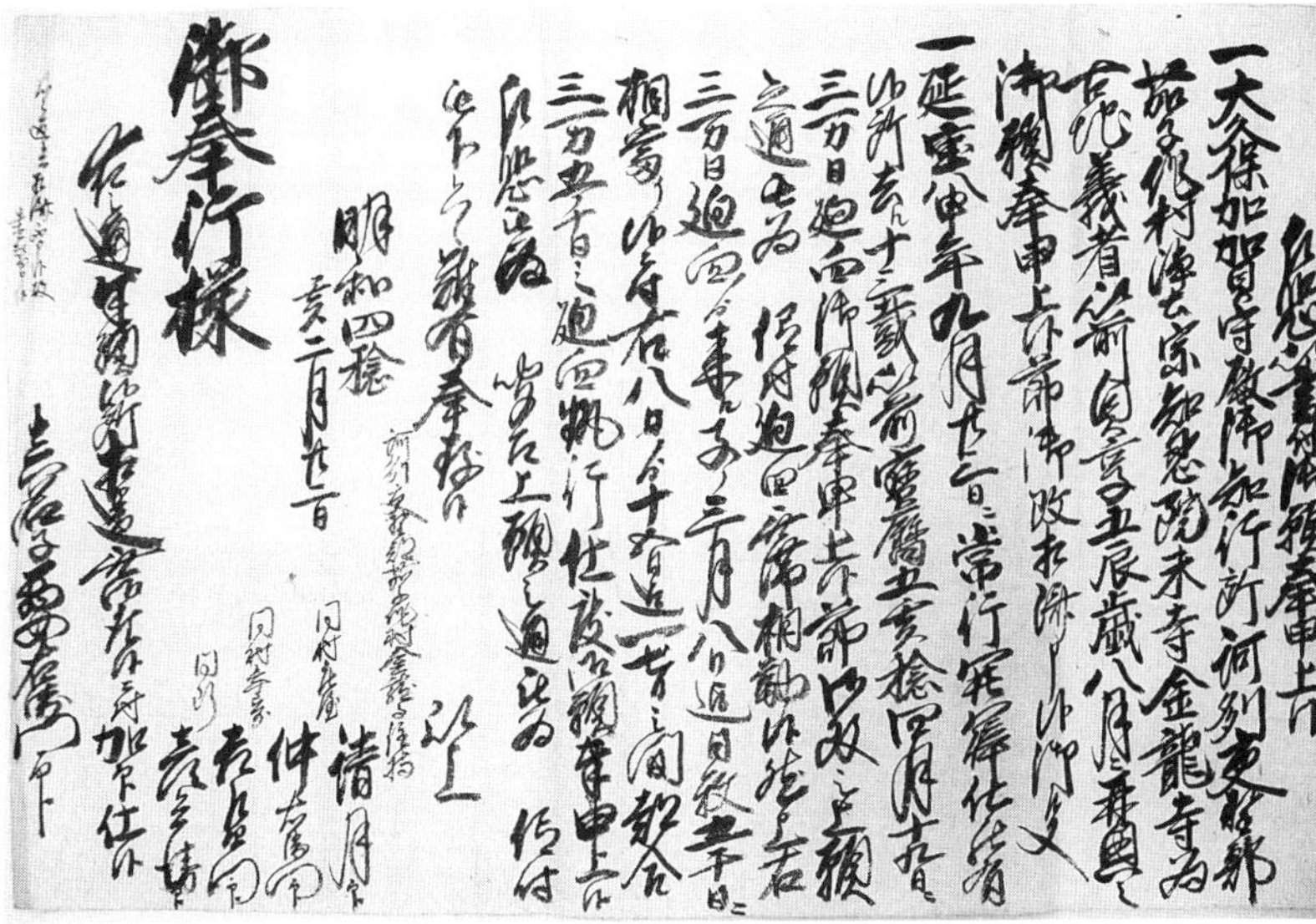

図16　賢浄の筆跡[己113]

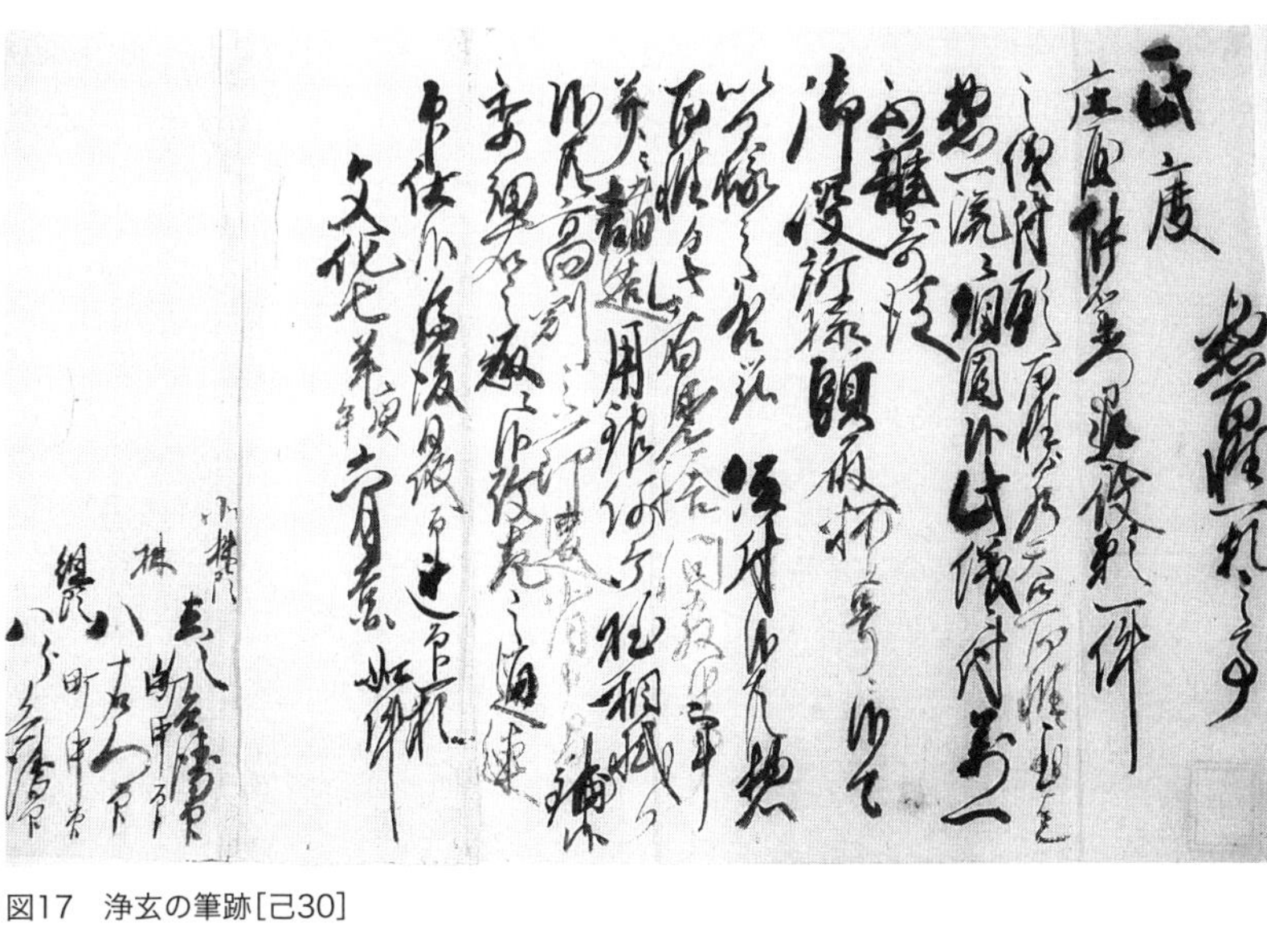

図17　浄玄の筆跡[己30]

した直後から急増するため、浄玄の筆跡に比定される。

天保・弘化頃の座加入に関する史料に共通する筆跡は、浄玄の跡を継いだ吉三郎のものである。賢浄や浄玄に比べると、随分と線が細いので一目で見分けがつく。「彦」の「彡」部分を「久」と崩すことが多いのも、歴代当主のなかでは彼だけである。

吉三郎の筆跡で宮座の由緒を記したものは、あえてあげるとするならば極めて単純な宮座の略図［己八九・九一］のみである。他の当主に比べ、彼が宮座に通じていなかったことは想像に難くないが、座加入を巡る訴訟にあたっては、それを把握する必要に迫られたはずである。［己二五・三四］などの訴状では、相給方の百姓の事例をしばしば引き合いに出しているが、彼が描いた宮座の略図には「相給」の書き込みが多数みられる。ここから、これらは由緒的な側面よりも、むしろ実用的な書類としての性格が強いと判断される。よって、以下の検討で素材となるのは、賢浄と浄玄の書となる。

二　賢浄による偽文書創作の開始

1　延宝二年の有印文書

大坂町奉行所に提出した茄子作村寺社書上の写［己一〇九］は、賢浄の筆跡と一目でわかるので偽作ではない。年代は記されないが、「設楽肥前守御与力知行所」とあるので、茄子作村が大坂町奉行設楽貞政の与力知行であった延宝七年（一六七九）から貞享三年（一六八六）にかけての寺社改の史料を写したものである。実はこの史料が、賢浄による偽文書作成の際の一つの典拠となっている。

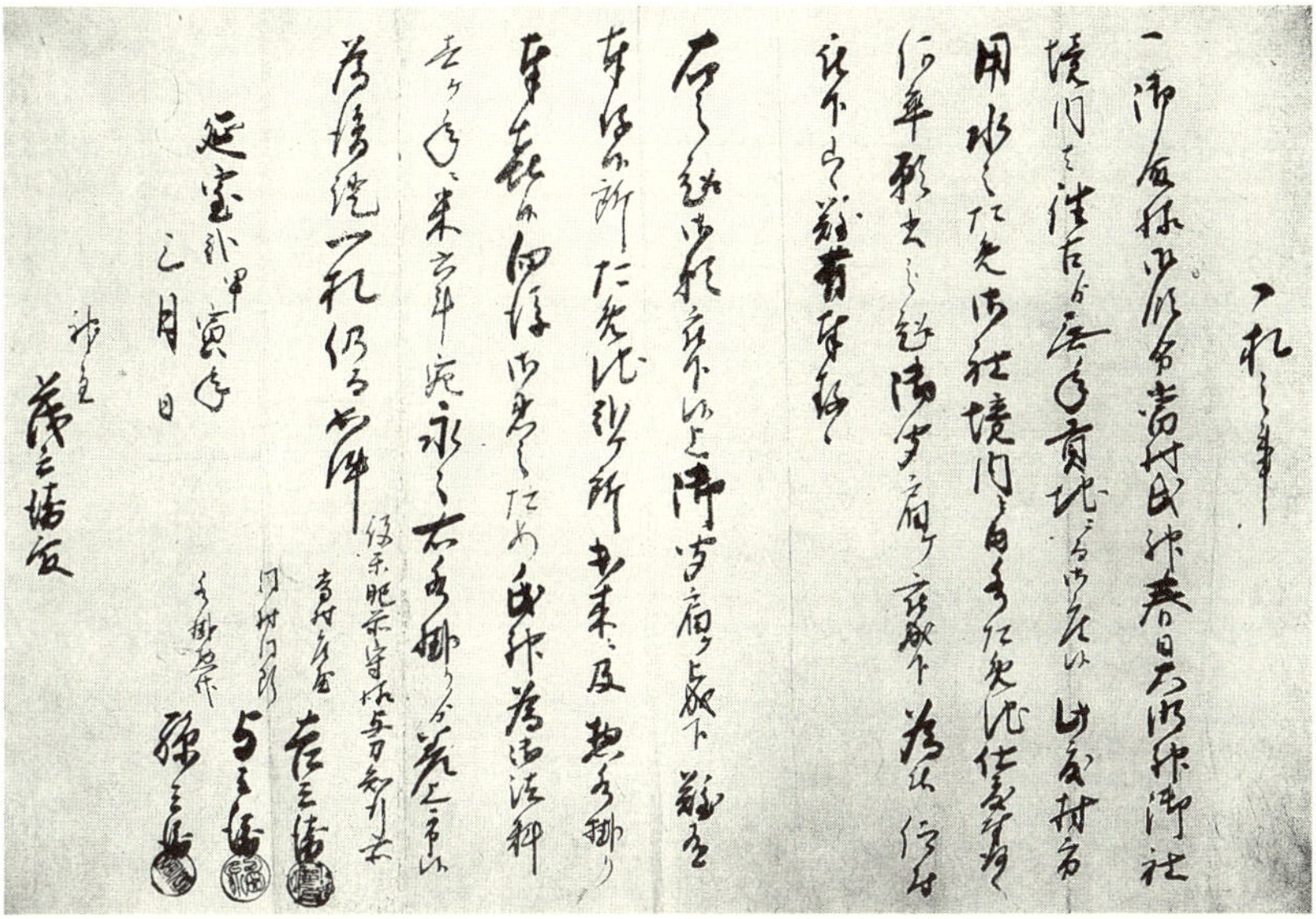

図18　延宝2年の偽文書［己107］

『枚方市史』にも掲載される春日神社境内への溜池新造に関する延宝二年の史料［己一〇七］は[12]、賢浄の力強い筆跡とは逆に柔らかい筆であるが、「村」の崩し方はまさに賢浄独特のものである（図18）。発給者は［己一〇九］にもみえる庄屋吉兵衛・与兵衛と「水掛惣代　孫兵衛」の三名、そして宛所は同じく［己一〇九］に春日神社の「神主代」として名のみえる茂兵衛である。茄子作村を「設楽肥前守様与力知行所」としているが、この点も己道家文書のなかでは［己一〇九］からしか得られない情報である。以上の点から、賢浄は［己一〇九］をもとに［己一〇七］を作成したと推測される。というのも、賢浄は年紀のない［己一〇九］を延宝頃の史料としか把握していなかったようで、［己一〇七］の年代を設楽が大坂町奉行に就任する前の延宝二年にしてしまっているからである。

　この文書には印も捺されている。与兵衛の署名には賢浄以前の彦兵衛家当主が使用していた「福」印を、吉兵衛と孫兵衛には賢浄自身も使用している現用の「富元」印を捺し、吉兵衛の印には細い筆で印の意匠を書き加えている。彦兵衛家の印を知っている者ならば、すぐに偽文書と見破れるものなので、本心から誰かを騙すために創ったものではないといえるだろう。

［己五六］は、［己一〇七］とほぼ同文だが、筆跡も料紙も全く異なる。しかし、使用している印や「富元」印への書き込みまで全く同じである。賢浄の残した偽文書をみていると、あらゆる筆跡のものがみられるが、このように雰囲気の異なる同文の試作品をいくつか作成し、そこから一点に絞り込むことで、作成者が単一であることを見破られないようにしていたのであろう。

同じ登場人物たちが、寛文一〇年（一六七〇）付で氏神の由緒を記したもの［己一〇六］も、［己五六］と筆跡が一致する。そこには嘉吉元「丙酉」年に氏神を勧請したとあるが、この干支は次にみるように賢浄独自のものである。

2　神社勧請書

賢浄の偽作は、近世文書に留まらなかった。ここでとりあげるのは、嘉吉元年（一四四一）九月に、奈良から春日神社を勧請した際のものという体裁をとる偽文書群である。以下、これらを『茄子作村史』以来の呼称に従い、神社勧請書と呼ぶことにする。

神社勧請書は、のちに他者によって作成された写（あるいは写と見せかけて文面を変更したもの）も存在するが、己道家文書のなかには賢浄の筆跡のものとして次の五点が残されている。

【史料2A】［己一一二］（図19）

一此度其地氏之神勧精（請、以下同）可相願候段、天児屋根之尊奉写武甕槌神・経津主之御神・姫太神四社ヲ表、則
春日大明神与奉勧精、従向後氏神与奉仰条如件、

嘉吉元□酉歳
九月九日
宇賀別当（印）（印文「栄」）
別当御内取次
阿邉兵部（印）（印文「福」）
氏神挽請願主
茂左衛門
法施座
孫四郎
同
三右衛門
同
太郎兵衛
同
平兵衛
同
儀兵衛
同
仁三郎
右拝座銘々

【史料2A案】［已九八］（図20）

一此度其村氏神勧精被相願候、天児屋根之尊奉写武甕槌神・経津主之神・姫大神四社ヲ表、則春日大明神与奉勧精、向後　従氏神与奉仰条如件、

嘉吉元丙酉年
九月九日
春日社人
宇賀別当（印）（印文「栄」）
別当御内取次
阿邉兵部（印）（印文「富元」）
氏神挽請人願主
端野　茂左衛門　座

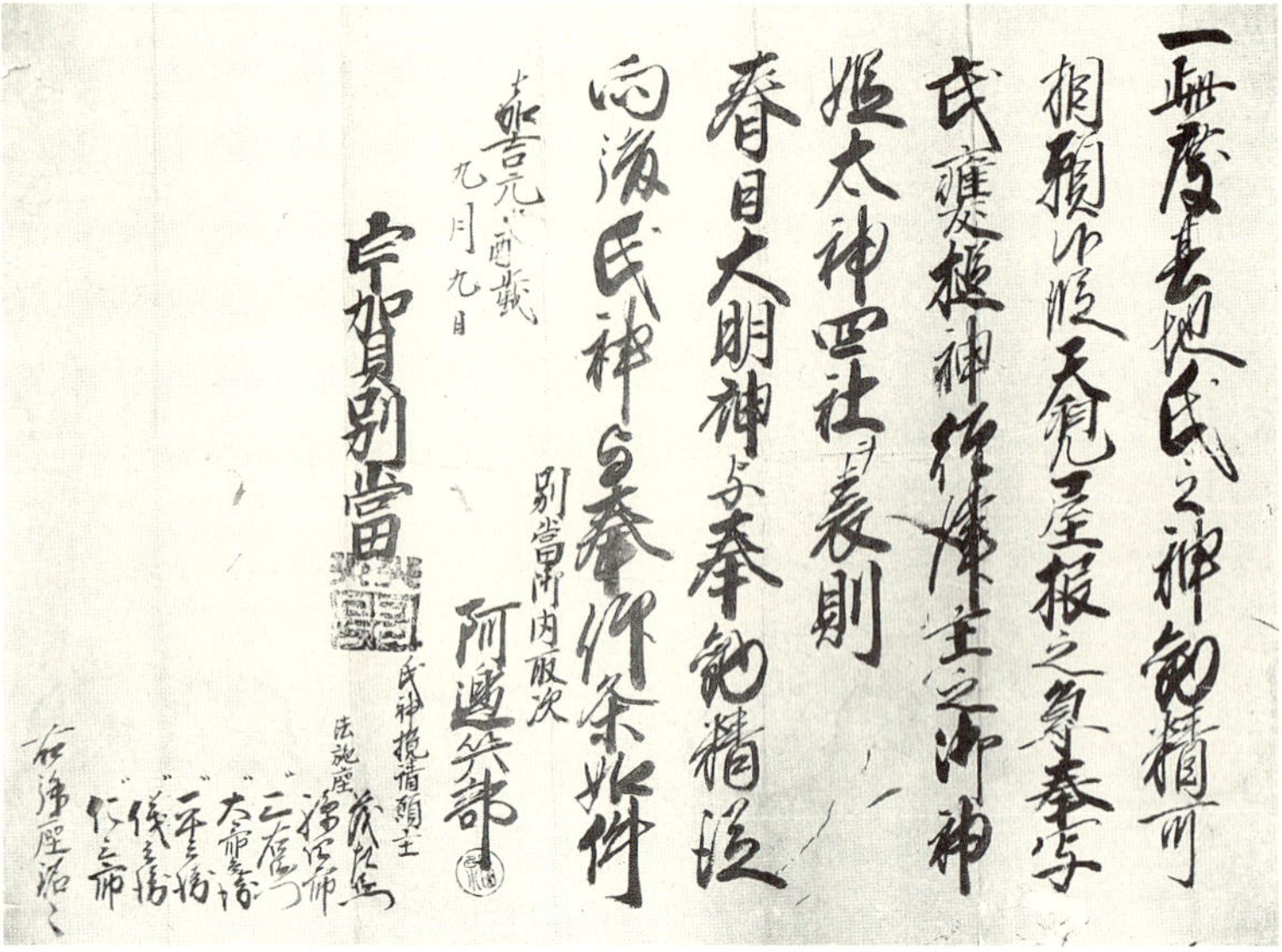

図19　神社勧請書(完成品)[己111]

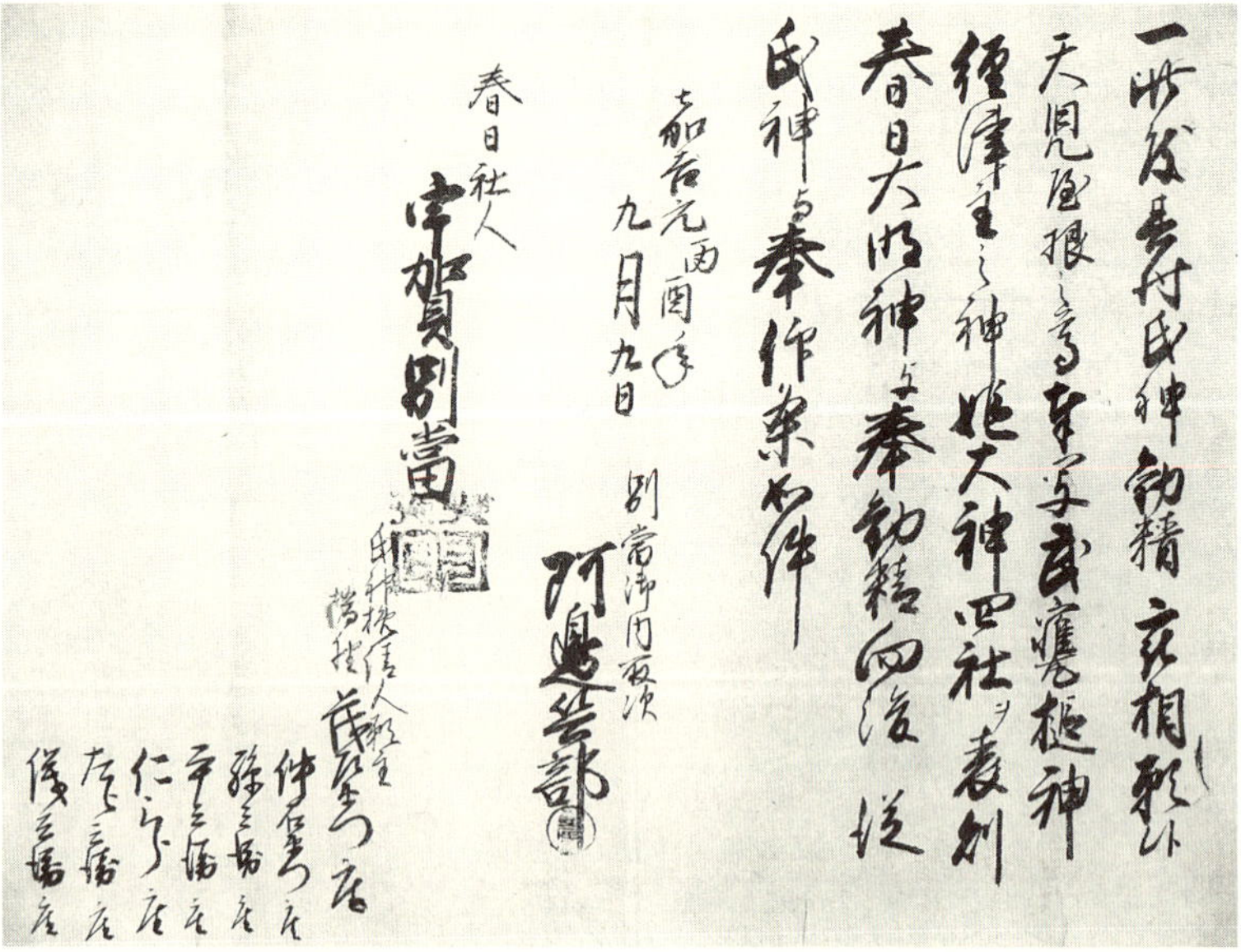

図20　神社勧請書(試作品)[己98]

仲右衛門座
孫兵衛座
平兵衛座
仁三郎座
太郎兵衛座
儀兵衛座

【史料2B】〔己一一〇〕

一氏神勧精首尾能相済目出度存候、右為御礼金拾六両三歩可被差上候段、慥ニ受納可仕候、仍而法施座名字之方々江別紙請取之一書可被下置段如件、

嘉吉元丙酉歳
九月十八日
宇賀別当内
取次　阿邊兵部（印文「福」）（印）
願主
端野茂左衛門江

【史料2B案】〔己九九〕

一氏神勧精首尾能相済目出度存候、右為御礼金拾六両三歩可被差上候段、慥ニ受納可仕候、仍而　一書可被下置段如件、

嘉吉元丙酉歳
九月十八日
宇賀別当内
取次　阿邊兵部
願主
端野茂左衛門江

端野茂左衛門二代孫写置、

【史料2C】［己一〇二］

一氏神勧精首尾能相済目出度存候、為右御礼黄金出情被致候段慥ニ受納可仕候、依為請取之一書可被下置段如件、

嘉吉元丙酉歳

九月十八日

宇賀別当内取次 阿邊兵部（印）（印文「福」）

法施座 高橋孫四郎江

干支が全て「丙酉」となっているが、嘉吉元年は辛酉の年である。そもそも干支に「丙酉」という組み合わせはない。ここから偽文書であることは明白である。それに気付いた誰かが、Aの「丙」部分を破り取っている。内容で大別すると、九月九日付で七座全体に対して勧請を許可する文面のA類と、九月一八日付の端野茂左衛門に対して献金の受領を伝えるB類、同じく一八日付で端野座以外の座頭（高橋孫四郎）に献金の受領を伝えたC類となる。

A類二点を見比べると、AはA案に若干の情報を付加して作成されていることがわかる。B類二点も同様の関係にある。A案は前項でみた［己一〇七］と同じ料紙で、特に細工をすることなく賢浄自身の「富元」印を捺していることから、試作品とでもいうべきものである。B案は、「端野茂左衛門二代孫写置」という体裁をとることで、文面の信憑性を獲得しようとしているが、最終的にBで捺印しているので、やはり試作品であろう。試作品に対する完成品は、A・Bともに差出の「阿邊兵部」に「福」の一字印が捺され、独特の褐色の紙が使用される。A類には、「阿邊兵部」の上級権力に相当する「宇賀別当」の方形印も捺される。

残るCも褐色の紙に「福」印が捺されることから完成品で、端野座の座頭に宛てられたBと性格は似ているが、Aの宛所にみえるように七人の座頭は同格ではなく、横並びの六人の「法施座」に対して、「願主茂左衛門」の格がやや高かった。したがって端野宛のBには、高橋宛のCにはない「仍而法施座名字之方々江別紙請取之一書可被下置」という表現がみえる。

ちなみにその表現は試作品段階のB案にもない。ここから試作品と完成品の最大の相違は、端野家だけしか視野に入れていないか、もしくはそれ以外の家も視野に入れているか、というところにあるといえるだろう。現在己道家文書には、高橋宛のものしか残されていないが、他の五座の座頭に宛てたものも作成されている可能性をここから指摘しうる。

神社勧請書は有印であることが特徴的といえる。印象的なのは、「宇賀別当」のものとして用いられている「栄」印で、一辺三㎝と大振りの方形印である。賢浄は、A及びその試作品であるA案以外にこの印を一切使用していないので、「宇賀別当」専用の印として製作されたものである。

それに対して「福」印は、すでに述べたように彦兵衛家の当主が以前使用していたものであった。賢浄の先代が延享三年（一七四六）に使用して以来、彦兵衛家当主は幕末まで一貫して「富元」印を使用しており、賢浄も宝暦六年（一七五六）の「譲八五」を初見として、公文書には「富元」印以外は使用していない。しかし、神社勧請書や前項でみた近世文書の偽作に使用していることから、賢浄の手元に存在したことは確実である。では、賢浄は「福」印を先祖の印と知ったうえで使用していたのか、あるいは知らずに乱用していたのであろうか。その点は、賢浄による偽作の意図を知るうえでも極めて重要である。

賢浄による「福」印の使用事例は、偽文書以外では二例確認できる。その一つが、明和三年（一七六六）の年寄就任時に作成した「表用諸事扣写帳」［己四四］で、表紙左下に「橋(端)野彦兵衛」と署名され、そこに「福」印が捺される。彦兵衛家当主が長らく離れていた年寄の座に返り咲いたことは、賢浄にとっても誇りであったに違いない。それを記念する帳面に、誰の印ともわからぬものを捺すわけがない。この「福」印は、先祖への回帰を表したものと考えてよかろう。

もう一つが、明和六年の春日神社拝殿建立の収支をまとめた「須歳万事野扣帳」［己一〇八］である。この史料は、茄子作村役人のうち「請普(マヽ)歩行役人」をつとめた長井領庄屋の善兵衛と大久保領年寄の彦兵衛二名が作成者として本文末尾に署名する形式をとる。[13] ただし、残された帳面そのものは、表紙に「端野彦兵衛」と単独で署名され「富元」印が捺されていることから、賢浄が作成した控である。そして本文の署名部分には、彦兵衛に「富元」印が、その横の善兵衛には「福」印が捺される。さらに、ほぼ全ての頁の綴部分には「福」印が割印として捺されている。このように、ここでは「福」印が善兵衛の代用印として用いられている。

前者の事例は家の印として重視し、後者はどちらかというと軽視した事例といえるが、賢浄のなかではその双方の考えが併存していたのではなかろうか。印象論的ではあるが、仰々しい中世文書に相応しいと考えつつも、それでいてあらゆる文書に乱用するという関係とも一致しているように思える。いずれにせよ、近い先祖の印であることは自認していることから、文書を偽作することで誰かを騙そうという気持ちは、少なくとも賢浄にはあまりなかったといえるだろう。

3　端野家の偽系譜

以上のような賢浄の活動からして、自家の系譜を作成するのは当然のなりゆきであった。次に掲げる「古貴書写之事」は、賢浄本来の筆跡から随分と懸け離れているが、内容から賢浄のものと判断される。

【史料3】［己九六］

古貴書写之事

一古端野帯刀橘少将殿申者、人皇十五代末神功天皇の（ママ）宇（御）、秦家ニ端野帯刀大納言重光公之子孫也、河州交野郡智（知）行所二万三千五百廿石ヲ先重光宛へ、発向之時代禁庭守部親王之守護人ニて、当地近郡応（押）領仕、則当所ニ土井ニ居城して領主と罷成候、宣化二丁巳年ニ御所改ニ有之候、端野帯刀五代末太将軍発死之時、向山中ニ無合之気塚仕、是太将軍之森ト而名附、是ヲ居城ヨリ坤之方山之瀬ニ荒神之宮ト守、奉敬而氏神と名附勧（請）精可相願候段、社前七重石塔有之、当地境内東西十七間余、南北二十九間余、当地山高ニ入組無年貢ニ相定メ、本尊薬師如来ト号ス、其後帯刀中将軍と号ス、六代末ニ三男有而掃部勝頼・桜井和泉・堀備中、是発死之時太将軍墳より巽に三ツ墳と無合之木ニ罷成候事、是帯刀先祖古向より荒神ノ宮敬而永々支配如此可致事、

久安五　　端野帯刀十八代末貴書

乙巳歳三月廿八日　　内匠公

天徳二午年より此荒神之宮境内より外ニ経（行）墓（基）之開幾（基）ト名附、白雲山金立（龍）寺ト号ス山寺壱ヶ寺有之事、

文意がとりづらい部分もあるが、端野家の系譜に関係する要点をあげると次の通りである。①神功皇后期の「端野帯刀大納言重光」は交野郡に二三五二〇石を宛がわれた。②その子孫にあたる「端野帯刀橘少将」は、戦乱期に守部親王（舎人親王の王子、八世紀の人）の守護人として近辺を押領して初代土井城主となった。なお端野家の所領は、すでに宣化二年（五三七）の「所改」でその支配が認められていた。③土井城主の五代目は、「太将軍

之森」の名付け親で、「荒神之宮」を氏神として勧請し、のちに「帯刀中将軍」と名乗った。④六代目には「掃部勝頼」・「桜井和泉」・「堀備後」という男子がいた(14)。

この史料は、久安五年（一一四九）に初代土井城主から数えて一八代目にあたる「内匠」が作成したこととなっている。以後の端野家由緒に比べると完成度が極めて低いが、神功皇后期から記しているあたり、荒唐無稽であることは自覚していたのではなかろうか。そのため、ここにあげられる事象にはのちに改変が加えられ、端野家由緒は真実味を帯びたものとなっていく。

【史料4】［己一二五］

端野名字遺書

一其昔端野帯刀橘少将殿一子民部鋪(輔)殿発向之時代、禁庭　守邦親王之守護人ニ而当地近郡応(押)領仕、則当所ニ居城して領主と罷成、掃部勝頼・桜井和泉・堀備中・清水栄(采)女・高橋郡治・岡市左中ヲ為臣取捌被致、万事相納り有之候処、正慶弐年之比、北条九代之末相模入道合戦之砌り北条九代打亡、其後建武元年比楠正成・足利高氏南朝・北朝ニ打別レ合戦之時追に楠打亡、当国食(飯)盛之懸(堅)城打落、其故ニ当地皆亡ジ、端野家其外寺社委ク忘却之御代不納、暫ク当所も荒果罷有候処、端野帯刀民部鋪(輔)合戦を逃、又々元之地へ立戻り所領ニはなれ百性と罷成、乱情ノ後なれば地面も見取住居仕候、扨又其後暦応年中ニ高氏天下応(押)領して検地有之節将軍領と成、則当村之御年貢取扱ヒ被仰付候、端野茂太夫と名を改メ安土(堵)之住居仕候、比ハ暦応六年午三月、

建武元年楠落城之節ゟ今年迄凡百九十余年ニ罷成、古へ之古書写置子孫永繁昌可希者也、

■■(永正)〃〃十一年　端野帯刀五代末

甲■《戌》二月廿三日　　　　端野六兵衛（印）（印文「富保」）

写之

「古貴書写之事」とは異なり、神社勧請書と同様の褐色の紙を使用し、最後に捺印もされていることから、賢浄が完成品と自負していたものである。よって、日付を永正一一年（一五一四）に書き直したのは、別人と思われる。ただし、建武元年（一三三四）から「凡百九十余年」としているので、一六世紀前半の中世文書を想定して作成していることに変わりはない。

そのあらすじは、当地を支配していた端野帯刀橘少将の息子帯刀民部輔が、南北朝の内乱で衰微するも、足利尊氏の検地後に代官として当地に復帰し、茂太夫と改名して端野氏の初代となったというものである。帯刀民部輔の代にその経緯が記され、その「古へ之古書」を五代六兵衛が写したという体裁をとっている。

「古貴書写之事」では、守部親王の守護人として土井城へ入ったことになっていたが、「端野名字遺書」ではその基本路線は変えずに、鎌倉幕府最後の宮将軍である守邦親王にすり替えることで時期を下らせ、信憑性を確保しようとしている。また他姓の登場人物は掃部・桜井・堀の三名に限られていたが、ここでは家臣とすることで登場人物を増やし、奥野座を除く六座が網羅されている。(15) これも、現行の宮座と重ね合わせることで信憑性を高めようとする努力と評価できよう。

こうした端野家の中世の由緒を固めていく作業は、賢浄にとっては自身が身を寄せる阿弥陀寺の由緒を固める作業でもあった。［己一二〇・一二四］は「端野帯刀橘少将」の菩提寺として、中世以来の由緒を綴ったものであるが、【史料1】で確認したように、阿弥陀寺の初代住持は近世中期の利教で、それ以前のことは賢浄の創作であろう。［己一二〇］の文末は、端野一族の宗旨帳面の印形を、現行の本誓寺から阿弥陀寺に切り替えるよう願い出た文面となっている。差出・宛所・日付等がなく、実際に提出されたかどうかもわからないが、村役人へ送ることを想定して記された案である(16)。

［已一二四］も大筋では変更がないものの、［已一二〇］にはなかった加筆が端々にみえる。例えば「寺内に石塔弐本、端野帯刀高野女郎之墓印也」という一節が挿入されている。おそらく、当時古い石塔が現存していたことは事実であろう。これを利用して、阿弥陀寺が古刹であることを主張したわけである。「高野女郎」に与えられた役割は、尼寺として成立した阿弥陀寺と中世端野氏を結びつけることに違いあるまい。

同様の肉付けとして、阿弥陀寺檀家へ切り替えたいと希望する者をただ端野一族とするだけではなく、新たに一五軒と数値を明記している点も指摘できる。それと連動するかのように、阿弥陀寺が無住となったため、本誓寺快導が檀家の端野一族を引き受けたという証文［已二］が作成されている。日付は延宝六年（一六七八）とされ、一五軒の名も列挙されているが、偽作と考えて間違いない。延宝年間としていることから、ここでも茄子作村寺社書上の写［已一〇九］が利用されたのであろう。

この一連の動きから、賢浄は阿弥陀寺を拠点に、自身が中心となって端野一族を結束させようと目論んでいたことが明らかとなる。ただし、それが実行に移されたか否かは定かではない。

三　浄玄による賢浄の継承

1　賢浄作成史料の整理

賢浄の実子浄玄の波打つような筆跡は、父にも増して特徴的である。そのような筆跡を拾い出すと、彼も似たような内容の文書を数多く手がけていることが確認できる。ただし、筆跡に癖がありすぎるためか、賢浄のように他者になりきって文書を作成し、署名・捺印をするようなことはない。内容を創作したとしても、あくまでも浄玄自身が写したものという姿勢に留まっている。

このように、生まれ持った才能の差もあったためか、浄玄は賢浄の残した仕事を整理することに力を入れていたようである。次の史料は、その代表作である（以下「浄玄由緒書」と呼ぶ）。

【史料5】［己一九・一三〇］（糊剥がれの二点を結合）

（前欠）果罷有候処、端野帯刀民部預(輔)合を(戦脱)逃延、又々元之地ニ戻り所領にはなれ百性与扨又罷成、乱情之後なれハ地面も見取住居仕候、扨又其後暦応年中ニ高氏天下応(押)領して検地有之節将軍領と成、則当村之御年貢取扱《サバキ》ニ被仰付候、端野茂太夫と名改メ候、安土(堵)之住居仕候、比ハ暦応四年三月日、
建武元年楠落城之節ゟ今年迄凡百九拾余年罷成候、古へ之古書写置孫末迄永く繁昌可希者也、

清保十一年　　　　　　端野帯刀五代末

丑二月廿三日　　　　はしの六兵衛写之

一御殿様御支配之御高弐百弐拾九石四斗壱升五合内、又我等所持仕候御高之内六十石二斗、ぬしなし高七十(ママ)石弐斗四升、高合六十七石四斗四升、田畑合拾五丁三反壱畝弐歩、別家家徳(督)して悴与兵衛分ケ置申致(度)候、別而私も年老万事前後難分り候ニ付、悴与兵衛へ庄屋役義被仰付被下候、仰付被下候ハヽ、難有仕合ニ奉存候、以上、

慶安四辛未(卯)年閏(ママ)三月十八日

酒井修理（ママ）守様御役所

庄屋　彦右衛門印
年寄　平兵衛印

乍恐願書趣御願奉上候

一御殿様御支配之御高百拾石之内、私所持仕候高四拾八石壱斗六升三合、此度別家家徳（督）与して忰四郎兵衛ニ分ケ置申候（ママ）度候、私義年老前後難分り候ニ付、則忰四郎兵衛へ庄屋役被為仰付被下様、乍恐願申上候、何卒右願之通被為聞召上被為仰付被下様、乍恐御願申奉上候、何卒右願之通被為聞召上被為仰付被下候ハヽ難有奉存候、以上、

明暦三年丑（酉）十月十二日

庄屋　彦右衛門印
組頭　兵蔵印

石持集人（ママ）様

一清保十一年丑年ゟ明暦三丑年迄凡百廿一年ニ罷成候、建武元ゟ三百拾発（ママ）年ニ罷成申候、古へ之古書相用ヒ新ニ写置候者也、

端野帯刀八代末
端野彦右衛門書之
入道正雲ト云

先祖遺書

一古表端野帯刀橘中将毅忠向野城娘相果候後、於テ墓所石塔二本有之、則墓地之内ニ寺壱ヶ寺有、寺号中将山阿弥陀寺号ス、東西ハ廿十間余南北拾間余与之境内ニ村方山高之内入組ニ而ヂヨ（除）地定メ御座候、端野帯刀相果候一子端野民部預（輔）毅闌、禁君領地被断候所、臣掃部勝頼・清水栄（采）女・奥野昌治・高橋郡治・乾甚太夫・福山兵預（輔）・桜井和泉・堀備中・岡市左忠ニ而一城守護相納り候砌り、楠木落城節高氏カ為に覆シ、遂に落去皆亡仕、則釈尊寺迚加羅所、又ハ三宝坊・仁王坊・中山寺・金立（龍）寺・奥野坊・安舎（阿闍梨）利坊迄多忘、堂方無候所、其後二度一乱相納り候、扨其ヨリ二度一乱はしの毅闌暫く山谷に身を隠シ遁出弐度破落之後、也りハ元の地へ立戻りを結ひかひり、刀ヲ捨、土民之姿与成、

端野茂太夫毅闌

丹南郡松本高松元家中将公娘也、交野女郎也

本家次二代端野市太夫正山此人之代ニ山高廿四別而定ル、北方弐百弐十石余差配仕、又ハ出米百拾石とも差配仕居候、

妻津国冨士田庄藤井庄太夫娘

本家次三代はしの庄左衛門浄山

妻渚村条介娘也

本家次四代端野源右衛門浄心

妻京都室町三条西入茨木専介娘也

本家次五代端野六兵衛浄雲

妻中宮邑与兵衛娘也

本家次六代端の茂左衛門浄誓

四男

端野佐兵衛下家

端野西（北）兵衛末男

久兵衛

伊兵衛

半兵衛

妻北条邑徳之丞娘也
本家次七代端野彦兵衛正山
妻京三条室町茨木太惣兵衛娘也
本家次八代端野彦右衛門正雲
妻太井邑源左衛門娘也
本家次九代端野彦兵衛正玄
妻森村好兵衛娘也
本家次十代端野庄兵衛正源
当村仲右衛門娘也
本家次十一代端野彦兵衛浄照
妻砂村仁兵衛娘也
本家次十二代端野彦兵衛浄林
妻砂村仁（マヽ）兵衛娘也
本家次十三代端野弥兵衛[redacted]（願）誓
妻当村西願寺娘也
本家次十四代端野彦兵衛賢浄
妻私部村大和や長兵衛娘也
本家次十五代端野彦兵衛浄元（玄）

三男　仁兵衛
二男　はしの　与左衛門
四郎兵衛
はしの　与兵衛
野口村幸介娘後妻つれ子　儀右衛門
仁兵衛
六兵衛

はしの　九兵衛二男子
庄介三男子
五兵衛四男子

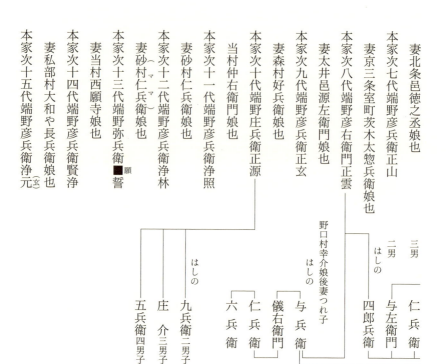

妻高槻家中人見三郎右衛門娘也、此も二年目に不ゑん（縁）也
本家次十六代末家分家吉三郎娘彦兵衛娘ニ取申候、名まへ・印形・諸敷親吉三郎婦々（夫婦）に預ケ申候、
本家次十七代　宮座中ゟよし（良）男取候迄吉三郎ニこけん（後見）仕サセ申候、
此請人分家　親類表世話人藤兵衛印・伝兵衛印・親類世話人市郎兵衛印
文政四年四月日　　　右ハ市郎兵衛身代ニ吉三郎頼む、
親彦兵衛殿

前欠で文の途中から始まるが、一点目は【史料4】の「端野名字遺書」である。原本では、日付が抹消のうえ訂正されていたが、ここでは「清保十一年丑二月廿三日」とされている。すなわち浄玄が筆写した段階では、日付は抹消されていなかったのである。それを踏まえて「端野名字遺書」の抹消部分をみると、「保」の字の断片が残されていることに気付く。

いうまでもなく清保なる元号は存在しない。この清保という元号は実に奇妙で、「端野名字遺書」では清保一一年を一五二〇年代と意識しているが、ここでは明暦三年（一六五七）まで「凡百廿壱年」とされるので一五三〇年代とずれがある。かと思えば、「清水（保）十一年ゟ今又寛政八年（一七九六）迄三百余年」［己一二八］のように、一五世紀に溯らせる事例もみられる。それでも浄玄はこの元号を様々な史料に使用しているので、「端野名字遺書」に訂正を加えた人物は、さらに後の時代の人物と考えられる。

ただし、浄玄も賢浄の作成した文書の全てを鵜呑みにしていたわけではない。例えば「端野名字遺書」では、端野茂太夫が茄子作に安住したのを暦応六年とする。しかし、暦応は五年までしかないため、浄玄はその部分を

暦応四年（一三四一）に修正したうえで写している。

それに続けて、「端野八代末端野彦右衛門」が写し置いたという慶安四年（一六五一）と明暦三年の二点の文書を再写する。両者は、彦兵衛家の当主である彦右衛門が所有する土地と庄屋職を、息子の与兵衛と四郎兵衛へ分割相続したいと領主へ願い出たものの控とされる。二通あるのは、茄子作村の二人の領主を想定しているためである。


その作成目的については、茄子作村の相給状況をもう少し詳しくみたうえで説明することとして、ここではこの史料の疑問点のみを指摘しておく。茄子作村の免定は毎年分が残っているわけではないが、少なくとも大坂町奉行の与力知行地であった元禄三年（一六九〇）の［譲六五］までは、正保郷帳以来の高と変化はない。元禄七年に大久保領となった際、村高が改められたとみえ、元禄九年の［譲六七］には若干の増加がみられる。慶安四年の史料は、その高を改めた後の数値に対応しているため、実在性は極めて乏しい。

浄玄が底本とした「端野八代末端野彦右衛門」の残した原本は見当たらないが、これも賢浄が作成したものと思われる。その点についていくつか傍証を集めておく。

賢浄が作成した偽文書は、干支の組み合わせとしてはありえない「丙酉」や、存在しない「清保」という元号を用いていた。そしてここでも、慶安四年と明暦三年の干支を誤っている。しかも慶安四年には閏三月がない。さらには、宛所を「酒井修理守」と「石持集人」としているが、官途に基づくのであれば、正しくは「修理頭」・「隼人」とすべきであろうし、そもそもこのような人物は実在しない。

筆者の経験では、確実に誰かを騙そうとするのではなく、趣味やその延長線で偽文書を作成する場合、宛所や年号部分にこういった小細工をする場合が極めて多い。偽文書の使用は罪科に問われるので、こうした予防線を張っておくのであろう。

賢浄が「端野名字遺書」で暦応六年としたのも、そのためであったが、浄玄は気を利かせて暦応四年に修正してしまった。彦右衛門を作成者とする一連の文書がもし浄玄の作であれば、ここまで意識的に虚偽の年代を使用することもあるまい。

次に「先祖遺書」の検討に移ろう。これは「端野名字遺書」とあらすじは似ているが、寺に特化した内容で、特に阿弥陀寺の由緒を主張したものとなっている。[17]断定はできないが、これも賢浄筆の原本があったと思われる。

端野氏の遠祖は、ほぼ全ての史料で「帯刀橘少将」とされるが、「先祖遺書」では「帯刀橘中将」が登場し、阿弥陀寺の山号も「中将山」とされる。「先祖遺書」を除くと、賢浄が最初に作成した「古貴書写之事」のみ「中将」改名の記事がみえる。ここから中将が登場するのは賢浄初期の作で、のちに整合性がなくなったため使用しなくなったものと考えられる。それを知らずに浄玄が筆写したのではなかろうか。

このように、浄玄は賢浄の仕事を完全に消化しきれていなかったようである。賢浄は、古代を中心とした「古貴書写之事」をベースにしながらも、最終的には中世を中心とした「端野名字遺書」を完成させたが、浄玄は「浄玄由緒書」で挙げた系図以外に、宣化期以来の端野家系図［己一三三］も作成している。

賢浄が記す史料の多くは、仮託する筆者が端野家の何代目かを記しているので、「浄玄由緒書」の末尾に掲載される系図の基礎も、賢浄段階に作られていたはずである。しかし、ここには浄玄独自の部分も少なからず含まれる。例えば、最後の直近の記録である。後述のように、浄玄は吉三郎を直接養子としたのではなく、まず文政四年（一八二一）に吉三郎の娘を養女とし、文政六年になってから吉三郎を養子としている。よって、吉三郎がまだ養子となっていないこの系図の作成時期は、この間に絞り込むことができる。

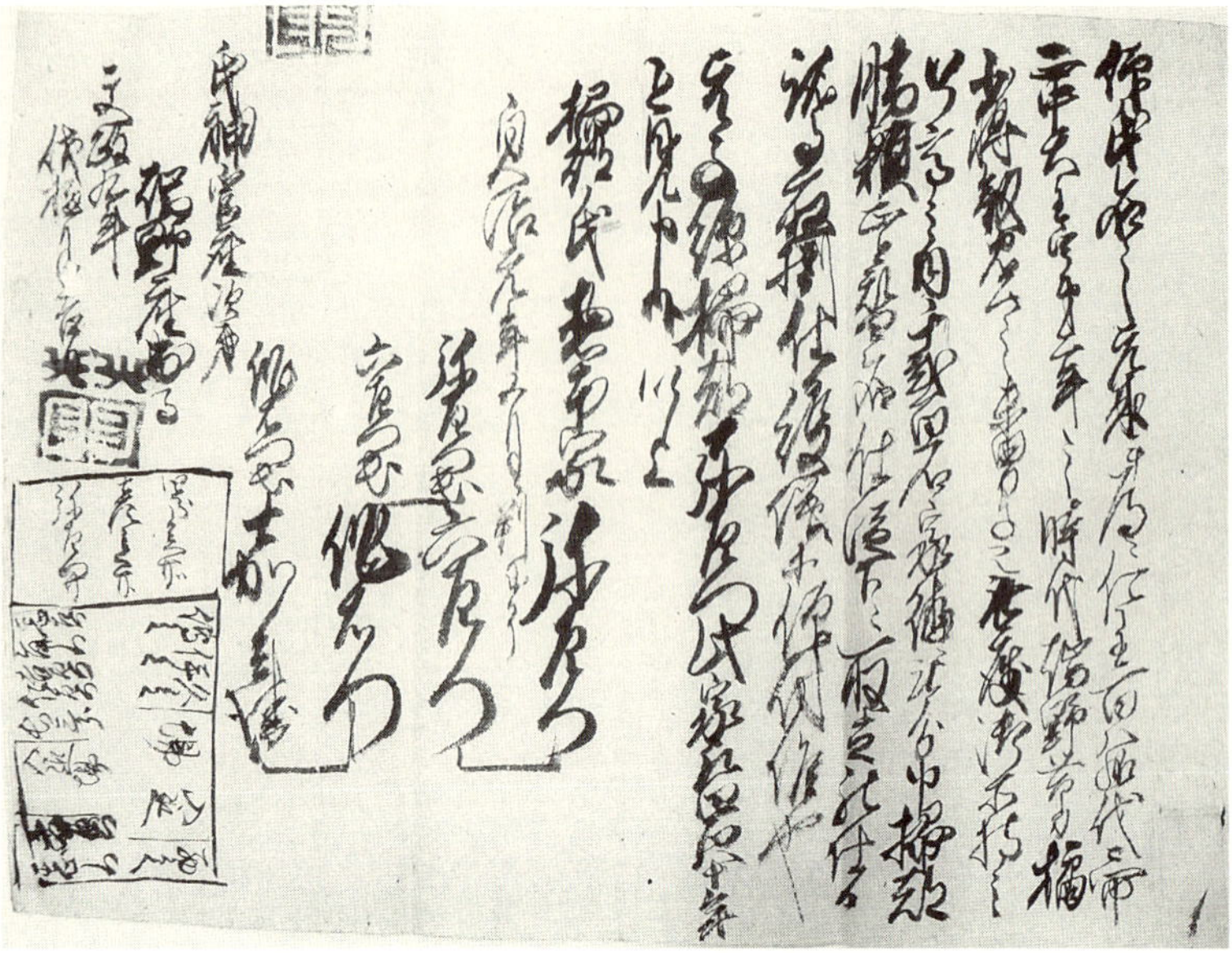

図21　掃部姓の由緒書[己73]

ただし、本家の系譜の下に記された分家の継承関係は、非常に粗雑で後筆と見受けられる。吉三郎の娘を養女とした際、請人の分家代表となっている藤兵衛・伝兵衛が、分家の継承関係に揃って現れないことにも違和感を覚える。【史料1】でみたように、この二人と彦兵衛家は後に対立するので、意図的に除外したのであろう。よって、分家の継承関係の書き入れは、やや時期が下ると思われる。

2　方形印の捺された宮座関連文書

浄玄は、彦兵衛家（もしくは阿弥陀寺）に残された史料の多くが、偽文書であることを知っていたはずである。なぜなら、神社勧請書に捺される「宇賀別当」の方形印が、浄玄が記した文書にも多く捺されているからである（図21）。本項では、方形印が捺されるものと、それの下書と思われるものを全て取り上げ、方形印が使用される文書の傾向を明らかにしておきたい。

ている。

「宮座当番改帳」［己六九］は、端野座の宮座当番の仕来りをまとめたものである。表紙裏には「端野帯刀橘少将」を筆頭に、「掃部勝頼」を「一家与力役」、「桜井和泉」以下を「六座近習役」とし、父と同様の格付けをしている。

文政三年（一八二〇）には、端野座の座並を再確認し、座席図［己七一］を作成している。同様のものは［己八三・八五・九〇・九二］など多数作成されているが、こうした作業が端野座に限定されていないところに、浄玄の特徴を見出すことができる。

文政九年には、自身が「与力役」と位置付ける端野座中の掃部家の由緒［己七三］をまとめているが、端野座の枠を越えて文政七年には奥野座の仕来りをまとめたもの［己七二］を作成し、さらには年代は不詳だが、奥野座の座席図［己八一］や清水座の座席図［己七九・八六］も描いている。

清保一一年に、端野六兵衛が清水平兵衛に宛てた「清水氏遺書」に関するものも、［己一二六・一二八・一二九］の三点が残っている。その内容は、後継者の途絶えた端野家の家臣清水家の遺跡を、自身の次男平兵衛（もとは平治）に継がせた六兵衛が、以後清水家を大事にするようにと戒めた書き置きである。清保元号を用いているが、賢浄は清水家に限定したものを一切創っていないので、これは浄玄のオリジナルといえる。

この清保一一年の文書の本文は三点に共通するが、その脇に記されるそれぞれが写し取られてきた経過は、推敲の跡などもあり三点は微妙に異なる。［己一二九］は、一旦何者かが元文二年（一七三七）に清水家から写し取り、さらにそれを賢浄が寛政八年（一七九六）に写し置いたという体裁をとる。賢浄は偽文書を作成するために様々な史料を集めていたので、それに仮託する形をとったのであろう。

［己一二八］は、さらにそれを写したような体裁をとっている。その端に貼り継がれた紙には、「文政二年九月

ニ系図書改、取替之証文書わり判ニ而出し申候、永々末々迄も同心一身申候通ニ書申候《（ママ）》わたし候、系図書うつし取、右者平兵衛《本家》ニ而うつし取候よ《（様）》に書わたし申候、太郎右衛門殿へ」とある。すなわち、浄玄はこれを清水座頭の平兵衛家で写したようにみせて、その分家の太郎右衛門へ渡したようである。このように、浄玄の作成した偽文書の写は、端野家と清水家の座頭間だけでなく、清水家の一族内部の結束を図る材料としても活用されたのであった。賢浄が自身の創作した文書を家の外へ出すことを想定していなかったのに対し、この点で浄玄は積極的である。

以上が、浄玄の方形印に関係する文書のおよその全容であるが、年代を明記し、自身の筆跡を偽ることもないことから、それを「宇賀別当」の印として使用していないことは明白である。また、署名部分に捺されることもないことから、浄玄の個人印でもなさそうである。特筆すべきは、全体的に割印としての使用例が多いことであろう（図21）。

割印としての使用方法は、残る［己一二六］の清水家遺書に示されている。これは中世文書の写の体裁で、本文はすでに述べたように端野六兵衛の書き置きであるが、その末尾に続けて「取替証文」とあって、清水平兵衛から端野六兵衛に対して「一身同心」である誓約がなされる。そして、料紙の天に二ヶ所「わり印」と記されている。同一文書を二通作成して、割印を捺したものを双方の家に残したといいたいのであろう。ここに捺すべき印が、方形印であることは想像に難くない。［己一二八］にも、「取替之証文書わり判ニ而出し申候」とあるように、浄玄は宮座間の誓約に使用する宮座全体の印として、方形印を使用していたのである。

このように、浄玄はただ単に端野座以外の座に関心を寄せるだけでなく、端野座をやや上位に置いた横の繫がりを固めようとしていた。方形印には、その結束の象徴という新たな役割が与えられたのである。その範囲は端野座内の掃部家を始め、奥野座・清水座まで及んでいたが、他の座に関する史料は一切手掛けていない。「宮座当番改帳」［已六九］の表紙裏には、中世的名称で七座が列挙されていたが、それに続けて「古来ゟ端野氏・清水氏・奥野治右衛門座同事ニ御座候」と、同じくこの三座に限定した結束が重視されていることを確認できる。その意図するところは、当時の宮座の実態を踏まえることで明らかとなるであろう。

四　茄子作村の村落秩序とその変容

1　端野座にみる同族関係

二節にわたって、賢浄と浄玄の偽作をみてきたが、その作風には大きな違いがみられた。そこには個性の違いも少なからず影響しているであろうが、結論から述べると、両者の置かれた村内での立場が時期を経ることで大きく変化したことも関係している。ここでは、茄子作の村落秩序が本来どのようなもので、それが二人の生きた時代にどのように変容していたのか、端野座を中心とした視座から捉えてみたい。二人がそこから感じ取っていた危機感は、おそらく偽文書に直截に反映しているはずである。

茄子作の宮座は維新期に廃れたが、関連する文献が両端野家に豊富に残されているため、古くより民俗学的側面から関心が持たれてきた。早く井上吉次郎氏が着目しているが、そこでは偽文書と真正な文書が区別されることなく論じられている。(18) そののち高谷重夫氏は、「宮座が嘉吉元年（一四四一）中、奈良より春日神社を勧請したことを強調し、その時のものだとする文書を蔵している」が、「筆者の見得た限りでは、確かなものとしては次にひく端野文書の延享四年（一七四七）のものがもっとも古い」と指摘し、偽文書の存在に配慮しながら宮座文書を分析した[19]。

ここでは、さしあたって現在の水準ともいえる高谷氏の分析に拠りながら、端野座の構成を概観しておきたい。高谷氏の引く寛政一二年（一八〇〇）の事例によると、端野座の構成は次の通りである。

【史料6】［譲九九］[20]

座目録之事

（座法略）

家別左之通

（端野姓）彦兵衛株別

伝兵衛

藤兵衛

五兵衛

（端野姓）四郎兵衛株別

与左衛門

仁兵衛

半兵衛

（掃部姓）弥左衛門株

（福山姓）甚左衛門株別

五郎兵衛

角（福山姓）右衛門株別
　善左衛門
勘右衛門
　弥兵衛
五（福山姓）左衛門株別
　吉左衛門
孫（福山姓）左衛門株別
　仁左衛門
　九左衛門
源（端野姓）右衛門別妻家
　西兵衛
半兵衛出　伊兵衛
弥左衛門出　長三郎
吉左衛門出　甚左（右）衛門
弥左衛門出　六左衛門

右之通相違無御座候、以上、

（二二名署名・拇印略）

寛政十二年

申九月朔
　座頭彦兵衛殿

ここでは、座中一同が座頭に対し、座法や座並に同意するという形式をとっている。座頭の彦兵衛は総本家とも呼ばれ、四郎兵衛は同名の本家、弥左衛門は掃部家の本家として扱われていた。両端野家文書には座並に関する覚書が多くあるので、それらに基づいて右にみえる名前の姓や座席を復元すると図22のようになる。正面の上座中央に彦兵衛、上座からみて左側に四郎兵衛、右側に弥左衛門が座ることとなっていた。

甚左衛門家は福山家の筆頭で次男株とも呼ばれる。福山一族は「福山吉左衛門座」とも呼ばれるが、座頭としての吉左衛門の名は寛政一二年の史料にはみえず、他の座並を記した図でも確認できない。ここから長男株で本家の吉左衛門家は早くに宮座から姿を消し、長らく空白となっていたのだと思われる。[21] 福山家はさらに三男株として角右衛門、四男株五左衛門、末男株孫左衛門と続き、その序列で右座に座席が設けられていた。

以上の福山株にはそれぞれ分株があった。これらの分株はその下座に並ぶ。ただし五左衛門の分株である吉左衛門のみは、他の分株よりやや格が高く五左衛門に並んでいた。ここからも、吉左衛門の名が福山一族にとって

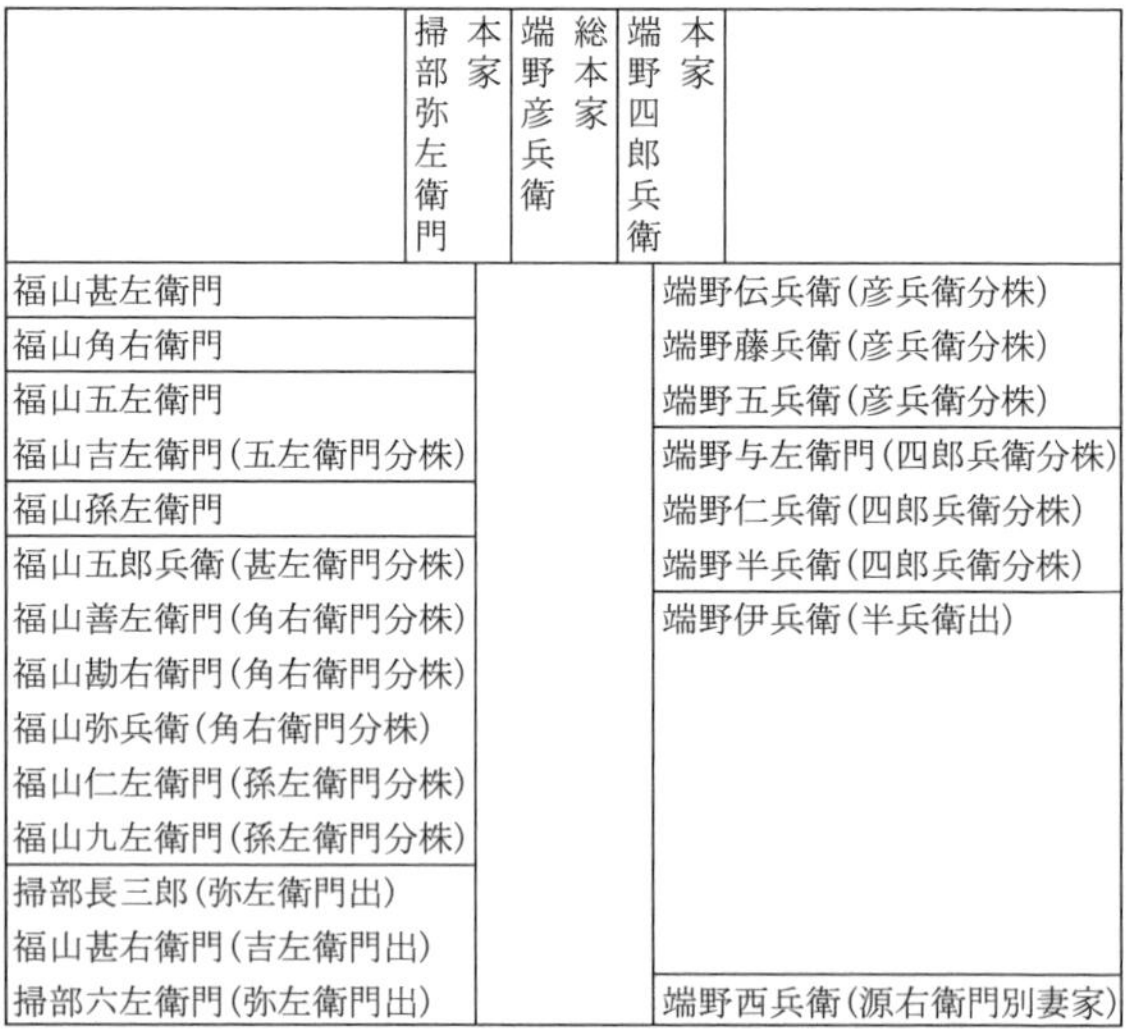

図22　宮座の座席

特別なものであったことがみてとれよう。分株のさらに分家として位置づけられるものは、「○○出」と呼ばれていた。彼らは分株のさらに下座へと並ぶ。

他方、端野姓の者は左座に並んでいた。筆頭に彦兵衛家の分株、それに四郎兵衛家の分株、そして半兵衛出の伊兵衛が続く。端野家の別妻家である西兵衛家は永代末座とされ、「○○出」の家が新規に設けられた場合は、西兵衛家より上座に位置づけられていた。

村内の他の座は、基本的に座頭からの分家や又分家という形式で構成されるので、一部の例外を除き単姓である。近代に編纂された『茄子作村史』一二四丁〜一三〇丁には、明治維新後の村民全員の姓名が列挙されており、その多くは座の名称に掃部・福山を加えた九つの姓のいずれかを用いている。(22) つまり、端野座は三姓四家による複合的な座である点が特徴的といえる。

2　相給状況と三つの株

宮座とは異なる領主支配の論理で、茄子作村は三つの株に分かれており、両者が複雑に絡み合いながら村落内の秩序として機能していた。ここでは、茄子作村の相給状況と三株の関係について整理しておきたい。

先述のように、茄子作村は元和以来二給の村落であるが、内実はより複雑で、北株・南株・東株の三つの株に分かれており、それぞれ源右衛門方・仲右衛門方・四郎兵衛方とも呼ばれる。このうち、与力知行地を経て大久保領となるのは北株・南株で、長井領が東株である。三株の土地は錯綜状態にあるため、株の呼称にみえる方位は土地の所在に基づくものではない。そこで、呼称の由来も含め、三株の成立事情について若干検討しておこう。

桜井姓の仲右衛門家は、南株に田畑を多く所持する同株を代表する家で、近世を通じて大久保領の庄屋をつとめることが多かった。ゆえに南株は仲右衛門方と呼ばれる。端野姓の四郎兵衛家は、一七世紀以来長井領の庄屋をつとめる家で、一八世紀以降は衰微して村役人となることはなくなるが、江戸後期に長井領の村役人をつとめる与左衛門や仁兵衛はその分家であった。

残る源右衛門は、庄屋と呼ばれる同時代史料は一切ない。しかし、小田原藩の堂島役所へ提出した【史料1】で、彦兵衛家はかつては「源右衛門と申候て北株之庄屋」をつとめていたと述べているので、端野家の本家と考えられる。天保一四年（一八四三）と随分後の事例ではあるものの、公的な文書であるため、全くの事実無根ということはあるまい。次項でみるように、貞享四年（一六八七）以降の村役人は概ね明らかにし得るので、源右衛門が北株庄屋をつとめたのはそれ以前のことと考えられる。

したがって、源右衛門は限られた時期しか庄屋をつとめていないはずだが、明和三年（一七六六）分の年貢免定［己四四］をはじめ、天保一二年の［譲二五］や文久三年（一八六三）の［譲二七］などで、北株は「元源右衛門方」と呼ばれ続けている。このように、源右衛門方という呼称が江戸時代に一貫する普遍的呼称であったことから、源右衛門方・仲右衛門方・四郎兵衛方という呼称は、三株成立期の庄屋の名に由来するものと思われる。

そして株の呼称にみえる方位は、成立期の庄屋の所在に基づくものと考えられる。端野本家やその周辺一族は門井という集落北端を居所としており、仲右衛門の居所は南方にあたる辻にあり、端野家の分家である四郎兵衛が集落東端の塚原に位置しているからである。

三株成立に至る過程は、次のように推測される。茄子作村は、豊臣初期に村切された当初から二給の相給であった。おそらく北株・南株の別はそれ以来のものと思われる。東株は「出米」とも呼ばれるようにそれ以後の成立で、端野座における四郎兵衛の位置も合わせて考えると、北株から分離したものではないかと推察される。

その点は後に確証を得るつもりであるが、改めて「浄玄由緒書」の与兵衛・四郎兵衛への分割相続に関する偽文書をみてみると、この北株から東株の分離という出来事と【史料1】に記される本家の弟与兵衛に庄屋職を譲ったという出来事に裏付けを与えるために作成されたということがわかる。もう少し踏み込んで述べると、本家が庄屋職から遠ざかってしまったことを説明するために、本来は北株・東株全体を治める立場にあったが、あらゆる利権を手放したのだと主張しているのであろう。

東株百姓と南北株百姓の区別は、所領も異なるのではっきりするが、北株と南株それぞれの百姓の所属を明確に示した史料は皆無に近い。それは、両端野家文書が一七世紀段階まで遡れるものをほとんど含んでいないためでもある。単一の領主になってしまったとはいえ、「元源右衛門方」という呼称がみえるように、南北株の別は幕末まで残っていたが、土地売買によって土地と名請人の関係が一つの株では完結しなくなっていたようである(23)。ゆえに一八世紀以降の南北株それぞれは、相給のように独立して把握することができなくなっている。

ただし、数少ない手がかりとして寛文四年（一六六四）の南株名寄帳［譲二四］が残されており(24)、ここから当時はまだ南北両株の別が成立期の姿に近い形で残っていることを確認できる。表4は、南株名寄帳のうち持高二石以上の者を上位から順に挙げたものである。それ以下の者は、姓を特定できない者も多く、北株百姓が出作のような形態をとっている可能性もあるので除外した。ここには、桜井座の仲右衛門をはじめ、堀座の西右衛門、高橋座の孫兵衛、奥野座の治右衛門など各座の座頭が含まれていることを確認できる。また、福山家の筆頭甚左衛門や氏寺祐念寺、そして二石には満たないけれども掃部家の本家弥左衛門の名もみえる。

持高二石以上の者は、以上の六姓で占められており、各家の主立った分家もここにあがっていることが確認できる。つまり、南北の株分けは同族関係できれいに分けることができるのである。このことは、史料は残され

表4　寛文6年南株名請人

名前	姓	田	畑	計
仲右衛門	桜井	16.797	1.772	18.569
源左衛門	堀	8.454	1.836	10.290
□右衛門	?	7.647	2.296	9.943
伊兵衛	堀	7.724	2.132	9.856
与治兵衛	堀	6.784	2.150	8.934
善左衛門	福山	5.340	1.199	6.539
久左衛門	高橋	4.648	1.338	5.986
三右衛門	桜井	3.471	2.175	5.646
角右衛門	福山	4.367	1.157	5.524
七郎兵衛	桜井	3.747	1.191	4.938
惣右衛門	高橋	3.237	1.331	4.568
西右衛門	堀	3.399	0.869	4.268
利兵衛	奥野	3.421	0.841	4.262
茂兵衛	堀	3.363	0.847	4.210
七右衛門	高橋	2.778	1.428	4.206
五左衛門	福山	3.180	0.890	4.070
角兵衛	桜井	2.481	1.528	4.009
長兵衛	桜井	3.003	0.848	3.851
治左衛門	奥野	3.109	0.663	3.772
祐念寺	福山	3.190	0.503	3.693
惣左衛門	掃部	2.694	0.906	3.600
与左衛門	堀	2.603	0.912	3.515
市郎兵衛	桜井	2.470	1.044	3.514
吉兵衛	桜井	2.621	0.890	3.511
久兵衛	堀	2.383	1.061	3.444
七左衛門	桜井	2.319	1.049	3.368
孫兵衛	高橋	2.190	1.046	3.236
安兵衛	桜井	2.067	0.817	2.884
甚八郎	堀	1.949	0.885	2.834
太郎兵衛	堀	1.448	1.350	2.798
九郎兵衛	掃部	1.695	1.032	2.727
甚左衛門	福山	2.040	0.617	2.657
長兵衛	高橋	1.107	1.535	2.642
八右衛門	桜井	1.242	1.312	2.554
次右衛門	奥野	1.849	0.699	2.548
儀兵衛	奥野	1.724	0.784	2.508
新右衛門	高橋	1.949	0.506	2.455
長右衛門	?	1.538	0.897	2.435
六左衛門	掃部	1.587	0.793	2.380
半兵衛	奥野	1.414	0.932	2.346
久右衛門	堀	1.483	0.844	2.327
清右衛門	奥野	1.551	0.672	2.223
善兵衛	?	1.490	0.558	2.048
弥左衛門	掃部	0.815	0.632	1.447

註1）典拠は[譲24]。単位は石。
註2）持高2石以上の者を上位から順にあげた。ただし、弥左衛門は2石に満たないが参考までに掲げた。
註3）3番目の□右衛門には、貼紙が施され「源右衛門」とされるが検討を要する。

ていないけれども、北株は残る端野姓・清水姓・岡市姓で構成されていたことを意味する。明和五年の五人組帳[已二]から東株百姓を抜き出した表5によると、その大部分は端野姓・清水姓で占められていることから、東株が北株から分立したことも裏付けられる。

また、各姓の集住域は南北にきれいにわかれないことから、(25)株分けは居住地や土地とは関係なく、まず頭分となる九人の百姓でなされたと推測される。そして、それぞれの頭分が本家となる擬制的な同族関係が固められ、史料にみられる宮座の姿が形成されたのであろう。

以上のように、三株は同族関係を一つの基準として構成されていることが判明するが、それと同時に端野座を構成する端野姓と福山・掃部姓が南北株に分かれているように、必ずしも宮座が三株の構成単位になっているわけではないこともわかる。すなわち、少なくとも端野座は、南北の株分からしばらく後に再編されている可能性を指摘できる。

3　村役人構成の変遷

長井領の村役人構成は、以前明らかにしたように天明五年（一七八五）段階では庄屋一名、年寄二名で、百姓代はいなかった。村役人の所見をまとめた表6によると、年寄二名体制の初見事例［己六一］では喜兵衛が「加役」としてみられることから、(26)年寄二名体制はこの「加役」が恒常化したものであろう。幕末頃になると、庄屋・年寄・百姓代が一人ずつのいわゆる村方三役に整理される。

複雑なのは大久保領である。単一の所領ながら、一八世紀初めころまでは南北株それぞれに庄屋が置かれていたからである。表7に示したように、確認できる最も古い事例は貞享四年（一六八七）の与兵衛と吉兵衛で、それからしばらくは与兵衛と仲右衛門が庄屋をつとめている。

表5　明和5年東株百姓

名前	居所	姓
太左衛門	中小路	清水
与三兵衛	中小路	端野
茂兵衛	塚原	岡市
源兵衛	塚原	岡市
四郎右衛門	塚原	清水
八郎兵衛	野口	清水
小左衛門	野口	清水
半右衛門	野口	清水
九兵衛	野口	清水
仁兵衛	野口	清水
亦右衛門	野口	清水
武兵衛	野口	清水
七兵衛	野口	堀
六兵衛	野口	？
喜兵衛	野口	奥野
宇兵衛	高田	清水
清兵衛	高田	清水
八右衛門	高田	堀
彦兵衛	高田	清水
喜右衛門	高田	清水
勘兵衛	塚原	？
庄兵衛	塚原	？
伝右衛門	塚原	清水
四郎兵衛	塚原	清水
清兵衛	塚原	清水
四郎兵衛	中小路	端野
与左衛門	中小路	端野
半兵衛	中小路	端野
又兵衛	中小路	清水
仁兵衛	中小路	端野

註）典拠は［己1］。

表6　東株の村役人

年月	庄屋			年寄			典拠	備考
	名前	印	姓	名前	印	姓		
貞享4(1687).8	四郎兵衛	—	端	—	—	—	譲 116	
延享4(1747).10	四郎兵衛	四郎①	端	吉右衛門	吉右①	清	己 43	
延享4(1747).10	四郎兵衛	—	端	吉右衛門 喜兵衛	— —	清 奥	己 61	喜兵衛は「加役」
寛延元(1748).閏10	四郎兵衛	—	端	吉右衛門 喜兵衛	— —	清 奥	譲 95	
寛延2(1749).12	四郎兵衛	四郎①	端	吉右衛門	吉右①	清	中 223	
寛延4(1751).5	四郎兵衛	—	端	喜兵衛	—	奥	市史 8-630	
宝暦4(1754).12	四郎兵衛	四郎①	端	—	—	—	中 225	
宝暦12(1762).1	四郎兵衛	四郎①	端	喜兵衛	喜兵①	奥	中 230	
明和元(1764).12	四郎兵衛	四郎②	端	喜兵衛	喜兵①	奥	中 231	
明和5(1768).3	善兵衛	—	奥	亦兵衛	—	清	己 1	
明和6(1769).1	善兵衛	彦兵①	奥	又兵衛	—	清	己 108	署名は善兵衛のみで代用印
明和7(1770).11	善兵衛	喜兵①	奥	又兵衛	又兵①	清	中 237	
安永4(1775).閏12	條右衛門	條右①	?	又兵衛 武兵衛	又兵① 武兵①	清 清	中 242	
天明5(1785).12	善蔵	善蔵①	?	与左衛門	与左①	端	中 246	
天明6(1786).12	善蔵	善蔵①	?	喜六 武兵衛	喜兵② 武兵②	奥 清	中 247	
寛政5(1793).2	喜六	喜兵②	奥	—	—	—	中 248	
寛政5(1793).12	喜六	喜兵②	奥	又兵衛 半右衛門	又兵① 半右①	清 清	中 249	
寛政5(1793).12	喜六	喜兵②	奥	又兵衛 半右衛門	又兵① 半右①	清 清	中 250	
寛政6(1794).12	喜六	喜兵②	奥	又兵衛	又兵①	清	中 251	
寛政6(1794).12	喜六	喜兵②	奥	半右衛門	半右①	清	中 252	
寛政7(1795).12	喜六	喜兵②	奥	—	—	—	中 253	
寛政8(1796).7	喜六	喜兵②	奥	又兵衛	又兵①	清	中 254	
寛政8(1796).12	喜六	喜兵②	奥	又兵衛 半右衛門	又兵① 半右①	清 清	中 255	
寛政10(1798).2	喜六	喜兵②	奥	又兵衛 半右衛門	又兵① 半右①	清 清	中 256	
寛政12(1800).12	与左衛門	与左②	端	小左衛門	小左①	清	中 258	
文化13(1816).12	喜六	喜兵②	奥	—	—	—	中 263	
文政2(1819).12	—	—	—	小左衛門	小左①	清	中 265	庄屋代として年寄が署名
文政7(1824).12	仁兵衛	仁兵①	端	—	—	—	中 268	
天保2(1831).12	仁兵衛	仁兵①	端	直次郎	与左③	端	中 274	
天保7(1836).12	与左衛門	与左③	端	杢次郎	仁兵①	端	中 275	
天保8(1837).12	与左衛門	与左③	端	杢次郎	仁兵①	端	中 277	
天保11(1840).4	与左衛門	与左③	端	仁兵衛	仁兵①	端	中 285	
天保13(1842).11	与左衛門	与左③	端	—	—	—	中 289	
弘化3(1846).8	与左衛門	与左③	端	仁兵衛	仁兵①	端	中 301	
嘉永3(1850).12	与左衛門	与左③	端	仁兵衛	仁兵①	端	中 311	
嘉永7(1854).2	与左衛門	与左③	端	仁兵衛	仁兵①	端	中 325	
安政2(1855).4〜	四郎右衛門	—	清	喜右衛門	—	清	中	詳しくは本文註(5)拙編著参照
安政6(1859).3〜	喜右衛門	—	清	小左衛門	—	清	中	詳しくは本文註(5)拙編著参照
慶応4(1868).8	喜右衛門	—	清	小左衛門	—	清	譲 17	
明治3(1870).1	喜右衛門	喜右①	清	—	—	—	譲 77	

注1）姓の判明する者は、例えば端野であれば「端」と略称し、使用印の継承関係を丸数字で示した。

注2）典拠の「市史」は『枚方市史』の巻-頁、「己」は端野己道家文書、「譲」は端野譲太郎家文書、「中」は中西家文書の文書番号。

表7　南北株の村役人

年月	庄屋			年寄（北株枠）			年寄（南株枠）			典拠	備考
	名前	印	姓	名前	印	姓	名前	印	姓		
貞享4(1687).8	与兵衛 吉兵衛	— —	端 桜	半兵衛	—	?	甚左衛門	—	福	譲116	
元禄4(1691).8	与兵衛 仲右衛門	— —	端 桜	—	—	—	—	—	—	市史7-595	
元禄7(1694).7	与兵衛 中右衛門	— —	端 桜	—	—	—	—	—	—	市史8-600	
元禄9(1696).11～ 宝永5(1708).10	儀右衛門 仲右衛門	— —	端 桜	—	—	—	—	—	—	譲67～74	免定の株の名称による
元禄14(1701).12	—	—	—	彦兵衛	彦兵①	端	平兵衛	平兵①	清	譲69	宛所「庄屋伝兵衛」なるも虚偽
宝永5(1708).7	儀右衛門	儀右①	端	—	—	—	—	—	—	譲18	
正徳3(1713).10	仲右衛門	仲右①	桜	—	—	—	平兵衛	平兵②	清	譲117	
正徳4(1714).7	仲右衛門	仲右②	桜	藤兵衛	藤兵①	端	伊兵衛	伊兵①	堀	譲14	
享保9(1724).2	仲右衛門	仲右②	桜	藤兵衛	藤兵①	端	伊兵衛	伊兵②	堀	譲28	
享保9(1724).2	仲右衛門	仲右②	桜	藤兵衛	藤兵①	端	伊兵衛	伊兵②	堀	譲29	
享保11(1726).10	仲右衛門	仲右②	桜	—	—	—	伊兵衛	伊兵②	堀	譲82	
享保12(1727).2	仲右衛門	仲右②	桜	—	—	—	伊兵衛	伊兵②	堀	譲30	
享保16(1731).10	—	—	—	彦兵衛	彦兵①	端	—	—	—	譲31	宛所につき仲右衛門の署名欠
享保20(1735).12	仲右衛門	仲右②	桜	彦兵衛	彦兵①	端	伊兵衛	伊兵②	堀	譲32	
寛保2(1742).2	仲右衛門	仲右②	桜	—	—	—	—	—	—	譲119	
寛保3(1743).4	仲右衛門	仲右②	桜	彦兵衛	彦兵①	端	—	—	—	譲63	
寛保3(1743).10	仲右衛門	仲右②	桜	—	—	—	—	—	—	譲120	
延享3(1746).12	仲右衛門	仲右②	桜	彦兵衛	彦兵②	端	角右衛門	角右①	福	譲33	
延享4(1747).10	仲右衛門	—	桜	伝兵衛	伝兵①	端	角右衛門	角右①	福	己43	訴訟相手につき仲右衛門の署名欠
寛延元(1748).閏10	仲右衛門	—	桜	伝兵衛	—	端	次郎兵衛	—	岡	譲95	
寛延元(1748).12	仲右衛門	仲右②	桜	伝兵衛	仲右②	端	次郎兵衛	次郎①	岡	中222	伝兵衛の署名に仲右②捺印
寛延4(1751).5	又兵衛	—	—	伝兵衛	—	端	—	—	—	市史8-630	又兵衛は山之上村の兼帯庄屋
宝暦2(1752).12	仲右衛門	仲右③	桜	伝兵衛	伝兵①	端	覚右衛門 次郎兵衛	角右① 次郎②	福 岡	中224	
宝暦3(1753).2	—	—	—	伝兵衛	—	端	—	—	—	譲84	
宝暦3(1753).11	仲右衛門	仲右③	桜	—	—	—	覚右衛門	角右①	福	譲34	
宝暦3(1753).11	仲右衛門	仲右③	桜	—	—	—	覚右衛門	角右①	福	譲35	
宝暦5(1755).4	仲右衛門	—	桜	—	—	—	覚右衛門	—	福	己113	
宝暦7(1757).12	仲右衛門	仲右③	桜	伝兵衛	伝兵①	端	覚右衛門	角右①	福	譲37	
宝暦11(1761).3	仲右衛門	仲右④	桜	伝兵衛	伝兵①	端	覚右衛門	角右①	福	中226	
宝暦11(1761).12	仲右衛門	仲右④	桜	次右衛門	次右①	奥	吉左衛門	吉左①	福	中227	
宝暦11(1761).12	仲右衛門	仲右④	桜	次右衛門	次右①	奥	吉左衛門	吉左①	福	中228	
宝暦12(1762).1	仲右衛門	仲右④	桜	次右衛門	次右②	奥	吉左衛門	吉左①	福	中229	
明和3(1766).12	仲右衛門	—	桜	彦兵衛	—	端	吉左衛門	—	福	己44	表紙に彦兵①捺印
明和3(1766).12	仲右衛門	仲右④	桜	彦兵衛	彦兵②	端	吉左衛門	吉左①	福	中232	
明和4(1767).2	仲右衛門	—	桜	彦兵衛	—	端	吉左衛門	—	福	己113	
明和4(1767).3	仲右衛門	—	桜	彦兵衛	—	端	吉左衛門	—	福	己3	
明和4(1767).12	仲右衛門	仲右④	桜	彦兵衛	彦兵②	端	—	—	—	中233	
明和5(1768).3	仲右衛門	—	桜	彦兵衛	—	端	吉左衛門	—	福	己1	表紙に彦兵②捺印
明和5(1768).4	仲右衛門	—	桜	彦兵衛	—	端	吉左衛門	—	福	己115	
明和6(1769).1	仲右衛門	仲右④	桜	彦兵衛	彦兵②	端	吉左衛門	吉左①	福	譲38	

明和6(1769),1	仲右衛門	—	桜	彦兵衛	彦兵②	端	吉左衛門	—	福	己108	署名は彦兵衛のみ
明和6(1769).2	仲右衛門	—	桜	彦兵衛	—	端	吉左衛門	—	福	己28	吉左衛門退役願
明和6(1769).3	仲右衛門	仲右④	桜	彦兵衛	彦兵②	端	—	—	—	己4	
明和6(1769).3	仲右衛門	—	桜	彦兵衛	—	端	—	—	—	己20	
明和6(1769).8	仲右衛門	—	桜	善兵衛	—	?	久左衛門	—	高	己8	
明和6(1769).12	仲右衛門	仲右④	桜	善兵衛	善兵①	?	久左衛門	久左①	高	中235	
明和6(1769).12	仲右衛門	仲右④	桜	善兵衛	善兵①	?	久左衛門	久左①	高	中236	
明和7(1770).3	仲右衛門	—	桜	善兵衛	—	?	久左衛門	—	高	己22	仲右衛門退役願
明和7(1770).12	仲右衛門	仲右⑤	桜	伝兵衛	伝兵①	端	久左衛門	久左①	高	中238	
明和7(1770).12	仲右衛門	仲右⑤	桜	伝兵衛	伝兵①	端	久左衛門	久左①	高	中239	
明和8(1771).12	仲右衛門	—	桜	伝兵衛	—	端	久左衛門	—	高	己32	
安永元(1772).12	仲右衛門	仲右⑤	桜	伝兵衛	伝兵①	端	久左衛門	久左①	高	中240	
安永5(1776).12	仲右衛門	仲右⑤	桜	伝兵衛	伝兵①	端	久左衛門	久左①	高	中243	
安永6(1777).1	仲右衛門	仲右⑤	桜	伝兵衛	伝兵①	端	久左衛門	久左①	高	己50	
安永6(1777).12	仲右衛門	仲右⑤	桜	伝兵衛	伝兵①	端	久左衛門	久左①	高	譲39	
安永7(1778).4	—	—	—	伝兵衛	—	端	久左衛門	—	高	市史8-49	庄屋代として年寄が署名
安永7(1778).閏7	—	—	—	伝兵衛	—	端	—	—	—	譲6	
安永7(1778).閏7	—	—	—	伝兵衛	—	端	—	—	—	己37	伝兵衛病気につき彦兵衛が代署
安永7(1778).12	仲右衛門	仲右⑤	桜	伝兵衛	伝兵①	端	政左衛門	政左①	?	中244	
安永7(1778).-	仲右衛門	—	桜	伝兵衛	—	端	政左衛門	—	?	譲75	
安永9(1780).4	—	—	—	伝兵衛	—	端	—	—	—	譲64	伝兵衛退役願
寛政元(1789).9	仲右衛門	仲右⑤	桜	吉兵衛	吉兵①	岡	三右衛門	三右①	桜	譲16	
寛政3(1791).-	仲右衛門	仲右⑤	桜	吉兵衛	吉兵①	岡	三右衛門	三右①	桜	譲14	
寛政7(1795).12	仲右衛門	仲右⑤	桜	—	—	—	三右衛門	三右①	桜	中253	
享和3(1803).12	仲右衛門	仲右⑤	桜	—	—	—	三右衛門	三右②	桜	己51	
文化5(1808).12	仲右衛門	仲右⑤	桜	—	—	—	三右衛門	三右②	桜	中260	
文化7(1810).4	仲右衛門	—	桜	—	—	—	三右衛門	—	桜	己23	仲右衛門退役願
文化7(1810).5	仲右衛門	—	桜	—	—	—	三右衛門	—	桜	己38	仲右衛門退役願
文化7(1810).6	仲右衛門	—	桜	—	—	—		—	—	己30	仲右衛門退役願
文化7(1810).12	仲右衛門 又兵衛	仲右⑤ 山又①	桜 —	—	—	—	三右衛門	三右②	桜	己53	又兵衛は山之上村の兼帯庄屋
文化9(1812).7	文右衛門	三右②	桜	弥兵衛	弥兵①	岡	重助	重助①	岡	中261	
文化10(1813).12	文右衛門	三右②	桜	弥兵衛	弥兵①	岡	十助	重助①	岡	中262	
文化13(1816).11	文右衛門	三右②	桜	—	—	—	十右衛門	重助②	岡	譲42	
文化13(1816).12	文右衛門	三右②	桜	—	—	—	—	—	—	譲43	
文化14(1817).3	文右衛門	三右③	桜	—	—	—	—	—	—	己10	
文化14(1817).12	文右衛門	三右②	桜	—	—	—	—	—	—	譲44	
文政3(1820).12	文右衛門	三右②	桜	弥兵衛	弥兵①	岡	—	—	—	己58	
文政7(1824).12	文右衛門	三右②	桜	吉兵衛	吉兵①	岡	重右衛門	重助②	岡	中269	
文政10(1827).8	文右衛門	—	桜	—	—	—	—	—	—	譲20	
文政10(1827).12	文右衛門	三右②	桜	吉兵衛	吉兵①	岡	重右衛門	重助②	岡	譲46	
文政11(1828).3	文右衛門	三右②	桜	—	—	—	—	—	—	中271	
文政11(1828).12	源右衛門	—	—	—	—	—	—	—	—	己119	源右衛門は田宮村の兼帯庄屋
文政12(1829).11	源右衛門	—	—	—	—	—	—	—	—	譲105	源右衛門は田宮村の兼帯庄屋
文政13(1830).11	源右衛門	田源①	—	吉兵衛	吉兵①	岡	—	—	—	中272	源右衛門は田宮村の兼帯庄屋
天保2(1831).11	源右衛門	田源①	—	吉兵衛	吉兵①	岡	西右衛門	西右①	堀	譲48	源右衛門は田宮村の兼帯庄屋
天保2(1831).12	源右衛門	田源①	—	吉兵衛	吉兵①	岡	西右衛門	西右①	堀	譲47	源右衛門は田宮村の兼帯庄屋

天保3(1832).3	源右衛門	—	—	吉兵衛	吉兵①	岡	西右衛門	西右①	堀	己17	源右衛門は田宮村の兼帯庄屋
天保3(1832).12	仲右衛門 吉兵衛	仲右⑤ 吉兵①	桜 桜	—	—	—	—	—	—	中273	「天保弐辰」とあるが、辰年に基づき訂正
天保6(1835).2	仲右衛門	—	桜	—	—	—	—	—	—	譲49	
天保7(1836).2	仲右衛門 吉兵衛	仲右⑤ 吉兵①	桜 岡	又三郎	又三①	岡	—	—	—	譲50	
天保8(1837).12	仲右衛門 吉兵衛	仲右⑤ 吉兵①	桜 岡	—	—	—	—	—	—	譲51	
天保9(1838).3	吉兵衛	吉兵①	岡	—	—	—	—	—	—	中278	
天保10(1839).8	仲右衛門 吉兵衛	仲右⑤ 吉兵①	桜 岡	又三郎	又三①	岡	—	—	—	譲52	
天保10(1839).11	仲右衛門	仲右⑤	桜	—	—	—	—	—	—	中283	
天保11(1840).11	吉兵衛	吉兵①	岡	—	—	—	—	—	—	中286	
天保12(1841).2	吉兵衛	吉兵①	岡	—	—	—	—	—	—	中287	
天保12(1841).10	仲右衛門 吉兵衛	— 吉兵②	桜 岡	又三郎	—	岡	—	—	—	譲25	吉兵衛の印は後に捺したもの
天保12(1841).11	吉兵衛	吉兵①	岡	—	—	—	—	—	—	中288	
天保13(1842).7	仲右衛門	仲右⑤	桜	又三郎	又三①	岡	—	—	—	譲53	
天保13(1842).11	仲右衛門	仲右⑤	桜	—	—	—	—	—	—	中289	
天保14(1843).12	仲右衛門	仲右⑤	桜	又三郎	又三①	岡	—	—	—	中293	
天保14(1843).12	仲右衛門	仲右⑤	桜	又三郎	又三①	岡	—	—	—	中294	
天保14(1843).12	仲右衛門	仲右⑤	桜	又三郎	又三①	岡	—	—	—	中295	
天保14(1843).12	仲右衛門	仲右⑤	桜	又三郎	又三①	岡	—	—	—	中296	
天保14(1843).12	—	—	—	又三郎	又三①	岡	—	—	—	譲54	譲り主につき仲右衛門の署名欠
弘化3(1846).3	吉兵衛	吉兵①	岡	—	—	—	—	—	—	中300	
弘化3(1846).5	吉兵衛	—	岡	—	—	—	—	—	—	己27	
弘化3(1846).11	吉兵衛	吉兵①	岡	—	—	—	—	—	—	中302	
嘉永元(1848).12	吉兵衛	吉兵①	岡	—	—	—	西右衛門	西右①	堀	譲55	
嘉永4(1851).12	仲右衛門	仲右⑤	桜	—	—	—	西右衛門	西右①	堀	譲26	
嘉永7(1854).3	吉兵衛	吉兵①	岡	—	—	—	—	—	—	中326	
安政2(1855).3	仲右衛門	仲右⑥	桜	—	—	—	—	—	—	中331	
安政3(1856).12	仲右衛門 吉兵衛	仲右⑥ 吉兵②	桜 岡	勘祐	勘祐①	岡	—	—	—	中337	
安政4(1857).1	仲右衛門 吉兵衛	仲右⑥ 吉兵②	桜 岡	勘祐	勘祐①	岡	—	—	—	中338	
安政4(1857).2	仲右衛門 吉兵衛	仲右⑥ 吉兵②	桜 岡	勘祐	勘祐①	岡	—	—	—	中339	
安政6(1859).2	仲右衛門	仲右⑥	桜	勘祐	勘祐②	岡	—	—	—	中349	
文久3(1863).11	岡市勘輔 西右衛門	勘祐② 西右②	岡 堀	治郎兵衛	次郎②	岡	伊兵衛 堀冨三郎	伊兵③ 富三①	堀 堀	譲27	
慶応3(1867).2	岡市勘輔 西右衛門	勘祐② 西右②	岡 堀	見習豊吉	—	?	伊兵衛	伊兵③	堀	譲57	
明治3(1870).1	勘輔 三右衛門	勘祐② 三右②	岡 桜	—	—	—	儀兵衛	儀兵①	奥	譲77	

註）表6註1・2に同じ。

与兵衛は、その後村内ではみられなくなる名前で、少なくとも明和五年（一七六八）の五人組帳［己一］が作成された段階までには断絶した家である。先にも引用した【史料1】に、「源右衛門名前を弟与兵衛ニ為持、庄屋役共譲り御高田地譲り別家致させ置候」とあるように、源右衛門の弟筋にあたると考えられる。一方の吉兵衛家は桜井姓で、直後に庄屋の座を譲る仲右衛門は、先述のようにその本家にあたる。

元禄九年（一六九六）の免定では、南株を「仲右衛門方」、北株を「儀右衛門方」と呼んでいるので、これ以前に与兵衛は儀右衛門に庄屋の座を譲ったようである。元禄一一年の後掲【史料13】で、「親了玄」と「子儀右衛門」の関係が確認できることから、与兵衛は隠居して了玄と名乗ったことが判明する。宝永五年（一七〇八）の免定には「仲右衛門方」・「儀右衛門方」とみえるので、少なくともこの頃までは庄屋二頭体制であったと推測されるが、儀右衛門はこの年を最後に姿をみせなくなり、以後庄屋は仲右衛門一人となる。

仲右衛門家は、幕末を除く近世全期を通じて庄屋をつとめており、[27]仲右衛門が庄屋から姿を消す時期は、基本的には近隣の庄屋が臨時的に兼帯庄屋をつとめている。唯一の例外ともいえる文化・文政期の文右衛門も、仲右衛門の分家であった。ここから、茄子作村内部での優位性が、端野家から桜井家へと傾いていく流れが想定される。

次に、年寄の構成についてみておこう。庄屋は一本化されたが、年寄は天保三年（一八三二）まで二枠が維持されていたので、およその継承関係が表7のように確認できる。宝暦一一年（一七六一）に南株の奥野治右衛門が北株の端野伝兵衛跡を継承していたり、その逆で元禄一四年の清水平兵衛や宝暦二年の岡市次郎兵衛のように、北株百姓が南株の年寄跡を継承している事例もあるが、概ね南北株それぞれから一人ずつ選出されていたようである。

端野座に注目すると、一八世紀中頃までは北株枠の年寄に端野姓の者が多く、南株枠の年寄を福山姓の者がつとめることで、二つの席を独占することもままみられる。ところが明和六年を最後に福山姓の者が年寄に就任することはなくなり、さらに安永九年（一七八〇）に端野伝兵衛が年寄を辞任すると、(28)以後端野座の者が村役人に就くことはなくなる。

それとほぼ同時に、年寄に就くのが吉兵衛と三右衛門である。吉兵衛は北株の岡市姓で、(29)三右衛門は桜井座の第二位に位置する家格であった。桜井姓の年寄進出はこれが初見であるように、端野家の後退と桜井家の隆盛は極めて対照的といえる。このように目にみえて端野家が衰退していく時期と、賢浄・浄玄の生きた時期は見事に重なる。一連の偽文書が、かつての端野家の隆盛を誇張しているのも、こうした時代背景によるものといえよう。

続けて、一九世紀以降の村役人体制の変動について簡単にみておきたい。文化七年（一八一〇）には、仲右衛門の庄屋辞退問題が浮上するが、しばらくは、山之上村の又兵衛が兼帯庄屋として仲右衛門を補佐していたようである。そして仲右衛門が正式に庄屋を退くと、年寄の三右衛門が庄屋となり文右衛門と改名した。

この庄屋交代については、四月から五月にかけて仲右衛門が病気を理由に退役願［己三八］を提出し、慰留されたため六月に改めて退役願［己二四］を提出したことが確認できる。しかし、それはあくまでも表向きのことで、その裏側では、五月に三右衛門を庄屋に推す方針を固めて北株頭の彦兵衛を筆頭に村方一統が［己二六］に連署している。ここでの彦兵衛は、賢浄が没した直後なので浄玄である。

さらに仲右衛門が慰留されると、「従　御役所様頭取抔と号し候ていか様之咎被　仰付候共、惣百性ゟ此者見捨間敷候」とし、諸費用も高割とすることを互いに申し合わせて、同じく彦兵衛が筆頭となり改めて［己三八］に連署している。すなわち、仲右衛門は村内からの反発に遭い、退役願提出に追い込まれていたのである。

この一件と関係して、賢浄が作成した神社勧請書に改めて注目しておきたい。神社勧請書の試作品【史料2A

案】では、桜井座頭が「仲右衛門」であるのに対し、完成品の【史料2A】では「三右衛門」に変更されているのである。晩年の賢浄も、仲右衛門を廃して三右衛門を擁立したい考えを持っていたことがここからわかる。彦兵衛家が村役人になることはなくなったが、賢浄没前後までは、その進退に対して辛うじて発言権を保持していたことが一連の史料からみてとれよう。

それによって擁立された文右衛門も、文政一一年（一八二八）には庄屋を外され、しばらくは田宮村の源右衛門が兼帯庄屋をつとめる。そして天保三年には、仲右衛門が庄屋に復帰した。同時に年寄の吉兵衛も庄屋となり、南北株それぞれから一人ずつの庄屋二人体制が一世紀以上の時を越えて復活する。天保一二年の吉兵衛の署名がある「永荒開発田畑名寄帳」の表紙には、「元源右衛門方」［譲二五］と記されていたり、彦兵衛が訴訟等の際に奥印を捺すのは、仲右衛門ではなく吉兵衛であったことなどから［己二五・己二七］、この時期の庄屋は南北株で業務を分担していたことが確認できる。

南北株の区別は、領主支配の側面からみればその必要性は早くに消滅する。しかし、近世村成立以来の村落内の伝統的秩序としても機能していたため、幕末まで解消されることはなかった。それは、本来は端野家を中心としたグループと桜井家を中心としたグループの境界線のようなものでもあり、また村内の主導権を握るためには越えなければならない一線でもあった。端野姓と福山・掃部姓の株を越えた座の連合も、おそらくそうした勢力争いの産物だと推測される。

4　交錯する三株と宮座

宮座は、村内部の連帯感を高める場でもある一方で、勢力争いの場でもあった。その両側面を、三株と宮座の関係から読み取ってみたい。

高谷氏は、延享四年（一七四七）の「三座連中覚」［己六一］を宮座関係の最も古い史料とする。これは、訴訟に際して勝ち負けいずれになっても恨まない旨を三つの座が互いに申し合わせ、それぞれの座員が連印したものである。ここには訴訟の内容そのものが記されていないため、高谷氏は事件の詳細を不明とするが、訴状そのものが別に残されている。

【史料7A】［己四三］

乍恐御訴訟奉申上候

長井助十郎殿御領分河州交野郡

茄子作村庄屋（端野姓）四郎兵衛

同村　年寄（清水姓）吉右衛門

相手大久保出羽守様御知行所同国同郡

同村　百姓（福山姓）九左衛門

御年貢悪米仕替之御願

一右九左衛門義ハ、我々方之御地頭助十郎殿御知行高之内出作百姓ニ而罷有候ニ付、当時御年貢蔵附米延引ニ及催促致シ候得者、九左衛門方ゟ以之外成悪米持参致シ、此米納呉候様ニ申捨ニ仕罷帰り候ニ付、依之使を立九左衛門を呼寄上納不成由を申渡シ候得者、九左衛門答を申候御事、

一当月九日例年氏神神事之式法、古来ゟ仕来り候通りニ氏子共神酒戴候、当家ハ年番ニ相勤罷有候を、氏子之内ゟ無躰ニ簇々ニあばれ入、剰漱泥水を夥敷打込、諸色ハ不申及、勿論御年貢米迄不残水ひたしと相成、

左候ヘハ是以私シ之所意ニ而者曾テ無御座と申ニ付、御願奉申上候御事、

一尤九左衛門申通りニ氏子之内ゟ頭分之者共、九左衛門家ニ而あばれ候義ハ無相違事ニ候得共、此義ハ九左衛門と馴合、態あばれ候様ニ奉存候、氏神一巻之古法仕来りを破り、此度新規之企立仁工ニ依テ、九左衛門ニ何角与申含候様ニ奉存候、乍恐九左衛門被為　御召成御吟味之上、氏神新規之企立を相止メ、勿論右之悪米を上米に引替上納仕候様ニ被為　仰付被下候ハヽ、御慈悲千万難有可奉存候、以上、

延享四年

卯九月十八日

茄子作村庄屋
四郎兵衛（印）

同村
年寄
吉右衛門（印）

御奉行様

右之通御願奉申上候所、被為　聞召上、十月十八日対決被為　仰付被下候、御印頂戴仕候、

（大坂町奉行小浜隆品）
小濱周防守様　御印

（同　久松定郷）
久松筑後守様　御印

事の発端は、南株に属する福山姓の九左衛門が、長井領出作分の年貢として「以之外成悪米」を納めたことにあった。そこで長井領庄屋の四郎兵衛が、九左衛門を呼び出して問い詰めたところ、次のような回答を得た。すなわち九月九日の氏神祭礼で、九左衛門家は神酒頂戴の場となっていた。そこに乱暴を働く氏子がおり、年貢米を始め家内が水浸しになったという。この訴えを聞き入れた大坂町奉行は、一〇月一八日に対決するよう申し渡した。四郎兵衛がいうには、乱暴を働いた輩と九左衛門が馴れ合いの末このようなことになったとし、体裁上は

九左衛門を訴える形となっているが、実際に追及したいのは「九左衛門ニ何角与申含」「氏神一巻之古法仕来りを破り、此度新規之企立」をする輩であることは想像に難くない。

【史料7B】〔己四三〕

乍恐口上

長井助十郎殿御領分河州交野郡
茄子作村庄屋
四郎兵衛
同　年寄
吉右衛門

一相手大久保出羽守様御領分同村百姓九左衛門ゟ、我々方之御地頭助十郎殿江相納候出作御年貢米ニ悪米納候ニ付、先月十八日ニ右之趣御願奉申上候ヘハ、当月十八日相手九左衛門被為　御召成下難有奉存候、然ルニ九左衛門方之庄屋仲右衛門何角与申刻限相違為致、無是悲《非》日延之御願奉申上候、同廿一日又々日延之御願奉申上候、右九左衛門ゟ悪米納候訳、乍恐口上書を以奉申上候御事、

一茄子作村之内ニ御地頭御両所ニ而御座候ヘ共、往古ゟ氏宮ハ壱所ニ而、毎年九月九日神事祭礼之儀式有之、年番ニ其当家相勤メ来り候、神拝之後神酒頂戴仕候ニ、宮座席之格式古来ゟ有之御事ニ御座候、

一左座・右座・向座ト申、一村之氏子を七組ニ仕、古来ゟ惣方入レ交之組合ニ而御座候、我々共ハ前々ゟ左り之向座席ニ而罷在候、然ルニ出羽守様庄屋仲右衛門ハ近年身上富貴ニ依テ何角与申出シ、往古ゟ之定御座候義を打つふし可申ト催シ、庄屋仲右衛門頭取大勢組子之者共を徒党仕、私共之組合年番廻り当家九左衛門方ニ而神酒頂戴罷有候所江、九月九日之夜宮座席を打やふらん為ニ歟、大勢あはれ込狼藉仕候御事、

一右九左衛門ハ讒之百姓ト申、勿論仲右衛門支配下之百姓を見込、大勢徒党仕あばれ入、諸道具を打くだき、其上口々ゟ夥敷泥水を打込、年貢米迄損シ申事ニ御座候、右狼藉之者共能存なからも、仲右衛門支配下之九左衛門故先方江ハ不掛申、我々方江損シ米を納候、然共下ニ而相済候ハヽ卜存、段々申達候得共、何分含着致ス者無之候ニ付、御願奉申上候御事、

一庄屋仲右衛門我侭ニ仕候、一々奉申上候、茄子作村氏神ニハ祢宜・神主ト申ハ無御座候、仲右衛門新規之義を企立、長柄之御幣抔を振り申義ハ在家之有間敷事卜奉存候、畢竟此義もあばれ者同前ニ付、女・童子ハ参詣も得不仕候、然ハ氏神参詣之妨ケト罷成候御事、

一先年ゟ定来り候宮座席之極メをやふるト申義、猶又新規ニ御幣を振ルト申義両用之事、氏神之為ト申歟、或支配下之百姓之為ト申事ニ候ハヽ、左も可被致所も尤ニ存ル義も可有候へ共、無左候而還而一村氏子之中不和ニ相成候、何分新規之御幣を相止、古来ゟ仕来り候分ハ前庭之通ニ相勤申度奉存候、乍恐右之趣被為　聞召上、氏神一巻之義ハ双方一れ(列)つ同用(様)ニ仕候様ニ被為　仰付被下候ハヽ、御慈悲難有可奉存候、以上、

延享四年

卯十月廿五日

茄子作村庄屋
四郎兵衛（印）

同村年寄
吉右衛門（印）

御奉行様

右之口上書差上対決仕候所、御吟味之上小濱周防守様御前ニ而被為　仰付候趣、新規ニ御幣を振り候事相止メ、古法之通七座席一れつニ被為　仰付、双方奉畏候、以上、

これは前掲史料に続けて記される。奥書によると、対決の日、九左衛門は出廷したが大久保領の庄屋仲右衛門は何かと理由をつけて出廷の時間を守らなかったため、四郎兵衛はやむなく対決の延期を願い出たという。さらに二一日にも、再度日延べを申し出た。そこで、二五日に九左衛門が悪米を納めた事情を詳細に記した口上書を大坂町奉行に提出し裁定を仰いだ。

そこでは前回は名前を伏せていた座法を破る人物を仲右衛門と名指しし、「仲右衛門ハ近年身上富貴ニ依テ」宮座の座席を打ち潰そうと九左衛門家で暴れたとしている。前項でみたように端野家と桜井家の盛衰が反比例の関係にあることがこの文言からも読み取れる。さらに九左衛門宅での暴挙のみならず、「茄子作村氏神ニハ祢宜・神主」は本来置いていないのに、仲右衛門が長柄の御幣を振っていることも問題に挙げている。この口上書によって、大坂町奉行所は新規に御幣を振ることや宮座の座並を乱すことを禁じる旨を申し渡した。

【史料7C】［己四三］

如此被為　仰付被下、難有奉存候、四郎兵衛(印)彦兵衛(印)座・吉右衛門(印)平兵衛(印)座・次右衛門(印)喜兵衛(印)座、此三座之義ハ後々末代ニ至迄諸事同心ニ可致事要用也、此趣堅ク相守可申候、為其書付五通之証文取替シ置申候、為後日仍而如件、

長井助十郎様御領分河州交野郡
延享四年
卯十月廿五日
茄子作村庄屋
願人　四郎兵衛（印）
同
年寄
願人　吉右衛門（印）

大久保出羽守御領分同国同郡
同村　年寄（福山姓）角右衛門（印）
同　年寄（端野姓）伝兵衛（印）
同　組頭（奥野姓）次右衛門（印）
平兵衛（清水姓）（印）
喜兵衛（奥野姓）（印）

さらに前掲史料の続きである。一連の訴状は、この裁決をうけて、端野座・清水座・奥野座の三座が末代まで同心することを誓い、同文の証文を五通作成し、互いに取り交わしたものである。末尾の連名によれば、この訴えは四郎兵衛と吉右衛門の長井領村役人からなされたが、そのバックには大久保領の年寄角右衛門・伝兵衛と組頭次右衛門・平兵衛がいたことがわかる。なお喜兵衛は、厳密には長井領の組頭である。仲右衛門を除く茄子作村の村役人全員に、組頭三名を付け加えることで七名の署名としているが、ここから角右衛門を除くと、相給それぞれから三座の代表が署名する形式となっている。

「三座連中覚」は、訴訟の矢面に立つ長井領の四郎兵衛・吉右衛門・喜兵衛の三名に対し、この訴訟に同意した人物たちが連印したものである。宛所のうち喜兵衛は、村役人の立場になく訴状そのものには名前がないが、「三座連中覚」では「加役」と位置付けられる。先述のように、この「加役」が長井領の年寄二名体制の先駆けとなった。

表8は、「三座連中覚」に署名した人名を記された順番そのままに掲げたものである。これをみると、座頭を筆頭に端野座、清水座、奥野座の順で記されており、大久保領と長井領の百姓が混在していることがわかる。こ

のように、相給の別なく三座の座員のほとんどが長井領村役人の後ろ盾となっていた。

なかには捺印していない者もみられるが、そこには敵対関係のような特別な事情はないと思われる。例えば、四郎兵衛の署名には捺印されていないが、おそらく先に訴訟に同意する人名を列記したが、のちに四郎兵衛を宛所とする体裁が整えられたために、捺印はしなかったのであろう。同様に、この訴訟に主体的に関わったと思われる年寄の伝兵衛・角右衛門の署名にも捺印がない。末尾の喜兵衛の名が抹消されているのもその範疇で捉えられる。このように「三座連中覚」は取り急ぎ作成されたようで、書中に混乱がみられる。清水座と奥野座の後半の人名に捺印がないが、座中で過半の印を捺してしまったから省略されたか、早期解決したかのいずれかであろう。きれいに後半のみ印がないので、彼らが同意を拒否したということはないと思われる。

そして注目されるのは、四郎兵衛たちから訴えられた張本人の九左衛門も捺印していることであろう。ここから訴訟の相手を九左衛門とするのは、九左衛門も了承済みのことであったことが判明する。その目的ははっきりしないが、ただ単に村内部で暴れただけならば内済で済まされかねないため、年貢米の問題とすることで、訴訟

表8　三座連中覚の署判

名前	姓	株	捺印
彦兵衛	端野	北	○
藤兵衛	端野	北	○
五兵衛	端野	北	○
伝兵衛	端野	北	
西兵衛	端野	北	○
弥左衛門	掃部	南	○
四郎兵衛	端野	東	
与左衛門	端野	東	○
仁兵衛	端野	東	○
伊兵衛	端野	東	○
吉左衛門	福山	南	○
角右衛門	福山	南	
善左衛門	福山	南	○
仁左衛門	福山	南	○
孫左衛門	福山	南	○
甚左衛門	福山	南	○
九左衛門	福山	南	○
長三郎	掃部	南	○
五左衛門	福山	南	○
平兵衛	清水	北	○
又兵衛	清水	東	○
伝右衛門	清水	東	○
半左衛門	清水	北	○
太郎右衛門	清水	北	○
八郎兵衛	清水	東	○
半右衛門	清水	東	
又右衛門	清水	東	
四郎右衛門	清水	東	
仁兵衛	清水	東	
甚兵衛	清水	?	
武兵衛	清水	東	
次右衛門	奥野	南	○
儀兵衛	奥野	南	○
利兵衛	奥野	南	○
次左衛門	奥野	南	○
喜左衛門	奥野	南	
喜八郎	奥野	南	抹消
喜兵衛	奥野	東	抹消

註1）典拠は［己61］。
註2）捺印がある者には○を付け、名前が抹消されている者は「抹消」とした。

の場に仲右衛門を引きずり出す狙いがあったのだと考えられる。

この一件から、一八世紀中頃には、福山・掃部姓を含む端野座と清水座・奥野座の三座は親しい関係にあり、領主支配の枠を越えて連合していたことがみてとれる。福山・掃部姓が南株であることは先述の通りだが、同じく南株の奥野座も端野方についていることは注目されよう。浄玄が方形印を用いながら殊更に強調したのは、この三座の結束だったのである。

なお、この訴訟は大坂町奉行の裁定で終結したわけではなかった。仲右衛門側からも何らかの申し出があったようで、以後の経過は不詳だが、最終的には寛延元年（一七四八）の［譲九五］で、[30]寝屋村・星田村庄屋の曖により、ようやく和談に持ち込まれている。三座方の目論見は外れ、最終的には内済となったわけである。その結果で注目されるのは、「尤仲右衛門《（桜井姓）》座・西右衛門《（堀姓）》座・仁三郎《（岡市姓）》座、右三座之儀者往古ゟ相勤来候通、御幣御供奉納仕可申候」と桜井・堀・岡市の三座一体となった主張が認められている点である。端野・清水・奥野三座と対立していた桜井方にも座の連合関係があったのである。端野方の奥野座と入れ替わるように、北株の岡市座は桜井方についていた。

七座のうち残る高橋座の動向については史料が残されていないが、近世後期にはどちらかというと独自の立場で動いていたようである。結果、文政一二年（一八二九）の［譲一〇三・一〇四］によると、[31]「六座申合」せて高橋座は破座とされている。

以上のように、茄子作村には、宮座を単位とした二集団の対立構図を描くことができ、それは時期によって変動があったと想定される。この争いが終結した直後から、北株の岡市次郎兵衛が南株枠の年寄に就任したり、その逆で南株の奥野治右衛門が北株枠の年寄に就任したりするのも、宮座の連合関係と南北株の交錯が激しくなってきたためであろう。天保三年（一八三二）の南北庄屋の復活も、単純に本来の北株の姿に回帰したものではなかった。南株の桜井座と北株の岡市座が連合することで、端野家の主導権を北株から排除しようとしたのが実際のところであろう。吉兵衛を嚆矢として村役人に就任する岡市座の者が目立つようになり、最終的には桜井・岡市・堀の三座で村役人が独占されるようになる背景はそこにある。

こうした勢力関係を端的に示しているのが、文政七年の「村方惣高家別帳」［譲二］である。これは役負担の基準となる帳簿で、南北両株を一括で扱い、名請人と持高を居住地順に列挙したものである。表４と比較できるように、持高二石以上の者を表９として掲げてみたが、南株百姓及び岡市姓の成長と端野一族の衰退が際だって

表9　文政7年大久保領名請人

名前	姓	持高	名前	姓	持高
吉兵衛	岡市	40.103	惣左衛門	掃部	3.687
仲右衛門	桜井	38.520	磯右衛門	堀	3.581
又三郎	岡市	11.310	金龍寺	—	3.461
西右衛門	堀	10.934	惣右衛門	高橋	3.407
清左衛門	堀	10.331	甚兵衛	岡市	3.393
伊兵衛	堀	9.341	藤兵衛	端野	3.340
九右衛門	岡市	8.268	小右衛門	堀	3.328
源左衛門	堀	8.148	五兵衛	堀	3.318
治郎兵衛	岡市	7.500	七右衛門	高橋	3.254
与左衛門	堀	7.147	孫兵衛	岡市	3.234
与兵衛	堀	6.949	市郎兵衛	桜井	3.223
甚左衛門	福山	6.706	弥兵衛	福山	3.170
伝兵衛	端野	6.291	半兵衛	奥野	3.117
勘助	岡市	5.918	勘右衛門	堀	2.908
庄九郎	堀	5.730	吉兵衛	桜井	2.780
五兵衛	堀	5.722	孫七	岡市	2.774
七兵衛	堀	5.720	治右衛門	奥野	2.764
伊右衛門	清水	5.710	善兵衛	岡市	2.725
角兵衛	桜井	5.619	三郎右衛門	？	2.680
三右衛門	桜井	5.342	利右衛門	岡市	2.636
儀兵衛	奥野	5.250	市左衛門	岡市	2.613
太郎右衛門	清水	5.194	勘右衛門	福山	2.556
安右衛門	桜井	5.042	五左衛門	福山	2.510
吉三郎	端野	4.935	七兵衛	堀	2.487
久兵衛	堀	4.772	松右衛門	清水	2.430
八右衛門	堀	4.757	磯七	福山	2.313
弥兵衛	岡市	4.687	清右衛門	奥野	2.290
利兵衛	奥野	4.485	孫左衛門	福山	2.278
伊右衛門	中村	4.440	孫兵衛	高橋	2.265
嘉兵衛	掃部	4.392	与治兵衛	堀	2.219
茂兵衛	堀	4.391	喜八	奥野	2.159
九郎兵衛	掃部	4.361	五郎右衛門	堀	2.143
久左衛門	高橋	4.244	源兵衛	岡市	2.140
孫右衛門	堀	4.101	長左衛門	高橋	2.105
仁兵衛	堀	3.980	西兵衛	端野	1.342
市右衛門	桜井	3.835	源右衛門	端野	0.972
惣兵衛	岡市	3.798	彦兵衛	端野	0.484
祐念寺	福山	3.780	五兵衛	端野	0.436

註1）典拠は［譲2］。単位は石。
註2）持高2石以上の者を上位から順にあげた。ただし、端野姓の者については2石に満たない者も参考までに掲げた。

いることが一目でわかる。

［已四三］にみられる訴訟は、相給関係とは直接関係ない宮座の問題を扱いながらも、長井領として訴え出たことに特徴がある。これも端野家が窮地に立たされていることを反映したものといえる。すなわち、南株百姓の伸長が目立つようになり、このころには端野家の優位姓が長井領でしか保たれなくなりつつあったのである。こうした勢力関係はその後も維持されており、寛政一二年（一八〇〇）の氏神普請に先立って、「当年ゟ五拾四ヶ年以前延享四年卯、座公事ニ付小濱周防守様被仰付候趣、我々三座之儀者後々末代ニ至迄諸事同心ニ可致事要用也」［已六三］として、大久保領と長井領それぞれの三座の代表六名が連印して結束を再確認している(32)。

以上のように、茄子作村には成立期の姿を反映した三株の関係と、それと密接に関わりながらも勢力争いの過程で異なる展開を遂げた宮座の関係があり、両者が複雑に絡んでいた。整理すると次のようになる。

【三株】北　株…端野姓・清水姓・岡市姓
　　　　東　株…端野姓・清水性（＋若干の岡市・奥野・堀姓）
　　　　南　株…桜井姓・堀姓・高橋姓・奥野姓・福山姓・掃部姓

【宮座】端野系…端野姓・清水姓・奥野姓・福山姓・掃部姓
　　　　桜井系…桜井姓・堀姓・岡市姓
　　　　独立系…高橋姓

5　彦兵衛株の混乱

端野家全体が没落するなか、表9にみえるように、伝兵衛や藤兵衛は何とか経営の維持を保っていた。そのため、端野家のなかでは相対的に力を持つようになってくる。明和六年（一七六九）の賢浄の年寄辞職は、その契機の一つであろう。しかし、安永七年（一七七八）には、伝兵衛に代わって賢浄が年寄業務を代行しており、両者はまだ親密な関係にあったことがみてとれる。[33]

【史料1】でみたように、伝兵衛は阿弥陀寺の仏飯料を押領しはじめるが、このころから対立が顕在化してくるのであろう。それを憂いて賢浄は阿弥陀寺に入るが、その時期ははっきりしない。寛政一二年（一八〇〇）に座頭の「彦兵衛」が作成した［己六二・六四］などは浄玄の筆跡なので、安永七年からそれまでの間としか今のところはいえない。

文政二年（一八一九）の［己七〇］で、浄玄は「此度宮座セき定儀者、与兵衛出家伝兵衛先かく《（格を）》おそむかれ、村方年寄役か《（買）》い申被候て、むりから彦兵衛代当主一代とかきり申」したと伝兵衛を非難している。伝兵衛が年寄となったのは明和七年と随分前のことで、賢浄との確執も当初はなかったようであるから、ここから明和段階に確執が生じたとするのは適当でない。彦兵衛家の凋落はそこから始まったと、後になって考えられるようになったのであろう。

ここでは、彦兵衛家と一族との間に具体的にどのような確執があったのか、史料が残る天保期の事例から遡及して考えてみたい。

【史料8】［己一五］

乍恐以書附奉願上候

家名相続出入

河州交野郡茄子作村
願人　彦兵衛
同国同郡同村
御領分百性相手
藤兵衛

一当村彦兵衛義身躰不如意ニ付、実子弥兵衛与申者独身ニて殊ニ病身者故家業難成、依之次第ニ身躰相衰、其上病気相重ミ家修覆等ハ勿論、朝夕食事等も乏鋪相成、既ニ餓死可及之所、則文政四年巳六月廿六日右弥兵衛親彦兵衛十三回忌正当ニ相成候得共、年忌吊等も出来不申、依之弥兵衛親彦兵衛之甥ニ市郎兵衛与申者甚歎ヶ敷存、親類夫々持寄同年十一月廿五日退(逮)夜相勤、尤親類同行共々相吊猶其跡ニ種々致相談候所、右彦兵衛借財又ハ買掛り等多分ニ有之、猶又御年貢迄も未進ニ相成候故、誰壱人跡相続之義引請世話致候者無御座候ニ付、市郎兵衛申候ハ、左候ハヽいか成人ニ而も家名相続致呉候ハヽ、其人を相願候哉与評定被致候所、親類一統申分無御座候ニ付、一統承知之書附取置被呉候て、私シ娘てる与申者右弥兵衛存命中ニ相続ニ遣し置候、夫ゟ已来万事諸借財引受世話仕候所、右弥兵衛重病ニて村方表役等相勤候義出来不申、娘てるハ幼少成者ニ候故、私ゟ後見仕罷居候処、無程弥兵衛病死仕候故、私しゟ諸雑費引受葬式等無滞年忌御吊等不残相勤、右吉三郎名跡之義ハ妹まさ与申者ニ名前附置、両家共相続可致存心ニ御座候故、右彦兵衛之諸親類庄屋宅江御召之上、吉三郎彦兵衛与改名被下、其上宗旨帳面等迄切替被下、親類一統之承知之口書取置被下、御役中不残彦兵衛宅江御招改名振舞仕、跡相続之御盃戴候、夫ゟ座中一統江彼(披)露仕祝餅配置、尤六座之座中申合之書附ニも加判仕、座諸掛り等不残相掛来り候、然ル所拾ヶ年以前座一件之義ニ

付、則　御役所様江六座者共願出候所、御憐愍之御利解被　仰聞、不筋無縁之者ハ不相成、座中名前跡式貰請候者者加入可致之旨被為　仰聞難有、依之追々座加入之者御座候、然ル所私し彦兵衛跡式拾余ヶ年も相続致来り座出席之義未遠慮仕候所、最早忰十八才ニ罷成候故、何卒此度座出席致度候様相願候所、大半得心致被呉候へ共、右相手藤兵衛不承知之旨申立、本家彦兵衛を苗代(蔑ろ)ニ致候故、座中一統も不和合ニ相成、忰出席も出来不申、甚以歎ヶ敷奉存候、何卒乍恐　御上様以御威厚(光)を座一統和合仕、忰義も出席致候様被為　仰附下候ハヽ、広大之御慈悲難有奉存候、以上、

天保十二年丑十一月

堂島

御役所

【史料8】は、座への加入を希望する吉三郎と、それに反対する藤兵衛との間の相論の過程で、本家継承の正当性を吉三郎が堂島役所に訴え出たものである。この相論は天保一二年（一八四一）から弘化三年（一八四六）頃までの長期にわたって継続したため、同様のものが天保一四年閏九月［己二五］と弘化二年八月［己七六］にも提出されている。(34)とりわけ［己二五］は、全一二ヶ条にわたる長文で、ここまでも度々引用してきたように彦兵衛家の系譜が詳しく説明されている。これらで適宜補いながら、訴訟の内容についてみておこう。

願人の彦兵衛はもともと吉三郎を名乗っており、養子として彦兵衛の名跡を継承していた。以前より座への加入を希望していたが、［己二五］第一二条にみえるように「養子ニ御座候得者、其者一代ハ其座遠慮仕候て、忰之代ゟ座出席仕候仕来り」もあったため、しばらく遠慮し、このたび「忰十八才ニ罷成候故」、座への出席を座中に申し入れたのであった。(35)すると、藤兵衛から異論が唱えられ、激しい反対にあった。そのため、吉三郎は彦

兵衛家継承の正当性を堂島役所へ訴え出たのである。

そもそも、吉三郎が彦兵衛家を継承するに至ったのは、次のような事情によるものであった。文政四年六月二六日は、賢浄（「親彦兵衛」）の十三回忌にあたるが、実子の浄玄（「弥兵衛」）は独身かつ病身で、家計も傾き法会も営めない状態にあった。それを嘆かわしく思った親類の市郎兵衛は、一一月になって法要を世話した。その場で、彦兵衛家の相続を巡って親類一同が相談に及び、借財も多分にあるため後継者になりたがる者もいないので、家名さえ相続してくれれば親類でなくともよかろうということになった。(36)

そこで吉三郎の娘てるが、浄玄の養女となったのである。そのとき、てるはまだ幼少であったので、いずれ成長を遂げてから婿を迎える予定だったのであろう。そのため、吉三郎は浄玄とてるを後見していた。吉三郎家の出自については、[己二五]第一条に「吉三郎出生之義者、山城国内里之生ニ而河州中宮村与兵衛親類ニ御座候、右与兵衛当村彦兵衛と親類ニて右吉三郎事与兵衛方より彦兵衛を相願、当村ニ住宅致させ、御殿様御百性ニ相成候事四代ニ相成候」とある。

己道家文書には、吉三郎家文書ともいうべき、安永六年・文化五年（一八〇八）・文政三年の吉三郎宛土地売券[己五〇・五二・五八]が含まれており、吉三郎が土地の集積を進めていたことを窺い知ることができる。前掲表9からも、伝兵衛・藤兵衛を除く端野一族が衰微するなか、新興の吉三郎家が急成長を遂げていた様子がみてとれる。血縁関係にない吉三郎の娘に白羽の矢が立った理由は、彦兵衛家の立て直しが期待されたからであろう。

吉三郎は、吉三郎家の名跡を妹のまさへ託していずれ婿を迎えることとし、自身が彦兵衛家を継承することで両家の存続を図ろうと考えていた。それが実現した時期については、[己一五]の文脈からすると、浄玄没後のように読めるが実際は異なる。

【史料9】［己七六］

幼年之女ニ而ハ村方諸役勤兼候上、迚も借財方趣法も相立不申、彦兵衛名跡難相立成行候趣を以、又々弥兵衛方親類へ申談、右市郎兵衛并ニ親藤兵衛両人重立、私直々弥兵衛養子与相成、彦兵衛家名相続致呉候様達而相願候ニ付、無余儀承知仕、文政六未年其趣村方へも相断、弥兵衛養子彦兵衛与改名仕、弥兵衛方へ引移リ、村役人始夫々養子振舞等まて相仕舞候、

このように、吉三郎の彦兵衛家継承は文政六年のことであった。浄玄は文政六年以後も史料を書き残しているので、吉三郎の彦兵衛家継承は浄玄存命中のこととして間違いはない。浄玄が没したのは文政一一年七月二二日と推測される。(37)

【史料9】からするに、吉三郎の彦兵衛家継承は、家を立て直すために浄玄が積極的に進めたようである。「浄玄由緒書」の末尾からも、それをはっきりと窺うことができる。藤兵衛がそれに抵抗したのは、吉三郎が単に新参者というだけでなく、彦兵衛家との長らくの確執の末、浄玄没前後から座頭代をつとめていたためでもあろう［譲一〇〇・一〇四］。

以上のように、賢浄の代にはさほど問題となっていなかった座内の抗争が、浄玄の代を通じて顕在化し、晩年には村内の地位だけでなく、座内の地位すら危ぶまれる状況に陥っていた。偽文書を活用するという浄玄の行動は、こうした内憂外患を踏まえてこそはじめて理解できるものである。

五　端野熊吉による第三の偽作

1　浄玄写本の「再写」

己道家文書には、ここまで取り上げた賢浄・浄玄・吉三郎の三代とは異なる筆跡の由緒書もいくつかみられる。賢浄・浄玄が作成したものを筆写・再整理したもので、楷書に近い書体であることが特徴である。一例を次に掲げる。

【史料10】〔已一二七〕

端野氏遺書

一古端野帯刀橘少将殿一子民部補《(輔)》殿発向之時代、禁庭　守部《(邦)》親王之守護人ニて当地近郡応《(押)》領仕、則当所ニ居城して領主と罷成、掃部勝頼・桜井和泉・堀備中・清水宋《(采)》女・高橋郡治・岡市左中ニて取捌被致、万事相納り有之候処、正慶弐年比、北条九代末相模入道合戦之砌追に北条打亡、其後建武元年比、楠正成・足利高氏南朝・北朝ニ打別シ一戦之時追に楠打亡、当国食《(飯)》盛之懸《(堅)》城打落、其故ニ当地も皆亡し、端野家其外寺社悉ク忘却し御代不納、暫く当所も荒果罷有候処、端野帯刀民部之鋪《(輔)》合戦を逃延、又々元之地へ戻り所領ニはなれ百性与罷成、乱情之後なれハ地面も見取住居仕候、■■《年中》其後暦応年中ニ高氏天下応《(押)》領して検地有之節将軍領と成、則当村之御年貢取扱被仰付候、端野茂太夫与名改メ安土《(堵)》之住居仕候、頃ハ暦応四年巳三月、

建武元年楠落城之節ゟ今年迄凡百八拾余年ニ罷成候、古へ古書写置孫末迄永ク繁昌可希者也、

永正十一年　　　　端野帯刀六代末
戌二月廿三日　　　端野六兵衛写之

先祖遺書

古先祖端野帯刀橘少将毅忠向野女郎相果候後、於墓所石塔弐本有之、則墓寺一ヶ寺寺号阿弥陀寺与号ス、東西拾九間南北拾間余り之境内也、村方山高之内入組ニて除地与定メ御座候、端野帯刀相果候後、一子端野民部之鋪（輔）毅闌禁君領地被断候所、臣掃部勝頼・桜井和泉・堀備中・高橋郡治・岡市左中ニて一城守護相納り、楠木落城之節高氏カ為に覆シ、追に落去皆亡仕、則釈尊寺迚加羅所、亦ハ三宝坊・仁王院・中山寺・金立（龍）寺・奥野坊・安舎利（阿闍梨）之坊迄令メ忘却如堂方無候所、其後二度一乱相納り候、後其ヨリ端野毅闌暫ク山谷に身を隠シ、遁出弐度破落之後なれハ、元之地へ立戻り庵を結ひ、かむり（冠）・刀ヲ捨、土民之姿与成、端野茂太夫毅闌と改名し当所ニ住職仕候事、

本家端野茂太夫毅闌
　妻
本家次二代端野市太夫正山　此人之代ニ山方廿四割与定ル、北方弐百廿石余差配仕、又ハ出来百拾石差配仕居候事、
　妻
本家次三代端野庄左衛門浄山
　妻　渚村条助娘也

本家次四代端野茂左衛門
妻　小篠徳之丞娘也
本家次五代端野源右衛門浄心――分家端野伝兵衛
妻　京都茨木専助娘也
本家次六代端野六兵衛
妻　中宮与兵衛娘也
本家次七代端野彦兵衛正安
妻　茨木太惣右衛門娘也
本家次八代端野彦右衛門正雲
妻　太井源左衛門娘也
本家次九代端野彦兵衛正玄
妻　森村好兵衛娘也
本家次十代端野庄兵衛正源
妻　当村仲右衛門娘也
本家次十一代端野彦兵衛浄照
妻　端野仁兵衛娘也
本家次十二代端野彦兵衛浄休
妻　砂村仁兵衛娘也

末別家端野政七
妻別家端野北兵衛
次別家端野仁兵衛
本別家端野与兵衛
本別家端野四郎兵衛
次別家端野与左衛門
次別家端野治兵衛
次別家端野半兵衛
本別家端野九兵衛
本別家端野五兵衛
本別家端野庄助

本家次十三代端野彦兵衛願清
　妻　当村西願寺娘也
本家次十四代端野彦兵衛教清
　妻　私部長兵衛娘也

先祖代々古書写来り、此度相改遺書亦々写替置申候、則慶安四年之比忰与兵衛別家、又其後明暦三年之比忰四郎兵衛別家、右二人共家督与(ロ)向論、庄屋役義共別ケ申候、延(ママ)慶安四年ゟ寛政元年迄凡《ニ》百三《十》九年ニ罷成、其昔建武元年ゟ今年迄凡四百五拾六年ニ成ル也、

寛政元年
　三月日
　　端野帯刀十四代末
　　端野彦兵衛教清《賢浄事》写置也
　　（花押）

【史料10】は、【史料5】の「浄玄由緒書」を下敷きにしていることは間違いないが、いくつか相違がみられる。「浄玄由緒書」では、一点目の「端野名字遺書」（【史料10】では「端野氏遺書」とされるが原本の呼称に従う）の日付の元号が、実在しない「清保」とされていたが、実在の「永正」に改められている。また、筆者を六兵衛に仮託する点は同じだが、五代末から六代末と微妙に変えられている。それに伴い、「浄玄由緒書」所載の系図では四代源右衛門―五代六兵衛―六代茂左衛門となっていた部分が、四代茂左衛門―五代源右衛門―六代六兵衛と変更されている。しかも、五代源右衛門の下には線が引かれ、新たに「分家端野伝兵衛」と記される。ここから、伝兵

衛家に伝わる系譜との整合性を持たせるために、本家の系図に細工を施したことが推察される。

「端野名字遺書」に続けて記される「先祖遺書」は、近世中期以降に端野家の氏寺としてみえる阿弥陀寺の来歴などを中世から説いたもので、「浄玄由緒書」に掲載されたものとあらすじはほぼ同じだが、冒頭の「端野帯刀橘少将」の名が、「浄玄由緒書」では「端野帯刀橘中将」とされていた点に最大の相違がある。前述したように、賢浄が初期に創作した端野家の由緒は、神功皇后の時代から説くもので、そこでは「少将」が「中将」に格上げになったという話も含まれていた。のちに賢浄は、由緒の舞台を古代からより現実的な中世に変えることで信憑性を獲得しようとするが、それとともに「中将」の名前も由緒全体から消し去っている。ところが浄玄は、賢浄が残した古代の由緒が試作品であることを理解していなかったため、「浄玄由緒書」に「中将」の名が出てくる「先祖遺書」を掲載してしまったのである。それに対し【史料10】の作成者は、賢浄による試作品と完成品の関係を正しく把握していたようで、「浄玄由緒書」から「中将」をきれいに取り除いている。

「浄玄由緒書」では、「端野名字遺書」と「先祖遺書」の間に、「端野帯刀八代末」の端野彦右衛門が写したという二通の願書が転載されていたが、【史料10】では消えている。ただし、排除されたわけではなく、同じ筆跡で、別紙の［己六］に独立して写される。しかも、そのまま写すのではなく、「浄玄由緒書」では二通ともに実際とは異なる干支が記されていたため、干支を削除することで訂正している。

「浄玄由緒書」は、賢浄が記したものを再整理した控なので、文字も粗雑だが、【史料10】は非常に丁寧に記されているので、両者を並べると下書と清書の関係にみえてしまう。末尾に新たに追加された賢浄の署名と花押も、その錯覚を助長するものといえる。さらに［己六］へ別途写された二通は、慶安四年（一六五一）と明暦三年（一六五七）に彦右衛門から領主へ提出された願書という形式をとるため、抜粋することで案文としての体裁がより整うこととなる。(38)このように一連の史料からは、【史料10】を「浄玄由緒書」の正文とみせようとする狙いを読み取ることができる。

問題は作成者であるが、実は近代に編纂された手書き原稿の『茄子作村史』［譲九二］と筆跡が酷似している。(39)『茄子作村史』の筆者は、明治から昭和にかけての伝兵衛家当主端野熊吉で、同書一七四丁によると文久二年（一八六二）の生まれであった。

2　己道家文書の修正

そこで譲太郎家文書をみてみると、「浄玄由緒書」を下敷きに作成した［譲一三九］が確認できる。ただし、そのままに写したのではなく、若干の変更点もみられる。

冒頭の「端野名字遺書」は、文章そのものは変えていないが平仮名交じり文に変更されている。この理由は次のように推測される。そもそも「端野名字遺書」とは、賢浄が作成した［己一二五］（前掲【史料4】）が原本で、そこでは暦応六年に端野茂太夫が記したものを清保一一年に端野六兵衛が写すという体裁をとっており、六兵衛の署名捺印もされていた。しかし、茂太夫の原文そのものは署名もなく文書の形式をとっていなかった。そのため［譲一三九］では、末尾を「暦応六年三月　端野茂太夫毅闌」と文書の形式に整え、茂太夫の実在性を高めている。改変がただそれだけで、他には違いがないというのも違和感があるので、平仮名交じり文にすることで別系統の写に見せかけたのであろう。

浄玄は、「端野名字遺書」の原本を写し取る際に、暦応は五年までしかないことに気付き、「浄玄由緒書」では暦応四年（一三四一）に修正していた。ところが、［譲一三九］では暦応六年に立ち帰っている。これが意味するところは、熊吉の平仮名交じり文が、「端野名字遺書」の原本も併せて見ながら作成されているということである。それ以外の大きな変更点としては、四代源右衛門の名の下に後筆で線が引かれ「分家伝兵衛」と追記されている点や、末尾を改変し、寛政元年（一七八九）に賢浄が写したという体裁に変更している点があげられる。これらは、【史料10】にも受け継がれている。

しかし、「譲一三九」の段階ではまだ清保の元号を使用しており、六兵衛も五代目のままである。また、慶安四年（一六五一）と明暦三年（一六五七）の願書も干支を誤ったまま写している。したがって、「譲一三九」は【史料10】以前に作成された過渡的なものといえる。(40)

その視点から改めて【史料10】をみると、典拠のない平仮名交じり文は却下し、「端野名字遺書」の原本から写すという形にして、信憑性を確保しようとしていることが窺える。それでいて、暦応六年は四年に改められている。また【史料10】では、清保という実在しない元号を永正と改め、「己六」では誤った干支を削除した。(41)このように熊吉は、ある段階から賢浄が使用する年紀には、多くの偽りがあることを察知していた。

すでに指摘したように、「端野名字遺書」の原本の日付部分には、もともと「清保」という元号が記されていたが、何者かが抹消し「永正」と修正されていた。この修正を加えたのも、上記の経過からして熊吉に違いあるまい。賢浄は、嘉吉元年（一四四一）に氏神春日神社を奈良から勧請してきた際の神社勧請書なるものも多数作成していたが、そこでは「丙酉」というこれまた実在しない干支が使用されていた。そのうち「己一一二」（前掲【史料2A】）の神社勧請書では、「丙」を破り取って「嘉吉元□酉歳」と正されているが、これも熊吉によるものであろう。已道家文書には、【史料10】のような熊吉作成のものが混入するだけでなく、直接手を加えた部分もこのように至る所でみられるので、いずれかの段階で彼が借用したことは間違いあるまい。

己道家文書には、熊吉が写した神社勧請書も〔己九七・一〇〇・一〇三〕の三点が含まれるが、「嘉吉元丙酉年」とそのままには写さず、全てが「嘉吉元酉年」となっている。譲太郎家文書のうちに、わずかに一例のみ「丙酉」と写した例外〔譲一一四―二〕があるが、これは干支の誤りに気付く前のものに相違ない。なぜなら、この写の裏側には「宝永以来ノ土地古文」と記されており、反故となり包紙として再利用されたことが判明するからである。「丙酉」を忠実に写した文書は、熊吉にとってはもはや無用のものであったのである。

賢浄が作成した神社勧請書は、譲太郎家文書にも一点含まれている。

【史料11】〔譲一一四―一〕

以願主端野茂左衛門

氏之神為勧請御礼与、従名字之方黄金被差上、右慥ニ受納可仕段、仍而証如件、

宇賀別当御内

阿邊兵部（印文「福」）（印）

嘉吉元□酉年

九月十八日

（裏書）「御礼金拾六両也」

やはりここでも、「丙」が消されている。ここまでの検討から、熊吉が己道家文書の多くを実見していたことは間違いないが、挿入したものはあっても、抜き取って自身のものにしたと思われるものは一点もない。また、神社勧請書の完成品は、【史料2B】の端野宛と【史料2C】の高橋宛のほか、残る五座の座頭に宛てたも

のも作成されたと推測されるので、【史料11】はそのいずれかの座頭宛と考えられる。後述のように、浄玄の手によって宛所の家にもたらされたと思われるが、残念ながら宛所が切り取られてしまっており出所は不明である。のちにみるように、熊吉は史料収集もしていたので、これもその一環で入手したものであろう。

宛所の裁断は、端野家に宛てたものとみせようとした熊吉の仕業と考えられる。ただ、宛所が全て消えるように切り取ると、日付の後ろの空白がほとんどなくなり、一目で裁断したことがわかるようになってしまう。そこで、宛所の文字の右半分が残るようなところで裁断し、残った文字の部分は虫損に見せかけて削除した。なぜそのようなことがわかるかというと、「虫喰い穴」の縁に墨がわずかに残っているからである。そして、その裏側をみると縁の部分が焼け焦げていることに気付く。おそらく線香のようなものを裏に当て、少しずつ焼くことで「虫喰い穴」を創ったのであろう。

ここまでみてきたように、熊吉は己道家文書を借り受けて独自の分析を加えたが、その結果は自身の見解という形ではなく、近世文書の写という形で己道家文書に混入している。その写を作成する過程で、賢浄が用いた実在しない元号や干支は、修正されるべきものとして熊吉の目には映っていた。しかし年代の修正は、熊吉が史料調査を進めるなかで派生した問題に過ぎず、それ自体が本来の目的であるはずがない。彦兵衛家の系図にいち早く伝兵衛の名を書き加えていることからも(42)、自身の家の系譜創りに本来の目的の一つがあることはまず間違いなかろう。

六　改竄された系譜と実際の系譜

1　伝兵衛家系図の作成過程

熊吉がまず最初に創った系図は、享禄二年（一五二九）に端野伝兵衛家の初代が作成したとされる「端野氏遺書」［譲一三八］である。ここでの伝兵衛は、本家の四代源右衛門の息子にあたるとされ、署名の下には独自の方形印も捺されている。

なぜ最初に創られたことがわかるかというと、他の系図と根本的に異なる点があるからである。【史料10】でみたように、熊吉は賢浄以来四代源右衛門―五代六兵衛としていた端野家の系譜を、それぞれ五代・六代にスライドさせた。熊吉が作成した他の系図が全てそれに倣っているのに対し、この系図のみ四代源右衛門のままなのである。

四代源右衛門をその後踏襲しないのは、初代が茄子作に定住した暦応年間（一三四〇年代）から一九〇年の間に、わずか四世代しか重ねていないことに無理があると気付いたためであろう。しかし、もし整合性を保つだけが目的ならば、別の当主から伝兵衛家が分かれたことにすればよいはずである。そうすれば、本家の系図をわざわざ改竄する必要も生じない。己道家文書に残る原本を改竄してまで源右衛門にこだわった理由は、本家の系図に源右衛門を名乗る当主がただ一人しかいなかったからだと考えられる。熊吉は自身の家を、彦兵衛以前の本家の呼称で、北株の代名詞でもあった「源右衛門」の分家に、どうしても仕立てたかったようである。

そこで課題となったのは、伝兵衛家の系譜で伝兵衛の父にあたる源右衛門が生きた時代をどこに設定するかであった。この課題に応えるべく、源右衛門を五代目にずらして作成したのが「端野氏遺書」［譲一三五］である。

これは、永享九年（一四三七）に源右衛門が記した系図とされる。

そして、この改変に連動して作成されたのが、「端野家系図」［譲一三三一］である。ここでは、源右衛門以降の代を継ぎ足して、九代目の端野彦兵衛正玄が、元和八年（一六二二）三月二〇日に記したという体裁をとる。それとともに、正玄の実在性を高めるためであろう、同じく元和八年三月二〇日付で「端野名字遺書」を正玄が写したという「端野氏由来記」［譲一三三二］も作成している。

熊吉の系図創りはさらに発展し、遂には初代茂太夫毅闌以前の系譜まで描き出した「端野系統図」［譲一三四］を作成する。それは「武内宿祢之裔」の初代「波多野朝臣」、二代目「波多野門部造」に始まり、「千載集を撰んだ「波多野秀遠」などまで登場する系図である。『茄子作村史』四一丁で、熊吉自身が「群《(続欠)》書類従第六輯系図ノ部第百四十巻秀郷流系図波多野系ニ見ユ」と記すように、『続群書類従』に掲載される秀郷流の「波多野系図」を参考に作成したものであることは疑いない。

以上のような系図作成の過程を辿ると、端野氏がもとは「波多野」氏だとする主張が熊吉のなかで芽生えたのは、随分あとになってからのことだとわかる。その時期については後述するが、『茄子作村史』に「波多野」の名が頻出しながらも、己道家文書に挿入した熊吉作成の文書にはその名が一切みられないことから、少なくとも己道家文書の調査は、『茄子作村史』の編纂が始まる以前に済ませていたことになる。

そして最後の仕上げとして、「端野系統」［譲一四〇］を作成している。これの前半部分は「端野系統図」と完全に一致するが、「端野系統図」は近世初期の「与兵衛清真」で途切れているため、それ以降の歴代当主を補うことで、幕末まで脈々と続く伝兵衛家の姿を描き出すのである。その一部を次に掲げる。

【史料12】［譲一四〇］

（前略）

源右衛門浄心　嘉吉元年十二月

伝兵衛浄正　嘉吉三年二月

（五代略）

与兵衛清真　正保三年八月

与兵衛宗慶　延宝二年七月廿一日

儀右衛門生蓮　元禄十一年十一月廿八日

　妻端野彦兵衛出、俗名せん、八十二才

伝兵衛浄閑　享保二年二月十五日

　妻与兵衛出、俗名いし、阿弥（陀脱）寺住職ス、子二人

伝兵衛幸治（了閑）　寛保二（年脱）六月七日（七十五才）

　妻桜井吉兵衛出、俗名みち、子三名、七十八才

（後略）

本家五代目の源右衛門から伝兵衛が分かれ、そこから伝兵衛家の家系となる。「与兵衛清真」までは「端野系統図」そのままで、没年月しか記されないが、そこからは歴代当主の没日や経歴が徐々に詳しくなり、後略したが慶応三年（一八六七）の直近に没した当主まで記される。おそらく過去帳の類を利用し、現実の系図と結びつけることで、信憑性を膨らませようとしたのであろう。したがって、【史料12】の追記部分は、確かな史料として活用しうる可能性がある。

2　与兵衛・儀右衛門と伝兵衛家の関係

前項の検討を踏まえて注目したいのは、【史料12】の追記部分が「与兵衛宗慶」・「儀右衛門生蓮」に始まり、続く「浄閑」でようやく「伝兵衛」を名乗っているということである。浄閑は、宝永五年（一七〇八）の発給文書［譲一八］も残る実在の人物で、【史料12】に記される享保二年（一七一七）という没年にも矛盾はないので、その情報は信用してもよかろう。彼以降、幕末まで伝兵衛で一貫していることから、伝兵衛家の事実上の初代は浄閑にあたると思われる。

また伝兵衛以前が、与兵衛・儀右衛門であることも注目される。なぜなら、第四節ですでに示したように与兵衛は本家源右衛門の弟で、一七世紀末には北株の庄屋をつとめており、儀右衛門もそのあとを継いで庄屋となっているからである。(43)すなわち【史料12】からは、伝兵衛家が与兵衛・儀右衛門家から分家して成立した可能性を指摘しうるのである。

事実、文政二年（一八一九）の［己七〇］で、浄玄は「与兵衛出伝兵衛」が先格に背いて年寄をつとめたと非難している。本家以外に分家の藤兵衛が年寄をつとめたこともあることから、ここでいう先格とは、本家に代わって立つのは順当にいけば分家であるということではなかろうか。浄玄の認識が正しければ、伝兵衛家は分家与兵衛のさらに分家で、又分家にあたるからである。ここまでは通説に従い、伝兵衛家を彦兵衛家の分家と扱ってきたが、そのこと自体を疑う必要があるといえる。

また譲太郎家文書には、元禄三年（一六九〇）から宝永五年（一七〇八）にかけての免定が九通残されている［譲六五〜六八・七〇〜七四］。これは与兵衛が庄屋をつとめた時期から儀右衛門が庄屋をつとめた時期に該当するので、この両名と伝兵衛の間には何らかの関係があったとみられる。次の史料も、その関係を窺わせるものである。

【史料13】［譲一一五］

譲申田畑之覚

字つかばら上壱町
一上田壱畝八歩　此高壱斗六升五合
是ハ帳面五畝弐歩ニ高六斗六升之内ヲ上一かせ方之高ニ仕候、残而四斗九升五合ハ儀右衛門ら納ル、

字北
一下畑弐畝拾五歩　此高壱斗
是ハ帳面下畑五畝ニ高弐斗之内也、残而壱斗ハ伝兵衛ら納ル、

字ひろの弥左衛門畠ケ
一中畑三畝拾五歩　此高弐斗壱升

田畑反畝合七畝八歩

此高合四斗七升五合

右之田畑利教尼ニ譲置申候間、毎年ニ米壱石ツ、一代之間相渡シ、外ニきそくのため木綿五斤并大豆五升ツ、相添へ渡シ可申候、扨又屋敷之内ニ小庵立置可申候、若此利教尼長病なとさしおこり申候か、又ハ老たるまて命有之、飯領之たしなと仕ル事成不申候ハ、、この書付之外ニ何ニ而もとらせ、うゑ（飢）て死不申候様ニ可仕候、為其如此譲状仕判形いたし候、以上、

元禄拾一年寅九月吉日　茄子作村親　了玄（印）

子　儀右衛門（印）

利教尼との　参

元禄一一年（一六九八）の年紀を持つ右の証文は、了玄から利教へ一代限りで田畑三筆を譲ったときのもので

ある。了玄と儀右衛門が親子関係にあることは、同一印を使用していることからも裏付けられるので、了玄は与兵衛が隠居したのちの名と思われる。このときはまだ端野家の氏寺である阿弥陀寺の寺号もなく、譲渡された田畑からの収益によって「屋敷之内ニ小庵立置」こととなった(44)。

【史料13】が示す土地のうち二筆は、帳面上は儀右衛門と伝兵衛の土地で、そのうち一部を利教に寄進する形をとっていた。与兵衛了玄の差配でこのような寄進を行っていることから、儀右衛門の土地だけでなく伝兵衛の土地も、もとは了玄の土地であったと考えられる。

以上の点から、伝兵衛家は与兵衛家の分家である可能性が高いが、「座目録之事」［譲九九］（前掲【史料6】）をはじめ、両端野家に残された多くの史料が、伝兵衛家を藤兵衛・五兵衛家とならぶ彦兵衛家の株別としているのも事実である。これらの史料を典拠として、端野座の構造を分析した高谷重夫氏も、伝兵衛家の立場については異論を唱えていない(45)。

そこで、高谷氏が依拠している一連の宮座座席図を改めて確認してみたい。この史料群は、すでに指摘したように浄玄が作成したもので、虚偽の系図類を除くと、端野家の本分家関係を記したもののなかでは、成立時期が最も古い部類に入る。また複数残されており、次のように対比ができる意味でも、有効な素材といえる。

例えば［己七一］では、左座の筆頭に「彦兵衛出末家末男　与兵衛持」の枠が設けられ、そのなかに「彦兵衛出　伝兵衛同座」とみえる。しかし、よくよくみると、後者の「彦」は別の字の上から書き改められている。おそらく、もとは「与」であろう。［己八三］でも、同じく「与兵衛座」の枠のなかに「伝兵衛」の名があるが、その肩書にある「与兵衛出・儀右衛門出」が墨で抹消されている。

［己八五］は、他の座席図ではすでにその名が消えた、往時の端野本家源右衛門の名を登場させる復古的な図

である。とはいっても、かつての姿を復元したわけではなく、源右衛門を彦兵衛家の分家に位置付けるという、浄玄の作為がはっきりと窺えるものとなっている。この作為に沿う形で、他の座席図で与兵衛座の枠に該当する部分は「彦兵衛出源右衛門侍」とされており、その横には「源右衛門出伝兵衛侍」が記される。熊吉にとって「源右衛門出」であることはむしろ好都合であったとみえて、ここには改竄のあとがない。しかし、本家の彦兵衛部分に記される「本家之分家三間、三間（軒）、藤兵衛・伝兵衛・九兵衛」の「伝」の字はやはり別の字の上から記されているようにみえる。そもそもこれでは、伝兵衛家が二家存在することになってしまう。

〔己九〇〕には、そのような重複を避ける工夫がなされている。まず、本家彦兵衛座の枠のなかに、異なる筆で「株分家」と近代風に横書きされ、その下に伝兵衛・藤兵衛・五兵衛の三家の名が並べられる。そして、問題となる「同名株分家与兵衛座」の枠のなかには、「与兵衛出儀右衛門―同座□兵衛」と記される。ここに熊吉の加筆はないが、表から見ると虫損にみえる□部分は、【史料11】と同様に裏側から見ると縁が焼け焦げているので、本来は「伝」と記されていたはずである。[46] なお、儀右衛門と伝兵衛を繋ぐ線は浄玄によるものである。おそらく、伝兵衛は「与兵衛出」であり、かつ後継者のいなくなった儀右衛門を継承する立場でもあることを意味するのであろう。

以上のような座席図への細工から、熊吉による己道家文書の調査や系図改竄の最終的な目標は、伝兵衛家を本家の又分家ではなく、直接の分家とすることにあったことが明らかとなる。〔譲九九〕とほぼ同文の「座目録之事」〔己六六〕が己道家文書にも残されているが、両者を比較すると、熊吉の考えもより鮮明なものとなってくる。

〔己六六〕
彦兵衛株別

〔譲九九〕
彦兵衛株別

五兵衛　　伝兵衛
藤兵衛　　藤兵衛
与兵衛株別　　五兵衛
伝兵衛

ここまではっきり書かれていると、熊吉も改竄のしようがなかったようである。また、すでにみてきたように、熊吉による己道家文書の調査は、都合の悪い物に手を加えることはあっても、抜き取るようなことはなく、全ての文書を返却する方針で行われている。そこで熊吉は、伝兵衛の部分だけ改竄して［己六六］を［譲九九］に写し取ると、末尾に原本にはない座員一同の連署と拇印を加えたのである。これによって、原本と写本の関係は、あたかも逆転したかのようになった。高谷氏が［己六六］を用いず、［譲九九］を採用しているのもそのためであろう。

3　端野家系譜の実像

伝兵衛家が与兵衛家の分家であることは明白となった。そののち、断絶した儀右衛門の跡を継承する立場にあることもわかってきた。にも拘わらず、本家の分家ではなく又分家として扱い続けられたのはなぜだろうか。その理由を求めて、今少し伝兵衛家の成立過程を追究したい。

伝兵衛家初代が、浄閑の名で発給した文書が一通残っている［譲一八］。宝永五年（一七〇八）に「仁兵衛分五石余の高反別を書き上げたもので、仁兵衛の「親　浄閑」と「庄屋　儀右衛門」が連署する。ここでの仁兵衛は「浄玄由緒書」所載の系図が示すように、儀右衛門家から分かれた家である。儀右衛門はこの年を最後に姿を消すが、その財産の一部を浄閑の息子仁兵衛が分家として受け継いだのであろう。

この文書からは、儀右衛門が自身の子息ではない人物に分割相続していたことがわかる。そしてもう一つ注意しておきたいのは、儀右衛門が現役の庄屋であるのに対し、浄閑が法名を名乗り隠居となっていることである。もし浄閑が与兵衛の息子ならば、儀右衛門とは兄弟関係となるはずである。しかし、実際には年齢差があることから、与兵衛も子息ではない伝兵衛（浄閑）へ分割相続したことが推察される。【史料12】で、浄閑の妻「いし」が「与兵衛出」とされるように、伝兵衛は与兵衛家の婿として財産の一部を相続したのであろう。この想定に従えば、子のいない儀右衛門が甥の仁兵衛へ相続したと理解でき、図23のように関係性は整合的に繋がる。そしてここから、伝兵衛が「与兵衛出」という立場を払拭できない理由として、血縁関係にないという点が浮かび上がる。

浄玄が記した屋敷絵図［己四七］によると、「元与兵衛屋敷」と「元儀右衛門や敷」が広がる一角に「儀右

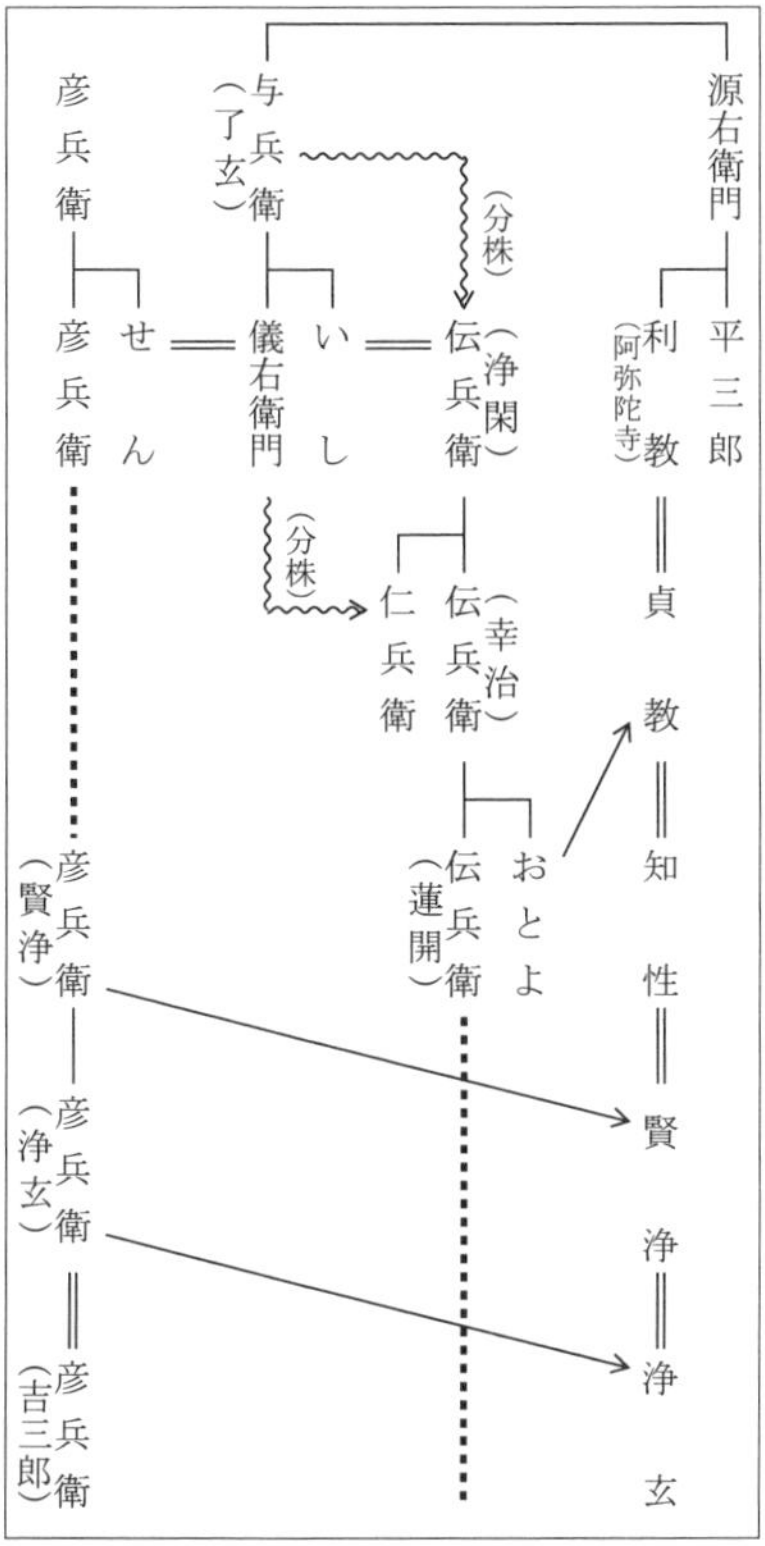

図23　端野一族の関係

衛門出仁兵衛」が居住している。また、門井集落の南東端にある「儀右衛門や敷」には、墨色の異なる字で「伝兵衛や敷」とも記されるが、これは熊吉によるものと思われる。しかし、伝兵衛の屋敷自体が少なくとも近世後期以降そこにあることは間違いない。儀右衛門家の断絶によって、その屋敷の一部は与兵衛の分家である伝兵衛に受け継がれたのである。儀右衛門家文書が伝兵衛家に若干受け継がれたのもそのためであろう。

次に本家彦兵衛家の成立についても考えておきたい。ここまでの分析で明らかにしたように、己道家文書は古い時代の古文書を豊富に含んでいるとみせかけて、延享四年（一七四七）の宮座相論に関する史料［己四三・六一］を除くと、賢浄が年寄に就任した明和三年（一七六六）以前の文書は一切受け継いでいない。よって、伝兵衛家同様にその成立はさほど古くないと思われる。彦兵衛が村役人に就いた初見の元禄一四年（一七〇一）段階では、儀右衛門が庄屋をつとめているが、この上下関係からみても、彦兵衛家は一八世紀初頭時点でまだ本家となっていないのではなかろうか。天保一四年（一八四三）に吉三郎が小田原藩堂島役所へ提出した【史料1】の「乍恐口上之覚」では、「此時分彦兵衛を源右衛門と申候て」とされていたが、もともと本家であった源右衛門家から彦兵衛家への継承関係は、もう少し説明の必要があるだろう。

そこで、端野家の氏寺である阿弥陀寺を手がかりとして、源右衛門家の家系を復元しておきたい。同じく「乍恐口上之覚」では、阿弥陀寺の初代利教・二代貞教・三代知性は、伝兵衛家の出身としていたが、二代・三代はともかく、初代を伝兵衛家出身とするのは、あくまでも天保一四年段階の伝兵衛側の主張である。その直前に、浄玄は利教を源右衛門の娘と認識している。

【史料14】［譲一二一四］

乍恐奉願上候

一　阿弥陀寺

右阿弥陀寺式銀八百三拾目御座候、右之銀子庄屋源右衛門江預ケ置候所、右源右衛門儀段々衰落仕、式銀返済難成相成候所、則源右衛門娘（利教と申）御座候、此娘不規ニ付尼と成シ阿弥陀寺住持と致、仏飯料として墓口田地二ヶ所并ニ北山壱ヶ所・屋敷壱ヶ所譲置、本家彦兵衛方へ印形譲り田地支配証文共預ケ置、〇阿弥陀寺退転無様本人ハ大坂引越（呉々相願）被申候、夫ゟ阿弥陀寺住持利教弟子貞教、弟（子脱）知性と住職仕候所、右知性病気ニ取合候中、彦兵衛方へ阿弥陀寺相続并ニ諸道具無紛様ニ願、血判之証文入置死去被致候、夫ゟ伝兵衛へ跡式引取無住となし被置候処、彦兵衛（賢浄）出家致阿弥陀寺かん（看）住被致候処是も相果、夫ゟ又伝兵衛方へ引取無住と成候処、甚一家親類歎ヶ敷存候故、本家彦兵衛（浄玄）不勝手ニ付別家吉三郎江跡式譲り置、右阿弥陀寺かん（看）住仕候処、此度源右衛門ゟ利教へ譲り置候仏飯料彼是申不納仕候間、何卒上納仕候様被　仰附被下候ハヽ、御慈悲難有奉存候、以上、

文政六年

未十二月　　阿弥陀寺かん住　浄　玄

一家中

御役人中様

ここでは、別家の吉三郎に家督を譲った直後の浄玄が、伝兵衛による阿弥陀寺仏飯料の押領を村役人へ訴えている。浄玄の主張は、源右衛門以来の由緒があるので、仏飯料は本家に支配権があるというものであった。訴えられた伝兵衛家側に伝えられたものなので、少なくともこのようなものを浄玄が提出したことは事実と思われる。源右衛門は、弟与兵衛を別家して庄屋職を譲り、自身は逼塞してしまう。その時期は不詳だが、元禄一一年

の【史料13】は、残された利教を不憫に思った与兵衛が、彼女を養ったものと理解されよう。源右衛門家はのち一時的に復興された形跡がみられるが、寛保二年（一七四二）及び翌三年の利教の印形［譲一一九・一二〇］と明和六年の源右衛門の印形［譲三八］は一致する。これも利教を源右衛門家出身とする有力な証拠といえる。【史料14】では、源右衛門が直接利教へ仏飯料を譲ったかのように記されているが、正確には【史料13】でみたように、与兵衛がその段取りを調えていた。また【史料1】では、源右衛門の息子で大坂に出ていた和泉屋平三郎が、のちに茄子作村に残していた土地を阿弥陀寺に寄進したとするが、その点は寛保三年に利教と平三郎が阿弥陀寺に土地を寄進した証文［譲一一九］が残っていることからも裏付けられる。

さらに翌年には、両名が「おとよ」に宛ててその土地を譲渡した証文［譲一二〇］も残る。「おとよを弟子ニいたし阿弥陀寺江住職致シ可申筈ニ仕候所、相違無御座候」としているので、おとよはのちの貞教であろう。この二点が譲太郎家文書に残されていることから、貞教は伝兵衛家の出身で、世代的にみて浄閑の孫であった可能性が高い。[47]

【史料1】や【史料14】では、阿弥陀寺三代目住持である知性が阿弥陀寺の仏飯料を彦兵衛に託した証文が残ると述べているが、その証文も実在する。

【史料15】［已一三七］

願文しよもの《（証文）》こと

一あミた寺同やしきのこと

三十七たいぼんさまのき源右衛門むすめ利きやう《（教）》あまになり、かいさん《（開山）》として■《ほ》とけ様ニめしをとし、りきやうのはん《（飯）》代として大坂のいずみや平三郎かいりまゐの内田大き小田二まいかたみ《（形見）》ニつけて、はたけ二まいわでしてきやう《（弟子貞教）》様ひんぼう《（貧乏）》してうりのこりの寺やしき田二まいほとけ様仏むんなり、ていきやうでし
知性三代目のちうし《（住持）》となり、もとむら庄や仲右衛門様としし よ西方寺寺免あらためのとき御せわなり、こ
のことじつしよ《（実正）》なり、源右衛門おもやいゑ《（母屋家）》彦兵衛とのにかたくたのみおくしよもん《（証文）》なり、
《（異筆）》「あみた寺ハ無本寺なり
せわ人中伝兵衛・彦兵衛・五兵衛・藤兵衛四けんせわ」
　　　　　　あみた寺十寺
　　　　　　　知性（血判）
はしの彦兵衛との

稚拙な文字で文意も通じにくいところがあるため、一見疑わしいが、両端野家の全ての偽作関係者が再三中世に遡るとしていた阿弥陀寺の開山を利教としている点などから、信憑性のある文書である。ただし本文最後の二行は、文字を真似てはいるが、無理やり行間に記した別人の筆である。内容からみて、伝兵衛家が本家彦兵衛家の分株三家の一つにあたると主張する熊吉の仕業と考えられるので、この一文は捨て置くこととして、ここでは本文の「源右衛門おもやいゑ《（母屋家）》彦兵衛とのにかたくたのみおく」という部分に注目したい。彦兵衛は、源右衛門の血統を直接的に受け継いでいるのではなく、あくまでも逼塞した源右衛門家の跡を託された立場にあったのである。【史料12】では、儀右衛門の妻「せん」を「端野彦兵衛出」としていることから、源右衛門家も断絶し、その分家にあたる与兵衛家も儀右衛門の代で断絶するに至って、その妻の実家である彦兵衛家が本家として浮上したのであろう。よって、彦兵衛家が本家となるのは、少なくとも儀右衛門が姿を消す宝永五年以降ということになる。賢浄・浄玄が、中世以来本家であったことを殊更に主張する必要性はここに求められる。

阿弥陀寺の仏飯料を巡る確執も、前には彦兵衛家側の視点からしかみなかったが、伝兵衛家の視点に立つとそ

の理解も変わったものとなってくる。すなわち、仏飯料の一部は元来自身の土地であり、彦兵衛家はあくまでも源右衛門家の財産を預かる立場でしかない。また与兵衛・儀右衛門との関係でいえば、伝兵衛家は彦兵衛家よりも早くから密接な関係を結んでおり、そのため文書や屋敷地などの一部も継承していた。前には、近世後期における端野一族内の混乱の理由を彦兵衛家が衰退したことのみで説明したが、彦兵衛家が本来の本家ではないという相続上の事情も、長期にわたる対立に少なからず影響していたはずである。

七　端野熊吉の修史事業と啓蒙活動

1　宮座の復興と『茄子作村史』の編纂

視点を熊吉に戻し、本節では彼の活動を具体的に追っていくことにする。まず本項では、偽文書作成の契機について検討しておきたい。

茄子作の宮座は明治初年に廃されたが、熊吉は明治三〇年（一八九七）に端野座の復興を図った。その時に定められた「端野座定録」［譲一〇七］によると、端野座の総本家である彦兵衛家は中絶扱いとなり、吉三郎家が復興されている。吉三郎家の当主は亀造で、座席は「彦兵衛妻家末座」と指定されていた。つまり、近世に別妻家として永代末座であった西兵衛と同じ位置付けである。

吉三郎は、天保一二年（一八四一）に、彦兵衛家として座に加入したい旨を藤兵衛へ申し入れている。その節に、「私し忰末代ニ至迄藤兵衛・九兵衛ゟ出座仕候共、上席抔与申義ハ一切申間敷候、若心得違ニて後代ニ至申出、彦兵衛先祖ゟ本家抔与申上席仕候与申募候者出来候得者、其元殿両家ゟ此以書附を元々吉三郎ニ立戻り座席相違候様被申下候共、其時一言之申分無之相退キ可申候」［己一六］と誓約していることから、一旦は彦兵衛家として座に加入したものの、明治までの間に何らかのトラブルがあり、誓約通りに吉三郎家へ戻されてしまったのであろう。

そこで上座中央に座ることとなったのが、彦兵衛家の分株とされる伝兵衛家・藤兵衛家であった(48)。当主は熊吉と岩吉である。熊吉が、伝兵衛家を与兵衛家の分株とする史料に悉く手を加え、彦兵衛家の分株であるかのように諸史料を改竄した理由は、ここから明らかとなる。すなわち、宮座復興の旗頭となるには、彦兵衛家の代理という肩書がどうしても必要だったのである。

また、彦兵衛家だけでなく、本家として上座に位置した四郎兵衛家・弥左衛門家も揃って中絶となっていた。そこで、四郎兵衛家の分株である与左衛門・仁兵衛・半兵衛家も上座に座ることとなる。また掃部姓の弥左衛門家の席には、右座の筆頭であった福山姓の甚左衛門家が「仮譲」という形で着座した。こうして、近世のルールに則ったように見せかけながらも、分家一同が、上座に並ぶという趣の異なる座席が成立した。熊吉による端野座復興が多くの同意を得た要因は、ここにもあると考えられる。

そして本来の弥左衛門の席に、「古昔端野帯刀橘少将之臣下ナリ」と記されていることも注目される。掃部姓が、端野氏の何人かいる重臣のうちの一人という史料は、賢浄・浄玄も作成していたが、それを座並にあてはめるようなことはなかったからである。次の史料は、それとの関係で作成されたものであろう。

【史料16】［己一〇二］

一此度氏神勧請御願被下、能首尾相済目出度本望奉存候、右為御礼金子指上御取次被成下、則請取之一書被下置候段、慥ニ致拝請申納候、以上、

嘉吉元酉九月廿一日　　　　掃部（印）

端野茂左衛門殿

神社勧請書の一部にみえるが、「嘉吉元酉」とされることから熊吉の創作である。神社勧請書は七座の座頭分しか用意されていなかったので、それを補うように、新たに創作し己道家文書に挿入したのであろう。注目すべきは、寛文四年（一六六四）の名寄帳［譲二四］以来、近世を通じて弥左衛門が使用していた印が捺されていることである。

【史料17】［己六八］

取替し一札之事

一此度氏神勧請いたし候ニ付、　宮座席相改置候、
其昔端野帯刀橘少将殿一子民部之鋪（輔）発向之時代、禁庭　守郡（邦）親王之守護人之時ゟ其許殿之分家之臣家ニ御座候故、此度相改其許座席ニ相かへ置被下候段難有奉存候、此後世々代々ニ至迄、座席之儀ニ付何事も相互ニ相談之上我侭不申候、柔和之取扱いたし可申候、右之因縁ニ候ハヽ、相互ニ子孫永々右座席抔相除き候与申間敷、為後日仍而一札如件、

嘉吉元酉年

十二月吉日　　　　掃部弥左衛門（印）

端野茂左衛門殿

前書之通ニ御座候故、此後代々互ニ双方代替之節相改可申候事、
端野茂左衛門事、今彦兵衛与号し候、

享和二戌年　　　　　　掃部弥左衛門（印）

端野彦兵衛殿

嘉吉元年（一四四一）に掃部弥左衛門と端野茂左衛門の間で取り交わした主従の契約を、享和二年（一八〇二）に再確認したという形式をとっている。果たして弥左衛門が、このような屈辱的な契約に応じるであろうか。これらの文書は、弥左衛門家中絶後に熊吉がその印を入手したことを示している。

以上みてきたように、己道家文書の改竄は、ほぼ全て宮座の復興に伴うものであった。後に追加で手渡したものもあるかもしれないが、「波多野」氏とする史料が一切ないことからも、己道家文書の借用・改竄は概ね明治三〇年以前に限定することができよう。

そして次に訪れる大きな転機が、全一七七丁にものぼる『茄子作村史』の編纂であった。『枚方市史』には、これを典拠にしたと思われる記述がままみられるが、書名を明記して引用している部分は一ヶ所（第一巻三〇六頁）しかない。そこでは、「明治二二年ころ端野伝兵衛氏により編纂された」とされるが、厳密には伝兵衛家の当主熊吉とすべきである。

また、明治二二年という編纂時期は、以後の叙述があまりないことからの推測と思われるが、この断絶はあくまでも編纂方針に基づくものである。その点は、『茄子作村史』の「はしがき」に、町村制施行後のことは村役場に残された史料でわかるという理由が明記されている。しかもそこには、大正一〇年（一九二一）の川越村（町村制施行時に茄子作・山之上・村野・田宮が合併して成立）村会決議を経て村史編纂を委嘱されたという経過も記される。(49)書中にみられる最も新しい記事は大正一四年のもので、末尾に昭和三年（一九二八）の桜井茄園による跋文があることから、編纂時期は大正末から昭和初期頃とするのが正しい。

2　史料の収集

先述のように、儀右衛門家が断絶したのちに伝兵衛は免定を若干受け継いでいたが、熊吉はこれらも少しだけ改竄している。免定の全ての端裏に「伝兵衛」と記し、「役中御免定之箱　茄子作村端野伝兵衛」と墨書された箱に一括で収めるのである。

そのなかには、免定ではないが年貢に関連する文書［譲六九］も一通のみ含まれている。それは茄子作村北株の百姓一同と庄屋の間で年貢の納入方法を取り決めたもので、年寄・百姓四八名が連署捺印し、宛所を庄屋とする書式をとっている。捺印は全て異なるので、文面そのものを疑う余地はない。問題は、儀右衛門が庄屋をつとめた時期にあたる元禄一四年（一七〇一）のものでありながら、宛所が「庄屋伝兵衛」となっている点である。【史料11】と同様に宛所を裁断して改竄していることは、差出人連署の末尾にあたる権四郎の次にも墨の痕跡があり、さらに人名が連なっていた形跡があることから明らかである。差出人の三人目は、名前部分に穴があって「□兵衛」としか判読できないが、印は浄閑のものと一致するので「伝」と補うことができる。となると、宛所と一致して矛盾が生じてしまうが、例によってその部分の裏側をみると、穴の縁に焦げた跡が確認できる。全体的に虫損が多い文書であるため、表面からみるとその穴に違和感はないが、末尾の裁断部分が一直線となるのは不自然なため、所々を焦がして虫損風に取り繕っている。以上の作業によって生み出された「庄屋伝兵衛」は、『茄子作村史』八七丁の歴代庄屋リストにも反映されている。

伝兵衛家は度々年寄をつとめていたため、譲太郎家文書には上記の史料以外にも村方文書は残されているが、村役人をつとめていた時期から外れるものも比較的多く認められる。身近なところでは、明和三年（一七六六）の「表用諸事扣写帳」［已四四・譲五］や、明和五年の「五人組帳」［已一・譲二］など、彦兵衛家文書の写である。

そのほか注目されるものに、永荒開発の名寄帳群がある。正徳四年（一七一四）と延享二年（一七四五）と寛政三年（一七九一）の三冊を合冊した［譲一四］には、村役人や小田原藩役人の捺印もあり、名請人等を修正する付箋が多数貼られていることから、村役人が実際に使用していたものといえる。同種の台帳として、享保一一年（一七二六）の［譲一五］と寛政元年の［譲一六］も残るが、この二点の表紙には「端野」と記されている。近世後期まで村役人が実際に使用したこれらの文書は、いうまでもなく伝兵衛家伝来のものではない。自家に伝わるものとみせかけるために、熊吉が追記したのであろう。(50)

以上の土地台帳は、仲右衛門が庄屋をつとめた時期のものという点で共通するが、おそらく仲右衛門家から入手したものではない。というのも、永荒開発の名寄帳は他にも二冊残っており、そのうち天保一二年（一八四一）の［譲二五］は、表紙に「元源右衛門方」とあるので、北株の庄屋をつとめた吉兵衛が使用していたものと特定できるからである。もう一冊の［譲二七］も、仲右衛門が庄屋の座を離れて以降の文久三年（一八六三）のものである。よってこれらは、庄屋の引継文書として一括されたなかから、熊吉が抜き取ったものと推測される。

田畑質入証文を写した帳面類五冊を、さらに一綴にした［譲四九］が、その一括状況を推測する手がかりとなる。証文は天保期以降のもので、それぞれには、質入主・請人の印も捺されていることから、これらは村側の正式な控帳というべきものである。天保期は仲右衛門と吉兵衛が共同で庄屋をつとめた時期にあたるので、表紙に仲右衛門の名が記されるものもあれば、吉兵衛の名が記されるものもある。一綴にされた五冊のうちには、表紙に「茄子作村正副戸長」と記された明治八年（一八七五）度の田畑売買切換帳も含まれていることから、以上の文書群を熊吉が入手したのは、少なくとも戸長役場に引き継がれて以降と判断される。(51)

熊吉は、川越村の村会議員選挙に明治二八年・三七年・四三年・大正二年（一九一三）・六年・一〇年の計六回

当選しており、明治四五年には村の助役、大正四年には村長もつとめている。(52)その間に旧茄子作村の公文書に触れる機会はいくらでもあったであろう。熊吉がこの方面に精通していたことは、『茄子作村史』の「はしがき」で、村役場の文書所蔵状況について触れていることからも明らかである。

熊吉が入手した文書からは、村方文書のなかでもとりわけ台帳類に意識を傾けていることがみてとれる。また、文政一二年（一八二九）に高橋座を除く座員全てが連署した文書の写［譲一〇四］には、(53)それぞれの居所と座名が書き込まれており、『茄子作村史』からも同様の注記をする傾向が確認できる。近世の茄子作村民個々人を把握しようとする熊吉の視線からは、端野座だけでなく氏神の七座全体を復興しようとする意気込みを感じ取ることができる。その狙いが、端野座を他座の一段上位に位置付けることであることは想像に難くない。

以上のように、熊吉は由緒書や偽文書を創作する前提作業として、史料収集も積極的に行っていた。

3　史蹟の顕彰

端野氏がかつて「波多野」を名乗り、その姓「門部造」が地名の門井になったという熊吉独自の主張が含まれる偽文書は、古風な筆跡にみせようとする意図が窺われるものの、字体や料紙は近世のそれとは明らかに異なる。賢浄同様、あらゆる字体を用いているので、一見複数名の筆跡に見紛うが、熊吉の著した『茄子作村史』と比較しながら注意してみれば、熊吉独特の崩し方をする文字は至る所で確認できる。最も容易に判断できる文字は頻用する「年」で、三筆目と四筆目が、五筆目の横棒や六筆目の縦棒と交差せず、縦棒の左側に横向きの短線二本で並ぶという特徴がある。本項では、その作業に基づいて検出した熊吉作成の偽文書から、個別の史蹟に関係するものを取り上げ、彼の史蹟観を概括する。

①土井城

まず最初に、宝暦三年（一七五三）に端野彦兵衛が記したとされる「土井城之古歴」［譲九三］をあげておく。ここでは、賢浄が創作した南北朝期前後の端野家由緒の筋書を基本としながら、領主支配の内実について具体化を図っている。北河内の所領は具体的に二二ヶ村の村名があげられ、その「本知」以外に「新知」として、楠木正成から丹南郡三ヶ村で一二〇〇石を与えられたとする。楠木氏滅亡に伴う知行没収ののち、足利氏から茄子作村内で三四二石が与えられたともされるが、これは北株と東株の高を合計したものである。ここでの土井城主は、「波多野」氏とはせず端野氏のままなので、早い段階に作成されたものと判明する。

②上臈塚

次に元禄二年（一六八九）に波多野源右衛門が記したとされる「波多野上臈の塚」［譲九〇］をみておく。「波多野上臈」とは波多野秀遠の娘のことで、彼女は父とともに朝廷に仕えていたという。保元元年（一一五六）に秀遠は千載集を編むなど活躍したが、源平の合戦で国が乱れたため、父子ともに茄子作に帰村した。塚は寿永二年（一一八三）に没した彼女のものという。

すでに第二節でみたように、賢浄は端野一族を本誓寺檀家から阿弥陀寺の檀家へ切り替えようと目論んだ際に、阿弥陀寺が中世以来の伝統を持つことを主張した。その議論のなかで、当初は存在していなかった「高野《コウヤ》女郎《ジョウロウ》之墓印」が由緒書のなかに登場する。これを発展させたのが上臈塚といえる。

『茄子作村史』編纂も大詰めを迎えた大正一五年（一九二六）に、熊吉が音頭を取って一族から寄付金を募り、上臈塚記念碑を建立している［譲九一］。本誓寺の南にある端野一族の墓所には、一番奥まったところに現在もその石碑が建っている。またその手前には、上臈塚そのものの石塔も残っている。このように、熊吉は伝兵衛家そのものだけでなく、端野一族全体の振興も視野に入れていた。

③犬井甚兵衛屋敷

茄子作村には本尊掛松という史蹟があった。これは、融通念仏宗を中興した法明が、石清水八幡宮の神慮を得て深江（大阪市東成区）から参詣しようとしたところ、天得如来の絵像を法明へ授けるため深江に向かっていた石清水の使者とばったり出会った場所とされる。法明は喜びの余り、絵像をここの松に掛け踊躍した。これが同宗の念仏踊りのはじまりといわれる。[54]この史蹟は、早くから地誌などで紹介されているが、その晩、犬井甚兵衛宅に泊まったという続きの話は、近世にはみられないものである。

「碑文」という表題の史料［譲一二九］には、冒頭に「石高五尺　巾一尺三寸　厚五寸　台石二尺」と石碑の大きさが記され、続けて碑に刻まれた本文が載せられ、末尾に「草卒ニ写来、誤脱頗多、処々腐蝕不可読」と傷みが激しく全文が読めないとし、「天保三年五月七日　平野大念仏寺　詮海誌」と日付と写した人物の署名がある。詮海は、たしかに天保三年（一八三二）段階に実在した人物である。

問題となる碑文には、本尊掛松の由緒とその夜ここに法明が泊まったことが記される。「永正三年十一月　石工星田」という碑文の末尾に従えば、詮海は永正三年（一五〇六）に建立された石碑を写したということになるが、碑文の文中に「戌亥《（犬井）》兵衛頭、波多野氏之出也」ともみえることから、これも熊吉の創作であることは明白である。

『茄子作村史』三〇丁では「犬井甚兵衛屋敷趾」という項目を立て、「門部の城主波多野帯刀の出なり、其居邸戌亥に方る以て乾甚太夫又甚兵衛と通称せり」とし、長文の解説及び碑文全文が翻刻される。また後筆にて、碑文は本誓寺に軸物にして所蔵されていると注記されている。この石碑はのちに「再建」されることとなり、現在

は正面に枚方市教育委員会による説明板も建てられている。(55)

若干不可解なのは、本来茄子作には存在しない犬井（乾）の姓を熊吉が持ち出した理由である。それを知る手がかりは、「浄玄由緒書」所収の「先祖遺書」にある。そこには端野家家臣として「掃部勝頼・清水栄女（采）・奥野昌治・高橋郡治・乾甚太夫・福山兵預（輔）・桜井和泉・堀備中・岡市左忠」の九人の名が列挙される。このうち「乾」のみ茄子作には本来ない姓である。賢浄が、何かしらの目的でここに組み込んだのだが、「先祖遺書」は賢浄初期の作で、以後乾の名が登場する史料はないことから、今となってはその意図がわからない。

のちに熊吉は、「浄玄由緒書」を再整理した【史料10】を作成して已道家文書に収めているが、原本ともいうべき「端野名字遺書」には乾の名がないため、それとの整合性を保つためにも乾の名を削除している。しかし、それだけでは「先祖遺書」に登場する「乾甚太夫」の存在が宙に浮いてしまうため、別の形で実在性を示す必要もあったのであろう。

④金龍寺境内の荒神宮

承応二年（一六五三）に波多野与兵衛が記したとされる「氏の神由来」［譲九四］には、花押も据えられる。古く見せるために裏打ちもなされ、裏打ち紙には「文政二年（一八一九）うらばりす（裏貼）」と記されるが、何らかの顔料を塗って古色を出そうとしていることが一目でわかる。②の「波多野上臈の塚」や③の「碑文」のほか、伝兵衛家系図の完成版であった【史料12】の「端野系統」もこの裏打ち紙と同一の料紙なので、江戸後期から幕末頃の人物が清書をする際に使用する紙と熊吉は想定しているようである。

その内容は、「当地開発最初往古よりの霊堵なりと伝る古文より之を記」したもので、表題にも明らかなように、春日神社が氏神となる以前の氏神を示したものである。その所在は境内に「天徳二年薬師如来安置し金立寺（龍）

を創立せらる」と記していることから、金龍寺の地にあたる。

そもそも、金龍寺の境内にあった荒神宮を当初の茄子作の氏神と称したのは、賢浄が端野家系譜として最初に作成した［己九六］の「古貴書写之事」（前掲【史料3】）であった。おそらく実在する荒神宮を由緒に組み込んだのだと思われるが、のちに賢浄は古代の由緒を廃案にしたため、荒神宮のことも触れられなくなってしまう。

熊吉が、それを拾い上げようと最初に試みたのが、「氏神荒神之祠由来記」［己一〇五］であった。己道家文書に含まれていることから、これの成立は、明治三〇年（一八九七）頃であることがほぼ確実である。(56)この段階では、賢浄による古代の由緒と中世の由緒の関係をうまく消化しきれていないようで、時期設定にも悩んだ様子がみられる。例えば、南北朝期の当主であった「毅闌」の字を崩して「敦閑」という新たな当主を仕立て上げ、享禄三年（一五三〇）に彼が記したという体裁をとっている。「敦閑」の花押も据えられているが、本文に登場する人物が系図と一致しないなど、矛盾の多い明らかな失敗作である。しかし、己道家文書に挿入してしまったため、抜き取ることもできなかった。結果として、熊吉の系譜作りが発展途上にあったことをよく示す史料となっている。

「氏の神由来」は、その失敗を取り消すための作品であった。前回のようにあまり古い時代の人物ではなく、近世初期の与兵衛に仮託し、文章もかなり短めにして、ただ一点茄子作最初の氏神であることだけを強調するため、造化三神の一つである「神魂命」を新たに祭神とする。

『茄子作村史』二三丁の「元宮神社の趾」という項では、「祭神は神魂命にして荒神宮と称へたり、明治維新の際神仏分離令に依り掃部神社と名け村社春日神社内に合祠す」とある。しかし、大正一〇年の「稿本　春日神社誌」［譲一〇九］では、春日神社の祭神は神社勧請書に基づく四柱で、境内社として秋葉神社があるのみである。秋葉神社の祭神は秋葉大神で、由緒は不詳とされる。一方の『茄子作村史』四八丁でも、春日神社の境内社は一社のみであるが、それを掃部神社としている。熊吉は、秋葉神社を荒神宮の移転先にすり替えようとしているのである。

さらに「元宮神社の趾」の項では、「後世何時か此神趾の紀念を永久に表現せられんことを請ふ」とあるが、現在、金龍寺境内に「元宮紀念碑」と彫られた石碑が建っている。その台座には「北組」と彫られており、やはりここでも熊吉を中心とした建碑活動のあとが確認できる。

4　活動の総括

熊吉の偽文書作成は、史料の収集を前提としており、新たに創作した個々の史蹟については、建碑によってその浸透を図っていた。本項では、このような個別の仕事が集約された『茄子作村史』などの成果から、彼の活動が目指すところを明らかにするとともに、成果を周知した方法についてもみておきたい。

先述のように、熊吉は土地台帳を好んで収集していた。熊吉の筆跡が読み取れる延宝二年（一六七四）の「設楽肥前守領」高割帳［譲七六］は、その作業を総合した成果にふさわしいものである。表紙・裏表紙には、薄い墨を塗って古色を出そうとする工夫も窺えるが、茄子作村が設楽の与力知行地となるのは延宝七年であり、知行高も元禄七年（一六九四）に小田原藩領となって以降のものとなっているので明らかな誤りである。いずれも賢浄の誤りをそのままに受け継いでしまったものといえる。

この帳面の作成目的は、端野一族の所持高を誇張する点にあるといってよい。北株はわずか一三名で占められており、そのうち一一名までが端野姓の者である。残る二人は掃部弥左衛門と福山吉左衛門で、実際には南株百姓であったが、端野座で上席を占める者たちである。一方の南株は、一三四の名請人で構成されている。『茄子作村史』一〇丁をはじめ、同書には波多野一族がまず村を起こし、北から南へ向けて拡大したという主張がしばしばみえるように、その歴史認識がここに反映しているといえるだろう。

同様の歴史認識は、前項で検討した史蹟の創作と顕彰のありかたからもみてとれる。その力の入れようは、『茄子作村史』二二丁~四二丁に「名所古跡」として、阿弥陀寺趾・元宮神社趾・中山観音寺趾・上臈塚・和泉人山塚・乾甚兵衛邸趾・本尊掛松・大将軍塚・三ツ塚・土井城趾と、一〇を数える項目が設けられていることからも看取できる。

そのうち偽文書が残されている史蹟とそうでない史蹟との違いは、熊吉にとっての重要度の差とおそらく一致する。偽文書が残される史蹟は、端野一族が居住する集落北端の門井周辺に集中しているからである。具体的には門井の北側に土井城、南側に上臈塚、西側に元宮、北西に犬井甚兵衛屋敷と、集落を囲うように端野家にまつわる史蹟で固めていったことがみてとれる。

本来の茄子作を代表する史的空間といえば、氏神春日神社と本尊掛松である。元宮や犬井甚兵衛屋敷は、これらを門井にひきつけて理解し、茄子作の集落は北から南へと広がったという意識や、北側中心の本来の姿を思い起こさせようとする狙いのもと創出されたに違いない。熊吉によって創出された史蹟群は、近世中期以降明らかに陰りをみせていた端野座復興のシンボルとでもいうことができよう。

こうした主張を可能にさせた要因として、近世後期に端野家に代わり村内の最大勢力となっていた桜井仲右衛門家が、明治一五年頃に断絶したことも見逃せまい（『茄子作村史』三〇丁）。もちろん、桜井一族は村内に多く残っているし、完全に無視するわけにもいかない。そこで熊吉は、桜井家の先祖にまつわる和泉人山塚を『茄子作村史』に盛り込むという配慮も忘れていない。

問題は、熊吉が主張しはじめた史蹟が、なぜ短期間で定着したかである。延宝七年（一六七九）の『河内鑑名所記』、享保二〇年（一七三五）の『五畿内志』、享和元年（一八〇一）の『河内名所図会』などの江戸時代の地誌では、現存する寺社を除けば、茄子作村の史蹟として紹介されるのは本尊掛松のみである。明治一七年（一八八四）の奥書を持つ大阪府立中之島図書館蔵の「大阪府地誌」や、明治三六年に発行された『大阪府誌』など、明治期の大阪府による編纂物でもその点は変わらない。このように、熊吉の創出した史蹟には何ら裏付けがないのである。たしかに石碑は、史蹟の定着に少なからず貢献したであろうが、その根拠ともいえる偽文書や『茄子作村史』を一般の者が目にする機会はほとんどなかったはずである。

熊吉創作の史蹟が広まった背景には、次のような裏事情があった。『茄子作村史』編纂が始まる以前から、井上正雄は『大阪府全志』の編纂を進めていた。大正一一年（一九二二）に発行された『大阪府全志』には、土井城址・犬井甚兵衛屋敷・中山観音寺の址・大将軍塚と、熊吉が重視する史蹟がほぼ出揃っている。土井城について「端野伝吉氏《ママ》の旧記によれば、城は波多野帯刀の居城」と解説されるように、熊吉はそれまでに書きためた偽文書類を、井上に披露したのである。

このように自身が創出して吹き込んだにも拘わらず、『茄子作村史』の末尾には、あたかも井上の説であるかのように『大阪府全志』の茄子作に該当する部分を付録として筆写する。二つの修史事業が重なったという偶然的側面もあるが、熊吉は自説を補強・周知するために、『大阪府全志』を最大限に利用したのであった。

熊吉が創作した偽文書は、概ね『茄子作村史』に掲載されており、延宝二年の高割帳も例に漏れない。ここで思い起こされるのは、『大阪府全志』が個々の村の領主支配の変遷を丁寧にまとめていることである。そのため『茄子作村史』では、延宝二年の高割帳に記された領主名を、設楽から石丸に正したうえで掲載している。

八　その後の修史事業における対応

1　中山観音寺の創出

最後に本節では、比較的注目度の高い中山観音寺を例にとることで、熊吉によって創出された史蹟が一般に定着するまでの過程を一つの流れとして捉え、以後の研究がそこで果たした役割について検討する。

『茄子作村史』二七丁から始まる中山観音寺の項によると、「村の西方字中山及観音原に在」って、「奈良朝時代の創造にて釈尊寺・金龍寺等其他三宝院・奥の防・阿舎利防(阿闍梨坊)あり、皆同一の伽藍地帯内の巨刹たりしが、南北朝戦乱の時妻(屡)々兵燹に罹り皆敗(廃)亡し」たという。そして、境内には「巨石二個」が残っており、「其一石は形牛の臥るに似により牛石と唱へ、他の一石を星石と云ふ」と続ける。そして「摂津国中山寺は元此地に在しか、奈良の都山城京都に移りしと共、彼地に移転したりしと云」という「世伝」も掲載する。

「浄玄由緒書」所載の「先祖遺書」でも「中山寺」の名前はみえるが、かつて存在した数ある寺のうちの一つという扱いに過ぎず、特段その由緒が語られることはない。『茄子作村史』の「名所古跡」の性格を踏まえると、ここにも熊吉によるオリジナルの説が含まれることは疑いない。幸いにして『茄子作村史』の編纂が始まる七年前に、岡市正人氏が郷土の民俗調査報告を行っているので、中山観音寺に該当する部分を次に掲げておく(57)。

> 村の西に当つて中山と云ふ小山あり。昔の寺院の趾なるか、石地蔵石垣庭石あり。又此辺には得難き大石あり。臥牛の形に似たる故に之を中山の牛石と謂ふ。毎年正月元旦には黄金の鶏此石上に現れ時を告ぐる。伝説には摂津の中山寺は此地より移したものと言ふも、双方ともに然と否を証すべき材料無し。併し此附近に阿闍梨坊・三郎坊・寺山・阪清水などの字あるを見れば、以前大きな伽藍のあつたことだけは疑を容れず。

要点を拾うと、まず寺名については、「昔の寺院の趾なるか」と疑問形で述べるようにあくまでも不詳であり、「観音寺」どころか「中山寺」ともしていない。よって、興廃の時期についても触れていない。二点目に、牛石の存在を指摘する初見事例であるが、それにまつわる「黄金の鶏」伝説は、これ以降一切みえない説である。また「星石」なるものについては存在すら記さない。三点目に、摂津中山寺の前身であるという「伝説」を載せるが、「然と否を証すべき材料無し」と否定的である。しかし、周辺には子院を思わせるような字が残されており、大きな伽藍があったことは間違いないとする。しかし、『茄子作村史』のように釈尊寺や金龍寺といった現存寺院を子院扱いはしていない。

以上の三点と、『茄子作村史』の記述を比較すると、熊吉は次のようなことを考えていたと推察される。中山の寺院跡を由緒に組み込むには寺名が不可欠であるが、浄玄が用いた「中山寺」という名称だけでは、茄子作から摂津に移したという説は単に名前が一致するというだけの付会に取られかねない。そこで「中山」の付近に残る小字「観音原」と合体させて「中山観音寺」としたのであろう(58)。なぜなら、摂津中山寺は中山観音とも呼ばれ、観音霊場として知られるからである。

また、熊吉は「黄金の鶏」伝説を知ってか知らでか全く触れない。おそらく彼にとっては、牛石そのものよりも、それと対となる「星石」の存在を主張することこそが重要であったと思われる。というのも、「星石」なる名称はここでしかみることができないからである。のちに旧『枚方市史』三三二頁では、牛石と対となる巨石が「鏡石」とされているので、熊吉は「鏡石」に「星石」という名称を与えようとしたのではないだろうか。該当する石について触れた文献は他になく、それらしき石も現在残っていないが、摂津中山寺との接近を図ろうとする意思が熊吉の根底にあったことを踏まえれば、次のような推測が成り立つ。すなわち、摂津中山寺は観音が星に乗って集まってくるという星下りという祭りでも知られるが、それを多分に意識していたのであろう。こうして「黄金の鶏」以外に伝承らしいものがなかった寺跡が、天体信仰ゆかりの中山観音寺となる下地が整えられたのである。

金龍寺・釈尊寺といった現存寺院との関係をことさらに主張する理由は、以下の通りである。金龍寺は、先述のように門井のすぐ西に所在する。それに対し釈尊寺は、茄子作村ではなく隣の村野村に属す寺院で、村野村の出郷釈尊寺の名の由来ともなっている。とはいっても、釈尊寺は門井のすぐ東側に隣接している。釈尊寺は古刹として知られ、本尊は大阪府の有形文化財にも指定される釈迦如来立像で、鎌倉時代初期の清凉寺式とされる。『枚方市史』第六巻一八七頁に中世史料として収められる釈尊寺所蔵の永享七年（一四三五）「一味衆徒注文」や由緒書も、「年」の字が熊吉の特徴をよく示している。[59] 由緒書のなかに公家の中山定親が登場するのも、中山観音寺との関係性を窺わせるものとなっている。そこに記されるように、「往昔釈尊寺・金龍寺両輪」として、金龍寺と並列させることで村外の釈尊寺を茄子作（門井）の由緒に取り込み、さらにその上部に中山観音寺を設定することで、古刹の釈尊寺ですら配下に治める一大寺院の存在を主張するのが狙いであろう。

以上を整理すると、岡市氏の報告に含まれる以外のことは、全て熊吉の創作というのが実際のところと判断される。前項でとりあげた史蹟とは異なり、中山観音寺は門井集落から西に一㎞も離れているが、ここでの狙いは自身の所有する山を史蹟に仕立て上げるという極めて単純なものと思われる。[60] 摂津中山寺との関係で、観音信仰・天体信仰の霊場としようとした熊吉のこの目論見は、その後思わぬ展開を遂げることとなった。

2　七夕伝説をめぐって

現在の大阪府交野市・枚方市を流れる淀川支流の天野川は、その名前から天上の天の川になぞらえられることも多く、平安時代より歌枕にされる名所であった。戦後まもなくに、田中孫三郎氏は付近の天の川伝説を検討するなかで牛石に触れ、「牽牛星に因める石と思われる」が、「何等の俗伝も無いことを思うと中山観音寺の境内の石として偶々その形が牛に似たるを以て名ずけ《ママ》られたるだけの事かも知れない」としている。(61) あくまでも妙見山の織女石（交野市星田）の解説のなかで、偶然にも近くに牛石と呼ばれるものがあったため、一つの可能性として触れただけで、むしろここでは否定的である。ところが田中氏の意図とは異なり、これが牛石と牽牛を結びつける嚆矢となった。

それからしばらくして、中山観音寺を発掘した片山長三氏は、「当時の創立記録や文書類がまったく見当たらない」としながらも、『茄子作村史』や田中氏の見解を拡大解釈して、「牛石は牽牛石神として崇拝したと伝えられている」とするのである。(62) そしてそれを裏付けるように、周辺には天体信仰が多いことを指摘し、有力な根拠として、天野川を挟んで牛石の対岸には織女星を祀るという機物神社（交野市倉治）が存在していることをあげる。このように片山氏は、対照する織女を北東に約五㎞ずらし、夜空を地上に落とした「地上絵」を描き出した。歴史学的な検証とはとても言い難いうえ、そもそも機物神社と織女の関係についても、十分な検討が加えられているわけではない。

機物神社の初見史料は延宝七年（一六七九）の『河内鑑名所記』で、そこでは「はたほこ大明神」とされる。『日本国語大辞典』（小学館）によると、はたほこ（幢）とは、「小旗を上部につけたほこ。または、ほこを上部につけた旗竿」で「朝儀や法会の儀仗として用いる」ものである。このように、本来は織女との関係性を窺わせる神社ではなかった。

享保二〇年（一七三五）の『五畿内志』では、童男を一人選んで祭主とする神事が注目され、「機物神祠」という名称が初めて登場する。そこでは祭礼が七月七日とされるが、実際には江戸時代を通じて例祭は正月一〇日、春祭は二月一〇日、秋祭は九月一〇日で、七夕にまつわる特別な儀式はなかった。(63) 七月七日に例祭が行われるようになったのは比較的最近で、昭和五四年（一九七九）からのことである。(64)「天棚機比売」を祀る「機物神社」に宛てた織田信長印判状をはじめ、明智光秀・豊臣秀吉の印判状など、古くから織女を祀る神社であったと主張する偽文書が残されていることからも、近世中期以降に「はたほこ大明神」を七夕と結びつける運動があったことは間違いない。(65)

このように、片山説の根拠は何一つ確実なものはなかったが、疑問が唱えられることもなく、牛石は「牽牛石」としての道を歩み始める。『枚方市史』の中山観音寺の項を執筆した井上薫氏は、『茄子作村史』の中山観音寺に関する記述を全文引用し、「伝説に満ちているが」と断り、全てを鵜呑みにすることに躊躇を示しながらも、『大阪府全志』を引用し、内容がほぼ一致することを確認する。(66) このように疑いを持ちつつも、史料的性格についてはほとんど検討を加えることなく、片山氏の見解を七頁にもわたってそのまま転載する。

さらに井上氏は、金剛寺（大阪府河内長野市）に残る「胎蔵界大灌頂次第」の奥書を利用して、牛石を「牽牛石」とする説に裏付けを与えている。その奥書とは、「康和四年十二月一日河州国交野郡観音寺伝法已了」、「長治二年六月十九日書了」、「嘉承元年九月廿二日星田神福寺読了」というものである。(67) すなわちこれを記した僧は、康和四年（一一〇二）に観音寺で大灌頂の伝法を受け、その内容を長治二年（一一〇四）に記し、翌嘉承元年に星田神福寺でそれを読み終えたのである。ここから、織女石付近にあったと思われる星田神福寺と、観音寺が密接な関係にあったことはたしかに読み取れる。

しかし、「交野郡の観音寺とあるから、茄子作の観音寺に相違はない」と断定し、織女石と牛石の間に関係性があるとするのは如何であろう。木下密運氏が指摘するように、交野郡内には他にも私市に観音寺があるし、大灌頂の伝法から読了までが寺の密集する星田近辺で完結した可能性は高い。[68]そもそも、中山の寺に「観音寺」の名称を与えたのは他ならぬ熊吉である。賢浄が創った偽文書が浄玄・熊吉によって思わぬ使われ方がされたように、熊吉が創作した中山の観音信仰も、七夕伝説の根拠として戦後の研究者たちに活用されたのであった。

そして研究者による裏付けは、新たな足がかりとなってさらに飛躍を生む。最近になって、機物神社と中山観音寺の間の天野川に架かる逢合橋が、織姫と彦星が出逢う場所にちなんで名付けられたという主張も展開し始めた。[69]逢合橋は、昭和九年に架け替え工事の竣工が確認できるので、[70]それ以前に遡る呼称であることは間違いないが、そのころは「牽牛石」の話も生まれていない。いうまでもなく、これは法明と石清水の使者がばったりと出会った場所にちなんで名付けられた橋である。事実、寛文六年（一六六六）の「大源山諸仏護念院融通大念仏本寺住持世譜」では、両者が出会った場所を「交野茄子作合逢《マヽ》茶屋」としている。[71]

枚方市と交野市には、本来七夕にまつわる特別な習俗は残っていなかったが、右にみたような積み重ねのうえに、周辺一帯には渡来人が伝えた七夕伝説が残っているという説が次第に浸透しつつある。七夕とは無関係の機物神社・牽牛石・逢合橋を基軸としつつも、それに一定の信憑性が伴うようになったのは、次のような理由による。

まず第一に、古典文学に天野川と七夕の関係を示す記事がしばしばみられることにある。しかし、そのことが即座に七夕伝説の存在を示すわけではない。[72]第二に、北辰を信仰の対象とする星田妙見宮（交野市星田）や、日本書紀にも登場する天の磐船を思わせる磐船神社（同市私市）などを組み合わせていることにある。これによって、あたかも広域的な天体信仰が古代以来展開したという錯覚を生み出している。第三に、かささぎ橋（枚方市新町）や天津橋（同市岡東町）などの橋梁まで、七夕伝説の一部に組み込んでいることにある。いうまでもなく、これらは近代以降に命名されたものであるが、紀州藩の参勤交代に伴い一年に一度架橋されたことをかささぎ橋の名の由来とする説までも生み出した。(73) そして第四に、枚方・交野両市のホームページ等をみても明らかなように、七夕に関する事業が年々増加していることを挙げておきたい。二つの行政が動いたことによって、七夕伝説には客観性が伴うようになり、その浸透を加速させたといってよい。

総括すると、熊吉一人の手になるのではなく、不特定多数の者が様々な逸話を連鎖的に付加していったがために、何らいわれのない石がさも史蹟かのごとく扱われるようになったといえるだろう。

3　茄子作の歴史に対する懐疑

熊吉による創作は鵜呑みにされることも多いが、必ずしもそれ一色というわけではない。

土井城は、昭和二六年（一九五一）に発行された旧『枚方市史』三九一頁をはじめ、城郭の悉皆調査でとりあげられてしまう。(74) 藤田山遺跡第Ｖ丘陵が発掘されると、伝承地として土井城のことに触れなければならない。(75) 発掘では確かに中世の堀のようなものも出土しており、現在でも急斜面が残る部分もあるが、平地部分との比高は二〇ｍ程度で緩斜面も多く、とても中世城郭にはみえない。そのためか、発掘調査の結論も「土井城関連の遺構と決めつけるのは早計」と慎重である。

旧『枚方市史』二七二頁では、「創建当時の関係文書として次の如き古記が当地」に残されているとし、二通の神社勧請書を掲載する。そこでは、干支の「丙酉」を「嘉吉元辛酉年」と修正したうえで翻刻していることから、真正な古文書ではなく、ある種の由緒書であることは察知していたものと思われる。しかし、史料を書きかえたことなどについては、一切断りもないことから、結果として怪しげな古文書に信憑性を与えたことになっている。

『枚方市史』で、唯一『茄子作村史』と明記して引用している、大将軍塚と呼ばれる古墳の解説（一巻三〇五頁～三〇六頁、北野耕平氏執筆）では、「大将軍塚の名称が生じた理由は、所伝によると当地の開祖波多野帯刀の先宗波多野朝臣の塚であると解されてきたことと」、「征夷大将軍であった守邦親王の守護に任ぜられていたところから、この塚を『大将軍』と称した」とする。そのうえで、「これは後世波多野氏の祖先顕彰に際して付会された説とみられる」と指摘する。

以上のように、茄子作の歴史は懐疑的な姿勢で扱われることが多かった。その点は、中山観音寺とて例外ではなかったが、『枚方市史』における同寺への評価の結論は、肯定的に捉えられるものとなっている。この差が、以後の史蹟としての歩みを大きく左右したといってもよかろう。

おわりに

本章前半の第一節から第四節では、近世における端野家の立場と端野賢浄・浄玄父子が作成した偽文書の関係について検討した。一七世紀段階の史料はほとんど残されていないが、北株と東株を合わせた範囲に勢力を持っていた端野家は、間違いなく村内で最も有力な勢力であった。おそらく、南株の掃部姓・福山姓との連合が、その前提になったと思われる。(76) 奥野姓は座中に取り込まれていないので、それより後に連合関係が結ばれたのであろう。ところが、北株の岡市座を取り込むなどした桜井家が巻き返しを始め、村役人の統廃合とともに端野姓の庄屋は消滅する。このように一八世紀初め頃から端野家は衰退の兆しを見せ始めた。それが決定的となったのは、年寄にすら姿をみせなくなる賢浄の代となってからである。茄子作全体の村落秩序が変容するなかで、最も大きな影響を受けたのが賢浄・浄玄であったといっても過言ではなかろう。それが、偽文書創作の背景にあったことは疑いない。

ただし賢浄の偽文書は、偽りであることが敢えてわかるように創られていた。よって、これらを具体的に使用する気はほとんどなかったと思われる。試作品が処分されることなく残されたのも、そのような意識を反映したものと捉えられる。そのため、茄子作に残された偽文書群は、その初発が明確にわかる極めて稀有な事例といえる。これは、実際に地元に残されていた歴史と、後に歴代の人物が加えた想像の産物の境界線が明確にできることを意味する。

賢浄の偽文書が、危機感をさほど感じさせないのは、端野家の衰退は目に見えて明らかなものの、それでも賢浄の晩年に至るまでは、村政への発言権も残されており、端野座内部での対立もさほど顕在化していなかったためであろう。賢浄の狙いは、他座よりも一歩抜き出た端野座が脈々と続いてきた存在であることや、その氏寺である阿弥陀寺が端野一族結束のシンボルであるというイメージを創ることにあった。よって、彼の偽文書は他座をほとんど意識していない。たしかに神社勧請書は他座のものも作成しているが、あくまでも端野家が相対的に地位が高いようにみせるためのものである。これらの偽文書は、仮に使用したとしても座内に限定されていたはずである。

北株と東株の関係を描いた与兵衛・四郎兵衛への分割相続を示す史料もあったが、北株が南株に対して優位性を保っていたことを主張するというよりも、源右衛門家に代わって端野家の本家となった彦兵衛家が中世から連綿と続く家であると見せかけるためのものであろう。源右衛門ではなく「彦右衛門」に分割相続させたのも、彦兵衛と源右衛門の間に接点を設けるのが目的と考えられる。

息子の浄玄は、賢浄が偽文書を多数作成していたことをよく知っており、そこから多くを学んだ。浄玄が作成した宮座文書は、とりわけ端野・清水・奥野三座の連合を強く意識していた。浄玄が三座の連合に活路を求めたのは、端野座内での立場も危機的な状況に陥っていたためであろう。方形印を用い中世以来の結合を主張するそれらは、一目で疑わしい文書とわかる性格のものであった。これへの奥野座・清水座の同意は、新たな由緒に頼らなければならないほど、桜井・堀・岡市座との間の抗争で、劣勢に立たされていたことを意味する。

また、浄玄の危機意識という点では、端野座の座内の座席図が五点もみられることにも注目したい。そのなかには、かつての本家源右衛門を「彦兵衛出」と分家扱いする〔己八五〕など、作為的な点もいくつかみられる。賢浄も宮座の絵図を〔己九五・八七〕の二点残しているが、それはいずれも春日神社の社頭に並ぶ七座の図である。賢浄は七座の序列までは意識していたが、個々の座内の序列までは特に問題視していなかったのであろう。ここから端野座の座内の争いは、浄玄段階になって急浮上した問題であったこともわかる。

このように浄玄の代になると、村全体ではもとより、端野座内でもその地位は危機的な状況に陥った。そこで浄玄は、賢浄が蓄積した偽文書を活用する方向へと走りだしたのである。荒唐無稽な偽文書と片付けるのは簡単だが、偽文書が作成された背景を踏まえて読み解くと、浄玄の抱く危機感を如実に表した貴重な史料といえるのである。

以上のように、賢浄と浄玄の決定的な相違は、偽文書を実際に使用するか否かというところにあった。その点で、改めて注目したいのは神社勧請書である。神社勧請書の試作品は端野家宛のみであったのに対し、完成品は全ての座頭宛のものがあったと推測される。ところが、己道家文書には、他座宛のものとして、どちらかというと疎遠な関係にある高橋座宛の【史料2C】のみしか残されていない。その背景として措定しうるのは、文政一二年（一八二九）に起こった高橋座の破座という事件である。この一件で、高橋座を除く六座の座員全てが［譲一〇四］に連署し結束を図っていることから、この前後に結束の証として六座に配布されたのではなかろうか。それを裏付けるか如く、真正な文書のなかで、「嘉吉年中ニ南都ち氏神勧請」である旨が初めて触れられるのも同年の［譲一〇五］である。(77)

そして、譲太郎家文書にも高橋座宛と類似する内容の神社勧請書である【史料11】が残されていた。残念ながら宛所は裁断されていて、いずれの座宛てかは不明であるが、譲太郎家は近代に入って手広く史料収集をしていることから、その段階で入手したものと思われる。この一例をもって、残る四座宛のものも実際に作成され、文政一二年前後に各座に配られたと判断することは許されよう。このように賢浄・浄玄没後も、彼らが作成した偽文書は、茄子作村で確実に機能し続けるのであった。

本章後半の第五節から第八節では、両端野家文書のなかから端野熊吉の筆跡による偽文書を拾い出し、彼の思考と動向を復元してみた。その結果、明治三〇年（一八九七）の端野座再興を契機として、偽文書の創作を始めたことが明らかとなった。彼の活動の根底には、近世後期に下降線を辿った端野一族全体を振興しようとする考えがあった。目指すものは、端野家を中心とした北株のあるべき姿への回帰である。

もちろんそれは、彼が誇張して描く、史実とは懸け離れた姿ではあったが、その主張を広く浸透させる大きな好機が訪れる。大正末から昭和初期にかけての『茄子作村史』編纂である。しかも、その直前に『大阪府全志』

の編纂も重なったため、相互に補完する形となった。そこに建碑による顕彰活動が相俟って、熊吉の説はある程度の定着をみたのである。

近世後期に賢浄によって創出された偽文書は、そもそも家の外に出すつもりもなく、いわば自己満足の範疇に収まるものであった。それを息子の浄玄が、様々な工夫を加えながら活用しはじめる。さらには熊吉によって、徹底的に活用し尽くされた。時代を重ねるとともに偽作者本人の意志を離れ、何ともいえない客観性を帯び始めるのである。

この点は、筆者がこれまで対象としてきた椿井政隆が創作した偽文書とも共通するところがある。(78) 彼が偽作を進めたのは一九世紀前半で、賢浄同様に趣味の範疇でしか捉えられないようなものも多い。ところが、明治二〇年代になって、第三者の手によって近畿一円に爆発的に広められるのである。

そして、両者に強力な裏付けを与えてきたのが、自治体史に他ならない。もちろん、現代の自治体史において、偽文書が疑いもなく利用されるということはまずない。しかし、本章でみたような疑わしい史料は、評価を下しがたいがために、古文書学的な分析は早々に諦められる。しかし、地域を限定した歴史書の場合、必然的に古い時代の歴史については文献史料が限られてくる。そこに、疑わしい史料が「伝承」・「伝説」といった参考史料として利用される余地が生まれるのである。

むろん筆者は、伝承の史料性そのものを否定するつもりはない。問題としたいのは、偽文書の内容が実際に地元で伝承されているかどうかという確認作業を怠っていることや、そもそも史料的な分析を加えるという基本的な手順が踏まえられていないことである。その手間を惜しむというのであれば、伝承という形で用いるべきではなかろう。古い紙に書かれているからといって、その内容がその時代に伝承されているとは限らないのである。

同じ『茄子作村史』の引用でも、『枚方市史』は大将軍塚と中山観音寺で対照的である。都合のいい伝承であれば採用し、都合が悪い場合は付会と片付けられるのである。それならば、最初から原典の怪しい伝承などは使わずに、自らの研究領域で分析結果を出せばよい。使うのならば、徹底して史料に分析を加えるのが筋であろう。しかも伝承は、一度「伝承」があると自治体史などで文字に残されれば、史実かどうかは別にして「伝承」の存在は事実となり、否定するのも困難になってしまう。こうして偽文書は、疑われながらもその一部が史実の如く生き続けるのである。このような問題は、本章で扱ったフィールドに限らず、地域史全般にいえることではなかろうか。

したがって、偽文書から伝承を拾い出すのは非常に骨の折れる作業となるはずである。それに比して得られる情報は極めて少ない。例えば中山観音寺についていえば、賢浄が偽作した初期段階から、名称だけは確認できたので、中山に寺があったという伝承だけは、拾い出すことが許されるであろう。

茄子作の場合、むしろ伝承が残っていないことから得られる情報のほうが極めて大きい。本章における分析の結果、茄子作には石清水八幡宮との関係を窺わせる伝承といえるものが皆無に近いことが確認された。敢えてあげるならば、本尊掛松という融通念仏宗の由緒のなかで、わずかに顔を覗かせる程度であった。

ところが、別途論じるように、かつて茄子作一帯は大交野荘と呼ばれる石清水八幡宮領の一部であった。(79)その荘名はよく知られるものの、所在が特定されていなかったため、茄子作と結びつけて考えられることがなかっただけのことである。そして石清水八幡宮による支配の後退とともに、一六世紀に入ると河内国守護代の遊佐長教や松永久秀配下の竹内秀治ら、いわば石清水八幡宮の外部勢力から、当地は茄子作と呼ばれ始める。(80)茄子作の氏神が春日社であることも含め、(81)石清水八幡宮関係の伝承が一切ないことは、中世後期から近世初頭にかけて、石清水八幡宮との決別を選択した当地の住民の動向を知らせる重要な手がかりといえよう。

註

（1）久野俊彦・時枝務編『偽文書学入門』（柏書房、二〇〇四年）。

（2）小池淳一「民俗書誌論」（須藤健一編『フィールドワークを歩く』嵯峨野書院、一九九六年）。

（3）笹原亮二編『口頭伝承と文字文化』（思文閣出版、二〇〇九年）。

（4）本書第二部第一章「椿井文書の基礎的考察」・第二章「椿井政隆による偽文書創作活動の展開」。

（5）茄子作村の相給状況については、旗本長井領の庄屋をつとめた中西家文書を中心に、拙編著『茄子作村中西家文書の研究』（枚方市立中央図書館市史資料室、二〇一〇年）でも分析した。以下、長井領や相給関係について特に論拠を示さないものは全てこれに拠る。

（6）井上正雄『大阪府全志』巻之四（大阪府全志発行所、一九二二年）一二五六頁。

（7）しかも、従来の視点には大きな欠落があった。近世の宮座は、村内の相給関係など村政とも密接に関わると思われるが、それとの関わりは一切論じられず、ただただ宗教・民俗の問題に限定して扱われてきたということである。こうした問題は、『枚方市史』に限らず、相給関係は領主支配に、宮座は宗教にと機械的にカテゴライズされる自治体史全般が抱える問題ともいえる。そこで本章では、宮座と村政の双方を意識しながら村落秩序の実態に迫っておきたい。ただし、この作業は第一義的には偽文書や由緒書が語る宮座やその周辺の由緒について、その意図するところを正しく把握するための前提作業であり、それとの関係が中心となることをあらかじめ断っておく。

（8）それぞれ一四〇点で構成される。筆者は、枚方市史資料室が借用していた原文書にあたって調査をしたが、現在は写真帳作成のうえ所蔵者に返却されている。なお、混乱を避けるため、本章では枚方市史編纂室が受け入れた時の所蔵者名で統一する。

（9）『茄子作村史』では、門井は門部町と表記されることもしばしばみられるが、あくまでも近代以降のことであり、近世にはそのようなことは一切ない。伝兵衛家で醸成された由緒が、近代以降になって定着したのであろう。
(10) 後述のように、ここには若干の誤解も含まれる。
(11) 後述のように、この史料そのものは偽作であるが、寛政元年に賢浄が記したことの信憑性を獲得しようとして、わざわざ年齢を書き加えていることから、過去帳のようなものを根拠としていると思われる。実際、彼の経歴と矛盾もしないので、この点は信用してもよかろう。
(12) 『枚方市史』第八巻三二四頁に水利関係の史料として掲載され、第三巻一五〇頁の本文編でそれを史実として扱っている。
(13) 他の村役人の署名はないが、一般の村人とは別途に村役人が銀を奉加した記述があり、そこから当時の村役人の構成もわかる。表6と表7はそれを反映したものである。
(14) さらに奥書では、天徳二年（九五七）に「荒神之宮」に隣接して、行基開基と「名附」けて金龍寺が建立されたとする。行基没後二〇〇年以上を経過して行基開基と称し始めたと批判することで、金龍寺よりも「荒神之宮」のほうが成立が早いことを主張しているのである。ここから、少なくとも賢浄の時代には、金龍寺が行基開基と称していたことがわかる。
(15) 掃部姓は、後述のように端野座に所属する一族である。奥野の名がみえない理由ははっきりしないが、門井の北西に「奥之坊」という寺坊を思わせる小字が残っており、後掲【史料5】に「奥野坊」の名が現れることから、それと結びつけたためと考えられる。
(16) 寛政九年（一七九七）の［譲一二三］では、本誓寺の旦那惣代である伝兵衛が、無住となった本誓寺の寺役を西方寺に代行してもらうよう本山に願い出ていることから、これを好機と捉えて作成したのではないかと推測される。
(17) 「向野城娘」の墓所は、賢浄が阿弥陀寺の由緒を書き加えるなかで、［己一二四］に初めて登場した「高野女郎」の墓を指すのであろう。ここからコウヤジョウロウと読むことがわかる。浄玄は他にも阿弥陀寺の由緒書［己一二一・四七］を作成している。浄玄の書は端に糊の跡がみられるものが非常に多く、切ったり継いだりを繰り返していた形跡がある。
(18) 井上吉次郎「茄子作の宮座」（『近畿民俗』第八報、一九五二年）。

(19) 高谷重夫『枚方の民俗』(枚方市、一九七二年)。のちに刊行された『枚方市史』の宮座に関する叙述は、高谷氏の成果を要約したものである。また、吉田晶子『枚方市民俗文化財調査報告4　川越村』(枚方市教育委員会・財団法人枚方市文化財研究調査会、一九九六年)も、高谷氏の成果に全面的に依拠している。

(20) 後述のように、この史料は原本に手を加えて改竄されたものであるが、現在知られている端野座の姿はこの史料に基づくものであり、実態と異なる部分もごく一部であるため、さしあたってこれに従っておく。

(21) 福山姓の氏寺祐念寺の住職は、福山家の本家であるため福本姓を名乗っているという(前掲註(19)吉田著書四三頁)。

(22) ただし若干の例外はあって、堀座の場合、堀だけでなく堀沢・堀野・堀山のように、近親関係を区別する苗字を用いている。また、北田・小山という姓もみられるが、これらは近世後期に清水座・堀座それぞれのうちから領主に苗字を許された者で、本来は座の名称を姓としていたはずである(前掲註(19)高谷著書)。以前筆者が取り上げた清水座に属す中西家も、領主から苗字を許されていることから同様の例に属するであろう。ただ、煩雑となってしまうので、本章では掃部・福山以外は座の名称をもって姓とする。

(23) とりわけ、後掲表9が示すように南株百姓の成長が著しい。

(24)『枚方市史』第六巻六三〇頁〜六九五頁に翻刻される。後述のように、この史料は近代になって端野家が収集したものである。

(25) 移住の結果ばらつきもみられるが、本家を中心として次のような集住状況が現在でも確認できる。北株の端野姓(門井)・岡市姓(西小路)はまとまりがみられるが、清水姓はばらつきがあり、集落中心から離れた野口や出郷高田など南部に移住した者が多い。南株は、桜井姓(辻)・堀姓(小山)・福山姓(馬場)、そして奥野姓(堂ノ前)まではどちらかというと南側といえるが、高橋姓(門井)・掃部姓(掃部)は明らかに北寄りである。

(26) 喜兵衛家出身者は、名乗りに特徴があるので補足説明をしておく。喜兵衛は度々長井領の年寄として名がみえるが、宝暦一二年(一七六二)段階の彼の印と、明和七年(一七七〇)の庄屋善兵衛の印は同一印である。間を繋ぐ明和五年の長井領水帳[譲二三]にも同じ印が割印として使用されているので、喜兵衛は庄屋就任に伴い善兵衛と改名したようである。それからしばらく喜兵衛家出身者は村役人から外れるので、代が替わったと思われるが、天明六年(一七八六)に年寄、寛政五年(一七九三)に庄屋となっている喜六には注目したい。喜六が与左衛門へ庄屋の座を明け渡した寛政一二年（一八〇〇）の土地売券（中西家文書二五八号）に、売り主として名のみえる善兵衛の印が喜六の印と一致するからである。ここで再び代替わりがあったのであろう。そしてその善兵衛も、文化一三年（一八一六）には庄屋となり喜六を名乗っている。［已三四］によると、喜六は新規に座に加入したとあるので、喜兵衛家の名跡を継いだのであろう。

（27）仲右衛門の使用印は、表7に示したように幕末に至るまで①から⑥の六種類が確認でき、親子にわたって同一印を使用した可能性も含まれるが、およその世代交代が推測できる。例えば②と③の印の間には、一時的に隣村の山之上村庄屋が茄子作村の庄屋も兼帯しているため、代替わりに伴う臨時的な措置と考えられる。また④と⑤の間で、退役願を提出しているのでここにも世代交代があったのであろう。⑤の使用期間は非常に長いが、文化七年に一旦退役しているので、それ以前と以後で世代交代していると考えられる。そのほか、①と②、⑤と⑥の間でも印形が全く変わっているので世代交代しているとみられるが、一方で③と④は印形は異なるものの印文「政清」が変わらないので、同一人物とみられる。なお、事情は不明ながら、寛政一二年の［已六三］、文政一一年の［譲一〇〇］にみえるように、奥野姓の次右衛門は仲右②印を使用している。

（28）後掲註（33）で詳述するように、安永七年（一七七八）閏七月、年寄伝兵衛が病気のため彦兵衛が業務を代行している。病気がちであった伝兵衛は、年寄役の辞退を小田原藩の堂島役所に申し出たが、慰留されたようである。安永九年四月には［譲六四］で改めて辞退を申し出ており、これを最後として年寄としてはみえなくなる。

（29）念のために述べておくが、ここでの吉兵衛は、かつて南株の庄屋をつとめていた桜井吉兵衛とは別の家である。岡市吉兵衛はのちに庄屋となるが、前述の吉三郎が記した宮座の座席図［已八九・九一］には、岡市座の吉兵衛に「庄屋」という書き込みがある。座並では下座に近いことから新興の家であろう。

（30）『枚方市史』第八巻六九三頁〜六九四頁に翻刻される。

（31）『枚方市史』第八巻六九四頁〜六九九頁に翻刻される。

（32）この普請は、それ以外のあらゆる座の仕来りが再確認される契機ともなった。先述の【史料6】「座目録之事」をはじめ、［已六二・六四］などいくつかの取り決めがなされている。

（33）茄子作村の市右衛門の遺体が、星田村で見つかった一件である。まず最初に、現地で遺体を確認した旨を伝兵衛の名で堂島役所に報告している。譲太郎家文書に含まれるその文書の控［譲六］は、賢浄の筆跡である。星田村からの遺体の引き渡し文書など、一連の史料は譲太郎家文書に含まれており、星田村に宛てた遺体の受領書［譲九］もそのうちの一つであるが、そこには推敲文言が入っている。すなわち下書で、差出は「年寄伝兵衛病気ニ付代　彦兵衛《賢浄》」となっているが、これの筆跡は賢浄と異なる。一方己道家文書には、推敲部分が直された控［己三七］が残っており、こちらは間違いなく賢浄の筆跡である。このように、病気で出歩けない伝兵衛に代わって、賢浄が事にあたっていた。

(34) この訴訟に関わる史料は、『枚方市史』第八巻七〇一頁〜七〇四頁にも［己七五・七六・七七］の三点が翻刻されているが、訴訟全体の流れも摑みづらいので、ここで関連史料も補足しながら整理しておく。

彦兵衛家は、まず堂島役所へ訴え出るために村役人に訴状の奥印を願い出たが、改めて座内で相談するよう諭され、天保一二年八月の［己一六］で息子の座への加入を藤兵衛に打診している。しかし藤兵衛の承諾を得られなかったため、最初に提出された訴状が［己一五］である。翌年春に堂島役所において双方の糺明がなされ［己七五］、以後は禁野村田中文造の噯によって示談交渉が進められたが、互いに一歩も譲らないまま天保一四年夏を迎える。そこで庄屋の仲右衛門は、再度双方を召し出しの上対談させ、和談させたいと［己三三］で願い出る。その時、彦兵衛方から提出されたのが［己二五］である。

しかし、ここでも解決をみず、弘化元年秋頃からは坂村の庄屋岡田喜八郎と渚村の庄屋葛城彦五郎の噯によって改めて示談交渉が始まった。それでも折り合いが付かなかったため、彦兵衛家は藤兵衛の召し出しを［己七六］で願い出ている。このとき作成された［己七七］では、彦兵衛家・四郎兵衛家・弥左衛門家の三家で「水魚之交」を約していることから、座の加入に反対していたのは藤兵衛を中心とした彦兵衛株周辺の家のみであったことがわかる。それから再度、岡田と葛城の噯によって交渉が進められたが、それも調わず、二人は噯を辞退したことが［己二七］からわかる。それ以後の史料は残されておらず、最終的な解決の時期は不明である。

(35)［己七六］などによると、忰の名は弁蔵である。

(36) その相談の結果と思われる史料が二通残る。いずれも「いか成他家ゟ相続仕候共、一家親類一統差構無御座候」とし、彦兵衛・吉左衛門・源右衛門・藤兵衛・九兵衛・市郎兵衛の六名が連署して申し合わせている。そのうちの一つ［己一一］は、文政三年二月付で、彦兵衛と源右衛門の署名に捺印があり、残り四名は全て拇印である。家屋敷や阿弥陀寺など彦兵衛家の財産も列挙され、そこにも二人の印が捺される。もう一つの［己一二］は翌四年二月付で、本文の文面は同じだが財産部分は省略され、彦兵衛を除く全てが拇印となっている。

　これらの点を総合すると、源右衛門とともに［已一一］を作成したが、年代が一年ずれていることに気付いて後日一人で［已一二］を作成したと考えられる。しかし、【史料8】で吉三郎は親類一同の相談を文政四年一一月としているのでそれでも齟齬が残る。筆跡から、おそらく浄玄が作成した偽文書と思われる。

(37)　死亡の日付は、天保一四年に吉三郎が作成した［已二五］第六条による。そこには、「丑六月中旬ゟ煩附候処、何分大病と相見へ候故、同廿四日私し阿ミた寺ゟ負、拙宅へ連帰、早速医師相かけ色々介抱仕候得共、七月廿二日落命被致候」とある。丑年は文政一二年にあたるが、没直後の文政一一年一二月付［已一一九］では、「七月末」に病死したとしているので、それに従い修正した。

(38)　実際、旧『枚方市史』一一二頁に挙がる村役人リストの慶安四年・明暦三年分はこれらの史料が典拠となっている。

(39)　『茄子作村史』は、枚方市立中央図書館にも複写本が配架されている。

(40)　譲太郎家文書には、最終的に【史料10】に写されることとなる完成形（ただし末尾の系図は省略）［譲一三七］も残される。

(41)　【史料10】や［已六］と類似の史料として、浄玄筆の［已一三九］を写した［已一一八］もあげられる。大坂町奉行の寺院改に応じて、村役人らが提出した阿弥陀寺の由緒書という体裁をとるが、「当村領主帯刀と申人之菩提所」という内容から、実際の提出物と異なることは言うまでもない。日付を天明一〇年（実際は九年に改元）とする点から、［已一三九］にはさらに賢浄作の原本があったと思われる。熊吉もまずは天明一〇年とする［譲九七］を作成しており、［已一一八］はそれを清書して寛政元年に改変している。浄玄筆の［已一三九］には、「天明十年」と記した横に浄玄の筆跡に似せて「寛政元年」と記されるが、これは熊吉による追筆と推測される。

(42)　熊吉が気付いていたかどうかはわからないが、すでに述べたように、浄玄と対立していた伝兵衛家の名は、「浄玄由緒書」から意図的に除外されている。そのため、熊吉の思うままに伝兵衛の名を書き入れることができたのである。

(43)　ただし、【史料12】にて与兵衛の没年は延宝二年、儀右衛門の没年は元禄一一年とされ、他の史料とは一致しない。

（44）時期は下るが、浄玄が阿弥陀寺の所在を描いた絵図［己四七］によると、彦兵衛屋敷の南側に「元与兵衛や（屋）敷」が広がり、その一角に「阿弥陀寺屋敷」が記されている。
（45）前掲註（19）高谷著書。
（46）「□（文）政元年八月」と年紀部分も焼いているが、その意図は不明である。
（47）なお、浄閑妻を阿弥陀寺住職とする【史料12】の説は、年齢的にみて無理がある。
（48）もう一つの分株であった五兵衛家も中絶となったようで、藤兵衛家の当主岩吉の分家定治郎が五兵衛家を復興しているが、宮座では岩吉分家として本来の五兵衛家の座席に収まっている。
（49）川越村の村史編纂にあたって「先つ茄子作部を初め執筆」したとするが、他の村史は管見には触れていない。
（50）末尾に長井家家臣二名の花押が据えられた明和五年の水帳［譲二三］にも、表紙に同じ筆跡で「端野」の追記がある。このように熊吉の目は長井領にも向けられていた。
（51）そのほか入手経路を同じくすると推測されるものに、寛文四年（一六六四）の南株名寄帳［譲二四］がある。『枚方市史』第六巻六三〇頁～六九五頁にも翻刻されているが、そこでも解説されるように、この史料は寛文四年に作成された原本ではなくそれ以降に写されたもので、随所に貼られている付箋は享保一七年から幕末に及んでいる。
（52）旧『枚方市史』一四三頁～一四四頁および『枚方市史』第一〇巻六七頁。そのほか郡会議員もつとめた。
（53）『枚方市史』第八巻六九五頁～六九九頁に翻刻される。
（54）そのため、本尊掛松は同宗の回在で特別な位置付けがなされていた（稲城信子「融通念仏信仰と『回在』」（『法会（御回在）の調査研究報告書』財団法人元興寺文化財研究所、一九八三年）・西本幸嗣「近世融通念仏宗における『御回在』と天得如来『御出光』について」（融通念仏宗教学研究所編『法明上人六百五十回遠忌記念論文集』融通念仏宗総本山大念仏寺、一九九八年））。ただし、法明の融通念仏再興過程を記した唯一の中世史料である「融通大念仏亀鐘縁起」には、本尊掛松の名は登場しない。現存する最古の西光寺本は天文九年（一五四〇）の年紀をもつが、法明と石清水の使者が「交野」で出会ったとするのみである（『法会（御回在）の調査研究報告書』史料編二六頁）。この出来事が史実か否かはさておき、ここでの交野が茄子作近辺を想定していることだけは間違いないと思われる。なぜなら、交野は交野郡南部の地域呼称で（本書第三部第五章「牧・交野一揆の解体と織田権力」)、そのうち当時の主要街道である東高野街道が通過するのは茄子作近辺となるからである。実は法明以前から、この周辺には融通念仏が広がりをみせはじめていた。建治三年(一二七七)には、導御が茄子作の西隣にあたる中振郷で融通念仏の勧進をしており、一五七五人もの数を集めている(井上幸治「円覚上人導御の『持斎念仏人数目録』」〔『古文書研究』第五八号、二〇〇四年〕)。ここには故人を含む可能性もあるが、河内国内では八尾新泉寺に次いで二番目に人数が多い。

(55) 犬井甚兵衛屋敷の現状は、融通念仏宗教学研究所編『融通念仏中興の聖　法明上人』(融通念仏宗総本山大念仏寺、一九九八年)五三頁〜五四頁。

(56) 楷書の写［己一〇四］も添えているが、［己一〇五］を古い原本に見せるための工夫と思われる。

(57) 『郷土研究』第二巻第八号(郷土研究社、一九一四年)。

(58) 「観音原」の所在は、前掲註(19)吉田著書三九頁の小字図によると、中山観音寺跡のピークから北側に下った部分にあたる。現在は香里団地の中心街となっており、メインストリートであるけやき通りが東西に走っている。

(59) 枚方市史資料室架蔵写真。『枚方市史』第二巻二八七頁〜二八八頁の本文で触れられるほか、由緒書の全文は旧『枚方市史』三二九頁に翻刻される。

(60) 中山観音寺の周辺に、かつて熊吉の所持する山があったことは、御子孫にあたる端野寛昭氏の御教示による。この一帯は、戦時中に香里製造所の用地として陸軍に接収された。

(61) 田中孫三郎「天の川に就いて」(旧『枚方市史』六四一頁)。

(62) 片山長三「中山観音寺址」(『石鏃』一四号、一九五九年、『枚方市史』第二巻二九一頁〜二九七頁にも要点が転載される)。

(63) 『交野町史』改訂増補一(交野町、一九七一年)二五〇頁。『五畿内志』の虚構性については、本書第二部第一章「椿井文書の基礎的考察」・第四章「三浦蘭阪の『五畿内志』批判」。

(64) 中村武三「機物神社の由来と七夕まつり復活について」(『交野ヶ原と七夕伝説』天の川七夕星まつりの会、二〇〇〇年)。

(65) 『交野町史』改訂増補一、六二五頁〜六三二頁。なお『交野町史』を執筆したのも片山長三氏で、一連の偽文書も肯定的に扱っている。

(66)『枚方市史』第二巻二八九頁〜二九九頁。そこでは、「星石」が「置石」と誤読されている。さらには、『茄子作村史』からの引用とは明記せず、「波多野与兵衛の手記」という誤称で引用されている。『茄子作村史』二七丁表から始まる中山観音寺の項の直前にあたる二六丁裏には、「元宮神社趾」の関連史料として、先述の「氏の神由来」が筆写される。この史料の末尾は「于時承応二癸亥年三月／波多野帯刀十三代／波多野与兵衛　花押」で締めくくられる。したがって、「波多野与兵衛の手記」なる史料名は、『茄子作村史』の現物にあたることなく、見開き写真のみに依拠したため生じたものと考えられる。その後、「波多野与兵衛の手記」という史料名は、『枚方風土記』(枚方市、一九八七年)一九九頁などに孫引きされ、一人歩きをしている。

(67)『枚方市史』では「星田神禅寺」と誤読しているが、木下密運「交野で書写された平安時代の聖教」(『交野市文化財だより』第一一号、二〇〇三年)に従い訂正した。

(68)前掲註(67)木下論文。木下氏は、寺が密集していた状況を想像するのみだが、馬田綾子「中世東寺の過去帳について」(『東寺における寺院統括組織に関する史料の収集とその総合的研究』研究代表者高橋敏子、二〇〇五年)が紹介する「東寺過去帳」(東京大学史料編纂所蔵岩崎男爵家本写本)は、その状況を裏付ける。これによると、戦国期の星田郷には、真言系と思われる星田寺・新宮寺・延福寺の三寺が存在した。しかも、星田寺には観音院・法住坊・宝蔵坊・愛染院・妙光坊(№三六一・№三六二・№三六三・№三九三・№四七四)、新宮寺には玉泉坊・阿弥陀院・宝光坊(№九一三・№一一三一・№一三二七・№一三五七)、延福寺には宝寿院(№一一二九・№一二〇五・№一三八七)と、それぞれに多くの坊院が設けられている(括弧内の数字は馬田論文における番号)。

(69)前掲註(64)文献など。

(70)『朝日新聞記事集成』第八集一〇七頁。

(71)『堺市史』続編第四巻(堺市役所、一九七三年)七頁。

(72)天野川と七夕が接点をみせる初見史料は『伊勢物語』で、これをもとに平安時代から当地に七夕伝説があったとされることが多いが、このくだりはむしろ、地元に七夕伝説がないことを証明しているとしか考えられない。問題の箇所は、皇位継承争いに敗れて失意のうちにある惟喬親王が、自らを慰めるため開いた別荘渚院での酒宴の情景を描いた部分である。

御供なる人、酒をもたせて野より出で来たり。この酒を飲みてむとて、よき所を求めゆくに、天の河といふ所にいたりぬ。親王に馬頭（在原業平）大御酒まいる。親王ののたまひける、「交野を狩りて、天の河のほとりに至るを題にて、歌よみてさか月はさせ」とのたまうければ、かの馬頭よみて奉りける。

狩り暮らし棚機つ女に宿からむ天の河原に我は来にけり

親王、歌を返々誦じたまうて、返しえしたまはず。紀の有常御供に仕うまつれり、それが返し、

一年にひとたび来ます君まてば宿かす人もあらじとぞ思

（『新日本古典文学大系』一七、岩波書店、一九九七年、一五八頁〜一五九頁）

酒宴を開こうと、惟喬親王一行は天野川の畔にたどりついた。ここで惟喬親王が天の川をテーマに歌を詠むよう指示すると、在原業平は眼前の天野川を天上の天の川になぞらえて歌を詠んだ。これをいたく気に入った惟喬親王は、返歌に困るほどであった。つまり、業平は惟喬親王の及びもつかぬ機転を利かせて歌を詠んだのである。これは地上の天野川が天上の天の川とは全く結びつかなかったことを示している。もし、地上の天野川に七夕伝説があれば、業平の歌は非常に平凡で、短絡的な歌である。『伊勢物語』の作者が業平をそのような凡才として描いていないことは周知の事実である。

その後も、紀行文などに天野川はしばしば散見する。『伊勢物語』と重ね合わせながら叙述するのは紀行文の常套手段であり、天野川にさしかかれば『伊勢物語』の世界を踏まえながら七夕を歌枕にした一首が詠まれることが多い。したがって、紀行文や和歌では七夕と天野川が常にセットで登場するが、それをもって地元に七夕伝説が存在したとすることはできない。

地元で七夕が意識され始めるのは、近世の在村知識人が『伊勢物語』を認識しはじめた頃である。本文で述べたように、七夕に基づいた特別な習俗が地元に一切残っていないことが何よりの証左である。

（73）中島三佳「鵲橋」（同『東海道枚方宿と淀川』私家版、二〇〇三年、初出一九九四年）。同「かささぎ橋と天野川」（前掲註（64）文献）。拙稿「近世後期における淀川水系の環境変化と天の川橋」（『枚方市史年報』第一〇号、二〇〇七年）で明らかにしたように、そもそも毎年架橋されたということが事実誤認である。

（74）『日本城郭全集』九（人物往来社、一九六七年）二二四頁。『日本城郭大系』第一二巻（新人物往来社、一九八一年）二二八頁。

(75)『枚方市文化財年報』Ⅱ（財団法人枚方市文化財研究調査会、一九八一年）一二頁～一三頁。同上Ⅲ（同上、一九八二年）一六頁～二三頁。

(76) 掃部姓・福山姓と連合を結んだ時期が不明なので、衰退の兆しがみえはじめたため端野家が連合関係を結んだという見方もできなくはない。しかしそれでは、掃部性・福山姓が最後まで端野座とともに歩む理由が説明できない。

(77)『枚方市史』第八巻六九九頁～七〇〇頁に翻刻される。

(78) 本書第二部第一章「椿井文書の基礎的考察」・第二章「椿井政隆による偽文書創作活動の展開」。

(79) 本書第三部第五章「牧・交野一揆の解体と織田権力」。

(80)『唐招提寺史料』一、一七九号。田中家文書一一六六号（『石清水文書』三）。

(81) 松浦清「融通念仏の三縁起絵巻」（伊藤唯真監修・融通念仏宗教学研究所編『融通念仏信仰の歴史と美術』論考編、東京美術、二〇〇〇年）は、「融通大念仏亀鐘縁起」を分析し、融通念仏の信者獲得が石清水八幡宮の庇護のもとなされ、室町後期には春日社の庇護により信仰が広がった可能性を指摘している。

第五章　蝦夷の首長アテルイと枚方市

はじめに

蝦夷討伐に向かった坂上田村麻呂は、延暦二一年（八〇二）七月一〇日に、降伏した蝦夷の首長大墓公《タモノキミ》阿弖利《アテリ》（流《ル》）為《イ》（以下アテルイ）と盤具公《イワグノキミ》母礼《モレ》を連れて帰京する。田村麻呂は二人の助命を強く訴えるが、朝廷での処遇をめぐる議論の結果、アテルイらは八月に河内国で処刑された（『日本紀略』）。

このアテルイの首を埋めた塚とされるものが、大阪府枚方市牧野阪の牧野公園内に存在する。二〇〇二年がアテルイ没後一二〇〇年ということもあって、生誕地とされる岩手県水沢市（現奥州市）を中心に東北でアテルイの顕彰が活発となり、それに連動するかの如く枚方市の地元住民らもアテルイの顕彰に急激な盛り上がりをみせている。ここ最近になって、両市の市民が一体となり、アテルイの「首塚」の前で慰霊祭も開かれるようになった。いまや「首塚」は、全国各地からの観光客が絶えない新たな観光スポットとなりつつある。しかし、奇妙なことに、この塚が地元でアテルイの「首塚」だと言われはじめたのはごく最近のことで、そのような伝承があった形跡は全く認められない。それでは、なぜこのような突飛な説が定着しつつあるのか、歴史認識形成の一過程として分析したい。

一　アテルイ処刑地宇山説と「首塚」の課題

『枚方市史』は、牧野阪の北にあたる枚方市宇山をアテルイ処刑地とする説を紹介している。(1)その史料的根拠となる『日本紀略』無窮会神習文庫本では、「河内国植山」でアテルイを斬ったと表記される。現在、河内国内には「植山」なる地名は残されていないが、近世の宇山村は元和元年（一六一五）に改称するまで「上山村」と称していた。(2)これを根拠として、「植山」を上山、すなわち宇山とする可能性があるというのである。

この説の初見は、明治期の吉田東伍によるもので、「牧野村大字宇山は大字坂の北に接す、延暦二十一年坂上田村麿蝦夷二酋を河内植山に斬ると云ふは此なるべし。」とされる。(3)一部の自治体史ではこの記述が踏襲されるが、(4)この説が一般に広まることはなかったようで、昭和末期に至るまで管見の限りガイドブックなどの一般書への掲載は確認できない。

さらに『枚方市史』は、興味深い事実を指摘する。アテルイの処刑地は『日本紀略』の写本によって異同があり、先の無窮会神習文庫本で「河内国植山」となる部分が、久邇宮家旧蔵本では「河内国杜山」、鴨県主祐之清書本では「河内国椙山」と記されているのである。ここから、アテルイ処刑地を宇山とするには、上山が「植山」に結びつくかどうかの検討と、三つの表記のうち植山が正しいという論証をする必要があると結ぶ。このように、処刑地宇山説は文献史学上における仮説の積み重ねに過ぎない。(5)

そのうえに立脚するのが、アテルイの「首塚」なるものである。「首塚」について、一九七二年刊行の『枚方市史』では一切触れていないことから、この段階では全く流布していない説であったようである。同じ頃、全国でルーツ探しがブームとなっており、東北地方ではアテルイの再評価がなされ、地元の英雄となりつつあった。この一環でアテルイ終焉の地探索が始まり、一九七九年になると、ついにアテルイ処刑地と埋葬場所の「発見」記事が『河北新報』に掲載されるに至った。(6) これを端緒として、アテルイの「首塚」が地元枚方と東北地方に知られるようになったのである。

明治以降、アテルイ処刑地を宇山とする説がある一方で、地元では一切その伝承がなく、反面一九八〇年前後になってアテルイの「首塚」と称されるものが、宇山（近世の宇山村）内ではなく隣接する牧野阪（近世の坂村）に突如として生まれたことからも、これは現代に創造された史蹟の由緒といってよい。

しかし、すでにアテルイ処刑地宇山説のみならず、アテルイの「首塚」が情報化社会の波に乗って至るところに紹介されるようになってしまった。さらには市民レベルの交流を越え、枚方市長が水沢市を訪問し、また水沢市ではアテルイの「首塚」から「分霊」した慰霊碑を建立するなど、アテルイの「首塚」が公的に史蹟として認められつつある。目の前で起こっている歴史の改竄を抑止し、後の世に正しい歴史を伝えることは我々歴史研究者の責務である。とはいえ、それには大きな課題があった。

筆者と同様の危機感は、一九九七年に刊行された『郷土枚方の歴史』からも読み取れる。ここでは、旧版『郷土枚方の歴史』にはみられなかったアテルイの項目を新たに立項し、「首塚」のことに触れて「杜山・椙山・植山のなかで植山が正しいとする論拠はなく、まして、牧野公園内のマウンドを処刑地あるいは首塚とする歴史的根拠はまったくない」と強調する。(7)

しかし、よくいわれるように、「ないこと」を証明するのは「あること」を証明するよりも格段に難しい。アテルイの「首塚」を本物とする歴史的根拠がない一方で、本物ではないことを証明する方法もまたなかったのである。ゆえに「首塚」推定地として、メディアや教育を通じて広く知られるようになり、伝聞の過程でいつしか「首塚」そのものと理解されるようになってきた。

「首塚」を考えるうえで筆者が着目したいのは、アテルイと同時代の宇山周辺の性格である。意外なことに、アテルイの「首塚」肯定論者・否定論者ともに、この点を全く意識していない。史蹟は周辺の社会・景観に位置づけて、はじめて歴史を感じ取る空間となる。このような意識があまりに欠けていたといわざるをえない。

二　禁野交野について

交野郡北部は天皇の狩猟地禁野であり、その範囲は明確ではないが北は楠葉・船橋から招提・坂にかけて、西は小倉・渚・禁野、東は田口・片鉾・甲斐田・中宮、南は村野・津田そして大阪府交野市の倉治・郡津・私部にも及んだとされる(8)。上記の範囲は様々な記録から類推されるものであるが、非常に曖昧なものであった。ところが近年、禁野の四至を記した史料が尾崎安啓氏によって紹介された(9)。二条満基・道平の日記と共に筆写・合冊されている「河内国禁野交野供御所定文」である(10)。

尾崎氏によると、この史料は二つに大別され、前半部分では禁野供御所の由緒が述べられており、後半は一四ヶ条の制禁となっている。前半部分は矛盾も多く信憑性の薄い記事となっているが、後半はケガレに対する配慮が多く非常に具体的なもので、例えば、禁野内に死人が放置されることがないよう日々の巡回警護を「野守専当」の職分として定めていたり、忌日にあたっている者が供御を進上することや供御所に勝手に墓をつくることを禁じる条文がみえる。このようなことから、尾崎氏はほぼこのような規定が存在したとする。他に同様の事例がなく、比較対象もないことから断定はできないが、筆者も尾崎氏の評価に概ね同意する。それは上記の禁野推定範囲と四至がほぼ一致するからである。

四至は後半部分の冒頭に次のように記されている。

限東　高峯の政所くち

限南　宇野寺堂末さい河

図24　交野郡周辺図

限西　淀河ろかひ（櫓櫂）のと（届）ゝかんまて
限北　骨の金河

尾崎氏はこれに対し次のような注釈を加える。

このうち、はっきりと位置関係のわかるものは、西の淀川の半分あたりということだけで、残りの東・南・北は、具体的にはわからない。いずれも地名で、どこそこということではなく、どのような所までなのかを「文学的」に表現しているので、判然としない。

尾崎氏が「櫓櫂の届」く範囲を淀川の半分あたりと解釈した理由は判然としないが、確かに他の地名は一般的に知られていないものばかりである。「文学的」という評価は、おそらく「櫓櫂の届」く範囲という抽象的表現や「骨」といったおよそ地名とは縁のなさそうな表現で四至を表しているところからくるものと思われるが、筆者はこれらを実態に即した具体的表現とみている。もちろん「文学的」性格が全くないわけでもないが、以下考察するように、当時の禁野の範囲・性格を熟知した上での「文学的」表現といってよいかと思われる。

まず北端とされる「骨の金河」は、山城・河内の国境を流れる小金《コガネ》川を指していると思われる。(11)国境の地枚方市楠葉の最北端には小字「木津代《コツシロ》」が残されている。同地にある久修園院も別名「木津寺」を称した。(12)この「木津」の名は中世にも遡り、楠葉今中家に残された延徳二年（一四九〇）の史料中にも「木津代河原」の字がみえる。(13)したがって、「骨」はホネではなくコツと読むほうがふさわしい。このように「骨の金河」は河内と山城の国境を示しているのである。

続けて東端の「高峯の政所くち」についてみておこう。高峯は筆者がかつて示したように、(14)現在の国見山山頂部分にあった山岳寺院「高峯」を指すと思われる。国見山の西斜面の谷や西麓津田村には修験にまつわる様々な伝承が残されていることから、「高峯の政所」は西側に「くち」があったと想定される。

以上のように「河内国禁野交野供御所定文」の四至は、現地をよく知る者でなければ思いつかない、具体的な地名表記といえるのではないだろうか。確かに西端の淀川には「櫓櫂の届」く範囲という「文学的」ともとれる表現がみえるが、四至のうち東・西・北はほぼ確定させることができるのである。

さて、残された南端の「宇野寺堂末さい河」は不詳ながら、間違いなく南は禁野村まで含まれるはずであるから、ここまでみた四至を総合すると少なくとも天野川（天の川）以北の枚方市域（東部の山間部を除く）がおよその範囲として想定される。すなわち『枚方市史』が予想する範囲と「河内国禁野交野供御所定文」の四至はほぼ一致するのである。

ここで、淀川の「櫓櫂の届」く範囲の具体性について、もう少し踏み込んで考察を加えておきたい。なぜなら、この表現は確かに一見「文学的」にもみえるが、実は禁野の性格を如実に物語る表現でもあるからである。

一般に禁野ではケガレに対して慎重な配慮がなされていた。先述のように「河内国禁野交野供御所定文」にも、「野守専当」の職分や忌日・墓についての規定など、その様子が端々に確認できる。それらのうち、後半部分の四至に続く一条目、すなわち最も重視されるべき条目を次に掲げる。

一、御野内にて穢駈鷹駈の外ハ曾不可殺生者也

鷹の餌を獲るための狩り（穢駈）と鷹を使っての狩り（鷹駈）以外の殺生は禁じるというものである。これを前提にすると、西端を淀川縁とするのではなく、「櫓櫂の届」く範囲まで含めるのは、禁野における漁獲禁止を意図したためととれまいか。「山のおく、海ハろかいのつゝき候迄」、すなわち山奥や船で行ける限りは総て、徹底した検地をするよう命じた豊臣秀吉朱印状はよく知られるが、(15)「櫓櫂の届かんまで」もまさに船で行けるところ

までという意味であろう。具体的には禁野から出航した船が漁獲し帰港すること、つまり禁野住民の全面的な禁漁を意図したものである。よって、同じ流域でも、摂津側の住民による漁獲は許容の範囲に含まれるのであろう。このように「櫓櫂の届かんまで」とは、禁野のイメージを具体的かつ「文学的」に表現したものと評価しうる。したがって、尾崎氏の述べるような「淀川の半分あたり」という解釈は妥当ではない。

こうなると、禁野の中心やや西寄りに位置する宇山でのアテルイ処刑など毛頭考えられない。捕虜としてアテルイを連れて入京した坂上田村麻呂はアテルイの助命を願った。朝廷ではアテルイらの処遇について議論がかわされ、結果田村麻呂の歎願むなしくアテルイらは河内で斬首される。朝廷が自ら禁を犯し、あえて禁野を穢すことがあろうか。(16) 仮に何らかの事情で禁野で処刑したとしても、穢れてはならない禁野で処刑したことを朝廷の正史に明記するわけがない。

加えていうならば、アテルイの処刑は延暦二一年（八〇二）八月のことである。時の天皇は桓武天皇で、交野での狩猟を最も好んだ天皇であり、また禁野が最も機能していた時代でもある。(17) そこを穢すような指示を出すはずがない。事実、アテルイ処刑直後の一〇月に桓武天皇は交野に行幸している（『日本紀略』）。

おわりに

以上の考察から、アテルイ処刑地は枚方市北部にはありえないこと、したがって牧野公園内の塚はアテルイの「首塚」ではないことが明白となった。

筆者は、市民レベルの交流そのものを否定するつもりは無論ない。むしろ地元の歴史に興味を持つ人が増えることは望ましいことである。ゆえにその人たちに、我田引水の「お国自慢」ではない、客観的な歴史認識のうえに立っていて欲しい、そう願うばかりである。

研究者のなかには、「首塚」など一部の地域住民の「戯言」くらいにしか考えていない者、触れようともしない者も多いであろう。しかし、一方で住民の尽力によって、研究者が放置しているうちに史蹟として確立しつつあることも事実である。実際、アテルイ没後一二〇〇年の前後から史実として断定する新聞記事が増加傾向にある。例えば、「首塚」を訪れた記者が、「説明文もなく少し拍子抜けした」り、「こんなところにアテルイの首塚(墓)があった。そもそもアテルイとは何者かも知られていないだろう土地に。」と感慨を漏らすのである。[18] もう少し、研究者が地域との対話を持っていれば、現状のようにはならなかったのではないか。自戒の念も込めて、そう思う。

それどころか、このような地域との対話もなく、どこからか「首塚」の情報を入手して安易な発言をし、研究者が「首塚」の史蹟化に一役買っている事例もある。瀧浪貞子氏は著書のなかで、「首塚」の写真を掲載し、「伝アテルイの首塚　坂上田村麻呂の助命もむなしく殺されたアテルイ。付近に胴塚もあり、アテルイの怨霊を慰撫するために作られたと伝えられる。大阪府枚方市。」と説明する。[19] また事典項目でも「枚方市には怨霊を慰撫するために作られたという阿弖流為の首塚、胴塚がある。」と記している。[20]

ちなみに、瀧浪氏が触れる「胴塚」とはアテルイの胴が埋められたとされるもので、「首塚」とセットで生まれた「逸話」である。この塚は「首塚」の北東約三〇〇mのところにあったが、一九八八年を機にここを「胴塚」と呼ぶ人はほとんどいなくなった。

なぜなら、同年に「胴塚」は発掘調査され、古墳時代後期の古墳であることが判明したからである。[21] 調査ではアテルイと同時代の遺物は確認されず、その後「胴塚」は宇山一号墳と「改称」される。一九九〇年代に至って瀧浪氏が何を根拠に上記のような叙述をしたのかは不明ながら、すでに行われていた発掘の成果すら踏まえていない、研究者の発言としてはあまりに無責任なものであるといえよう。

しかし、それよりも責任が重いのは地方自治体たる枚方市である。本章でみた問題を惹き起こした最大の要因は、近年枚方市が市民活動に後押しされ、それまでの態度を一変し、積極的に動き始めたことにあるからである。一九九一年に『日本経済新聞』は、東北の市民グループによる枚方市へのアテルイ顕彰碑建立の申し入れが相次いでいることを取り上げ、「枚方市の調査では、同市がアテルイ終えんの地になったという事実はなさそう。（中略）同市は『歴史的確証がない以上、申し込まれても…』と、やや困惑気味だ。」と報じている。[22] しかし現在は、市の刊行物やホームページを見れば一目瞭然のように、「歴史的確証がない」と知りながらもそれをあえて伏せ、アテルイを活用した地域振興・地域交流を推し進め、史蹟の捏造に邁進している。

筆者が何よりも強い危機感を覚えるのは、一研究者の不用意な発言や住民の歴史認識の誤りではなく、それに追従し無責任に肯定する自らの公的立場を見失った自治体の動向にある。一九九八年に枚方市は伝承文化保存懇話会（会長瀬川芳則関西外国語大学教授）なるものを設け、地域に残る伝承の保存と普及・啓発を図った。[23] ここではアテルイの「首塚」や「伝王仁墓」・「七夕伝説」までもが伝承として扱われた。もちろん地域に古くから伝わる伝承は、その内容が史実であるか否かは別として、大切に保存すべきものであろう。しかし、一九八〇年前後に一部の人が唱え始めた話が地域の伝承といえようか。これを伝承とすることで史蹟の捏造を正当化するだけでなく、本論のような検証までも悉く拒否できる。伝承は史実と異なっていても差し支えないと開き直ることができるからである。

伝承文化保存懇話会の事業の一環で、二〇〇三年に枚方市は『ひらかた昔ばなし《子ども編》』という子ども向けの本まで発行した。ここでもアテルイの「首塚」を実在の史蹟として紹介しており、子どもへの刷り込みを政策的に行っていることが確認できる。また同年に枚方市教育委員会から発行された小学校三～四年生用の社会科副読本『わたしたちのまち枚方』にも、アテルイの「首塚」が写真入りで紹介されている。こうした政策が実を結び、最近では地元小中学校での学校教育にも、アテルイが積極的に盛り込まれていることを耳にする。若いうちに誤った歴史認識を刷り込むという手法は、戦前の教育と何らかわりはない。子どもたちの郷土愛を育もうとするのはもちろん重要なことであるが、手法が根本的に誤っていることは火を見るより明らかである。

教育問題は、さらに過熱化し、枚方市に留まらない深刻な展開をみせている。近年、社会科の教科書が地域史を重視する傾向もあって、中学社会の二〇〇六年度用教科書では、ほぼ全社がアテルイについて触れるようになった。そのこと自体は悪い傾向とはいわない。しかし、なかには、「現在、大阪府枚方市には、『エゾ塚』とよばれる石碑があり、阿弖流為の墓とも伝えられています」との安易な記述もみられる。(24) 教科書作りに対する無責任な姿勢を露呈しているとしかいいようがない。

市民活動を支えるのは行政の重要な役割であるが、それ以上に留意しておかねばならぬのはその公共性である。アテルイ「首塚」一件は公共機関が動けば嘘も真になる、その典型的な事例といえよう。一刻も早く自治体としてのあるべき姿を取り戻してほしいものである。

最後に牧野公園内の塚状のものが、アテルイの「首塚」となった経緯を示す史料を紹介して擱筆したい。この史料は、アテルイの「首塚」が「発見」され、次第に定着していった、まさにその当時、枚方市の市史編纂室担当者であった田宮久史氏によるメモである。

【史料】[25]

一九九〇、五、二五

アテルイの墓についての考え方

一、結論

歴史的根拠のない牧野公園内のマウンドをアテルイの墓として顕賞（彰）することはもとより、そう受取ら（れ脱）かねない類の行為は一切とるべきでない。また、民間からのその種の申し出があっても断るべきである。

二、理由

①行政自らが歴史的根拠もないのに、市有地を史跡と捏造し、市民に誤解を与えることは、市民を愚弄するばかりか、後世に大きな禍根を残すことになり、やるべき事ではない。（戦前とはいえ大阪府が王仁墓を史跡に指定した愚を繰返してはならない）

②歴史的根拠については、文献上からは最大限譲って、アテルイは河内国交野郡宇山村で斬られたこと以外は全く不明である。

③アテルイが斬られ葬むられた場所は特定できないし、牧野公園は宇山の地ではなく、かつては牧一宮の境内であった。

④過去において当地が特に意味ある場所といわれた形跡は全くなかった（約一〇年前に狂信的な女性が現れて寝言を発するまでは）

三、アテルイの墓とされた経過

①一〇年程前、牧野地区の女性が市史編さん室に時々電話してきた。曰く、夢に時々長い白髪で白いあご髭の人が地中から半身を乗り出して何かを訴える。どんな人で何を言っているのかわからないが、昔この辺で何かありましたか。
②田宮ほとんど冗談として対応。昔、エゾの酋長が斬られた話がありますから、そんな関係でしょうか。
③その女性、また後日曰く、きっとその酋長だと思う。恨みをもって未だに成仏できずに苦しんでいるに違いない。きちんとお祠りしてあげなさい。
④田宮、貴女の夢や提案は市としてはどうしようもありません。
⑤市は頼むに足らずと知った女性は、せめて犬の大小便から守るためにと、独自に柵を立て、綱をはり、何やら曰くあり気に飾りたてた。市はこの段階では一市民の酔狂と放置し、また他の市民もこの女性に同調する人はなかった。
⑥ところが、時の経過と共に木は繁茂し、柵は強化されるにつれて、一帯は妙に存在感をもち出し、一種聖域の雰囲気をただよわせるようになった。

四、東北人の運動

①昭和四〇年代、全国でさまざまなルーツ探しがブームになった頃、東北地方ではエミシやその酋長アテルイの再評価によって、アテルイは東北人の英雄とされ、その事跡が確認されることになった。この一環としてアテルイの終焉の地探索が始まったのである。
②北上《(河北)》新報大阪支社の記者は河内で斬られたとすることから本市を訪ね、田宮から女性の存在を知り、片埜神社の宮司を取材して、アテルイの墓を発見したとばかりに大きく報道した。

③これを契機として東北の地において枚方が特別視されるようになり、何らかのつながりを求める動きがにわかに高まったのである。

五、歴史文献について

「日本紀略」は三種の写本が伝わっている。それによってアテルイの斬られた場所は次の三種類の地となる。

①河内杜山
②河内椙山
③河内植山

このうち宇山説は③植山＝上山＝宇山と変遷したとするものである。確かに太閤検地の頃は上山村であり、江戸初期に宇山村に変ったのである。ただしどの時代にも植山村の表記はなく、植山＝上山とする事例もない。

六、その他

アテルイの墓について、東北の人々の心情はよく理解できる。何らかの動きもむべなるかなし《ママ》である。だからと言って情に流されてはならない。あくまで史実に基く正しい行政姿勢を示すべきである。（後略）

註

（1）『枚方市史』第二巻二四三頁〜二四七頁。
（2）この点は、文禄三年（一五九四）の宇山村検地帳に「河州牧之郷上山村」と記されていることや（『枚方市史』第七巻三頁）、天文二四年（一五五五）の牧一宮神田帳に「上山」の住人が散見することからも裏付けられる

（『枚方市史』第六巻二五一頁）。
（3）吉田東伍『大日本地名辞書』第一冊（冨山房、一九〇〇年）の河内国北河内郡「宇山」の項。
（4）井上正雄『大阪府全志』巻之四（大阪府全志発行所、一九二二年）一三四六頁。旧『枚方市史』一二五頁。
（5）アテルイ処刑地を現地比定したものとしては、宇山説のほかに枚方市杉説がある。『日本紀略』の写本の異同に注目して原典批判を加えた、神英雄「蝦夷梟帥阿弖利為・母礼斬殺地に関する一考察」（日野昭博士還暦記念会編『歴史と伝承』永田文昌堂、一九八八年）は、二四の写本の比較検討から、『日本紀略』の原本には本来「椙山」と書かれていたとする。現在のところ原典に迫った論考としては唯一のもので、その説得的手法・意見から「植山」説が成り立ちがたいことを改めて感じさせるが、一転「椙山」を現地比定する手法には大きな問題が残されている。神氏は「椙山」を枚方市杉とするが、その論拠としているのは一九世紀前半に成立した椿井文書という偽文書である（本書第一部第一章「津田山の山論と三之宮神社文書」）。
（6）『河北新報』一九七九年三月二五日。
（7）枚方市史編纂委員会編『郷土枚方の歴史』（枚方市、一九九七年）六七頁。旧版は一九七六年改訂。
（8）『枚方市史』第二巻二三七頁。
（9）尾崎安啓「『河内国禁野交野供御所定文』について」（『市史紀要』第四号、寝屋川市教育委員会、一九九二年）。
（10）『国書総目録』第七巻（岩波書店、一九七〇年）福照院関白記の項によると、この史料は古典学者でもあった三条西公条（一四八七〜一五六三）によって筆写されたようである。
（11）ここに架かる金橋は、近世の地誌にもしばしば紹介される（『河内鑑名所記』・『五畿内志』・『河内名所図会』など）。
（12）『久修園続集』（『日本大蔵経』第一五巻、一九一六年）二七四頁ほか。
（13）今中家文書その五、五号（拙稿「河内国楠葉の石清水八幡宮神人と室町将軍家祈願寺伝宗寺」〔『枚方市史年報』第九号、二〇〇六年〕）。この地名からも窺えるように、楠葉の地は淀川支流木津川と淀川本流の中継港的位置にあったと思われる。詳細は、本書第三部第一章「楠葉郷の石清水八幡宮神人と伝宗寺」を参照されたい。
（14）本書第一部第二章「城郭由緒の形成と山論」。
（15）『浅野家文書』五九号。

(16)　聖域という意味では、牧野公園となる以前の「首塚」の地が、「牧一宮」（現在の片埜神社）と呼ばれる交野郡北部の中核的神社の境内であったことも見逃してはならない（本書第二部第四章「三浦蘭阪の『五畿内志』批判」）。
(17)　『続日本紀』などの記録によると、桓武天皇の交野行幸・遊猟は計一四回にものぼる（『枚方市史』第二巻二三七頁）。
(18)　『毎日新聞』二〇〇二年一〇月二九日大阪版夕刊。『読売新聞』二〇〇五年三月二八日大阪版夕刊。
(19)　瀧浪貞子『日本の歴史⑤　平安建都』（集英社、一九九一年）九九頁。
(20)　『朝日日本歴史人物事典』（朝日新聞社、一九九四年）六一頁。
(21)　「宇山遺跡（第四次調査）・宇山一号墳」（『枚方市文化財年報』一〇、財団法人枚方市文化財研究調査会、一九九一年）。
(22)　『日本経済新聞』一九九一年六月一〇日大阪版朝刊。
(23)　詳細は、枚方市伝承文化保存懇話会編『ひらかた昔ばなし』総集編（枚方市、二〇〇四年）を参照。
(24)　『中学社会　歴史　未来をみつめて』（教育出版、二〇〇五年三月三〇日検定済）三五頁。
(25)　枚方市史資料室蔵複写版。なお、原文は横書きである。

付論1　石碑の建立をめぐって

本章初出時の脱稿後に、アテルイの「首塚」に関して、枚方市議会で衝撃的な議論が交わされた。そもそも公的な場で捏造史蹟が議論の俎上にのぼること自体異常であるが、すでに同様の議論は平成五年にも一度なされていた。その時と今回の市の答弁を比較するため、長文となるが、以下会議録から関係部分を引用する。

『平成五年第三回定例会　枚方市議会会議録』Ａ議員の質問及び答弁（四三六頁〜四五六頁）抜粋

○Ａ議員の一般質問

阿弖流為〔アテルイ〕の首塚保存についてですが、多少歴史的な話をさせていただきたいんですが、今からおよそ一二〇〇年前、当時の政府軍で征夷大将軍になりました坂上田村麻呂という人がおりました。陸奥の方では反政府軍という形で阿弖流為という方がおられました。政府軍はこの陸奥の国の反政府軍を攻めていったわけでございます。当時の反政府軍の先ほど申しました指導者であります大墓公阿弖流為〔タモノキミアテルイ〕という方ですが、政府軍と戦いまして、一三年にも及ぶ交戦の末、政府側に破れたわけでございます。阿弖流為は坂上田村麻呂に降伏をいたしました。田村麻呂と阿弖流為は宿命の敵将同士でありましたが、最後は阿弖流為という男にほれまして、固い友情に結ばれたと言われております。きのうの敵はきょうの友を地でいった両雄でございます。阿弖流為は同胞の母礼〔モレ〕という老将とともに、京都に連行されました。田村麻呂は阿弖流為の武勇と人物をいたく惜しみまして、助命嘆願に奔走したわけでございますが、公家たちの反対に遭いまして、阿弖流為と母礼は八〇二年八月に、河内の国杜山というところで処刑されたわけでございます。この処刑地河内の国杜山は、現在のどの地であるかという確証はありませんが、現在の枚方市の牧野ではないかという話があります。現在当地には首塚と呼ばれている石があるわけですが、何せ一二〇〇年前のことでありますので、真偽は定かではありません。ただ、このような話が伝えられ、今NHKで放映されております大河ドラマ「炎立つ」でも放送されたわけでございます。そこで市としては、このような歴史的な話、この地に伝わっているということを含め、この首塚を保存していく考えはないのかどうか、お伺いをしたいと思います。

○教育委員会社会教育部長の答弁

阿弖流為につきましては今御紹介のとおりであります。ただ、首を切られたと言われています河内の杜山、または椙山という場所につきましてはいまだに特定できる材料に恵まれておりません。ところが、昭和五〇年代に全国的にさまざまな形でルーツ捜しというのがブームになったときに、東北地方では、郷土の英雄として非常に熱心に阿弖流為の終焉の地が探索されました。そうした中で、一部の人々は河内杜山は現在の枚方の宇山であるというように主張しまして、牧野公園のマウンド状の高まりが首塚とも呼ばれることをただ一つの根拠にして、ここを阿弖流為が埋葬された場所と特定するに至ったものであります。もちろん地元にはこれを裏付けるような伝承なり、伝説のたぐいは一切ありません。このような経過をたどってきたのが実情でありまして、枚方市としては歴史的根拠のない場所を確たる証拠もないのに、阿弖流為の墓にはできませんし、説明板なり顕彰碑を建設すべきではないと考えます。今後、史跡や建造物に限らず、枚方に伝わる民話等の無形の文化財につきましても、できる限り保護、保存するよう努めてまいりたいと思いますけれども、阿弖流為の墓はそういう性格のものではありませんので、よろしく御理解くださいますようお願いいたします。

○A議員の再質問

阿弖流為の首塚保存についてでありますが、今部長の答弁はとにかく根拠がないからできないんだと、一言で言うとそういうことをおっしゃっておるわけです。実は、この河内の国杜山というのは、本当にそしたら宇山、牧野でないという根拠もないです。ひょっとすればそこがその場所であるかもわからない、こういうことにもなるわけです。実はこれは私もお聞きしたんですが、平成二年だったと思いますが、東北の方の水沢市から当市に議長等がおいでになりまして、こういう話があるんで枚方市としてひとつそういう顕彰碑等を含めた保存をしてもらえないかと、こういう話があったと思うんです。当時、本当にそっけなく、いやそれはもう根拠がないからできないんだということで、お断りされたようでございますが、当時の話では水沢市の方で費用も全部負担をしましょうと、こういう形でのお話があったと聞いております。とにかく根拠がないからだめなんだという一点でもって、今の答弁もその当時も恐らくそうであったんではないかと思いますが、言われております。

これは一つの歴史のロマンであります。確かにおっしゃるように根拠があるわけでは、今現在確証があるわけではございません。そのことは十分認識した上で、今の牧野の公園の中にある首塚はこういう歴史的な言い伝えがあると、また言われておりますというぐらいの保存の仕方はあってもいいんじゃないかと、一つはこう思います。

もう一つは、そういう話があるにもかかわらず、枚方市としてのその事実関係を実際にどんな形で調査されたのか、本来もっとそういうことであれば、他市任せじゃなくって、枚方の地にそういうのがあるわけですから、枚方市自らそういう、難しいとは思いますが、いろんな形でやっぱり調査もやってみるべきじゃないかと、そういうふうにも考えるわけです。ぜひそういう点について、一つは調査をやる考えはあるのかどうか、いま一つは確証はないんですから、そういう話があるということを一つの説明板程度で、その首塚を保存していってはどうかと、こういう二つの点について改めて答弁をいただきたいと思います。

○教育委員会社会教育部長の答弁

阿弖流為の首塚関係の二度目の御質問に御答弁申し上げます。

歴史のロマンということではあるんですけれども、やっぱり基本的な部分としまして、世代を重ねてきた伝承があるとか、あるいはしっかりとした調査に基づく史実が確認できるとか、総合的に学問的な評価に耐えられるとか、そういうようなことがあって、それを史跡として行政的に手だてを加えるということだろうと思います。したがいまして、そういう点で非常にここは伝承もない、まだ、ほんの二〇年ほど前から一部の方が胴塚とか、首塚とか、宇山地区にはそういう多分古墳だろうと思うんですが。実際胴塚と呼ばれていますところは発掘調査の結果、古墳だったということがわかりましたが、首塚、胴塚というようなことで伝わってきておりました。しかし、阿弖流為のと言い出したのは、ほんの二〇年ほどのことです。したがいまして、ずっと今までなぜ宇山かということになりますと、京都へ連れて来られて河内の杜山か椙山で切られたと。京都に近い北河内で山という地名を探しますと、宇山があるということから、宇山の可能性も否定できないという程度のことでずっときているわけです。それが東北の英雄捜しから宇山の中で宇山に近い牧野公園の首塚が可能性として高いという程度から、盛んに水沢市の方からのラブコールが起こったということでございます。確かに水沢市の方からいろいろ申し入れもあったんですけれども、おっしゃるような形でお断りを申し上げたというのが実情です。

実際、行政の方で調査をしてみたらどうかということなんですが、この程度でわざわざ調査をすることはできないだろうと思います。例えば、民間の方々にでもよほどの遺跡破壊とか、いろいろ試掘したとかいうような場合には、あえて調査をさせていただいておりますけれども、行政の方で積極的にこの根拠のないところを調査するほどのことはなかろうと思っておりますので、せいぜいのところ公園を造り替えるような場合がありましたら、念のために発掘調査もしてみたらいいだろうと考えます。したがいまして、行政としてロマンがあると、それをこんな伝説というのか、伝わり方もありますよというような形での顕彰はすべきじゃないと思いますし、やっぱりひょっとすると宇山のどこかで切られたかもしれないし、墓もあるかもしれないという程度で、漠然と枚方と阿弖流為との関係をとらえておいた方がよかろうと私は思います。

○A議員の再質問

阿弖流為の件ですが、実は坂上田村麻呂、先ほど申し上げましたが、この方が京都の清水寺を造られたんです。この清水寺ではこの阿弖流為の顕彰碑を今回造っていこうということで、そういう話が進んでいるようであります。そういうことで、今この阿弖流為というのは、非常に話題になっておる、こういう人物でございますが、そういう話題になっておるような方がこの枚方の地で処刑されたんではないかという、あくまで仮定ですが、そういう話があることは事実なんですから、いま少し、とにかくだめなんだと、いや確証がないからだめなんだということでなくって、もうちょっと前向きにこの首塚についてどういうことなんだと、事実関係はどうなんだと、場合によっては水沢市に行って、さらには清水寺も行って、そういう関係者の方と十分に話も聞きながら、このことはどうなんだということを私はそういう努力はするべきだと思うんです。この程度のものはこんなんするべきじゃない、そういうことでは決してないと思います。もうこれ以上は申しませんが、ぜひともそういうやはり歴史的な、もし事実であれば貴重な史跡でございます。ぜひともそういう意識を持って、きょうのところはこの程度に終わりますけれども、ぜひそのことについては十分認識をお願いしたいと思います。

『平成一七年第四回定例会　枚方市議会会議録』B議員の質問及び答弁（二四五頁〜二六二頁）抜粋

○B議員の一般質問

平安時代の初期、全国統一を目指されました桓武天皇が、東北の陸奥の国、蝦夷に派遣された征夷大将軍、坂上田村麻呂との戦いに敗れ、京の都に連れてこられた蝦夷の大将、大墓公アテルイは、北河内郡交野郷宇山または杜山にて処刑されたという言い伝えがあります。それは、現在の牧野公園内にある塚とされる円台であります。

この問題については、今から一〇年前の平成五年九月議会でA議員の一般質問が行われておりますので、詳しいことはその議事録を見ていただきたいと思いますが、当時、本市教育委員会は、根拠がないということで、記念碑の建立を否定されております。

一方、それ以前より、岩手県人会や縄文アテルイ・モレの会では、平成元年と二年にアテルイの首塚の掲示板の設置を申請されましたが、これも許可されず、結局のところ、田村麻呂が建立したと言われる清水寺に、建都一二〇〇年の記念の一環として、平成六年に顕彰碑が設立されたものであります。

また、平成一四年九月、アテルイ没後一二〇〇年の記念大会に参加された中司市長の思いもあって、地元牧野では牧野歴史懇話会を発足させて、今日まで三年余り活動が続けられています。また、昨年三月、わらび座によるミュージカル「アテルイ」の枚方公演も行われましたし、来年度より使用される中学校の社会科教科書五社にもアテルイと坂上田村麻呂が取り上げられ、牧野公園の塚にアテルイが埋葬されているということも言及されている教科書もあるようであります。

また、去る九月、水沢市羽黒山公園にアテルイ、モレの慰霊碑が建立され、牧野公園の塚から持ち帰られた土がここに納められたようでありますし、この記念日に、牧野議員団のC議員も牧野歴史懇話会の顧問として同行されました。

このように市民間の交流が深まる中、懇話会では、アテルイ、モレの生誕の地と終えんの地を伝承するために、牧野公園内に記念碑を建立したいという機運が高まっています。市民のこうした取り組みを御理解いただき、行政としての御支援を賜りたいと思うのでありますが、いかがでしょうか、お尋ねをいたします。

○理事兼文化産業部長の答弁

伝承文化の保存と活用について、お答えします。

本市では、豊かな伝承文化の発掘と活用に向けた検討を行うため、平成一〇年に枚方市伝承文化保存懇話会を設置し、平成一三年三月に、伝承文化についての提言を受けました。この提言を踏まえ、伝承文化の保存・活用方策として、平成一六年三月に『ひらかた昔ばなし』を、懇話会の御協力を得て、総集編、子ども編としてまとめ、冊子を販売するとともに、市内の学校園や図書館などにおいて広く閲覧できるようにしております。

また、文化観光協会による伝承文化イラストマップの作成、配布や、観光ボランティアガイドによる伝承地の案内活動を支援するなど、より一層の普及に努めているところでございます。

今回、市民同士の交流の中から機運が高まってきたアテルイの記念碑の設置につきましては、伝承文化を生かしたまちづくりとして意義あるものと考えております。そこで、市民と行政の役割を明確にした上で、実現に向けた支援を行う立場で協議を進めてまいりますので、よろしくお願いいたします。

○B議員の再質問

大きく前進をした御答弁をいただきまして、本当にありがとうございました。牧野歴史懇話会のD会長初め会員百数十名の方々も、また私たち牧野議員団にとりましても、本当に喜ばしいことでございます。

そしてまた、岩手県人会の方々はもちろんのこと、縄文アテルイ・モレの会の皆さん、そして、来年二月二〇日に二市二町一村で合併されます、今の水沢市が奥州市というように変わるようでありますが、これの発展にも勇気付けられるんではないかなというように思います。これによって両市の交流と友好が一層深まるものと思いますし、中司市長におかれましては、今後とも物心両面の御支援をいただきますように、強く要望させていただいておきます。

平成五年にある議員は、市議会においてアテルイの「首塚」に歴史的根拠がなくとも、ロマンがあれば公金をはたいて史蹟として調査・顕彰すべきという、モラルのない稚拙な議論を展開した。当然のことながら、市は歴史的根拠も伝承もなく、たかが二〇年前から語られ始めたものを史蹟として顕彰することは行政としてすべきではないという姿勢を明示している。

今回、別の議員が、市民や市長の活動によって、なし崩し的に史蹟化しつつある現状を説明し、市に対しアテルイ終焉の地を伝承するために記念碑建立への支援を求めた。彼ら議員個人の史蹟整備に対する誤った認識は、この際問題としない。深刻なのは、今回市が史蹟の捏造を「意義あるもの」と評価し、「実現に向けた支援を行う」と明言したことにある。枚方市においては、二〇年間では無理だが、三〇年間語られると「伝承文化」として成立するようである。

これは、中司宏市長の市政運営方針に起因すると思われる。平成一五年四月、市長選時に公表した「枚方版マニフェスト」では、「天の川七夕伝説や古代蝦夷の英雄アテルイ終焉の地伝説、日本に漢字を伝えた王仁博士の墓など、豊かな伝承もあります。今後、そうした歴史や伝承などをまちづくりに生かし、新たな観光ルートの開発や市民参加で取り組む新たな『まつり』の創出など、まちの魅力と個性の向上に取り組みます。」とあるように、捏造された三つの伝承を順に挙げ、「豊かな伝承」として活用する方針を示しているからである。

さらに、平成一八年度第一回枚方市議会定例会の冒頭において、市長は本年度の市政運営方針を表明した（『広報ひらかた』№一〇九八）。そこでは、「牧野公園にアテルイの石碑建立を進めている地域の取り組みを支援します」と明言している。

この市政運営方針の冒頭大見出しに、「行政と市民との『協働』で心豊かで魅力ある枚方を実現」とあるように、市民との協働が近年の市政運営方針の基本であり、アピールポイントのようである。市民参加型とすれば行政コストを削減できるというのが大きなねらいであり、その一面、言葉尻だけ聞けば理想的な地方自治のありようともいえる。

しかし、アテルイの「首塚」一件は、歴史的根拠がないにも拘わらず、市民活動に市が学術的考証を踏まえずに同調した結果、史蹟の捏造へと繋がった。こうした問題点は、本文で触れた伝承文化保存懇話会の活動趣旨に明快に顕れている。すなわち、「伝承文化を歴史的に実証したり、理論立てするのではなく、枚方市民にまだまだ知られていないいろいろな言い伝えなどを掘り起こし、人の心に残るような形でその保存方策を検討することが責務」（前掲註（23）文献八二頁）としているのである。実証や理論立てをせず話を集め、さらに形を変えて保存する。言葉巧みに史蹟の捏造を正当化したものである。

市民活動を援助するのは行政として重要な役目であるが、それはあくまで公正な立場で行うべきであり、時として市民活動が誤った方向に進みはじめたら行政が軌道修正をする、これが本当の意味の協働といえるのではなかろうか。度重なる歴史や史蹟の捏造で、「心豊かで魅力ある枚方を実現」できるかどうか、甚だ疑問である。仮に今はよくとも、将来的には必ず困るはずである。目先のことだけではなく、将来のことも考えた市政を期待したい。

（二〇〇六年三月記）

付論2　石碑建立後の動向と「首塚」の造成

本章の初出発表から約一年後の二〇〇七年三月に、中司市長が宣言した通り、牧野公園内の塚に「伝 阿弖流為・母禮之塚」と彫られた石碑が建立された。撰文は関西外国語大学教授の瀬川芳則氏による。さらに、枚方市立桜丘小学校教頭辻他久雄ほか編『郷土歴史教材　阿弖流為と田村麻呂』（伝阿弖流為・母禮之塚建立実行委員会、二〇〇七年）の刊行も進められるなど、もはや後戻りはできないと思われたが、中司市長が二〇〇七年七月三一日に競売入札妨害罪で逮捕され、同年九月一〇日に辞職するという事態になると、中司市政を批判する風潮が高まった。その変化は、二〇一〇年の市議会予算特別委員会第二日目に、ある議員が「特に枚方市は以前に、例えばアテルイの関係も含めまして、今もうアテルイというのは聞かないわけです。当時は物すごくにぎやかだったんですけれども。できるだけ史実に基づいて、やっぱりそれなりのことをしていくということが極めて重要だと思います」と発言していることからもみてとれる。ただし、あくまでも偶発的にトーンダウンしただけであって、議論が尽くされた結果というわけではない。

本章の執筆に至った直接の動機は、筆者が編集を担当した小学生向けの『楽しく学ぶ枚方の歴史』（枚方市教育委員会、二〇〇六年）に、アテルイの「首塚」に関するコラムを収録しなければならなくなったことにある。当然のことながら、自らの意に反していたため異論を唱え続けたが、最終的に当時の市政方針には抗うことができなかった。その後、本文でも触れた『郷土枚方の歴史』は、装いも新たに『新版　郷土枚方の歴史』（枚方市教育委員会、二〇一四年）として発行され、アテルイに関する記述は除去された。そしてようやく最近になって、古代史側からアテルイの「首塚」問題についても真正面から検討されるようになった（鈴木拓也「阿弖流為の処刑地」（同編『三十八年戦争と蝦夷政策の転換』吉川弘文館、二〇一六年」など)。もはや、筆者の出る幕ではないかも知れないが、なおもアテルイの「首塚」に歴史的な価値を求めようとする人々はあとを絶たないので(灘上洋子「北河内に眠る東北の英雄」(『大阪春秋』第一六八号、二〇一七年)など)、ここでアテルイの「首塚」を造成しているときの写真を紹介しておきたい。

図25　① アテルイの「首塚」(1952年造成直前)

図25　② アテルイの「首塚」(1952年頃造成中)

図25　③ アテルイの「首塚」(2010年)

枚方市史資料室が所蔵する昭和二七年頃の枚方市広報課旧蔵アルバムのなかに、図25のような牧野公園造成直前と造成中の写真が含まれている。造成前の牧野公園はもともと片埜神社境内の荒れ地で、塚らしいものは見あたらない。公園化するにあたって全面的に削平しているが、敷地の奥にみえる建物の見え具合から、かなりの土量をトロッコで運び出したことがわかる。その際、もと生えていた木はいくつかそのまま残されているため、根の部分が塚状になっている。また、図25の②にみえるように、公園の中央には意匠として一際大きい削り残しが設けられている。この塚状のものに、今みる木が新たに植えられ、アテルイの「首塚」としてそれらしい雰囲気を醸し出すようになったのである。

（二〇一七年一〇月記）

第二部　椿井文書の創作と展開

第一章　椿井文書の基礎的考察

はじめに

山城・大和・河内・近江には、椿井政隆（一七七〇〜一八三七）が作成した偽文書が無数に存在する。彼は、山城国相楽郡椿井村（京都府木津川市山城町）出身の考証家で、数多くの文書を蒐集し、それらをもとに様々な考証を加えた偽文書を創作していた。なかでも、山城・大和・河内国境周辺（以下畿内国境地域）には、右の偽文書が集中して伝わっている。筆者が確認する限りでは、それらに基づいて叙述する自治体史も少なくない。さらに、その叙述を諸研究が無批判に引用するという現象も散見する。

本章の目的は、かかる状況がなぜこれまでまかり通ってきたのか、その事情をできる限り明らかにしたうえで、畿内国境地域史の課題を明示することにある。そのためにも、右の偽文書が史実を示していないという批判に留めることなく、何を意図して作られ、その後どのように利用され、いかなる影響を及ぼしてきたのかという点にも重きをおいて検討していきたい。

この視点は、近年の偽文書研究に学ぶところが大きい。(1) 古くより偽文書は、史実を確認するために排除すべきものと考えるのが一般的であった。近年の偽文書への関心の高まりは、その機能や成立過程から社会のあり方をみていくという網野善彦氏の研究を一つの契機としている(2)。本章もこれらの先学に学びながら論考を進めるが、次の点でこれまでの研究と大きな相違がある。

どちらかというと特殊な家に残されることから、偽文書は特定の個人や家もしくは集団のありようを研究する材料でしかなかった。しかし、本章でみる偽文書は、椿井政隆という個人の偽作であるにも拘わらず、諸般の事情で不特定多数の家に広範囲にわたって伝来し、かつ現在も機能している。そのうえ、全体が未知数であり、多くの研究が今も引用している状況にある。したがって、そのような研究個々を批判することや偽文書一点一点に批判を加えることでは、問題の根本的な解決には繋がらない。この状況がまかり通る、構造的特質こそ明らかにせねばなるまい。

問題となるのは、確実に椿井政隆作成の文書といえるのは彼の署名があるなど限られた事例のみで、巧妙に作成されているため明確な判定基準が現在のところ存在しないことである。それに加え、椿井政隆が文書の蒐集家という側面も有していたことや、後述のように彼とは別の第三者による売却で頒布されたことから、各地で椿井家蒐集文書が戻ってきた、あるいは椿井家所蔵の原典を写したという扱いを受けている現状にある。したがって、椿井文書の判定基準を示したうえで、その全体像を把握することが不可欠といえる。

本章では、各地に散在する椿井政隆創作の文書を総称して椿井文書と定義し、まず第一節では、それらが研究史上どのように扱われてきたのか、おおまかに整理しておく。次に第二節では、具体例に即しつつ、椿井政隆が偽文書を作成する際にどのようなところに目をつけるのか検討する。そして第三節では、対象となった地域に椿井文書がどのように展開していくのか俯瞰する。そのうえで第四節にて、椿井文書の作成手法や作成目的を整理し、椿井文書の判定基準として明示したい。さらに第五節では、椿井文書が後世に与えた影響も踏まえておきたい。なぜなら、最後に椿井文書の受容という視点から、現在の畿内国境地域史が抱える課題まで見通したいからである。なお、椿井文書は広範に分布するため、まず本章では集中的にその存在が確認できる畿内国境地域に限定して考察し、全体的な分布については次章で検討することとしたい。

一　研究史上の椿井文書

近代における椿井文書の利用については後述するとして、本節では戦後の研究に限定してまとめておきたい。南山城地域における自治体史は、地元郷土史家らが中心となって編纂した『京都府田辺町史』を端緒として、椿井文書を頻用するものが多くみられる。そこでは、「戦国時代に山城町（相楽郡旧高麗村）椿井附近に椿井家と名のる豪族があって、その家がいつまで続いたかは明らかでないが、この家に歴史上重要な文書が多数所蔵されて、『椿井文書』といって有名である」と述べたうえで、「とにかく歴史研究上大切な文書が多くあったらしい」と椿井文書の重要性が説かれる。(3)『井手町の古代・中世・近世』も同様に、多くの椿井文書を引用する。(4)これらは、自治体史という性格もあって、諸方面で幾度となく引用されてきた。

一方、椿井政隆による偽文書創作は、早く中村直勝氏によって指摘されている。(5)すなわち滋賀・奈良県下の至る所の古社寺所蔵文書を、「明治三十年頃に山城国木津町に住んでおった椿井氏の秘庫中から探し出されたもので、それを関係ある神社が購入して、その社歴を飾ったもの」としている。中村氏の指摘するとおり、椿井政隆が作成したと思われる文書の多くは各々由縁ある所に頒布され、あたかも古くから伝来しているが如く存在している。

一九八〇年代に入ると、部分的とはいえ、南山城の自治体史でも椿井文書に史料批判が加えられるようになる。例えば『山城町史』では、中世の年号を付す「吐師川原着到状」や「仏河原着到状」を村名や官途名に疑問多く江戸時代に考え出されたものとしたうえで、「狛左京亮殿古書」掲載の狛家系図を分析し、着到状と一連で仮作されたとする。(6) 注目したいのは、「ほとんど信用しがたいといってよいが、それにしては、よくできた系図であるともいえそうである」と微妙な表現で評価を下している点である。また、椿井文書とは明記しないが、「松尾神社縁起」を「当時のものとみるには筆致などから問題があるが、もしそうした伝承があったとすれば」「大いに参考となる」とも指摘する。(7) このように椿井文書の存在を端々で臭わせながらも、内容の全否定は避け、椿井政隆による伝承などの調査成果である可能性を示唆する記述が見受けられる。後に椿井文書として取り上げる「北吉野山神童寺縁起」や「興福寺官務牒疏」などを史料として引用していることから判断するに、(8) おそらく椿井文書の全体像を把握していないのだと思われる。

これとほぼ同じ頃、椿井政隆による史料調査活動の一部が明らかとされた。織田信長による栗太・野洲郡の一揆制圧に先立つ元亀三年（一五七二）に、南近江の村々で一向一揆に内通しない旨を誓約するいわゆる「元亀の起請文」が作成される。文政四年（一八二一）に田中貞昭が膳所藩に献納した『栗太志』によると、「元亀の起請文」は少なくとも六〇通は存在したようであるが、このうち二五通が水木直箭氏所蔵文書（国立歴史民俗博物館蔵）のなかに巻子装された状態で発見され、藤田恒春氏によって紹介されたのである。(9) その序文に、椿井政隆が蒐集し成巻した旨が記されることから、彼が実際に史料を渉猟していたことが明らかとなる。さらに彼が、「南龍子広雄」・「南龍堂椿井権之輔」・「平群政隆」などとも号し、文政六年版『続浪華郷友録』に「南龍堂　椿井流兵学古実国学／有識及物産名広雄字　椿井権之輔／応龍山城泉何辺上狛士」と記載されていることも紹介された。(10)ただし、藤田氏はあくまでも椿井政隆の史料蒐集家としての側面に触れるに留まっている。

椿井文書を現段階で最も詳細に分析したのは藤本孝一氏であろう。(11)藤本氏は『京都府田辺町史』口絵折込写真に掲載される「興福寺別院山城国綴喜郡観心山普賢教法寺四至内之図」をはじめ、周辺自治体史がほぼ必ず引用する「興福寺官務牒疏」など、従来中世史料（あるいはその写）と考えられていた多くの史料が、実は椿井文書である可能性を指摘した。しかし、藤本氏自身も述べるように、椿井文書とする断定材料に欠けている点や、椿井文書の作成目的を明らかにしないまま、現地調査や史料採訪を行ったうえでの史実を踏まえたものと推測している点に課題が残されている。椿井文書の多くには中世の作成年が記されているが、これについては「考証するあまり上代より説き付け、室町時代に至って編纂されたもののように叙述した」というように、純粋な学問的追究の延長線上に椿井文書の作成を捉えている。しかし、何らかの目的があったからこそ、中世の年号を付して偽装したと考える方が自然なのではないだろうか。

以上のような椿井文書の現状について総括した一文が、『ふるさと椿井の歴史』にみられるので引用しておく。(12)

豊富な史料収集に基づいた緻密な考証を経たその仕事は今日の歴史研究の水準でもって確認できる事実が押さえられている一方、確実な事実と認めることのできない記述もかなり多いので、多くの研究者も歴史史料として扱いあぐねているのが現状といえよう。椿井権之輔ののこした仕事を、完全に否定するのは不可能であり、逆に全面的に信用することも危険であるが、新たな事実を掘り起こす手掛かりとしては大変興味深い史料であることは事実であり、十分な検討を行った上で活用することが期待される。

これが現在の椿井文書に対する一般的なスタンスである。(13)椿井文書が現実に機能しているがための地元感情への配慮ではあろうし、それはそれで重要である。問題は創作性を指摘しつつも、創作の目的を明らかにしないまま、椿井政隆の調査した伝承が踏まえられている可能性を示唆している点である。伝承を伝えるのであれば記録でもよいわけで、何らかの目的があるから文書形式にしたり、中世の作成年を付したりするのであろう。その部分を解明しないままでは、椿井文書の活用は危険である。

筆者も、山城・大和に接する河内国交野郡津田地域（大阪府枚方市東部）の中世史を検討するなかで、椿井文書と出会ったことがある。(14) 現段階で椿井文書の作成契機と伝来過程が最も詳細にわかる事例なので、結論だけ簡単にまとめておきたい。

近世を通じて、当該地域では津田山の用益権をめぐって五ヶ村が対立していた。津田山の西麓津田村は、中世以来当該地域の主導権を握る大村であり、津田山の山論において常に優勢であった。これに対し、津田山東側で山城・大和と接する山間部の穂谷村は、『日本紀略』天長八年（八三一）八月二〇日条の「山城・河内両国各加置氷室三宇」という記述を、自村に加えて杉村・尊延寺村・傍示村の三ヶ所に氷室を増設したと解釈し、それに基づいた由緒を一七世紀末から一八世紀初頭にかけて創作する。そして、供御によって京都と直結する氷室が最初に設置された穂谷村こそ、当該地域の中心であると主張するのである。このような由緒は、山論の時期には確立したらしく、享保一九年（一七三四）に成立し、翌年から刊行が始まった並河誠所編『五畿内志』にも記載が認められる。穂谷村の住民は、この由緒をさらに確実なものとするため、椿井政隆に情報を提供しつつ、より穂谷村に偏った由緒の創作を依頼する。これが現在伝わる三之宮神社文書五点である。

三之宮神社文書は近代に至って入手された。「郷社三之宮神社古文書伝来之記」という史料にその経緯が克明に記されている。これによると、椿井家は明治七年（一八七四）から八年頃に零落し、長持二棹ばかりの古文書を木津の今井家に質入れした。その後、椿井家は滅び、これらの文書群は今井家の所有に帰したという。今井家では古文書の因縁を持つ者に対して、相当の謝礼金と引き替えに譲渡していた。これらの文書群に三之宮神社関係のものが含まれることを知った同社神主らによって、明治二八年に購入されたのが五点の三之宮神社文書である。そこにはもう一点絵図も含まれていたが、現在行方はわからない。さらに津田地域の有力な二〇家の系図も一括で購入し、それぞれの家に分売された。これら諸家の系図は、『山城町史』が明らかにした連名帳と系図の関係と同じく、三之宮神社文書中の侍中連名帳と密接に関係している。以上のように、前の中村氏の認識には若干の誤りがあって、椿井文書は明治の中頃、椿井政隆本人ではなく第三者によって販売されていたのである。

右の事例のように、椿井政隆は明らかに依頼主の要望に添う形で偽文書を作成することもある。しかも氷室に関していえば、その内容は元来創作された由緒であることから、これをもって従来のように伝承を踏まえているとすることはできまい。

二　『五畿内志』と椿井文書

1　並河誠所の『五畿内志』編纂と式内社顕彰

本節では、椿井文書の虚偽が露見しにくくなっている要因を、椿井政隆の着眼点から探る。その点について結論を先取りすると、椿井文書の作成には、並河誠所によって編纂された『日本輿地通志』畿内部、いわゆる『五畿内志』が大きく関わっている。

並河誠所は伊藤仁斎門下の儒学者で、関祖衡の遺志を継いで享保一四年（一七二九）に『五畿内志』編纂を始め、元文元年（一七三六）に板行を完了した。『河内志』・『摂津志』・『大和志』・『山城志』・『和泉志』の五編で構成される『五畿内志』は、後に全国で作成される多くの地誌の模範とされた(15)。椿井政隆は並河誠所の式内社顕彰に大きく影響されていることから、まずは『五畿内志』の編纂過程とそこでの並河誠所の意識についてふれておきたい。

井上智勝氏によると、並河誠所は儒学において理想とされる古代中国の帝王と日本の古代天皇を重ね合わせ、「制」や「法」が混乱する保元以前の古代社会を理想として捉えていた(16)。そして、この古代社会で国家制度的に営まれていた式内社の祭祀こそが、理想的な社会を再構築するための要素であると考え、重要視したようである。式内社とは、いうまでもなく「延喜式神名帳」に記載される国家的崇敬の対象となった神社で、近世に至るまでの過程でその多くの所在は紛れていたが、並河誠所は『五畿内志』編纂にあたり、その所在比定を徹底して追究した。そして自説の普及を図るため、弟子たちとともに、石碑の建立やガイドマップ作成などの事業を展開するのである。

しかし、追究するあまり、強引なこじつけもままみられ、すでに同時代から批判を浴びることもあった。彼の事業によって、それまで呼び慣わしていた社号が「唱違」であるとされた村々には、戸惑いを隠しきれずこれを拒絶する動きも多々あったようである。そのため、近世段階に式内社顕彰という思想が村落レベルまで浸透することはなく、近代の天皇を中心とした中央集権国家の成立をまたねばならなかった。

本項では、山城国綴喜郡における近世の式内社比定の動向から、上記のような学者レベルと村落レベルの式内社認識の温度差をみておきたい。なぜなら、式内社比定のズレが、椿井文書作成の前提となっているからである。まずは、「延喜式神名帳」から綴喜郡内の式内社をあげておく。

【史料1】(17)

綴喜《ツヽキノ》郡十四座大三座小十一座

樺井月《カハヰノ》神社大、月次新嘗
月読《ツキヨミノ》神社大、月次新嘗
高《タカノ》神社鍬靫
粟《アハノ》神社
佐牙乃《サカノ》《サカコノ》《ナサノ》神社釜靫
甘南備《カンナヒノ》《カムナヒノ》《チノキ》神社
地祇《クニツヤシロ》《田原》神社

朱智《スチノ》神社
咋岡《クヒオカ》神社鍬靫
内《ウチ》神社二座
棚倉孫《タナクラヒコ》《タナクラノ》神社大、月次新嘗
酒屋《サカヤノ》神社《ヤシロ》
天《アマツカンノヤシロ》《アマツヤシロ》《アメノ》神社

以上、一四座一三社があげられる。後述する地誌が触れるように、近世段階に至るまで地元住民の間で式内社と認識されつづけたものは一社もないが、現在のところ上記一三社はすべて場所の比定がなされている。これは、近世中期から近代にかけての考証の結果で、最終的に明治七年（一八七四）から九年にかけて行われた教部省による『特選神名牒』編纂の際の調査で確定し、現在に至っている。(18) その概要は、以下の通りである。

樺井月神社　水主村(19)（京都府城陽市水主宮馬場）
朱智神社　天王村（京都府京田辺市天王）
月読神社　大住村（同市大住）
咋岡神社　飯岡村（同市飯岡）

高神社　　　多賀村（京都府井手町多賀）
内神社　　　内里村（京都府八幡市内里）
粟神社　　　市辺村（城陽市市辺）
棚倉孫神社　田辺村（京田辺市田辺）
佐牙乃神社　江津村（同市宮津）
酒屋神社　　興戸村（同市興戸）
甘南備神社　薪村　（同市薪）
天神社　　　松井村（同市松井）
地祇神社　　上村　（同市普賢寺）

続けて、各地誌における神社関係の記述について、成立順にみていく。

A『雍州府史』(20)（貞享元年〈一六八四〉成立）

山城国初の本格的地誌で、黒川道祐の著である。各部門ごとに記述が進められ、「神社門」の冒頭に延喜式に挙げられる山城国内の神社名一覧が掲載される。ただし、綴喜郡内における具体的記述は、石清水八幡宮及びその末社のみしかみられない。

B『山州名跡志』(21)（正徳元年〈一七一一〉成立）

坂内直頼の撰である。薪村の神南備山の神社について「案此社所載延喜式綴喜郡神南備ノ神社是ナル歟」と推測するのをはじめ、天神森村（田辺村内の枝村）の天満天神を祀る天神宮を「此宮ハ所載延喜式綴喜郡天神社是也、非天満神」とし、興戸村の酒屋社について「所祭未考、所載延喜式綴喜郡酒屋社是ナリ、案彼式格其社地ノ名ヲ取テ記ス、高神社・水主神社等ノ如シ、然レバ則チ当社モ所地ノ名ニシテ、古ハ号酒屋村歟、非神号」とする。次に掲げる『山城名勝志』とともに、当地域初の式内社比定として注目しうる。また式内社ではないが、天王村の牛頭天王社については「鎮座記不詳」との記述もみられる。

C『山城名勝志』[22]（正徳元年成立）

大島武好の編である。天神森村の項で「今天神森神社土人称菅原天神、疑是神名帳所載天神社乎、按続古今集あめの宮の神詠あり、此神社歟、後人可詳」という記述がみられるほか、「今薪村坤有山、土人誤呼間鍋山、甘南備神社坐山腹森内」ともあるように、この二社については『山州名跡志』と内容が共通している。

それに加えて、粟神社を「土人云今号粟明神坐多賀村艮十丁許」とし、咋岡神社を「按下狛村鞍岡天神ノ社アリ咋岡補（神カ）社乎、但下狛村属相楽郡」と推測している。また、他社についても神名帳を必ず引用するほか、棚倉孫神社について『三代実録』の記事を、樺井月神社について『類聚国史』や『続日本後紀』の記事を引用するなど、古典籍を積極的に使用するが、場所の比定はなされていない。

D『山城志』[23]（享保一九年（一七三四）成立）

いわゆる『五畿内志』の内で、関祖衡編とするが、実質は並河誠所の編であったと考えて間違いない。[24]はじめて全ての式内社に対してコメントを加えた地誌で、新説も多数みられる。ただ、それらの説の根拠が不詳なので、当時の状況を踏まえながら比定に至る過程を推測しておく。

例えば、『山州名跡志』や『山城名勝志』が天神社に比定する田辺村内天神森村の神社を新たに棚倉孫神社としている。棚倉孫神社が式内大社であることから、当該地域の中心的な場である田辺村にあるべきと判断したか、もしくは「タナ」の音が一致したためか、おそらくその程度の根拠であろう。かかる比定をすることによって、従来の天神社比定に無理が生じてくるため、並河誠所は綴喜郡内で一〇ヶ村もの氏子圏を抱えながら、式内社に比定されることのなかった天王村の牛頭天王社を本来は天神社だと主張する。これも「天神」と「天王」の語呂合わせであろう。

これらの事例をみても明らかなように、並河誠所は式内社の比定に執着するあまり、付会としかとれない説を多く唱えている。後述のように、他にも月読・咋岡・内・佐牙乃・地祇神社などを新たに比定しており、そのうち天神社・咋岡神社以外は現在も踏襲されている。

E『山城名跡巡行志』(25)（宝暦四年〈一七五四〉成立）

浄慧の著である。式内社に関しては、基本的に『山城志』にしたがっている。ただし、若干の異同もみられる。例えば、天王村の牛頭天王社を天神社とする『山城志』にしたがうものの、「鎮座記不詳　伝聞宮社記有於片桐石見守家臣」とし、式内社とはしていない。浄慧が式内天神社とするのは天神森村の天神社で、この部分に関しては『山州名跡志』の記述を引用している。しかし、棚倉孫神社の項では『山城志』の記述を引用しているため、一社について棚倉孫神社と天神社のあたかも二社あるように記載するという矛盾をきたしている。牛頭天王社を式内天神社とする『山城志』の説に懐疑的な姿勢からうまれた誤りかと思われる。

F『都名所図会』(26)（安永九年〈一七八〇〉成立）

秋里籬島の著である。天神森村にある神社を式内天神社とする『山州名跡志』の説を採用しており、挿絵にも「天神社」が登場する。ちなみに天王村の神社は当時の呼び名どおり、「牛頭天王社」と紹介されている。

以上のように、各地誌を比較してみると、並河誠所の説が現在に至る式内社比定の基礎となりつつも、近世段階では定説となりえていない状況がみてとれる。ここで焦点となっていた棚倉孫神社と天神社は、現在は前記のとおり、棚倉孫神社が田辺村内天神森村、天神社は地誌には登場しなかった松井村に比定されている。実は、この比定に至る過程に椿井文書が深く関わっているのである。

2　椿井政隆による式内社由緒の創作

明治四一年（一九〇八）に刊行された『山城綴喜郡誌』には、各神社の社伝を引用している箇所が多数みられることから、(27)綴喜郡内の神社には多くの由緒書が残されていた様子が窺える。それらのうち、現在全文が確認できるものは限られているが、把握できる範囲で概観しておく。

延喜式にみえる佐牙乃神社は江津村に比定され、現在は佐牙神社と呼ばれている。当社を最初に比定したのは、他ならぬ並河誠所である。おそらく「佐牙垣内」の小字名によるものであろう。現在の社殿は、身舎の蟇股の形式から室町初期のものと考えられ、国の重要文化財に指定されている。(28)ただし、『山城綴喜郡誌』が佐牙神社の「旧記」として引用する「佐牙神社本源紀」では、永正六年（一五〇九）に焼失して同一一年に再建するも、さらに天正四年（一五七六）に焼失して同一三年に再建されたのが現社殿だとされており、大きな矛盾がみられる。(29)後述のように、この史料には他の椿井文書と符合する記事が多くみえる。『特選神名牒』に「佐牙神社神紀、相楽郡木津村今井某所蔵」とあるように、明治初年には木津今井家が所蔵していることからも、疑うことなく椿井文書である。

甘南備神社には、「山城国神奈備記」なる由緒書がある。(30)そこでは、永正一七年一一月三日付で興福寺の都惟那光円・寺主乗学・上座真秀が花押を付して由緒の内容を保証している。これと体裁を同じくする三之宮神社文書中の「氷室本郷穂谷来因之紀」では、同年正月晦日付で上記三名及び官務法印順興の計四名が花押を付している。よって、「山城国神奈備記」も椿井文書と考えて間違いあるまい。

高神社には、「大梵天王」と書かれた宇多天皇宸筆の額や、「寛平七乙卯年（八九五）九月」に「正一位大納言義房」が発給した添状が存在するらしいが、官位や文面が不可解であるうえ、日付の干支の位置から近世に作成された偽文書と判断される。(31)

また、棚倉孫神社の由緒書も存在する。(32) これは明応二年（一四九三）の「田辺城主田辺伯耆守繁昌」による社殿修造に至るまでの経緯を「繁昌」の後継者と思われる「田辺備後守繁吉」が大永六年（一五二六）にまとめたとするもので、「繁吉」他三名の花押も付されている。椿井文書である田辺城主の系図に「田辺城主伯耆守繁昌」や「田辺備後守繁吉」が確認できることから、(33) この由緒書も椿井文書である。さて、『五畿内志』登場以後、当社を棚倉孫神社とするか天神社とするかで揺れていたが、この由緒書では「棚倉天神之神社」と、明らかに両説の存在を知ったうえで折衷案を採っている。

他社についても椿井文書を所有しているという断定材料はないが、『山城綴喜郡誌』や『京都府田辺町史』における社伝の引用をみるかぎり、中世の事績（焼失と再建の繰り返し）が日付単位まで判明している点に特徴的なように、綴喜郡内のほぼ全ての式内社には、社伝を記した椿井文書が存在していたと考えられる。

では、椿井政隆はなぜ式内社の由緒を網羅的に創作しようとしたのであろうか。その理由を「下司息長宿祢」らが康元元年（一二五六）に作成したとされる、「朱智牛頭天王宮流紀疏」という史料をもとに明らかにしたい。(34)

現在、朱智神社は天王村に比定されている。すなわち、近世を通して牛頭天王社と呼ばれていた神社で、普賢寺郷一〇ヶ村の惣社であった。(35) 並河誠所は当社を式内天神社に比定したが、彼の説が現在に繋がっていない数少ない事例である。ちなみに朱智神社は延喜式以降の史料には現れず、燈籠銘など同社境内の前近代の遺物にはすべて「牛頭天王社」と彫られている。近世の地誌のいずれもが朱智神社の場所比定をしておらず、時には付会を重ねてでも式内社比定に執拗にこだわった並河誠所ですら、「朱智神社在所未詳」と比定を断念していた。

かかる状況にありながら、牛頭天王社は明治に入って「古名に戻して」朱智神社と改名する。根拠とされたのは、間違いなく椿井政隆の創作による「朱智牛頭天王宮流紀疏」である。この史料は、その名からも窺える通り、本来朱智神社であった天王村の神社が牛頭天王社へと改名した経緯を説く。椿井政隆がこの史料を作成した背景には、『五畿内志』の欠を補おうとする意識があったはずである。なぜなら、他社の椿井文書と思われる由緒書は、多少の異同はあるにせよ、基本的には『五畿内志』の比定に準じているが、朱智神社に関連する部分のみ『五畿内志』と大きく異なるからである。前述のように、「棚倉天神之神社」と他説との折衷を図り、並河誠所の付会としかいいようのない説を補強している点もまた然りである。こうした目的が、椿井文書創作の根底にあった。

さて、並河誠所が天神社に比定した神社を朱智神社とし、それ以外の諸氏が天神社説を唱える天神森村の神社を棚倉孫神社とした以上、椿井政隆は新たな天神社説を展開せねばならない。そこで俎上に上ったのが、現在式内天神社とされている松井村の神社である。

『山城綴喜郡誌』によると、綴喜郡では、官幣社石清水八幡宮を除くと式内一三社・式外四六社を数える。(36)このうち松井村に鎮座するのは、「式内天神社」一社のみである。『五畿内志』では、式内一五社・式外七社である。式外社のうち一社は石清水八幡宮で、そのほかの式外社も並河誠所の目にとまるだけの何らかの由緒をもっている神社である。そのなかに「松井村に坐す神祠」という神社がある。これこそ、現在式内天神社と呼ばれている神社であろう。椿井政隆にとって都合のよいことに、綴喜郡内に社名のない由緒ある神社が『五畿内志』に掲載されていたのである。事実、『五畿内志』が「松井村に坐す神祠」の由緒としてあげる「明応の修復」は、『山城綴喜郡誌』に記される天神社の由緒と一致する。松井村の天神社に関する椿井文書は現在確認できないものの、かつては存在していたと考えて間違いあるまい。

　また椿井政隆は、「朱智牛頭天王宮流紀疏」の中で朱智神社の本来の祭神を迦爾米雷王とし、その後牛頭天王が合祀されたと主張する。一般になじみのない迦爾米雷王を祭神にした根拠は、享保一八年（一七三三）の跋文がある度会延経の『神名帳考証』にて、朱智神社の祭神を「迦爾米雷《カニメヅチ》王　旧事紀云、山代大筒城真若王児迦爾米雷王、按雷訓豆知、豆与朱音通」としている点に求められる。[37] 度会説も単に音が通じるだけの付会であろうが、椿井政隆はここからさらに自説を展開する。

　すなわち、迦爾米雷王が唯一登場する文献である『古事記』開化天皇の項から、その父山代大筒木真若王などを引用しつつ、朱智神社周辺での一族の活躍を記すのである。『古事記』によると、迦爾米雷王の子は息長《おきなが》宿祢王であるが、椿井政隆は「朱智筒城宿祢王」という人物を父子の間に挟み込み、息長宿祢王の名も「朱智宣蚊筒城慧長城慧(息)長宿祢」と手を加える。このように系譜に改変を加えることで、彼の子孫たちが朱智氏や息長氏を名乗り、朱智神社の祭祀を司ったとした。その他にも、当地に存在したといわれる筒城宮へ遷宮した継体天皇のエピソードなどを交えるなど、記紀を利用しながら朱智神社の由緒を創作したことは明白である。

　近世中期にはじまる式内社顕彰が熟成した段階で、椿井政隆なりに並河誠所の思想を咀嚼して作成したのが以上の椿井文書である。いわば、並河誠所の付会をさらに補強した椿井説が、現在の式内社由緒として定着しているのである。例えば、式内社研究の到達点といえる『式内社調査報告』は、近世地誌の諸説を整理し、現在の式内社比定全てについて妥当と認め、異説をはねのけている。[38] 本の性格上、現在の式内社を否定できず、社伝として機能している椿井文書を多用するのはやむを得ない面もあるが、本項でみたように式内社比定に大きく関わる

『五畿内志』を全く引用していない点には疑問を抱かざるをえない。(39)

3　伝王仁墓をめぐって

前項でみたように、椿井文書は『五畿内志』と密接に絡み合っているため、その内容があたかも史実かのごとく扱われてきた。本項では、右の問題が式内社に留まるものではないことを具体例に則して紹介することで、椿井文書と『五畿内志』の相互補完関係に対する注意を喚起したい。

枚方市藤阪に、伝王仁墓という大阪府の指定史跡がある。王仁とは、いうまでもなく『論語』や『千字文』を百済から日本へもたらしたとされる人物である。この伝王仁墓は、文字も刻まれない高さ約一mの自然石で、地元では歯痛やおこりに霊験あらたかであると信じられ、「おに墓」とよばれていた。ところが、『五畿内志』編纂のため巡回中の並河誠所が、「おに」は「王仁」の訛りで、本来は王仁墓であるとして『五畿内志』に掲載した。さらに、当地の領主である久貝氏に石碑の建立を進言した結果、「博士王仁之墓」と刻まれた石碑が自然石のすぐ後方に設けられた。(40)

王仁の来朝は応神朝のときとされるから、自然石一つの墓というのは非常に不可解であり、『枚方市史』も並河誠所による付会とする。しかし、並河誠所が上記のような判断を下した根拠はそれなりにあったとされる。

【史料2】(41)

王仁墳廟来朝紀

夫百済国博士王仁者漢高帝之後裔、有二曰レ鸞一ト者鸞カ之後王狗転シテ至二百済一ニ、当テ二百済久素王ノ時一ニ我朝人皇第十六代誉田天皇応神帝馭宇十六年乙巳春二月遣レ使召二ス文人一ヲ、久素王即チ王狗之孫王仁ヲ来貢焉、則来朝以二テ難波津仁咲屋此花冬篭之哥詠一ヲ奉レル祝二我朝御代万歳一ヲ、応神天皇　叡感以二テ百済王仁学士一ヲ則二皇子菟道雅郎子及大雛鷯王（人皇第十七代仁徳天皇）之為レス師ト習二フ諸典籍一ヲ、是本朝之儒風之始祖也、儒学於レテ是仁興ル、則我朝学校之権輿也、為二シテ封戸一ト以二テ大倭国十市県一ヲ百済王ノ博士王仁ニ賜二フ食禄一ヲ、今大和国十市郡百済郷是也、王仁及レテ没ニ河内文ノ首シテ始祖博士百済墓与紀書葬二ル河内国交野県藤坂村ニ造レ墓一ヲ、則藤坂村艮（東北）祢二ス字御墓谷一ト、土俗於爾《オニ》ノ墓ト誤訛ス、

一百済王仁社

於二テ和泉国大鳥郡一ニ王仁ヲ東原大明神ト尊祢ス（在向井之北）、祭神百済王仁相殿素戔鳥尊二坐也、

右以本巻紀書之後世備不朽置所盖如斯者也、

交野郡五箇郷住持百済裔孫

西村大学助俊秋次子

禁野和田寺住侶

道俊（花押）

元和二辰年正月

【史料2】には、王仁以降の系譜を記した「王仁裔孫并系譜記」も添えられている。並河誠所は、王仁の子孫を自称する道俊が記したこれらの史料を和田寺で目にして、『五畿内志』を執筆したとされてきた。(42) しかし、『五畿内志』の和田寺の項には、安産祈願の寺であることが記されるのみで、並河誠所が「王仁墳廟来朝記」を見た

という確証は一切ない。

これら二点の史料と内容が符合する史料に、木津の今井家より入手した津田村西村家の系図がある。そこでは、王仁が始祖とされ、【史料2】の時期に該当する近世初期の部分には、「西村大学助俊秋」及びその次子として「禁野和田寺住侶道俊」の名が確認できる。また、【史料2】は和田寺に伝来したものではなく、明治初年に藤坂村山中氏が入手したものである。(43)よって、これまで元和二年（一六一六）の作とされてきた「王仁墳廟来朝紀」と「王仁裔孫并系譜記」は、西村家の系図と関連づけて作成された椿井文書ということになる。(44)

有力農民を土豪の系譜に仕立て上げることに目的の一つがあったことは疑いないが、問題はそこに王仁墓を利用した理由である。その点で注意すべきなのは、王仁墓だけでなく、『五畿内志』には多くの付会がみられ、刊行直後からすでに多くの批判が寄せられていたことである。例えば多田義俊は、「並河五市郎といふ人五畿内志といふ書をあらはして板にしたり彼の書誤多し」と述べ、数点の誤りを列挙している。(45)たしかに『五畿内志』は当時としては一定の水準を保っていたが、少人数での悉皆調査には限界があり、自ら出向かずに周辺の村役人を呼び寄せて聞き取り調査をすることも多かった。(46)その結果、儒学的復古思想が先行して、こじつけとなる部分もままみられる。しかし、準官撰的な地誌であったため、地元でもそれを受け入れざるを得ない部分があったようである。その点は、寛政三年（一七九一）の藤坂村の記録に「王仁博士墓所　一ノ瀬御墓谷の上に在、往古より自然石の石碑有り来り候処、享保十六年之頃並川五市郎様御巡見之節、博士王仁塚と相定られ、則御上より石碑建てなされ候事、今之石碑是也、先年の石は前に建つ」とみえるように、並河誠所が「定」めたものと説明していることからも窺えよう。(47)

このような状況であるから、当然ながら並河誠所による王仁墓説にも批判があった。その代表ともいえるのが交野郡坂村（枚方市牧野阪）在住の医師で、椿井政隆とほぼ同時代の考証学者でもあった三浦蘭阪である。(48) 三浦蘭阪は、京都・奈良の考証学者とも繋がりが深く、その名も広く知られていたことから、王仁墓に対する徹底的な批判が椿井政隆の耳に入らなかったこともなかろう。そこで椿井政隆は、前項でみた事例と同様に『五畿内志』を補強するために、あたかも並河誠所が実際に目にしたような史料を創作したのである。

後代の地誌の手本として、また地域史の手引きとして重用された『五畿内志』は、当時の歴史研究者の誰もが手にするバイブル的存在であった。批判が集中するのはその証左ともいえるだろう。椿井政隆は、その批判を退けるがごとく、『五畿内志』の記述にあたってあたかも典拠としたような偽文書を作成する。それによって、誰しもが知る『五畿内志』が偽文書に正当性を与える根拠となるのである。かくして偽文書の正当性を確保すると、それをもとに有力農民を土豪の系譜に仕立て上げるなど、さらなる偽文書の作成を展開していく。このように、『五畿内志』との相互補完関係が、椿井文書作成の基礎となっていた。とりわけ並河説のあやしげなところに力を入れるのは、史料的根拠のあるところに偽文書を作ってもすぐに露見するからであろう。見方を変えると、椿井政隆は史実と史実の隙間を埋めることに重点を置いていたともいえる。

三　南山郷士関係の椿井文書

1　連名帳と系図

本節では、椿井政隆が対象として選んだ地域のなかで、偽文書の作成をどのように展開していくのか、具体例に即してみておく。

小林家文書に含まれる「狛左京殿古書写」所載の狛家系図と、椿井文書の「南山雲錦拾要」に掲載される「吐師川原着到状」や「仏河原着到状」の内容が一致している点は、すでに『山城町史』が指摘するところである。(49)このように、互いに傍証史料をもつようにみせかけて仮作するのが椿井文書の特徴の一つといえる。三之宮神社文書にも連名帳があり、周辺の系図との相関を裏付けとして由緒の正当性を得ようとしていた。

その点を「椿井家古書目録」からもみておく。(50)表10にあげたように、「椿井家古書目録」は一八八点の史料名を列挙したもので、一八世紀末刊行の刊本も含まれることから、椿井政隆の蔵書と椿井文書の全体的な概要を示すものと考えられる（以下、表10に掲載が確認できる場合、【目録1】と略記する）。列挙される表題の地名や寺社名などからは、近江・山城・河内・大和に関係する史料を中心に収集・作成していることが窺える。そして、『山城町史』の検証を裏付けるかのように、「雲錦拾要」【目録55】と「狛左京亮殿古書」【目録166】も確認できる。

この「椿井家古書目録」も参照しつつ、管見に入った限りで椿井文書の連名帳を挙げると以下の通りとなる。

「吐師川原着到状」は、元弘の変の際、後醍醐天皇の召に応じて馳せ参じた南山城の土豪三六人の着到状で「南山雲錦拾要」に掲載される。(51)「南山雲錦拾要」は、元弘の変での土豪たちの活躍を笠置寺所蔵の法華経の裏に記録したものとされ、南山郷士と呼ばれる南山城の郷士一同が明治一七年（一八八四）に士族へ編入される際に根拠とされた史料である。その序文に、「南山皇統の実史、諸名家の秘録を捜し、詞玉筆化《ママ》をかざらず、そのまま一巻に集め、わが家の秘蔵となす。かたく門外に出さず、他見を禁ず、みだりに一覧することなかれ、つつしむべし」とあり、「応竜」の判がある。『京都府田辺町史』は「応竜」を不明とするが、椿井政隆の号であることから明らかに椿井文書である。「仏河原着到状」も、同じく「南山雲錦拾要」に所収される仏川原に集まった四九人の着到状である。このほか、延元二年（一三三七）に勅命に応じて集まった山城衆五〇人の着到状も存在す

表10 「椿井家古書目録」掲載史料

1 椿井之系図 2 巻	49 見語大鵬撰 3	96 西中山金剛定寺古図 全	144 藤堂大学高虎殿 1
2 尾州椿井仁右衛門系図	50 中山問答実録 全	97 金峯寺図 全	145 大安寺墾田地之証券 1
3 興福寺往来之古状	51 殺法転輪 全	98 淡海輿地全図 完	146 駒井中務智行方目録 1
永正ヨリ天正迄	52 大和軍名高勇録 全	99 大平江戸図 完	147 禅定寺衆談中 1
4 龍首骨凡例 1 巻	53 北湖戦記 附草稿 全	100 関ヶ原戦図 完	148 朝鮮信使書 1
5 椿井之古状 1 巻	54 興福寺記 全	101 輪王寺図 完	149 高国書 1
6 椿井家ノ古状 1 巻	55 雲錦拾要 完	102 金勝山寺別院図 完	150 近江伊香庄明神書 1
7 信長公 1	〆	103 大和河新替図 完	151 吉田一水軒書 1
8 大般若 1 巻	56 淡海輯志抜萃 2 巻	104 物部山図 完	152 鎌倉将軍執権職 1
9 高麗拍子 1 巻	57 城制図解 全	105 江陽八幡山古図 完	153 周心奉幣祝詞 1
10 蒲生御籏名号 1 巻	58 天経或問 2 巻	106 江湖金亀城図 完	154 定恵和尚伝日 1
11 内藤家書 1 巻	59 兵法雄鑑 上下 2 巻	107 佐々木六角殿古山城図 完	155 多田満仲記 1
12 椿井家与力状 1 巻	60 催馬楽東遊楽曲譜 全	108 無人島図 完	156 高野寺智翃進状 1
13 禁制安国寺高札ノ書 1 巻	61 山城郡名性譜録 全	109 江州下笠図 完	157 長井殿順興へ 1
14 小倉三河入道実道之壱巻	62 近淡海国古領侯記 全	110 義士図 完	158 天正元年三月信玄 1
15 禅定寺山城目代衆中 1	63 大嘗祭儀全備秘録 完	111 和束郷図 完	159 十文字鎌術侍書 1
16 城州南三箇郡図 1	64 多武峰略紀 完	112 大和図石人図 完	160 神童寺録記 1
17 信長公 1	65 蒲生家分限支配記	113 摂津国名所図 完	161 椿井加賀守筆 1
18 北吉野山縁記 1 巻	66 国名探諜誌考 完	114 地球分度図 完	162 湧出森由来 1 巻
19 大安寺資財 1 巻	〆	115 日光山図 全	163 椿井加賀守ムツビ帳 1 冊
20 狛寺伝補禄 1 巻	67 椿井流火術伝法記 全	116 出羽鳥越古図 全	164 椿井正統録 全
21 聖徳太子講式 1 巻	68 大日本輿地全図誌 全	117 肥前長崎図 全	165 中川梅原勝右衛門由緒書 全
22 蹴鞠聞書 1 巻	69 浅井三代実記鑑 2 巻	118 金剛峯寺図 全	166 狛左馬亮殿古書 全
23 蒲生家被下置 1 巻	〆	119 新嘗図 全	167 神楽 附歎口訣 全
24 豊太閤花見目記 1 巻	70 淡海国輿地名略考 20 冊	120 大坂陣図 全	168 興福寺高附帳
〆	71 広雄見聞雑輯録 8 冊	121 浪聚合流図 全	169 荼羅供法用儀 全
25 四方拝 完	〆	122 坊千山図 全	170 測量知要伝紀 1
26 河内国輿地図 完	図之分	123 飯道寺図 全	171 雖為誓約人　2
27 大原問答絵鈔 上下	72 江州上笠図 全	124 六大界図 全	172 観蹟見聞録 1
28 神楽譜 完	73 地球分図 全	125 鎌倉惣図	173 茶道系譜伝 全
29 神戸左衛門伊勢軍記 1 巻	74 近喜十七年田畠売巻状 全	126 江湖称广寺図 全	174 甲州流八陣備ノ図 1
30 興福寺官務 并附録 完	75 日野町絵図 全	127 江州図 全	175 軍用目録 全
31 香口伝巻 完	76 河陽諸川配当絵図 全	128 玉津図	176 諸集詩句
32 石亭百石図 完	77 江陽大脇荘界図 全	129 河内図	〆
〆	78 大津実図 全	130 河陽旧趾名地略図 全	177 椿井流石火矢日記 全
33 戒律少分物語 全	79 朝鮮図 全	131 金勝山寺別院三箇寺古図 全	178 南三郡諸侍連名帳 全
34 本朝百軍書 全	80 九州之図 全	132 大和国古阪之図 全	179 山上嶽山図 全
35 魯西亜国船渡来記 全	81 大和国南県遺蹟名図 全	133 太秦広隆寺古図 全	180 鷲峯山寺図 全
36 鳳城順賢録誌 完	82 魯西亜国人傑全図 完	134 和泉国地図 全	181 笠置寺図 全
37 蜜宗血脉裾拾隼 完	83 近州来由綿日溪細見図 完	135 金勝寺別院志那北伽図 全	182 北吉野山寺 全
38 日本記略 自天智至平城 完	84 近江国筑广社古図 全	136 江府名勝図解 完	183 狛寺 全
39 諸譜名鑑志 完	85 大和国大塊図 全	137 河内国地図解 完	184 井堤寺細見図 全
40 幕府日鑑 完	86 欲賀寺伽藍図 全	138 下羽麻村地図解 完	185 三好筑前守長慶書 1
41 信長譜 附系図 完	87 水口岡山古城 全	139 三国相承宗分統讃	186 板倉伊賀守殿書 1
42 鎌倉京都将軍二譜 完	88 高野山之 全	金勝寺別院北法華寺図	187 諸方系図之書 凡 17・8 冊
43 公事根源集釈 全	89 平城図 完	140 賤箇山嶽戦図 全	188 椿井金之助ヨリ系図之書 1 冊
44 慶元通鑑 全	90 河州上太子古伽藍図 完	〆	
〆	91 分間江戸図 完	141 和束郷大宮社録并春日社記録	
45 笠置寺之記略 全	92 河泉三ヶ国大川筋図 完	并椿井谷記 1 巻	
46 吉祥天悔過次第 全	93 七島総全図 完	142 湯次誓願寺記 1	
47 大懺悔并 32 箱	94 淡湖男石郷薩図 完	143 筒城物社記 并佐牙神記	
48 鎌倉公方中之格式 全	95 金勝寺四至図 完	百丈山大智寺記録 1 巻	

るようである。さらには「永禄元年八月山城七拾八人連判」という連名帳のほか、三好義継が永禄九年（一五六六）に山城国人へ軍勢催促した際の着到状とされるものとして、「永禄九年四月三日瓶原岡崎川原同連判着到三拾人」・「永禄七（九）年四月三日木津川原軍勢著到ノ次第」・「永禄九年四月四日着到同所後陣□百廿九人衆連名帳」・「永禄九年四月五日同所着到将軍御旗本人数五拾五人衆連名帳」などもある。[52]「惣政所」という立場にある「椿井山城守政勝」を中心としたこれらの着到状は、おそらく【目録178】の「南三郡諸侍連名帳」と対応するものであろう。

以上の連名帳と対応する各家の系図は、「狛左京殿古書写」【目録166】をはじめ無数に存在する。狛家系図では、「福原豊後守頼綱」・「延命寺光勝」の下に「笠置皇居御味方、賜龍丸袖印、山城四十九人衆内」と記されるが、「仏河原着到状」には実際に彼らが登場する。同じく狛家系図の「狛左馬助頼綱」の下には、「長享二年狛松尾社再建造営也」と記されるが、前述の「松尾神社縁起」には同年付で「狛左馬助頼綱」の花押が記されている。さらには、永禄九年の木津川原着到状と系図の「狛左馬進秀綱」も一致させている。

範囲を拡大して、綴喜郡内に分布する系図を『山城綴喜郡誌』で俯瞰しておく。そこで紹介される都々城村の伊佐家系譜には、「元弘元年辛未八月人皇九十五代の御宇、相模守高時依逆心不道山城国笠置山臨幸、為警固当山の衆徒成就坊並に三河国足助三郎重範以廻文城州郷士被召寄連名百三十九人の内三十六人為御加勢九月朔日同国吐師川原に着到、彼山に馳参奉節一員也、暦応元年戊寅三月落飾号浄雲、文和元年壬辰四月十八日逝去」とある。[53]このように「吐師川原着到状」と符合させていることは明白である。『山城綴喜郡誌』では、有力農民として右の伊佐家に加えて、宇治田原村浮気家・同村高屋家・井手村大西家・大住村樺井家・同村吉田家・同村橋本家・都々城村狩野家・同村和田家・同村菊岡家・有智郷村島田家・同村安田家・田辺町吉川家・同町北尾家・同町竹村家・同町加美家・普賢寺村大富家・同村田宮家・同村伊東家・同村藤林家・多賀村宮崎家の以上二一家について、系図をもとにその歴史を紹介する。そこでの系図の翻刻は一部に限られるが、中世の事績が日付単位まで明らかにされていることや、各連名帳でその名を確認できることなどから、いずれも椿井文書と考えてよかろう。

2　寺社縁起と著名人発給文書

天王村の牛頭天王社を朱智神社と主張しはじめた椿井政隆は、自説を傍証する史料をありとあらゆるかたちで創作する。朱智神社に執拗にこだわった理由は後述するが、まず間違いなくいえるのは、「朱智」という文言が入ったら椿井文書ということである。椿井文書は、とりわけ朱智神社周辺の普賢寺郷に集中してみられるため、この点が椿井文書の判定基準として有効に機能する。

例えば、先述の「佐牙神社本源記」には、筒城郷が東西に分かれて朱智・佐賀庄となるという由緒が記されることから、椿井文書であることが確実となる。すでに藤本孝一氏によって椿井文書と推測されていた「興福寺官務牒疏」のほか、「興福寺別院山城国綴喜郡観心寺普賢教法寺四至内之図」や「山城国綴喜郡筒城郷朱智庄・佐賀庄両惣図」なども、(54)「朱智」の登場により椿井文書と確定できる。なお、「興福寺官務牒疏」には佐牙神社の別称である「東朱智」の記述があり、「佐牙神社本源記」と関係づけていることが確認できる。また、逐一事例は示さないが、朱智氏という一族も創作され、いくつかの郷士の系図に反映されている。このように寺社と侍を連関させるのも、椿井文書の特徴といえる。

京田辺市水取の西光寺には、次のような書状が伝わる。

【史料3】(55)

其方共□筋目正敷紛無之候旨、近衛殿ゟ被相達候ニ付必先々旧領如元可返附候、随忠節可為肝要尤ニ候、
委曲木下藤吉郎・明智十兵衛ゟ可申渡候者也、

天正五

九月十六日　信長（朱印）

普賢寺

惣侍中

この織田信長朱印状は、「近衛殿」から申し入れがあったので、「普賢寺惣侍中」に知行を還付する旨を伝えたものである。しかし、取次とされる「木下藤吉郎」秀吉は天正五年（一五七七）に「羽柴筑前守」を名乗っており、後者の「明智十兵衛」光秀は「惟任日向守」を名乗っている[56]。つまり、明らかな偽文書である。しかし、内容については突拍子もないことが書かれているわけではない。永禄一二年（一五六九）に普賢寺谷城は信長勢に落とされていることから[57]、このとき闕所処分になったことは十分に考えられることである。また、知行還付を申し入れた「近衛殿」とは、信長と対立し全国を流浪したことで知られる近衛前久であろう。天正五年閏七月に前久の子信基の元服儀礼に信長が出席していることから[58]、この頃には信長と前久の間に和解が成立している。

近衛家の祖基通が、貞応元年（一二二二）に普賢寺に移り住み晩年をこの地で過ごして以来、近衛家と当地の関係は非常に深い。天正期に至ってもそれは変わりなく、天正六年六月に信長が近衛前久へ普賢寺の内一五〇〇石を宛行うと、同年八月に前久らは普賢寺に新造した小座敷を見分している[59]。このような関係を踏まえると、前久が和解成立直後に普賢寺の土豪らに知行を返付するよう信長に願い出るのもありえないことではない。偽文書

とはいえ、綿密な調査をしたうえで作成しているといえよう。

しかし、前項まででみてきた郷士・侍中の存在を主張する椿井政隆の姿勢や、彼が実際に信長書状【目録17】や「信長記」と思われるもの【目録41】を所持していることから、【史料3】も椿井文書と考えてよいかと思われる。この推測が正しければ、椿井政隆は朱印まで作成していたことになる。

そのほかにも、著名な戦国武将を発給者とした書状がいくつか存在する。

【史料4】[60]

為寺領城州大住郷之内松井並山本・飯岡・高船之三ヶ村普賢寺衆徒中被付之上者、加藍（伽藍）並鎮守天王社末社等加修理可申事肝要候、尤寺守知行分者其郷中之内水取並内田・山崎之田而可領地、猶三人衆可申入候也、謹言、

永正四年（一五〇七）十月廿三日　筒井順興　判

城州普賢寺与力惣頭
　下司因幡守殿
城紀伊守殿
長岡駿河守殿
菊原右馬進殿
普賢寺左近将監殿
大西伊賀守殿
高木大学進殿

大崎藤益丸殿
中但馬守殿
堀三河守殿
並交衆諸侍中

差出人は大和の筒井氏だが、宛名は連名帳にその名が確認できる者たちばかりである。おそらく【目録157】と関係するものと思われる。

【史料5】(61)

其郷天王山之城御番城被仰は、其方両人江御番役被仰下候、無怠慢防禦可為忠戦者也、謹言、
永禄元年八月廿九日　三好築《(筑)》前守長輝《(ママ)》　花押
長岡佐渡守殿
木原左兵衛将監殿

三好氏による天王山城在番命令とされるが、これも宛名の人物は連名帳で確認できるし、【目録185】との関連を感じさせる。以上の事例から、創作した人物の実在性を効率よく高めるために、一つの書状に少しでも多くの者を登場させようとする傾向がみてとれる。そして、彼らの存在をあたかも実証するが如く、発給者を著名人とするのである。

【史料5】に登場する「天王山之城」は、後述する椿井文書の「山城国綴喜郡筒城郷朱智庄・佐賀庄両惣図」という絵図では、朱智神社隣の山頂に描かれている。このように、系図と連名帳だけでなく、可視的に確認できる現実の史蹟をも複雑に絡め、郷士の実在性を主張するのが椿井文書の特徴といえる。

元弘の変の際、後醍醐天皇のもとへ馳せ参じたということが郷士と主張する根拠となっているため、史蹟関連の椿井文書で多いのは、当然ながら変の際に後醍醐が立ち寄ったゆかりの地における縁起類である。『山城町史』も引用する「北吉野山神童寺縁起」は、大永二年（一五二二）八月二八日に実淳光観が記したものを「平群龍麿広雄」が筆写したもので、「平群文庫」の印が捺されている。(62) 椿井政隆の筆であることから、筆写の原本は実在したかどうか甚だ疑問である。これは、【目録18・160・182】などと内容を同じくするであろう。他にも、鷲峯山関係の【目録180】や笠置山関係の【目録45・181】などが見受けられる。(63) 全ての内容を確認できないのが残念だが、郷士たちの活躍を記したものと考えて間違いあるまい。

四　椿井文書の作成過程

1　手法

本節では、ここまでみてきた実例を踏まえたうえで、椿井文書の作成手法とその目的について整理しておきたい。まずはくりかえしになるが、『五畿内志』の怪しげな記述を利用し、相互補完するようなかたちで偽文書を作成するという点を椿井政隆の手法の特徴として改めて確認しておく。例えば、穂谷村が創作した氷室の由緒は、『五畿内志』によって初めて広く知られるようになり、のちに近現代の研究が椿井文書を利用しながら氷室の存在をくりかえし説明したため、あたかも史実かの如く確立した。

もう一つ、戦国期に北河内・南山城を基盤として活躍した安見美作守の事例もあげておきたい。安見美作守の諱は、長らく「直政」とされてきたが、弓倉弘年氏によって正しくは「宗房」であることが明らかとされた。(64) この安見「直政」の定着にも、『五畿内志』と椿井文書が関係している。「直政」の名は、『五畿内志』河内国交野郡の項で広く世に知られることとなるが、のちに椿井政隆は戦国期に「直政」の名を配した安見氏の系図を作成している。そして、その系図を『姓氏家系大辞典』や『交野町史』が引用した。[65] さらにそれに続く自治体史や諸研究が孫引きすることによって、安見「直政」は定着をみたのである。

また、「興福寺別院山城国綴喜郡観心寺普賢教法寺四至内之図」や「山城国綴喜郡筒城郷朱智庄・佐賀庄両惣図」などがみられるように、椿井政隆は絵図を描くだけの画才があった。そのうち前者は鳥瞰図であり、立体的に描かれたパノラマ絵図である。明らかに中世の画法とは異なるが、高橋美久二氏が指摘するように、現地の地形と合致していることから、[66] 徹底した調査を行っていたことが窺える。

右の絵図のうち、前者には「正長元年（一四二八）戊申歳次三月中次幹日改正之」や「天文貳年（一五三三）六月再画」との注記がある。一方の後者には「文明十四（一四八二）壬寅年始画之云々、永正六（一五〇九）己巳年十一月日加増補再枚（校）画図之」との注記があり、類本の陽明文庫本にはさらに「天明八（一七八八）戊申年九月十六日以春日社新造屋古図模写之」との加筆がある。いずれも模写に模写を重ねたとすることによって、紙や絵の具が新しいにも拘わらず、内容そのものは古いことを主張しているのである。これは椿井政隆の常套手段であり、当該地域の絵図に同様の記述があれば、ほぼ間違いなく椿井文書といってよい。

例えば、井手町の古代・中世史を語るうえで必ずといっていいほど用いられてきた史料に「山城国井堤郷旧地全図」がある。[67] これは、橘諸兄が建立したという井堤寺や諸兄の別荘などを描いたもので、【目録184】にも確認できるほか、類本も複数伝わっている。なかでも、普賢寺郷の中心的立場にあった田宮家が所蔵していることは注目される。[68] なぜなら、同家の系図でも橘諸兄の後胤と主張しており、[69] 一連のものとして作成されていることが窺えるからである。田宮家所蔵のものには、「康治二年所画図之」としたうえで、次のような奥書が記される。

【史料6】

右此絵図者、往昔康治二年癸亥九月日、東大寺絵所法橋俊秀所図、則在春日社本議屋庫蔵、然申請之、命画工秦友宣令模写之、於当家所珍蔵者也、

嘉暦元丙寅年六月下浣日　前因幡守橘友秀図書加毫

右図自往昔所蔵伝也、然依虫損紛乱、図面今再模写之、永於当家所珍蔵之、務々不可他見者也、

享和三癸亥年九月上幹日

このように春日神社に納めてあった康治二年（一一四三）作成の絵図を嘉暦元年（一三二六）に模写し、さらに享和三年（一八〇三）に再び模写したという主張は、まさに椿井文書の特徴といえる。

そして、上記のような模写したという記述が鵜呑みにされることによって、椿井文書の絵図は実効性をもつのである。例えば、明応元年（一四九二）の古図を椿井政隆が模写したとする「少菩提寺境内図」は、滋賀県甲西町（現湖南市）の文化財に指定されている。(70)また、明治一三年（一八八〇）～一八年の和束郷（京都府和束町）山論では、天保二年（一八三一）椿井政隆筆写の絵図が裁判資料として提出されている。(71)

これらの絵図は、現実に歴史的空間を感じ取れる史蹟の由緒をちりばめながら、椿井政隆が頭の中で描く由緒の世界を絵図で総合し体現したものと評価できる。津田地域では、系図と連名帳と史蹟の由緒のセットを絵図で総合する手法を取っていた。普賢寺でもこの点は全く共通する。おそらくその他の絵図も、目的を同じくするものと思われる。

椿井政隆は、右の手法で作りあげた各地域の歴史を複数国に跨がって総合する。その最高傑作は、何といって

も「興福寺官務牒疏」であろう。これは、嘉吉元年（一四四一）段階の興福寺末寺を列挙したものとされ、興福寺も所蔵している。そのため、自治体史や古代寺院研究などで頻繁に引用されてきたが、「朱智」が散見するうえ、【目録30】にも掲載されることから、間違いなく椿井文書である。椿井政隆の狙いは、興福寺所蔵の「興福寺官務牒疏」と内容を一致させることによって、各地域に残された椿井文書の信憑性を高めることにあったとみてよかろう。このように重層的に関連づけることで偽文書に信憑性を付与するのが、椿井文書に特徴的な手法といえる。

複数国に跨って活動した椿井政隆ならではの特徴として、個々の椿井文書においても国境を越えて他地域の歴史を持ち込む点も指摘できよう。たとえば「佐牙神社本源記」では、源頼朝が河内国交野郡の「山田庄」や「田宮荘」を普賢寺に寄進したこととなっている。このように国境を跨いで異なる地域の歴史を融合させることによって、反証しにくい歴史が創作されているのである。

また、椿井政隆が生きた同時代の問題、つまり近世後期の出来事と関わらせることによって、いかにもありえそうな話を創作する点も特徴といえる。例えば、津田地域に残る椿井政隆作成の系図には、戦国期の津田城で穂谷村の土豪と津田村の土豪が争った旨が記されるが、津田城のある津田山をめぐって両村が争った江戸時代の山論状況と重ね合わせていることは疑いない。同様に江津村の「佐牙神社本源記」では、戦国期に菱田村の土豪菱田氏が佐牙神社に火を放ったと記されるが、江津村周辺の綴喜郡村々と菱田村周辺の相楽郡村々の間では、近世を通して郡境をめぐる争いがあった(72)。

このような同時代の出来事と重ね合わせながら由緒の筋を創作する一方で、必ず一七世紀初頭以前でその筋書を留めるのも特徴である。いうまでもなく、史料が少ない時代で筋書を切ることによって、反証できないようにするためである。椿井政隆が感じる史料的な壁は、現在の我々が認識している中世史料と近世史料の残存量の違いとも一致していて興味深い。

2　目的

椿井政隆は、式内社比定の補遺をはじめとして、『五畿内志』の欠を補うことを目的の一つとしていたようである。ただし、継体天皇がかつて筒城宮を置いた普賢寺郷の歴史を『五畿内志』に沿いながら復元することが主目的で(73)、結果として『五畿内志』の欠を補うことになったというほうがより正確かと思われる。

問題は、なぜ椿井文書が普賢寺郷に集中してみられるのかということである。この点は、その後の椿井文書の利用のされかたをみていくことで明らかとなるが、結論からいうと、有力農民を土豪に仕立て上げることに力点が置かれている点やそれら郷士の連帯を強調している点から、椿井文書の作成契機には普賢寺郷の有力農民層が深く関わっていることは間違いないと思われる。

三之宮神社文書は、津田村対穂谷村という対立構図のなかで、明らかに穂谷村側に荷担した内容であった。そのため、作成にあたって穂谷村の関与があったことは疑いない。同様に普賢寺郷でも、椿井政隆は有力農民層の依頼をうけて朱智神社周辺の一連の文書を作成したと考えられる。なぜなら、椿井文書が流出する以前にあたる明治二年（一八六九）に、すでに牛頭天王社が朱智神社と改名しているからである(74)。

椿井文書の総点数は計り知れないが、「椿井家古書目録」の段階では蒐集史料として一八八点が数えられる。ただし、ここには実在の刊本なども含まれている。一方で、交野郡関係のものが含まれていないため、過渡的な点数と思われる。例えば、上述のように、枚方市域には王仁関係の史料が二点、三之宮神社に残された史料が五点、これに付随していたが行方不明となった絵図が一点、さらに有力農民の系図が二〇点あった。これに「百済王霊祠廟由緒」を加えると計二九点もある。(75) その後作成されたものも含めると、実際は二〇〇点をはるかに凌駕する点数が作成されたと考えられる。このように、対象とする範囲を定めると、その地域において網羅的に偽文書を作成する傾向にあったことが窺える。

さて、上記のような依頼に基づく仕事をする一方で、多くの椿井文書が販売されずに椿井家に残されていたことの意味についても考えておかねばなるまい。この点については津田地域の事例でも述べたように、椿井家に原典を保管し、筆写物を頒布するという方法をとっていたからだと推測される。

しかし、全体的に見渡すと、椿井文書のなかには書札礼を大幅に無視した文書や明らかに偽文書とわかるように創られたものがままみられることから、悪意というよりはいたずら心や遊び心をもって作成していた節もある。自らの考証をもとにしたパノラマ絵図などには、空想を楽しんでいたようにしか思えないものもあり、自己満足のために作成していた感もある。事実、大量の椿井文書が売られることなく椿井家に残された状況に鑑みると、即売することを前提としていないものも多く存在したのであろう。このように、椿井政隆による偽文書の創作は趣味と実益を兼ねたものであった可能性が高いが、近代になって彼の意図から乖離して頒布されたため、本心は不明といわざるをえない。ただし、「南山皇統の実史、諸名家の秘録を捜し、詞玉筆化《ママ》をかざらず、そのまま一巻に集め、わが家の秘蔵となす。かたく門外に出さず、他見を禁ず、みだりに一覧することなかれ、つつしむべし」という序文を持つ「南山雲錦拾要」や、実在の史料と創作した史料を混在させて配列した「椿井家古書目録」などからは、将来的に価値が生まれることを見越していたことも読み取ることができる。

以上のように、椿井文書はそれぞれが様々な目的で創られていたようであるが、少なくとも椿井政隆に伝承を後世へ伝えようとする意志がもとよりないことは認められるであろう。

五　椿井文書がもたらした影響

本節では、椿井文書が後世に与えた影響について、特徴的な事例をいくつか取り上げる。

1　明治維新と南山郷士の士族編入運動

南山郷士の禁裏への出仕は、慶応三年（一八六七）末に普賢寺郷の田宮喜平らが中心となって計画したようである。(76)翌年正月には、椿井万次郎のほか、水取村藤林氏・内里村嶋田氏・岩田村東氏・上津屋村伊佐氏・三山木村木村氏・多々羅村城氏・上村田宮氏ら計八名の南山郷士総代が、出仕の願書を提出している。(77)椿井万次郎は椿井政隆の後継者であろう。注目したいのは、他の七名のうち四名までが普賢寺郷の者ということである。

彼ら南山郷士は、明治二年（一八六九）八月に任を解かれるまで約一年半の軍務をつとめるが、それを最後に椿井家の名は史料から姿を消す。一方、願書の段階では名の見えなかった木津の今井佳平（良久）は、鉄砲隊長として郷士頭に任じられ、のちに府会議員となる。(78)この今井佳平こそ、椿井文書を由緒ある者に売っていた人物である。椿井文書が木津に伝来した背景はここにあった。

重要なのは、慶応四年の願出の段階で、すでに南朝へ奉公した者の子孫と称していることである。筆頭が椿井氏となっており、総代の半数までが普賢寺郷の人物で、そのうち発起人が上村の田宮氏という関係は、朱智神社や普賢寺郷に触れた椿井文書が集中的に作成された要因を明瞭に示している。

天保一三年（一八四二）に水島永政が調査した水取村大冨家の系図には、「朱智」が登場する。(79)明治期の流出以前に、すでに普賢寺郷には椿井文書が存在していたのである。したがって、ここでの椿井文書は、近世段階に普賢寺郷の依頼によって作成された可能性が高い。その目的は次のように考えられる。普賢寺郷一〇ヶ村の氏神である牛頭天王社の祭祀では、近世中期以降、「拝殿方」とも呼ばれ祭祀では苗字を用いる「侍中」と、「仮屋方」とも呼ばれ苗字を用いない「宮座方」の対立があった(80)。おそらくその背景には、村落中層の台頭があったと思われる。これに対して、一〇ヶ村の侍中はその結束を固めて対抗する必要に迫られたはずである。ここに、有力農民を由緒ある土豪に仕立て上げ、中世以来幾度も結束して困難に立ち向かってきた南山郷士を積極的に主張する理由が求められる。結束の核となる牛頭天王社には、椿井政隆によって朱智神社という固有名詞と社格が付与され、記紀と関連づけながら、ここでの侍中の支配的立場を歴史的に裏付ける由緒が創作されたのであった。

依頼者は、維新期すでに椿井文書を活用していた普賢寺郷の上層であることは疑いない。その中心的人物は、南山郷士の出仕を企てた上村の田宮氏とみてよいだろう。先述のように、南山城にゆかりがあって家格の高い橘諸兄を遠祖としていることもそれを裏付ける。また、「朱智牛頭天王宮流紀疏」の本文中には、天皇家の著名人や朱智氏などの空想の人物しか登場しない一方で、わずかに具体的な人物として田宮家の祖とされる「万財伊賀椽橘義安」が登場するのも、同家の深い関与を窺わせる。

そして、右の作為性を消すためには、田宮家の特殊性を薄める作業が不可欠となってくる。つまり、土豪の系図を量産することであり、また普賢寺の侍中に客観性を帯びさせるには他地域でも同様の作業を繰り返す必要がある。「興福寺官務牒疏」の記載は大和・山城・河内・摂津・伊賀・近江にわたるが、各末寺に「属侍」・「交衆」などと称す侍中が所属している旨が記されていることや、そのように客観性を持たせようとする一方で普賢寺が異様に詳細に記されることから、ここでも目的の根本に「普賢寺郷侍中」の主張があることは疑いない。おそらく「椿井家古書目録」はその内容から、普賢寺郷の依頼に基づく作業が一段落したころの状況を示すものと考えられる。

なお、南山郷士は維新期に士族編入を希望するも叶わなかった。彼らはのちに、いわゆる豪農民権運動へと走っていく。これに対し、京都府同様に民権運動が盛んであった高知県で県令として実績をあげた北垣国道は、府知事に着任すると懐柔策を展開する。例えば、民権運動の主軸を郡長などに抜擢し、国家の末端機構に吸収する。その一環で、南山郷士も明治一七年に「南山雲錦拾要」を根拠として士族編入を叶えるが、それと同時に民権運動家としては自己矛盾を来すこととなった。このように、「南山雲錦拾要」は政治的に利用されている。

さらにその後、藤田精一の『楠氏研究』でも「南山雲錦拾要」は積極的に利用される。[81] 彼による楠木正成を始めとする南朝研究は、思想的な部分には当然問題を孕んでいるが、実証面ではなお一定の水準は保っているとされる。しかし、後世に編纂されたものとしながらもあながち間違ったことは書いていないとして、「南山雲錦拾要」を活用している点には注意を払う必要があるだろう。

2　国家神道と論社咋岡神社

明治二七年（一八九四）五月頃から、草内（京田辺市）の咋岡神社と飯岡（同市）の咋岡神社の双方の氏子が、「延喜式内咋岡神社」の社名を名乗ることを主張し紛糾する。結果、九月二八日に両社とも「延喜式内」の四字を抹消することで落着した。[82] しかし、実質は飯岡咋岡神社が式内咋岡神社として確定したようである。[83]

この争いの発端は、新たに発見された咋岡神社の「旧記」に従って、明治二六年一〇月に草内の天神社が社名を咋岡神社へと改めたことにあった。今井家が椿井文書を頒布していた時期と重なることから、この「旧記」は椿井文書とみて間違いあるまい。残念ながら、「旧記」の内容が確認できないため(84)、事件の推移とこれまで明らかにしてきた椿井文書の傾向から、およその内容を推測しておく。

並河誠所は、咋岡神社の比定にあたって、まず「続日本後紀」などにみられる「区毘岳」は飯岡村にあたるとし(85)、そのうえで式内咋岡神社は草内村にある天神社であると断定する。『五畿内志』の記述から推測するに、その根拠は草内が飯岡の隣にあること、法泉寺という宮寺を抱える規模の大きい神社であること、そしてそこに弘安元年（一二七八）の十三重塔が残るということの三点と考えられる。当時、飯岡村には咋岡神社に比定しうる神社がなかったのであろう。事実、明治二年の神社調査では飯岡村に神社は見あたらない(86)。「区毘岳」を飯岡に比定しながらも、咋岡神社を飯岡に比定できなかった矛盾も、並河誠所の式内社比定が強引であったことを示しているが、これが禍根を残すこととなる。

なお、文明一四年（一四八二）の作とする椿井文書の「山城国綴喜郡筒城郷朱智庄・佐賀庄両惣図」には、咋岡神社が現在の飯岡咋岡神社の部分に描かれていることから、椿井政隆はあくまでも咋岡神社は飯岡にあるべきと考えていた。したがって、『五畿内志』の補充を目論む椿井政隆にとって、咋岡神社が飯岡にない理由は説明すべき課題であったに違いない。草内村が発見した「旧記」は、おそらくその目的のために作成されたものであろう。

『山城綴喜郡誌』には、「一説曰、本社(飯岡咋岡神社)は元と当字(飯岡)の北境宮ヶ森に鎮座ありて、当所と外二部落の総社なりしが永享年間、洪水の為め被害ありしを以て、各三部落に分離したるに際し、当社は其宮元たるに拠り」という記述がみられる。すなわち、飯岡村内の三ヶ村境界付近にあった咋岡神社が、三村に分祀したというのである。これこそ、椿井政隆が思いついた草内・飯岡の両村に咋岡神社が存在する理由といえる。その一方で、飯岡村の咋岡神社を正統とも考える椿井政隆は、「当社は其宮元」という主張を盛り込んだ。こうすることによって、草内村の天神社が咋岡神社であるという『五畿内志』の記述とも大きな齟齬のない新たな説が生まれたのである。

さらに推測を重ねると、式内咋岡神社をめぐる対立の背景には、当該地域内における主導権争いがあったと思われる。飯岡村を含む周辺地域は中世には草内郷、近代には草内村と呼称されていた。飯岡村は『五畿内志』の飯岡を「区毘岳」の転とする考証結果を利用し、村内の小規模神社を咋岡神社とする独自の由緒を作成したのだと思われる。ここに椿井文書がどのように関わったのかは不詳ながら、明治二年段階では把握されていない神社が、明治七年〜九年の調査による『特選神名牒』に登場し、さらに明治一〇年には「式内咋岡神社」と彫られた石碑が境内に建立されている。このように、飯岡村が維新の過程で自村の神社を式内社と主張し始めたのは明白である。

一方、草内咋岡神社は、並河誠所の説を受け入れないまま明治二年段階でも天神社を名乗っていた。そして式内社の重要性が増したころに草内村は都合良く椿井文書を発見したのだが、時すでに遅く、式内咋岡神社をめぐる争いは椿井政隆の思惑通りに事が運ぶのである。以上のような事件の推移から、椿井文書のなかでの扱われ方次第では、草内咋岡神社が式内社となる可能性もあったと思われる。あらためて椿井文書の影響力の大きさを思い知らされる一件といえよう。このように、現在二社存在する咋岡神社は、並河説と椿井説に翻弄されつつ誕生したのであった。

ちなみに綴喜郡内の他の式内社には、明治二五年四月建立の「式内郷社　朱智神社」と彫られた石碑のほか、明治二四年九月建立の「式内　棚倉孫神社」、明治二五年建立の「式内　天神社」などの石碑がみられるように、飯岡咋岡神社より一歩遅れて石碑の建立ラッシュがあった。これらの建立に椿井文書が具体的にどのように関わるのかは不明ながら、式内社顕彰の気運の高まりと椿井文書流出の時期が重なったことも、収拾がつかない状況に追い込まれた要因の一つといえるだろう。

3　内鮮融和政策と伝王仁墓

本項では、伝王仁墓がこれまでどのように扱われてきたのかみておきたい(87)。

並河誠所にその価値を見出された王仁墓の後ろには、彼の建言を容れた当地の領主久貝氏によって、石碑が建てられる。その後、整備された形跡はしばらくみられないが、文政一〇年（一八二七）に交野郡招提村（枚方市）の家村孫右衛門が、有栖川宮家の臣大石兵庫と謀って新たな顕彰碑を建立する。

近代に入ると、明治二五年（一八九二）に有志によって王仁墓の整備拡張が計画され、明治二七年に起工式が行われるが、明治三一年になっても事業は一向に進んでいなかったようである(88)。その後、新たに郡長や地元出身代議士の協力を得て、明治三二年には「仁徳天皇千五百年祭」の附祭で、国朝文教の祖として王仁墓でも祭典が行われるに至るも(89)、なお王仁墓拡張は実現せず、新聞記事からもしばらく姿を消す。

しかし、大正八年（一九一九）の三・一独立運動以降の内鮮融和・皇民化政策のなかで、王仁墓は再び注目を浴びるようになる。昭和二年（一九二七）に王仁神社奉賛会が内田良平らを中心に結成され、昭和五年には奉告祭・地鎮祭が行われた(90)。昭和一〇年には、王仁墓の大阪府史跡指定が内定し、昭和一三年には正式に指定される(91)。この間、王仁の顕彰は政策としても積極的に行われ、王仁墓の整備も着々と進んでいくのである。

現在も王仁墓の史跡指定は解除されておらず、韓国要人や観光客の訪問が絶えない。既述のように、並河誠所の安易な記載とそれを補強しようとする椿井政隆の仕事が相互補完することで成立している説ではあるものの、前項でみた式内社の事例と同様、近代国家イデオロギー形成の末端で真正な文書として一度利用されたために、椿井文書は今も機能しているのである。こうした史料に対し、適正な批判を加えずにきた、あるいは放置どころか活用してきた歴史学にも責任の一端はあるはずである。

椿井政隆の思想の根底には、近代皇国史観に繋がるものがあり、ゆえに椿井文書が大いに利用された。しかも、今もなお機能していることに鑑みれば、今後、畿内国境地域史を構築するためには、単に椿井文書を排除するだけではなく、椿井文書が惹き起こした諸問題を清算していくことが不可欠である。ましてや、単なる観光地化を目的とした椿井文書の利用を繰り返してはなるまい。

おわりに

椿井政隆は、『五畿内志』と椿井文書を相互に補完させることで、非史実をあたかも史実かのようにみせていた。そして、それを足がかりとして、寺社・史蹟の由緒書や系図・連名帳などを相互に関連づけながら創作していく。しかも、それによって体系化された地域像を絵図に表現するとともに、「興福寺官務牒疏」とも関連づける。このように広域に跨がる歴史に複雑な関係を持たせることで、反証しにくい筋書を創作するのである。椿井文書が信用されてきた要因の一端は、このような念入りな作成方法に求められよう。

郷士隊の結成をはじめ、近代国家イデオロギー形成の末端で活用された椿井文書は、元を辿れば江戸中期以降の村落中層の突き上げに対する村落上層の対応を発端としていた。村落上層の郷士による地域団結を重視する由緒は、その拠り所として後醍醐天皇が選ばれた。郷士が仕えるべき適当な領主がいなかったという側面もあるかもしれないが、式内社にまつわるものなど、他の椿井文書も近代の皇国史観に基づいてあらゆる面で活用されたことから、積極的な選択であったと考えられる。このように、椿井文書が活用された要因は、近代社会において極めて受け入れやすい内容であった点にも求められる。この点も含め、椿井政隆の仕事を思想史的に追究していくことが今後の課題となってくる。

もう一つ、残された課題として無視できないのは、今後史料として椿井文書をいかに利用していくかという点である。本章でみたように、椿井文書が踏まえているのは、少なくとも現在では意外と手に入りやすい情報が中心であった。もちろん、当時の史料博捜には相当な努力を要したと思われるが、伝承を踏まえている可能性を示唆する柔軟な姿勢や中世史料としての活路を見出す方向で、椿井文書を利用すべきではなかろう。今後は、彼の思想体系や学問体系、あるいは村落における偽文書作成の意義などを検討するための近世史料として、活用の仕方をシフトしていく必要がある。そこでの徹底的な史料批判を加えたうえでなければ、古代・中世を分析する史料として使うことは不可能といわざるをえない(92)。

反省すべき点は他にもある。地元の郷土史家によって編纂された自治体史が出発点であったとはいえ、そこで頻用される椿井文書に対して、徹底的に史料批判を加えなかった研究者の姿勢である。いうまでもなく、歴史学の基本はまず偽文書を排除し、真正な文書のみを用いて史実を確定していくことにある。しかし、そこで脇に捨てられた史料は、地元の歴史を語るうえでこれまで欠かすことのできなかったものであった。例えば『京都府田辺町史』では、「南山雲錦拾要」の引用にあたって「歴史家の中にはこの書類は『笠置寺縁起』によるものであって、必ずしも当時の記録として正確を期し難いとの説もあるが、ここではしばらく別問題とする」と断わったうえで、地元に残った史料と格闘し、地域の歴史を描こうとしている。その結果としての現状に鑑みると、ただ怪しいというだけで、放置してしまった研究者にも責任の一端があるように思えてならない。本章が、地域史のなかで偽文書がまかり通る構造の分析にこだわった理由はここにもある。

さらに大きな問題は、郷土史家の努力によって市民権を得た椿井文書を、今度は逆に研究者が十分な史料批判も加えずに引用していることにある。最も顕著な一例は、南山城に古代豪族の息長氏がいたとする塚口義信氏の一連の研究といえる。(93)

息長氏は神功皇后や継体天皇とも深く関わるとされる氏族で、古代政権を考えるうえで非常に重要な位置を占めており、古くから通説では近江国坂田郡に居住していたとされる。これに対し塚口氏は、次の四点を論拠に持論を展開する。①普賢寺の山号が「息長山」であり、一五世紀成立の「興福寺官務牒疏」にもその旨が記されるから山号は古代まで遡る。②朱智神社の祭神が息長帯比売命（＝神功皇后）の祖父「迦爾米雷王」である。③普賢寺の下司家の祖先が息長氏である。④記紀から神功皇后の系譜をたどると、山代之大筒木真若王が山城・綴喜と音が通じるのをはじめ、その息子迦爾米雷王が相楽郡山城町綺田《かばた》の旧名蟹幡《かむはた》と音通し、その妻高材比売も綴喜郡高木村と音通するように、南山城の地名に由来する名が続く。さらに二人の間に生まれたのが息長宿祢王であり、その娘が息長帯比売命すなわち神功皇后となる。

以上をもとに、塚口氏は息長氏が坂田郡のみに所在していたとする通説に批判を加える。山城との関係性を考慮に入れない息長氏研究に対しては、「近江坂田郡以外の息長氏の問題が捨象されており、その考察は空振りに終わっている」と厳しく論断するのである。(94)しかし、上記の論拠のうち①〜③は、朱智神社と侍中の由緒を主張するために創られた椿井文書によるもので、それ以前に遡る伝承ではない。よって、④のみがその論拠たりえるわけである。

しかも、記紀研究の結果、④を根拠に南山城に息長氏がいたと主張しはじめたのは、他ならぬ椿井政隆であった。朱智神社の場所比定はもちろん、祭神についても度会延経の推測を利用した椿井政隆の創作である。普賢寺の山号を「息長山」としたのも、息長氏が南山城にいたとする持論を定着させるためであろう(95)。そしてここから、有力農民を息長氏の子孫に仕立て上げていったのである。①〜③は、その目的に沿って作成されたものであり、塚口氏は椿井政隆の術中にはまったとしかいいようがない。もちろん、塚口氏の見解を全否定することもできないが、椿井文書は論拠たりえず、あくまでも記紀からの推論に過ぎない。

このような塚口氏の議論に対し、他の古代史研究者は次のような評価を下している。例えば若井敏明氏は、「南山城における息長の検出は、塚口氏の重要な業績のひとつである」と述べる(96)。また、住野勉一氏に至っては、「興福寺官務牒疏」という「有力な文献史料を手がかりにしたこの結論（息長氏が南山城と関係するという―筆者註）は、重い」とする(97)。横田健一氏も、「興福寺官務牒疏」や「朱智牛頭天王宮流紀疏」を引用しながら、朱智神社や朱智氏の存在を前提とした塚口説をそのままに展開する(98)。

すでに藤本氏によって椿井文書であると指摘されているにも拘わらず、古代史研究者たちはなぜ繰り返し「興福寺官務牒疏」などを引用するのであろうか(99)。そもそも椿井文書の存在を知らないのかもしれないが、「興福寺官務牒疏」の引用の仕方をみる限り、後世の史料でも伝承を踏まえているだろうという認識を持っているようである。しかし、椿井政隆には伝承を忠実に伝えようとする意図など毛頭なかった。ここからは、古代史研究者たちの伝承史料に対する認識の甘さが指摘できよう。もちろん、伝承そのものに史料的価値があることは筆者も認めるが、伝承がなぜ伝承されるのか、この点を追究することなしに伝承を史料として活用することは危険である。

ここでは塚口氏の議論を取り上げたが、椿井文書が惹き起こした問題が最も顕著にわかる事例としてあげたまでで、実際には他にも椿井文書を多用したものとして、『式内社調査報告』や南山城を対象とした歴史地理学的研究、あるいは沿革調査を伝承に頼る部分が大きい小規模城館の研究などもある。(100)そのほか、椿井文書の利用に注意を促していた『ふるさと椿井の歴史』の執筆者の一人である八田達男氏も、「朱智牛頭天王宮流紀疏」を引用して中世の牛頭天王について論を展開してしまっている。(101)

以上の研究に共通するのは、近世史の視点から史料批判を加えていないという点である。近世史研究者が椿井文書を利用した事例がないのは、史料の内容が古代・中世であるから当然といえば当然であるが、今後は歴史学全体として地域に向き合うに当たって、古代・中世だから見向きもしないのではなく、近世史側からも時代を越えた史料批判を意識していく必要があるのではないだろうか。このように、椿井文書は研究者一人一人の問題には留まらない、より大きな歴史学全体が抱える課題を提示している。

註

（1）久野俊彦・時枝務編『偽文書学入門』（柏書房、二〇〇四年）。

（2）網野善彦『日本中世史料学の課題』（弘文堂、一九九六年）など。

（3）田辺郷土史会編『京都府田辺町史』（田辺町役場、一九六八年）二二頁～二三頁。その後、これを踏襲する形で、田辺町近代誌編さん委員会編『田辺町近代誌』（京都府田辺町、一九八七年）および『田辺町近世近代資料集』（同上）も刊行されている。

（4）井手町史編集委員会編『井手町史シリーズ第四集　井手町の古代・中世・近世』（京都府綴喜郡井手町役場、一九八二年）。

（5）中村直勝「偽文書の楽しさ」（同『歴史の発見』人物往来社、一九六二年）。同「偽文書の研究」（同『日本古文書学』下、角川書店、一九七七年）。ただし中村氏は、椿井氏を木津在住と誤解している。後述の複雑な伝来過程が、このような誤解を生んだのであろう。

（6）『山城町史』本文編（山城町役場、一九八七年）三六五頁・四二一頁～四二五頁。ほぼ時期を同じくして編纂された、木津町史編さん委員会編『木津町史』史料篇Ⅰ（木津町、一九八四年）にも、「椿井文書」と明記したうえで参考史料として収載される。

（7）『山城町史』本文編五二五頁。

（8）『山城町史』本文編三六五頁～三六六頁。

（9）藤田恒春「元亀の起請文について」（『史林』第六九巻第一号、一九八六年）。同「信長侵攻期近江南郡の村と『元亀の起請文』」（『国立歴史民俗博物館研究報告』第七〇集、一九九七年）。その後、椿井政隆の仕事であることを踏まえて「元亀の起請文」を再検討したものとして、井上優「『元亀の起請文』の史料批判」（『栗東歴史民俗博物館紀要』第四号、一九九八年）がある。問題の深刻さは、のちに藤田恒春「二通を一通にした木下秀吉書状について」（『日本史研究』第五四三号、二〇〇七年）や同「書評　深谷幸治『織田信長と戦国の村』」（『織豊期研究』第二〇号、二〇一八年）などで、椿井文書の存在に度々警鐘を鳴らしている藤田氏ですら、同「縁起創成と文字世界の交錯」（『名勝兵主神社庭園保存整備報告書』発掘調査編、中主町教育委員会、二〇〇二年）では、椿井政隆が作成した「興福寺官務牒疏」を中世史料として用いていることからもみてとれる。

なお、椿井政隆が史料の調査と補修をしていたことは、佐久奈度神社所蔵大般若波羅蜜多経乙本五巻・七巻・九九巻・五二二巻および断片の記録三二巻にみえる文化七年（一八一〇）の巻記からも知ることができる（『滋賀県大般若波羅蜜多経調査報告書』二、滋賀県教育委員会、一九九四年）。

（10）そのため「権之輔」という表記が定着しつつあるが、本書第二部第二章「椿井政隆による偽文書創作活動の展開」の【史料1】や本書カバーの「吉田流鳴弦蟇目巻」などにみえるように、自署するときは「権之助」と表記される。

（11）藤本孝一「近衛基通公墓と観音寺蔵絵図との関連について」（同『中世史料学叢論』思文閣出版、二〇〇九年、初出一九八八年）。

（12）『ふるさと椿井の歴史』（京都府山城町椿井区、一九九四年）八八頁～八九頁。

（13）例えば、『近江の歴史家群像』（栗東歴史民俗博物館、一九九八年）など。

(14) 本書第一部第一章「津田山の山論と三之宮神社文書」。以下、三之宮神社文書をはじめとする津田地域における椿井文書については、全てこれによる。
(15) 白井哲哉『日本近世地誌編纂史研究』(思文閣出版、二〇〇四年)。
(16) 井上智勝「並河誠所の式内社顕彰と地域」(『大阪市立博物館研究紀要』第三二冊、二〇〇〇年)。
(17) 「延喜式」巻九・神祇九・神名上(『新訂増補国史大系』二六)。
(18) 教部省編『特選神名牒』(磯部甲陽堂、一九二五年)。
(19) もともと綴喜郡某所にあった樺井月神社は、綴喜郡水主村の水主神社神主に兼掌され、同社境内に移転したという(『特選神名牒』)。のちに水主村は久世郡寺田村の一部となるため、樺井月神社も久世郡に属することとなった。
(20) 『新修京都叢書』第一〇巻(臨川書店、一九六八年)。
(21) 『新修京都叢書』第一五巻・第一六巻(臨川書店、一九六九年)。
(22) 『新修京都叢書』第一三巻・第一四巻(臨川書店、一九六八年・一九七一年)。
(23) 『大日本地誌大系』一八巻(雄山閣出版、一九二九年)。
(24) 幸田成友「並河誠所と五畿内志」(『大阪朝日新聞』明治三六年(一九〇三)二月一一日)。室賀信夫「並河誠所の五畿内志に就いて(上)・(下)」(『史林』第二一巻第三号・第四号、一九三六年)。
(25) 『新修京都叢書』第二二巻(臨川書店、一九七二年)。
(26) 『新修京都叢書』第六巻(臨川書店、一九六七年)。
(27) 『山城綴喜郡誌』(京都府教育会綴喜郡部会、一九〇八年)。
(28) 『京都の文化財』第三集南山城篇(京都府教育委員会、一九六九年)。
(29) 『山城綴喜郡誌』一七八頁。『田辺町近世近代資料集』三四三号。永正一一年の再建にあたって、同年に至るまでの事績を編纂したという体裁をとっている。両者の内容は符合するが、前者にある天正期の記事が後者にはみえない。後者の校本は、大正元年の写本をさらに謄写したものであるため、天正期の記事は筆写を繰り返すなかで欠落した可能性もある。後述の椿井文書の特質を踏まえると、『山城綴喜郡誌』が参照した史料は、永正一一年に作成された史料を筆写したうえで、永正以後の事績を追記したという体裁を取っていたと考えられる。

(30)『薪誌』（薪誌刊行委員会、一九九一年）二七五頁。
(31)『山城綴喜郡誌』一七六頁。中世ならば「七年乙卯」となるはずで、「七乙卯年」の如き表記は、中世末期にはじまり近世になって一般的となる。
(32)『田辺町近世近代資料集』三号。
(33)『京都府田辺町史』二二三頁。
(34)『田辺町近世近代資料集』三九号参考。
(35)現在の京田辺市南西部にあたる普賢寺川流域の高木・南山・出垣内・宮ノ口・多々羅・上・水取・高船・打田・天王の一〇ヶ村を普賢寺郷あるいは普賢寺谷と称した。
(36)前掲註（19）のように、式内樺井月神社は久世郡に属することとなったが、逆に久世郡の式内石田神社が綴喜郡岩田村に比定されたため、延喜式神名帳と総数に変化はない。
(37)『日本庶民生活史料集成』第二六巻（三一書房、一九八三年）。なお、文化一〇年（一八一三）成稿の伴信友『神名帳考証』（『伴信友全集』第一、国書刊行会、一九〇七年）も度会説をそのまま踏襲しているため、椿井政隆がいずれを目にしたかは不明である。
(38)式内社研究会編『式内社調査報告』第一巻（皇學館大学出版部、一九七九年）。綴喜郡は西山克氏が執筆している。前後して刊行された、志賀剛『式内社の研究』第三巻（雄山閣、一九七七年）もほぼ同様の見解を示す。
(39)筆者が問題視するのは、このような経緯で創られた社伝や神社の存在を所与の前提とした古代・中世史研究であり、式内社に対する信仰そのものを否定するつもりはない。
(40)『枚方市史』別巻、五〇頁～五二頁。
(41)枚方市史資料室蔵複写版。
(42)寺島彦三郎編『文学始祖博士王仁』（特志発行事務所、一九〇八年）。片山長三「王仁塚」（『懐徳』第二六号、一九五五年）。
(43)『朝日新聞』昭和一四年（一九三九）一〇月七日。以下『朝日新聞』の記事は『朝日新聞記事集成』に拠った。
(44)ただし、従来指摘されていないが、享保期以前の王仁墓藤坂所在説を記載する事例はみられる。実際にはもう少し時代が下る可能性はあるが、天和二年（一六八二）の作成とされる「当郷旧跡名勝誌」（片山長三『津田史』

津田小学校創立八十周年記念事業発起人会、一九五七年所収）では、寛文九年（一六六九）にすでに王仁墓説があることを指摘している。しかし、「当郷旧跡名勝誌」の筆者は、「ミサヽキ」の時代にそのような墓はあり得ないと非常に懐疑的な姿勢で記述する。また、元禄一一年（一六九八）の題辞を持つ「本朝学原浪華鈔」（『続々群書類従』第一〇、四九五頁）にも、「一説に云、河内国交野郡津田（藤坂村）ノ新田ニ王仁ノ墓アリ」との記述がみられる。並河誠所はこれらの説に触れたのであろう。

(45) 前掲註（24）幸田論文。

(46) 『鮎川村庄屋日記』二（茨木市、二〇〇一年）一七頁。

(47) 藤坂西法寺所蔵「河内国交野郡藤坂村旧記」（寺島正計『藤阪の今昔物語』私家版、一九九九年）。

(48) 本書第二部第四章「三浦蘭阪の『五畿内志』批判」。

(49) 『山城町史』本文編四二一頁～四二三頁。小林家文書は中世以来当地の有力者であった狛氏関係の史料群である（『山城町史』本文編三六五頁）。

(50) 田中穣氏旧蔵典籍古文書三八九号（国立歴史民俗博物館蔵）。表10に示したように「椿井家古書目録」では、所々に「〆」と記し、何らかの一括関係を表している。この意味は不明ながら、【目録72～140】は「図之分」として図面と思われる史料が一括され、【目録11～71】とは区別されていることがわかる。したがって、【目録141】以降の記述はそれに加筆されたもので、続けて行われた集書活動を示すものであろう。少なくとも二回にわけてこの目録は作成されたのである。注目したいのは、【目録141】以降の史料が、朱智神社の由緒をまとめたものと思われる「筒城物社記」【目録143】をはじめとして、「禅定寺衆談中」【目録147】、「神童寺録記」【目録160】、「湧出森由来」【目録162】など、大半が椿井家が所在する南山城関係のものとなっていることである。本書第二部第二章「椿井政隆による偽文書創作活動の展開」でも説明するように、南山城における偽文書の創作は彼の成熟期における仕事であるが、そのことと合致する。

(51) 大森正雄校訂『南山雲錦拾要』（私家版、一九六七年）。以下、「南山雲錦拾要」の内容や伝来、所収される連名帳については『京都府田辺町史』第九章第三節による。なお、伝来については誤解がみられるが、山地悠一郎『南朝諸録要諦』（八幡書店、二〇一七年）にも別本の影印版が掲載される。

(52) 『木津町史』史料篇Ⅰ八二一頁～八三二頁に掲載される飯田晴穂家所蔵椿井文書。同様のものは、『田辺町近世近代資料集』五号にも掲載される。
(53)『山城綴喜郡誌』二九四頁。その他の系図については同書「第七編　名家」参照。
(54)『京都府田辺町史』口絵折込写真。
(55)『京都府田辺町史』三一四頁掲載写真。
(56) 谷口克広『織田信長家臣人名辞典』（吉川弘文館、一九九五年）によると、木下藤吉郎の終見は元亀三年（一五七二）一二月二五日、羽柴藤吉郎の初見は元亀四年七月二〇日、羽柴筑前守の初見は天正三年八月七日となっている。ちなみに羽柴筑前守への改名は、天正三年七月三日に朝廷に対し信長が家臣への官位付与を願い出たことに伴うものと推測されている。このとき明智光秀も「十兵衛」から「惟任日向守」へ改めた。
(57)『多聞院日記』永禄一二年四月一八日条。
(58)『信長公記』天正五年閏七月一二日条。
(59)『信長公記』天正六年六月一四日条。『兼見卿記』同年八月一一日条。
(60)『山城綴喜郡誌』二〇四頁。
(61)『京都府田辺町史』三二五頁。
(62)『京都府史蹟勝地調査会報告』第三冊（京都府、一九二二年）。
(63)【目録181】は、『京都府田辺町史』二五八頁に写真が掲載される「笠置山の城　元弘戦図」だと思われる。
(64) 弓倉弘年「天文期の政長流畠山氏」（同『中世後期畿内近国守護の研究』清文堂出版、二〇〇六年、初出一九八九年）。
(65) 太田亮『姓氏家系大辞典』第六巻（国民社、一九四四年）。『交野町史』改訂増補一（交野町、一九七〇年）。
(66) 高橋美久二「田辺町普賢寺の大西館」（『山城郷土資料館報』第七号、一九八九年）。
(67)『井手町の古代・中世・近世』では、表紙・口絵写真に掲載されるなど多数引用される。
(68)『田辺町近世近代資料集』三八号参考。
(69)「万歳氏系図」（『改訂大和高田市史』史料編、大和高田市役所、一九八二年、一〇二頁）。
(70) 本書第二部第三章「椿井文書が受容される理由」。
(71)『山城町史』本文編八三三頁。なお、この絵図は【目録111】に確認できる。

(72) 精華町史編纂委員会『精華町史』本文編（精華町、一九九六年）第四章第一節。
(73) 筒城宮は、現在普賢寺郷のうち多々羅村に比定されているが、確たる証拠があるわけではない。
(74) 「南山城神社改帳」（『田辺町近世近代資料集』二〇〇号）。
(75) 『百済王神社と特別史跡百済寺跡』（百済王神社、一九七五年）。
(76) 木津町史編さん委員会編『木津町史』本文篇（木津町、一九九一年）八〇九頁。南山城には郷士が非常に多い。近世段階の実態については、吉田ゆり子『兵農分離と地域社会』（校倉書房、二〇〇〇年）に詳しい。
(77) 『特別展　南山城の幕末維新』（山城郷土資料館、一九九六年）にも、同じ連名による願書の写が掲載される。
(78) 『京都府議会歴代議員録』（京都府議会、一九六一年）七一七頁。佳平は明治二八年に没し、良政が跡を継ぐ。
(79) 『城州諸社詣記』（武庫川女子大学文学部日本語日本文学科管研究室、二〇〇一年）三一頁。
(80) 『田辺町史近世近代資料集』三九号。
(81) 藤田精一『楠氏研究』（積善館、一九一五年）。藤田精一の業績については、福島幸宏「戦前における楠氏研究」（『新しい歴史学のために』第二三八号、二〇〇〇年）が詳しい。なお、藤田精一が世にあまり出回っていなかった「南山雲錦拾要」を積極的に利用しえたのは、普賢寺郷に接する興戸（現京田辺市）出身であったからだと思われる。
(82) 『田辺町近代誌』七八五頁～七八六頁。
(83) 『山城綴喜郡誌』一七五頁。
(84) 原典にはあたれていないが、高橋美久二「山城国一揆と城館」（『山城郷土資料館報』第四号、一九八六年）が引用する「山城国草内村宮神之記」だと思われる。高橋氏は、「延久二年三月二十六日」など平安時代の年号がみえることなどから、この史料は検討の余地があるとする。
(85) 『続日本後紀』天長一〇年（八三三）一〇月九日条に、「勅以山城国綴喜郡区毘岳一処為円提寺地」とある。
(86) 前掲註（74）。
(87) 近代の伝王仁墓については、福山昭氏と後藤耕二氏の御教示に授かる部分が大きい。記して謝意を表したい。
(88) 『朝日新聞』明治三一年一〇月二一日・同二七年四月二四日。
(89) 『朝日新聞』明治三二年九月一九日・三〇日。

(90)『朝日新聞』昭和五年四月九日。
(91)『朝日新聞』昭和一〇年八月二〇日・同一三年五月五日。
(92) 中世の出来事を扱うには、例えば次のような用法が考えられる。現在は周知の事実となっている山城国一揆が、椿井文書では一切触れられない。郷士の活躍を主張するには最適の事件だと思われるが、すでに近世後期には地元では忘れられていたのである。近世も語り継がれた伊賀や甲賀の一揆との比較から、山城国一揆の性格を考える一つのきっかけにはなるだろう。
(93) 塚口義信『神功皇后伝説の研究』(創元社、一九八〇年)。同『ヤマト王権の謎をとく』(学生社、一九九三年)。
(94) 塚口義信「息長氏研究の一視点」(『東アジアの古代文化』第七二号、一九九二年)五一頁。
(95) 三之宮神社文書ではさらにその持論が展開して、「息長」と「筒城」(もしくは住吉三神)を合体させたとみられる「息筒」氏も登場する。
(96) 若井敏明「書評　塚口義信著『ヤマト王権の謎をとく』」(『古代史の研究』関西大学古代史研究会、一九九五年)。
(97) 住野勉一「継体朝序説」(横田健一編『日本書紀研究』第一八冊、塙書房、一九九二年)。同「継体天皇と樟葉宮」(横田健一編『日本書紀研究』第二五冊、塙書房、二〇〇三年)では、他の椿井文書も援用して塚口説のさらなる補強を図っている。
(98) 横田健一『飛鳥の神がみ』(吉川弘文館、一九九二年)のうち「継体天皇と朱智神社」。
(99) 塚口義信「継体天皇と遷宮の謎」(財団法人枚方市文化財研究調査会編『継体大王とその時代』和泉書院、二〇〇〇年)。同「神功皇后伝説のふる里を探る」(『シンポジウム『秘められた南山城の地名を探る』』京都地名研究会、二〇〇三年)。
(100) 乾幸次『南山城の歴史的景観』(古今書院、一九八七年)。小島道裕「平地城館趾と寺院・村落」(村田修三編『中世城郭研究論集』新人物往来社、一九九〇年)など。
(101) 八田達男「牛頭天王信仰の初期段階における展開」(同『霊験寺院と神仏習合』岩田書院、二〇〇三年、初出一九九七年)。

附記　本章の初出以降、二〇〇六年には、伝王仁墓の前に韓国の全羅南道から運ばれた資材によって、「百済門」なるものが建設された。さらに二〇〇八年には、枚方市と全羅南道の霊岩郡が友好都市の提携を結んだ。椿井文書は、もはや国際的な問題にまで関与するようになっている。

第二章　椿井政隆による偽文書創作活動の展開

はじめに

偽文書は、正当な歴史を把握するうえで排除すべき存在であるため、長らく歴史学の素材としては認められてこなかった。しかし近年は、偽文書が作成された当時の社会を読み解く素材として、その成立過程や機能が脚光を浴びるようになっている。(1)その一方で、山城国相楽郡椿井村（京都府木津川市）出身の椿井政隆（一七七〇～一八三七）が作成した偽文書「椿井文書」は、今もなお地域の歴史を語るうえで欠かせない史料として各地で機能しており、偽文書としての分析は大幅に立ち遅れている。そこで前章では、椿井文書が豊富に残る南山城・北河内を対象として、椿井政隆による偽文書作成の手法等を示した。(2)

椿井文書の特徴は、その膨大な量もさることながら、山城・大和・河内・近江の極めて広範囲に流布していることにある。そのため、研究が進展していない現段階で、個々の椿井文書の内容が史実を踏まえているか否かという矮小な議論をしたところであまり意味がない。それよりも、椿井政隆による仕事の全体像を捉えることこそが必要とされる。そこで本章では、椿井政隆による偽文書の創作が、面的にどのように拡がっていったのか、活動範囲と行動パターンの両面から検討する。

その第一の目的は、椿井政隆の活動を段階的に把握することにある。前章での分析結果は、長期かつ広域にわたる椿井政隆の仕事の一断面に過ぎない。そのため、南山城や北河内における椿井文書が、彼の仕事全体のなかでどの段階に位置付くのかを検討することが課題として残されている。

第二の目的は、椿井文書を検出する際の指標を得ることにある。椿井文書は、椿井政隆本人によって各地に頒布されたものもあるが、多くは明治二〇年代になって質入先である相楽郡木津（木津川市）在住の今井氏によって売却されている。(3)このように第三者によって頒布されたため、各地で椿井蒐集の中世文書が戻ってきたという扱いを受け、現在もその多くが真正な文書として機能しているのである。(4)この現状に鑑みると、注意を喚起するためにも、各地に残る椿井文書を網羅して情報を共有することが求められる。しかし、分布範囲の広さとその数から、個人で作業をするには限界があるうえ、文書の性格から調査には地元の理解と協力が欠かせない。(5)そこで、椿井文書を検出する際の指標として、椿井政隆の活動範囲や行動パターンを共有しておけば、研究者による協同も促進できるだろう。

第三の目的は、椿井政隆による調査の実態を把握することにある。椿井文書は巧妙に作られているため、仮に疑わしい部分があったとしても、椿井政隆による調査を踏まえたものとされ、ある程度の史実を反映した史料として活用されてしまうことが多い。(6)しかし、そもそも椿井政隆による調査の実態がほとんど解明されていない現時点において、無責任にそのような楽観視をすることは許されない。そこで本章では、椿井文書の分布の偏りからみえてくる椿井政隆による調査の実態についても触れておきたい。

第四の目的は、椿井政隆が偽文書作成の技術を習得した過程を把握することにある。この点については、史料的な制約もあって一筋縄ではいかないが、椿井政隆が絵図を好んで描くようになった契機を注視したい。椿井文書の絵図は、地表面調査による現況と一致したり、考古学的成果と合致することが多いため、中世の絵図を参考にしたものだとよくいわれる。もしそうだとしたら、椿井政隆が中世のいわゆる荘園絵図的な画法ではなく、近世的な画法を採っていることをどう説明するのだろうか。結論からいうと、椿井政隆はフィールドワークや縄張調査の能力に長けていただけで、中世の絵図を参考にしたという憶測は、近世後期における学問水準を軽視した評価に過ぎない。その技術をどこで習得したのかははっきりしないが、椿井政隆は数多くの山岳寺院を描いていることから、そこで技術に磨きがかけられたのではないかと思われる。ひとまず本章では、椿井政隆と山岳寺院の接点についても見通しを得ておきたい。

一　「興福寺官務牒疏」にみる椿井政隆の活動範囲

南山城や北河内における椿井文書の作成方法は、次の通りである。まずは、有力農民である依頼者（あるいは出資者になりそうな者）の系図と近隣の同階層の系図を相互に親戚関係などを織り交ぜながら創作する。そしてそれを裏付けるため、着到状の如き連名帳を作成し、系図に登場する個々の家の当主が同時に実在していたかのようにみせる。さらに、この作業を通じて椿井政隆の頭のなかに描かれた地域像を、史蹟を交えながら絵図をもって表現する。このように、関連文書を大量に作成することによって、個々の文書を巧みに絡ませ、信憑性を獲得するのである。

こうして創り出された個々の地域像は、興福寺末寺のリストとされる「興福寺官務牒疏」（以下「牒疏」）に集大成される。(7) これによって椿井政隆の描いた各地域の歴史には相互関係が築かれ、複数国に跨る広範囲の史料が絡むこととなり、さらなる信憑性を得るのである。嘉吉元年（一四四一）という作成年代が鵜呑みにされ、「牒疏」が中世文書として信用されてきたことから、内容の一致する各地域に残された多くの椿井文書も中世文書として、あるいは中世を知る手がかりとして活用される。結果として、「牒疏」の信憑性はさらに高められるのである。

ここで興福寺が紐帯に選ばれたのは、椿井家が興福寺の有力配下の末裔を自負していたためである。したがって、椿井文書では中世段階における興福寺と椿井家の勢力が自ずと誇張されることとなるが、現在のところ大和国外における興福寺の影響力についての認識も、それに基づいているところが少なくない。そのため、椿井文書を払拭した興福寺像の構築が今後の課題となってくるが、さしあたって本章の課題と上記の作成目的を照らし合わせるならば、椿井政隆の活動範囲を示す素材として「牒疏」を活用できると考えられる。

そこで、表11に「牒疏」の体裁にあわせながら、列挙される二二一の寺社名とその所在を掲げておいた。そこにも示したように、「牒疏」は国ごとに整理されており、それぞれ冒頭に「大和国貳拾五ヶ所」、「山城国五拾壹ヶ所」のように記されている。続く「河内国」は数が記されず、末尾に「其外河州余郡在之、略」とされ、そのあとに「山城国分」が追加で挿入される。残りは順に、「伊賀国六箇所」、「摂津国三ヶ所」、「近江国八十五箇所」と続く。(8) また、近江にのみ「別院」と呼ばれる本末関係が多くみられるので、その関係を括弧で示しておいた。そのうち、金勝寺とも号す105の大菩提寺は、「金勝寺別院」として「二十五箇別院」を抱えており、中本山的立場で二段階の本末関係を結んでいるため、別途二重線で括っている。

これらの寺社を地図上に落としたのが図26である。(9) 図26からは、椿井政隆の活動拠点である南山城（椿井村は図26C）を中心に、近江の湖東・湖北方面へ伸びて分布する一方で、南の大和方面へも分布している状況がみて

表11　「興福寺官務牒疏」掲載寺社一覧

	番号	寺社名	所在	現在の地名
大和国	1	正暦寺	添上郡菩提山	奈良市菩提山町
	2	円成寺	添上郡奈良東	奈良市忍辱山町
	3	龍福寺	山辺郡	天理市滝本町
	4	平群寺	平群郡勢益原	三郷町勢野
	5	椿井寺	平群郡椿井郷	平群町椿井
	6	安明寺	平群郡安明寺郷	平群町三里
	7	平群大明神	平群郡西宮村	平群町西宮
	8	平群石床神	平群郡越木塚	平群町越木塚
	9	生駒伊古麻都比古神	平群郡生駒郷	生駒市壱分町
	10	龍田比古龍田比女神	同郡立野御室岸	三郷町立野南
	11	南淵坂田尼寺	高市郡椋橋	明日香村阪田
	12	金剛山寺	添下郡	大和郡山市矢田町
	13	秋篠寺	添下郡秋篠	奈良市秋篠町
	14	霊山寺	添下郡脇寺里、在河曲郷河曲荘	奈良市中町
	15	国源寺	高市郡	橿原市大久保町
	16	太玉神	高市郡忌部	橿原市忌部
	17	桙削寺	高市郡丹生谷	高取町丹生谷
	18	崇敬寺	高市郡	桜井市阿部
	19	南法花寺	高市郡鷹鞆郷	高取町壺阪
	20	天武天皇社	添下郡矢田寺側	大和郡山市矢田町
	21	香具山寺	高市郡	橿原市戒外町
	22	村屋神	式下郡蔵堂	田原本町蔵堂
	23	石上布留神	山辺郡石上	天理市布留
	24	内山永久寺	山辺郡	天理市杣之内町
	25	仏隆寺	宇陀郡室生山之下	宇陀市榛原区赤埴
	26	大和坐大国魂神	山辺郡大大和	天理市新泉町
山城国	27	光明山寺	相楽郡相谷東棚倉山	木津川市山城町綺田
	28	海住山寺	相楽郡瓶原北側	木津川市加茂町例幣
	29	和支夫伎売神	相楽郡古川荘平尾岡上	木津川市山城町平尾
	30	東明寺	相楽郡岡田賀茂	木津川市加茂町兎並
	31	西明寺	相楽郡岡田賀茂	木津川市加茂町大野
	32	岡田春日神	相楽郡岡田賀茂中森	木津川市加茂町里中森
	33	和束杣春日神	相楽郡和束杣郷	和束町
	34	浄瑠璃寺	相楽郡当尾郷	木津川市加茂町西小
	35	国分寺	相楽郡瓶原	木津川市加茂町例幣
	36	誓願寺	相楽郡出水郷	木津川市木津町木津
	37	鷲峰山寺	相楽郡和束杣荘北側	和束町原山
	38	神童寺	相楽郡狛之郷北吉野	木津川市山城町神童子
	39	樺井松尾神	相楽郡狛之郷	木津川市山城町椿井
	40	山田寺	相楽郡山田郷朝日荘	精華町山田
	41	井提寺	綴喜郡井提郷	井手町井手
	42	椋本天神	綴喜郡井提	井手町井手
	43	多賀神	綴喜郡多賀	井手町多賀
	44	水主神	久世郡	城陽市水主

	45	久世神	久世郡	城陽市久世
	46	円誠寺	久世郡三田郷、水没	城陽市寺田ヵ
	47	御霊神	久世郡富野	城陽市富野
	48	薬蓮寺	久世郡佐山郷	久御山町林
	49	浄福寺	久世郡佐山郷	久御山町佐山
	50	安楽寺	久世郡佐山郷	久御山町佐山
	51	栗隈天神	久世郡栗隈郷	宇治市大久保町
	52	禅定寺	綴喜郡宇治田原郷	宇治田原町禅定寺
	53	白河寺金色院	久世郡宇治	宇治市白川
	54	西方寺	宇治郡木幡郷	宇治市木幡
	55	木幡寺	宇治郡木幡	宇治市木幡
	56	観音寺	宇治郡木幡	宇治市木幡
	57	法厳寺	宇治郡山科郷東音羽山	京都市山科区音羽南谷町
	58	清水寺	愛宕郡洛東八坂郷	京都市東山区清水
	59	法性寺	愛宕郡九条河原	京都市東山区本町
	60	法住寺	愛宕郡九条河原、法性寺北	京都市東山区三十三間堂廻り
	61	平等寺	洛陽	京都市下京区因幡堂町
	62	綜芸種智院	洛陽九条坊門	京都市南区西九条池ノ内町
	63	歓喜寿院	朱雀西	京都市下京区
	64	法成寺	九条	京都市上京区
	65	祇陀林寺	中御門京極	京都市上京区
	66	光福寺	乙訓郡上久世	京都市南区久世上久世町
	67	福田寺	乙訓郡上久世	京都市南区久世殿城町
	68	金原寺	乙訓郡金原ノ岡	長岡京市金ヶ原金原寺
	69	乙訓之神	乙訓郡乙訓	長岡京市井ノ内
	70	大報恩寺	洛陽北野	京都市上京区溝前町
	71	槇尾山寺	葛野郡槇尾	京都市右京区梅ヶ畑
	72	法輪寺	葛野郡嵯峨	京都市西京区嵐山虚空蔵山町
	73	松尾之神	葛野郡荒子山下	京都市西京区嵐山宮町
	74	普賢寺	綴喜郡筒城郷朱智長岡荘	京田辺市普賢寺
	75	朱智天王神	綴喜郡筒城郷西之山上	京田辺市天王
	76	親山寺	綴喜郡筒城郷普賢寺境内	京田辺市普賢寺
	77	法華山寺	葛野郡山田郷	京都市西京区御陵峰ヶ堂
	78	祝園神社	相楽郡祝園	精華町祝園
	79	蔵滿神社	相楽郡下狛庄、庄稲八間	精華町下狛・北稲八間
	80	崇道天王神	相楽郡土師里	木津川市木津町吐師
河内国	81	尊延寺	交野郡芝村郷	枚方市尊延寺
	82	百済寺	交野郡中宮郷	枚方市中宮
	83	明尾寺	交野郡	枚方市藤阪
	84	開元寺	交野郡	交野市神宮寺
	85	徳泉寺	交野郡	不詳
	86	津田寺	交野郡	枚方市津田
山城国	87	菅井寺	相楽郡土師郷	精華町菅井
	88	岩舟寺	相楽郡当尾郷	木津川市加茂町岩船
	89	吉田寺	洛東吉田	京都市左京区吉田
	90	榎樹寺	久世郡枇杷荘	城陽市枇杷庄

	91	誓願寺	久世郡佐山郷	久御山町佐山
	92	浄福寺	久世郡佐山郷	久御山町佐山
	93	東朱智神	綴喜郡江津邑	京田辺市宮津
	94	華光園辺寺	相楽郡上狛椿井邑	木津川市山城町椿井
	95	恵日正導寺	相楽郡土師郷東畑邑四照山	精華町東畑
伊賀国	96	長福寺	伊賀郡猪田郷	伊賀市猪田
	97	神館社	伊賀郡神戸郷	伊賀市上神戸
	98	大村神二座	伊賀郡阿保郷	伊賀市阿保
	99	常福寺	伊賀郡古部	伊賀市古郡
	100	蓮徳寺	伊賀郡湯屋谷	伊賀市湯屋谷
	101	菩提樹院	伊賀郡花垣郷	伊賀市予野
摂津国	102	昆陽寺	河辺郡猪名野	伊丹市寺本
	103	神呪寺	武庫郡六甲山	西宮市甲山町
	104	忉利天上寺	武庫郡	神戸市灘区摩耶山
近江国	105	大菩提寺	栗太郡	栗東市荒張
	106	観音寺	栗太郡金勝寺東北隅	栗東市観音寺
	107	如来寺	栗太郡金勝寺麓	栗東市井上
	108	鳴谷寺	栗太郡金勝寺麓	栗東市荒張
	109	安養寺	栗太郡鈎郷	栗東市安養寺
	110	金胎寺	栗太郡金勝山下	栗東市荒張
	111	観応寺	栗太郡金勝寺下北側	栗東市荒張
	112	善応寺	栗太郡金勝寺下北側山下広野	栗東市荒張
	113	覚音寺	栗太郡青地郷東山下	草津市山寺町
	114	唯心教寺	栗太郡高野多喜山	栗東市六地蔵
	115	多喜寺	栗太郡高野多喜山下陀羅尼ヶ原	栗東市六地蔵
	116	多福寺	栗太郡高野多喜山	栗東市六地蔵
	117	楞迦寺	栗太郡高野多喜山西側	栗東市六地蔵
	118	陀羅尼寺	栗太郡高野多喜山下	栗東市六地蔵
	119	東光教寺	野洲郡三上郷三上大寺内	野洲市三上
	120	妙光寺	野洲郡三上郷三上大寺内	野洲市妙光寺
	121	法満寺	蒲生郡牟礼山	竜王町薬師
	122	△薬師寺	蒲生郡薬師邑	竜王町薬師
	123	△法鏡寺	蒲生郡山上野	竜王町山之上
	124	△尊乗寺	蒲生郡山上野	竜王町山之上
	125	△弓削寺	蒲生郡弓削村	竜王町弓削
	126	△観音寺	蒲生郡小口村	竜王町小口
	127	蜂屋寺	栗太郡物部郷	栗東市蜂屋
	128	小野寺	栗太郡小野郷	栗東市小野
	129	大乗寺	栗太郡出庭郷	栗東市出庭
	130	宝光寺	栗太郡駒井図	草津市北大萱町
	131	△笠堂医王寺	栗太郡	草津市上笠
	132	△笠堂西照寺	栗太郡	草津市下笠町
	133	△智厳寺	栗太郡集村	草津市集町
	134	△大悲寺	栗太郡駒井	草津市新堂町
	135	△最勝寺	栗太郡宝光寺西去弐丁余	草津市志那町ヵ
	136	大般若寺	栗太郡志那	草津市志那町

137	蓮台寺	栗太郡鈎郷	栗東市下鈎
138	石仏寺	栗太郡勢多郷	大津市瀬田
139	金峰山寺	栗太郡山田郷	草津市山田町
140	光明寺	甲賀郡夏見郷	湖南市夏見
141	△八島寺	甲賀郡石部	湖南市石部
142	△尊光寺	甲賀郡平松	湖南市平松
143	霊山寺	坂田郡丹生郷	多賀町霊仙
144	△観音寺	犬上郡落合里	多賀町霊仙落合
145	△安養寺	犬上郡河内村	多賀町河内
146	△大杉寺	犬上郡大杉	多賀町大杉
147	△仏性寺	坂田郡	彦根市仏生寺町
148	△荘厳寺	坂田郡	彦根市荘厳寺町
149	△男鬼寺	坂田郡	彦根市男鬼町
150	△松尾寺	坂田郡丹生西ノ山	米原市上丹生
151	少菩提寺	甲賀郡桧物郷	湖南市菩提寺
152	△北菩提寺	犬上郡押達庄	東近江市北菩提寺
153	△南菩提寺	犬上郡押達庄	東近江市南菩提寺
154	△長光寺	蒲生郡武佐	近江八幡市長光寺町
155	△成仏寺	愛知郡下之郷	甲良町下之郷ヵ
156	△観音寺	甲賀郡朝国里	湖南市朝国
157	正福寺	甲賀郡花園里	湖南市正福寺
158	大石佐久良太利神	栗太郡大石郷	大津市大石中
159	男石若一王寺	栗太郡大石郷	大津市大石中
160	大淀寺	栗太郡大石郷	大津市大石淀
161	明王寺	栗太郡大石郷富川谷	大津市大石富川
162	地蔵寺	栗太郡大石郷南去凡 36 町許	大津市大石富川
163	椋本天神	栗太郡大石龍門郷東山下	大津市大石龍門
164	曽束寺	栗太郡曽束	大津市大石曽束
165	大神寺	栗太郡下杣荘	大津市田上森町
166	荒戸神	田上谷	大津市上田上中野町
167	伊香龍寺	滋賀郡伊香龍郷	大津市伊香立
168	伊香龍八所神	滋賀郡伊香龍郷北岡	大津市伊香立下在地町
169	筑摩神	坂田郡筑磨浜	米原市朝妻筑摩
170	歓喜光寺	坂田郡朝儒東宇賀野	米原市宇賀野
171	△世継寺	坂田郡世継	米原市世継
172	△護寧寺	坂田郡	米原市岩脇
173	△園華寺	坂田郡多良	米原市多良
174	法性寺	坂田郡朝妻	米原市朝妻筑摩
175	本願寺	坂田郡富永荘	米原市朝妻筑摩
176	現善寺	野洲郡邇保荘	近江八幡市十王町
177	道詮寺	野洲郡服部郷	守山市服部町
178	三上神	野洲郡野州三上郷	野洲市三上
179	兵主神	野洲郡豊積荘兵主郷	野洲市五条
180	山津照神	坂田郡箕浦之東能登瀬	米原市能登瀬
181	飯道寺	甲賀郡信楽之東池原郷	甲賀市水口町三大寺
182	仙禅寺	甲賀郡信楽朝宮	甲賀市信楽町上朝宮

183	保良寺	甲賀郡信楽郷勅旨	甲賀市信楽町勅旨
184	薬王寺	甲賀郡池原荘	甲賀市水口町三大寺
185	道徳寺	甲賀郡池原荘	甲賀市水口町三大寺
186	善通教釈寺	蒲生郡長寸郷奥津保中之郷	日野町中之郷
187	蓮法光寺	蒲生郡長寸郷長寸社西去5町余	日野町北脇
188	現善王寺	蒲生郡長寸郷左久良	日野町佐久良
189	妙楽長興寺	蒲生郡長寸郷杉杣寺	日野町川原
190	長寸神	蒲生郡長寸郷山崎	日野町中之郷
191	長寸下神	蒲生郡長寸郷蓮法光寺側	日野町安倍居
192	室木神	蒲生郡長寸郷西側天神山頂	日野町北脇
193	大屋神	蒲生郡長寸郷杉杣	日野町杉
194	藤斬神	蒲生郡長寸郷田律畠	東近江市甲津畑町
195	楞厳寺	神崎郡垣見郷	東近江市垣見町
196	成仏教寺	神崎郡郷猪子里	東近江市猪子町
197	建部神	神崎郡建部荘木流	東近江市五個荘木流
198	五智観寺	神崎郡柿御園郷	東近江市五智町
199	大滝神	神崎郡萱尾滝側	東近江市萱尾町
200	帝釈寺	愛知郡長野荘高野瀬	豊郷町高野瀬
201	高野寺	愛知郡小倉荘	東近江市小倉町
202	真源寺	坂田郡国友郷	長浜市国友町
203	神照寺	坂田郡新荘	長浜市新庄寺町
204	長福寺	坂田郡池下郷	米原市池下
205	太平護国寺	坂田郡伊吹山	米原市太平寺
206	弥高護国寺	坂田郡伊吹山	米原市弥高
207	極楽群生寺	坂田郡長岡荘	米原市長岡
208	大吉寺	浅井郡草野郷	長浜市野瀬町
209	大崎寺	浅井郡大崎郷	高島市マキノ町海津
210	最勝寺	浅井郡大崎郷東峰	高島市マキノ町海津
211	波久奴神	浅井郡田根郷	長浜市高畑町
212	法華寺	伊香郡	長浜市木之本町古橋
213	石道寺	伊香郡	長浜市木之本町石道
214	観音寺 ｝巳高山五箇寺	伊香郡巳高山頂	長浜市木之本町古橋
215	高尾寺	伊香郡巳高山頂	長浜市木之本町古橋
216	安楽寺	伊香郡巳高山	長浜市木之本町古橋
217	河合寺	伊香郡富永荘河合	長浜市木之元町川合
218	大箕山寺	伊香郡余呉東嶺	長浜市余呉町坂口
219	伊香神	伊香郡伊香庄大音	長浜市木之本町大音
220	椿井寺	伊香郡余呉荘椿井	長浜市余呉町椿坂
221	酒波寺	高島郡川上荘	高島市今津町酒波

註）宮寺・別院など一括関係にあるものは括弧で括り、別院には頭に△を付した。

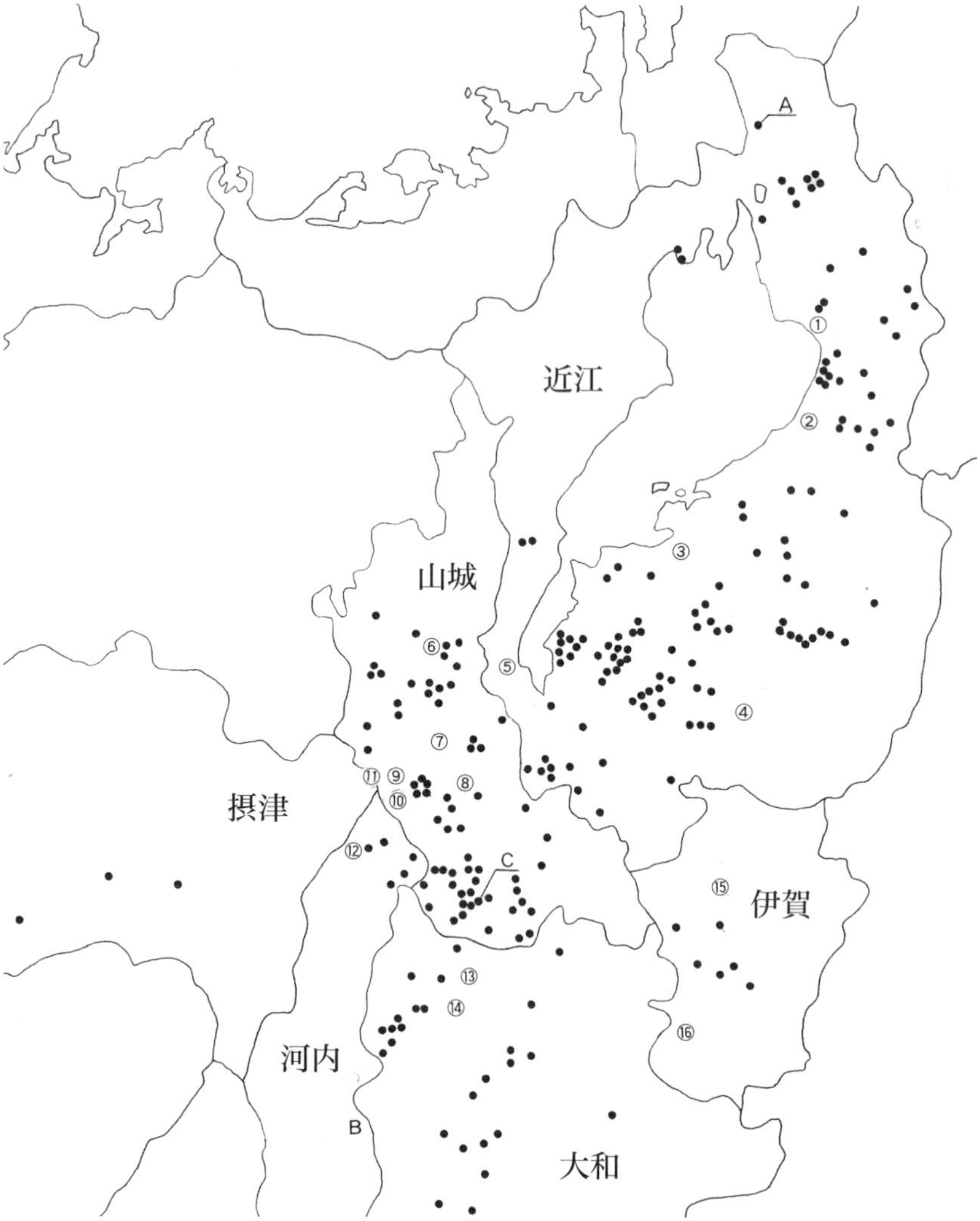

図26　「興福寺官務牒疏」掲載寺社の分布
①長浜　②彦根　③八幡　④水口　⑤大津　⑥京都　⑦伏見　⑧宇治
⑨淀　⑩八幡　⑪大山崎　⑫枚方　⑬奈良　⑭郡山　⑮上野　⑯名張

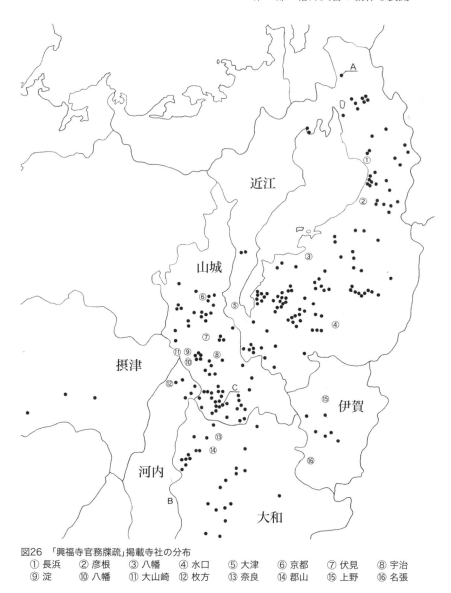

とれる。概ね、北東から南西へと分布域が伸びていることを指摘できよう。

これは、現段階で筆者が把握している椿井文書の分布域とほぼ一致するが、筆者も完全に網羅しているわけではないので、ある程度の客観性をもって椿井政隆の活動範囲と合致することを説明しておく必要がある。そこで、次の第二節では南西端を、続く第三節では北東端を対象として、椿井政隆の活動範囲について最大振り幅を示したい。それを踏まえたうえで、第四節では、彼の面的な行動パターンを分析する。

二　河内国石川郡太子村の叡福寺

椿井政隆は、椿井家の出自を大和国平群郡椿井村に求めている。椿井家が、姓を平群とする所以である。ここを本貫とした椿井氏は、興福寺の有力な配下として成長を遂げ、戦国期頃には山城の椿井に移ってきたとされる。したがって、椿井政隆の活動範囲が南の大和方面へ伸びるのも、当然のことであった。図26では、南西の端は高市郡の桙削寺や南法花寺にあたるが、最終的には若干西に足を伸ばし、河内国石川郡の叡福寺（大阪府太子町、図26B）において彼の足跡が確認できる。それが、叡福寺に南接する西方院所蔵の叡福寺全景を描いた「建久四年古図」である。(10) この絵図を建久四年（一一九三）のものとすること自体には、すでに上野勝己氏によって疑義が呈されており、寛永一六年（一六三九）前後の作と推測されている。しかし、「此一図者建久四癸丑年九月所図画之、則南都興福寺官務家晨勝院室所在旧紀之古図之其一也、今般模写之畢　雍州南縣椿井廣雄重再写之」との書き込みがあり、近年の模写図という理由で中世絵図と虚飾する特徴も備えていることから、椿井文書と断定して間違いない。

叡福寺は、聖徳太子の墓所とされ、上太子とも呼ばれる。この周辺は、「近つ飛鳥」と呼ばれるように大和飛鳥と繋がりが深い地域であった。椿井政隆の網羅主義を踏まえれば、おそらく大和の延長線上に叡福寺を位置付けていたのであろう。椿井文書の目録ともいうべき「椿井家古書目録」にも、「建久四年古図」に該当すると思われる「河州上太子古伽藍図 完」がみえることから、椿井政隆のこの方面での活動は裏付けられる。

「建久四年古図」は、上野氏も指摘するように西方院が誇張して描かれていることから、叡福寺を客観的に描こうとしたものではなく、「上皇太子伽羅（藍）掛物壹幅　西方院什物　誰（維）時天保四年癸巳蠟月良辰日」という箱書にもみえるように、当初から「西方院什物」とするつもりで描かれたと考えられる。問題は、箱書の天保四年（一八三三）が、「模写」の年と入手の年のいずれを指しているかである。

これについては、明治二〇年（一八八七）に「建久四年古図」を部分的に写した絵図が地元の渡辺家に残っていることと、同じく地元の小寺栄治郎によって明治二四年に写された「建久四年古図」が西方院に残されていることを踏まえれば、次のような推測が成り立つ。椿井文書の多くは、椿井存命段階に頒布されたのではなく、明治二〇年頃に質入先の今井家から流出した。明治二〇年代における立て続けの模写は、おそらく「建久四年古図」の「発見」を機になされたのであろう。よって、天保四年は「模写」の年代を示していると考えられる。椿井存命中の年代を偽ることには何の意味もないので、この点は素直に受け取ってもよかろう。

以上、推測の域をでないものの、「建久四年古図」は天保四年ころの作と考えておきたい。つまり、椿井政隆晩年の仕事であり、南西方面へ少しずつ活動範囲を拡げていった最終段階に近いころの作と推測される。「椿井家古書目録」には、河内国交野郡における彼の仕事が反映されていないことから、最終段階の目録ではないことを前章でも指摘したが、網羅主義の椿井政隆が、「牒疏」の河内部分のみ「其外河州余郡在之、略」とするのも、晩年に取り掛かった河内における活動は、未完であったことによるものと思われる。

三　近江国伊香郡柳ヶ瀬村の柳ヶ瀬家

先に述べたように、椿井政隆は、大和国平群郡椿井村に椿井家の出自を求め、戦国期頃に山城の椿井に移ってきたとする。その成長過程で、奈良市中の椿井町や近江国伊香郡に分家を興したとされる。

椿井政隆の活動範囲をみるうえで注目されるのは、後者の「分家」である。なぜなら、この「分家」とされる柳ヶ瀬家の所在は、「牒疏」で確認される北端（滋賀県長浜市余呉町、図26のA）とほぼ一致するからである。しかも、ここに所在する寺が「椿井寺」であることも興味深い。そこで本節では、この「分家」の形成過程を確認することとしたい。

柳ヶ瀬家のある柳ヶ瀬村は、近江と越前の国境に程近いところにあり、彦根藩の関所が置かれていた。ここの関守は、近世初期より柳ヶ瀬三太夫家が代々つとめており、延宝三年（一六七五）には三太夫家の本家である弥兵衛家も加えられ、両家が幕末までその任にあたった(11)。

通説となっている柳ヶ瀬家の系譜は次のようなものである(12)。神亀元年（七二四）に大蛇退治の勅命をうけた大和の椿井懐房は、伊香郡に赴きそれに成功する。その功によってこの地を拝領した懐房は、椿井と名付け開発に乗り出した。長徳三年（九九七）には、それより九代を経た椿井懐識の次男懐康が、伊香郡椿井に移住して分家を興す。しばらくは安泰であったが、文明元年（一四六九）に異変が起こる。北面の武士鈴木重春に伊香郡椿井周辺の山賊を退治するよう勅命が出されるのである。ときの当主椿井秀行は、椿井を去って柳ヶ瀬へと移り、その地名を名乗るようになるが、延徳元年（一四八九）に戦死してしまう。跡継ぎのいなかった柳ヶ瀬家は、山城の椿井に移っていた椿井本家の次男行政が継承することで存続が図られ、以降近世の柳ヶ瀬家へと受け継がれていく。

一方、椿井に進出してきた鈴木家もここに土着し、近世以降もその系統は続く。(13) 系図によると、鈴木家は先主の名による椿井の地名を椿坂に改めたという。(14) のちに椿坂と柳ヶ瀬は、それぞれ近世村へと受け継がれることとなった。ここで奇妙に感じるのは、いずれも北国街道筋に存在する椿坂村・柳ヶ瀬村は隣り合っており、椿井秀行が逃げたとするにはあまりに近すぎるということである。しかも、柳ヶ瀬村が椿坂村の南で京都側にある点も不可解といわざるをえない。

【史料1】(15)

椿井系図

平群《ヘグリ》姓　本国大和平群

人皇六代孝安天皇第一皇子

大《ヲヽ》吉備《キビ》諸進《モロスミ》尊三十四代後胤

∴椿井大蔵直広隅《ヲヽクラノアタイヒロズミ》　従二位

大和国官領也、天武天皇壬申年御合戦御昧(味)方有二軍功一、住二ス大和国平群郡椿井荘一ニ、

椿井大和官務懐尋

興福寺官務衆徒、賜二フ太政官府(符)宣一ヲ、

椿井近江官領懐房　和銅四年卒　或正感

始ハ大和官領也、神亀元甲子年九月依二テ勅詔一ニ、至二テ淡海州伊香郡鷲見嶽一ニ、大蛇ヲ欲レス為ニント退治一、其夜ノ八幡大菩薩賜二フ神剱一振一ヲ、亦タ導二ク白鷺二羽、終ニ斬二大蛇一ヲ、其蛇ノ鱗三枚并神剱等今伝レフ家ニ、依テ賜二リ其地一ヲ開発レ之、従二リ和州一被官等来住ス、仍号二五ヶ庄一、其内名二ク椿井一ト住館レス之ニ、蛇塚有二リ其屋致(敷)裏側一ニ、亦タ祭二リ元祖椿井大明神一ヲ造二宮殿一ヲ云々、其処今塚之上椿一木植レル之ヲ、椿井神社載二タリ延喜式神明帳一ニ云々、

椿井大和官領懐泰
帰二リ大和国本館一ニ興福寺官務衆徒神護景雲二戊申年正月九日依レテ勅ニ大和三笠峰ニ春日大明神勧請、臨幸供奉大和四家之一也、

椿井越前公懐穏　興福寺官務　大和住

椿井筑後公懐亮　同上

椿井中務公懐宣　同上

椿井加賀公懐順　同上

椿井弾正公懐伴　同上

椿井三河公懐昌　同上

椿井伊予公懐休　同上

椿井少将懐識　同上

一男
椿井中務卿懐範　自是以後　別記ニアリ
大和官領興福寺官務衆徒
自レ是此ノ正嫡代々住二ス大和一ニ、其後賜二リ山城国相楽郡一ヲ住二ス薗辺荘一ニ、改テ号二ス椿井一ト、為二ル永住一ト、是正嫡也、

椿井二郎常陸介懐康
長徳三丁酉年移二住シ旧領近江国伊香郡五ヶ荘椿井一ニ住居ス、自レ是子孫代々領二ス此地一ヲ云々、

椿井二郎正峯　近江住

椿井大隅守政憲

椿井備前守政澄

椿井備前守政孝　二郎

椿井備前守資治

椿井兵部允政禎

椿井豊前守義平

椿井安房守整行

椿井大炊助資保

椿井左衛門尉概義

椿井二郎矩敞
妻大原氏女

椿井周防守義高
亦号政高
妻若江氏女

椿井丹後守秀行
妻東野氏女
延徳元己酉年七月廿二日戦死
仙桂院殿月山道円大居士
仍此跡及断絶云々

∴中興椿井縫殿助行政

本家椿井播磨守澄政二男也、然ニ伊香椿井断絶故ニ、至リ近江ニ継ニ其遺跡ヲ中興レス之、
大永二壬午年五月十八日卒
安住院殿瑞祥良厳大居士

椿井三郎政寔
妻横田氏
天文廿辛亥年三月九日
寛応道機大居士

椿井左衛門佐政絢
妻内藤氏
天正十八庚寅年九月四日
幽巌院殿寂雲良光居士

椿井太郎左衛（門脱）尉政実
元和四戊午年六月廿五日
嶺雲院殿桃源雪渓居士

○氏神

△黒田大明神　大和国式下郡黒田村
孝安天皇也

△正一位勲一等平群大明神
大和国平群郡惣社
祭所平群大吉備諸進尊

椿井ノ元祖也
△正一位勲三等椿井大明神
平群郡椿井荘鎮坐
祭所平群裔足彦尊《ヘグリナガタルヒコノ》
△正一位勲三等椿井大明神
近江国伊香郡椿井荘
祭所同上神也
右各々載延喜式神明帳
右依御所望以伝来系譜旧記写記之贈進候、永御伝
可法度候、以上、
文化三丙寅年
三月十日
山城国相楽郡上狛荘
椿井村
無先主家持浪人
椿井権之助（印）
政隆（花押）
同苗
柳瀬三太夫殿

結論を述べれば、上記の筋書は椿井政隆の手になるもので、右に掲げた【史料1】をみてもわかるように、椿井政隆本人が柳ヶ瀬家に送った系図に依拠したものである。柳ヶ瀬家と鈴木家の系図に関係性があるのも、まさに椿井文書の特質を示している。彼の活動範囲を知るうえで問題としたいのは、なぜ椿坂・柳ヶ瀬に注目したのかという点である。また、地元では今でも「椿坂」と書いて「ツバイ」と読むことから[16]、どこまでが事実で、どこからが創作なのかという点もあわせて検討したい。

国学者らによる地域史研究において、最も関心を集めていた事項の一つに、「延喜式神名帳」に掲載される式内社の現地比定という問題がある。椿井政隆も例に漏れず、式内社比定に相当の努力を払っていた。その点は、彼の活動拠点であった南山城において、式内社の偽文書を網羅的に作成していることからも明らかである。

同様に、椿井家の出身地とされる大和方面で、とりわけ平群の名を冠する式内社に関心を寄せていることは、表11からも窺える。一方、近江において椿井政隆が注目したのは、伊香郡の式内社「椿神社」であった。現在椿神社は長浜市木之本町小山に比定されるが、椿坂に比定する説もある[17]。いずれが正しいか筆者は答えを持ち合わせていないが、【史料1】をみてもわかるように、少なくとも椿井政隆は後者の考えを持っていた。「牒疏」では、伊香郡余呉荘椿井に行基開基の「椿井寺」があるとし、その傍らには鎮守の「椿井大明神」が存在しているかのように記しているが、これは椿井政隆の考える椿神社が変化を遂げた姿である。このように、椿井政隆は椿坂の地名と式内椿神社という二つの「椿」に引き付けられ、湖北地域に着目したものと思われる[18]。

そもそも、椿井という地名は、古代・中世の伊香郡には存在しなかった。

【史料2】[19]

譲与状

片岡之郷之内、石丸一名并ニ柳瀬重包一名、同椿坂下地百姓共ニ小太郎仁譲与処実正明白也、尤雖為惣領之儀、破右之内参分壱、弥太郎ニ譲渡処実正也、仍而為後日之（ママ）譲状如件、

文明拾五年癸卯八月廿二日　　秀行（花押）

小太郎殿　渡

文明一五年（一四八三）の柳ヶ瀬秀行の譲状である。椿井政隆が描いた筋書では、この頃椿井（柳ヶ瀬）秀行は、鈴木氏によって故郷の椿井を追われていた。その鈴木氏は、先主の名による椿井という地名を椿坂に改めたとされる。もしそれが事実ならば、柳ヶ瀬秀行が椿坂との改名に素直に応じるであろうか。【史料２】を踏まえれば、椿坂の地名は旧来のものであり、柳ヶ瀬氏も古来柳ヶ瀬にいて、周辺の「椿坂下地百姓」を支配していたと考えられる。前に引用した鈴木家の系図や「赤座家系図」など[20]、伊香郡において古代・中世に関する記述に「椿井」が出てくれば、それは概ね椿井文書といってよかろう。

ただ、近世史料のなかでは、「椿井」が登場しないわけでもない。越前府中の佐久間直英が記した安政三年（一八五六）の道中日記によると、北国街道を通過する過程で「椿井」に宿泊している[21]。これは、椿井文書によって「椿井」という地名が定着していたことを意味するのではない。享保一九年（一七三四）に成立した地誌『近江輿地志略』が、「椿坂村」の脇に「つばきざか」のふりがなとともに、「つばい」とも記しているように[22]、「ツバイ」と発音することは、それ以前より確認できるからである。つまり、地の者ではない佐久間だからこそ、耳で聞いた地名をこのように表記したのである。また、佐久間は椿坂峠を「椿井坂峠」とも表記していることから、椿井が「ツバキイ」ではなく「ツバイ」と音便化するように、「ツバキザカ」も「ツバイザカ」に転訛していたと考えられる。

椿井政隆は、後述のように『近江輿地志略』を若い頃より熟読していることから、この音便にも早くに気付いていたはずである。また、椿井家が椿坂から柳ヶ瀬に移ったという矛盾した筋書も、一七世紀末頃の成立と考えられる地誌『淡海温故録』の「椿坂　此処昔ハ関所アリトモ云フ」、「柳ヶ瀬　今此処ニ関所アリ」という記述を踏まえたものとしてよかろう(23)。なぜなら、自身の創作した古代・中世の歴史が、あたかも近世の地誌に反映しているかのようにみせて、物語の信憑性を獲得するのは、椿井政隆の常套手段だからである。このように地誌を駆使して、椿坂の旧地名を椿井とする「考証」結果を出したのだと思われる。

四　面的にみた椿井政隆の行動パターン

ここまでの考察から、椿井政隆の概ねの活動範囲は、河内国石川郡と山城国相楽郡、そして近江国伊香郡を結ぶ地域に絞り込むことができよう。同時に「牒疏」が、晩年を除く彼の活動範囲を概ね示していることも明らかとなった。ここではまず、その範囲から逸れる部分について若干の補足をしたうえで、面的にみた椿井政隆の行動パターンを探り、そこからみえる彼の思考回路を明らかにしたい。

表11では、摂津でも比較的著名な三ヶ寺があげられるが、管見の限り摂津では椿井文書を確認できない。おそらく違和感が生じないように、著名な寺を便宜的に含んでおいたのであろう。一方、河内については、彼の活動範囲と概ね一致する。前章でも指摘したように、河内においては交野郡東部に椿井文書が二九点集中するが、淀川沿いや交野郡より南には存在しない。これは、図26と見事に一致する。

この偏在こそ、椿井の思考を反映していると考えられる。淀川沿いには、京街道の宿場町や街村が集中し、また河内を南下すればするほど、大坂の都市圏へと入っていく。つまり、椿井は都市部での活動を極端に嫌うようである。例えば、東の伊賀に目を向けてみると、大和方面から手を伸ばしたことがわかるが、城下町上野や陣屋町名張などを避けている。

　こうした傾向は、興福寺の末寺を列挙した史料であるにも拘わらず、奈良を避けている点に顕著である。「牒疏」の冒頭に「官務竝晨勝院家配下領知分」とあるように、興福寺末寺のうち一部を列挙したことによって、この偏りを説明したつもりなのだと思われるが、異常といわざるをえまい。逐一述べないが、図26からは、そのほかの主要な都市も悉く避けている様子がみてとれる。唯一の例外は京都であるが、これとて京都の寺院数から考えれば少ないほうである。現在のところ、京都市中においても椿井文書の存在を確認することができないことから、摂津の事例と同様、違和感を生まないための配慮として差し支えあるまい。

　彼が都市部を避けた理由は明確ではないが、知識人層の厚い都市部を避けることで偽作の露見を極力回避したと考えるのが自然であろう。他に例をみないほどの広範な展開と定着を椿井文書にもたらした要因は、ひとえに椿井政隆の個人的な能力と行動力にあるといえるが、『五畿内志』や『近江輿地志略』などの知識の蓄積が豊富で文化的水準が高い畿内近国の要素と、農村という閉鎖的な要素が交わるところで生みだされたという側面も見逃してはなるまい。

　ただ、注意しなければならないのは、当初から都市を避けていたわけではないことである。寛政一一年（一七九九）の年紀をもつ「粟津拾遺集」は、近江国滋賀郡粟津荘（膳所城下周辺）の地誌で、椿井政隆三〇歳のときの著書である。(24) その内容はオリジナルとは言い難く、概ね『近江輿地志略』からの抄述ではあるものの、少なくとも偽書ではない。椿井政隆による偽文書創作は、これよりのちの享和・文化年間に入ってから積極的に始まることや、「粟津拾遺集」と「牒疏」のフィールドが一切重ならないことなどから、原因は不明ながら三〇代前半にして彼の中で大きな転機があったようである。

それはさておき、若いうちより近江南部で活動していたことには注目する必要がある。椿井政隆が、生涯で最も力を入れた仕事の一つが、山城国綴喜郡普賢寺郷の牛頭天王社に朱智神社の名称を与え、その宮寺である普賢寺と併せて普賢寺郷の歴史を描き出すことにあった。前章でも述べたように「牒疏」で、当該部分の記述が異常なまでに詳細になっているのはそのためである。表11には、それとは別に明らかに突出した存在があった。「二十五箇別院」をもつ大菩提寺金勝寺である。理由は不明ながら、衰退していた金勝寺の往時の姿を、盛大に描くことに執心していたことは間違いない。おそらく山岳寺院金勝寺との出会いと偽文書創作に力を入れはじめたのは、ほぼ同じ頃であろう。

金勝寺の勢力規模を誇張するためにとられた手段が、「別院」制度である。実際、金勝寺の姿を描くだけではなく、それと密接に絡んだ「別院」の絵図も精力的に描いている[25]。そして、金勝寺「別院」だけでは違和感も出てくるので、相対化を図るため、金勝寺勢力圏外の興福寺末寺もある程度網羅する必要があった。「牒疏」の構成から推測するに、椿井政隆はこのような経緯で近江の山岳寺院調査を徹底的に進めていったと考えられる。ここで培われた経験が、のちの偽絵図創作を支えたのであろう。

この調査範囲は、かなり早い段階で定められていた。なぜなら、【史料1】を柳ヶ瀬三太夫に送ったのが文化三年（一八〇六）だからである。また、福田寺（滋賀県米原市長沢）の由緒を記した「布施山息長寺伝記」は、内容からして初期の椿井文書であることが確実である[26]。しかも、「布施山息長寺伝記」はのちの椿井文書にはみられない極めて拙い筆跡を装っており、これに類する筆跡は、現在のところ八相神社（米原市大野木）の由緒を記した

「八相大明神由緒記」しか確認できていない。[27] このように、初期の仕事が湖北に集中することから、「ツバイ」という地名に早くから着目していた椿井政隆は、自身の「分家」という象徴的なポイントを近江北端に定め、そこから近江東半において網羅的に偽文書を作成していったとみてよかろう。

他方向への進出は、少しずつ拡げるかたちで進められたが、初期の近江では、それとは対照的に当初から範囲を定めたうえで活動を展開した。手前から触手を伸ばす大和・河内・伊賀と、東半を網羅する近江という展開過程の違いは、図26にも反映していることがみてとれる。ここからも、「牒疏」は晩年における若干の拡大部分を除いた椿井政隆の活動範囲と一致することが裏付けられる。

おわりに

本章では、「牒疏」を中世史料としてではなく、椿井政隆が自身の仕事を集成した近世史料として捉え直し、彼の活動範囲や行動パターンを明らかにしてきた。そこからみえてきた都市部を避けて興福寺末寺の偽文書を作成するという、彼の基本的なスタンスからすると、衰退した山岳寺院が多い近江は格好のフィールドであった。若かりし頃、ここで得た経験と略測図の技術が、絵図を多用して視覚に訴える椿井文書の創作活動をその後も支え続けたと推測される。

実際、当時から古代近江の豪族と考えられていた息長氏を、椿井文書のなかでは山城の普賢寺郷で活躍させ、その地域核である普賢寺には「息長山」の山号まで与えている。このように、南山城における彼の活動は、近江で得た知識を踏まえたものとなっているのである。[28] 最終的にその足は、河内方面へも向くこととなるが、そこでの仕事は未完に終わった。したがって、前章で示した彼の偽文書創作の手法は、成熟された段階のものといってよかろう。

なお、湖北における椿井政隆初期の仕事と思われる「布施山息長寺伝記」では、当時の通説と同様息長氏を近江坂田郡出身と考えており、南山城のことについては一切触れていない。[29] したがって、彼なりに記紀を分析する過程で、南山城に息長氏が存在したとする「伝説」創作に辿り着いたようである。これはとりもなおさず、息長氏が存在したとする「伝説」が、近世後期の南山城には存在しなかったことの証左となろう。椿井文書の主張が一貫していないのは、ここに限られることではないことから、椿井政隆の思想は偽文書創作の過程で徐々に熟成されていったのだと考えられる。

註

（1）偽文書研究の動向については、久野俊彦・時枝務編『偽文書学入門』（柏書房、二〇〇四年）を参照されたい。

（2）本書第二部第一章「椿井文書の基礎的考察」。以下前章とし、椿井文書に関する所見は特に断らない限りこれによる。

（3）本書第一部第一章「津田山の山論と三之宮神社文書」。ただし、すべての椿井文書が素直に受け入れられたわけではない。例えば山城国紀伊郡六地蔵村では、「正行寺、去ル明治廿二年以来俄然小楠公首墳抔ト偽説ヲ唱へ、木津ノ住今井良久ニ墳墓記ノ偽作ヲ著書セシメ、江湖ヲ瞞着セントシ、已ニ本願寺へ寺院明細帳訂正願抔〈創立後村上天皇〉実ニ奸僧ノ行為実ニ憎ムヘシ」という混乱を招いている（『宇治市史』五〈宇治市、一九七九年〉三五四頁）。なお、椿井家から今井家に直接質入されたのではなく、一旦「狛の某氏」に売却されたのち、今井家に転売されたという話も伝わる（毛利久「山城国観音寺の創建」〈『史迹と美術』第一一輯ノ一〇、一九四〇年〉）。

（4）経験さえ積めば、椿井文書か否かは一瞥して判断できるが、これまで真正な文書として扱われてきたように一般には困難であろう。その逆の場合もあって、太田文代「『田辺町史』に見る椿井文書の影」（『筒城』第五二輯、京田辺市郷土史会、二〇〇七年）では、「正月堂観菩提寺由緒」（『島ヶ原村史』〔島ヶ原村、一九八三年〕史料編一一号）などを椿井文書と推測しているが、前章で指摘した椿井文書の特徴を十分に兼ね備えていない。信仰と関係するだけに、椿井文書の判定には慎重を期する必要があるだろう。このような問題を避けるためにも、椿井文書の集成は火急の課題といえる。なお、椿井政隆が描いた社寺境内図は、『社寺境内図資料集成』二　近畿・補遺（国立歴史民俗博物館、二〇〇二年）三七頁・三八頁・四〇頁・四三頁・四四頁・五二頁・五三頁・五四頁・五七頁・五八頁に一〇点も集積されている。椿井文書ではない事例と比較しながら、鑑定眼を磨くテキストとして現時点では最適の書といえる。

（5）とりわけ個人蔵の場合、その性格がわかり次第処分されかねないなど、慎重を期する必要がある。その意味で、『永源寺町史』通史編（東近江市、二〇〇六年）は、自治体史として初めて本格的に椿井文書を分析しており高く評価できる。

（6）例えば、西岡虎之助編『日本荘園絵図集成』下（東京堂出版、一九七七年）所収の「山城国平川荘古趾名地図」に対する杉仁氏の解説では、中世の実態をある程度踏まえた近世に入ったころの作とする。これに対し瀬田勝哉氏は、新刊紹介のなかで「一見して中世の絵図あるいはその写しといえるものではな」く、「本書が対象とすべき絵図ではない」と批判する（『史学雑誌』第八七編第六号、一九七八年）。しかしその後も、杉仁「荘園絵図の終焉と近世における伝承」（竹内理三編『荘園絵図研究』東京堂出版、一九八二年）では、椿井文書と知ったうえで、自説の補強を図っている。杉氏は、椿井文書に関する知見を『宇治市史』に依拠しているが、同書もやはり椿井文書の実態を把握していないようで、「清水系譜」・「清水氏系図」・「南山城大政所群名録大全」などの椿井文書を、中世の実態をある程度反映したものとして多用している（『宇治市史』二〔宇治市、一九七四年〕一六三頁～一六八頁・四二九頁～四三〇頁ほか）。なお、『日本荘園絵図集成』下には、「山城国佐賀荘咋岡全図」と「大和国中古城図」を加えた都合三点の椿井文書が所収される。

（7）「興福寺官務牒疏」（『大日本仏教全書』寺誌叢書第三、仏書刊行会、一九一五年）。

（8）実際の数との異同について補説しておくと、大和国は全部で二六ヶ所あるが、23・24が一括なので一致する。

山城国の前半は全部で五四ヶ所で三ヶ所多いが、その理由はわからない。ただ、のちに「山城国分」が追加されるように、山城の寺社はなお増加中のようである。また近江については、「別院」の122～126、131～136、141～142、144～150、152～156、171～173を外し、212～216の「巳高山五箇寺」を一括すると八六ヶ所となり、一ヶ所多いが近似値となる。大菩提寺は「二十五箇別院」を抱えるとされるが、実際には二六ヶ所あるので、この数値を誤っているようである。

(9)　交野郡としか記されず、所在が不詳である85の徳泉寺のみ省いた。なお、徳泉寺がここに盛り込まれる事情は、椿井政隆による調査の特質の一端を示しているので、別途ここで詳細に分析しておきたい。

『日本歴史地名大系』第二八巻大阪府の地名（平凡社、一九八六年）では、徳泉寺の比定地として、交野郡寺村（大阪府交野市）と丹南郡多治井村（堺市美原区）の二ヶ所を挙げている。前者は、「牒疏」に「開元寺　徳泉寺　津田寺　倶宣教大師開基」と列挙されるため三ヶ寺が近接すると推測したうえで、奈良時代頃の瓦片が二個発見されたことを根拠とした片山長三氏の説（『交野町史』改訂増補一〔交野町、一九七〇年〕一一五頁）に拠るもので、成り立ちがたい。一方、後者の説は、昭和一四年まで「徳専寺」が存在し、地名にも「徳泉寺」が残ること（『美原町史』第一巻〔美原町、一九九九年〕三五四頁・四七九頁）から、それなりの根拠はある。

徳泉寺という寺名は一般にはあまり知られていないが、元弘元年（一三三一）の後伏見上皇院宣（『鎌倉遺文』一三一五九七号）に「蓮華王院領河内国徳泉寺庄」、建永二年（一二〇七）の河内通法寺領注文案（『鎌倉遺文』一六九一号）に「河内国末寺国分寺　宝名徳泉寺」とみえるほか、「和田系図」（『続群書類従』第七輯下、一三〇頁）にも「徳泉寺庄」が登場する。おそらく、これらの史料に接して椿井政隆は徳泉寺という由緒ある寺院（荘園）が、河内国内にかつて存在していたことまでは把握していたようであるが、いずれにも具体的な所在までは記されていない。後述のように椿井政隆は晩年になって河内にフィールドを拡げたようで、「牒疏」の該当部分は暫定的なものであったから、とりあえず徳泉寺を交野郡に組み込んでおいたのだと思われる。

(10)　『叡福寺の縁起・霊宝目録と境内古絵図』（太子町立竹内街道歴史資料館、二〇〇〇年）一八三頁・一八四頁に図版が掲載され、五六頁～六五頁に上野勝己氏による詳細な解説がなされている。なお、『聖徳太子廟の香花寺叡福寺縁起と境内古絵図』（太子町立竹内街道歴史資料館、二〇〇〇年）には、カラー図版も掲載される。この絵図の内容自体は、『太子町誌』（太子町、一九六八年）の見返しに明治四〇年に模写されたものが所収されているため古くから知られている。

(11)『余呉町誌』通史編上巻（余呉町、一九九一年）四八八頁～五〇九頁。
(12)『余呉町誌』通史編上巻三四八頁～三五二頁。
(13)『余呉町誌』通史編上巻三五二頁～三五七頁。
(14)『余呉町誌』通史編上巻二三六頁・二六六頁。
(15) 小林凱之氏所蔵複写版による。原本の所在は不明。長文のため二段組とした。
(16)『余呉町誌』通史編上巻二三六頁。
(17)『余呉町誌』通史編上巻二一九頁～二二〇頁。
(18) 前掲註（4）『社寺境内図資料集成』五二頁～五四頁に掲載される「歓喜光寺絵図」・「蓮華寺絵図」・「近江国坂田郡筑摩社并七箇寺之図」のほか、「勝井宮紀」（『伊吹町史』通史編上〔伊吹町、一九九七年〕六二六頁）・「筑摩大神之紀」（『米原町史』資料編〔米原町、一九九九年〕中世三二号）・「河合寺伽藍図」・「専覚寺紀伝」（齋藤望「近江国・河合寺伽藍図について」・「同上（承前）」〔『彦根城博物館研究紀要』第一七号・第一八号、二〇〇六年・二〇〇七年〕）などの活動が湖北で確認できる。
(19) 公益財団法人江北図書館蔵柳ヶ瀬文書。『近江伊香郡志』下巻（江北図書館、一九五三年）五三〇頁および『余呉町誌』資料編下巻（余呉町、一九八九年）七三六頁の翻刻を現物にあたって訂正した。
(20)『余呉町誌』通史編上巻四〇五頁。
(21)『余呉町誌』通史編上巻四一六頁～四二〇頁。
(22)『近江輿地志略』（西濃印刷出版部、一九一五年）一〇七四頁。
(23)『淡海温故録』（滋賀県地方史研究家連絡会、一九七六年）七五頁。
(24) 竹内将人編『粟津拾遺集　附録、勢多之川辺』（本多神社社務所、一九七二年）。
(25) 金勝寺の絵図は『忘れられた霊場をさぐる』（財団法人栗東市文化体育振興事業団、二〇〇五年）巻頭。ここには「別院」安養寺の絵図も掲載される。両絵図については、同書所収の松岡久美子「椿井権之輔周辺による近世伽藍絵図について」が詳しい。「別院」の絵図はほかにもあるが、ひとまず「大般若寺絵図」・「宝光寺絵図」・「下の笠堂絵図」・「上の笠堂絵図」（『草津市史』第一巻〔草津市、一九八一年〕三〇七頁～三一〇頁）をあげておく。

(26) 拙稿「史料紹介『布施山息長寺縁起』」(『史敏』通巻五号、二〇〇八年)。

(27) 章斎文庫所蔵資料本箱上一―三号(『章斎文庫所蔵資料調査報告書』第一巻下、米原市教育委員会、二〇一四年)。

(28) 椿井文書にもとづいて南山城に息長氏が存在したとする学説は、前章でいくつか紹介した。

(29) 前掲註(26)拙稿。

第三章　椿井文書が受容される理由

はじめに

椿井文書とは、山城国相楽郡椿井村（京都府木津川市）出身の椿井政隆（一七七〇～一八三七）が、依頼者の求めに応じて偽作したもので、中世の年号が記された文書を江戸時代に写したという体裁をとることが多い。そのため、見た目には新しいが、内容は中世のものだと信じ込まれてしまうようである。彼の存在は、研究者の間でもあまり認知されてこなかったため、正しい中世史料として世に出回っているものも少なくない。

椿井文書は、近畿一円に数百点もの数が分布しているというだけでなく、現在進行形で活用されているという点で他に類をみない存在といえる。本章は、このような現状を招いた理由について、多面的に考察するものである。まず第一節では椿井文書の作成手法という側面から、続く第二節では伝播の仕方という側面から、いかがわしいにも拘わらず受け入れられてしまう理由について検証する。そのうえで第三節では、椿井文書受容の問題について、歴史学の関与という視点からより掘り下げて論じたい。

一　作成の実態

1　基本的な方法

椿井文書が受容されてしまうそもそもの理由として、作者の椿井政隆がそれなりに工夫して作成していたことが挙げられる。そこでまずは、椿井文書の作成方法について、すでに明らかにしたことを整理しておく(1)。

律令制の崩壊とともに、延喜式神名帳に掲載される式内社の存在は忘却されるが、近世中後期になると各地の神社を式内社に比定する作業が進められる。それに先鞭を付けたのは、並河誠所（一六六八～一七三八）が編纂し、享保二〇年（一七三五）に刊行された『五畿内志』であった。以後、『五畿内志』の情報を基礎としつつも、その補訂が知識人の関心事となっていく。ゆえに、式内社の比定地を巡って議論となる、いわゆる論社なるものも登場する。

例に漏れず、椿井政隆も式内社に高い関心を寄せている。例えば、『五畿内志』で比定できていない神社については、それを補うべく作成年代を中世とする縁起を偽作している。社歴が斯くあって欲しいと思う人物にとって、それは宝物として受け入れられることとなる。あるいは、『五畿内志』の史料的根拠が薄弱な部分に目をつけ、あたかも並河誠所が編纂にあたって典拠としたかのような史料を年代を遡って作成する。それによって、『五畿内志』と椿井文書は相互に信憑性を補うこととなる。このように、内容が広く知られている『五畿内志』に沿いつつ、多くの人の関心事を対象とするために受容が進むのである。

そして、地域史を描く際に中核となる神社の縁起が受容されると、内容的にそれと関連する偽文書も受け入れられやすくなる。その典型は、神社周辺に居住する富農の系図である。身分上昇を図る富農にとって、かつては有力な武士だったと語る系図は、喉から手が出るほど欲しいものであったに違いない。

そうした系図の信憑性を高めるための工夫の一つが、記紀などの史書に掲載される固有名詞を転用し、対象とする地域の神社や寺院の山号に命名するという作業である。具体的に山城国綴喜郡普賢寺谷（京都府京田辺市）の事例を挙げると、「息長」や「朱智」といった本来普賢寺谷とは無関係の固有名詞を神社名や山号に充て、さらにその名称を曰くありげな祖先の名字として、寺社の侍を出身とする系図を量産するのである。

また、対象とする地域を選ぶ際にも特徴があって、山論となっている河内国交野郡の津田山や論社となっている近江国蒲生郡の馬見岡神社など、村と村が対立しているところによく出没する。(2) なぜなら、論争を有利に導く材料となる偽文書は、必要とされやすいからである。

とはいっても、古文書学の訓練を多少積んだ者が椿井文書の現物を見れば、偽文書であることは一目瞭然である。事実、筆者自身も椿井文書の存在に気付いたのは二〇代の頃であった。それでもついつい内容を信じてしまうのは、複数の椿井文書が相互に関係づけられているからであろう。椿井政隆は、対象となる地域で一定数の系図を作成すると、ある合戦に着到した人物名を連ねたものなど、連名帳を作成する。こうすることによって、仮に系図に疑わしい部分があっても、別のところで保管される連名帳と年代的にも合致する人物が系図に含まれることとなり、俄に信憑性が高まるのである。

そして、一連の仕事の総括として、自身が創造した中世の地域像を、系図を持つ家々や寺社・史蹟とともに絵図に表現する。この中世絵図がまた、人々の欲求を満たすようである。もちろん、新しい紙と絵の具では疑われるので、中世以来の幾度かの模写を経て椿井家に伝わった絵図を、さらに模写したものという体裁で提供している。以上のようにあらゆるジャンルの史料が複雑に関係づけられているため、ついつい信じてしまうようである。

椿井政隆の仕事で特筆すべきは、各地域で描いた歴史をさらに興福寺の末寺帳「興福寺官務牒疏」で総合する点にある。その作業は、最終的に近江・山城・河内・大和・伊賀の広範囲に拡大した。(3) これによって、遠隔地の歴史が相互に関係するうえ、興福寺の文書と合致するという誤解もなされ、さらなる信頼を得てしまうのである。また、椿井文書の分布状況をみると、知識人の多い都市部を避けて偽文書を作成していることもみてとれる。これも、椿井文書であることが露呈しにくくなっている要因の一つであろう。

2　連鎖の実態

連鎖的に作成される椿井文書の実例については、本書第二部第一章でも詳しく論じたが、第三節で「円満山少菩提寺四至封疆之絵図」（以下、少菩提寺絵図）を取り上げる関係上、本項ではその周辺における実態を紹介しておきたい。なお、地元の自治体史には、少菩提寺絵図以外に椿井文書は掲載されていないので、(4) 椿井文書の検索方法についても併せて紹介することができるかと思う。

少菩提寺は、近江国甲賀郡菩提寺村（滋賀県湖南市、二〇〇四年の合併前までは甲西町）の菩提寺山東側斜面にあった山岳寺院で、中世までは栄華を誇ったとされるが、近世には廃れてしまう。往時の姿を示すとされる少菩提寺絵図は、「明応元年（一四九二）壬子四月廿六日」に描かれた原本を「南龍王順」（椿井政隆の号）が模写したと記入されているため、明らかに椿井文書である。明応改元は七月のことなので、未来年号となっているが、これも椿井文書にしばしばみえる特徴である。現在この絵図は、菩提寺山東麓に位置する真宗大谷派の西應寺に伝わっている。

先述のように、椿井政隆は対象として選んだ地域に興福寺の末寺を設定し、それら末寺を「興福寺官務牒疏」に総合する。なかでも中世段階に力を持っていたと主張したい末寺には、中本山的な立場を与え、さらにその配下に複数の末寺を配置する。したがって、「興福寺官務牒疏」のなかで中本山的な立場の寺は、その寺自身もしくは周辺の有力な家が、椿井政隆に対して偽文書の作成を要請した可能性が極めて高い。近江において最も規模の大きい中本山的な立場にあるのは、大菩提寺とも称した金勝寺である。(5) そして、それと対をなす少菩提寺にも五ヶ寺の末寺が配置されていることから、椿井政隆が大菩提寺に準じて偽文書の創作に力を注いだことは想像に難くない。

西應寺に残る少菩提寺関係の史料は、一般には絵図のみしか知られていなかったが、地元住民が主体となって作成した書籍で新たにいくつか紹介された。そのうちの一つ、「興福寺権僧正胤算」が画賛を識した良弁僧正画像は、胤算の花押が椿井政隆自身の花押と形状や墨の付け方が近似している。(6) そのほか、西應寺に残る「功徳円満山縁由記」・「円満山少菩提寺略縁起」・「円満山少菩提寺由縁記」・「少菩提寺炎滅廃壊の記録」などには、いずれも興福寺との密接な関係性を示す椿井文書の特徴がみられる。(7) ここまで徹底して作成していることから、椿井政隆が少菩提寺の寺歴を創作することに執心していたことは間違いない。

次に、椿井政隆は、地域の中核的位置にある神社にまず間違いなく目をつけるので、菩提寺村の氏神である斎《いつき》神社の古文書を検索してみた。すると、地元行政の広報誌に紹介されている「斎大明神社紀」なるものが確認できた。(8)「斎大明神社紀」は、文明元年（一四六九）三月に「青木治部尉桧物荘下司職源頼教」が記したという体裁をとっているが、例によって文明への改元は四月である。また椿井政隆は、中世の年号を用いて神社の由緒を記す際に、図27のような一行あたり一二～一五文字程度の比較的大振りな明朝体の文字をしばしば用いるが、それと特徴が一致する。同様の書式のものは、図27に示した大阪府枚方市の百済王神社のほか、滋賀県米原市の勝居神社、同市の蛭子神社、同県愛荘町の石部神社、同県東近江市の熊原神社、同県野洲市の兵主神社、同市の稲荷

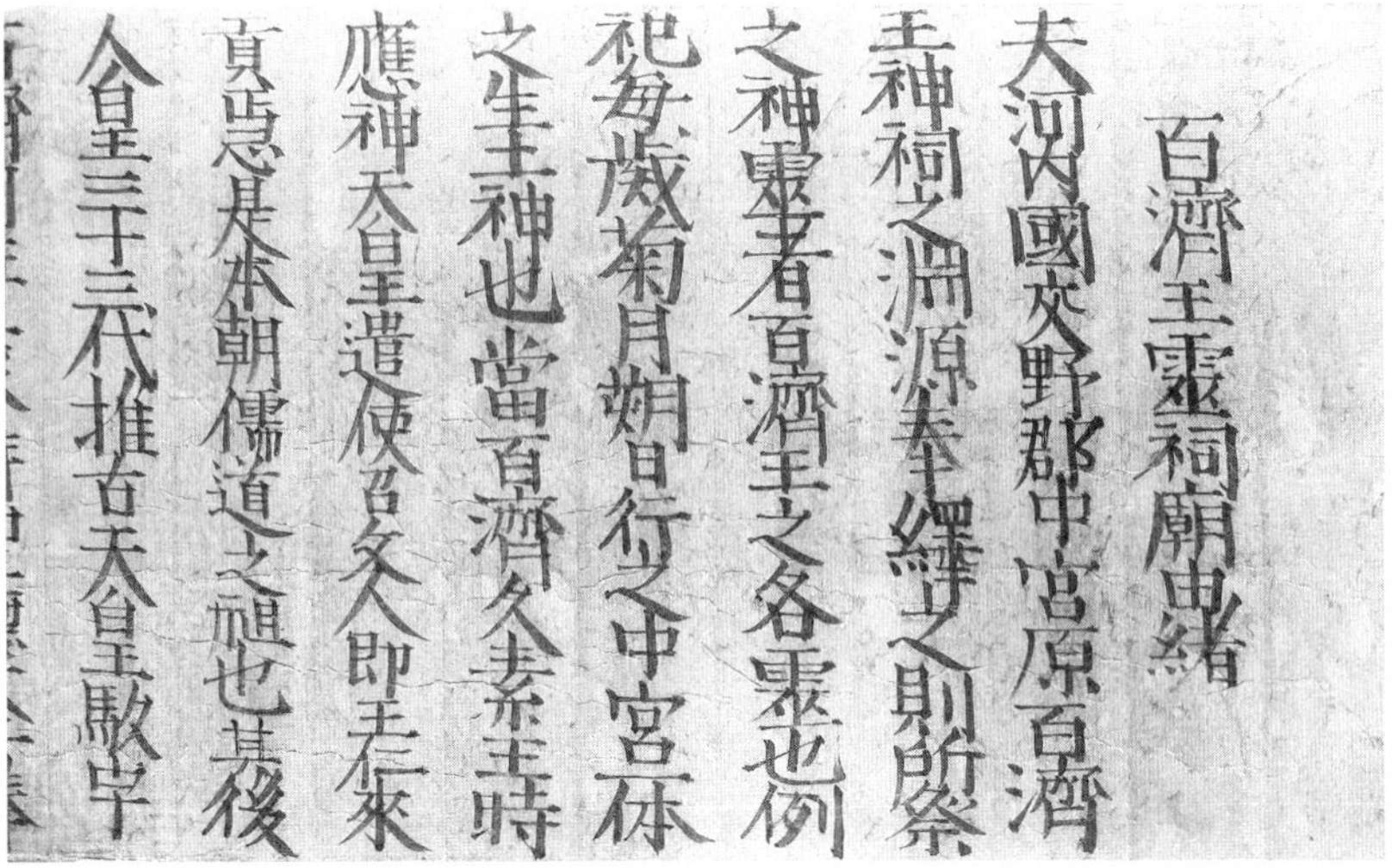
百濟王靈祠廟由緒
大河内國交野郡中宮原百濟
王神祠之淵源奉繹之則所祭
之神靈者百濟王之各靈也例
祀毎歳菊月朔日行之中宮体
之生王神也當百濟久素王時
應神天皇遣使召之人即王仁來
貞忌是本朝儒道之祖也其後
人皇三十三代推古天皇敕守

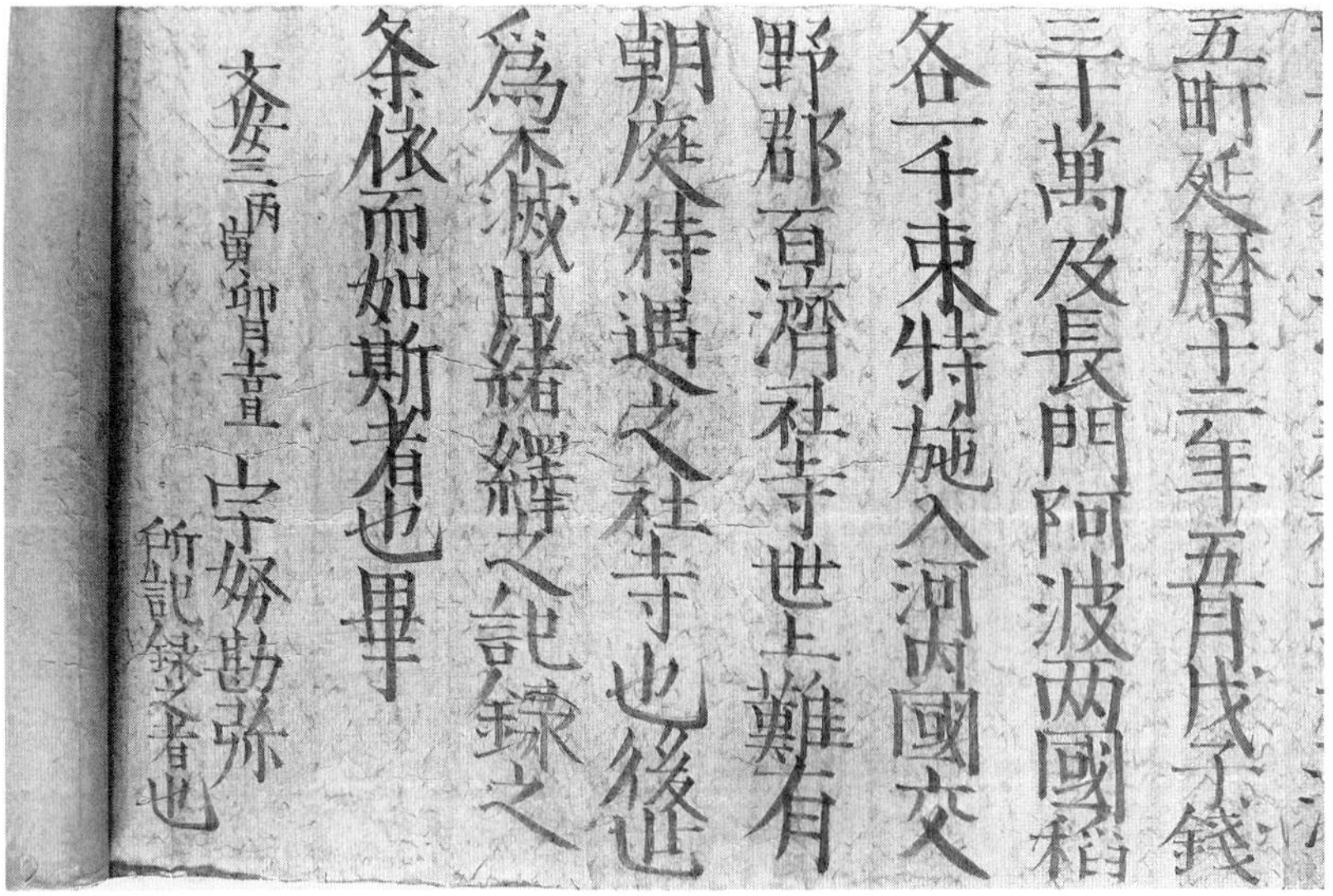
五町延暦十二年五月戊子錢
三千萬及長門阿波兩國稲
各一千束特施入河内國交
野郡百濟社寺世上雖有
朝庭特遇之社寺也後世
爲不披由緒繹之記録之
条依而如斯者也畢
文安三丙寅卯月壹　守好勘弥
所記録之者也

図27　百済王神社蔵「百済王霊祠廟由緒」の巻頭・巻末

神社などにも残されている。(9)

菩提寺には、斎神社のほかにも比較的規模の大きい神社として和田神社（祇園天王社）と八王子神社がある。その二社を一括して「祇園天王八王子社縁起」なるものも作成している。(10) 文明元年四月に「下司職青木治部尉頼教」が記した体裁をとっており、やはり特徴的な明朝体で記される。「斎大明神社紀」では、少菩提寺の「鬼門護法鎮守」のために「経津主神・素盞烏命并八王子神之三柱」を勧請したとするが、「祇園天王八王子社縁起」でも少菩提寺の「擁護之神」として「素盞烏命・斎主神并八王子神之三柱」を勧請したとしており、内容的にも合致する。

先述のように、椿井政隆はとりわけ論社に強い関心を持っていた。菩提寺の隣村にあたる正福寺（滋賀県湖南市）には、論社となっている川田神社が存在する。(11) 隣村とはいっても、川田神社は菩提寺と正福寺の境界である高田砂川から東へわずか二〇〇m程度なので、椿井政隆が関心を持たない筈がない。事実、少菩提寺絵図には、高田砂川を越えて、絵図の東端に「河田大明神」が描かれている。また、「円満山少菩提寺由縁記」にも、少菩提寺の「外護」として「河田大明神」が加わっている。

そこで、川田神社に肩入れした偽文書を検索したところ、地元広報誌に「川田大明神紀」なるものが確認できた。(12) これは、文明四年に「下司青木治部尉頼教」と「供侶大乗山住夏見寂意」が記したこととなっており、やはり特徴ある明朝体が使用される。当然のことながら、「延喜式神名帳所録甲賀郡八座之一川田神社」という椿井政隆の主張が文中に盛り込まれている。

そのほか、西應寺に残る椿井文書のうち「功徳円満山縁由記」も、文明五年に「下司青木治部尉」と「乾入道釈了賢」が記した体裁をとる。このように、新たに検出された椿井文書からは、文明元年から五年にかけて精力的に地域の寺社の歴史を記録した青木頼教の存在を強調する狙いが浮かび上がってくる。確認はできていないが、もしこれで青木家系図のなかで戦国初期に青木頼教の名が存在したならば、同家の系図の信憑性は高められるであろう。(13)

以上のように、椿井政隆は椿井文書相互を関連づけることで信憑性を高めようとしていた。そして、菩提寺における少菩提寺や青木頼教、普賢寺谷における朱智や息長のように、その連鎖に使用されるキーワードこそが、椿井政隆が最も主張したい内容であり、偽作の核ともいうべき部分となっているのである。

3　情報源

第三節でみるように、椿井文書に年代などの虚偽があることは知りつつも、椿井政隆による詳細な調査成果が反映されていると主張する研究者は少なくない。その根拠は、記紀などの史書と一致する部分があるというもので、だからこそその他の記述も何らかの確かな情報源があるはずだというのである。ここから、記紀などの情報が盛り込まれていることも、椿井文書を受容してしまう要因の一つとなっていることが指摘できる。しかし、そのように安易に受け取ってよいものであろうか。そこで本項では、椿井政隆が偽文書を作成するにあたって、現代に伝わらない確かな情報をどれだけ得ていたのか検討しておきたい。

その手がかりとなるのが、図28の「椿井家古書目録」という史料である。(14)これには、椿井文書などが一八八項目、点数にすると二〇〇点を超えて列挙されている。各地で作成された膨大な量の系図や、前項でみた連鎖的に作成した小規模な神社の縁起など、特定の家や寺社に需要が限定されるものが含まれていないことから、必ずしも椿井文書の全貌を示すものではない。おそらく、椿井文書の販売目録のようなものであろう。

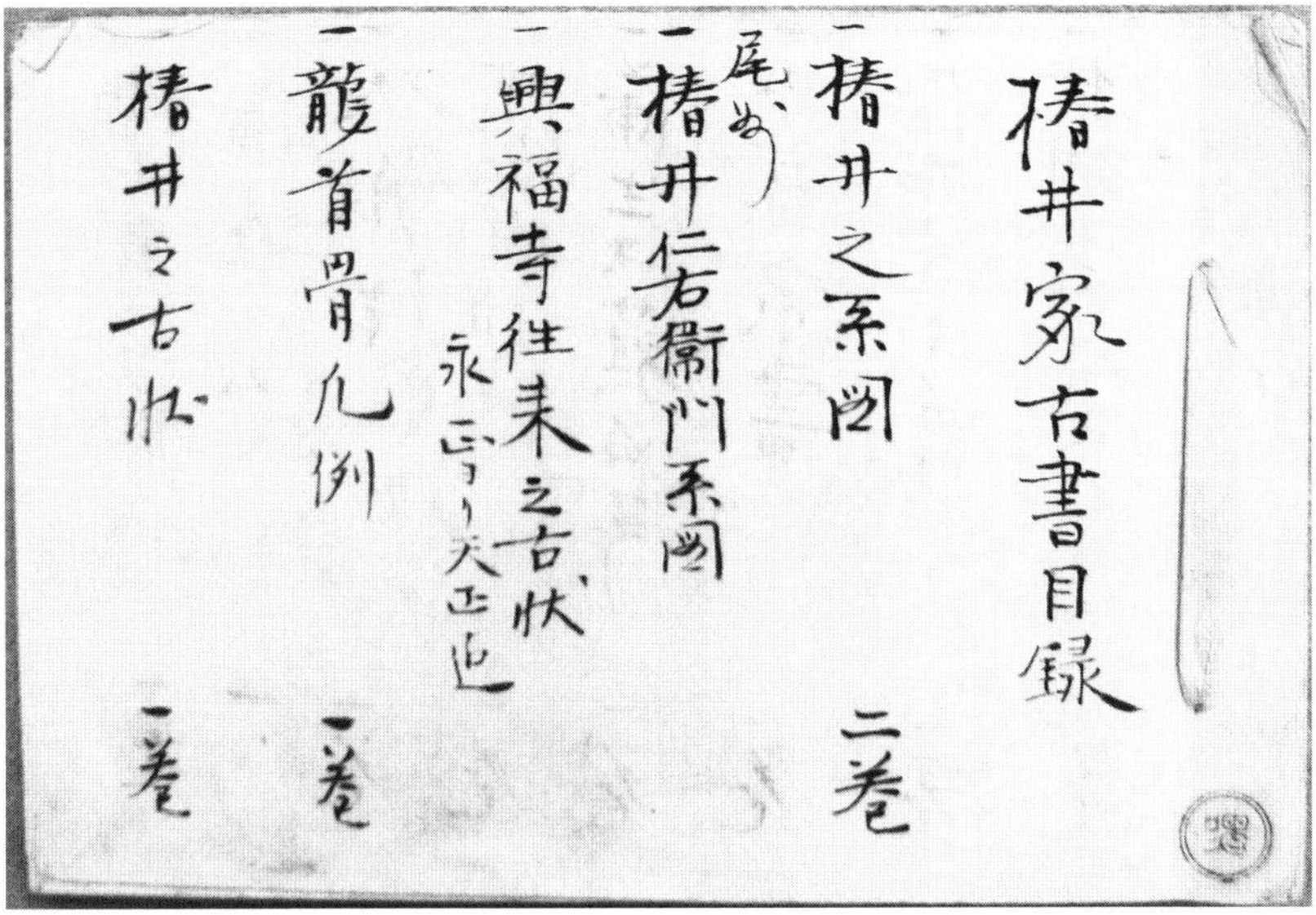

椿井家古書目録

一 椿井之系図　二巻

一 椿井仁右衛門系図　尾州

一 興福寺往来之古状　永禄ヨリ天正迄

一 龍首骨凡例　一巻

一 椿井之古状　一巻

図28　「椿井家古書目録」

興味深いのは、椿井文書と内容が一致するものに混じって、「日本記（紀）略」・「信長譜（記）」・「大安寺資材（帳脱）」・「多武峰略紀（記）」・「聖徳太子講式」・「大原問答絵鈔」・「公事根源集釈」・「慶元通鑑」・「（木内）石亭百石図」といった一般的な史料も含んでいることである。正しい史料と並べることで、椿井文書の正当性を確保しようとしているのであろう。

　ここでは、このうち「信長記」に着目したい。よく知られるように、「信長記」は太田牛一（一五二七～一六一三）が記したものと、それを元に小瀬甫庵（一五六四～一六四〇）が物語風に改めたものの大きく分けて二種がある。(15) 前者は、岡山藩主の池田家に伝わる原本の筆写で広まっているため、大名家を中心として限られた範囲にしか流布していない。それに対して後者は、刊本として市井に広まった。よって、近世に世間一般でいうところの「信長記」は後者である。

　椿井文書とみられる近江国犬上郡の新谷家系図には、「天正元年（一五七三）九月四日於佐和山城奉拝謁　信長公」と佐

表12 『近江輿地志略』と『粟津拾遺集』の比較

村名	近江輿地志略	粟津拾遺集
——	粟津荘	志賀郡粟津庄
西庄村	法伝寺	法伝寺
	——	桃源寺
	八大龍王社	八大竜王社
	泉水寺	泉水寺
	兵津川	兵津川
木下村	正法寺	正法寺
	敬願寺	敬願寺
	霊照院	霊照院
	八大龍神社	八大龍神社
	唯泉寺	唯泉寺
	天王	天王
	石神	石神
	庄塚	庄塚
	鳴滝	鳴滝
	御霊殿山	御霊殿山
	山頭嶽	千頭ヶ嶽
膳所村	陪膳浜	陪膳浜
	膳所城	膳所城
	縁心寺	縁心寺
	清徳院	清徳院
	響忍寺	響忍寺
	大泉寺	大泉寺
	膳所大明神社	膳所大明神
	大養寺	大養寺
	景沢寺	景沢寺
	持明寺	持明寺
	安昌寺	安昌寺
	唯伝寺	唯伝寺
	永順寺	永順寺
中庄村	牛頭天王社	牛頭天王社
	稲荷大明神社	稲荷大明神社
	大円院	大円院
	最勝院	最勝院
	膳所瀬	光源寺
	光源寺	膳所ヶ瀬
	専光寺	——
	瓦浜	——
	田中山王社	田中山王社
	陽焔水	陽焔水
	妙福寺	妙福寺
	法性寺	法性寺
	茶臼山	茶臼山
	別所谷	別所谷
	墨黒谷	墨黒谷
	毘沙谷	毘沙ガ谷
別保村	若宮八幡社	若宮八幡社
	新楽寺	新楽寺
	兼平寺	兼平寺
	西念寺	西念寺
	今井四郎兼平墓	今井四郎兼平墓
	天満天神宮	天満天神社
	大将軍	大将軍社
	幻住庵	幻住庵
——	粟津古戦場	粟津古戦場
	粟津野	粟津野

和山城に入った信長に謁見した旨の一文がある。(16) 牛一本「信長記」同日条に「九月四日、信長直に佐和山へ御出でなされ、鯰江の城攻破るべきの旨、柴田に仰付けられ候、則取詰め候処」とある部分が、甫庵本「信長記」同日条には、「九月四日に同国なまづえの城せめやぶるべしと仰られければ、柴田承てとりまく所」とあって信長の佐和山入城記事が省略されている。(17) つまり、椿井政隆は何らかのルートを用いて、牛一本「信長記」を入手していたのである。

ここから、「椿井家古書目録」のうち椿井文書を除いた史書類は、椿井政隆の蔵書のなかでも自慢できるものが並べられていると考えられる。もちろん、当時は自慢しうるものだったかもしれないが、今となってはさほど珍しいものは何一つない。見方を変えれば、椿井政隆の知り得た情報とはこの程度のものなのである。

そのほかに、椿井政隆の得ていた情報量を示す存在として、『粟津拾遺集』がある。(18) これは偽書ではなく、大津市膳所周辺の粟津荘を対象とした地誌で、椿井政隆の自跋に「右此一冊者我多年撰集処、然此度粟津住何某依懇望書之」との自負が示されるが、表12に項目を示したように、内容的には寒川辰清（一六九七〜一七三九）が編んだ享保一九年（一七三四）成立の『近江輿地志略』から粟津荘部分を序列もそのままに抜き書きしたものに過ぎない。(19) 大きく異なるのは、明和九年（一七七二）開基の西庄村桃源寺が追加された点と、中庄村の専光寺と瓦浜が省かれている点である。後者の原因は、その直前の項目で膳所瀬と光源寺の順序を誤って逆転させてしまったことにあるのではなかろうか。つまり、丸写しを図って、それすら失敗したと推察されるのである。このように史実を連ねようとすると、比較的入手が容易な本から抜き書きするだけで、独自の調査で得た情報はほとんど持ち合わせていないのである。

以上のように、内容全体に信憑性を持たせるため、確かな史書をもとにした情報を盛り込むことは事実である。しかし、現代的にみれば、その情報は図書館などで容易に手に入るものばかりであるため、逆に椿井文書にしかみられない情報は、椿井政隆の偽作である可能性が極めて高いと考えられる。

二　伝播の二系統

1　近代の流布

椿井文書が広く定着した原因は、伝播の仕方にもあった。椿井政隆は自身でも椿井文書を頒布していたが、死後も椿井家には未頒布のものが大量に残されていた。それらは、木津（京都府木津川市）の今井家に質入れされ、その今井家が明治二〇年代頃から由緒ある者に対して販売を始める。(20) いわば第三者が販売することによって、椿井政隆が各地で集めた古文書が地元に戻ってきたという扱いを受けたのである。これによって、椿井政隆自身が頒布する場合とは異なり、ある程度の客観性を帯びながら流布する。時あたかも国家神道のもと、それまで以上に神社の社格が重要な意味を持つようになり、椿井文書の需要は高まっていた。これらの諸要因が重なって、爆発的に流布したようである。

実際のところ、近世の流布と近代の流布がどれくらいの比率なのか、膨大な量があるため今すぐはっきりしたことはいえない。そこで、近世と近代のいずれに流布したものか見極める方法を紹介することで、近代の流布が相当数であったことを示しておきたい。

椿井政隆が作成した絵図をよくよく見ると、二つの系統があることに気付く。例えば、普賢寺谷の観音寺に伝わる「山城国綴喜郡筒城郷朱智庄佐賀庄両惣図」は、文明一四年（一四八二）に初めて描かれ、永正六年（一五〇九）に加筆のうえ再び描かれ、そのうえで料紙の右下部分に「以南都春日社新造屋古図模写之」と記しているが、最終的な模写の年代は記されていない。(21) 陽明文庫にも、右の絵図と全体的な構図はほぼ同じながら、観音寺蔵のものでは「在判」とされる部分に花押影が写されるなど、細かい点で異同のみられるものが伝わる。(22) 模写の年代も観音寺蔵のものとほぼ一致するが、料紙の左下部分に「天明八戊申年（一七八八）九月十六日／以春日社新造屋古図模写之」とあって、近世後期の最終的な模写年代が追加されている点に相違がみられる。

「近江国坂田郡筑摩社並七ヶ寺之絵図」も、二つの系統を確認できる。滋賀県米原市の筑摩神社に伝わる系統の絵図には、正応四年（一二九一）にまず描かれて、文明六年に模写されて、さらに承応二年（一六五三）に模写されたのち、最終的な模写の記録として「乙亥年十一月写之畢／藤原胤政謹画」と記される。(23) この「胤政」という名は、「興福寺元衆徒中御門系図」の署名に「椿井右馬助平群懐暎胤政」とみえる一方、(24) 前出の「少菩提寺炎滅廃壊の記録」では「興福正院室晨勝院律師胤政」とみえるように、様々な形で椿井政隆が好んで用いるものである。ここでは、藤原胤政という「同時代人」になりすまして、椿井政隆の活動期間にあたる乙亥の年、すなわち文化一二年（一八一五）に最終的に描いたこととしたのであろう。それに対し、米原市の坂田神明宮蔵や蛭子神社蔵のものはほぼ同じ構図ながら、村名の表記方法などが若干異なり、やはり最終的な模写の年代が記されない。(25)

以上のように、模写をした近世後期の年代を記すか否かで二つの系統に分けることができる。このように分かれる要因は、自身が所蔵するものの写というかたちで、椿井政隆が頒布していたことに求められる。近世後期の模写年代は、椿井政隆が頒布する際に書き込んだものであって、そこから近世に流布したものと判断される。一方、椿井家に残された原本には、最終的な模写の年代を必ずしも記しておく必要はない。そのため、近世後期の模写年代がない場合は、近代の流布である可能性が高い。

ただし、あくまでも判断の目安であって、椿井政隆が原本に近世後期の模写年代を書き入れてしまう場合もある。文化元年に、近江国滋賀郡南庄村（大津市伊香立南庄町）で龍の骨（実際はナウマン象の化石）が見つかるという騒ぎがあった。椿井政隆も、上田耕夫（一七六〇～一八三二）が文化二年六月に描いたこの骨の図を同年一一月に写しているが、やはりこの図も二系統あって、若干異同のある文化五年の模写図も存在する。(26)前者が原本で、後者が近世の流布本であることは想像がつくが、原図からして近世後期のものであるため、この場合はいずれにも近世後期の模写年代が記されている。

原本に近世後期の模写年代が記される事例をもう一つ挙げておく。京都府立京都学・歴彩館蔵の「山城国綴喜郡井堤郷旧地全図」は、木津の今井家に所蔵されているものを明治一四年（一八八一）に井手（京都府井手町）の宮本直吉が写し、さらにそれを明治三五年に京都府の担当者が模写して今に伝わっている。(27)したがって、椿井家に残された原本の系統に相当するが、これの原図は康治二年（一一四三）のものとされ、近世後期の享和三年（一八〇三）に模写した旨が記されている。

右の二つの事例は、近世後期の模写年代の有無だけでは、流布の時期を正確には判断できないことを示しているので、次にもう一つの指標を提示しておく。

大阪府太子町の叡福寺を描いた絵図は、椿井政隆存命時に頒布されたものでなく、明治二〇年代に流出したものと推測される。[28] そこには、建久四年（一一九三）という絵図が描かれた年代しか記されず、近世後期の模写年代は記されない。この絵図の特徴は、特に料紙の左下部分に丘陵の稜線や河川、あるいは古墳など、薄い下書き線が多数残っており、清書段階と大幅に乖離している点にある。[29]

京都府木津川市の神童寺が所蔵する「北吉野山金剛蔵院神童教寺伽藍之図」も、「永正六己巳年（一五〇九）九月廿八日所画也、然後寛永十癸酉年（一六三三）四月十六日再画之云々、亦復再模写之畢」とあって、近世後期の模写年代が記されず、下書き線と清書で山の稜線が大きく乖離している。[30] 同様に少菩提寺絵図も、椿井政隆自身が模写したとするものの年代は記されず、「明応元年壬子（一四九二）四月廿五日」という最初に描かれた年代しか記されていない。そして、同じく山の稜線に下書き線が確認できる。[31]

完成品と大きく異なる下書き線を残しているということは、原図を模写したという椿井政隆の主張と矛盾する。よって、これらは椿井家に残された原本で、本来は門外不出の品であったはずである。それが明治時代に図らずも流出してしまったのであろう。[32]

以上のような視点で椿井文書の絵図をみると、近代に流布したものは相当数あると推察される。事実、『近江栗太郡志』の編纂が進められていた大正一三年（一九二四）に、編纂委員で栗太郡志津村長の青地重治郎は、編纂主任の中川泉三に対して、「当地方ニ一時各村共木津行大流行致し、本郡（栗太郡）ニも全記録沢山有之」と書簡を送っている。[33] 後述のように『近江栗太郡志』編纂の過程で、中川泉三は椿井文書の実態を把握しているようなので、ここでいう「全記録」とは椿井文書のことに相違あるまい。

2　近世の流布

本項では、近世段階に遡って、椿井文書の受容状況についてみておく。

天保一三年（一八四二）に普賢寺谷のうち水取村の大冨家を訪れた水島永政（一七九四～?）は、継体天皇から始まる同家の系図を実見している。[34] 椿井文書にしかみられない「朱智荘」などが登場しているので、明らかな偽系図である。大冨家の「主」が水島永政に対して「家譜を正としてしめ」したように、椿井政隆に依頼して創られた偽系図は、それを入手した者によってすぐさま積極的に活用されている。普賢寺谷の椿井文書は、熟練期の椿井政隆が持てる力を出し切って作成したものなので、今現在も利用されてしまうことが多い。その点は近世にまで遡るようで、実際に水島永政も大冨家の系図を鵜呑みにしている。

また、一八世紀末頃から、近江国蒲生郡においては日野村井町の馬見岡綿向神社（滋賀県日野町）と岩倉村の馬見岡神社（同県近江八幡市）が、式内馬見岡神社を巡って争っており、そこに椿井政隆が現れている。日野村井町の辻六右衛門が、幕末から明治にかけて編纂した「蒲生古蹟考」に「山城人椿井廣雄（政隆）ト云人、当郡徘徊アリ、此人ニ社ノ系図ヲ頼ミタルナルベシ（中略）馬見岡ノ社トセンガ為、綿向古鐘ノ文ヲ贋作シ式外ノ神ト書タルナルベシ」とあるように、[35] 永万元年（一一六五）の綿向神社鐘銘を偽作し、そこに「式外之神」と盛り込んだのである。これは明らかに岩倉村の望む内容といえよう。すでに当時から、受容する者がいる一方で、「贋作」と断定する者もいたことがわかる。

同じく蒲生郡中之郷村の坂本林平は、「楓亭雑話」のなかで、「当村氏神ヲ近鄰ノ里人、只山崎神社ト唱ヘ来レリ、（中略）当村字ニ右社ノ近辺長曽川ト云イ、又川ノ北南ヲ長曽トイヘリ、サレハ神名帳ノ長寸ノ神社ニモヤト疑惑シテ有シカ、近頃山城国椿井郷椿井村椿井権之亮（政隆）ト申士、文化十四丁丑歳、此辺ニ五社明神ト申有リヤト尋来ラレ、則当村氏神五社也ト申候ヘハ、旧事好ニテ安堵シテ皈ラレ、其後、瓜生津井上氏ニ逗留故、使札ニテ、若五社明神ハ長寸ノ神社ニモヤト談シ遣シ候ヘハ、此儀故有コトトテ、日ヲ暦テ、右長寸山并四ツ谷古城等ノ古画図持来ラレ、委細長寸神社ト分明ナリ」と椿井政隆の姿を捉えている。[36] 文化一四年（一八一七）に椿井政隆がやってきて、「五社明神」がないか尋ねてきた。地元で山崎神社と呼ばれてきた神社には五柱を祀っているので、坂本林平は山崎神社は「五社」だと回答した。これを聞いて椿井政隆は満足げに帰っていったという。おそらくこの段階では、「五社明神」にまつわるストーリーを想定していたのであろう。それに対して、「長曽」という字名から、山崎神社は式内長寸神社の可能性もあるのではないかと以前より疑っていた坂本林平は、同郡瓜生津村（滋賀県東近江市）に滞在していた椿井政隆に手紙を送り、その可能性について問うた。すると、しばらくの日数を経て、「長寸山」の絵図と「四ツ谷古城」の絵図のほか、[37] 引用部分の続きになるが「興福寺官務牒疏」を持参し、長寸神社と明確になったという。

右の一例は、自村の氏神が式内社になるという意味で、坂本林平にとって悪い話ではないため、椿井政隆に対する悪評は特に記されないが、不審に思っていることは明らかであろう。実際、馬見岡神社を巡る争いについては、「近頃、岩倉村ノ神社ヲ馬見岡也ト好事ノ士有リテ申出レト、是又拠ヲシラス」とみえるように、「好事ノ士」と名前を伏せつつも椿井政隆を批判している。

また、「近頃旧事ニ無他事人、南都大安寺資材録持来リテ見セケルニ、紙時代二百歳三百歳ノ物トハ見ヘス、鳥ノ子紙ニ似テ至テフリタリ、右巻物ニシテウヤ〳〵鋪書也、其大サ巻テ二囲斗リ有リ、錦ノ袋ニ入タリ」とここでも名を伏せているが、先述のように「大安寺資材」が椿井政隆の蔵書目録に含まれていることから人物を特定できる。紙が新しいと疑っており、敢えて仰々しくしていることを見破っている。そのほか、「近頃椿井氏、何レノ記録ニ有シヤ、惟喬親王ノ四世正四位下小椋左近衛中将実澄公ノ旧墓、奥津保杉杣林邑田ノ中ニ有由尋惑ヘリ」と疑っていたり、あるいは「長寸郷」の「善通教釈寺」なる寺の鐘銘についても、「例ノ好事ノ偽作ナラン歟」と見抜いている。重要なのは、右のように疑いつつも、実際山崎神社が長寸神社と改名するように、利益をもたらす椿井文書は、結果的に受け入れられてしまうという点にあろう。

なお、「長寸山」のほかに無関係とも思える「四ツ谷古城」の絵図を持参した理由は、坂本林平宅に滞在中の椿井政隆に対し、同じく中之郷村の吉倉貞憑が祖先のことを尋ねていたからである。その結果、吉倉氏は四ツ谷城の「目代」であったことが判明し、その旨を吉倉貞憑は文化一四年付で記録に残している。(38)これも、椿井文書を積極的に受け入れた事例といえる。

そのほか、蒲生郡における椿井政隆の足跡を示すものとして、「西中山金剛定寺縁起略紀」（以下「略紀」）と「西中山金剛定寺縁起」の二冊の竪帳がある。(39)いずれも、椿井文書を写したものである。前者は、近江国蒲生郡中山村（滋賀県日野町）出身の近江商人である岡﨑敬長が筆者で、表紙に文政元年（一八一八）七月に写した旨が記される。(40)後者は、その息子の岡﨑敬喜が写したもので、年代に「元治元年迄〇〇年」という注記が数多くあることから、元治元年（一八六四）の写とみられる。「西中山金剛定寺縁起」の原本は、同村の金剛定寺に現在伝わっている。(41)「略紀」のほうが古いというのもおかしな話だが、これも近世における椿井文書の頒布方法を反映したものとなっているので詳しくみておきたい。

「略紀」とはいっても、「西中山金剛定寺縁起」の単純な略記ではなく、それ以外にも金剛定寺に関する様々な情報が盛り込まれている。その事情は、岡﨑敬長が跋文に「右者文化十四丁丑載従穐至冬季迄、大倭国椿井先生南都東大寺之以記録校合有之刻、右先生ヨリ逑テ写之」と記していることから窺うことができる。すなわち、「西中山金剛定寺縁起」を要約したもののほか、椿井政隆自身が文化一四年（一八一七）秋から冬にかけて東大寺から集めてきた情報を写させてもらったというのである。椿井政隆が「西中山金剛定寺縁起」そのものではなく、略記を提供した理由は、おそらく「西中山金剛定寺縁起」が未完成だったからであろう。

椿井政隆は、文化一三年二月に蒲生郡音羽村（滋賀県日野町）にある音羽城を訪れて絵図を描いており、翌一四年一二月に再び蒲生郡を訪れて、先述の坂本林平家に滞在している。(42)ここから、岡﨑敬長とも文化一三年頃に接触して、何らかの要望を聞いていたと推測される。椿井政隆は、先述のように文化一四年の秋から冬にかけて調査したことにして、一二月頃から蒲生郡を転々とし始めた。そして翌文政元年になって、岡﨑敬長のもとを訪れて調査の結果を報告したのであろう。「略紀」は、そのときの写と考えられる。

この段階で「西中山金剛定寺縁起」が未完成であったと推測する根拠は、金剛定寺が所有するもう一つの椿井文書「東大寺三綱廻状」が、(43)「略紀」に含まれていないことにもある。それに対して、岡﨑敬喜が記した「西中山金剛定寺縁起」の続きには、「東大寺三綱廻状」も写されている。文政年間頃の成立と考えられる「楓亭雑話」には、すでに金剛定寺所蔵として「東大寺三綱廻状」が写されていることから、文政元年からさほど間を置かずして「西中山金剛定寺縁起」も完成したとみられる。金剛定寺には、椿井政隆が作成した「金剛定寺古図」という絵図も伝わるがこれも同様であろう。(44)

以上のように近世においては、普賢寺谷のように積極的に受容するところもあれば、蒲生郡のように疑いを持ちつつも利益をもたらす場合は受容するなど、対応の仕方もまちまちであった。近代における流布とは異なり、椿井政隆本人を知っている場合は、必ずしも鵜呑みにされることはないが、受容するか否かは最終的に受け取り手の置かれた状況に左右されていたといえよう。一方の椿井政隆も、最初から完成品を持ち込むのではなく、同じ所に何度も通って需要を確認し、より受け入れられやすいものに仕上げていく努力を惜しまなかった。椿井政隆による調査とは、このような性格のものであった。

三　歴史学の対応

1　戦前までの動向

前節でみたように、椿井政隆の動向を知っている近世の知識人は、すでに椿井文書の内容も疑っていた。明治三五年（一九〇二）に「井堤郷旧地全図」を模写させた京都府職員の湯本文彦（一八四三～一九二一）は、「元図ハ木津今井より出つる品、今井のものハ偽物多し、此図も其南都ニありし品ものを得されハ俄ニ信しかたし」と絵図の袋に記している。[45]明治時代になっても、今井家からの椿井文書流出の実態を知る人物は、その内容を疑っているのである。一方で、明治三七年には、邨岡良弼（一八四五～一九一七）が「興福寺官務牒疏」を史料紹介するなど、椿井文書の実態を知らない関東の研究者は早くも信用してしまっている。[46]

昭和初期に京都府や滋賀県が発行した報告書をみていると、しばしば椿井文書に触れた記述がみられる。例えば佐藤虎雄（一九〇二～一九七六）は、「笠置山之城元弘戦全図幷四方手配堅固図」について、「此地図もと湊河神社にありしを写したりと雖も、恐らく椿井家に於て製作せられし偽古図に類すべきものなり」と述べる。[47]また、肥後和男（一八九九～一九八一）は「飯道寺本原紀巻」について、「これ恐らく山城の木津より出でし偽文書に属するものであろうから俄に信じ得ない」とし、「明治初年頃木津より求めたもの」と指摘している。[48]さらに柏倉亮吉（一九〇五～一九九五）は、「布施寺由緒書（福田寺由緒記）」と「布施寺系図」について「椿居《ママ》物であると思はれ」、「史料の性質よりみて直ちに信ずる訳にはいかない」とする。[49]

椿井文書についての認識が、報告書執筆者共有のものになっていたかというと、そういうわけでもなく、魚澄惣五郎（一八八九～一九五九）は「興福官務、平群文庫ノ印ヲ押捺」した明らかに椿井文書である「北吉野山神童寺縁起」について、「近世ノ筆録ニ係ルモノナレドモ本寺ノ旧伝ヲ徴スベキヲ以テ其全文ヲ左ニ録セン」として全文を掲載する。[50]魚澄惣五郎が前三者より一〇歳ほど年長で、報告書の発行も一〇年ほど遡るという相違点に注意したい。

それに対し、前三者には共通点が存在する。肥後和男は明治三二年、佐藤虎雄は明治三五年、柏倉亮吉は明治三八年の生まれと世代が近く、京都帝国大学の同窓なのである。年長の肥後和男は、一旦教員をつとめたうえで京大に入っているので、学年的にはより近いことになる。そして三者は、濱田耕作（一八八一～一九三八）のもとで考古学を学びつつ、西田直二郎（一八八六～一九六四）にも文化史学を学んだ。とりわけ注目したいのは、大正末から西田邸で開かれていた私的懇談会「金曜会」の立役者が肥後和男ということである。[51]この会には、あらゆる分野の学生が集ったというので、この場で椿井文書の話題が出た可能性もあるだろう。

ただし、昭和初年の段階で、彼ら若手研究者たちは必ずしも椿井文書を熟知していたわけではなかった。先述の佐藤虎雄が、「興福寺官務牒疏」などを椿井文書と知らずに引用している事例もみられるからである。[52]おそらく椿井文書に最も精通していたのは、在野にいて近江各地の郡志編纂に携わっていた中川泉三（一八六九～一九三九）であろう。なぜなら、大正末期すでに、「興福寺官務牒疏」を始めとして近江の各地に残る絵図が椿井政隆の手になる偽作であることを把握しているからである。(53)そして、中川泉三を始めとした在野の研究者たちは、中央の研究者と密接な交流を持っていた。(54)中川泉三が椿井文書の問題に気付くのは大正年間のことなので、(55)それ以降の交流のなかで、若手研究者たちにもその存在が共有されるようになったと思われる。

中川泉三が椿井文書に詳しくなった理由は、郡志編纂を通じて近江の史料に精通していたからであろうが、それ以外にも理由は存在する。明治三五年には、地元の八相神社（滋賀県米原市）氏子総代として、木津の今井良政とやりとりのうえ、「八相大明神由緒記」なる椿井文書と譲状を入手しているのである。(56)このように、椿井文書流出の実態を目の当たりにしている点も、中川泉三の目が肥える要因になったと思われる。

2　戦後歴史学の動向

戦後歴史学のなかで、椿井文書は多岐にわたって利用されるようになる。その全てを網羅することは叶わないので、本項と次項では、椿井文書を受容してしまう理由がわかる特徴的な事例に限定して論じることとする。

戦後歴史学は、皇国史観に基づく歴史学からの脱却を目指して出発する。その動きが、京大においては西田直二郎の教職追放という形に帰結する。そのため、京大にて彼の文化史学が継承されることはなかった。(57)また、椿井文書について議論していた京大出身の若手研究者たちが、関西の大学にほとんど就職しなかったというのも不幸であった。さらには、戦前までは構築されていた中央史学と在地史学の連携も、戦後にはあまりみられなくなってくる。このように、椿井文書の情報を共有していた繋がりが、悉く断絶していくのである。

もちろん、戦前からの繋がりを有する一部の研究者は、椿井文書の存在を把握しているが、その認識は少しずつ実態と乖離しつつあった。例えば中村直勝（一八九〇～一九七六）は、正しくは今井氏のところから流出した椿井文書について、「明治三十年頃に山城国木津町に住んでおった椿井氏の秘庫中から探し出されたもの」と若干誤解している。(58) 中村直勝は「滋賀県内の神社所蔵文書」を実見しているが、流出の実態までは伝聞でしか知らなかったのであろう。永島福太郎（一九一二～二〇〇八）も、「大和において注意警戒を要するのは、明治大正期においても制作されていた」ことで、「数日間待てといわれて再参上すると、所蔵品があったといわれて授与される。南山城の木津川流域を下流の大阪府にまで、縁起・寺院伽藍遺跡図・城趾図などにわたって謀作品が現存している」という。(59) 椿井文書のことを述べているのは明らかだが、近代には制作していないし、(60) 分布域も正確ではない。

このように、関西で教育を受けた研究者の間では、比較的その存在が知られていた椿井文書も、戦後歴史学のなかでは次第に忘却されてしまうのである。ここからは、あまりにも性急な戦前との断絶を選択したがゆえに、継承すべきものまで損なってしまった戦後歴史学の負の側面を見出すことができよう。

史料環境の充実という点にも、問題を指摘しうる。先述のように、古文書学の鍛錬を多少積んでいれば、椿井文書の現物を見れば偽文書とだいたい気付く。しかし、これがいったん活字になると、偽文書が醸し出す雰囲気が大きく損なわれてしまう。しかも、自治体史というかたちで公的機関の刊行物に掲載されると、なおさら疑う余地がなくなっていく。戦前の研究者たちが、幅広い時代と分野の史料を扱っていたのに対して、分野が細分化して限られた範囲の史料しか見ない、あるいは活字史料のみで原文書は基本的に見ないという研究者が増えてくると、この問題は深刻度を増していく。その結果、椿井文書は史料が限られる地方の古代寺社研究で活用されるほか、後述する息長氏や橘氏などの古代氏族の研究においても重要な役割を果たすこととなった。(61)

学問領域上の問題も少なからずある。土地相論などに際して描かれる実用目的の絵図は、どちらかというと文献史学の素材で、美術史学で取り上げられることはこれまで稀であった。[62] したがって、椿井政隆が描く絵図に対しても、美術史学的な視点からの批判は極めて限られる。[63] かといって、文献史学の研究者が絵画を見る専門的な教育を受ける機会もほとんどないので、自己で鍛錬を積むしかないというのが実情である。文献史学の研究者が中心となって編纂する自治体史に、椿井政隆が作成した絵図が掲載されてしまう傾向にあるのもそのためであろう。

同じく文献史学の研究者が中心となって編纂された『日本荘園絵図集成』には、椿井政隆が作成した絵図が三点も紛れ込んでいる。[64] 同書の新刊紹介において瀬田勝哉氏は、この絵図の実物を見れば、「一見して中世の絵図あるいはその写しといえるものでない事は判断がついた」という。[65] このように、自己鍛錬に任されているがために、文献史学の研究者の間でも絵図を見る能力には雲泥の差が生じるのである。考古学者や歴史地理学者が、椿井文書の絵図を用いて、安易に遺構との対比を試みてしまうのも同様の事情によるものであろう。[66]

それに対し、複数の専門分野の厳しい目を経るため、椿井文書が文化財指定を受けることは滅多にない。珍しい例として、ここまでも度々触れてきた少菩提寺絵図は、昭和四七年（一九七二）に滋賀県の甲西町文化財保護審議会の審議を経て、「室町」時代の「絵画」として、同町の指定文化財（現在は湖南市指定文化財）となっている。[67] のちに、滋賀県立琵琶湖文化館で展示された際は、中世の絵図を近世に写したものとして展示された。[68] このように作成年代は修正されたものの、原図は中世のものであるとして周囲も一定の評価を与えてきた。

もちろん、近世後期の歴史認識を考えるうえで、椿井文書の歴史的価値は必ずしも低いものではない。問題は、中世史料としての歴史的価値を公的な機関が評価したということにある。そのことがいかなることに結果するのか、その後の経過を簡単に追いかけておく。

図29　少菩提寺絵図の説明板

平成四年（一九九二）には、甲西町教育委員会が西應寺の境内入り口に少菩提寺絵図の説明板を設置する。さらに平成一三年には、地元の土地区画整理事業を記念して、湖南市菩提寺西一丁目の県道二二号線擁壁に少菩提寺絵図を焼き付けた巨大な陶板のプレートが設置される。図29のように、絵図の部分だけでも横幅二m五五cmにもわたる。「この地図は、菩提寺の古い時代の有様を知る唯一の絵図で今から五百九年前明応元年（一四九二）の菩提寺の古図である」という書き出しではじまる説明文の部分も含めると、全幅七m以上高さ三m以上の迫力あるモニュメントである。椿井文書の絵図を中世の実態として説明板に掲載する事例は、京都府井手町の四阿に設置された図30の「井堤郷旧地全図」など他にも存在するが、その規模は飛び抜けて大きい。

こうなると、地元の歴史を語るうえではなく

図30　「井堤郷旧地全図」の説明板

てはならない存在になってしまう。平成二三年には、地元住民を中心として組織された儀平塾が、『鈴木儀平の菩提寺歴史散歩』を出版した。書中では、椿井文書である旨が触れられつつも、貴重な史料であるとして一〇頁以上にわたって説明が加えられる。さらに平成二五年には、その内容が『じいちゃん・ばあちゃんにきく　菩提寺の昔話』という子供向けの図書にまとめなおされた。やはり、少菩提寺絵図の説明に一〇頁程度を割いている。そして、平成二七年にオープンした湖南市立菩提寺まちづくりセンターの展示室には、少菩提寺絵図の複製が中央に据えられ、詳細な解説がなされている。

もし仮に、少菩提寺絵図が指定文化財となっていなかったならば、ここまで活用されることもなかったのではなかろうか。また、この問題に対して、研究者が何ら積極的な対応をとらなかったことも、後戻りが難しい状況に追い込んだ要因の一つであるように思われる。本章で、少菩提寺絵図周辺における椿井文書の作成状況を詳細に検討した所以はここにある。

3　近年の動向

椿井文書に関する研究を発表してからこれまで一〇年余りの間、筆者は諸方面の反応についても注視してきた。偽文書を図らずも使ってしまうという点に、歴史学が抱える現代的な課題を見出せるのではないかと考えたからである。

例えば自治体史については、『永源寺町史』を初見として椿井文書を偽文書として扱うものが登場する。(69)その一方で、なおも椿井文書とは知らずに引用する自治体史もしばらくは刊行された。(70)あるいは、椿井政隆が作成した絵図が、琵琶湖の湖底に沈む村の姿を描いているとして、重点的に扱うシンポジウム・特別展も開催された。(71)とはいえ、全体的には行政が椿井文書と知らずに使用する事例は減りつつあるし、個別の椿井文書に関する検証も進められるようになってきた。(72)

他方、椿井文書であるという事実を踏まえたうえで、その内容は史実を反映しているという批判も少なからず出てきた。

例えば小泉芳孝氏は、筆者が椿井文書に比定した「山城国綴喜郡筒城郷朱智庄佐賀庄両惣図」について、絵図のなかの「大筒城佐賀冠者殿旧館地」に該当する部分の発掘調査で、建物遺構が出土したことを根拠に、偽絵図ではないと繰り返し反論を寄せている。(73)「大筒城佐賀冠者」の実在性も、建物遺構が同氏の館であることも何ら証明されていないにも拘わらずである。そもそも、京都周辺の交通の要所で発掘調査をすれば、何かしらの建物遺構が出てくるのは当然のことである。

また、同じ絵図について村上泰昭氏は、椿井政隆が徹底的に現地調査をして、それを絵図に反映させたと主張する。(74)一例をあげると、絵図に「鳥居」とは記さずに「華表」と記したのは中国の牌楼を意識したからで、この牌楼と三輪鳥居は形式が同じである。そして、絵図が対象とする普賢寺谷の観音寺と大和の三輪大社には、奈良時代を代表する十一面観音像が残る。[75] したがって、「華表」という表記は、地元の口伝を忠実に記録したものなのだという。筆者がこれまで近世文書を見てきた限りでは、「鳥居」と「華表」は特に区別することなく使用しているように思われるので、右の説には従いがたい。

ここで重要なのは、小泉・村上両氏の主張そのものではなく、椿井文書が偽文書だと指摘されると、なぜ並々ならぬ努力を費やしてまでそれを擁護しなければならないのかということである。興味深いことに、椿井文書に信憑性を与えたがる人々は、普賢寺谷が所在する京田辺市在住という点が共通する。形あるものには残されていないが、口頭で筆者を厳しく批判してきた方々も、揃って京田辺市在住であった。

椿井政隆が最も力を注いだ地域ということもあって、分量という面だけでなく、近世段階から積極的に受容していたという歴史的な面でも、京田辺市における椿井文書の濃度は極めて高い。そのため、地元の歴史を語るうえで欠かせない史料となってしまっているのである。昭和三一年（一九五六）に発足した田辺郷土史会（現京田辺市郷土史会）が毎年発行している会誌『筒城』をみても明らかなように、古くから郷土史への関心が高い地域であり、そのなかで椿井文書も頻繁に用いられてきた。それに同調して、多くの研究者が椿井文書を正当な文書として用いてしまった。もはや、椿井文書を用いた語りそのものも、歴史の一部となっているのである。よって、椿井文書を否定することは、アイデンティティーを否定することにもなるため、自己を保つために激しい批判をするのであろう。このように根深い問題となってしまった要因は、「東日流外三郡誌」の問題と同様に、[76] 一部の研究者たちが一度は椿井文書を正当な文書と扱ってしまったことにも求められる。

では、普賢寺谷の椿井文書に一定の正当性を与えてしまった研究者たちは、どのような反応をみせたのであろうか。研究者が椿井文書を活用してしまった典型例として、筆者は塚口義信氏の説を紹介したことがある。塚口氏は、「興福寺官務牒疏」を始めとした椿井文書に「息長」の名がしばしばみえることを根拠に、古代豪族の息長氏は南山城に存在したと主張している。(77) その塚口氏は、のちに筆者の説に触れたうえで、次のような主張を展開している。(78)

しかしながら、仮に『興福寺官務牒疏』がそのような性格の文書であったとしても、「息長山」の山号が地域の地名に基づいている可能性は依然として捨て切れないと考えている（A）。もしこの推測が是とされるならば、椿井政隆はこうした地域の地名や『神名帳考證』などを参考にしながら、息長某の名前やそれに関連した文書を作成した蓋然性が高いことになる。偽文書の制作の仕方として、そのすべてを机上で捏造するのではなく、より真正文書らしく見せかけるために、その地域の地名や伝承をたくみに利用しながら作成するといった手法を用いる場合の方が、むしろ多いと思われるからである。そのことは、現・朱智神社に関連する文書がいわゆる椿井文書であると推測されるにしても、朱智神社そのものまで椿井文書によって創作された架空の神社であるといえないことと同様である。なお念のためにいうが、朱智神社は九二七年に撰進された『延喜式』に登載されており、確実に古代に存在していた。

ただ息長山の場合は朱智神社と事情が異なり、それが古代に存在していたことを証明する他史料がないため、その存在が疑われているのである。しかしながら、証明する他史料がないことが、ただちに「捏造の証」となり得るわけでもない。息長帯比売命の祖先とされる山代之大筒木真若王や迦邇米雷王、高材比売（『記』による）などの名が山城南部の地名に由来していること、息長帯比売命の陵墓が山城南部と接している佐紀盾列に所在すると伝えられている（『記』『紀』による）こと、山城の地域が息長帯比売命の物語の舞台の一つとして登場していること、いま問題としている息長を冠する人名を除くと、いわゆる神功伝説の中に息長公氏が本拠とした湖北のことが全く見えず、近江息長氏との本来的な関係を想定しがたいこと、などからすると、息長帯比売命や息長日子王の息長もまた山城南部の地名に由来している可能性が大きいと思料されるのである。このことに上掲（A）の推測を重ねてみると、古代の山城南部に息長の地名が存在していた蓋然性はやはり高い、といわねばならない。

偽文書を創るときには、本物らしく見せかけるために地名や伝承をたくみに利用するので、椿井政隆が調査結果をもとに観音寺に「息長山」なる山号を与えたというのである。このような希望的な観測が成り立ちがたいことは、塚口氏は触れていないがすでに別稿でも論じた通りである。(79)「証明する他史料がないことが、ただちに『捏造の証』となり得るわけでもない」ともいうが、このようなことを言い出したら、否定材料さえなければ何を主張してもよいということになり、もはや歴史学として存立し得ない。

ただし、塚口氏は右の引用文に続けて、「とはいえ、『息長山』に少しでも疑いがかけられている以上、『真理の探究はより真といえるような事柄から出発しなければならない』とするルネ・デカルト流の考え方をモットーとしている私としては、この『息長山』を研究の出発点の一つとすることは信条に反する」と述べる。つまり、「息長山」を出発点とする右の引用文は、その直後に自ら否定されるのである。換言すると、右の引用文は、自らの信条を曲げてまでして、自己弁護をしたということになろう。南山城における息長氏の「発見」が、塚口氏の主要な研究実績であるだけに気持ちはわからなくもない。京田辺市の人々と同様、一度椿井文書を使って持論を展開してしまうと、容易に引き下がることができないのである。これもまた、疑いを持たれつつも椿井文書が受容されてしまう要因の一つといえよう。

それもあって、塚口氏の説はなおもその存在意義を残している。例えば、美術史学の立場から井上一稔氏は、「興福寺官務牒疏」などを用いつつ塚口氏の説を援用して、観音寺十一面観音像の造像背景に息長氏を措定した。(80)その井上氏は、のちに拙稿に触れて、次のように述べている。(81)

私も馬部さんの論文を読ましていただきましたが、『興福寺官務牒疏』に出てくることはすべてだめなんだ、という流れになってしまうのがちょっと怖いなとも思うのです。例えば、観音寺に関して、これは塚口先生の論文にでてきますけれども、古事記に山代之大筒木真若王と迦邇米雷王という系譜があります。この山代之大筒木真若王には地名が入っているので、筒木宮があったところから取った名前だろうということをうたっているわけですよね。息長氏がここに出てくる息長帯比売に通ずる系譜がここにあるわけで、また、迦邇米雷王の妻が高材比売で、高材はやっぱり筒木の近くの地名なんだ、と塚口先生はおっしゃっているわけですよね。そういうことからしますと、官務牒疏に書いてあるからすべてもうその考察の対象から外してしまう、ということはちょっとどうかなという感想を個人的には持っているんですけれども。

椿井文書の一部が記紀と一致するから、それ以外の部分も史実である可能性があると主張したいようである。しかし、記紀等の史書と一致する記述を盛り込むことによって、それ以外の偽作部分を信じ込ませるのが椿井政隆の狙いであって、第一節で明らかにしたように、椿井文書にしか出てこない情報というのは、偽作である可能性が極めて高い。ゆえに、椿井文書は用いることなく、記紀等の確実な史書に立ち返って研究をすればよいだけのことである。

塚口氏の説の場合、記紀に立ち返って改めて検討すると、次のようなことが指摘できよう。南山城の地名「蟹《かん》幡《はた》」に所在する寺が「幡」がマンとも読むことから蟹満寺《かにまん》となり、それと「迦邇米《かにめ》雷王」が音通すると塚口氏は主張するが、本来の地名カンハタとカニメの間には違いがありすぎるのではなかろうか。また、「高材比売」が南山城の地名「高木」から来ているとするのも、高木が広く普遍的にみられる地名であるだけに強引な気がする。「山代之大筒木真若王」が綴喜郡の名をもとにしていることは間違いなさそうだが、周辺で音通しそうなものを集めたという感は否めない。このように椿井文書による補強を外すと、俄に根拠が薄弱に見えてきてしまうのである。

小泉・村上・塚口・井上の四氏に共通する主張は、椿井政隆が伝承などを徹底的に調査したうえで、その成果を文書上に反映させたというものである。ところが、本章で紹介したような調査の実態そのものについては、いずれの論者も検討に及んでいない。律儀に調査成果を記しながらも、なぜ虚偽の年代を記し、架空の人物による作とするのかということについても、明確な回答は出していない。すでに指摘したように、偽文書を創る者にそのような親切心はおよそないので、偽文書から伝承を抽出することは困難を極めると考えるべきであろう。(82)

おわりに

ここで、本章の検討をまとめておく。

第一節では、椿井文書を作成する際の方法や情報収集の実態について検討した。その基本的な特徴として、相互に関連づけることで信憑性を高めていくという点が挙げられるが、菩提寺地域における実例からは、連鎖させるために複数の椿井文書に使われた言葉が、椿井政隆の偽作の核となることが指摘できた。また、蔵書などを検討することによって、椿井政隆が独自に調査をすることで得た情報は、さほどなかったことも浮かび上がってきた。

第二節では、椿井文書の流布の仕方について、二つの系統それぞれの実態を明らかにした。近代に入ると、椿井政隆本人ではなく第三者の今井家を通じて相当数の椿井文書が流出したため、一定の客観性をもって広く受け入れられてしまう。一方、近世に流布した椿井文書は、椿井政隆の動向を知る者からは疑いの目で見られていたが、それにも拘わらず利益がもたらされる限りは受容されていた。

第三節では、椿井文書が歴史学のなかでどのように扱われてきたのか、時系列に沿って整理した。その結果、戦前までの研究の積み重ねのなかで、椿井文書の存在は比較的周知されていた事実が明らかとなった。ところが、戦前と戦後で歴史学が断絶するなかで、次第に椿井文書の存在が忘却され、結果としてそれを活用する研究者も出てきてしまう。また、近年の動向からは、一度椿井文書を受容してしまうと、そこから脱却することが困難である事実が確認された。

以上のように、あらゆる必然と偶然が重なって、椿井文書をついつい受容してしまう構造ができあがってしまったのである。その結果、様々な問題が惹き起こされたが、本章で示した内容が共通の理解となれば、椿井文書の扱われ方もまた変わるのではないかと期待している。

それでもなお、椿井文書とどのような付き合い方をしたらよいのか、悩むことが絶えない。例えば、米原市の蛭子神社が所蔵する絵図と縁起がもととなった七夕伝説が(83)、近年盛んに語られるようになっている。毎年夏になると、この二つの椿井文書を用いて地元の小学生に解説する様子が新聞の記事となっている(84)。さらに記事によると、この絵図には琵琶湖に沈む村が描かれていると説明しているらしい。椿井文書の絵図と湖底遺跡を対比させた最近の研究が、活用を後押ししているように思えてならない(85)。

そう考えると、椿井文書が受容されてしまう状況を作り出してしまった研究者の責任は重い。そのような責任の意識もないまま、古代・中世の史料としてまだ価値があると主張されても、同調はできない。近世・近現代の史料として真正面から取り組み、椿井政隆が何を考えていたのか、あるいは椿井文書が人々の生活のなかでどのような役割を果たしてきたのか、これらの究明にこそ力を入れるべきである。それによって、義務教育における椿井文書の活用をくい止めることができれば、歴史学は必ずしも虚学ではないという希望もみえてくる。

註

（1）本書第二部第一章「椿井文書の基礎的考察」。
（2）本書第一部第一章「津田山の山論と三之宮神社文書」。『近江日野の歴史』第三巻（滋賀県日野町、二〇一三年）五〇〇頁。
（3）本書第二部第二章「椿井政隆による偽文書創作活動の展開」。
（4）『甲西町誌』（甲西町教育委員会、一九七四年）三六六頁。
（5）本書第二部第二章「椿井政隆による偽文書創作活動の展開」。
（6）『鈴木儀平の菩提寺歴史散歩』（儀平塾、二〇一一年）二五頁。椿井政隆の花押のうち、賀茂郷文書研究会「山城国相楽郡賀茂郷の土豪と文書」（『史敏』通巻一二号、二〇一四年）で紹介した「中氏系譜」のものが近い。
（7）『鈴木儀平の菩提寺歴史散歩』三〇頁〜三五頁。
（8）乾憲雄「わがまちの文化財」№一〇（『広報こうせい』一九八〇年一月号、甲西町広報委員会）。
（9）「百済王霊祠廟由緒」（『百済王神社と特別史跡百済寺跡』百済王神社、一九七五年）口絵図版付四。「勝井宮紀」（『伊吹町史』通史編上、伊吹町、一九九七年）六二六頁。「世継神社縁起之叓」（『よつぎ史』第三号、世継まちづくり委員会、二〇〇九年）。「石部神社紀」（『近江愛知川町の歴史』第一巻、愛知川町、二〇〇五年）三八七頁。「熊野権現由来録」（深谷弘典『永源寺町の歴史探訪』I、近江文化社、一九九三年）一四七頁。「兵主神社紀」（『名勝兵主神社庭園保存整備報告書』発掘調査編、中主町教育委員会、二〇〇二年）三四九頁。「稲荷大

明神社縁起」（『小篠原のお寺と宮さん』野洲町、一九九八年）一四頁。
(10)『鈴木儀平の菩提寺歴史散歩』一〇六頁。
(11)『式内社調査報告』第一二巻（皇学館大学出版部、一九八一年）九五頁。甲賀郡内には正福寺のほか、甲賀市水口町北内貴と甲賀市土山町頓宮にも川田神社が存在する。
(12) 乾憲雄「わがまちの文化財」No.三三（『広報こうせい』一九八一年一二月号）。川田神社境内には、「川田大明神記」を刻んだ石碑が一九八二年に建立されている。
(13)『甲西町誌』四五七頁の「当町内に居宅のあった甲賀武士」の項では、系図を持つ家が複数挙げられている。椿井政隆の関与を疑うべきであろう。
(14) 田中穣氏旧蔵典籍古文書三八九号（国立歴史民俗博物館蔵）。この史料については、本書第二部第一章「椿井文書の基礎的考察」。
(15) 堀新編『信長公記を読む』（吉川弘文館、二〇〇九年）。金子拓『織田信長という歴史』（勉誠出版、二〇〇九年）。
(16)『多賀町史』上巻（多賀町、一九九一年）四四八頁。
(17) 奥野高広・岩沢愿彦校注『信長公記』（角川書店、一九六九年）。松沢智里編『信長記』甫庵本下（古典文庫、一九七二年）。
(18)『粟津拾遺集　附録勢多之川辺』（本多神社社務所、一九七二年）。
(19)『近江輿地志略』（西濃印刷出版部、一九一五年）。
(20) 本書第一部第一章「津田山の山論と三之宮神社文書」。
(21)『京都府田辺町史』（田辺町役場、一九六八年）口絵。これを模写したものは、京都府立京都学・歴彩館にも存在する。
(22)『近衛基通公墓』（財団法人京都文化財団、一九八八年）三三頁。
(23)『筑摩湖岸遺跡発掘調査報告書』（米原町教育委員会、一九八六年）図版二〇。
(24) 前掲註（6）賀茂郷文書研究会論文。
(25)『近江町史』（近江町役場、一九八九年）一二四頁。前掲註（9）『よつぎ史』第三号。宮崎幹也「米原市に残る椿井文書の検証」(『淡海文化財論叢』第五輯、二〇一三年)は、この絵図を近世の流布本、前掲註(23)の絵図を近代の流布本と推測しているが、本文で述べるように他の事例と比較すると正しくはその逆である。

(26) 松岡長一郎『近江の竜骨』(サンライズ印刷出版部、一九九七年)。文化二年の龍家所蔵本は同書九八頁、文化五年の琵琶湖博物館所蔵本は『近江の歴史家群像』(栗東市歴史民俗博物館、一九九八年)七頁および高橋啓一『ゾウがいた、ワニもいた琵琶湖のほとり』(サンライズ出版、二〇一六年)七六頁に図版が掲載される。椿井政隆のことなので、忠実に写すだけでなく、祖先の椿井式部卿が聖武天皇の命を奉じて、湖北の伊香山中で退治した龍の骨だと追記している。なお龍退治の逸話は、齋藤望「近江国・河合寺伽藍図について」(『彦根城博物館研究紀要』第一七号、二〇〇六年)が紹介する絵図の中にも反映されている。

(27) 田中淳一郎「井手と円提寺」(『やましろ』第二一号、山城郷土史研究会、二〇〇六年)。

(28) 本書第二部第二章「椿井政隆による偽文書創作活動の展開」。

(29)『叡福寺縁起と境内古絵図』(太子町立竹内街道歴史資料館、二〇〇〇年)九頁。『聖徳太子ゆかりの名宝』(大阪市立美術館、二〇〇八年)六八頁にも掲載されているように、同館で展示された際に確認した。

(30) 神童寺での特別展示期間中(二〇一〇年一一月一二日)に確認した。

(31) 湖南市立菩提寺まちづくりセンター展示室のレプリカで確認した。

(32) 下書き線と清書の線の大幅な乖離は、絵図の作成に関わった人物が複数いることを示唆する。椿井政隆単独では困難に思われるほど、絵図が膨大に作成されていることから、工房のようなものが存在した可能性もある。

(33) 章斎文庫所蔵資料三棚―三九〇号。中川泉三旧蔵の右の資料群については、『章斎文庫所蔵資料調査報告書』第一巻～第三巻(米原市教育委員会、二〇一四年)。

(34)『城州諸社詣記』(武庫川女子大学文学部日本語日本文学科管研究室、二〇〇一年)三一頁。「式社まうで」(『続神道大系』神社編総記二、神道大系編纂会、二〇〇六年)一五一頁。

(35)「蒲生古蹟考」巻之貮(日野町教育委員会蔵写真帳)。

(36)「楓亭雑話」(長寸神社蔵)。日野町教育委員会の写真で閲覧した。

(37)『淡海温故録』(滋賀県地方史研究家連絡会、一九七六年)の附巻古城之図は、成立事情は不明ながら、椿井政隆が描いた古城図の写をまとめたものである。このうち「蒲生郡奥津保中ノ郷四ツ谷古城全図」と「近江国栗本郡男石荘左久良太利大神宮之神領同蒲生郡奥津保左久良ノ郷公文所古城之全図」が、坂本林平のもとへ持参した絵図に相当する。
(38)『近江日野の歴史』第三巻二九頁。
(39)村上紀夫氏所蔵文書。筆者は直接ご本人から写真をいただいたが、日野町教育委員会にも写真はある。
(40)岡崎家については、『近江国蒲生郡中山川田村関連文書』(滋賀県同和問題研究所、一九九七年)および『近江日野の歴史』第三巻四六七頁・第七巻(滋賀県日野町、二〇一二年)五五〇頁・第八巻(同上、二〇一〇年)二六七頁。
(41)『近江日野の歴史』第二巻(滋賀県日野町、二〇〇九年)一三八頁・第五巻(同上、二〇〇七年)九六頁。
(42)『近江日野の歴史』第二巻三五九頁・第三巻二九頁。
(43)『近江日野の歴史』第五巻九七頁。
(44)『近江日野の歴史』第五巻三八頁。
(45)前掲註(27)田中論文。ただし、原典にあたって翻刻を一部改めた。袋に署名はないが、印文「由モ止」の認印が捺されていることと、「井手旧図」の借用に伴う湯本文彦の礼状が残ることから記主が判明する(京都府立京都学・歴彩館蔵宮本守三家文書七六〇号)。
(46)郵岡良弼「興福寺官務帳考証(一)〜(七)」(『歴史地理』第六巻第六号〜第七巻第三号、一九〇四年〜一九〇五年)。
(47)佐藤虎雄「笠置山の史蹟及名勝」(『京都府史蹟名勝天然紀念物調査報告』第一一冊、京都府、一九三〇年)。
(48)肥後和男「飯道山」(『滋賀県史蹟調査報告』第五冊、滋賀県、一九三三年)。
(49)柏倉亮吉「布施古墳　付布施寺阯」(『滋賀県史蹟調査報告』第六冊、滋賀県、一九三四年)。
(50)魚澄惣五郎「神童寺」(『京都府史蹟勝地調査会報告』第三冊、京都府、一九二二年)。
(51)菊地暁「京大国史の『民俗学』時代」(丸山宏他編『近代京都研究』思文閣出版、二〇〇八年)。
(52)佐藤虎雄「朱智神社」(『京都府史蹟名勝天然紀念物調査報告』第一二冊、京都府、一九三一年)。
(53)中川泉三「附記　興福寺官務牒疏に見ゆる寺社」(『近江栗太郡志』巻五、滋賀県栗太郡役所、一九二六年)。
(54)『近江の歴史家群像』(栗東市歴史民俗博物館、一九九八年)。中川泉三没後七〇年記念展実行委員会編『史学

は死学にあらず』（サンライズ出版、二〇〇九年）。
（55）例えば、大正初期の中川泉三『坂田郡志』巻下（滋賀県坂田郡役所、一九一三年）三四八頁「都久麻神社」の項では、「興福寺官務牒疏」や「近江国坂田郡筑摩社並七ヶ寺之絵図」のほか、「筑摩大神之紀」所収の源頼朝寄進状など、椿井文書が全面的に活用されている。「筑摩大神之紀」の全文は、『米原町史』資料編（米原町役場、一九九九年）二六八頁。
（56）章斎文庫所蔵資料五棚―七五三号・本箱上一―三号・函五―一六四号。
（57）前掲註（51）菊地論文。
（58）中村直勝「偽文書の研究」（同『日本古文書学』下、角川書店、一九七七年）一一九四頁。
（59）永島福太郎「縁起の検討」（『神道大系月報』六六、一九八七年）。
（60）ただし、奈良県平群町椿井の春日神社拝殿に「平群八十二代嫡」を自称する椿井一見氏の「平群氏春日神社沿革記」（昭和四八年一〇月吉日付）が掲げられているように、比較的近年に至るまで、子孫も椿井政隆の歴史叙述を継承していたことは事実である。
（61）胡口靖夫「橘氏の氏神梅宮神社の創祀者と遷座地」（『国学院雑誌』第七八巻第八号、一九七七年）。同「橘氏の氏寺について」（『古代文化』第二九巻第八号、一九七七年）。義江明子「橘氏の成立と氏神の形成」（『日本史研究』第二四八号、一九八三年）。
（62）加須屋誠「はじめに」（『日本美術全集』第八巻、小学館、二〇一五年）。
（63）松岡久美子「椿井権之輔周辺による近世伽藍絵図について」（『忘れられた霊場をさぐる』財団法人栗東市文化体育振興事業団、二〇〇五年）。
（64）西岡虎之助編『日本荘園絵図集成』下（東京堂出版、一九七七年）のうち「山城国佐賀荘咋岡全図」・「大和国中古城図」・「山城国平川荘古趾名地図」。
（65）瀬田勝哉氏による新刊紹介（『史学雑誌』第八七編第六号、一九七八年）。
（66）自治体による報告書は枚挙に遑がないので、ここでは大学による報告書として、『第1期南山城総合学術調査報告書　鷲峰山・金胎寺とその周辺地域の調査』（同志社大学歴史資料館、二〇〇二年）と滋賀県立大学林博通研究室編『尚江千軒遺跡』（サンライズ出版、二〇〇四年）の二例のみ掲げておく。

（67）『改訂　甲西町の文化財』（甲西町教育委員会、一九九二年）。この絵図以外で指定文化財となっているものは、筆者が知る限り三点ある。まずは、小林家住宅（京都府木津川市）を描いた絵図で（『京都府指定有形文化財（建造物）小林家住宅長屋門ほか四棟保存修理工事報告書』小林雅子、二〇〇二年、口絵）、平成一五年に同家住宅が国指定重要文化財となった際に、附《つけたり》として指定されている。この絵図は、小林氏と親類であったがために文政六年（一八二三）五月に椿井政隆が贈ったもので、あくまでも近世の絵画史料として位置付けられている。そのほか、滋賀県日野町の金剛定寺に残る「金剛定寺古図」と「東大寺三綱廻状」がある。いずれも一九七六年に日野町の指定文化財となっているが、すでに内容が疑問視されつつある（『近江日野の歴史』第五巻三八頁・九七頁）。

（68）『特別展　甲賀の社寺』（滋賀県立琵琶湖文化館、一九八五年）。

（69）『永源寺町史』通史編（東近江市、二〇〇六年）二〇〇頁。『近江日野の歴史』第五巻九五頁。

（70）前掲註（9）『近江愛知川町の歴史』第一巻。『近江八幡市史』第四巻（近江八幡市、二〇〇八年）六六頁。『愛東の歴史』第一巻（滋賀県東近江市、二〇〇八年）一〇頁・二二頁および第二巻（同上、二〇〇九年）九九頁。

（71）『湊・舟、そして湖底に沈んだ村』（米原市教育委員会、二〇〇九年）。

（72）前掲註（25）宮崎論文や向村九音「西福寺と椿井文書」（『仏教文学』第四一号、二〇一六年）など。

（73）小泉芳孝「三山木」（京都地名研究会編『京都の地名検証』二、勉誠出版、二〇〇七年）。同「京田辺市『三山木』の地名起源についい（ママ）て」（『筒城』第五二輯、京田辺市郷土史会、二〇〇七年）など。

（74）村上泰昭「椿井文書『山代国綴喜郡筒城郷、朱智庄佐賀庄両惣図の検討』（ママ）」（『筒城』第五五輯、二〇一〇年）。

（75）三輪大社の十一面観音像は、現在聖林寺が所蔵する。

（76）斉藤光政『偽書『東日流外三郡誌』事件』（新人物往来社、二〇〇六年）。

（77）塚口義信『神功皇后伝説の研究』（創元社、一九八〇年）。

（78）塚口義信「佐紀盾列古墳群の謎をさぐる」（『つどい』第二八九号、豊中歴史同好会、二〇一二年）。椿井文書に対する塚口氏の見解は、同「天之日矛伝説と〝河内新政権〟の成立」（横田健一先生米寿記念会編『日本書紀研究』第二七冊、二〇〇六年）も参照されたい。

（79）拙稿「史料紹介『布施山息長寺伝記』」（『史敏』通巻五号、二〇〇八年）。

(80) 井上一稔「京田辺市　観音寺十一面観音像の周辺」(『文化学年報』第五四輯、同志社大学文化学会、二〇〇五年)。同「観音寺十一面観音立像と息長氏」(『筒城』第五一輯、二〇〇六年)。

(81) 『研究発表と座談会　上代南山城における仏教文化の伝播と受容』(公益財団法人仏教美術研究上野記念財団、二〇一四年)四三頁。

(82) 本書第一部第四章「茄子作の村落秩序と偽文書」。

(83) 前掲註(9)『よつぎ史』第三号。

(84) 『京都新聞』二〇〇九年六月一二日・二〇一〇年六月一二日・二〇一一年六月九日・二〇一二年六月二日・二〇一三年六月一二日(いずれも滋賀版朝刊)。『中日新聞』二〇一〇年六月一二日・二〇一一年六月九日・二〇一二年六月二日・二〇一三年六月一二日・二〇一五年六月二六日・二〇一六年六月二五日(いずれもびわこ版朝刊)。『読売新聞』二〇一〇年六月一二日・二〇一二年六月七日(いずれも滋賀版朝刊)。『毎日新聞』二〇一七年七月八日(滋賀版朝刊)。そのほかにも七夕伝説関連の記事は多数確認できるが、最も古いものとして『中日新聞』一九八七年七月四日(滋賀版朝刊)と『毎日新聞』一九八七年七月七日(滋賀版朝刊)の椿井文書発見記事を挙げておく。

(85) 前掲註(66)滋賀県立大学林博通研究室編書および註(71)。

第四章　三浦蘭阪の『五畿内志』批判

はじめに

『五畿内志』とは、並河誠所（永・五一郎）が編んだ地誌で、正式名称を『日本輿地通志』畿内部という。[1] そのうち巻二七から巻四三の『河内志』が、本章の対象となる。

享保二〇年（一七三五）に刊行された『五畿内志』は、初めての本格的地誌であったため、以後の地誌編纂のモデルとされた。[2] 河内国でいえば、秋里籬島が編纂した享和元年（一八〇一）刊行の『河内名所図会』や、暁鐘成が編纂した文久元年（一八六一）刊行の『淀川両岸一覧』がその代表で、多くが『五畿内志』から抄出した文章で構成される。ただし、漢文で執筆された『五畿内志』を和文に変更したり、ビジュアルに訴えたりすることで、一般にも受け入れられやすいようにアレンジを加えている。いずれも、当時のベストセラーとなり、今でも様々な形で用いられることが多い。

例えば、挿絵として利用されるほか、自治体史や発掘調査の報告書等では、寺社や史蹟を説明する際の「史料」として用いられることもしばしばみられる。その際、『五畿内志』のほか『河内名所図会』や『淀川両岸一覧』などでも同様の記述がみられるので、その内容を肯定的に評価するという論法を目にすることがある。しかし、それぞれの成立背景を踏まえれば、このような論法は到底成り立つものではない。そもそも『五畿内志』には、本文中でも紹介するように、それ以前に一切みられない並河誠所の独創と思われる説が豊富に含まれている。それらを後進の地誌が引用することによって、並河誠所の独創は通説化への道を歩み始める。さらに、現代人が文献史学の常道にしたがって、所説の文献上の初見として引用するため、『五畿内志』の「史料」としての性格は強まっていくのである。

しかも、椿井政隆のように『五畿内志』の不足や誤りを偽文書によって補おうとする者まで登場する。(3)このような偽作がなされるということは、裏を返せば『五畿内志』に対する批判がすでに生じていたことを示唆している。しかし、現状は右にみるように、『五畿内志』に対する批判はほとんど顧みられることなく、並河誠所の説は広く受け入れられている。それに伴って、椿井政隆が創作した偽文書まで、広く受容される結果となってしまった。

したがって、『五畿内志』に対する批判に着目し、並河誠所の説を擁護する者との相克を描くことには、相応の意義が認められる。そして、その作業は、『五畿内志』に対する批判が事実上葬り去られていることから、近世のみならず、現代に至るまでの歴史学の課題を検討することにも繫がるのではないかと思われる。

その対象として本章で着目するのは、秋里籬島・暁鐘成・椿井政隆らとほぼ同じ時代に『五畿内志』批判を展開していた三浦蘭阪である。彼が『五畿内志』批判をしていたこと自体はすでに触れられているが、その内容にまではまだ踏み込まれていない。(4)そこで、まずは第一節で、蘭阪の『五畿内志』批判が掲載される書籍の書誌情報を整理したうえで、当該書籍の刊行の契機について検討する。そのうえで第二節では、彼の『五畿内志』批判が主眼とするところを明らかにしたい。そして第三節では、その批判がなぜ継承されなかったのかを検討し、誤った歴史が受容された背景について論じる。

一　三浦家の木活字本について

1　蘭阪随筆の概要

三浦蘭阪は、明和二年（一七六五）に大山崎の社家松田邦秀の次男として生まれ、河内国交野郡坂村（大阪府枚方市牧野阪）在住の医師である三浦義方の養子となり医業を継いだ。その傍ら、古文書の現物や写、あるいは遺物の拓本など、膨大な資料を蒐集してその研究に力を注いでいる(5)。

蘭阪の著書は多いが、文化三年（一八〇六）に開板された『川内摭古小識』を除くと、残りの全ては自製の木活字による開板で、商業ベースにのるものではない(6)。そのため、一般にはあまり出回っておらず、表題のみしか知られていないものも多い。本章では、それらのうち、蘭阪の歴史観が明瞭に表れている蘭阪随筆というシリーズを主たる素材とする。蘭阪随筆には、多くの資料に裏付けられた実証的な意見が述べられると同時に、木活字という少部数の発行であるため、忌憚のない意見が綴られている点に特徴がある。まずは、その概要について触れておく。

蘭阪随筆には、次の六種が確認できる。

①天保五年初版、天保一二年再版『雄花冊子』（蘭阪随筆一）

②天保五年初版、天保一二年再版『石川紀行』（蘭阪随筆二）

③天保七年版『あるひとものかたり』（蘭阪随筆三）
④天保八年版『難経弁』（蘭阪随筆四）
⑤天保九年版『斑鳩日記』（蘭阪随筆五）
⑥天保一四年版『仮初草』（蘭阪随筆六）

①②の初版本のみ片仮名交じり文で、それ以外は平仮名交じり文、あるいは漢字のみで構成される。右のうち、①②の初版本を合冊したものは、大阪府立中之島図書館が所蔵しており、そのうち①は多治比郁夫氏が翻刻している。(7) 一方、三浦家には、①②の再版本（図31）を合冊したもののほか、③④⑥も伝わっていた。(8) ⑤のみ三浦家には残らないが、鈴鹿三七氏によってすでに翻刻がなされている。(9) これらをもとに、②～⑥は一部を除いて概ね翻刻しており、検討の材料はおよそ出揃っている。(10)

蘭阪随筆の刊行が始まった天保五年（一八三四）は、自身の古稀を記念して『爾雅名物小識』を刊行するなど、(11) 蘭阪が研究をまとめる意志を固めた頃でもあった。その意味で、蘭阪随筆は彼自身、研究蓄積を集大成するシリーズに位置づけていたと思われる。

その嚆矢となった①『雄花冊子』は、多治比郁夫氏の解説に詳しいが、あらゆる歴史的事物について、蘭阪の意見を箇条書で述べたものである。他の著書と異なり、全体を通してのテーマはないが、それゆえに多岐にわたる内容から博覧強記の人となりが窺える。

②『石川紀行』は、享和二年（一八〇二）に実施した、河内国石川郡方面への調査旅行を記録したものである。ここで特筆すべきは、古物蒐集家であり考古研究の第一人者でもあった金剛輪寺（大阪府羽曳野市駒ヶ谷）住職の覚峰（一七二九～一八一五）を訪ねていることである。(12) 覚峰は一絃琴を再興したことでも著名だが、覚峰所持の琴

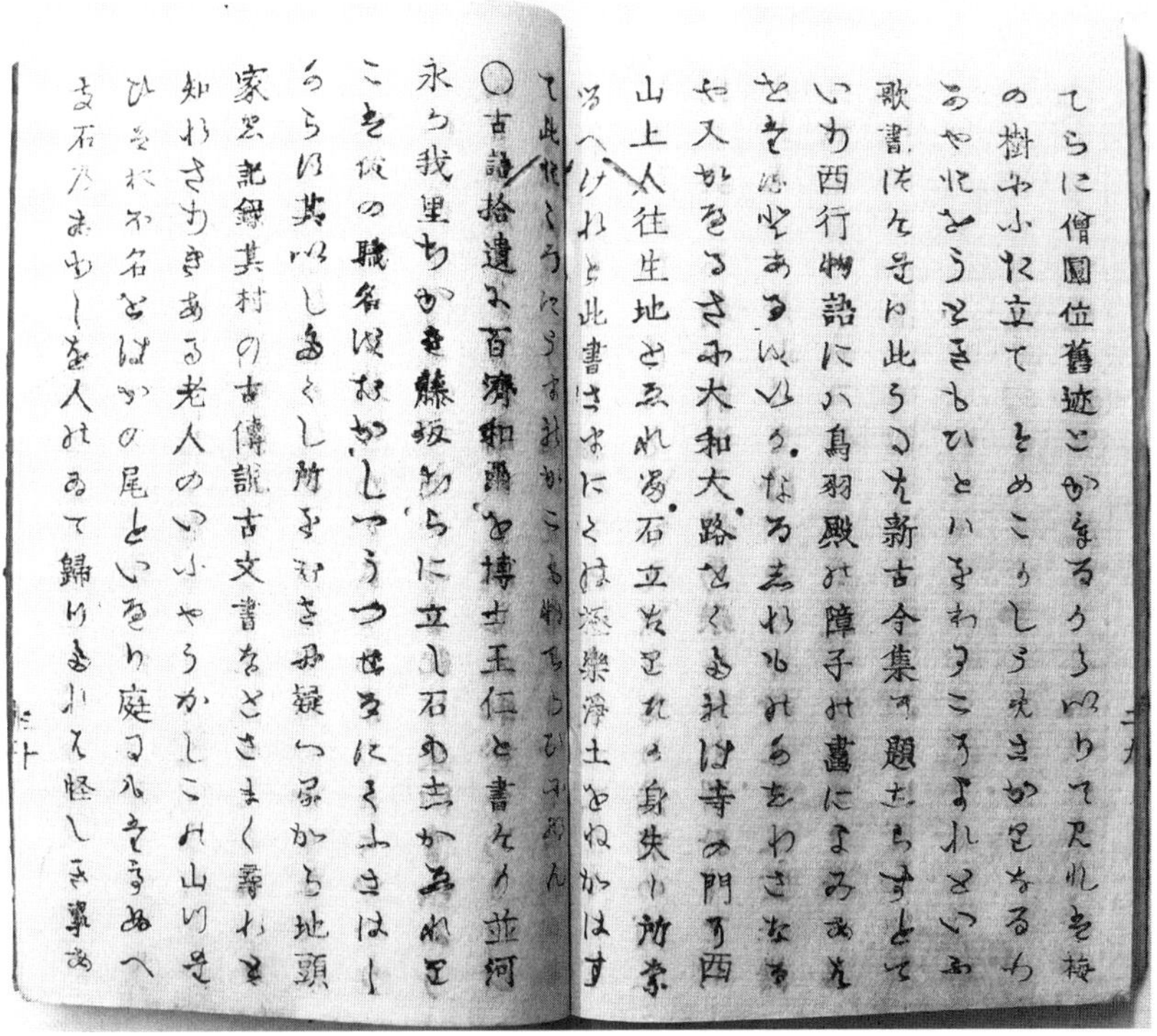

図31　『雄花冊子』再版本

の模写図の存在から、蘭阪も琴に関心を寄せていたことが判明する。[13]

③『あるひとものかたり』は、茶の湯にちなんだ笑い話・雑話をまとめたもので、跋文にしたがえば、もとは二〇年ほど前に記したもののようである。

④『難経弁』は医学書で、『難経正文』の後半部分にあたる。天保八年に『難経正文』として合冊され刊行されるも、前半部分の『八十一難経』は蘭阪随筆には含まれない。『難経正文』の序文によると、京都の佐渡法眼・鈴木蘭園のもとで医学を学んだ若き蘭阪は、中国の医学書『八十一難経』を写したが、諸本によって異同がみられるので校異を加えた。それが『難経正文』前半部分の『八十一難経』で、天明三年（一七八三）蘭阪一九歳のとき

に整理したものである。後半の『難経弁』は、『八十一難経』の出典を注記し他説への批判を加えたもので、文政元年（一八一八）にまとめられた。その執筆動機は、跋文に識すように息子の良道・広野らに医学の手ほどきをすることにあった。

⑤『斑鳩日記』は、天保七年に実施した奈良方面への調査旅行の記録である。九月一一日早朝に梅川夏北とともに出発した蘭阪は、尊延寺をはじめとして、[14]道中各地を見物しながら奈良へ向かい、ここで穂井田忠友・松本保居・西村知氏らと合流する。法隆寺での古文書調査は一二日より始まるが、一三日までは周辺の観光が主となっており、一四日に一日かけて本格的な調査を行っている。この日、主の法師が寛永のころの勧学院の火事で焼け残った唐櫃を持ってくる。この中から多くの古代・中世文書が発見され一行は思い思いに持ち帰った。三浦家に伝わる延長七年（九二九）から貞応二年（一二二三）にかけての六通の法隆寺文書も、この一部と考えられる。[15]なお、この古文書採訪については、桃裕行氏も『斑鳩日記』に着目し、梅川夏北が持ち帰った仮名版暦の伝来過程を整理している。[16]

天保一四年五月発行の奥付をもつ⑥『仮初草』は、書物に関する記事を中心とする。跋文から、三月以来病気で編集がままならず、中途に終わったため、続編を他日に出版するつもりでいたことが読み取れる。しかし、蘭阪は同年一一月に没したため、結果的にこれが蘭阪最後の著書となってしまった。

2　開板の契機

これまで、蘭阪が木活字本の刊行を始めたのは、天保五年（一八三四）蘭阪七〇歳のときのこととされてきた。[17]その端緒とされる『名物摭古小識』は全六巻で、うち第六巻の奥付によって天保五年正月の発行が確認される。[18]

しかし、天保五年とはあくまでも『名物摭古小識』の刊行が完了した年であって、刊行開始を意味するものではない。現物を確認したところ、第一巻の発行年月は不明ながら蘭阪の自序は天保三年秋のもので、以下奥付から第三巻は天保四年九月、第五巻は天保四年一二月に発行されたことが判明する。つまり、長期にわたった『名物摭古小識』刊行の計画は天保三年には始まり、少なくとも天保四年には刊行に取り掛かっていたこととなる。『名物摭古小識』の刊行を完了すると、天保五年春のうちに蘭阪七〇歳を記念して『爾物名物小識』が刊行された。続けて、蘭阪随筆一『雄花冊子』が同年一一月に、蘭阪随筆二『石川紀行』が一二月に刊行される。そして、先述のように、天保七年夏に刊行された蘭阪随筆三『あるひとものかたり』から、片仮名交じり文が平仮名交じり文に変化する。蘭阪の木活字本刊行を支援した人物と関係してくるため、この変化について検証しておきたい。

蘭阪最後の著書、蘭阪随筆六『仮初草』は天保一四年五月の発行である。その製本は京都在住の銅版師である梅川夏北に依頼されていたことが、天保一四年六月二四日付け蘭阪宛て夏北書状から判明する。(19) 以下、該当箇所を抜き出す。

御随筆かり初草と申御活字本十冊、仕立被仰付奉承知候、早速製本仕差上可申候所、此節御新令追々出来申候而、世上人気甚八ヶ間敷、諸商売ども弥以奢侈を厳重ニ被禁候故、野生方へ注文参候品も、延引ニ而は差戻候様追々申来候ニ付、金銀箔之もの不捌ニ相成候而ハ、大ニ当惑ニ御座候ニ付、仕懸申候品々、仕立て遂し可申存じ、何事も捨置、先々此俗口を片付居申候ニ付、今日迄延遅仕候、右ハ甚自由ヶ間敷事ニハ候へども、無拠右之仕合、御海恕可被下候、大体此頃落成仕候ニ付、御製本差上申候、御落手可被下候、表紙は先達而御預り置申候紙御座候、

『仮初草』の完成品が蘭阪の手元に届けられたのは六月末であった。多治比郁夫氏が指摘するように、梅川夏北は蘭阪から木活字を借用していたようであるから、[20]平仮名交じり文になって以降、蘭阪の出版活動を支えていたのは梅川夏北だと推測される。

一方の片仮名交じり文の末尾には、概ね「男良道校」とあるから、当初は蘭阪の長男良道が蘭阪の出版活動を支えていたと思われる。蘭阪随筆二『石川紀行』ののちも、天保六年四月に蘭阪と親交のあった御園常言の遺著『阿豆麻安曾比歌解』が片仮名交じり文で刊行されているほか、良道の随筆『オモヒテクサ』が天保六年五月に刊行されている。[21]これ以降、片仮名交じり文も「男良道校」の跋もみえなくなるので、版行の実務は梅川夏北に委ねられたと思われる。

この片仮名交じり文には、蘭阪なりにこだわりを持っていたことが『雄花冊子』の末尾から確認できる。[22]

乃楽ノ東大寺ナニカシノテラヨリ出シトテ、ヒトノモタル今昔物語ハ五百年ハカリノ本ニテ、片仮名ニ真名ウチ交へ、用ノコトハハ、カノ祝詞宣命ノコトク二クタリニ小ク書ケリ、イトメテタキフミナリケリ、この冊子モサルサマニ物セムトオモヘレト、植字ノトコロセキカラニ、一クタリニノミカキシハ、ソノ書ニハタカヒヌレト、古コトシノフ心シラヒニナム、

すなわち、現在京都大学附属図書館所蔵で国宝に指定される鈴鹿本『今昔物語』の片仮名交じり文を意識していることが判明するのである。このアイデアそのものは蘭阪のものと思われるが、具体的にそれを実行に移したのは実は良道であった。それが、『雄花冊子』の一年前、天保四年に刊行された、蘭阪随筆の試験版とも呼ぶべき『瀧ミのみちのき』である[23]（図32）。『瀧ミのみちのき』は、跋文にあるように蘭阪長男の良道が、三年前に没した弟広野を偲び、天保四年夏に遺稿を刊行したものである。「倣乃楽古写今昔物語体」とあるように、片仮名交じり

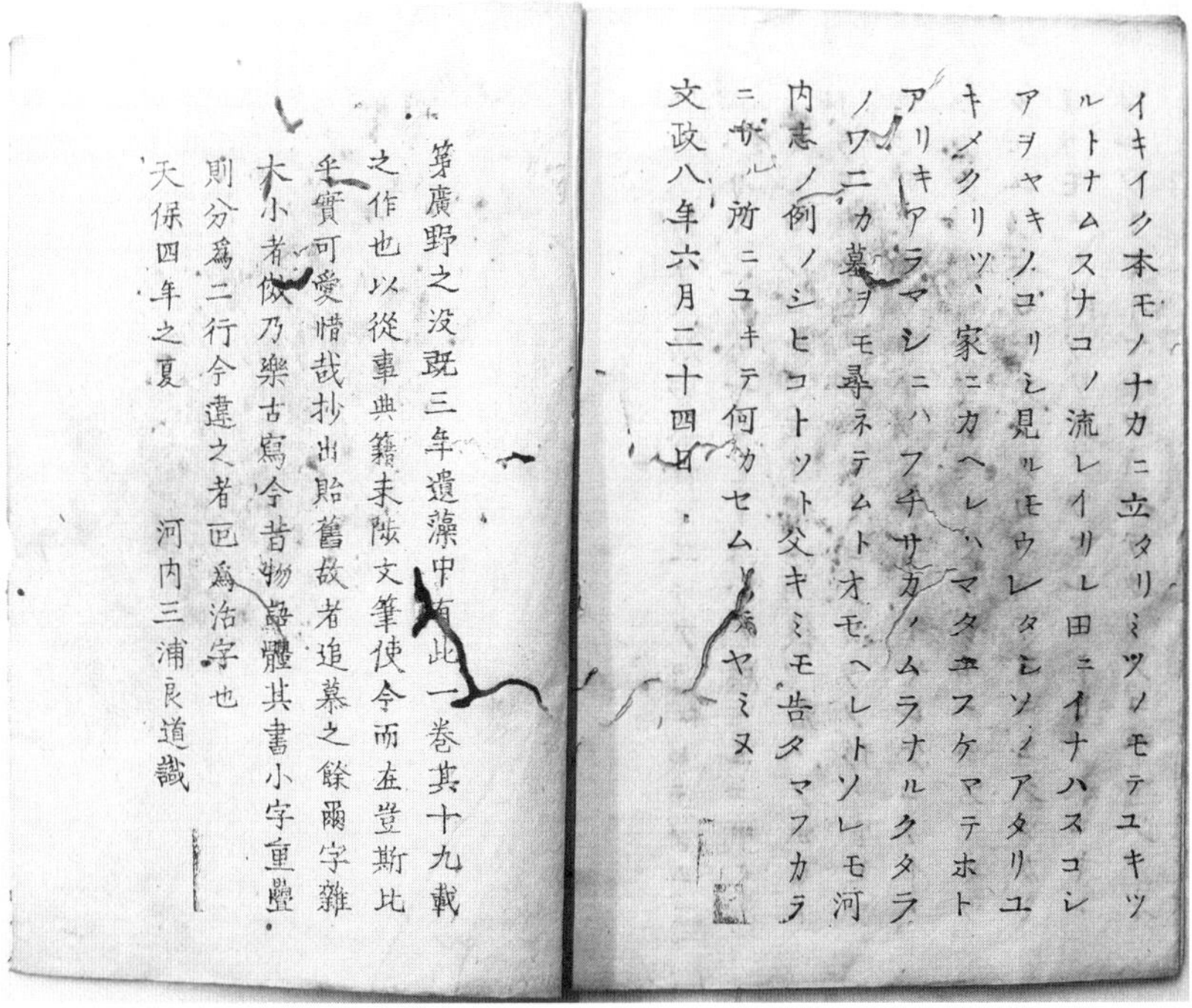

イキイク本モノナカニ立タリミツノモテユキツ
ルトナムスナコノ流レイリレ田ニイナハスコレ
アヲヤキノコリミ見ルモウレタミソノアタリユ
キメクリツ、家ニカヘレハマタユフケマテホト
アリキアラマシニハフチサカノムラナルクタラ
ノワニカ墓ヲモ尋ネテムトオモヘレトソレモ河
内志ノ例ノシヒコトツト父キミモ告タマフカラ
ニサル所ニユキテ何カセムトテヤミヌ
文政八年六月二十四日

第廣野之没既三年遺藻中有此一巻其十九載
之作也以従事典籍未賍文筆使令而在豈斯比
乎實可愛惜哉抄出貽舊故者追慕之餘爾字雜
大小者做乃楽古寫今昔物語體其書小字重疊
則分為二行令遠之者叵為治字也
天保四年之夏　河内三浦良道識

図32　『瀧ミのみちのき』

文を蘭阪著書より一足先に試みていることが確認される。

また『瀧ミのみちのき』は、三浦家木活字本の端緒『名物摭古小識』とほぼ同じころの刊行であることから、木活字本刊行の動機を知る手がかりとなりはしないだろうか。そもそも蘭阪が六八歳もの老齢になって、突如木活字本の発行を開始した動機や、死の直前まで異常なほど精力的にその活動を続けた理由は、これまで看過されてきた問題といえよう。

おそらく転機は、広野の死にあると思われる。広野は、蘭阪の義父義方の実家で、名家の誉れ高い田丸家の名跡を継承していることから(24)、広野に寄せる蘭阪の期待は余程のものであったと推測される。ところが広野は、天保元年から二年ころに没してしまう。『瀧ミのみちのき』の跋文に文政八年（一八二五）段階で一九歳とあるから、二四、五歳の若さであった。広野を失った蘭阪は失意のうちにあったのではなかろうか。それを慰め、また新たな生きがいとするために、蘭阪が書きためた原稿の木活字本刊行を良道が買ってでたのではないかと筆者は推測している。

次の事実はそれを裏付けるものとなる。『名物摭古小識』第六巻の末尾には「処士三浦翁著書目」という蘭阪の著書目録が付せられている。僅か一四種の書名を挙げたのみの非常に簡易な目録であるにも拘わらず、蘭阪・良道以外の第三者「左京　源具箭」の文責となっている。広野は、伊勢北畠氏の分流田丸家の名跡を継ぎ、田丸具矢と名乗ることから、「源具箭」とはまさに彼のことである。つまり、初期の三浦家活字本刊行の背景には広野を偲ぶ気持ちが大きく働いているのである。

3　『瀧ミのみちのき』にみる良道の意図

三浦家文書のなかには、『瀧ミのみちのき』の原本も残される。[25] それと版本を比較したところ、発行にあたって改訂を加えられていることが判明する。もちろん遺稿なので、筋書は尊重されているが、手を加えたところとそうでないところがはっきりとわかれており、改訂部分から広野の遺稿発行のもう一つの意図が見え隠れするのである。

たとえば、知らない道に出た広野が道を尋ねたところ、地元民なのに道を知らないのかと笑われたくだりである。原本では、

いな《（否）》、とふ《（遠）》きわたりのものなめりとて、あしハやに行、からうしてえむつうし《（円通寺）》にたちやすらふ、あせ《（汗）》のいミしういてゝ、せ《（背）》のぬれたれハ、しハし《（暫）》とてすゝ《（涼）》む、

とあり、地元民ではないと嘘をつき、足早にその場を立ち去った広野は、田口村（枚方市田口）の出郷である出屋敷の円通寺で休息する。ところが版本では、

イナ、トホキ所ノモノニコソトイヒケチツヽ、アシハヤニ行ケハタノクチ《（田口）》ノムラナリ、コ□《（こ）》アタリニ小山ノ墓アリト河内志ニソ書タル、石ヲモタテオケリ、郇ノ名ニヨレル強コト《（誣言）》ニコソ其ノコトハモ延喜式ノマヽニテウルサシ、辛ウシテ円通寺ニテヤスラウ、アセコトサラ出ヌルカラシハシスヽム、

となっている。原本にはなかった、小山の墓（後述する田口氏の墓）の記述が加わり、『五畿内志』批判が挿入されているのである。

また、原文の末尾で坂村へ帰ってきた広野は、

砂のなかれいりたる田のなかに、を《（あ）》ちこちになへ《（苗）》のこ《（残）》りていとあほやかにお《（生）》ひてしをミるからに、なへてかくはあるへきにと田もたらむへのこゝろおしはかられてうれたし、かくてそのわたりミめくりなちしてかへりつきぬ、また夕暮にハほと《（程）》ありけり、

と、穂谷川の洪水によって砂が入った田の様子を記して締めくくる。一方版本では、

スナコ《（砂）》ノ流レイリシ田ニイナハ《（稲葉）》スコシアヲ《（青）》ヤキノコリシ見ルモウレ《（憂）》タシ、ソノアタリユキメクリツヽ家ニカヘレハ、マタユフケ《（夕餉）》マテホトアリキ、アラマシニハフチサカ《（藤坂）》ノムラナルクタラ《（百済）》ノワニ《（王仁）》カ墓ヲモ尋ネテムトオモヘレト、ソレモ河内志ノ例ノシヒコト《（誣言）》ソト父キミモ告タマフカラニ、サル所ニユキテ何カセムトテヤミヌ、

と締めくくられる。夕暮れ前に帰宅したところまではほぼ同じだが、その先にやはり藤坂村（枚方市藤坂）の王仁墓に対する『五畿内志』批判が追加されているのである。

このように、『瀧ミのみちのき』は広野を偲ぶと同時に、蘭阪の意見を幼い広野の言葉に仮託することで、『五

畿内志』の初歩的な誤りを強調する改変が加えられている。後述のように、文政一〇年（一八二七）には家村孫右衛門が伝王仁墓の傍らに石碑を建立した。その直前である文政八年の広野の言葉に託していることに、孫右衛門を批判する意図が見え隠れする。

何より、版本『瀧ミのみちのき』の所在そのものが、その意図をよく示している。版本『瀧ミのみちのき』は三浦家には残っておらず、管見の限りでは招提村の庄屋片岡家が所蔵するものしか確認できない。広野の曾祖母が片岡家出身であったとはいえ、『瀧ミのみちのき』が招提村庄屋家に贈られたことと、家村家の所在が招提村であることとは、単なる偶然の一致とは片付けられまい。やはりここにも、孫右衛門を非難する意図が含まれているとみるべきであろう。このように『瀧ミのみちのき』の刊行の背景には、父蘭阪の正しい主張を浸透させたいと願う息子良道の気持ちがあったと思われる。

以上の検討から、蘭阪著書の木活字本版行の開始は、従来いわれるように蘭阪自身ではなく、長男良道の主導によるものと考えられる。その目的は広野を偲ぶと同時に、父蘭阪の主張や学徳を広く伝えることで、蘭阪の心を慰めるという点にあった。ここから、蘭阪は日頃から『五畿内志』批判を繰り返していたということや、良道がその批判を妥当なものと受けとめていたことが推測できる一方で、やはり蘭阪の主張は、世間に思いのほか受け入れられていなかったことも窺うことができよう。そして、これを契機に新たな手法で自由に発言する機会を得た蘭阪は、良道の協力を得て精力的に自著の刊行を推進する。その活動が軌道に乗り、有能な協力者を得れば、良道が積極的に関わる必要もなくなった。よって、良道の役割は銅版師の梅川夏北に委ねられることとなる。

二　蘭阪の主張

1　『五畿内志』批判にみる蘭阪の歴史観

本節では、蘭阪随筆から『五畿内志』批判の主眼がどこにあるのかを明確にしたい。

多治比郁夫氏も指摘するように、『雄花冊子』には『五畿内志』の批判が多い。例えば第一〇条では、物部守屋が蘇我馬子・厩戸皇子連合軍に対し矢を放った「衣摺朴枝《きすりのえのき》」の比定地を「河内志ニハイカテモラシケム」と『五畿内志』が脱漏していると指摘する。また、第三八条では、「鴬の関」について、「河内志ニハサラヽ《（讃良）》ノホリミソムラ《（堀溝村）》ノ地名ニ鴬関寺ノアト有ト書タリ、例ノヒカ《（僻）》聞ノシヒ《（誣）》言ニナム」、すなわち讃良郡堀溝村に比定するのも、例によって聞き違いの付会だと手厳しく批判する。

蘭阪の『五畿内志』批判は、『雄花冊子』のみに留まるものではない。『石川紀行』からも批判点を五例ほど挙げておく。

A タノクチ《（田口）》邨ヨリ高野ミチ《（道）》ヲユク、野ナカ《（中）》ナル田口氏ノ墓ハ河内志ツクリシナヒカ《（並河）》ノ永カシヒ《（誣）》言ニコソ、

B 茄子作ムラ《（村）》ニテアマノ《（天之）》川ワタル、コノ川上ノ岩船ヤマヲ永ハニキ《（饒）》速日ノ命ノ天降リマシ、タケルカタケソ
ト云ヘトアラス、石川ノ神下山コソサルヘケレ、

C 世ニホソンカケマツ《（本尊掛松）》トイフカラ、永カ私ニ杜鵑松トシモ書タルソヲカシキ、

D 永ハコノ里ノ古名ハ書紀ナル母木ナリト高安ノヤシロノ旧記ニテ考シヤウニ書タリ、マコトニヤ、

E 此ノ里ノ処々ニ出スウマノ足カキノ迹ミユル小石ハ、唐人ハ馬蹄石トイフ、永カシヒコトソモノワラヒニ
コソ、

　Aでは、田口村にある仁明天皇の外祖母にあたる田口氏の墓は、並河誠所が事実を曲げてつくったものだという。Bでは、天野川上流の磐船村（大阪府交野市私市）にある山を、並河誠所は饒速日命が天下った哮ヶ峯とするが、正しくは石川郡の神下山（大阪府河南町平石）であるとする。Cでは、茄子作村（枚方市茄子作）の本尊掛松について、並河誠所がホトトギスの鳴き声に聞こえるから「杜鵑松」という別称があるとしたのは戯れ言だという。Dでは、日本書紀にある「母木」を並河誠所が高安神社の旧記に基づいて恩智村（大阪府八尾市恩智）に比定しているが、疑わしいという。Eでは、駒ヶ谷村（羽曳野市駒ヶ谷）から出土する馬蹄の形をした石を唐人が馬蹄石と呼んでいるというのも、並河誠所の作り話だという。

　では、蘭阪はなぜここまで徹底して『五畿内志』を批判するのであろうか。その理由がわかる部分を『雄花冊子』第三七条から引用しておく。

古語拾遺ニ、百済ノ和爾ヲ博士王仁ト書タリ、竝河《（並河誠所）》ノ永カ、我里チカキ藤坂ムラニ建シ石ニハ、シカ鐫リヌ、コハ後ノ職名ヲ昔ヘウツセシニテ、フサハシカラスコソ、ソノ石立タルトコロヲ、久々疑ヒツルカラ、古キ書等ヨリ地頭家ノ記録、其ムラノ旧キ説、文書ナト、サマサマ尋ヌレト、フツニ知レス、アル老人ノイフヤウ、カシコノ山ツタヒハ、オホ名ヲハカノ尾トイヘリ、庭ニモタテヌヘキ石ノ有シヲ、ヒトノヰテ帰レハ、怪キ事アリキトテ、カヘシテケリ、サレハ、ヒト皆イミシキヒトノハカ処カト、イツキカシコメリシハ、百年アマリモ程ナム、サテ、永カ河内志作ルトテ、コノアタリ見メクリシハ、ソノコロナレハ、此ノ事聞ツケテ、ソハオニノハカヲイヒ誤リシニテ、和爾ノ墓ソト、タヽサタメニサタメテ、ヤカテ彼ノ石ヲサヘオコセテ、建サセタリ、オノカ父ノワカキ時ナリキト云ルハ、ケニモサルヘシ、今オモフニ、書紀ニ東西書氏有リ、文首モ同シウチニテ、和爾カスヱナリ、大和カフチニ住ケレハ、此ノクニ□ニソカ祖ノハカ有ヘシト、永カアナカチニ思ヒテセシ事ナリケリ、近キコロ其ノカタヘニ、又大ナル石ニ、ヤコトナキ方ノ書タマフトテ、博士王仁墳ト鐫リテ建シハ、永カ迹ナシコトニハカラレシ人ニコソ、マタタカシワサニカ、小キ石ニ□帝妻金冠完附半獪トヱリテ立シハ、有知無知三十里ナル可シ、

藤坂村には、「王仁墓」とされる自然石が存在するが、これは『五畿内志』編纂の際に、並河誠所の付会によって生み出されたものだと指摘する。さらに、「近キコロ其ノカタヘニ、又大ナル石ニ、ヤコトナキ方ノ書タマフトテ、博士王仁墳ト鐫リテ建シハ、永カ迹ナシコトニハカラレシ人ニコソ」とあるように、近年その傍らに石碑を建てた人物を、並河の遺業にはかられた者と非難する。ここでいう「ヤコ（ン脱）トナキ方」とは有栖川宮で、非難の対象となっているのは坂村の東隣にある招提村の家村孫右衛門である。孫右衛門は、有栖川宮染筆の石碑を文政一〇年（一八二七）に建立しており、現在もこの石碑は「王仁墓」の傍らに残されている。

さらにその側に、文意は今一つわからないが、「□帝妻金冠完附半獪」と刻んだ石碑を建てた人物に対し「有知無知三十里ナル可シ」と罵る。石碑という形に残されることで、知識が有るか無いかが広くまわりに知れ渡ってしまうというのである。よく知られるように、並河誠所は『五畿内志』の調査成果を踏まえた石碑の建立を進めていた(26)。『瀧ミのみちのき』でも、田口氏の墓に対して「石ヲモタテオケリ」と批判的な姿勢が窺える。蘭阪が危惧していたのは、『五畿内志』の誤りが、石碑という目に見える形になることで広まってしまう点にあったといえるだろう。

このように「王仁墓」を肯定的に受けとめる者がいる一方で、古墳時代当時の墓が自然石一つであるはずがないという批判は、『五畿内志』刊行直後からみられた。椿井政隆が、その批判を封じるために「王仁墳廟来朝紀」なる椿井文書を偽作したことに鑑みれば、「王仁墓」に対する批判は相当あったものと想像される(27)。しかし、結

果的には「王仁墓」肯定論者の主張が優勢となり、現在は大阪府の指定史跡となっている。また、「田口氏之墓」も枚方市の登録文化財となった。

2　片埜神社をめぐる蘭阪の考証

蘭阪の著書は随筆という体裁をとっているため、そのほとんどは結論のみしか記していない。そのため、『五畿内志』をいかなる論拠でどのように批判していたのか、論証の過程を復元する作業をしておきたい。

論拠を探るうえで注目したいのは、『石川紀行』で「古キ金鼓ヲヤマト《（大和）》ノ城下コホリ《（郡）》ノ法貴寺ムラ《（村）》ニ伝ヘシニ交野郡ト書ル」と述べていることや、『仮初草』の締めくくりで『百練抄』を引用して「承元二年に上皇交野御堂供養とあるはこゝのかたの事なるへし」と述べていることである。このように、蘭阪は地元の交野郡に関する史料を著書のなかで重点的に紹介している。ここから、手元に集めていた史料が判明するので、交野郡内の史蹟を対象とすれば、その論拠もおよそ推測しうるのである。

ここでは、交野郡の中核的な場ともいえる延喜式内社「片野神社」に関する蘭阪の説を取りあげることとする。同社は、現在のところ、蘭阪の居村に所在する「片埜神社」に比定されているが、[28]『雄花冊子』第一二条では次のように言及している。

延喜式ナル交《（片）》野神社ヲ河内志ニハ此ノサカ《（坂）》ノ里ノ一ノ宮ト書ルハ、此ノ郡ノ中ニテハ大祠ナレハ強テカクイヒシニコソ、一ノ宮トイフ名ハ春夢草ニ初テミユ、同シコホシ《（星）》田ノ邨ニ、今モカタノ大明神トヒヘルソ交野神社ナルヘキ、唐ヒトメクフルキ木像ヲ祭レリトナム、姓氏禄河内蕃別ニ交野伊美吉出漢人荘頡トアリ、コノ祖ヲイハヘルヤシロニヤ、並河誠所が『五畿内志』に「片野ノ神社　鍬靫　○在二坂村一、今称二ス一ノ宮一ト」と掲げたことを批判し、坂村の一宮を延喜式神名帳にみえる片野神社に比定したのは、交野郡内で規模が大きいということのみを根拠とした、ただの付会であるとする。そのうえで、星田村（交野市星田）にある「カタノ大明神」こそが、延喜式にみえる片野神社であると指摘している。

蘭阪は、初見事例として戦国期に活躍した連歌師牡丹花肖柏の『春夢草』を挙げ、一宮の呼称が古くから続いていることを説いている。『斑鳩日記』でも、枚方市内の尊延寺を訪れたくだりで、「牡丹花肖柏の集に、此てら（尊延寺）・一の宮・なきさ（渚）の院にての発句を一つら（連）に書たり」と指摘している。実際、『春夢草』には、「なきさの岡に侍し時」・「河内尊延寺にて」・「河内一宮の会に」の三ヶ所における発句が続く。(29) いわゆる諸国一宮制における河内国の一宮は現在の枚岡神社（大阪府東大阪市出雲井町）であるが、三句が近接していることからも、「河内一宮」とは現在の片埜神社を指しているとみているのである。たしかに当社は、中世以来片野神社を呼称した形跡は一切なく、「牧郷一宮」あるいは「牧一宮」を称していた。(30) これを片野神社にあてたのは、『五畿内志』が初めてのことである。

一方、星田村にある「カタノ大明神」は、現在も星田神社の境内社「交野社」として残っている。現在の星田神社は住吉四神が主神で、近世中後期には住吉大明神と呼ばれていた。(31) しかし、これは周辺諸村の惣社であった磐船神社における宮座争いの結果、同社から勧請してきたもののようである。(32) 勧請を裏付ける確実な史料はないが、比較的新しい宝永年間のこととされるうえ、実際に「片野社」が地元では「古宮」と呼ばれていることからおそらく事実であろう。つまり、星田神社は、『五畿内志』編纂直前までは「交野社」を主神としていたのである。所在を星田村に特定していることから、蘭阪はおそらくこの事実も把握していたに違いない。

そして、この「交野社」を蘭阪が「カタノ大明神」と呼んでいることと、国内神名帳をもとに作成した勧請神名帳には「交野大明神」がよくみられるという一致に注目したい。[33] 勧請神名帳は広く流布していることから、蘭阪もこの手の史料を目にしていた可能性が高い。つまり、延喜式神名帳との連続性も踏まえているのである。

右の諸点から、蘭阪の説は概ね正しいといえそうだが、現在の研究水準に照らし合わせて、蘭阪の説をもう少し検証しておきたい。

まず、現在の片埜神社が、古くから一貫して「河内一宮」と呼ばれていたことについて検証しておく。例えば大永六年（一五二六）には、三条西実隆が「河内一宮」から三十六歌仙の色紙を所望されているが、[34]「河内一宮」が連歌会の場となっていたことや、実隆が肖柏に師事していたことなどを踏まえると、これもまた現在の片埜神社のことであろう。また、永禄一三年（一五七〇）には、枚方へ向けて京都を出立した足利義昭が、信長の意見に従って「一宮」で引き返し、西岡の勝龍寺城に入ったという情報を山科言継が得ている。[35] 位置関係からして、この「一宮」は坂村付近とみて間違いない。さらに慶長八年（一六〇三）には、三宝院門跡の義演が枚方から橋本にかけて乗船した際に、「一宮」で休息している。[36] このように、「一宮」は社名から拡大して地名にもなりつつあった。その点は、天正一二年（一五八四）の「河内国御給人之内より出米目録」にて、坂村に該当する村落が「一宮」と呼称されていることからも確認できる。[37] それに対して、中世の枚岡神社は「平岡社」・「平岡宮」・「平岡大明神」と呼ばれており、「河内一宮」と呼ばれることはない。[38]

次に、交野郡の地域構造を分析した筆者の研究とも照合しておきたい。交野郡は、大宝令施行の際の郡の分割で、茨田郡から割置されたといわれる。[39] それが事実だとすれば、割置の段階で中心的な地域であった「交野」の地名が、郡名に採用されたと考えるのが自然であろう。別途検討したように、中世後期の交野郡は、北端の楠葉郷と東端の津田郷を除くと、中央の平地部分は北部の牧郷と南部の交野庄に二分されていた。(40)つまり交野には、郡域を指す広義と、南部地域を限定的に指す狭義とがあったのである。狭義の交野地域は、平安期から大交野荘とも呼ばれていたように、かつては交野郡の中心部であったと推測される。そして大交野荘は、星田荘とも呼ばれていたように星田を中核とする。よって、「カタノ大明神」をかつての主神とする星田神社こそ、式内片野神社にふさわしい存在といえる。それに対して片埜神社は、北部にあたる牧郷の一宮なのである。

交野郡設置段階で、すでに開発が進んでいた南部に対して、北部は淀川の氾濫原と台地上の荒野で構成されていた。ところが平安時代になると、この荒野に新たな存在価値が見出されるようになる。皇族らが狩猟を楽しむ禁野に指定されるのである。ゆえに、郡名を用いて「禁野交野」あるいは「交野ヶ原」と呼ばれるようになり、景勝地としての地位を確立する。その結果、清少納言が「野は嵯峨野さらなり、印南野・交野・駒野」とするように、(41)「交野」には新たに北部の野を指す語義も生じるのである。

並河誠所は、おそらくこのことに攪乱されたのではなかろうか。なぜなら、『五畿内志』に、「交野原　禁野・中宮・片鉾諸村之總名」とみえるからである。元禄四年（一六九一）の甲斐田村明細帳によると、近世の片埜神社は「坂村・渚村・田口村・中宮村・小倉村・正代《招提》村・甲斐田村・禁野村牧八郷之都大宮」と呼ばれていた。(42)このうち甲斐田村から片鉾村が分離しているため、近世村に換算すると全部で九ヶ村が片埜神社の氏子圏となる。(43)これと並河誠所がいう「交野原」が重なることから、彼は狭義の交野を郡北部と解釈しているようである。

以上の点から、蘭阪の説は概ね間違いないとみてよかろう。それどころか、蘭阪は筆者が右で指摘したことをすでに把握していたような素振りもみせる。

例えば『石川紀行』のなかで、蘭阪は「ヒラ岡ノ神社ニマヰテ丶《詣》」とし、「一宮」とは称していない。また、

『雄花冊子』第一二条にて蘭阪は、片野神社の祭神を古代豪族の交野忌寸の祖神に求めていた。(44) 郡名を冠した豪族の拠点とその祖神を求める作業は、ひいてはかつての交野郡の中心地を求める作業でもある。茨田郡から交野郡が割置されたこと自体はどこにも記していないが、蘭阪はその事実を把握していたのではなかろうか。なぜなら『雄花冊子』第六条にて、河内国八上郡について「此コホリノ名今アレトモ、古今ノ書ニナケレハ世ニ知ラヌヒトソ多キ、河内志ニ昔ヨリ有ルヤウニカキシハイカソヨ、和名鈔丹比郡ノ下ニ八下トイフカアレハ、ソノアタリニ八上トイフモ有テ、其ヲ後ニコホリトヤナシケム、イツノ世ヨリ云ソメシカ、今ハサタカニ知レスナム」と八上郡の成立が遅れることを把握しており、その点について並河を批判しているからである。

次に牧郷と交野庄の構造だが、これもおそらく把握していたであろう。『仮初草』は、記紀をはじめとした諸書物について、全四一ヶ条にわたって註解したものであるが、そのうち八ヶ条にわたって『園太暦』から当時の書札礼や医療に関する記述を抜き出し解説をしている。このように、蘭阪は『園太暦』を熟読していた。その『園太暦』観応三年（一三五二）四月二四日条には、八幡に陣取る南朝方と京都の北朝方との間で緊張が走るなか、北朝方の細川顕氏が「牧・片野《交野》郷民」に制裁を加えたことが記される。地元の地名が出てくる史料を集積していた蘭阪が、この記述に気付いていないはずがない。文禄検地帳など近世初期の史料には村名に「牧之郷」を冠していることから、(45) 数多の史料に目を通していた蘭阪もそのことくらいは知っていたと思われる。そもそも、片埜神社の氏子圏は牧郷の範囲に重なっており、牧郷の一宮と呼ばれていたことは知っていたはずである。

三　牧郷一宮から片埜神社へ

1　寛政の造営と蘭阪の葛藤

蘭阪には同好の仲間も多かったため、彼の『五畿内志』批判が全く広まらなかったわけではない。事実、『雄花冊子』を見て類本を懇望する者もいた。(46)にも拘わらず、蘭阪の批判が効果をあげなかったのは、『五畿内志』そのものの影響力が大きかったことに加え、地誌を発行したり石碑を建立したりするなどして、並河誠所に追随する者が後を絶たなかったためでもある。

その点は、蘭阪自身も自覚していたようである。先述のように蘭阪は、享和二年（一八〇二）に金剛輪寺覚峰のもとを訪れ一泊している。そのとき蘭阪は、金剛輪寺が神宮寺として付属する神社のことを式内杜本神社だと覚峰から説明を受けた。それに対し蘭阪は、「社ヲ永カ杜本神社トイヒシニ拠リテ、ヒタフルニソノヤシロトサタメシモ、数多ノ神宝ノ説モウケカタシ」と、並河誠所に追随する姿勢に批判的な意見を『石川紀行』に記している。

当時は、『河内名所図会』が刊行されたばかりであった。その『河内名所図会』の金剛輪寺の項で、覚峰について「今般、此書を助力し給ふ事多し、まづは河内州の国学の識者なり」と持ち上げるように、秋里籬島は執筆にあたって、覚峰から多大な協力を得ていた。その結果として、杜本神社を始め、『河内名所図会』の金剛輪寺周辺における記述は極めて豊富となっている。蘭阪の著作に秋里籬島に対する直接の言及はないが、おそらく覚峰同様に並河誠所の虚言を消化できず、知らず知らずのうちに並河説を補強していることにある種の軽蔑感を持っていたに違いない。

そして、坂村の神社も、現在片埜神社と呼称していることから、並河誠所に追随するような現象が起こったものと想定される。そのことを明確に示すのが、「一宮神祠碑」と題した一文である。[47] 文末に「寛政丁巳（九年）之春　前祠祝岡田皐（本房）拝撰」とあるように、この一文は片埜神社の前宮司である岡田本房が寛政九年（一七九七）に起草している。「寛政八年春、本祠祝、吾挨子本親、謀於九郡之農民、興補廃壊、葺理荒蕪、而後称僅復旧」とも記されるように、息子の本親が前年に境内を修繕したのを機に、同社の繁栄を祈念して認めたものである。この文中に、「吾河内州一宮神祠、奉祀進雄神云、盖延喜式所謂交野神社是也」と、『五畿内志』の説が断定的に取り込まれているのである。

では、岡田家にとって寛政の造営とは、どのような意味を持っていたのであろうか。片埜神社の本殿は、慶長七年（一六〇二）に豊臣秀頼によって造営されたことが棟札から明らかである。[48] それもあって、秀吉や秀頼が大坂城の「鬼門鎮護」を企図して造営したというのが通説となっている。[49] しかし、棟札にはそのようなことは特段記されていない。そもそも、慶長期に秀頼の名のもとで行われた社寺普請は、大坂の四方八方で行われているため、[50] その社殿の規模をみても片埜神社が取り立てて重点的であったとは思われない。この「鬼門鎮護」説が登場するのが、まさに寛政期なのである。「一宮神祠碑」に「大府大夫、一旦相議曰、神祠之所在、則浪華之東北隅、為所謂鬼門、是固宜置巨社」とみえるほか、寛政八年銘の鳥居にも「大坂鬼門一宮社」と彫られている。[51] こうしてみると、寛政の造営は、岡田家が片埜神社の由緒を主張する機会になったことは明らかである。おそらく、志納金を確保して造営を成功に導くために、あらかじめ式内社と「鬼門鎮護」の二本柱で由緒を整理しておいたのではなかろうか。

蘭阪にとって複雑なことに、「一宮神祠碑」を起草した岡田本房は兄のように慕っていた文芸仲間であった。[52]

しかも、「一宮神祠碑」という表題からも明らかなように、これはそのまま石碑の碑文となった。今現在も、この石碑は京街道から片埜神社参道への分岐点にあたる一の鳥居の脇に残っている。しかも、碑文は本房の師である海保青陵（皐鶴）の揮毫で、篆額は菅原長親に依頼するという力の入れようであった。並河誠所の説に追随するだけでなく、それに基づいて石碑を建立するという本房の行為は、蘭阪が繰り返し批判していた点と合致する。

さらに「一宮神祠碑」は、碑文として衆目に晒されるだけでなく、刊行もなされた。表紙に「一宮神祠碑」の題簽が貼られたそれは、まず冒頭に碑文が掲げられ、続けて本房の妻である小磯逸子筆の「一のミやの記」と本房筆の「萩をうふること葉」および本親筆の「神のをしへ」の三編が加えられて一書の体をなす。(53) このうち、逸子が記した「一のミやの記」のなかにも、「延喜式には交野神社となん記し給ひ」とみえるのである。彼女は、女流文学者としても知られていた。寛政二年に彼女が『於くのあら海』を刊行した際には、蘭阪も跋文を寄せ、『十六夜日記』に匹敵すると絶賛している。(54) このように、蘭阪と本房は家族ぐるみで睦まじい関係にあった。

しかも、「一宮神祠碑」は、享和元年に刊行された『河内名所図会』に全文が掲載されることとなった。寛政期以来の岡田家の由緒語りを踏まえると、ここでも編者の秋里籬島あたりに売り込みをした可能性が高い。

このように、蘭阪は牧一宮が着々と片野神社に転化していく過程を目の当たりにしていたのである。蘭阪随筆における『五畿内志』およびその周辺に対する批判が、とりわけ式内社や石碑建立に集中するのは、その反動から来るものと推察される。一方で、注意すべきは、岡田家やそれと関係しているであろう秋里籬島に対する批判が、どこを探しても見当たらないことである。親交を維持するには見て見ぬふりをせざるを得なかったのであろう。『雄花冊子』第一三条からは、そのことに対する蘭阪の葛藤が垣間見える。

凡ソ河内志ニハ、式ニ載リシ神社ノカキリ、今モ其ノ名、其ノトコロノサタカニ知レタリシヤウニカキタリ、今カムカフレハ、オホ方ハウケカタクナム、其ノアタリノヤマ川ムラ里ノ名ニノミ、ヨリシシヒ（誣）言ナリ、（中略）サレト此ノ輿地通志出シヨリ、古キ神社ノ名サタカニカクトカシコム人モアレハ、コ（此）モアシ（悪）トハイヒステカタクコソ、

ここからは読み取れる。

『五畿内志』には、延喜式に載る式内社が今もそこにあるかのように断定的に書かれているが、大方は承伏しがたい付会だと言う。しかし、このように広く紹介されてしまうと、信心する人も出てくるので、この説も悪いとは言い捨て難くなってしまったと歎く。研究の対象が信仰の対象でもあるため、全否定できないという葛藤がここからは読み取れる。

おそらく、これは寛政の造営を経験したうえでの一言であろう。『五畿内志』を肯定することで、新たな由緒を主張して実利を生むことができるが、否定することでは何も生まれない。それどころか、否定をすると人間関係までも崩しかねない。寛政の造営をめぐる一連の問題について、蘭阪が口を開くことは一切ないが、むしろそこからは、真っ当なことを口にしても聞き入れてもらえないという危機感と無力感をないまぜにした彼の複雑な心境を察することができる。

招提村に残された『瀧ミのみちのき』の存在を踏まえるならば、晩年における蘭阪の著書刊行は、周囲に配布することで自身の危機感を共有し、あわよくば岡田家をはじめとした当事者にもそれとなく察してもらうことを企図していたのではなかろうか。あるいは、かなりの高齢に達していることから、文章に残しておくことで、未来に期待するという意図もあったのかもしれない。

『五畿内志』に対する批判に耳を貸すことなく、肯定する論者が主流となっていくという現象は、右のような関係性から生じるものと思われる。本章での検討は、蘭阪個人の批判に留まるが、おそらくどこにでも起こりう

ることであろう。結果、並河誠所による式内社比定の多くは、修正されることなく現在に至っている。すなわち、蘭阪の懸念した問題は、そのまま現代にまで引きずられることとなったのである。

2　その後の言説

鈴鹿連胤が天保七年（一八三六）から明治三年（一八七〇）にかけて編纂した『神社覈録』には、次のようにみえる。(55)

片野神社　鍪靱

片野は郡名と同じく、加多乃と訓べし、○祭神詳ならず○星田村に在す、今交野明神と称す、国人井上充武考
河内志、在二坂村一、今称二一宮一、と云り、国人井上充武云、坂村ノ一宮は、慶長年中秀頼公交野に三社を建立し給ふ、坂村一宮、舟橋村二宮、穂谷村三宮等也、然れば旧社にはあらず、星田村も今産土神は住吉社にて、この交野社は小祠ながら、民戸六百余の輩小児出生の時、先此社に詣て後産土神住吉社に参る、これ故実ある事なるべし、決《キハ》めて片野神社は是也といへり、

ここでは、片野神社の所在を「星田村」に特定している。その根拠となった情報は、河内国の井上充武なる人物からもたらされたものであった。井上充武は、坂村にほど近い船橋村二ノ宮神社の神主である。(56)井上家と三浦家には深い交流があったので、彼は蘭阪の考えを継承していたのであろう。(57)ここでは、初宮参りにあたって本殿の住吉社の前に境内社の交野社に参るという星田村の習俗が紹介され、交野社が特別な存在であることを指摘している。蘭阪随筆には記していない説だが、蘭阪はおそらくこれも論拠としていたのではなかろうか。このように、維新直後はまだ片野神社は坂村に確定していなかった。晩年における蘭阪の積極的な発言が、功を奏したの

かもしれない。

明治新政府による式内社比定の根拠ともいえる『特選神名牒』でも、先行する『神社覈録』の文章がそのままに引用されている。しかし、その最後は「決め（て脱）片野神社は是也と云りとあり、されど河内志にも県（堺県）の注進にも坂村とあるに従ふ」と結ばれている。(58)『五畿内志』よりも古い『神社覈録』と堺県からの報告を優先して判断を下すのである。

これによって、坂村の神社名は片野神社に確定し、明治三〇年頃には、久邇宮染筆の神額に記された「片埜神社」に表記を合わせることとなる。(59)以後、片埜神社を式内社とすることに否定的な意見や、星田神社の境内社を式内社とする意見はみられなくなる。

片埜神社の成立から一世紀以上を経た今、蘭阪の危惧は現実のものとなっているのかどうか、最後に片埜神社に程近い九頭神廃寺の発掘調査報告書を例にとってみてみたい。この報告書のなかで、西田敏秀氏は次のように述べる。(60)

『延喜式神名帳』に記載される交野郡の神社はわずかに二座で、久須々美神社がその一座にあたる。久須々美神社は明治四二年に片埜神社に合祀されたが、その旧社地は九頭神廃寺寺院地の東南部に隣接して所在し、「字九頭神」にあたる。久須々美の「々」を「ケ」の誤写とすれば、「久須ケ美」となり、もともと「久須ケ美神社」であった蓋然性が高く、字九頭神ともよく符合する。

たしかに、一文字変えるだけで地名と一致するのは魅力的であるが、『五畿内志』に「久須々美神社　々当レ作レ个ニ伝写ノ誤〇在二葛上ノ邑一ニ、邑ハ属二ス坂村一ニ」とあるように、この発想は並河誠所以来のものである。延喜式神名帳には、大和国城下郡のうちに「久須須美」という同じ神名がみられるので、「々」を「ケ」の誤写と単純に片付けてよいのか、改めて検討する必要があるだろう。その点は、すでに鈴鹿連胤が指摘するところで、「河内志、々当レ作レ个伝写誤、と云り、こは村名よりしての臆説なるべし、然るは総国風土記に、久須々美神社と書き、大和国にも同名あれば、輙く改めがたし、故に本のまゝに記す、井上氏も異論なし」と記している。(61) しかし、誤写を前提として、西田氏は次のように続ける。

　片埜神社は九頭神廃寺の西方約五〇〇mに位置し、一般的に延喜式内社片野神社に比定されている。この比定が正しければ、交野郡の延喜式内社二座は至近距離に位置していたこととなり、一層、当該地域の重要性が増すものと考えられる。

「この比定が正しければ」と一旦は留保しているが、郡内に二座しかない式内社が近接することから、この地域の重要性が導き出されている。発想を同じくする網伸也氏は、より断定的に次のように記す。(62)

　九頭神廃寺伽藍想定地の西に接して、延喜式内社である久須々美神社の旧社地が所在し、交野郡延喜式内社のもう一座である片埜神社も北西約六〇〇mしか離れていない。（中略）寺院・神社を備えた当地域は七世紀の交野地域における政治的・社会的中枢だったことは疑いないであろう。

　しかし、式内社が律令国家の地方支配の一環で設けられた制度であるという前提に立つならば、近接することから重要性を導くよりは、むしろ異常な分布状況から比定地に再考を迫る必要があるのではなかろうか。(63) ここでは、片埜神社に関する最新の言説ということで右の一例をあげるに留めておくが、式内社の分布を踏まえれば、類例は全国に及ぶものと思われる。したがって、式内社を歴史学の素材として用いる際は、いかなる場合でも現在の比定地を鵜呑みにしない慎重な姿勢が望まれる。

おわりに

『五畿内志』が浸透すると、それを擁護する動きと批判する動きの二つの潮流が生じることとなった。前者は、『五畿内志』を肯定的に用いることで、名所づくりを進める動きと重なっていく。『五畿内志』の擁護が名所づくりと一体となっていることは、石碑の建立が伴うことからも明らかであろう。それに対し、いかに合理的に批判しようとも、その説が地域のなかで受け入れられることはなかった。蘭阪が自覚していたように、『五畿内志』の批判からは、何ら利益が生まれないからである。結果、『五畿内志』を擁護する動きが主流となり、その内容は揺るぎないものとなっていく。

以上のように、『五畿内志』をめぐる言説を整理すると、真っ当な批判に対して社会はあまり聞く耳を持たないという構図が浮かび上がってくる。また、蘭阪がそうであったように、『五畿内志』を批判しなければならないと思う一方で、その説が受け入れられないことも予測された場合、混乱を避けて誤りを黙認する道を選ぶこともある。歴史家も一社会人である以上は、当然ながら起こりうることである。とりわけ自らが身を置く社会と研究対象が一致する地域史の場合、そのような現象は起こりやすい。正しい分析が積み重ねられたところで、それに比例して史実に近付くとは限らないのである。

『五畿内志』の誤りに対する危機感と、それを批判したところで受け入れられないという無力感の間で葛藤に陥った蘭阪は、晩年になって批判の内容を文章として形に残そうとした。その批判は、ほとんど見向きもされなかったが、本章の考察にてようやく日の目をみることができたかと思う。しかし、これはまだ運がいいほうで、『五畿内志』に対する批判の大半は、葬り去られているというのが実態であろう。地域史のなかの「史実」とは、このように合理的な批判を無視する形で形成されていることが、往々にしてあるのではなかろうか。とはいえ、たとえ牛歩となろうとも、我々研究者は蘭阪に倣って考察結果を文章で残し続けるしかない。

註

（1）『大日本地誌大系』一八巻（雄山閣出版、一九二九年）。
（2）白井哲哉『『五畿内志』編纂の歴史的意義』（同『日本近世地誌編纂史研究』思文閣出版、二〇〇四年）。
（3）本書第二部第一章「椿井文書の基礎的考察」。
（4）多治比郁夫「三浦蘭阪の木活字本と河内関係の記事」（『河内文化』第一二号、布施史談会、一九六四年）。同「翻刻『雄花冊子』」（同『京阪文藝史料』第三巻、青裳堂書店、二〇〇五年）。拙稿「三浦家の言順堂と文化人グループ」（『大阪春秋』第一一七号、新風書房、二〇〇五年）。
（5）三浦蘭阪および同家文書（枚方市史資料室蔵）については、『三浦家文書の調査と研究』（研究代表者村田路人、大阪大学大学院文学研究科日本史研究室・枚方市教育委員会、二〇〇七年）。
（6）『川内摭古小識』は、黒川真道「川内摭古小識」（『考古界』第二編第一〇号〜第三編第一号、一九〇三年）に翻刻される。蘭阪の著作については、前掲註（4）多治比論文のほか、多治比郁夫「三浦蘭阪の木活字本」（同『京阪文藝史料』第五巻、青裳堂書店、二〇〇七年、初出一九六四年）および『枚方市史』第三巻八一四頁〜八一五頁（籠谷次郎氏執筆）を参照されたい。
（7）前掲註（4）多治比「翻刻『雄花冊子』」。
（8）①②は三浦家文書D四―四号の一冊、③はC一〇号の一冊、④はD四―二号・C一一号の二冊、⑥もD四―三号・C一二号の二冊が確認できる。①②の再版本では、表題がそれぞれ『雄花艸子』・『石川記行』となっているが、本文では『雄花冊子』・『石川紀行』で統一する。
（9）鈴鹿三七校・典籍同好会編『班鳩日記』（白雲洞、一九五三年）。上にも示されるように、原典の表題は『班鳩日記』となっているが、本文では『斑鳩日記』で統一する。

(10) 加島美和・中野賢治・馬部隆弘「蘭阪随筆」（前掲註（5）文献）。
(11) 三浦家文書C七号。
(12) 覚峰については、白井繁太郎『阿闍梨覚峰の伝』（大阪府立図書館、一九五八年）・三木精一「覚峰と河内古代史」（森浩一編『考古学の先覚者たち』中央公論社、一九八八年、初出一九八二年）・上野勝己「阿闍梨覚峰と竹内街道」（『太子町立竹内街道歴史資料館館報』第九号、二〇〇三年）などを参照されたい。
(13) 三浦家文書C一三〇―八号。蘭阪と一絃琴の関係については、早く上田芳一郎『一絃琴』（法木書店、一九一四年）で触れられている。一絃琴の愛好者で東京朝日新聞の記者である上田は、自著をまとめる過程で、蘭阪を紹介した『大阪朝日新聞』明治四三年（一九一〇）八月二一日付（『朝日新聞記事集成』第四集）の附録記事を目にした。蘭阪と覚峰の高弟中川蘭窓の間に何らかの関係があると予想した上田は、明治四四年二月に当時の当主三浦逸三郎に書簡を送り、三浦家と蘭窓の関係や蘭阪の事績について問い合わせている（三浦家文書D五六号・五七号）。なお、『大阪朝日新聞』の記事は木崎愛吉によるもので、同『摂河泉金石文』（郷土史研究会、一九一四年）にも再録されている。
(14) 尊延寺は、枚方市尊延寺に所在する寺。近世には寂れていたが、『斑鳩日記』にもあるように奥之坊や池之坊が残っていた。同寺には、稲城信子「大阪府・枚方市尊延寺所蔵文永十年摺写の大般若経について」（『国立歴史民俗博物館研究報告』第七七集、一九九九年）が紹介する文永一〇年（一二七三）前後に摺写された大般若経が現存するが、『斑鳩日記』によると、蘭阪らもこれを目当てとしていたようである。
(15) 田村正孝・中野賢治・長谷川裕峰・馬部隆弘・松永和浩・森榮倫「史料翻刻　三浦蘭阪蒐集古代・中世文書」および梅村喬「新たに発見された法隆寺文書について」（いずれも前掲註（5）文献）。
(16) 桃裕行「『最古の仮名版暦』続篇」（『日本歴史』第一八〇号、一九六三年）。
(17) 前掲註（4）（6）多治比論文など。
(18) 三浦家文書C一号～C六号。
(19) 多治比郁夫「天保改革下一好古家の生活」（前掲註（4）多治比著書、初出一九九〇年～一九九二年）の一五号文書（三浦家文書D二〇―二五号）。梅川夏北は蘭阪と好古仲間。両者の交遊関係については右の多治比論文に詳しい。

(20) 多治比郁夫「梅川夏北雑考」(前掲註(4)多治比著書、初出一九八九年〜一九九〇年)。
(21) 三浦家文書C八号・C九号。
(22) 前掲註(4)多治比「翻刻『雄花冊子』」。
(23) 片岡家文書その三、一七五号(枚方市史資料室蔵、前掲註(10)論文に翻刻)。
(24) 拙稿「一七世紀後半における医家由緒の創作と大名家への仕官」(前掲註(5)文献)。
(25) 三浦家文書D八―三―一号。本文に若干の推敲があり、「広野」をアレンジした自署が本文末尾にあることから、広野本人の筆蹟とみられる。それに続けて本文とは異なる料紙が一紙貼り継がれ、目的地となった「源氏《(元寺)》滝」(大阪府交野市東倉治)の風景が描かれる。その脇には蘭阪の筆蹟で、「児広野遊元寺瀑布、有記老爺之遊也、既及四十年、地図頗異于因聞モ、大概尽之、代跋尾云　蘭阪翁」と識されていることから、蘭阪が過去の滝の様子を描き、跋文代わりとしたことがわかる。
(26) 井上智勝「並河誠所の式内社顕彰と地域」(『大阪市立博物館研究紀要』第三二冊、二〇〇〇年)。
(27) 本書第二部第一章「椿井文書の基礎的考察」。
(28) 延喜式神名帳には「片野神社」と記されるが、現在は「片埜神社」と表記する。これに従って、本章では、古代の式内社を指す場合は前者を、現在の神社そのものを指す場合は後者を用いる。
(29) 金子金治郎編『連歌古注釈集』(角川書店、一九七九年)三四八頁・三六〇頁。諸院とは枚方市渚元町にあったとされる惟喬親王の別荘を指す。
(30) 片埜神社所蔵文書一号・二号・五号・六号・八号(『枚方市史』第六巻)でみれば、天文八年(一五三九)は「当郷一宮」、天文二四年は「牧一宮」、永禄一一年(一五六八)は「牧郷一宮」、天正八年(一五八〇)は「牧一宮」、慶長七年(一六〇二)は「牧郷一宮」と呼称されている。近世に入ると祭神と併記され、「一宮牛頭天王」とも呼ばれるようになる(旧『枚方市史』二二八頁)。
(31) 例えば、平橋家文書五五九号(門真市立歴史資料館蔵写真帳)など。
(32) 星田神社については、『交野町史』改訂増補一(交野町、一九七一年)三三六頁〜三三九頁。
(33) 「恒例修正月勧請神名帳」・「花鎮奉読神名帳」(三橋健『国内神名帳の研究』資料編、おうふう、一九九九年)。勧請神名帳については、三橋健「研究の意義、方法及び範囲」(同『国内神名帳の研究』論考編、おうふう、一九九九年)。
(34)『実隆公記』大永六年六月条から関連する記事を引用すると、四日条に「河内一宮哥仙哥所望、今日到来」とまず要求があり、五日条に「河内一宮河《(哥)》仙哥廿余枚書之」と半数以上の作業を済ませ、七日条には「哥仙色帋校合調納之」と校合するに至っている。そして完成品を送ったところ、八日条に「哥仙色帋遣之、些少之礼申之間、返却了」とあり、礼物が届いたが返却している。『実隆公記』永正八年一〇月二〇日条に「片野《(交野)》尊円《(延)》寺池房某携一荷両三種来」とみえるように、実隆は肖柏同様に尊延寺とも繋がりを持っていた。
(35)『言継卿記』永禄一三年八月三〇日条。
(36)『義演准后日記』慶長八年五月一七日条。同一一年五月一六日条では、「一宮」で宿泊している。
(37)本書第三部第五章「牧・交野一揆の解体と織田権力」。
(38)金石文(『枚岡市史』第三巻第二部第三類)や水走文書(同第七類)、「御挙状等執筆引付」(『大日本史料』第六編之二三、一二一頁)など。
(39)『枚方市史』第二巻九四頁〜九五頁。
(40)本書第三部第五章「牧・交野一揆の解体と織田権力」。
(41)『枕草子』第一六二段(『新日本古典文学大系』二五)。
(42)『枚方市史』第七巻一一一頁。
(43)旧『枚方市史』二八六頁。
(44)物部肩野連の祖神という説もある。それらの諸説については『枚方市史』第三巻八〇〇頁に整理されている。
(45)『枚方市史』第七巻三頁・一〇頁。
(46)前掲註(19)多治比論文の八号文書(三浦家文書D二〇—二七—六—三号)。
(47)旧『枚方市史』二九一頁。この一文は、後述のように各所で確認できる。
(48)片埜神社所蔵文書八号(『枚方市史』第六巻)。
(49)旧『枚方市史』二八四頁・『枚方市史』第三巻四三頁。
(50)秀頼による社寺造営の全体像については、木村展子「豊臣秀頼の寺社造営について」(『日本建築学会計画系論文集』第四九九号、一九九七年)。

(51)『枚方市史』第三巻四三頁。
(52)『枚方市史』第三巻八一三頁。また、蓮井岳史・馬部隆弘「旗本水野家の陣屋支配と坂村・岡田家・三浦家」(前掲註(5)文献)で述べたように、岡田・三浦の両家は、水野家の地方支配においても、ともに重要な役割を担っていた。
(53)『一宮神祠碑』(東京大学史料編纂所蔵)。「神のをしへ」と「一のミやの記」は、旧『枚方市史』二九四頁にも翻刻される。
(54)『枚方市史』第三巻八〇四頁。なお『枚方市史』は、跋文を寄せた「三浦義悳がどのような人であったか明らかでない」とするが、義悳(義徳)は蘭阪の諱である。
(55)鈴鹿連胤『神社覈録』上(会通社、一九〇二年)四六九頁。
(56)弘化二年(一八四五)の二ノ宮神社棟札に、「神主　井上右京光武《(充)》」とみえる(旧『枚方市史』三〇七頁)。
(57)前掲註(52)。なお、片桐且元の花押が据えられた慶長八年の棟札でも「牧郷二宮」と呼ばれているように(旧『枚方市史』三〇八頁)、二ノ宮神社が牧郷第二の社と位置づけられていたことは間違いないが、穂谷村は牧郷の外にあたるので三之宮神社はその序列からは外れるはずである。蘭阪もそのような主張は一切していない。
(58)教部省編『特選神名牒』(磯部甲陽堂、一九二五年)一一三頁。
(59)旧『枚方市史』二八三頁。そのころの片埜神社による由緒の主張は、本書第一部第三章「交野天神社の祭祀構造と樟葉宮伝承地」も参照されたい。
(60)西田敏秀「まとめ」(『九頭神遺跡Ⅲ(本文編)』財団法人枚方市文化財研究調査会、二〇一〇年)。
(61)前掲註(55)鈴鹿著書四六九頁。
(62)網伸也「九頭神遺跡における寺院と周辺建物」(前掲註(60)文献)。
(63)本書第三部第一章「楠葉郷の石清水八幡宮神人と伝宗寺」・第五章「牧・交野一揆の解体と織田権力」でみるように、交野郡において、南部の交野地域とともに古代から一貫して安定的に栄えてきたのは、北端の楠葉である。となると、「久須々美」神社は楠葉に所在する可能性も視野に入れておく必要があるだろう。

附記　本章の新稿部分は、二〇一〇年四月一七日に牧野歴史懇話会で行った講演「坂村の医師三浦蘭阪と江戸時代の歴史学」を文章化したものである。当日は、石碑の建立が時として負の遺産を生む行為になることを示したかったのだが、限られた時間ではその意図が十分に伝わらなかった。そのため、他日を期して文章として残しておいたものである。

第三部　北河内の寺内町と地域秩序

第一章　楠葉郷の石清水八幡宮神人と伝宗寺

はじめに

枚方（大阪府枚方市）が、北河内の中心的都市として機能しはじめるのは、真宗寺院を核とする枚方寺内町が形成されてからのことで、一六世紀段階まで遡る。近年は研究も積み重ねられ、寺内町の内部構成やそこで果たされた一家衆寺院の役割など、都市としての内実も明らかとなってきている。(1)枚方寺内町やそれに続く近世の枚方宿が繁栄した理由については、淀川に接しており、京都と大坂の中間地点にあたるという考えが、通説的位置を占めているといってよかろう。(2)

しかし、古代・中世の史料を概観する限り、所見数の圧倒的な差からして、どう見ても淀川中流域において中心的な場として機能しているのは、枚方ではなくその北にある楠葉（枚方市）である。(3)したがって、通説的な視点に立つと、なぜ枚方に先行して楠葉が発展を遂げたのか、説明がつかないのである。楠葉と枚方の相関を分析することなしに通説を語っても、それは結果論でしかないといえよう。

この問題は枚方に留まるものではなく、淀川の流通史・商業史全体に関わる問題でもある。というのも、それらの研究の多くが発展を前提として分析しており、楠葉のように淀川沿いにありながらも、明らかに中世から近世にかけて衰退していった都市的な場の研究がほとんどないのである。(4)楠葉の事例は、淀川沿いという条件だけでは、必ずしも都市的な場を維持できるわけではないことを示している。淀川流通全体のサイクルやバランスのなかで、その展開を説かねばなるまい。

以上のような課題意識から、本章では寺内町成立の前提として、一五世紀から一六世紀中頃までの楠葉郷の地域性を明らかにしたうえで、寺内町成立と楠葉郷の関わりについて考えたい。なお、楠葉郷の専論は、現在のところ皆無といってよく、寺内町のような明確な都市性も見出されていない。ただし、分析視点については、すでに次のような見通しを若干示している。(5)

石清水八幡宮の膝下にあたる楠葉郷には、社家の門閥にあたる紀氏神人と在地で勢力を伸ばした楠葉神人という二つの神人集団が存在した。両者は、楠葉郷における主導権をめぐって常に対峙していた。その争点となったのが、室町将軍家の祈願寺伝宗寺である。右の紀氏神人・楠葉神人と伝宗寺（伝宗寺領）三者の関係を一瞥するだけでも、多様な人々がひしめく楠葉郷の都市性を垣間みることができるのである。

本章ではこの視点を継承し、まず第一節では伝宗寺相論そのものを、そして第二節ではそこから波及した相論を長期的な視点で捉え、その特質を明らかにしたい。とくに、地下人の相論において、室町将軍家の祈願寺が争点となっていることは重視すべきである。祈願寺の研究は、幕府の宗教政策という側面から進められており、近年は寺院にとっての祈願寺認定の意味についても論究されてきている。(6)しかし、周辺地域にとっての意味という点では、まだ研究が進んでいない。本章の視点は、このような部分にも光を当てるものである。続く第三節では、楠葉郷の登場人物を踏まえたうえで、楠葉郷の人的構成や集落の姿を可能な限り復元する。そして第四節では、楠葉郷の衰退と枚方寺内町の成立について、相関関係を示したい。

一　伝宗寺相論の顚末

1　相論の勃発

応永三〇年（一四二三）に、四代将軍足利義持は嫡子義量に将軍職を譲った。そして翌年に、義持は伝宗寺を祈願寺と定めている。[7] その後、義量・義持は立て続けに死去し、永享元年（一四二九）に義教が六代将軍に就任した。すると翌年に、義教は伝宗寺領を安堵している。[8]

しかし、善法寺家雑掌が、「河州楠葉郷内伝宗寺事、文明十一年以来、為御寄附地、帯御代々証文」と述べるように（後掲【史料6】）、文明一一年（一四七九）に伝宗寺領は石清水八幡宮に寄進されることとなった。その理由は、「河内国楠葉郷内伝宗寺、同寺領等事、慈照院殿（足利義政）御代依殺害之咎、被停止祈願之号、被行闕所、被仰付紀氏一座、八ヶ年之間令知行之、爰常徳院殿（足利義尚）以来至当御代、為御判始之地被寄附当社」とあるように（後掲【史料3】）、八代将軍義政の頃、伝宗寺住持が人を殺害したためである。これにより祈願寺の号を廃され、闕所となった伝宗寺領は、八年間紀氏神人の一座に預けられ、そして文明一一年に九代義尚の御判始の地として石清水八幡宮に寄進された。したがって、伝宗寺が祈願寺の号を廃されたのは文明三年頃ということになる。

このような状況のなか、文明一二年一二月晦日に、楠葉の紀氏神人である北向光氏が西村弥太郎大夫ら楠葉神人によって殺害される。少し長くなるが、事件の処理にあたった石清水八幡宮の供僧空円が顚末をまとめた史料を引用する。

【史料1】(9)

一文明十二年庚子十二月晦日、紀氏権神主光氏号北向、当宮社参帰路之次、岸宮参詣之処、西村弥太郎大夫為張本、禰宜幷郷人等少々相加テ、於此所生涯畢、同十三年正月十日、紀氏令蜂起、率余力率余(与)力大軍、楠葉郷中不残之放火、禰宜赤坂主計号吉田打死、座衆数輩被疵、散々ニ逃散了、折節神輿ハ絹屋殿ニ御着下アリ、則楠葉郷人数輩社頭閇籠、無為差次第、在所発向ヲ乍見、以社家懸状以下今日退散仕畢、閇門何事乎、未練無極之式也、神輿之御警固ハ諸祠官面々祗候アリ、境内四郷衆少々、淀・山崎外四郷者共モ参ケリ、社頭ニハ山上老若両座公達皆参了、善法寺殿畠中良実寺主大勢召供之、柳原ヨリ被下、公文所院祐・兼官絵所越前法橋快尊以下参集ス、万一閇籠任雅意者、於社中悉可討取支度也、無力退出ト見タリ、然上者、為始弥太郎大夫之跡幷伝宗寺領、田畠不残加少々禰宜之跡、悉以紀氏一座ニ令分配知行之畢、五百石及万疋云々、

一同十六年六月十三日、紀氏一座社頭閇籠子細者、去月八日、伝宗寺以下牢人強還住河州右衛門佐(畠山義就)殿被加扶持云々、難堪之由也、

一同十八年七月十二日、閇籠之紀氏等令退出、弥太郎大夫之一揆範(籠)社中畢、入衆一人被疵、流血及重事畢、
検知忠久子登々大夫仕之云々、

同九月二日辰上刻、紀氏一座為北向光成光氏子大将、率三百余人、社中乱入、閇籠人与戦合、弥太郎大夫弟僧智孝モ被痛手、余(与)力新五郎於中御前御階下打死、依不叶御張立打落、御殿ニ入畢、紀氏余(与)力藪子被痛手、仍外殿御屏風、同所御簾以下引落放火、折節空円為当番之間、西御妻戸ニ走寄、只今所作以外相違也、雖為一人、紀氏等ヲ可討取事本意也ト加下知之処、在同心之咎、先火消ト見タリ、山上山下衆等令参集、空

円・院祐召供相共加計略、両方午下刻退出畢、

（中略）

一同年十月二日、対御奉書、為諸座神方楠葉南村紀氏館放火、不殆一宇云々、巨細宮寺雑記在之、

一六日境内森町人弥太郎大夫余（与）力ノ私宅、四郷邑老向テ、両平田幷四嶋河原者壊取之了、

文明一二年の大晦日、紀氏神人である北向光氏は石清水八幡宮からの帰路、西村弥太郎大夫に殺害される。首謀者は楠葉神人で、それに楠葉郷人が与同しているように、楠葉神人は楠葉郷人を代表する存在であった。ではなぜ、紀氏神人知行から石清水八幡宮領へと変化することによって、楠葉郷人の怒りの矛先が紀氏神人に向いたのであろうか。

後述のように、楠葉郷人らは首尾一貫して伝宗寺住持とともに相論に臨んでいる。すなわち楠葉郷人にしてみれば、伝宗寺は自身のものであるという認識が常にみられるのである。それに対して紀氏神人は、石清水八幡宮領とすることで、伝宗寺領における自らの権益を保護する目的があったのではないか。つまり、義尚の御判始に際し、伝宗寺領を石清水八幡宮領に組み込んだのは紀氏神人の判断であったと考えられるのである。楠葉郷人にしてみれば伝宗寺領が奪われたも同然である。しかし、幕府が石清水八幡宮領と定めた以上、そう簡単に取り戻せるものではなかろう。そこで殺害に及んだと考えられる。

このように背景を想定すると、石清水八幡宮が紀氏神人方に荷担するのは当然の成り行きであったといえる。楠葉郷人への応酬として、翌年正月一〇日に紀氏神人らは楠葉郷に火を放った。このとき楠葉郷人からは死傷者が出た。楠葉郷人は社頭に籠もって神訴に及んだが、石清水八幡宮は楠葉郷人らを追い出した。ここにおよんで、伝宗寺領や弥太郎大夫、それに同調した楠葉神人らの跡は紀氏神人に宛がわれた。伝宗寺の寺領は石清水八幡宮

領となっていることから、ここでいう伝宗寺領は住持の所有する狭義の伝宗寺領と考えられる。

興味深いことに、この楠葉神人と紀氏神人の争いを、大乗院門跡の尋尊は「楠葉里与鶴原確執事来、(出脱)自京都楠葉御発向」と記している。(10) 鶴原氏は楠葉在住の土倉であったことから、(11) 表面的には神人同士の争いであったが、その背景には楠葉郷人と土倉の対立があったようである。また、尋尊は鎮圧のために幕府軍が発向していることも聞いている。

その三年後の文明一六年、「伝宗寺以下牢人」が河内守護畠山氏に扶持を与えられたと称し、楠葉に還住してきた。「牢人」とは弥太郎太夫らを指しているのであろう。ここでみるように、伝宗寺住持と楠葉神人は行動をともにしていた。彼らの還住に抗議し、紀氏神人らは社頭に籠もることで神訴におよぶ。しかし、同一八年には、弥太郎太夫らが紀氏神人らを追い出し、入れ代わりで社頭に籠もった。(12)

激昂した紀氏神人は北向光氏の子光成を大将として、三百の兵で社中に乱入し、弥太郎大夫を死に至らしめた。社中で合戦をするという前代未聞の出来事の結果、当初は石清水八幡宮の後ろ盾を得ていた紀氏神人も楠葉の館を焼かれ、一方の弥太郎大夫の与力であった境内森町人の屋敷も取り壊された。紀氏神人が楠葉へ進出する一方で、楠葉の有力者弥太郎大夫も境内に与力を抱えていたことは、楠葉郷の成長を窺わせると同時に、相論が単純に楠葉郷内の利害関係に留まらない問題であったことを示唆していて興味深い。

翌文明一九年（同年七月長享と改元）には、早くも伝宗寺方の巻き返しが始まる。三月五日に、伝宗寺は吉阿という人物を通して、蔭凉軒に対して足利義政による安堵を願い出ている。そのときに支証として、義持と義教の御判御教書を提出した。(13) そして、一六日には酒肴を贈り、二七日までには「河内国交野郡楠葉如意山伝宗寺、寺領目録一冊、自清住院到来、一見則彼田地多々有之」とあるように、寺領目録も併せて提出した。(14) この記事により、伝宗寺の山号「如意山」が判明する。同様の資料を見慣れたはずの記主である亀泉集証が、「一見則彼田地多々有之」と記すことから、規模は不詳ながら、かなりの寺領を誇っていたようである。

五月二二日に亀泉集証は義政のもとに赴いた。このとき伝宗寺領と宗睦喝食知行屋地の安堵を依頼したが、義政の女房申次である堀河殿いわく、義政に尋ねてから認可するので、その時に連絡するということとなった。そこで亀泉集証は、とりあえず伝宗寺と宗睦の支証を渡し、その日は帰ってきた。(15) それからしばらくは、事態に進展がみられなかったようである。(16)

八月になって、堀河殿から伝宗寺と宗睦の支証を返却されている。(17) その後、義政が伝宗寺領を安堵した形跡はないので、この返却は伝宗寺領の安堵が却下されたことを意味する。それから九ヶ月ものちに、これらの支証を吉阿に返却していることから、(18) その後もいろいろと策を講じたが、結果叶わなかったものと思われる。

2　将軍家の分裂による混乱

延徳元年（一四八九）に将軍義尚が近江鈎で陣没すると、対立していた義政と義視・義稙（義材・義尹）父子は和解し、翌年義政が没すると七月に義稙が将軍に就任する。義政存命中には前項でみたように伝宗寺領の返付は叶わなかったが、義稙の代替わりに際して、九月に伝宗寺領が返付された。(19) 返付の理由は、「依一代住持之咎、可被没収之段無謂者歟」というもので、住持一代限りの罪という形で赦免されたのであった。代替わりを利用した伝宗寺の積極的な運動が実ったのであろう。

義稙は、明応二年（一四九三）二月に畠山基家を討つため畠山政長・尚順らを率いて河内に出陣する。その留守を狙って、四月に細川政元方が将軍義稙を廃し、義澄（義遐・義高）を擁立するというクーデターを起こした。

いわゆる明応の政変である。政元方の兵によって河内正覚寺に追いつめられた義稙は投降し、京都に幽閉されるが、六月に脱出して越中に逃れている。翌年九月、義稙は越中で挙兵し、巻き返しを図るが、上洛はなかなか叶わなかった。

その最中の義澄がいまだ将軍宣下もされていない明応三年一一月に、伝宗寺領が安堵される。[20]その背景は不明であるが、以前に一度寺領が石清水八幡宮領となったことへの危惧からか、庇護者であった義稙が不在となったことに伝宗寺がいち早く対応した結果であろう。しかし、それも束の間のことで、義澄が一一代将軍に宣下されると、明応三年一二月に御判始の地として伝宗寺領を石清水八幡宮に寄進している。[21]このように、石清水八幡宮社務善法寺の望みにより、伝宗寺領は再度石清水八幡宮領となった。

ここまでの経緯を整理すると、善法寺側にしてみれば、闕所処分となったはずの伝宗寺領を宛がわれたのに、義稙の代に伝宗寺の罪が住持一代限りと変化したため、善法寺に非があるわけではないのに所領を奪われたということになる。一方の伝宗寺にしても、一度は闕所となりながらも、御教書にてそれを有免する旨の将軍御判も手に入れている。にも拘わらず善法寺に寄進するのは筋違いだと思っていたはずである。このように両者の主張はともに正論であり、かかる状況を作り出したのはほかならぬ幕府であった。これが、伝宗寺相論長期化の根底にある問題である。さらにそれが激化するのは、伝宗寺と善法寺のそれぞれが、足利家における義稙派と義澄派の争いを利用して利権を確保しようとするからである。[22]

明応の政変後、畠山基家の河内支配はそう長くは続かなかった。明応六年に畠山尚順が河内国を奪回するからである。

【史料2】[23]

楠葉伝宗寺分、同弥太郎分、為給恩宛行者也、然上者領知全可致候、仍而執達如件、

二月《明応七年》拾五日　　泰次（花押）

養父孫次郎殿

養父氏は尚順方につき、【史料2】のように伝宗寺領を得た。ここでいう「伝宗寺分」とは、西村弥太郎大夫の知行分と考えられる「弥太郎分」と並列されていることから、前項でみたように、伝宗寺住持の個人的な知行分と推察される。養父氏の勢力規模や次にあげる史料を踏まえれば、そのようにみるのが妥当であろう。

【史料3】(24)

石清水八幡宮□□□□（善法寺興）清雑掌申、当宮領河内国楠葉郷内伝宗寺、同寺領等事、慈照院殿（足利義政）御代依殺害之咎、被停止祈願之号、被行闕所、被仰付紀氏一座、八ヶ年之間令知行之、爰常徳院殿（足利義尚）以来至当御代、為御判始之地被寄附当社、被成　御判処、背御下知旨、為寺家相語地下人等、従去永正弐年、于今押置年貢公事銭云々、言語道断次第也、所詮、今度就歎申之、雖被置所務於中、任数通証文并当知行之旨、可□（全）領知□（之）段、被成奉書於興清訖、宜被存知之由、被仰出候也、仍執達如件、

九月《永正四》十五日　　（飯尾）清房在判

（飯尾）元行在判

当宮社務雑掌

【史料3】では、伝宗寺による伝宗寺領の押領が永正二年（一五〇五）に始まっていることを善法寺が訴えており、その理が認められている。ここから、養父氏に宛がわれた伝宗寺分と【史料3】での伝宗寺領は別のものを指すと考えられる。【史料3】で示されるのは、義政の代に殺害の罪で闕所となり、義尚の御判始で寄附した以

上、善法寺の支配に正当性があるというものであった。義澄政権のもとでは、延徳二年の義稙による伝宗寺の赦免は全面的に否定されているのである。

また、【史料3】で注目されるのは、寺家が地下人を語らって押領している点である。伝宗寺相論の特徴は、終始一貫して伝宗寺と地下人が結託していることにある。こうした特質を踏まえてか、【史料3】と前後して次のような奉書も発給されている。

【史料4】(25)

石清水八幡宮善法寺雑掌申、当宮領河内国楠葉郷内伝宗寺跡事、帯代々御判以下度々証文、当知行之処、今度地下人等違背御下知、不能承引云々、好而招其咎歟、言語道断次第也、所詮、早年貢諸公事物等如先々、厳蜜（密）可沙汰渡善法寺雑掌、若猶及異儀者、速可註申交名被処罪科上者、慥可註申交名之由、被仰出候也、仍執達如件、

十月九日　　（飯尾）清房在判
（飯尾）元行在判

紀氏座中

楠葉郷中に有之、文言同

【史料4】は、建武三年（一三三六）から永正四年までの二〇点余りの文書を筆写したうちの一部である。それらは、概ね室町幕府が善法寺に宛てたもの、もしくは善法寺の受益を保証するものでまとめられており、年紀があるうち最も新しいのが【史料3】となる。ただし、【史料4】は明らかに【史料3】を踏まえて発給されたものなので、作成年代の上限は永正四年一〇月となる。一方の下限は、永正三年の足利義澄御教書案に「当御代御

判案文」と注記していることから、義澄に替わって義稙が将軍に復帰する永正五年七月となる。よって、【史料4】の年次は、永正四年に特定して差し支えない。【史料3・4】ともに発給とほぼ同時に筆写されたものといえる。

【史料4】の末尾にある「楠葉郷中に有之、文言同」との注記は、紀氏座中宛と楠葉郷中宛の二通が作成されたことを意味している。(26)【史料3】だけでなく、あえて【史料4】が、しかも楠葉郷と紀氏神人に宛てて二通作成されたのは、幕府も伝宗寺相論の本質が、楠葉郷人と紀氏神人の争いにあることを理解していたためであろう。

以上、本節では、義澄の代に至るまでの伝宗寺相論を通覧してきた。伝宗寺住持と楠葉郷人が終始行動をともにしていることから、伝宗寺は楠葉郷に根ざした寺であることが明らかになった。蔭凉軒が驚くほどの規模を誇りながらも、伝宗寺に所領を寄進した者の名は史料に現れないが、これは不特定多数の楠葉郷人によって寄進されたからではなかろうか。伝宗寺領違乱に対する楠葉郷人の激しい攻撃からも、既得権を伝宗寺へ寄進することで他からの侵害を防ぐ意図があったと思われる。そのように考えると、祈願寺認定によって得られる寺領安堵や守護不入の効果は、楠葉郷人にとって非常に大きい意義を持ったであろう。(27)

また、将軍の代替わりと伝宗寺領にも深い繋がりがあることが判明した。相論が混乱した原因は、義稙が伝宗寺の罪を住持一代限りとし、伝宗寺に寺領を返付したことにある。したがって、善法寺は必然的に反義稙勢力として登場した義澄と繋がり、他方伝宗寺は義稙と結びつくこととなった。

二　伝宗寺相論の余波

1　鶴原家の相論への転化

【史料3】が発給される直前の永正四年（一五〇七）六月二三日に、実権を握っていた細川政元は養子澄之に殺害される。政元が家督を澄之から同じく養子の澄元に替えたことに起因するものであった。しかし、八月に一族である細川高国らの軍勢に澄之は滅ぼされ、澄元が家督についた。この頃、【史料3】は出されたのである。しかし、高国も澄元と不和となり、翌年三月に一時伊賀に逃れた。同じ頃、周防大内氏が前将軍義稙を擁して上洛してくる。越中に逃れた義稙は山口に身を寄せていたのである。義稙の入洛に先んじて、高国は四月九日、京都を攻撃し、澄元らは近江に逃れた。義稙の上洛を恐れた将軍義澄も一六日に近江へ退避している。一〇日に入洛した高国は細川京兆家の家督を継承し、一二日に奉行人をもって次の奉書を発給した。

【史料5】(28)

伝宗寺領事、（細川政元）大心院殿任御下知旨、知行不可有相違由也、仍執達如件、

（永正五）四月十二日　　（石田）国実（花押）

春兼（花押）

鶴原右京亮殿

（異筆）「法住院殿」

上洛に際して、高国は石清水八幡宮でも伝宗寺でもなく、鶴原氏に伝宗寺領を安堵している。新規宛行ではなく、「（細川政元）大心院殿任御下知旨」とあるように政元の下知にしたがっている点に注意が必要である。ここまでの伝宗寺相論をみる限り、その背景に地下人らの動きは確認できるものの、伝宗寺領の取り合いの主体は善法寺と伝宗

寺であって、鶴原氏は登場しなかった。政元の下知が具体的に何を指しているかは不詳であるが、伝宗寺領に政元が関わるのは明応三年（一四九四）の施行状のみしかみられない。[29] ここでは「石清水八幡宮雑掌」に沙汰付するよう指示しており、善法寺とは明記していないことから、これを何らかのかたちで利用したのであろうか。少なくとも正当な手段を用いていないことだけは確かである。

先に述べたように、文明一三年（一四八一）の楠葉神人と紀氏神人の争いを、大乗院門跡の尋尊は「楠葉里与鶴原確執」と聞いていた。これは伝宗寺・楠葉郷人対善法寺・紀氏神人・鶴原という対立軸があったことを示唆している。以上から、伝宗寺と鶴原は本来対立関係にあったと推測される。

しかし、【史料5】以降、鶴原は必ずしも伝宗寺と敵対しているわけではない。なぜなら、大永五年（一五二五）の善法寺雑掌申状案に伝宗寺領を「号鶴原一類被成御下知事、以外相違也、是又早々被成返御奉書者、忝可存事」（後掲【史料6】）とみえるように、鶴原一類が伝宗寺の知行を主張する根拠となった【史料5】が、伝宗寺文書に含まれているからである。つまり鶴原は、伝宗寺との協力のもと善法寺と敵対していたのである。

義稙は、永正五年六月に入京し、七月に再度将軍となった。これによって、義稙と高国による体制が確立する。その体制下、【史料5】の高国奉行人奉書でさしあたって鶴原に安堵された伝宗寺領は、同年一二月の幕府奉行人奉書によって、正式に伝宗寺へ返付された。[30] そこには「雖善法寺雑掌有申子細」とあるように、伝宗寺領の返付に際しては善法寺家からの反論もあった。しかし、最終的に伝宗寺文書中の「延徳二年九月廿一日　御判并奉書」が決め手となり、伝宗寺領が伝宗寺に返付された。[31] 先述のように、かつて「依一代住持之咎、可被没収之段無謂者歟」を義澄派は全面否定したが、義稙派にしてみれば自身の判断なのでもちろん肯定したわけである。

義澄は永正八年に没し、義稙政権は安泰かにみえたが、高国との対立もあって義稙は出奔を繰り返した。そのため、高国は義澄の長子を擁立し、大永元年一二月に将軍義晴が誕生する。義澄系の将軍が擁立されたことは、伝宗寺にとって大きな後ろ盾を失ったことを意味する。

【史料6】(32)

一河州楠葉郷内伝宗寺事、文明十一年以来、為御寄附地、帯御代々証文、当知行無紛処、去々年始而御寄進様達　上聞哉、年号遅速可有之条、更以不可及御不審者歟、然号鶴原一類被成御下知事、以外相違也、是又早々被成返御奉書者、忝可存事、

これは大永七年の善法寺雑掌申状案である。ここで善法寺が二年前、つまり大永五年に初めて寄進をうけたのは誤解だと述べることから、同年に改めて伝宗寺領が石清水八幡宮に寄進されたことがわかる。義澄系の義晴が将軍になったことを背景に善法寺が伝宗寺領奪還運動をおこなったのであろう。伝宗寺住持と思われる源龍が、大永五年に「伝宗寺目録」と題した支証の目録を作成しているが、これは善法寺への寄進に反対して伝宗寺が訴訟を起こした際の提出資料と考えられる(33)。

【史料6】では、それから僅か二年のちに善法寺が伝宗寺領の領有を主張しているが、これは次のような事情による。細川高国は、大永七年二月に丹波衆・阿波衆らとの合戦で敗れ、将軍義晴とともに近江へ逃亡した。それに代わって、足利義維を擁した細川晴元・三好元長らのいわゆる「堺公方」と呼ばれる新勢力が成立する。そのため、いち早く新たな安堵が必要となったのであろう。この推測の根拠は、「去々年始而御寄進様達　上聞哉」とあるように、伝宗寺領の伝来経緯を全く知らない権力に対し訴訟していることや次の史料にある。

【史料7】(34)

楠葉鶴原幷諸牢人以下、其方徘徊仕候由候、言語道断次第候、急度可被仰付事肝要候、猶於同辺者、一段可

申入之由、可得御意候、恐惶謹言、

五月十二日　　　　元長(三好)在判

善法寺(興清)殿

人々御中

三好元長が、楠葉の鶴原や浪人の徘徊を禁じていることから、【史料7】の訴訟先が「堺公方」であったことはほぼ確実である。ただ、この大永年間の訴訟を最後にして、歴史上から伝宗寺の名は消える。

義維を推戴していた細川晴元は、次第に義晴を推すようになる。(35) そうしたなか、義晴方は享禄四年（一五三一）に楠葉郷の「鶴原跡」を幕府御料所として大館晴光の管理下におくようになり、天文一五年（一五四六）にも晴光が楠葉郷鶴原分における押妨を退けるよう求めている。(36) なお、鶴原分の代官は現地の有力者が常につとめており、木沢長政が力を持っていたときは木原氏が、天文一一年に長政が滅ぶと遊佐長教のもとで萱振賢継が、そして天文二一年に賢継を討つと安見宗房が鶴原分の公用を請け負うようになる。(37) このように、伝宗寺の名が確認されなくなるのと同時に鶴原分・鶴原跡の名が史料に散見するようになる。伝宗寺と鶴原が最終的に結託していたことから、鶴原跡とは伝宗寺領を含んだ鶴原領を指すのではなかろうか。

以上、不明な部分も多いが、本来伝宗寺相論には直接関与していなかった鶴原が、上洛した細川高国に巧みに取り入り、伝宗寺相論をさらに混乱させた様相はみてとれたと思う。「号鶴原一類被成御下知事、以外相違也、是又早々被成返御奉書者、忝可存事」と善法寺が主張するように、鶴原の不法性は否めないが、現実に奉書が発給された以上、それは伝宗寺領支配の重要な根拠たりえたわけである。鶴原は混乱する政治状況を巧みに利用して、文書操作をおこなったといえよう。

2　北向紀氏遺領をめぐる相論と「謀書」・「謀判」

既述のように、文明一三年（一四八一）に楠葉神人西村弥太郎大夫は、闕所処分となり、西村跡と伝宗寺住持領は紀氏一座に分配された。その後の西村跡の経過については、【史料2】にみえるほかは不明である。一方の北向氏も、西村との争いの中で石清水八幡宮頭での狼藉に及んだため、文明一八年に闕所処分となった。追放された北向氏は、翌長享元年（一四八七）に楠葉へ舞い戻ってきたことが次の史料から知られる。

【史料8】[38]

八幡宮領河州楠葉郷之内紀氏北向一類以下事、号御被官人、令強入部、剰　公方様御判始御寄進地伝宗寺分等令違乱云云、言語道断次第也、既於彼寺者、神敵重罪輩上者、向後更不可有許容、早任去年御成敗旨、可為社家進退由候也、仍執達如件、

（長享元）九月卅日　元右（斎藤）判在

北向氏は善法寺家の被官を号し、石清水八幡宮領となっていた伝宗寺領などを違乱した。【史料8】はそれに対して石清水八幡宮の支配を認めたものである。文明一八年の闕所処分を機に、北向氏が「神敵」と呼ばれていることがわかる。この史料を最後に、北向氏の動向は一切確認できなくなる。

【史料9】[39]

石清水八幡宮灯油料所河内国楠葉郷内紀氏北向跡事、号中間狼藉、俗別当雖申給御下知、佐々木弾正少弼（六角定頼）被執申之条、被返付訖、早被存知之、可専常灯之旨、可被申付執行之由、所被仰下也、仍執達如件、

天文八年十一月十日　大和守（飯尾堯連）（花押）
前丹後守（松田晴秀）（花押）

当宮社務雑掌

北向跡は石清水八幡宮の灯油料となっていた。この北向跡を「中間」が狼藉したと俗別当が訴え出たため、一度は俗別当に安堵したようである。しかし、再度裁判した結果、善法寺家に返付された。この史料をみる限り、俗別当は北向跡支配の正当性を主張し、一度は認められたことがわかる。俗別当はおそらく紀氏神人で、北向氏の所領継承を主張したものとみられる。

この事件の発端は八ヶ月ほど前にあり、幕府の政務決裁をおこなう内談衆の一人、大館常興が残した幕府訴訟に関する引付の同じく天文八年（一五三九）の三月の記事に確認される。

【史料10】[40]

一布下（布施元通）披露　八幡俗別当申河州楠葉郷内南村事、去年被置所務於中、御糺明之処、旧冬当執行眺望坊責取年
　貢云々、所詮、以違背篇、可被成下奉書由、請文捧之、仍御裁許、

俗別当が楠葉郷南村の年貢、すなわち北向跡を旧冬に眺望坊が責め取ったことを幕府に訴え出ている。【史料9】の「中間狼藉」とは「眺望坊責取年貢」を指しているのである。俗別当の訴えは、「仍御裁許」とあるようにここでは一度認められた。しかし、これに対して善法寺は黙っていなかった。

【史料11】[41]

就河州楠葉内神人紀氏北向跡事、俗別当被仰結儀、於様体者委細承候、就其今度少弼（六角定頼）方より拙者迄此儀申来
候キ、子細之儀者難申分旨御大（足利義晴）も可被仰付間、可被懸御意候、其砌可申入候、恐々謹言、

　（天文八年）六月六日　植綱（朽木）（花押影）

善法寺殿

御報

善法寺はより確実に訴訟を進めるため、六角定頼を通じて内談衆の一人である朽木稙綱に働きかけたことがわかる。その結果、七月五日に常興は、同じく内談衆の細川高久からの書状で、灯油料に関する善法寺の訴えを知る。(42)その内容は次のようなものであった。

【史料12】(43)

一清光院殿より文在之、栄（巣、以下同）林庵被申、八幡御灯料事、俗別当方へ已然依被成御下知、既せうめつ（消滅）すへく候、然者安居　御神事も可有退転候、既囚籠ニ及候、不可然候間、是非を被閣て社家方へ被成御下知候やうに可有御申沙汰由申候、前後無御存知事候へ共、時分柄不可然候間申合候へ之由承之間、則日行事摂州（摂津元造）へ申遣之処、一昨日佐承（大館晴光）にて布下（布施元通）・飯中大（飯尾貞広）以両奉行俗別当かたへ御尋候、其御返事可有之と存候由被申之也、仍其分御返事申之、又佐方へも如此被申候間、急度被申届て可然存候、俗別当依申掠如此候哉、近比曲事不可然存旨申遣之也、

灯油料が俗別当に安堵されたため神事も滞りそうであると善法寺の使僧巣林庵が訴えているので、評議するよう清光院が常興に指示した。(44)早速常興が、内談衆の日行事摂津元造に問い合わせると、一昨日に同じく内談衆の大館晴光がそのことを承っており、現在布施元通・飯尾貞広の両奉行が俗別当に尋ねているところであることを聞く。常興はその状況を清光院に伝え、さらに清光院からの指示があった旨を晴光にも伝えた。常興が、「俗別当依申掠如此候哉」と記すように、俗別当の不法があったようである。

一一日の夜、常興のもとに晴光から善法寺の注進状と晴光らの意向を伝える返事が届く。(45)常興は、翌朝それらを日行事の細川高久へ送ると同時に、両奉行を促し俗別当からの返事を急がせるよう申し遣わした。(46)その結果、

一四日に高久は、俗別当からの返書の内容を各々に知らせている。そこでの俗別当は、善法寺の言い分が事実と反していると主張している。(47) 重ねて奉行が俗別当に尋ねたが、一六日にも同様の返事が返ってきた。(48)

二九日になって常興・晴光宛の巣林庵書状が常興のもとに届いた。常興が記すように、いずれ奉行人をもって言上するつもりである旨を内々に伝えたものである。(49) 翌三〇日にその奉行人の注進状が届き、日行事本郷光泰から内容が伝えられた。それは、幕府の裁許が遅れているので、八月一日より灯明が途切れて神事が滞るというもので、いわば脅しであった。この事情は、禁裏にも申し入れられ、とりあえず灯明を絶やさないようにすること、そのためにも禁裏から石清水八幡宮へ灯明を絶やさないよう堅く申しつけることが当面の策として講じられた。(50)

同日、奉行布施元通が俗別当の申し分を披露するが、『大館常興日記』はここで一旦途切れており、その後の経緯は一時不明となる。事態の展開が次に判明するのは、奉行人飯尾堯連が残した記録からである。

【史料13】(51)

一十七日、八幡灯油料所事、社家一書灯油料減納之段、以起請申之旨、大館金吾(晴光)へ内々申之、先日大金書状給之、此儀被申候、昨夕自社家到来之間、可参之由返答者也、社家雑掌相尋之、則罷了、然者此俗別当出帯連署幷一書等、細川豆州(高久)遣之、自社家申様、御談合之時可申入之旨可申之由意見也、仍其段申之下也、

一廿四日、八幡一書起請・磯嶋越前入道一行等於談合席申之、其時出座衆、大館常興・同晴光・細川高久・本郷光泰等被出者也、

巣林庵は晴光に対し、いずれ起請文をもって訴えるつもりであることを内々に申し入れていた。その旨をかねてより晴光から聞いていた堯連は、八月一六日夕方になって、善法寺からの起請文が届いたことを聞き、大館のもとへ向かう。そこで堯連は、善法寺の雑掌と会い尋問している。ここまでの経緯から想像するに、この雑掌は

巣林庵であろう。また細川高久からは、「俗別当出帯連署幷一書等」が堯連のもとに届いた。「俗別当出帯連署幷一書等」とは三月の段階で裁許の証拠となった文書に違いない。

そして二四日の談合の場で、堯連は善法寺の起請文及び「磯嶋越前入道一行等」を披露した。「磯嶋越前入道一行」とは具体的に何を指しているのか不明ながら、この場では「俗別当出帯連署幷一書等」俗別当側の主張を裏付けるものも披露されたと思われる。磯嶋越前入道の素性はわからないが、地理的な関係からも現枚方市磯島を出自とする人物であろう。【史料13】からは争点が今ひとつわからないが、常興がその点を明確に記してくれている。

【史料14】[52]

一飯尾大和守(堯連)披露事

八幡社家善法寺、与俗別当申結灯油料所之事、俗別当令謀書旨、為社家申之、巨細共在之、仍内談衆佐(大館晴光)日行事・荒(荒川氏隆)治・細(細川高久)豆・本(本郷光泰)常来臨申段、為事実、難遁其料者其料(科)者哉、急度俗別当ニ可被相尋之由、各被申之也、

ここから善法寺の訴えが、俗別当の「謀書」にあるとわかる。そして後日、俗別当から事情を聴取することとなった。

【史料15】[53]

一廿七日、自大館金吾晴光折紙到来、俗別当仁謀判之儀可相尋之由也、但其日者不審之儀共依申之延引、廿八、布野(布施元通)所得折紙遣之、

一廿九日、対俗別当申之者也、

（中略）

一十日、俗別当一書・磯嶋折紙以下、布野被申之、罷出社家之儀申之、談合之序也、可為意見之旨各被申之、
　謀判様躰共御尋也、

八月二七日に、堯連は「謀判」の件につき俗別当を再度事情聴取すべきとの折紙を晴光から受け取ったが、その日は不審の儀があったので延引し、(54)二九日に至って俗別当への糾問が（おそらく書面にて）なされた。

九月一〇日には、二九日の糾問に対しての陳状と考えられる「俗別当一書・磯嶋折紙以下」を布施元通が披露した。その場では「謀判」の様子などが問われた。この案件に関して磯嶋が返答していることから、彼は俗別当の「謀判」に共謀した者と認識されていたことがわかる。

訴訟のその後の経緯は史料で確認されないが、順当に社家の勝訴となったとみえ、【史料9】の発給に至った。以上のように「謀書」の具体的内容は不明ながらも、在地の有力者と思われる磯嶋と共謀しつつ、俗別当が「謀書」・「謀判」という巧妙な手段で所領を獲得したことが明らかとなった。鶴原のときと同様、ここでも不安定な幕府機構を逆手にとった訴訟をおこなっていることが確認される。(55)

本節では、「謀書」・「謀判」が横行するという一六世紀以降の楠葉郷における訴訟の特徴をみてきた。ここで強調しておきたいのは、単に悪事が横行していたということではなく、「謀書」・「謀判」にはそれを裏付けるだけの歴史的整合性や書札礼などの膨大な情報を要するということである。あるいは、その情報や知識を得るにあたって、多額の金品を要したかもしれない。その点で注目されるのは、東山円通庵が支証文書を清芳という僧に預けていたところ、応仁・文明の乱の最中に「城州（河）楠葉庄地下人中」に売却してしまったという一件である。(56)このような知的・物的財産が集約される場を象徴するできごととして、「謀書」・「謀判」を理解する必要があると思う。

三　楠葉郷の復元

1　人的構成

本節では、相論から得られた知見をもとに楠葉郷の構造を復元する。文明年間に争われた初期の伝宗寺相論では、紀氏神人・土倉鶴原対楠葉神人・楠葉郷人・伝宗寺という対立構造がみられた。例えば【史料1】でみたように、文明一二年（一四八〇）末に紀氏神人である北向光氏を殺害したのは西村弥太郎大夫を張本とした禰宜と郷人らであった。ここでの禰宜とは楠葉方禰宜つまり楠葉神人を意味する。(57) ここから楠葉郷人を代表する楠葉神人集団の形成をみてとれよう。しかし、文明一八年に紀氏神人が社頭に乱入した際には三百余人も引き連れていることから、楠葉郷人も一枚岩ではなかったと想定される。

翌一三年の紀氏神人による報復では、楠葉神人のうち「禰宜赤坂主計」が殺害されたが、彼の名は文明五年の「石高人名目録」にもみえる。(58) この史料は、文明五年段階での四〇名余りの人名と石高を書き上げたもので、作成の目的は不明であるが、ここから寺院・僧侶の名を外すと三〇名程度となる。当時の楠葉方禰宜の人数は三〇人で、(59) ほぼ一致することから、概ねここに出てくるような面々が楠葉神人であったと推察される。

一方の紀氏神人の構成は今ひとつわからない。【史料1】の続きには、空円が紀氏神人と思われる御園大夫光実に対し、紀氏神人の勤め方を尋ね「一社ニ御役之紀氏四人宛三所ニ、以上十二人参懃」との回答を得ていることから、これらの一部が楠葉に在住していたものと思われる。この御園大夫の系譜をひくのが、太田左京亮屋敷置文に名のみえる御園殿であろう。(60) 瑞光軒宗可他奥藤家家督置文では、奥藤家の相続をめぐる光理・光延の兄弟争いを九名の中分衆が裁定し、その旨を御園殿に報告している。(61) 楠葉の奥藤家に関する史料は他に存在しないが、楠葉の紀氏神人の通字が「光」であることから奥藤家も紀氏神人ではなかろうか。そのほかにも、今中家文書には殿の敬称を付けて呼ばれる辻殿がみえる。「紀氏一座光吉下地注文」では紀氏一座の光吉が、辻殿の下地から座中へ年貢として給付する分を書き上げており、辻殿が紀氏神人であることを窺わせている。(62) 先述の「石高人名目録」に「辻方今中貮郎」や「辻方小四郎」などの呼称があるように、辻家に属する者がいることも注目される。以上を総合すると、楠葉の紀氏神人として北向・御園・奥藤・辻の存在が想定される。

戦国期には、このように石清水八幡宮の荘園支配と結びついて多数の神人が確認され、「八幡領」とも認識されているが、(63) 楠葉は元来禁野の一部であり、また朝廷や摂関家の牧があったため、石清水八幡宮勢力が入ってくるのは比較的あとになってからのことである。楠葉神人の初見は正応二年（一二八九）であり、(64) 紀氏神人に至っては一四世紀後半に入るまで楠葉郷における積極的な活動はみせない。

ここで、伝宗寺の祈願寺認定の前提として、それ以前の楠葉における神人の活動を明らかにしておく必要があるだろう。応永二年（一三九五）二月、楠葉惣郷の訴訟により石清水八幡宮の神事が延引となったのをはじめとして、同四年三月、一二月、六年六月、一〇年六月、一一年七月、一三年閏六月と例年のように楠葉郷の訴訟による神事延引が続く。(65) ここでの訴訟の要求はほとんど不明ながら、それ以前にこのような訴訟が確認されないことから、一四世紀末に端を発して、楠葉郷では何かしらの大きな変動が起こっていたようである。上記のうち、具体的な訴訟内容がわかるのは応永一〇年のみで、神事奉仕の反対給付を増額するよう求めている。この要求は認められたが、その後も訴訟が続いていることや、待遇改善のみでここまで執拗な訴訟を繰り返しているとは考えがたいことから、それぞれの訴訟の要求はより深刻なものと思われる。

そこで注目されるのは、楠葉の氏神である交野天神社の棟札である。交野天神社には、嘉禎四年（一二三八）・

応永九年（一四〇二）・嘉吉二年（一四四二）の三枚の棟札が現存している。[66] このうち応永九年の修造における大願主は、「預所散位紀朝臣光実」であった。また、応永八年の宮寺符では、紀光次を権俗別当職に補任している。[67]

このように、応永期には復数名の紀氏神人が楠葉へ流入していることが確認されるようになる。彼ら紀氏神人の集団は「紀氏一座」や「紀氏座中」などと呼称され、その頂点に立つ人物は「預所」として石清水八幡宮領の荘官という側面ももっていたと考えられる。そして、このような紀氏神人による支配への積極的な介入が始まったことにより、楠葉郷の勢力バランスは崩れて、相論の続発に及んだと推測される。

ただし、楠葉神人対紀氏神人という構図で常に争っていたわけではなく、前節でみた鶴原の事例のように、対立軸は流動的であった。例えば応永二〇年には、楠葉の紀氏神官一同が訴訟に及ぶが、直後に善法寺家へ謝罪している。[68] 彼らの弁明によると、検知の豊忠が楠葉紀氏座中を頼みこんできたので、それに同意して一同での訴訟に及んだようである。今後は「地下人訴訟事候共、同心スマシク候」と誓約していることから、預所をはじめとした紀氏一座が地下人の訴訟に同調することもありえたことがわかる。

なお、寛正五年（一四六四）の「下司氏友紛失状」では、紛失の理由を「応永廿五年十月十六日南村乱」としている。[69] その後、しばらく激しい相論が確認されなくなることから、応永二五年の「南村乱」を機に混乱は一旦決着を迎えたようである。

次に掲げる永享九年（一四三七）の史料は、そのころの楠葉住民の上層部の構造を端的に示している。

【史料16】[70]

定置天満宮大御薗小頭役事

右子細者、自今以後之於小頭役者、預所御方・庄官御方并為座衆等相共ニ加評定、可令勤仕社役、其外者無

私之儀可令談向者也、若背此旨於輩者、可被処罪科者也、仍而後代為支証所定如件、
　永享九年三月八日　座衆中
　　庄官 光■（花押）　　衛門太郎大夫（略押）
　　預所 光忠（花押）　　大夫四郎大夫（略押）
　　検知 □（花押）　　執行大夫（略押）
　　（後欠）

交野天神社の小頭役を決める際には、預所・庄官と座衆らが評定することを定めたうえで、三者が連署した置文である。【史料1】に「禰宜赤坂主計号吉田打死、座衆数輩被疵」とみえるように、楠葉神人は「座衆」とも呼ばれていた。よって【史料16】は、石清水八幡宮領の預所・庄官として楠葉に進出してきた紀氏神人と楠葉郷人の代表である楠葉神人の合意のもと、楠葉郷の運営が行われていたことを示している。このような取り決めの存在は、それ以前に小頭役任命をめぐる争いがあったことを物語っている。【史料16】は、そのような応永期の争乱を乗り越えて、安定期を迎えた楠葉郷の運営を示すものといえよう。応永九年と嘉吉二年の棟札で預所紀氏が大願主となっているように、楠葉郷をあげての祭祀などは紀氏神人が主導するが、それには楠葉神人の同意も必要とされたのである。ちなみに【史料16】の預所光忠の名は、嘉吉二年の棟札でも「大願主預所紀朝臣光忠」としてその名が確認できる。

以上の点を踏まえると、伝宗寺の祈願寺認定は、紀氏神人と楠葉神人が協調路線を歩み、楠葉郷の自治運営が成熟するなかで実現したことが判明する。第一節の末で、伝宗寺領は不特定多数の楠葉郷人によって寄進され成立したと推測したが、見方を変えると、楠葉郷人は利権の保護を神人として石清水八幡宮に求めるだけでなく、

自らの手でも利権の保護を図り始めたといえるのではなかろうか。楠葉郷の石清水八幡宮からの一定の自立と自治の志向を示唆しているともいえよう。そうだとすれば、伝宗寺の祈願寺化は、郷人らによる新たな都市核の創造とも捉え直すことができる。

2　集落の構成

交野天神社造営の間は、楠葉郷内の集落が一一に番を組み、毎晩交代で宿直をつとめるのが慣わしであった。棟札に記されるその模様からは、当時の楠葉郷内に多くの集落が存在したことがわかる。近世の楠葉村が南組・町組・野田組の三組に分かれ、それぞれ別個の集落を構成しているのもその名残であろう。主要な神人は南村に居住しているほか(71)、応永九年（一四〇二）の棟札でも南村が惣奉行をつとめており、近世でも南組が楠葉村の本郷であったように、南村は一貫して楠葉の中心であった。

棟札の集落名は三つを優に越えており、中世の楠葉郷はより複雑な様相を呈していた。一一の番組は次に掲げる通りである。

嘉禎四年…A河原　B林村　C垂井斤山　D津嶋　E千富内　F早窪　G岸嶋　H鳥部　I南西村
　J同東村　K布施辻

応永九年…a野田　b男山・南村　c西村　d林・高田　e小鳥部・塚原　f大鳥部　g岸部　h河連
　i津嶋野　j中小路　k千富口・栗林・金井

字面だけをみて想像がつくのは、本郷である南村がJ南東村とI南西村に分かれ、のちにb南村とc西村となっていったこと、H鳥部もf大鳥部とe小鳥部に分割されたことである。また、dの林と高田は隣接するが、林は近世の南組、高田は野田組に含まれることから、近世の三組はまだ確立していないこともわかる。

近世三組の確立は、豊臣期に築かれた淀川の文禄堤が大きく関わっていると思われる。江戸時代になると、文禄堤上に京街道（東海道）が整備され、枚方宿のように堤防上に細長い集落が形成される。楠葉は宿場町に指定されていないが、枚方宿と淀宿の間にあって、旅籠や茶店がならび大名の小休所が設けられるなど、町場的様相を呈していた。この京街道沿いに成立した両側町の集落が町組である。町組は、南から順に小鳥部・大鳥部・岸の町・対馬野という四つの地縁的共同体で構成されていることから、近辺にあった中世集落が京街道に沿って一直線に並ぶことで形成されたことがわかる。これを手がかりにすると、図33に示したように、嘉禎四年（一二三八）の棟札では概ね反時計回りに、応永九年の棟札では時計回りに番が組まれていることがわかり、ある程度の所在も比定することが可能となる。例えば、中小路と千富口（千富内）は、淀川の関が設けられていたことから対馬野の北に措定しうる。[72]また、鳥部の分裂は港町の成長と捉えることもできよう。

寺院の様相からも、中世集落の姿が垣間みえる。近世の楠葉は大村であったこともあり、寺院が多く存在した。なかでも注目されるのが浄土宗西遊寺派の寺院で、対馬野の光明院をはじめとして、岸の町長福寺、大鳥部建長寺、小鳥部伝相寺、野田延寿寺、南安養寺、南のうち面取の極楽寺の七ヶ所があげられる。[73]町組の四集落と野田組・南組の中心にそれぞれ一ヶ寺ずつあることから、中世の各集落にあった寺が西遊寺派に編成されたようである。極楽寺は集落から少し離れているが、ここの裏山は楠葉村の墓地で、長禄四年（一四六〇）と文明五年（一四七三）の紀年銘を持つ蔵骨器が確認されていることから、中世以来の楠葉郷の惣墓であったことが明らかとなっている。[74]以上のことから、楠葉の浄土宗寺院は中世集落の名残と考えられる。

事実、前に引用した文明五年の「石高人名目録」では、これらのうち光明院・安養寺・観音寺（建長寺の旧称）

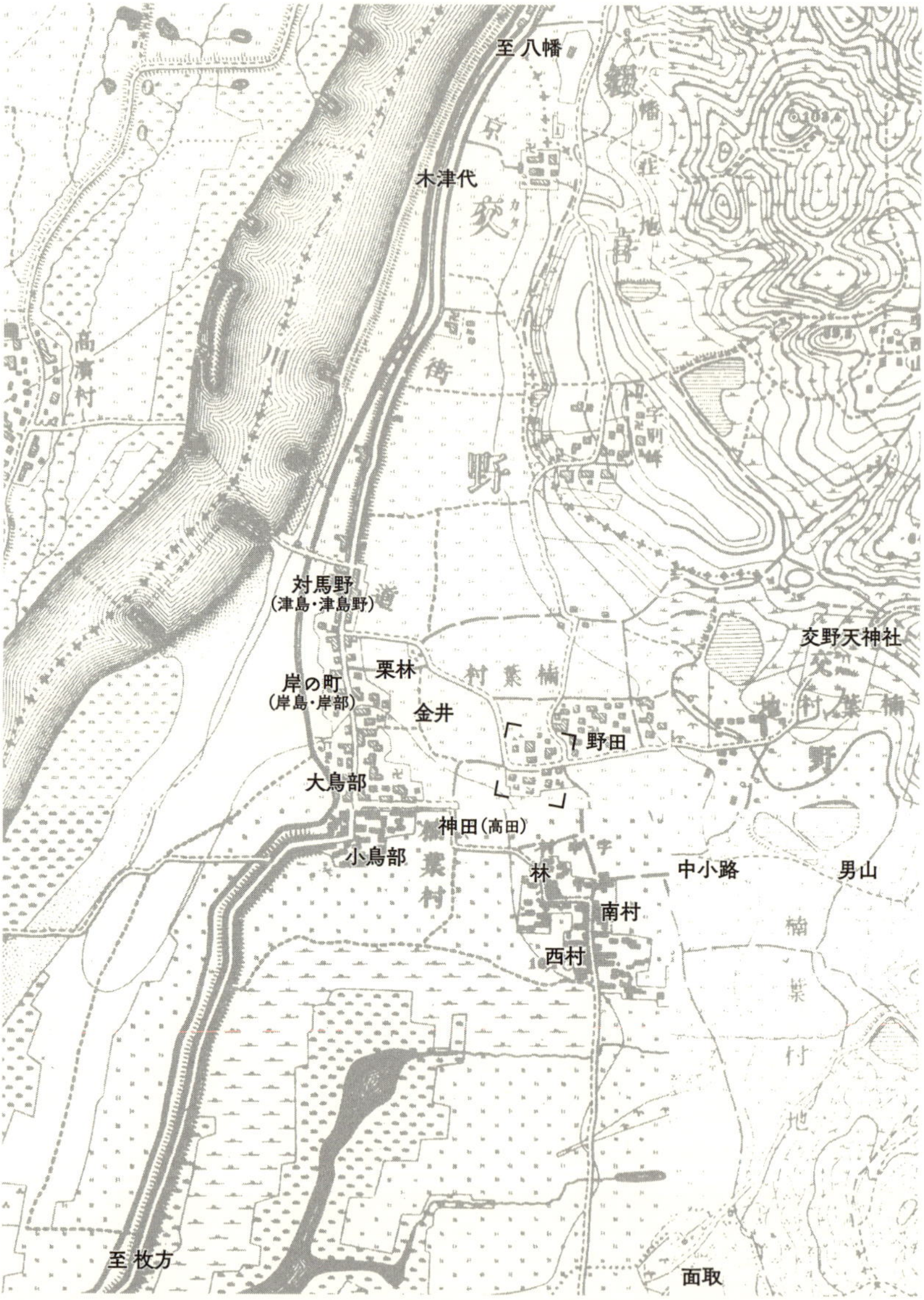

図33　楠葉郷復元図
仮製二万分一地形図をベースとした。地名は本文註(66)『大阪府全志』巻之四1377頁の記述などによる。野田周辺の四角で囲った部分が伝宗寺推定地。

が確認できる。「石高人名目録」には、他にも多くの寺の名が確かめられるうえ、「下司氏友紛失状」にも南のうち林に西福寺という名の寺がみえる。

以上のように、集落と寺院がひしめく様子からも、楠葉郷の規模の大きさと都市性をみてとることができる。

3　伝宗寺の所在

伝宗寺の所在は全く不明で、伝承なども一切残っていない。そこで、その所在について推測しておきたい。

楠葉野田西遺跡（小鳥部の西）の堀遺構からは、明応八年（一四九九）の大般若経転読札など三点の木簡が出土しているため、ここを伝宗寺の跡とする説もある。(75)しかし、【史料2】にみえるように、明応八年段階の伝宗寺は所領が他者に宛行われるなど、退転に近い状態であったと思われる。

通常、転読札は祈禱を依頼した者のもとに残されるもので、中世では武士の館や城館の堀などからの出土事例が中心を占める。藤澤典彦氏によると、これは五穀豊饒すなわち護国を功徳とする大般若経転読が、生産の実質的な責任者である武士階層に展開したことを示しているという。(76)また、それに加え中世後期の都市部では、富貴を願うために転読が行われるようになったともいう。これらのことから、転読札が出土した堀遺構は、楠葉の武士あるいは商人の館に伴うものと考えられる。

また、伝宗寺が明応八年段階で大般若経を所持していた根拠も何一つないことから、転読札を伝宗寺と結びつける積極的理由はない。その一方で、楠葉にあった伝宗寺以外の寺が、同時期に大般若経を所持していた事実が確認できる。現在、水度神社（京都府城陽市）が所蔵している大般若経の一部は、文明三年（一四七一）に富森正福寺から清原光長が一五貫文で買い取り、楠葉永持寺に寄進したものであることが奥書から判明する。(77)永持寺は

図34　伝宗寺推定地
枚方市史資料室蔵昭和29年航空写真。条里から時計回りに約10度傾いているため、中世の遺構と考えられる。

度々引用してきた「石高人名目録」などにみえるし、清原光長も長禄四年（一四六〇）の金山堯種・堯実下地売券で楠葉の土地を集積していることが確認できる。(78)よって、大般若経の転読札は、伝宗寺よりも永持寺によって作成された確率のほうが高く、そうだとすれば堀遺構は清原家の館のものということになる。もちろん、あくまでも確率の問題であって、その他の寺や家にかかる可能性もあるが、少なくとも堀遺構が伝宗寺のものでないことは確かであろう。

では、伝宗寺の所在はいったいどこに求めればよいのであろうか。将軍家祈願寺ともなれば、それなりの規模があったはずなので、何らかの痕跡を残していてもおかしくはない。そこで着目したいのは、楠葉野田一丁目付近にみられる一辺約一二五mの方形区画の存在である（図34）。この方形区画の存在が注目されたことは管見の限りないが、周囲に堀状の細長い区画を確認でき、地表面を観察するとこの部分に微妙な落ち込みが確認できることから、四方には堀がめぐっていたと想定できる。現在も北から流れてきた水路は、この方形区画の東端に沿って南に流れ、南東の隅で直角に折れ曲がり南端を西へ向けて流れている。また、この方形区画の北部を新しい道路が東西方向に断ち割っているが、ここに立つと方形区画の部分のみ微高地であることをはっきりと確認できる。

堀を伴うことから方形居館とも考えられるが、飛び抜けて大きな領主がいなかった楠葉郷にそれを措定するのは無理がある。消去法的になるが、この規模の方形区画を擁しうるのは、伝宗寺以外に見当たらない。楠葉郷の都市核として祈願寺を設けたとするならば、本郷南村と鳥部周辺の港そして氏神交野天神社のちょうど中心部分にあたるこの立地は理想的といえる。

仮にここを伝宗寺跡と比定すると、それ以降のこの土地の利用状況から、大永年間に伝宗寺が史料から姿を消した理由も説明できはしないだろうか。推測に推測を重ねることとなってしまうが、この点からもう少しこの方形区画の性格に迫ってみたい。

この区画は、楠葉村野田組にあたる。江戸時代には、この区画内に熊谷光子氏が在地代官の事例として取り上げた中井家があった(79)。より詳細に説明すると、区画内の北端中央に南面して本家があり、中井家の分家で庄屋などをつとめた田中家が西隣に、その他の分家も区画内の各所に配置されていた。中井家の活動は中世の楠葉郷では一切確認できないことから、伝宗寺の衰退と中井家の伸張は表裏一体のものであったと考えたい。

熊谷氏も指摘するように、中井家は近世に石清水八幡宮の駒形神人長職をつとめている(80)。一方、中世末期には、京都五条の馬市などにおける馬売買を生業とする上鳥羽在住の中井一族が駒形神人をつとめていた(81)。馬売買に携わった中井氏のその後の足取りは不詳であるが、一族が楠葉に移住した可能性は非常に高い。

中井一門は、近世前期に楠葉村内の寺を次々と中興し、楠葉の名望家として多くの寺社由緒を作成している(82)。仮に中井一門が伝宗寺に陣取るかたちで楠葉に入ってきたと想定するならば、中井家のこのような活動は伝宗寺の存在を意識的に消す行為とみることもでき、それに成功したともいえる。

四　楠葉郷の衰退と枚方寺内町の興隆

1　淀川舟運の変容

楠葉郷の発展基盤は、淀川の港にあると思われる。例えば、応安七年（一三七四）に渡来し、「唐人倉」と号し京都で商人として活動していた天竺人の聖が、楠葉の女を娶ったのも単なる偶然ではなかろう。応永二年（一三九五）に、この二人の間に生まれた楠葉西忍は、後に遣明船に乗り込む日本を代表する商人へと成長する。(83) 彼が、母の出身地楠葉を名字としたのも、流通の要としての楠葉を意識していたからであろう。

その一方で、要港である理由そのものについては、枚方の場合と同様に京坂間の中間地点であるという以上の言及はみられない。そこで、港としての楠葉の性格についてみておく。

【史料17】(84)

興福寺材木船事、任御遵行之旨、於津々関々、無其煩之様、河上の警固をいたされ候へく候、自難去方、蒙仰候、然而楠葉までをくり申され候へく候、努々不可有疎略之儀之状、如件、

七月三日　　　　信澄（花押）

草地右衛門尉殿

宛所の草地氏は、山城国綴喜郡草内（京都府京田辺市）の土豪と思われる。彼は興福寺まで運ぶ材木船の警固を命じられているが、彼が警固を託されたのは奈良の外港木津（同木津川市）までではなく、楠葉までであった。ここから先はまた別の便で輸送されるのであろう。ここに楠葉の中継港としての性格が窺えないだろうか。

事実、楠葉の北端の小字は「木津《こつ》」で、「紀氏一座光吉下地注文」でも「木津代河原」と呼ばれていることか

ら、[85]かつては終着点と中継点、二つの木津があったのである。桂川・宇治川・木津川という淀川支流の合流点ややや下流にあたる楠葉は、淀川や内海より上ってきた大船から、淀川支流を上る小船へ積荷を積み替える中継港であったと推測される。もちろん、その逆に下る際にも中継港として機能したであろう。古代以来、楠葉の上流に隣接する橋本と山崎の間には、山崎橋が架かっていた。これも、楠葉から上流は、橋をくぐることのできる比較的小規模の船が航行していたことを示唆する。幕末の事例となるが、会津藩による淀川筋の調査報告にも「八幡・山崎ゟ上は平板船ニ而も通漕最安くハ不被存候」とみえるように、[86]淀川は山城国に入ると水深が浅くなり大船の通航が困難であった。

淀川支流と本流の中継港という地理に基づく繁栄は、一六世紀における淀川交通の変換によって崩れたと思われる。鍛代敏雄氏は、織豊期に「淀過書廻船中」と呼ばれた廻船仲間は、すでに一六世紀半ばには大坂・枚方・鳥羽間の組織的な舟運を成立させていたとする。[87]それに従事するのは淀と大坂で同族経営をおこなっていた淀屋で、本願寺教団とも密接に関わっていた。この時期の主たる航路は瀬戸内・南海航路の発着地としての堺と淀川水系の水陸中継地としての大坂・淀を結ぶものであった。永禄九年（一五六六）の「備中国新見荘使入足日記」には塩飽―大坂と大坂―淀の航路が確認でき、そして大坂―淀の中間地点となる枚方が宿泊の場所に、またそのさらに中間にあたる守口・八幡がそれぞれ休憩場所となっていた。この淀廻船の展開が、それまでの中継港としての楠葉の機能を、淀と枚方それぞれに分化させたのではあるまいか。

右の推測を裏付けるために、衰退期の楠葉廻船業者の様子を確認しておく。永禄九年七月、三好三人衆と松永久秀の間で畿内の覇権を争う熾烈な戦いが繰り広げられるなか、尼崎に陣取る三人衆方の篠原長房のもとを西笑承兌らが訪問する。[88]一九日の午前中に、篠原長房のほか諸将に礼を済ませた一行は、午刻発の船にて京都への帰路についている。時間の関係から出航地は尼崎であろう。一行の乗った船は「クズワ《楠葉》ノ渡船」であった。[89] その日は出口（枚方市出口）で一泊し、翌朝出発すると、楠葉を素通りして伏見に昼頃着いている。

以上のことから推測されるのは、淀屋と本願寺による航路整備とその独占の結果、兵庫方面と淀川を結ぶ在来航路を利用していた楠葉の廻船業者はそのサイクルからはずれることとなってしまった。これが衰退の大きな要因であろう。そのうえ、航路の変更によって、自らの拠点が停泊地として適切な場所とならなくなってしまったことも、楠葉の衰退に影響を与えたのではなかろうか。[90]

2　石清水八幡宮勢力から本願寺勢力へ

ここでは、石清水八幡宮の膝下にあたる楠葉郷から本願寺の一拠点である枚方寺内町へという中継港の移動と、二つの宗教勢力の関係についてみておきたい。枚方寺内町の中心となった順興寺は、永禄二年（一五五九）の実従入寺以前は、枚方坊と呼ばれていた。その建立は、永正一一年（一五一四）まで遡るようであるため、[91] 次の史料に登場する寺もこの枚方坊を指すものと思われる。

【史料18】[92]

石清水八幡宮社務領山城国大山崎中興寺分・同国祖穀庄公文分・嶋田薗田・河内国若江西郷長曾祢朝拝田・同国交野散在三屋郷号枚方寺等事、任当知行之旨、弥全領知、専神用、可被抽御祈禱由、所被仰下也、仍執達如件、

天文六年十二月廿四日

散位（飯尾貞広）（花押）

前河内守（治部貞兼）（花押）

天文六年（一五三七）一〇月一〇日に善法寺充清が石清水八幡宮社務検校に補任されると、右のように社務領が安堵された。この社務領に三屋郷枚方寺が含まれている。この史料は、枚方寺内町の研究では用いられてこなかったが、石清水八幡宮勢力と本願寺勢力が交錯する場に枚方坊があったことを示唆する貴重な事例といえよう。

枚方付近の淀川には、古くから興福寺・春日社の河上関が設けられていた。永享一〇年（一四三八）の「南都河上関」は、淀関・三屋関・三嶋江中関・三嶋江下関・大庭関の五関であった(93)。嘉吉・文安のころには、河上五ヶ関の関務をめぐって筒井氏と興福寺が数年間合戦に及び、その間に河上関支配は破綻して、石清水八幡宮神人が新関を乱立するに至った(94)。長禄二年（一四五八）にも、「八幡神人等、諸篇任雅意、或立新関或恣神事」とみえる(95)。このように一五世紀中頃を端緒に石清水八幡宮神人の淀川南下がみられる。【史料18】はこうした神人の活動による当知行を追認したものであろう。

右の動きは、一五世紀中頃という時期からして、紀氏神人と楠葉神人の協調路線のもとで進められたと考えられるが、文明年間に至ってその路線は破綻し、紀氏神人と楠葉神人の軍事衝突が始まる。しかも、それと同時に、応仁・文明の乱の余波も受けることとなった。なぜなら、楠葉郷は畠山氏の守護分国である河内国の京都側の入口にあたるため、たびたび陣所や戦場とされたからである(96)。こうして、楠葉郷からの勢力拡大として始まった神人の南下は、やがて楠葉郷からの退避としての南下に変化していったと考えられる。

では、石清水八幡宮勢力と本願寺勢力は競合していたのであろうか。天文前期は本願寺宗主と善法寺は良好な関係を保っていることから(97)、両者が競合関係にあるとは思えない。その後は、本願寺が淀川諸関の過書を取得した旨を富田・出口・枚方の三ヶ所を通して諸役所に通達していることや、証如が枚方に招かれ朝食をとっていることにみられるように、枚方が本願寺の一拠点となっていく(98)。このころの枚方における石清水八幡宮勢力と本願寺勢力の関係を示す史料は、残念ながら残されていない。

時期が下って、永禄二年以降になると、蓮如の一三男実従が枚方に入寺したことにより、順興寺が整備され、枚方寺内町は繁栄期をむかえる。この時期の枚方周辺における石清水八幡宮勢力の残滓を読み取ってみたい。

【史料19】(99)

安（案）文

当郷内買徳分○并散在加地子之儀、令免除上者、不可有別儀候、全可有知行者也、恐々謹言、

永禄四 十二月五日　　土屋入道 宗喜

糺（紀）氏宮太輔殿

御宿所

【史料19】の差出は、枚方のすぐ南にある伊香賀郷の地頭として承久の乱後入部した土屋氏で、往時の勢いこそないものの、この地域の領主としてなお健在であった(100)。この史料から、紀氏神人が枚方周辺まで勢力を伸ばしていることが確認されよう。

そして宛所の紀氏宮太輔は、『私心記』に頻出する好村宮大夫、その人であろうと筆者は考えている。好村宮大夫は、実従が入寺した日に越前クナミ・大文字屋（高島）四郎左衛門・村野源左衛門とともに四人長衆の一人として呼び出されている(101)。実従を枚方に誘致した功労者である彼らは、足並みを揃えて行動するが、あるときに限って、宮大夫のみ別行動をとることがある。

翌年正月朔日には、「大文字屋・丸屋・越前同子・源左衛門」という四人の寺内衆が、実従のもとへ年頭の挨

拶に訪れる。(102)長衆のうち、大文字屋四郎左衛門と越前クナミとその子、そして村野源左衛門が訪れているが、宮大夫の名はなく、丸屋がそこに並ぶ。丸屋についてはここにしか登場しないことから素性は不明であるが、宮大夫の代理人であろう。少なくとも丸屋が宮大夫の屋号でないことは、翌二日条から明らかである。すなわち、「宮大夫、昨日八幡へ参候、今日礼ニ来候、越前・宮大夫・四郎左衛門三人、内礼ニ来候」とあるように、宮大夫は朔日に実従より優先すべき石清水八幡宮へ礼に行っていた。翌日になって改めて四人揃ったかたちで、礼にきたのである。翌年の正月も同様に、朔日に四郎左衛門・源左衛門らが礼に参り、二日に宮大夫が礼に来ている。この時は二日に来た理由を実従は改めて記すことはしないが、ほとんどの者が朔日に礼に来ているにも拘わらず、二年連続で二日に来ていることから、この年も石清水八幡宮に礼に行っていたと考えるのが自然であろう。

このような宮大夫と石清水八幡宮の特殊な繋がりは、実従が石清水八幡宮を参詣したときにも表に出てくる。供をつとめた宮大夫は、社参し見物を終えた実従らに対し、石清水八幡宮の栗本坊で切麦・小漬・魚などを振舞っているのである。(103)以上のようなことから、宮大夫は紀氏神人の宮太輔としての顔も持っていたと推察される。

そのほか、実従のもとを頻繁に訪れる津田（枚方市津田）の土豪である津田備後入道紹憲は、永禄九年に息子の春松丸を八幡梅本坊の仲介で、同じく八幡の寿徳院照瑜に弟子入りさせている。(104)このように石清水八幡宮と本願寺に両属的な者は、北河内では珍しくなかった。

以上本項では、戦国末期に北河内の有力者が石清水八幡宮と本願寺に両属的である様相を明らかにした。彼らは、興福寺の利権を奪うべく当初は石清水八幡宮を推戴し、中途から成長しつつある本願寺をも推戴するようになった。そして、淀川水系を掌握しつつあった本願寺勢力に次第に傾倒していったのである。こうして石清水八幡宮神人をはじめとした在地有力者の枚方への南下が一層進んだと考えられる。とりわけ、実従招致に尽力した人物が、実は石清水八幡宮神人でもあったという事実は、枚方寺内町の成立を考えるうえでも重要な意味を持っている。現段階では、【史料18】の枚方寺が真宗寺院か否か即断することは避けておくが、仮に真宗寺院が社務領として安堵されても大きな矛盾はなかったのである。

おわりに

本章では、まず最初に伝宗寺相論を通覧してその特質を示した。そこでは、楠葉郷人とその代表である楠葉神人が、常に伝宗寺住持と行動をともにしたことから、地下の運動による将軍家祈願寺としての伝宗寺の誕生を窺うことができた。楠葉郷の人的構成の変遷からみると、応永年間に紀氏神人が石清水八幡宮の預所として楠葉郷に流入し、楠葉神人と対立したが、応永末年には協調路線を歩みはじめていた。祈願寺認定はその結果でもあった。維持こそできなかったものの、石清水八幡宮勢力からの一定の自立をめざし、祈願寺認定による寺領安堵・守護不入を前提とした町づくりを志向していたのである。これをもって「祈願寺寺内町」の成立とするには尚早かもしれないが、このような発想が、のちの真宗寺内町に受け継がれた可能性は指摘できよう。

この体制は、文明初年の祈願寺廃号によって、わずか半世紀ばかりで破綻する。文明五年（一四七三）の「石高人名目録」の作成目的を本文では不詳としたが、楠葉郷人の寄進によって伝宗寺領が成立していたとしたら、廃号直後という作成時期から伝宗寺領の内訳を示すものかもしれない。また「紀氏一座光吉下地注文」で「辻殿御下地座中へ年貢給候分」とあるのも伝宗寺領と神人の関係の名残ともとれまいか。この点も含め、今中家文書を活用した楠葉郷の内部にまで踏み込んだ分析が、今後の課題として残されている。

また、相論の特質として、偽文書を多用する点から楠葉郷の富貴をみてとれた。このような楠葉郷住人をはじめとする石清水八幡宮神人の経済発展は、彼らの南下を促した。さらに楠葉郷が度々戦火に見舞われるようになると、新天地を求めて南下する神人たちの動きは加速する。そして彼らは、そのころ勢力を伸ばしつつあった本願寺勢力をも推戴するようになり、淀川流域における商業活動に従事した。かかる動きのもとで流通の流れは微妙に変化し、中継港楠葉の機能は淀と枚方に分化していったのであった。すでに鍛代敏雄氏によって、招提寺内町成立の背景に八幡の土倉・問屋家中の援助が想定されているが、[105]楠葉郷の視点を導入することで、より具体的に北河内の寺内町成立に石清水八幡宮が関与していることが確認できたと思う。

註

（1）　鍛代敏雄「枚方寺内町の構成と機能」（同『戦国期の石清水と本願寺』法藏館、二〇〇八年、初出一九八五年）。草野顕之「一家衆の地域的役割」（同『戦国期本願寺教団史の研究』法藏館、二〇〇四年、初出一九九七年）。藤田実「寺内と惣寺内」（『枚方市史年報』第五号、二〇〇二年）。

（2）　寺内町の研究では、天野太郎「淀川流域における寺内町の立地選定に関する一考察」（『地域と環境』No.３、二〇〇〇年）。

（3）　試しにその状況を表13に示した。これは『枚方市史』第六巻所収の中世編一般編年史料のうち、一一世紀から一六世紀の範囲（二号〜一六〇号）で、楠葉・枚方の名もしくは近世楠葉村・枚方宿の範囲内の地名や寺社名などが確認できる史料の点数を世紀ごとに計上したものである。その数字から、楠葉のほうがよく知られる要地であったことは想像に難くない。もちろん、一般編年史料に所収されない史料も数多く認められ、近世枚方宿に含まれる三矢の初見史料である永徳元年（一三八一）の円仲下知状（離宮八幡宮文書四八号〔『大山崎町史』史料編〕）や、同じく岡の初見史料である長禄元年（一四五七）の記事（『経覚私要鈔』長禄元年一〇月一六日条）などが表から抜け落ちているが、本章でも紹介するように、それを越える楠葉関係の未収録史料が存在する。そのほか端的にわかる事例として「明応二年御陣図」（『福智院家古文書』〈花園大学、一九七九年〉附録）がある。ここには、数多くの地名が記されるが、楠葉はあって枚方はない。

（4）なお、楠葉に明確な都市遺構は確認できていないが、本章で論じるように淀川の中継港としての機能が集中していたことは間違いないので、ひとまず都市的な場と表現しておく。

（5）拙稿「史料紹介　一五～一六世紀の楠葉今中家文書」（『枚方市史年報』第八号、二〇〇五年）。

（6）細川武稔「室町将軍家祈願寺の諸相」（同『京都の寺社と室町幕府』吉川弘文館、二〇一〇年、初出二〇〇三年）。同「禅宗の祈禱と室町幕府」（同上、初出二〇〇四年）。池浦泰憲「南北朝内乱期の祈禱寺」（『ヒストリア』第一九二号、二〇〇四年）。

（7）伝宗寺文書一号（『枚方市史』編年八七号）。森川文書に所収される伝宗寺文書については、本章の初出にあたる拙稿「河内国楠葉の石清水八幡宮神人と室町将軍家祈願寺伝宗寺」（『枚方市史年報』第九号、二〇〇六年）で翻刻している。

（8）伝宗寺文書二号（『枚方市史』編年八九号）。

（9）「宮寺旧記」（『石清水八幡宮史料叢書』四、六三六頁～六四一頁）。

（10）『大乗院寺社雑事記』文明一三年一月二八日条（『枚方市史』編年一〇五号）。

（11）川岡勉編『畠山家文書集』（羽曳野市、一九九一年）七七頁～七九頁。

（12）二年間もどのような形態で籠もっていたのか、興味深いところではあるがよくわからない。「同十六年七月十二日」の誤記と考えられなくもないが、それならば「同年七月十二日」と記すはずであるから、やはり二年間交代などしながら閉籠を続けていたと考えざるをえない。

（13）『蔭涼軒日録』文明一九年三月五日条。

（14）『蔭涼軒日録』文明一九年三月一六日条・二七日条。

（15）『蔭涼軒日録』文明一九年五月二二日条。

（16）『蔭涼軒日録』文明一九年五月二七日条・七月一二日条。

表13　『枚方市史』中世編一般編年史料の記事件数

時期	11世紀	12世紀	13世紀	14世紀	15世紀	16世紀	総計
全体の点数	2	16	21	39	44	37	159
楠葉関係の点数(割合)	1(50%)	12(75%)	7(33%)	23(59%)	23(52%)	9(24%)	75(47%)
枚方関係の点数(割合)	なし	なし	なし	なし	1(2%)	4(11%)	5(3%)

（17）『蔭涼軒日録』文明一九年八月二三日条。
（18）『蔭涼軒日録』長享二年五月一五日条。
（19）伝宗寺文書三号・五号（『枚方市史』編年一一二号・一一三号）。
（20）伝宗寺文書六号（『枚方市史』編年一二〇号）。
（21）「御元服聞書」（『後鑑』明応三年一二月二七日条・『枚方市史』編年一二二号）。石清水文書拾遺四八—二二号（『石清水文書』六・『枚方市史』編年一二三号）。
（22）義稙系と義澄系の対立については、山田康弘『戦国期室町幕府と将軍』（吉川弘文館、二〇〇〇年）。
（23）養父彦次郎氏所蔵文書四号（『枚方市史』第六巻）。養父氏については、小谷利明「国人・侍文書からみた軍事編成」（同『畿内戦国期守護と地域社会』清文堂出版、二〇〇三年、初出一九九五年）。
（24）石清水文書拾遺四八—二三号（『石清水文書』六・『枚方市史』編年一二六号）。『枚方市史』は典拠を森川文書としているが誤りである。
（25）石清水文書拾遺四八—二四号（『石清水文書』六・『枚方市史』編年一二七号）。『枚方市史』は典拠を森川文書としているが誤りである。
（26）この注記は難解であるが、【史料4】と一連の写のなかにある「山名治部少輔殿」宛て室町幕府奉行人連署奉書案（石清水文書拾遺四八—一一号〈『石清水文書』六〉）に着目すれば理解ができる。そこでは、「山名治部少輔殿」と並列して「山名次郎殿」と連名に宛てたように筆写されているが、「山名次郎殿」に「文言同前」との注記があり、かつ「被宛御身一通并在所へ一通、以上四通」とも加筆されている。つまり、両山名氏に一通ずつ発給されているのである。この一例を敷衍すると、本文のように解釈できる。
（27）祈願寺認定によって得られる権益については、前掲註（6）細川論文参照。
（28）伝宗寺文書九号（『枚方市史』編年一二八号）。『枚方市史』は、発給者を細川政元の奉行人とするが、すでに政元は没しており、発給者が高国近習の石田国実であることから、「細川高国奉行人連署奉書」とするのが正しい。詳しくは、拙稿「細川高国の家督継承と奉行人」（拙著『戦国期細川権力の研究』吉川弘文館、二〇一八年、初出二〇一五年）。
（29）石清水文書拾遺四八—二二号（『石清水文書』六・『枚方市史』編年一二三号）。

（30）伝宗寺文書七号（『枚方市史』編年一二九号）。

（31）「永正五年日々記」一一月二六日条（『石清水八幡宮社家文書』）に、「飯尾加賀守（清房）、鶴原・木村・森方へ罷越候」とあるように、前掲註（30）の幕府奉行人奉書発給直前に、元幕府奉行人の飯尾清房が鶴原らのもとへ赴いている。清房は義稙の将軍復帰と同時に奉行人の座から外れていることから（今谷明「京兆専制」〔同『室町幕府解体過程の研究』岩波書店、一九八五年、初出一九七七年〕）、どのような立場で鶴原のもとを訪れたのかは不明である。しかし、時期からして相論の調査である可能性はある。他の奉行人の誤記とも考えられよう。

（32）菊大路家文書二八六号（『石清水文書』六・『枚方市史』編年一三四号）

（33）伝宗寺文書八号（『枚方市史』編年一三二号）。この目録にも「御判壱通　拾月五日」として掲げられている足利義澄御内書（伝宗寺文書四号〔『枚方市史』編年一三〇号〕）は、やや奇妙である。

所々寺領等事、任当知行之旨、不可有相違候也、

十月五日　（足利義澄）（花押）

伝宗寺

一見、何の変哲もない御内書にみえるが、義澄は御判始以来、一貫して伝宗寺領を石清水八幡宮に与え続けていた。また、石清水八幡宮に奉納した文亀二年（一五〇二）の自筆願文一条目に「今出川義材（足利義稙）死去候事」とあるように、義澄は石清水八幡宮と協調し、義稙と対抗しようとする強い意志を持っていた（菊大路家文書一四三号〔『石清水文書』六〕）。したがって、御判始を否定してまで、伝宗寺領を安堵するとは理解に苦しむ。

右の御内書は「伝宗寺目録」に掲載されていることから、大永五年段階ですでに存在したこととなる。大永元年の義稙出奔によって伝宗寺は大きな後ろ盾を失い、それに乗じて善法寺は大永五年に将軍義晴による寄進という既成事実を作った。それを訴えて作成されたのが「伝宗寺目録」である。義澄は善法寺と結んでいたため、伝宗寺は義澄方から冷遇されていた。義稙の出奔後新たに将軍職についたのは義澄の長男義晴である。そして案の定、伝宗寺領は善法寺に寄進された。そこで窮地に立たされた伝宗寺は、右の御内書を偽作し、義稙以降一貫して伝宗寺領が安堵されていたことを主張するに至ったのではないだろうか。原文書にあたれていないため断定はできないが、後述のように、楠葉で「謀判」が横行していたことも勘案すると、その可能性は否定できない。

（34）「大永七年雑記」五月二〇日条（『石清水八幡宮社家文書』）。

(35)　拙稿「『堺公方』期の京都支配と柳本賢治」（前掲註（28）拙著、初出二〇一四年）。
(36)　畠山義昭氏所蔵「畠山家文書」二号（前掲註（11）川岡編書三頁）。天文一五年一〇月三日付摂津元造書状（大館文書〔東京大学史料編纂所影写本〕）。
(37)　「大舘記（七）」（『ビブリア』第八六号、一九八六年）六五頁。天文二一年六月二五日付安見宗房書状（大館家文書〔宮内庁書陵部蔵〕）。安見宗房による萱振賢継の粛正については、『言継卿記』天文二一年二月一一日条および「良尊一筆書写大般若経奥書集」巻第二九八（稲城信子『日本中世の経典と勧進』塙書房、二〇〇五年）。
(38)　石清水文書拾遺四八―二一号（『石清水文書』六・『枚方市史』編年一一一号）。
(39)　菊大路家文書一〇〇号（『石清水文書』六・『枚方市史』編年一三八号）。
(40)　「披露事記録」天文八年三月二七日条（『室町幕府引付史料集成』上巻一三一頁）。
(41)　早稲田大学中央図書館所蔵「諸家文書写」巻一。
(42)　『大館常興日記』天文八年七月五日条。
(43)　『大館常興日記』天文八年七月一〇日条。
(44)　巣林庵については、鍛代敏雄「石清水社造営と禅家巣林庵」（前掲註（11）鍛代著書、初出二〇〇五年）、清光院については、設楽薫「将軍足利義晴の嗣立と大館常興の登場」（『日本歴史』第六三一号、二〇〇〇年）が詳しい。
(45)　『大館常興日記』天文八年七月一一日条。
(46)　『大館常興日記』天文八年七月一二日条。
(47)　『大館常興日記』天文八年七月一四日条。
(48)　『大館常興日記』天文八年七月一六日条。
(49)　『大館常興日記』天文八年七月二九日条。
(50)　『大館常興日記』天文八年七月三〇日条。
(51)　「伺事記録」天文八年八月一七日条・二四日条（『室町幕府引付史料集成』上巻一五九頁）。
(52)　「披露事記録」天文八年八月二四日条（『室町幕府引付史料集成』上巻一四九頁）。
(53)　「伺事記録」天文八年八月二七日条～九月一〇日条（『室町幕府引付史料集成』上巻一五九頁～一六〇頁）。
(54)　「披露事記録」天文八年八月二七日条（『室町幕府引付史料集成』上巻一五〇頁）から、内談衆の本郷光泰が病気となったことがわかる。
(55) 大永六年にも俗別当が判形の違う「疑書」を支証として幕府に提出している（菊大路家文書三二二号（『石清水文書』六））。
(56) 「政所賦銘引付」文明一六年九月四日条（『室町幕府引付史料集成』上巻三九三頁）。
(57) 石清水八幡宮の神事における楠葉神人の勤方は「楠葉方所持旧記」（『石清水八幡宮史料叢書』四）に詳しい。
(58) 今中家文書その五、三号（枚方市史資料室蔵）。今中家文書は楠葉村の庄屋家に伝わった文書群で、六次にわたって枚方市史資料室が収集している。そのうち中世文書にあたるその三は前掲註（5）拙稿で、その五は前掲註（7）拙稿で翻刻している。
(59) 「年中用抄」下（『石清水文書』四・『枚方市史』編年一〇〇号）。
(60) 今中家文書その五、六号。
(61) 今中家文書その五、七号。
(62) 今中家文書その五、五号。
(63) 『大乗院寺社雑事記』文明一八年二月一五日条（『枚方市史』編年一〇七号）。
(64) 「榊葉集」（『石清水八幡宮史料叢書』四・『枚方市史』編年三六号）。
(65) 「宮寺見聞私記」（『石清水文書』四・『枚方市史』編年七九号・八二号）。
(66) 井上正雄『大阪府全志』巻之四（大阪府全志発行所、一九二二年）一三八三頁～一三八五頁をはじめ、『枚方市史』編年三〇号・八一号・九五号にも翻刻されているが、傷んだ部分もあるため、読み方が区々であった。その後に見つかった今中家文書その五には、原寸大で誤字までもそのまま忠実に模写した天明二年（一七八二）の写も含まれており、今より傷みの少なかった頃の様子もわかるようになった。こうした最新の情報に基づき、『重要文化財交野天神社本殿及び交野天神社末社八幡神社本殿保存修理工事報告書』（交野天神社、二〇〇五年）第五章第一節にて校訂を加えたので、本章ではこれに従っている。
(67) 今中家文書その三、一号。
(68) 「年中用抄」下（『石清水文書』四・『枚方市史』編年八五号）。
(69) 今中家文書その三、六号。

（70）今中家文書その五、二号。

（71）前掲註（5）拙稿。

（72）大村拓生「楠葉関・禁野関の領主と地域社会」（『枚方市史年報』第一八号、二〇一六年）。前掲註（66）井上著書一三七七頁に基づいて作成した図33に示したように、中小路は南村の東部にも存在するが、応永九年の棟札にみえる中小路をここに比定すると順序がおかしくなってしまう。

（73）旧『枚方市史』三六一頁～三六三頁。

（74）瀬川芳則「中世庶民共同墓地における火葬普及の様相」（『ヒストリア』第六六号、一九七五年）。

（75）谷川博史・西村健司「大阪・楠葉野田西遺跡」（『木簡研究』第一九号、一九九七年）。『広報ひらかた』№.九四六（枚方市、一九九八年）。『新版　図録・枚方の遺跡』（財団法人枚方市文化財研究調査会、一九九八年）四八頁。

（76）藤澤典彦「大般若経転読儀礼の展開」（『志学台考古』創刊号、二〇〇〇年）。転読札については、多田暢久氏から御教示を得た。

（77）『城陽市史』第一巻（城陽市役所、二〇〇二年）五八六頁。

（78）今中家文書その三、四号。前掲註（5）拙稿では「永将《カ》寺」としたが、「永持寺」と訂正する。また、光長の姓を中沢かと推測したが、清原に訂正する。

（79）熊谷光子「近世畿内の在地代官と家・村」（同『畿内・近国の旗本知行と在地代官』清文堂出版、二〇一三年、初出二〇〇一年）。

（80）明治四年（一八七一）の中井家文書その一、一八号（枚方市史資料室蔵）において、中井家は駒形長職を先祖以来つとめていたが、近年はつとめていないと述べる。駒形長職のポストは三家で、寛政六年（一七九四）から幕末にかけては片岡家三家がつとめていることが片岡家文書その三、三九四号～五〇四号（同上）にて確認されるため、中井家が駒形長職をつとめていたのはそれ以前ということになる。

（81）長塚孝「戦国期の馬市に関する史料」（『馬の博物館研究紀要』第八号、一九九五年）。

（82）中井家文書その二、一号・二号の「河内州交野郡楠葉里五箇寺由緒」や四号の「交野天神縁起」など。後者については、本書第一部補論「『交野天神縁起』について」。

（83）森田恭二「楠葉西忍と日明貿易」（同『大乗院寺社雑事記の研究』和泉書院、一九九七年、初出一九九五年）

など。
(84)『春日大社文書』八二二号（『枚方市史』編年五九号）。
(85) 木津の事例については、本書第一部第五章「蝦夷の首長アテルイと枚方市」も参照されたい。
(86)『会津藩庁記録』一、一一頁。調査の経緯については、拙稿「京都守護職会津藩の京都防衛構想と楠葉台場」（拙著『楠葉台場跡（史料編）』財団法人枚方市文化財研究調査会・枚方市教育委員会、二〇一〇年、初出二〇〇七年）。
(87) 鍛代敏雄「淀川交通の変換」（前掲註（1）鍛代著書、初出二〇〇一年）。
(88)『鹿苑日録』永禄九年七月一九日条・二〇日条。
(89) 慶長一七年（一六一二）の年紀がある中井家文書その一、一二号など、楠葉は仮名では「クズワ」と表記される事例がある。
(90) 三宅俊隆氏の御教示によると、楠葉の中世遺構面の上には大量の砂が堆積しているそうである。これは、洪水によって楠葉が大きなダメージを受けたことを示すのではなかろうか。ただ低湿地にある楠葉は何度も洪水に見舞われているはずである。復興を許さなかった要因はやはり本文で述べたとおりであろう。洪水に対する警戒心から、招提や枚方などの微高地への寺内町建設に帰結したとも考えられる。
(91) 本書第三部第四章「枚方寺内町の沿革と対外関係」。
(92) 菊大路家文書五五号（『石清水文書』六）。『石清水八幡宮史』首巻（石清水八幡宮社務所、一九三九年）によると、史料中にみえる「社務領」とは、社務職に属する渡領で、検校に就いた時のみ管領するものであった。社務領に関して明確に記した文書はこれ一通のみという。
(93)『春日大社文書』一七四号（『枚方市史』編年補三号）。
(94)『大乗院寺社雑事記』文明一五年九月一二日条（『枚方市史』編年一〇五号）。
(95)『経覚私要鈔』長禄二年九月二二日条（『枚方市史』編年補四号）。
(96)『大乗院寺社雑事記』文明一五年九月九日条・九月一八日条・延徳四年二月二一日条・明応二年閏四月五日条（『枚方市史』編年一〇五号・一一四号・一一六号）。
(97)『天文日記』天文八年五月一六日条・同九年五月一五日条・同一〇年九月二一日条など。

(98)『天文日記』天文一五年六月二二日条・同二〇年三月七日条。
(99)土屋氏文書四九号（『枚方市史』第六巻）。枚方市史資料室蔵写真版にて訂正を加えた。
(100)『私心記』永禄三年二月四日条で、実従のもとを訪れている。
(101)『私心記』永禄二年一二月九日条。
(102)以下の事例は、『私心記』永禄三年と四年の正月一日条・二日条。
(103)『私心記』永禄四年四月二三日条。
(104)本書第一部第二章「城郭由緒の形成と山論」。『唐招提寺史料』第一、八五号・八七号・九四号。
(105)鍛代敏雄「戦国期の境内都市『八幡』の構造」（前掲註（1）鍛代著書、初出二〇〇四年）。

第二章　石清水八幡宮勢力の展開と招提寺内町

はじめに

肥後細川家の家臣に小篠《おざさ》という家がある。近世を通じて知行高二〇〇石から七〇〇石程度を推移した中級家臣で、さして注目を浴びる存在ではない。(1)筆者がこの家に関心を寄せるに至った一つの契機は、河内国交野郡招提村（大阪府枚方市招提元町）の庄屋をつとめた片岡家で、小篠家から送られた近世初期の書状を五点ほど発見したことにある。本章はこれらの紹介を目的の一部としている。

招提は、戦国期に浄土真宗の道場を核として成立した寺内町で、両家は招提の中心的存在であったが、小篠家は細川家に仕官し、片岡家は当地に留まった。五点の書状はそうした背景のもとでのやりとりであり、近世初期に限定される両者の交友関係は、兵と農を分かつ過程を示していて非常に興味深い。また、小篠家の出自を明らかにすることは、膨張する領国に対応した細川家の人材確保の一断面を示すことにも繋がるであろう。

ただ、本章が小篠家に注目する理由は、必ずしもそこにあるわけではない。本章の主眼は、小篠家が登場する数少ないこれらの一次史料を一つの糸口として、同家の動向を戦国期まで遡及し、そこから今ひとつ不分明であった招提寺内町の成立過程を解明することにある。

招提寺内町については、片岡家に残された明和八年（一七七一）成立の「招提寺内興起後聞記并年寄分由緒実録」（以下「由緒実録」）という由緒書に基づいて研究が積み重ねられてきた。[2]そこには、近江の土豪河端・片岡両家（いずれも近世招提村の庄屋）の主導による招提寺内町の成立過程がこと細かくまとめられているため、土豪主導型の寺内町として注目を浴びてきたのである。

ところが九〇年代後半、小谷利明氏によって「由緒実録」の虚飾性が指摘された。[3]小谷氏は、「由緒実録」で単に浪人の一人として記載される野尻治部が、実は北河内最大の領主で、合戦に負傷し、同じく浪人とされる小篠家を従えて招提に入ったとする。さらに、招提で最も古い文書を持っていたのが河端家でも片岡家でもなく、小篠家であることに注意が必要とした。重要な指摘ではあるものの、招提寺内町の成立過程や「由緒実録」の作成背景については言及もなく、招提における小篠家の役割についても注意を喚起したのみなので、これらは課題として残されたままである。

その後、鍛代敏雄氏が小谷氏の指摘を踏まえたうえで、小篠家や片岡家は石清水八幡宮境内に勢力を持つ侍衆出身で、招提寺内町の建設に八幡の土倉による出資があった可能性を示唆した。[4]また、招提と同じく北河内にある出口寺内町（枚方市出口）や枚方寺内町（枚方市枚方上之町）についても、石清水八幡宮領や神人との関係性を指摘し、交通を職能とした神人らが、本願寺教団の門徒・門徒分として身分を変容させたことを想定している。[5]

鍛代氏の指摘は、換言すると北河内の寺内町全てに石清水八幡宮との関係性があるということになるため、当該地域の基本構造を考えるうえで、極めて重要なものである。そこで筆者は、可能性に留まっていた鍛代氏の指摘を継承し、北河内における石清水八幡宮勢力の動向をより具体的に検証した。[6]そこでは一五世紀中頃から、石

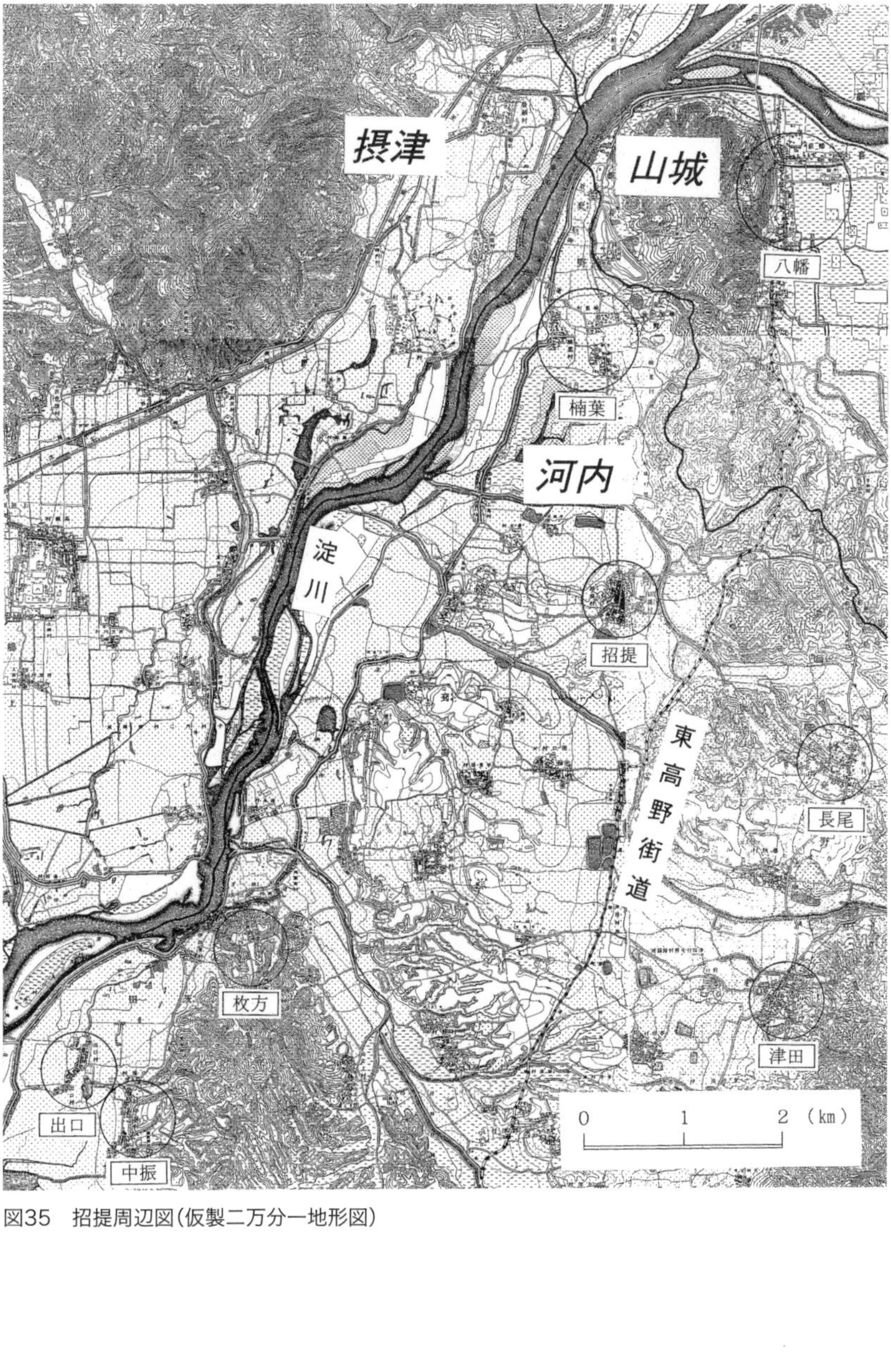

図35　招提周辺図（仮製二万分一地形図）

清水八幡宮の神人たちが南下をはじめ、それと同時に淀川の交易に大きな影響力を持ち始めた本願寺をも推戴するようになるという動向を示した。これによって、寺内町研究にとって北河内というフィールドには次のような意味があることを示せたと思う。

かつて寺内町は、浄土真宗という宗教的連帯感によって支えられる共同体と考えられていたが、他宗徒も居住していたことや、神社との関係性が確認されるとともに、本願寺の宗教的支配の側面のみを強調することは誤りであるとの認識が一般的になってきた(7)。ところが、本願寺以外との関係性とはいっても、これまでは雑多な宗教勢力との関わりが指摘されるに留まっていた。その点北河内では、寺内町成立以前から石清水八幡宮が強い影響力を持っていたため、石清水八幡宮勢力に視座を据えることによって、本願寺や寺内町を相対化して論じることが可能である。これは、様々な宗教勢力を交えながらも、最終的に本願寺と寺内町とを結んでいる本質とは何かという点を際だたせる上でも格好のフィールドであることを意味する。したがって、八幡出身と思われる小篠家の動向に視点を据えて、招提寺内町の成立過程を検討するという本章の課題は、個別の家や寺内町の歴史を解明することに留まるものではない。

なお、小篠家に関する史料は限られているため、本章では次のような手順で検討を進める。まず河内と肥後に残る由緒のなかの小篠家の姿を比較したうえで、小篠家から片岡家に送られた書状など、比較的史料が残る後代から順に確実な史料でその系譜を確定させ、小篠家の動向を可能な限り明らかとする。それを基本軸とすることで、河端・片岡両家を中心として語られてきた（語らざるを得なかった）招提の歴史を相対化することとしたい。これによって、「由緒実録」の作成背景も自ずと明らかになるだろう。そして最後に、他の寺内町も視野に入れつつ、石清水八幡宮勢力の動向からみた戦国期における北河内の地域構造について言及する。

一　由緒のなかの小篠家

1　「由緒実録」にみる小篠家

まずは、「由緒実録」のなかで描かれる小篠家の姿をみてみよう。

天文一二年（一五四三）、片岡家と河端家の奔走によって将軍足利義晴から認可を得ると、招提寺内町の建設が開始される。当初は「寺内無人ナレハ、為防之隠居ハ浪雄ヲ被招寄、先小篠兵庫カ息小篠隠岐、同次太夫、亀之丞、野尾（尻）治部」ら諸浪人が寺内各所に移り住んだ。(8) 小谷氏は小篠兵庫親子が招提に入ったと解釈しているが、河端綱久が小篠隠岐に対して、「汝ノ父兵庫与（片岡）片正親・三好山城（康長）等ハ壮年ノ入魂」であったことは聞き及んでいると述べているように、「由緒実録」のなかで小篠兵庫は過去の人物として描かれており、事実如何は別にして、隠岐と次太夫の「小篠隠岐父子」が招提に入ってきたとする立場をとっているように見受けられる。(9)

その系譜を確認するためにも、若干時期を経て、小篠家が招提を離れるくだりを次に掲げる。

【史料1】(10)

小篠隠岐守ハ、天正ノ初老死ス、同治太夫亀之丞等、寺内破却後、民間ニ降ル事ヲ厭ヒ、無念ニ思テ、可然国ノ大守ニ立入ント、時々窮名古屋家《永国也》ニ知音有テ慶長ノ比細川越中守忠興へ出勤ス、八百石ヲ賜フ、天下徳川家へ渡リ、松平繁栄ノ比、西国肥後国へ引越、然ニ招提ノ跡式ヲ家来ノ侍森弥兵衛ト云ニ支配ヲ預置、田畑家居相渡訖、河端正康へ深切願頼置テ、立退ケル、其後度々主人江府参向ノ供ヲシテ、山崎海道通返ニ、伏見ノ里ノ旅宿ヨリ招提村へ使札ヲ以テ、音信之書面、治太夫亀之丞父子実筆、于今在数通也、森弥兵衛事、我ニ同前ニ御入魂奉頼段之入筆也、然ハ比弥兵衛子孫、後世小篠三右衛門ト改名シテ、寺内跡郷士ニ同輩シ

テ、子孫慶長ゟ至延享悉断絶ナリ百卅ヶ年余在住セリ、家卒ニ断絶ス、

ここで招提を立ち去ったのは、「治太夫亀之丞父子」とされている。このように「由緒実録」は、隠岐—次太夫—亀之允（次太夫・亀之允の表記は区々だが、以下上記で統一）の三代にわたって小篠家が招提にいたとする。この系譜については、のちに検討するとして、次に小篠家が細川家に仕官する経緯について触れておく。

【史料1】によると、隠岐の子次太夫と孫の亀之允は、慶長の頃に家来の森弥兵衛に財産を託して招提を去り、細川家に仕えた。次太夫は八〇〇石を与えられたという。そして、弥兵衛と懇意にするよう頼んだ次太夫・亀之允父子実筆の書状が、今も数通残っているともいう。実際小篠次太夫の書状が五点みつかり、この記述はある程度の史実を踏まえていることが確認された。

ただ、ここでは「小篠隠岐守ハ、天正の初老死ス」とされるが、同じく小篠家が招提を退去する様子を描いた別の箇所では、「妻子引連立迢（退）ケル、慶長七、八年比也、是ハ小篠次太夫子息亀之烝（ママ）ト云親子者也、父隠岐ハ是ヨリ二三ヶ年以前老死シテ、則当所ニ其シルシノ塚ハ于今有」となっていることから[11]、小篠家の系譜の叙述にはブレがあるように見受けられる。

2　「先祖附」にみる小篠家

宝暦頃に編纂された永青文庫所蔵「先祖附」には、小篠家から提出された次のような由緒が記される。

【史料2】[12]

一先祖小篠兵庫守儀（ママ）、

公方家江奉仕、河内国之内所代（招提）之庄一円ニ領知仕居申候由承伝申候、小篠亀之允儀大和大納言（豊臣秀長）殿御家来罷

成、枝城預り居申候由、然処様子有之立退、由緒御座候付毛利壱岐守(吉成)殿江参浪人分ニ而領知千五百石○被宛行之、騎馬之侍を預り居申候由、亀之允果申候砌嫡子小篠次太夫ニ知行七百石、二男七左衛門三男八兵衛右両人共三百石宛被宛行之、壱岐守殿江居申候、次太夫儀親同前ニ侍を預り七左衛門茂侍を預り居申候由、壱岐守殿御身躰崩之節、三斎様(細川忠興)江次太夫儀先知七百石ニ而被召出御小姓頭被仰付候、妙解院様(細川忠利)次太夫宅江折々被為懸　御腰候、真源院様(細川光尚)御幼少之節御守被仰付、数年相勤申候由、

一(初代)小篠七左衛門儀壱岐守殿御身躰崩之節、黒田如水老江先知ニ而被召抱、御息甲斐守殿江相勤罷有候得共、様子御座候而慶長八年筑前を立退申候処、同年　三斎様江被召出先知三百石被為拝領御番頭之副頭被仰付ニ而被召出御小姓頭被仰付候、(中略)老年法躰被仰付宗柏与名を改申候、弟八兵衛儀茂　三斎様江被召出先知三百石被為拝領候、

一(二代目)高祖父小篠角太夫儀　三斎様御児小姓被召出、翌年新知弐百石被為拝領　妙解院様江御附被成候、(中略)右宗柏果申候刻跡式無相違角太夫江被為拝領、角太夫江被下置候、御知行弐百石者被召上候、角太夫儀延宝三年隠居被仰付候、

ここで遡ることができるのは小篠兵庫の代までで、この史料に従えば、彼は将軍足利家に仕え招提一円を領知していたとされる。その子亀之允は、豊臣秀長に仕えたのち、豊前小倉城主の毛利吉成を主としたという。亀之允没後もその子である次太夫・七左衛門・八兵衛の三兄弟は毛利家に仕えた。関ヶ原の合戦で毛利家が没落した後に、次太夫は新たに豊前に入部した細川忠興に仕え、七〇〇石を与えられる。弟の七左衛門は一時筑前の黒田家に仕えるが、しばらくして兄と同じく忠興に仕え三〇〇石を与えられる。この七左衛門の家系が幕末まで続くこととなる。

「由緒実録」と「先祖附」は、いずれも後世にまとめられた史料ではあるが、作成の目的も場所も異なる二つの史料のなかで、小篠家は戦国期に招提に居住し、のち近世になって細川家に仕官したという点が共通することから、この点は史実として認めてよかろう。その反面相違点も多くみられるので、検討課題としてここでいくつかあげておく。

①出自

「由緒実録」…浪人で「招提」の用心棒

「先祖附」…将軍家の家臣で「所代」の領主

②系譜

「由緒実録」…（兵庫）―隠岐―次太夫―亀之允

「先祖附」…兵庫―亀之允―次太夫

③細川家での初期の家禄

「由緒実録」…八〇〇石

「先祖附」…七〇〇石

「由緒実録」の記述のブレなどから、「先祖附」のほうが事実に近いと思われるが、「先祖附」も必ずしも全てが正しいとは言い切れない。この点は、一次史料をみたうえで判断することとしたい。

二　近世初期の小篠家

1　片岡家に残る小篠次太夫書状

ここでは近世初期に小篠家から招提に送られた書状の全文を翻刻しつつ、年次比定を試みたい。なお、いずれも小篠次太夫発給のもので、内容からも限られた期間のものと考えられる。

【史料3】[13]

以上、

好便之条令啓候、其後ハ以書状も不申承候、其元各無何事候哉、承度候、此方も無事候、其度者早々令下国ニ付参会不申候事にて残多候、其元御給人ハ不相替候哉、様子承度候、宗休事年寄にて如何無心元候にて無事候哉、何事も頼申候、此方之儀内記(細川忠利)家督被請取、我等も其侭内記ニつき小倉ニ有之事候、一段懇ふりに入候、前々ニ不相替候間可御心易候、来年者大坂御普請ニか又ハ使ニかのほり可申候間、其節以面可申候、異儀無候へ共令申候、恐々謹言、

小次大夫(小篠次太夫)（花押）

(元和七年)十月十一日

河端喜兵衛(正康)殿

片岡忠右衛門(正次)殿

御宿所

【史料3】は、豊前小倉から招提の河端・片岡両家に送られたものである。「此方之儀内記(細川忠利)家督被請取、我等も

其偬内記ニつき小倉ニ有之事候」とあるが、これは元和六年（一六二〇）閏一二月に細川忠興から忠利へと代替わりした翌年、中津城へ移った忠興と入れ替わりで忠利が小倉城に入ったことを指している。(14)次太夫は代替わりに際して、忠興付から忠利付の家臣となったのである。この書状の日付は一〇月であるから、元和七年一〇月になって初めて代替わりのことを知らせたようで、実際これより前の書状は、後掲【史料6】の元和六年八月のものとなる。

【史料4】(15)

尚々来春以面可申入候、次是式おかしく候へ共鱈五令進之候、書状のしるし計候、以上、

先度者是迄御見廻念入候、誠時分柄か間敷可有之候、一入大慶不過之候、其後以書状可申候を何かと取紛令無音心外之至候、我等儀一両日中ニ罷下候、内々ハ此度其地へも立寄可申と存候つれ共、年内ニ下着候様ニと申来候旨知成一入残多存計候、来春大坂之御普請ニ可罷上候間、其節可延引候、返々先日之御見廻不浅、先書中ニ御礼不得申候〳〵、宗休事年寄候間頼申候、猶期後音之時候、恐々謹言、

小次大夫

（花押）

（元和五年）極月十一日

（片岡正次）川端忠右衛門殿

御宿所

【史料3】の書中にみえる「其度者早々令下国ニ付参会不申候事にて残多候」とは、【史料4】に「内々ハ此度其地へも立寄可申と存候つれ共、年内ニ下着候様ニと申来」とあるように、このときのことを指している。よって次太夫は、【史料4】を招提の近辺から送ったことが判明する。「来春大坂之御普請」とは、元和六年三月に始

まる大坂城普請のことを指しているから、【史料4】は元和五年に比定される。

【史料5】(16)

以上、

大坂まて下人遣候間令申候、先日以書状申入候、相届申候哉、
一旧冬在京中色々御心付御見廻之段、一入令満足候、下国之刻立寄可申内儀候処、急用之儀申来候付直ニ罷下候事にて御残多候事、
一其元何も御無事候哉、久々御左右不承無御心許候、吉左右承度候、
一宗休事福右衛門を其元へ御呼ひにて、心安やうニ御肝煎にて可然頼申候事、
一大坂御普請ニ我等も可罷上かと存候へハ、無其儀候、役人迄差上申候間、大坂へ上候者又候可申承約遠と残多候ゟ者、先不罷上候事大慶候、
一念珠如何候哉、無御心元候、以別帋可申候へ□(共)、病中披見如何と無其儀候、可祈御心得候、猶期後音候、

恐々謹言、

小次大夫

(元和六年)卯月六日　(花押)

川端喜兵衛殿

片岡忠右衛門殿

御宿所

【史料4】で「先度者是迄御見廻念入候」とあるように、忠右衛門は近辺に来ていた次太夫に見舞の品を贈っ

ている。そのことが【史料5】の書中にも「旧冬在京中色々御心付御見廻之段」とみえる。ここから【史料5】は、元和六年に比定される。【史料4】の段階では、大坂城普請に赴くつもりであったが、実際普請が始まると、その役目がまわって来なかったようである。

【史料6】(17)

(端裏付箋)
「当村中町三右衛門并弥兵衛なとか先祖之者ノ旦那筋、西国ニ子孫有之、小篠次太夫筆」

以上、

大坂迄使送候間令申候、いつそや書状にて申入候、其後爰元隙入儀にて取紛令無音候、其元何事も無之候哉、承度候、此方儀無事候、可御心易候、何ヶ度申ても旧冬在京中色々御心付念入候、当暮ニ江戸へ之供ニ参候事も可有之候間、左候ハヽ、又候以面可申承候、当年者大水・大風にて其元之儀無心元存候、宗休事万事頼申候、福右衛門立帰候はゝ書付之やうに各御心付にて可給候、年寄中へも御心得にて可給候、猶期後音之時候、恐々謹言、

(元和六年)
八月廿五日　　小次大夫（花押）

片岡忠右衛門殿
御宿所

【史料6】も、「旧冬在京中色々御心付念入候」とあることから、元和六年のものとしてよい。これら一連の史料から、次太夫は元和五年冬に京都に滞在していたことが判明する。

【史料7】(18)

（端裏付箋）
「当村三右衛門并弥兵衛先祖帰参、旦那小篠次太夫西国ニ有付居被申候節此方へ参候状」

返々無異儀候へ共余御床敷候間、使送なから令啓候、猶期後音候、以上、

清右衛門為見舞此地へ罷下只今罷上候間、一書申入候、扨々其以後も不懸御目御床敷候、先々何も御無事之由承大慶ニ候、此方ニも親類共無何事有之儀ニ候間可御心易候、節々其元之儀申出なつかしく存迄ニ候、罷上候刻者是非共其地へ立寄御心閑成可申と存候へ共、いつも無透罷下候事までにて御残多候、重而参候時者用所方も打捨、必々可為寄念願計候、其内互無何事様ニと存候、当年者江戸御普請ニ可罷上と存候へハ打過候はゝ御残多候、併使ニふと参候事可有之候、左候へハ以面万々可申承候、□（猶）清右衛門事其元ニ書付申候はゝ、万事十方有之間敷候て御馳走頼入候、頓而八右衛門差上可申候間、其時懇可申入候、恐々謹言、

小次大夫

十一月廿二日　（花押）

念守老

道安老

河端喜兵衛殿

同忠右衛門殿

御宿所

【史料7】のみ年次を特定することができないが、【史料5】の書中で、念珠が病中なので書状を認めるのはさしひかえたとすることから、宛所に「念守」を含む【史料7】はそれ以前のものと考えられる。「罷上候刻者是非共其地へ立寄」りたいと述べていることから、実際に在京していた元和五年のものとは考えられないので、さ

しあたり元和四年以前と推定しておく。[19]

2　細川家中の小篠次太夫

小篠次太夫に触れるまえに、書状の宛所について検討しておきたい。【史料7】には、五点の書状の宛所にみえる全員の宛名が記される。河端喜兵衛や忠右衛門については「由緒実録」に詳しいので、まずはそこから出自などを整理しておく。[20]なお、「由緒実録」には作為性がみられるが、江戸時代以降の人物については概ね信用してもよいと思われる。[21]

河端喜兵衛は正康といい、永禄四年（一五六一）に生まれた。父は河端孫左衛門久吉で、母は片岡正久の娘、河端家の嫡子である。二人の間には正康のほか、もう一人の男子がもうけられているが、それが忠右衛門正次である。正次は男子のいない片岡好貞の娘聟となり、片岡家を継ぐこととなった。【史料4】や【史料7】で河端姓となっているのもこのためである。彼は元亀元年（一五七〇）に生まれ、寛永一七年（一六四〇）に出家して誓円を名乗り、万治元年（一六五八）に八九歳の長寿を全うしている。

残る念守（念珠）と道安については、寛政六年（一七九四）に作成された「過去帳」しか手がかりがない。[22]これに従えば、道安は片岡好貞にあたる。一方の念珠については、「念宗　号谷村伝助」に該当する可能性がある。河端正康の次男である泰昌は、谷村伝助の養子となっていたので、念珠も一族の扱いを受けているのであろう。

小篠次太夫書状は、宛名が連名となっているものもあるが、全てに片岡正次の名がみられることや、実際いずれも片岡家に残されたことから、基本的には小篠次太夫と片岡正次のやりとりと考えてよかろう。

続けて、細川家中としての小篠次太夫の動向を整理しておく。次太夫は、元和五年（一六一九）冬に京都に滞在していたが、これは同年五月の将軍秀忠上洛に伴うものと推測される。細川忠興の跡を継ぐ直前の忠利は、このとき「ゆるりと御在京候て秋冬之比江戸江御下り被成」たとされるから、[23]それに従っていたのであろう。【史料4】で、来春大坂城普請のために再度来るつもりだと述べていたり、【史料5】で実際にはその命が下されなかったと述べていることから、次太夫は京都に残って翌年春に始まる大坂城普請の準備をしていた可能性が高い。次太夫の意に反して、大坂へ上ることがなかった理由は判然としないが、しばらくして忠利が家督を相続すると惣奉行に就任し、国許での活動が中心となることから、それとの関連も考えられる。[24]

これ以前の次太夫の事績はあまり確認できないが、慶長一九年（一六一四）の大坂冬の陣の陣立に次太夫の名がみえ、知行七〇〇石であることが確認できる。[25]また、隠居した忠興に従い中津に赴いた面々のなかに小篠七左衛門がおり、知行が三〇〇石で次太夫の弟であることも確認できることから、[26]「先祖附」の信頼性は高い。

寛永初期のものと推測される細川家侍帳では、すでに小篠次太夫の名はなく、その弟七左衛門が忠興付の家臣として三〇〇石を、その子角太夫が忠利付家臣として二〇〇石を与えられている。[27]これは甥の角太夫が忠利付家臣としての次太夫の遺跡を継いだことを意味するのであろう。よって、このころに次太夫は死去、あるいは隠居したと考えられる。[28]

そして、ここから導き出されるのは、次太夫に遺跡を継承すべき子がいなかったということである。次太夫―亀之允とする「由緒実録」の系譜は、そもそも年齢的にも無理があると思われるが、完全なる誤謬としてよかろう。

では、なぜこのような系譜の改変が生まれたのだろうか。それを考えるうえで注目されるのが、【史料3】～【史料6】で、次太夫が再三その面倒見を頼んでいる年老いた宗休の存在である。【史料5】にみえるように、宗休が次太夫のもとにいる福右衛門を呼び付けていることから、福右衛門は次太夫・宗休両者の家来と考えられる。

つまり、宗休は次太夫の父亀之允その人である可能性が高い。

「先祖附」では、亀之允はまず豊臣秀長に、のち毛利吉成に仕えたとされ、亀之允没後に次太夫が相続したとされる。ただ亀之允の動向は、確実な史料では一切確認できない。仮に次太夫への相続後も亀之允が存命で、招提に戻ってきたとすると、招提に残った最後の小篠家当主としての伝承が「由緒実録」に反映され、亀之允と次太夫の逆転をおこしたとは考えられまいか。

いずれにせよ、他の記述内容の信頼性からも小篠家の系譜は「先祖附」の亀之允―次太夫に従うべきである。

三　戦国期の小篠家

1　小篠・野尻・安見の関係

前節では、後代から小篠家の系譜を紐解き、近世初期の記述に関しては「由緒実録」よりも「先祖附」の記述のほうが信用できることを確認した。本節では、その検討を戦国期にまで遡らせる。そのうえで欠かせないのは、石清水八幡宮境内の正法寺に残された次の史料である。

【史料8】[29]

（端裏書）（朱筆）
「『△』やすみ方へ遣あんもんのあん」

案文　請取申荷物之事

一茶つほ箱　　一ツ

（二七品目略）

以上廿八色也、但ミな〳〵荷付候間、中之儀不存注文のことく候也、

天文十八年六月三日正寿庵　■■久右衛門

在判　うつし進候也、

小篠兵蔵（ママ）殿へ参

【史料9】(30)

（端裏朱筆）「△」

請取申野尻治部殿荷物之事注文之向都合廿八色之分慥請取申者也、惣而於此荷物之儀如何様之申事自何方も御座候共、我々罷出其さはき可申者也、為後々請状如件、

小篠兵庫助

天文十八年己酉十月廿六日　房純（花押）

八幡

正寿庵へ

参ル

【史料9】の発給者小篠兵庫助房純は、「由緒実録」や「先祖附」の中で語られる小篠兵庫の実体と考えられる。これらの史料は、小谷利明氏や鍛代敏雄氏がすでに引用しているが、いずれも解釈が極めて簡単であるうえ、両者に相違がみられるため、ここで詳細に検討しておきたい。

小谷氏は、この史料を正法寺正寿庵が小篠兵庫に寺物を貸した時のものとする。そして、正寿庵はこの荷物を「やすみ方」のものと認識しているとし、兵庫はこの荷物を「野尻治部殿荷物」として受け取っていることから、

兵庫は野尻の被官だと推測する。さらに、兵庫が野尻の被官であることを前提として、安見宗房による天文二一年（一五五二）の萱振一派粛清で野尻が浪人となって以降に、両者は招提に入ったとする。(31)

ただ、「野尻治部殿荷物」と明記されていることから、寺物とするより、鍛代氏がいうように野尻の預物とするほうが妥当であろう。また、小谷氏は兵庫を野尻の被官とするが、一方で鍛代氏は安見の被官と推測している。この見解の分かれは、野尻と兵庫を主従一体として捉えられるか否か、すなわち小篠家が招提といつから関わりを持ち始めたかという点と密接に関係する。

そこで史料に即して検討していこう。まず【史料9】は、兵庫が正寿庵から野尻の預物を受け取った際の受取証として異論はなかろう。問題は【史料8】である。端裏に記されるように、案文のさらに「あん」であることから、この史料の作成目的は難解である。ここでいう「請取」行為をするのは正寿庵なのか、兵庫なのかこの点を厳密に考えなければ、端裏書の「やすみ方」の理解も変わってくる。

そこで注目されるのは、正寿庵の名の脇に「在判」とあることである。つまりこれの原本は、案文でありながらも花押があり、文書として機能したことがわかる。これを前提にすると、六月に正寿庵は自身が預かっている野尻の荷物を列挙し、それを請取証の案文として兵庫に提示したと考えられる。もし、これらの荷物が寺物ならば、「但ミなく〳〵荷付候間、中之儀不存注文のことく候也」の如く中身を把握していないなどと注記するはずもなかろう。野尻の荷物は、封をされた状態のまま正寿庵が預かっていたのである。

そして、この【史料8】の原本をして「やすみ方へ遣あんもん」としているのである。つまり、ここでの「やすみ方」とは兵庫を指しており、正寿庵は兵庫を安見の被官と認識している。そうすると、兵庫が野尻に対し敬称「殿」を付けていることや、安見宗房の偏諱を受けて房純と名乗っていることにも納得がいく。

案文の案である【史料8】は、「うつし進候也」とあることから正寿庵が控えておいたものではなく、案文が発給されてしばらく時を経た一〇月になり、実際兵庫が荷物を受け取る段になって、事前に準備するように送られたか、あるいは【史料9】に添える形で送られたかのいずれかであろう。よって、【史料9】にみえる「廿八色之分」の「注文」とは【史料8】で代用されたため、これらがセットで残されたのである。

野尻の預物に兵庫が関与している理由は、兵庫が八幡出身であるため正寿庵への預物を仲介したからだと鍛代氏はいう。しかし、野尻自身も八幡に近い綴喜郡野尻郷出身と考えられるため[32]、預物に必ずしも兵庫の仲介が必要であったとはいえない。野尻の預物に兵庫が関与する事情は、別のところにあるように思われる。

それについては後に検討するとして、ここでは野尻と兵庫の間に何らかの関係はあるものの、兵庫は安見の被官であると結論づけることとしたい。これは、浪人野尻に従って兵庫もともに招提に入ったとする説に再検討が必要であることを意味する。小篠家を浪人とする説は、あくまでも「由緒実録」に依拠したものなのである。

2　小篠家と招提の出会い

小篠兵庫が安見の被官ということは、将軍家の家臣と主張する「先祖附」にも誇張がみられるということである。それを踏まえると、「所代之庄一円ニ領知」したという点にも誇張があると考えるのが自然であろう。ただ、ここに誇張はあるにせよ、前項で検討したとおり、小篠家が浪人として招提に入ってきたという確証はないことから、「由緒実録」にみられるように片岡家と河端家が寺内町の基礎を作り、単なる用心棒として小篠家が入ってきたのか、あるいは小篠家が中心となって寺内町を建設したのか、という点での検討は必要である。

「先祖附」の信憑性を考える上で注目したいのは、「招提」の呼称を用いず、「所代」と表記している点である。

招提の地名の由来は、寺内町建設の際に「招提寺内」と銘のある石が出土したためとされてきた。これは、「由緒実録」に記される逸話である。

現在、招提の地名はショウダイと読ませるが、これは昭和四〇年代に始まる住居表示の際に定められたもので、それ以前はショダイと発音しており、地元では今でもそれに倣うことが多い。事実、招提に宛てられた元亀元年（一五七〇）の織田信長朱印状や、天正一六年（一五八八）の長束正家・増田長盛連署奉書などでは、いずれも「しよたい」と表記されている。(33) 天文二四年（一五五五）の「牧一宮神田帳」の段階で、すでに「所大」と表記されることから、(34) 寺内町成立時に招提と名付けたとするよりは、もともとのショダイという地名に仏教用語である招提の字をあてたと考えるほうが自然である。

ただし、戦国・織豊期の史料に「招提」と表記されないこともない。例えば、永禄一〇年（一五六七）の三好康長・篠原長房禁制写や、元亀三年の柴田勝家・佐久間信盛禁制があげられる。(35) ただ、禁制は受益者が金銭などを用意したうえで要求し、それによって初めて発給されるものであるから、ここで「招提」と記したのは発給者の意志ではなく、招提側の意志と読み取るべきであろう。「由緒実録」には現存しない禁制が他にもいくつか掲載されるが、いずれも「招提」宛てとなっている。(36) 「しよたい」・「所大」表記と「招提」表記との懸隔からは、「招提」と改名したい気持ちとは裏腹に、なかなか定着しない様子がみてとれるのである。

これを前提にすると、近世に確立した呼称「招提」で一貫する「由緒実録」と、かつての呼称「所代」を用いている「先祖附」の信憑性の差は歴然である。「一円ニ領知」をそのまま認めるわけにもいくまいが、かつての呼称に従い続けている小篠家は、招提寺内町建設当初からその中心的存在であったとしてよいのではなかろうか。

それを裏付けるのが、先にも引用した近世招提村の西隣坂村に所在する牧一宮（現片埜神社）の神田帳である。

天文二四年に作成されたこの史料には、「所大兵庫内　孫三郎」の名がみえるが、[37]この兵庫こそ、招提在住の小篠兵庫と考えられる。土地一三〇筆余が記される「牧一宮神田帳」の作人のうち、主人の名が記されるのは孫三郎のみである。ここからも、招提の兵庫が特異な存在であることが窺える。仮に浪人として招提に入った直後だったならば、「牧一宮神田帳」にこのようなかたちで登場することはなかろう。よって、早くから小篠家は招提にいたと考えられる。

四　「誓円ノ日記」にみる小篠家

1　招提寺内町の濫觴

「由緒実録」がしばしば引用するものに「片岡忠右衛門正次、法名誓円ノ日記」がある。現物はこれまで知られていなかったが、小篠次太夫の書状とともにそれに該当すると思われるものが確認された。[38]その著者は片岡正次、つまり小篠次太夫書状の宛先となっていた人物である。料紙は一見して古く、そのほとんどは反故紙で大きさも区々である。反故にされた文中には慶長九年（一六〇四）の年紀もみえ、記載は正保年間までに留まる。これらの点から、正次本人の日記と考えて間違いあるまい。

ただ日記とはいっても、日常的に記したものではなく、重大な出来事のみをまとめたものである。主として他村との用水相論の記述が多いことから、こうした争い事に関する庄屋としての備忘録といってよかろう。よって、事実を淡々と列挙するに留まっており、反故紙を用いていることからもわかるように、招提の由緒を飾り立てた様子は窺えない。

その書き出し部分は、招提寺内町の濫觴となっている。

【史料10】(39)

(表紙)

> 本願寺釈証如
> 天文拾二年(癸卯)正月十七日
> 顕証寺門徒河州交野郡八田平(広)
> 方便法身尊形
> 願主釈徳安

一当寺内建立之(取立)事之事、
天文十一(壬寅)年八月ノ比よりとり(被)立候、
一畠山左衛門佐尾り(張)守殿政(高)殿へ御使野尻治部少殿也、則相調申御寄進状ヲ被下、則遊(湯佐)差川内守信高殿御寄進(長教子息越中守信教)
添状ヲ被下相調申候、治部少殿へ御使ハ小篠兵庫佐也、
一光応寺様(蓮淳)へ御使ハ片岡五郎左衛門正久御使ニて相調候也、
一田畠開申斗代、上田壱反ニ付弐斗五升、中田一反ニ付壱斗五升、畠一反ニ付壱斗宛ニ相定り申候、右米合
四拾石余、当寺内住寺顕証寺殿へ右米納所申候、
(後略)

ここまでの検討とこの史料の性格から、この記述にはかなりの信憑性があると考えられる。

すなわち、北河内の有力領主であった野尻治部への働きかけによって、河内守護畠山氏からの寄進状と守護代遊佐氏の添状を得た。これを担当したのが、小篠兵庫であった。一方、蓮如の六男で本願寺宗主証如を後見する蓮淳への働きかけをしたのは、片岡正久である。兵庫に対して敬称がないことから、片岡家と小篠家は対等な関係で、この両者がいわば車の両輪となって招提寺内町が成立したのである。したがって、「先祖附」の招提を一円領知したという記述には誇張があるものの、少なくとも武家に対して小篠兵庫は招提寺内町の顔であったといってもよかろう。

「誓円ノ日記」をみる限り、河内守護家へ働きかけたとするのみなので、将軍や管領へ働きかけたとする「由緒実録」は疑問視すべきである。「由緒実録」では、天文一〇年（一五四一）に招提寺内町建設の準備に取りかかり、天文一二年に建設を始めたとされるが、そこで示された典拠史料は、天文一三年の細川晴元禁制であった。この史料は現存しないが、そもそも実在したかどうかも疑わしい。

では、「誓円ノ日記」の天文一一年に寺内町建立の準備を開始したという記述の拠り所はどこに求めればよいのだろうか。そこで注目したいのが、表紙に写される天文一二年の本尊裏書である。ここには「河州交野郡八田平」という聞き慣れない地名が記されている。八田広（八田平）とは、招提の東に広がる荒野のことで、寛永二〇年（一六四三）に当地の領主であった旗本久貝氏の主導で開発され福岡村となり、のち長尾村に改名した[40]。このように招提の在所を記さず、近世初期に消えた在所を記すあたりが、この本尊裏書の信憑性を高めている。

願主の徳安とは、本文中にもみえる片岡五郎左衛門正久の法名で[41]、「由緒実録」によると片岡正次の三代前の当主とされる。したがって片岡氏は、寺内町建設直前には招提のすぐそばにいたということになる。ここからも天文一〇年代に招提寺内町の濫觴を求めてもよいと思われる。

天文一一年に、紀州に追われていた畠山稙長と河内の実権を握っていた遊佐長教は和睦し、乱を起こした木沢長政を討つ(42)。これによって、稙長は河内に復帰するが、この稙長勢に南山城の軍勢も加わっていることから、招提寺内町の建設は、この動きに同調したものと考えられる。したがって、「誓円ノ日記」で「畠山高政」と「遊佐信高」とされる人物は、実際には畠山稙長と遊佐長教であったのであろう。

以上の考察から、寺内町成立期より小篠兵庫が招提寺内町の中心的人物であったことは明らかである。これによって、【史料9】でみたように、天文一八年に野尻治部荷物を小篠兵庫が受け取った理由も明確になってくる。すなわち、守護方への口利きをするなど、懇意の仲にある兵庫がいることもあり、八幡より安全だと判断した野尻は招提寺内町に預物を移したのである(43)。

こうした兵庫と野尻の関係を前提にすると、没落した野尻治部が、敵対する安見の被官でありながらも小篠のもとに身をよせた可能性は十分にある。野尻治部が浪人として招提に入ってきたとする説は、「由緒実録」に依拠したものとはいえ、その後の野尻家の動向を踏まえると必ずしも否定はできない。

永禄年間には野尻実堯が畠山氏の内衆として復帰している(44)。堺の商人今井宗久は、その実堯に対し、借銭の返済を幾度となく要求していたが、埒が明かなかったため、永禄一二年（一五六九）に織田信長に訴えている(45)。これによって差し押さえの対象となったのが牧郷であった。宗久は、「牧郷名主百姓中」に対して、年貢を他納しないよう書状を送っている。

永禄一一年以降のものと推定される「牧郷惣中」宛ての多羅尾綱知・池田教正連署状や、大坂夏の陣の際に北見勝忠らが「片野《交野》郡まき郷庄屋衆中」に宛てた百姓還住令の原本が、招提村河端家に残されているように(46)、戦国末期の牧郷の中心は招提となっていたようである。これらの点から、野尻家再興の基盤は招提にあったと推測される。

2　小篠家の系譜と「由緒実録」の創作目的

招提の氏神である日置天神社は、慶長六年（一六〇一）に造立されている。「誓円ノ日記」では、その造立に際して「肝煎小篠弥兵衛吉久、川端喜兵衛正康、片岡忠右衛門正次」とされる。この序列は、家の序列をそのままに反映したものであろう。「先祖附」に従えば、慶長六年段階ですでに小篠家は招提を去って仕官していたこととなっていることから、小篠家全員が招提を退去したわけではないことが、ここから判明する。

この弥兵衛は「由緒実録」では、小篠家の家来「森弥兵衛」として登場する。【史料1】にあげたように、彼は小篠家の財産を託され招提に残ったといい、その子孫は小篠の姓を名乗るようになったとされる。しかし、それでは、「誓円ノ日記」にみえる家格の序列に納得がいくまい。

元和五年（一六一九）にも、日置天神社の造立が行われた。そしてその時も、「肝煎衆中小篠宗久・吉久、川端喜兵衛正康、片岡忠右衛門正次也」と三家の序列に変更はない。ただ、吉久のさらに上位に小篠宗久が登場する点に相違がみられる。

この宗久と【史料3】～【史料7】にみえる宗休の音が通じるのは単なる偶然だろうか。宗休は「先祖附」にみえる亀之允だと推測したが、仮に関ヶ原合戦後からしばらくして招提に戻ってきたと考えると、「誓円ノ日記」の記述は至極納得のいくものである。となると弥兵衛吉久はその息子であろう。次太夫という名から考えると彼は次男で、長男である弥兵衛吉久が招提に残ったのではなかろうか。

こうみると、「由緒実録」の作為性はより明確なものとなってくる。「由緒実録」にも出てくる森弥兵衛家は、その後小篠三右衛門を称すようになるが、「寛永ノ比、三右衛門悪心出来シテ、御地頭へ訴人シテ惣村方ノ田地検地ヲ願、村中ヲ大ニ騒動ス」という事件が起こる。(47)「由緒実録」はこの事件をかなり大きく取り上げ、三右衛門に対しては悪意に満ちた表現が連なる。例えば、三右衛門家は「不如意ニ成貧乏」がそれも「是非ナキ事」であり、延享・寛延の頃に断絶すると「可恐々々」と述べ、因果応報だと感情を露わにする。

ここから推測するに、本来ならば本家筋と考えられる三右衛門家をあえて小篠家の家来としたのは、同家を蔑む意図と細川家に仕官した小篠家に対する配慮によるものと推測される。それは、小篠三右衛門家が滅んだからこそできた改変でもある。三右衛門家断絶から暫くのちの明和八年（一七七一）に成立した「由緒実録」の作成目的は、小篠家を過小評価することにあるといってよかろう。(48)

長文にわたる「由緒実録」の作成背景はほかにもあると思われるが、本論との関係で注意すべきなのは、片岡家に残される「由緒実録」の著者が河端了栄ということである。「由緒実録」における小篠家の扱いから推察するに、近世段階の招提村を支える両輪となっていた河端・片岡の関係を寺内町草創期まで遡及し、小篠・片岡と重ね合わせることで「由緒実録」は成立したとして間違いあるまい。(49)その際「誓円ノ日記」は最も重要な参考資料となったであろう。

その目的に沿った虚飾の一例をあげておく。すでに明らかにしたように、北河内で最大規模の国人とされてきた津田氏の存在は、一七世紀末に招提の南東にあたる津田村のなかで創作されたものであった。(50)ところが一八世紀になると、地誌によってその存在が広く知られるようになり定着する。「由緒実録」には、この津田氏が頻繁に登場するだけでなく、河端正康の妻が津田氏の娘となっているように、津田氏の存在を活用して河端家の家格上昇を企図していることは明白である。

これを前提にすると、「由緒実録」に「先祖附」にはない小篠隠岐なる人物が登場する理由も想像がつく。招提の歴史に欠かせない小篠兵庫の名は、招提のなかでは完全に忘れ去られることはなかったのであろう。従ってその名を「由緒実録」から外してしまえば、その信憑性は大きく落ちてしまう。かといって、河端家を寺内町の草創に関わらせると、小篠兵庫の行き場がなくなる。よって「由緒実録」には、片岡家とも懇意だった過去の著名人として兵庫が登場するのである。しかし、そうすると寺内町草創期の小篠家当主がいなくなってしまう。ここに苦肉の策として、空想の人物である浪人隠岐の名が登場する所以がある。

「由緒実録」のなかで隠岐が最も活躍するのは、永禄一〇年（一五六七）に三好家から禁制を獲得してくる場面である。(51) この功によって、この禁制の本紙は小篠家に預けられた。実際のところは、小谷氏が指摘するように持つべくして持っていただけのことであろう。「制札之本紙壱通、故有テ先年ゟ小篠次太夫ニ預ケ置レシヲ、年暦ヲ経タル事ナレハ、後ノ者共訳ヲ不知、已カ家ノ書物ト思ヒ所持セシカ、三右衛門カ家断絶ノ時紛失ス」とされるように、(52)「由緒実録」でこの禁制は具体性を伴って再三登場することから、実在はしたようである。

隠岐との関係で注意しなければならないのは、河端家が所蔵する永禄一〇年の篠原長房・三好康長禁制写であろう。(53) ここには、次太夫でも亀之允でもなく「小篠隠岐所持之写」と記されている。これによって、小篠隠岐はあたかも実在の人物のように浮かび上がってくるのである。

おわりに

前章では、北河内地域における石清水八幡宮勢力の動向を確認するために、周辺寺内町が成立する以前に北河内で最も繁栄していた石清水八幡宮膝下の楠葉郷の興亡に着目した。(54)戦国期以前に神人たちの手によって築かれた楠葉の都市的な場は、石清水八幡宮勢力による経済活動が、一五世紀中頃から南に伸張し始めると徐々に分解していく。神人たちは、大和内乱の間隙をついて興福寺の影響下にあった淀川沿岸づたいに進出したのである。

そこでは、この地域に成立した寺内町のうち、枚方寺内町の主導層である四人長衆の一人、好村宮太夫に注目した。なぜなら彼は単なる真宗門徒ではなく、神人としての顔も持っていたからである。ここから、神人たちが淀川の交易に大きな影響力を持ち始めた本願寺をも推戴するようになるという動向を確認した。宮太夫の二面性は、本願寺と石清水八幡宮が敵対関係にあるのではなく、協調関係のなかで枚方寺内町が成立したことを示している。このような協調関係は、出口寺内町の成立においても確認できた。(55)

そして本章では、八幡出身の小篠兵庫と片岡正久の協力によって招提寺内町が建設されたことを明らかにした。その兵庫が、招提に移って以降もなお八幡と繋がりを保っていたことは、【史料8・9】からも窺えよう。この一例からも本願寺と石清水八幡宮の協調関係を読み取ることができる。ここでの石清水八幡宮との関係性は、近世社会のなかでは必ずしも必要とされず、むしろ本願寺との繋がりを弱めてしまうため、由緒や人々の記憶からは消されていったのであろう。

かかる北河内における寺内町の共通性を踏まえると、それらを覆うように存在する「牧・交野一揆」の存在は無視しえない。天文一五年（一五四六）に西岡一揆が八幡公文所方から人質を取った際、それに対して攻撃を加えるため安見宗房は細川氏綱方から「牧・交野一揆」の軍事動員を依頼されている。(56)これは「牧・交野一揆」が、安見宗房のみならず八幡とも深い関係を持っていることを意味する。八幡出身で安見宗房の被官である小篠兵庫が、この「牧・交野一揆」の中核にいたことは想像に難くない。

本章では、幸いにして史料が断片的に残っていたため小篠兵庫の姿を掘り起こせたが、「牧・交野一揆」の存在を前提にすると、北河内の各地で同様の活躍をした人物がまだ数多く埋没しているはずである。彼らが、寺内町の建設や維持の中心的存在となったとするのもあながち間違った考えではあるまい。

そして、安見宗房が急成長を遂げた理由は、こうした新興勢力ともいうべき北河内の一揆の軍事力と寺内町の財力をいち早く掌握したことにあったと推察される。このような流動的な一揆勢力を、安見がいかにして掌握したのかという点が今後の課題となるだろう。

以上のように、北河内における寺内町建設は、浄土真宗一色の教団の手によるのではなく、石清水八幡宮との関係も維持していた柔軟性のある集団によって進められたということができよう。その片鱗は、一五世紀前半に楠葉の神人たちが、伝宗寺を室町将軍家の祈願寺とすることで守護不入の特権を獲得しようとしたことにも窺える。(57) 寺内町は必ずしも彼らにとって絶対的なものではなく、一つの選択肢だったのである。

またその柔軟性は、対宗教勢力に限る問題ではない。安見宗房の被官である小篠兵庫は、野尻とも関係を持っていることから、一時対立した野尻と安見の間を柔軟に渡り歩いたといえよう。こうした武家勢力をも含む多くの勢力と巧みに連繋することによって、寺内町は建設され、また維持されていたのである。

寺内町と本願寺が一蓮托生の関係にない事例として、石山合戦で招提寺内町が信長方に従ったことがしばしば引き合いに出されるが、(58) 本章で明らかにした招提寺内町の成立背景を踏まえれば、当然のなりゆきだったといってよかろう。本願寺と寺内町の信仰による結びつきを否定するつもりは毛頭ないが、北河内の寺内町に注目した場合、そこの住民にとって本願寺と結びつくことは、戦乱を回避し利権を確保するための数ある手段のうちの一つであったという側面を克明に読み取ることができる。(59)

註

（1）松本寿三郎編『熊本藩侍帳集成』（細川藩政史研究会、一九九六年）。永青文庫所蔵「先祖附」小篠宗平の項。明治九年（一八七六）の神風連の乱に参加し、自刃した小篠四兄弟の名が比較的知られているくらいである（荒木精之『神風連実記』新人物往来社、一九七一年）。

（2）『枚方市史』第六巻三一七頁～三四六頁。同第七巻七一七頁～七四〇頁。これに基づく研究は以下の通り。『枚方市史』第二巻五三八頁～五四〇頁。『枚方市史』第三巻二一頁～二三頁。吉田清治「招提村落成立の特殊形態と其推移」（旧『枚方市史』）。木村寿「試論——近世的寺院の形成過程」（『ヒストリア』第八一号、一九七八年）。金井年「寺内町プランの解明」（同『寺内町の歴史地理学的研究』和泉書院、二〇〇四年、初出一九九一年）。

（3）小谷利明「戦国期の河内国守護と一向一揆勢力」（同『畿内戦国期守護と地域社会』清文堂出版、二〇〇三年、初出一九九八年）。以下、特に断らない限り小谷氏の説はこれによる。

（4）鍛代敏雄「戦国期の境内都市『八幡』の構造」（同『戦国期の石清水と本願寺』法藏館、二〇〇八年、初出二〇〇四年）。以下、特に断らない限り鍛代氏の説はこれによる。

（5）鍛代敏雄「本願寺教団と商業」（同『中世後期の寺社と経済』思文閣出版、一九九九年、初出一九九七年）。

（6）本書第三部第一章「楠葉郷の石清水八幡宮神人と伝宗寺」。

（7）仁木宏『空間・公・共同体』（青木書店、一九九七年）一三九頁～一四一頁など。

（8）『枚方市史』第六巻三一九頁。

（9）『枚方市史』第六巻三三〇頁。

（10）『枚方市史』第六巻三四〇頁。

（11）『枚方市史』第七巻七二九頁。

（12）熊本県立図書館蔵の複写版に拠った。「先祖附」については、川口恭子編『細川家家臣略系譜』（熊本藩政史研究会、一九八三年）参照。

（13）拙編著『招提村片岡家文書の研究』（枚方市立中央図書館市史資料室、二〇〇九年）一四号。

（14）『綿考輯録』第三巻一〇三頁～一一二頁・第四巻五一頁～五四頁。

（15）『招提村片岡家文書の研究』一一号。

（16）『招提村片岡家文書の研究』一二号。
（17）『招提村片岡家文書の研究』一三号。
（18）『招提村片岡家文書の研究』一〇号。
（19）なお、【史料7】のみ花押の形状が異なる。
（20）『枚方市史』第六巻三三七頁。
（21）馬部隆弘・蓮井岳史「一七世紀中葉の代官手代宛書状群」（『大阪の歴史』第七〇号、二〇〇八年）。
（22）片岡家文書その三、二〇一号（枚方市史資料室蔵）。
（23）『綿考輯録』第四巻四七頁。
（24）元和七年以降、惣奉行としての活動が認められる（『大日本史料』第一二編之五五、三〇一頁～四三七頁。同上第一二編之五七、三二七頁～四二一頁）。またそのころ、小篠次太夫が抱える小右衛門尉を巡る人沙汰で、乃美景尚との間で揉め事を起こしている（米田家文書四二号〔『熊本県史料』中世篇第二〕）。
（25）『綿考輯録』第三巻七頁。
（26）『綿考輯録』第三巻一〇八頁。
（27）「妙解院殿忠利公御代於豊前小倉御侍帳并軽輩末々共ニ」（前掲註（1）松本編書所収）。
（28）管見の限り、次太夫の終見は寛永元年一〇月二六日である（『綿考輯録』第四巻一一二頁）。残念ながら、小篠家当主の生没年を明らかにする史料は、今のところ何一つない。筆者が把握しているところでは、【史料2】で角太夫が、延宝三年（一六七五）に隠居していることぐらいしか年齢を知る手がかりはない。
（29）京都府立山城郷土資料館編『山城国綴喜郡八幡正法寺古文書目録』（京都府教育委員会、一九九一年）釈文六九号。
（30）同右七〇号。
（31）安見宗房は戦国末期に河内で絶大な権力を握る。詳しくは、弓倉弘年「天文期の政長流畠山氏」（同『中世後期畿内近国守護の研究』清文堂出版、二〇〇六年）および小谷利明「山城上三郡と安見宗房」（前掲註（3）小谷著書、初出一九九四年）。
（32）前掲註（31）弓倉論文。

(33) 河端昌治氏所蔵文書（『枚方市史』編年一五二号・一五七号）。

(34) 片埜神社所蔵文書二号（『枚方市史』第六巻）。

(35) 片岡恭子氏所蔵文書・河端昌治氏所蔵文書（『枚方市史』編年一四五号・一五三号）。

(36) 後述のように、現存しないのではなく、もともと実在しなかった可能性が高い。

(37) 片埜神社所蔵文書二号（『枚方市史』第六巻）。

(38) 拙稿「史料紹介『誓円ノ日記』（一）」（『枚方市史年報』第一一号、二〇〇八年）。蓮井岳史「同上（二）」（同上第一二号、二〇〇九年）。

(39) 現状は、一度丁外れとなったものを錯簡のまま綴りなおしており、数種類ある料紙の種類ごとに読んでいくとおよそ編年となっている。ここから、一度にまとめられたものではなく、少なくとも料紙の種類の数だけは分割して記されたことが判明する。翻刻は省略したが、現状の表紙の裏は正保三年の出来事となっているため、本来は表紙目的で記されたものではなく、綴りなおした者が表紙に相応しい記述と判断して冒頭にもってきたものである。

(40) 『枚方市史』第三巻一一六頁。

(41) 『枚方市史』第六巻三四〇頁。

(42) 小谷利明「畠山稙長の動向」（矢田俊文編『戦国期の権力と文書』高志書院、二〇〇四年）。

(43) 同年六月に細川晴元と三好長慶・遊佐長教との間で行われた江口合戦の直前であることから、これと関連する可能性もある。

(44) 弓倉弘年「戦国期河内国守護家と守護代家の確執」（前掲註（31）弓倉著書、初出一九九三年）。

(45) 「今井宗久書札留」（『堺市史』続編第五巻、堺市役所、一九七四年）。

(46) 河端昌治氏所蔵文書（『枚方市史』編年一三九号、この史料の年代・差出人については前掲註（3）小谷論文）。『枚方市史』第三巻五三頁。なお『枚方市史』は、旧『枚方市史』四五頁に掲載される翻刻を引用するのみで所在を明らかにしていないが、筆者は河端家にて原本を確認した。本文は左の通りである。

（端裏書）「大坂御陣已後御廻状」

在々百姓前々のことく帰参可仕之旨被　仰付候、片時も早々立帰可申候、若狼藉人於有之者からめとり早々

此方へ可参候、以上、
卯（慶長二〇年）
五月十五日　北見五郎左衛門
勝（勝忠）■（花押）
長野内蔵丞
友秀（花押）
村上三右衛門
吉（吉正）■（花押）
根比（根来）大納言
盛（盛重）■（花押）
片野（交野）郡
まき郷
庄屋衆中

（47）『枚方市史』第七巻七二九頁～七三〇頁。その経緯は『枚方市史』第三巻九七頁～一一六頁に詳しい。ただし、「由緒実録」に基づいて新興勢力小篠三右衛門対旧来勢力河端・片岡両家の図式で描く点には再考を要す。

（48）実際には庄屋であった小篠三右衛門が、「由緒実録」では年寄として登場するという誤謬はすでに指摘されているが（『枚方市史』第三巻一〇二頁）、その理由もここにある。

（49）【史料6・7】のように、片岡家文書には内容を解説した付箋がしばしばみられるが、小篠弥兵衛・三右衛門を小篠家の家来としているように、これらは片岡家文書を調査した河端了栄によって貼られたものと思われる。片岡家文書から、その点を裏付ける事例を二つほど拾い出しておく。一つは、石川光吉他九名連署状（『招提村片岡家文書の研究』四号）で、その付箋には「豊大閤（太）時代勇士連署状」と記されるが、この「勇士」というやや違和感のある表現が「由緒実録」にもみられる（『枚方市史』第七巻七三七頁）。もう一つは藤林雅良書状（『招提村片岡家文書の研究』一一八号）の付箋で、片岡家を指して「御当家」と敬称しているように、他家の者によって記されたことが窺える。

（50）本書第一部第二章「城郭由緒の形成と山論」。

(51)『枚方市史』第六巻三三〇頁～三三一頁。
(52)『枚方市史』第七巻七三〇頁。
(53) 河端昌治氏所蔵文書（『枚方市史』編年一四六号）。
(54) 本書第三部第一章「楠葉郷の石清水八幡宮神人と伝宗寺」。
(55) 本書第三部第三章「享保期の新田開発と出口寺内町」。
(56) 本書第三部第五章「牧・交野一揆の解体と織田権力」。
(57) 本書第三部第一章「楠葉郷の石清水八幡宮神人と伝宗寺」。
(58) 水本邦彦「畿内寺内町の形成と展開について」（大沢研一・仁木宏編『寺内町の研究』第一巻、法藏館、一九九八年、初出一九七六年）。
(59) 本章では北河内の地域性に注目したが、鍛代敏雄「寺内町と一向一揆」（前掲註（5）鍛代著書、初出一九九三年）は、石山合戦で一揆の基地となって破壊された御坊系の寺内町と対比させて、本願寺に与しない都市化を指向した新興寺内町の姿を明確にしている。

第三章　享保期の新田開発と出口寺内町

はじめに

戦国期に成立した寺内町の特徴は、都市を囲繞する土塁や堀にあるとされる。こうした防御施設は、寺内町における自治を反映したものとして、主に歴史地理学的分析によってその姿が示されてきた。それらの成果にも触発されて、寺内町研究は都市史や城郭史などとも密接に関わりながら、学際的分野として進展を遂げた。

ところが一九九〇年代以降、寺内町研究に大きな転機が訪れることとなる。それまで研究者が全面的に信用してきた寺内町の由緒書に近世の脚色が多くみられることや、戦国期のものと考えられていた寺内町プランに後世の改変がみられることなどが、次々と指摘されるようになったのである。(1)これは、寺内町がのちに近世集落として展開したにも拘わらず、中世で議論を完結させてきたがゆえの問題であろう。このように寺内町研究には、近世史へ視野を広げる必要性も生まれつつある。

本章で対象とする出口寺内町（大阪府枚方市出口）は、越前吉崎を退去した蓮如が文明七年（一四七五）に御坊（のちの光善寺）を構えたことをその濫觴とする。蓮如が畿内で最初に拠点としたことで存在そのものはよく知られるもののの、明確な防御施設が確認できないことや文献史料が限られているため、研究対象とされることはあまりなかった。そうしたなか、出口寺内町の構造に初めて言及を加えたのが、京都府立大学による町並調査報告書であった(2)。そこでは、現地に残る地名から寺内町の範囲を想定したうえで、他の寺内町に比べると町割があまり整然としていないことが指摘され、その理由を初期の寺内町であることに求めている。

その後、天野太郎氏は、中心となる町並ではなくその周囲の構造を復原したうえで、囲郭がないという出口寺内町の特徴に注目し、寺内町の周囲を囲む土塁や堀の存在を寺内町に不可欠なものと考えてきた研究史に再考を迫った(3)。これによって出口寺内町は、囲郭がない寺内町の代表的存在として認識されることとなる。

枚方寺内町や招提寺内町の戦国期の姿を完全に復原することは困難なものの、周囲を防御する意図があったことは丘陵先端という立地や遺構からも確認することはできる。その一方で、近隣にあって、ひとり出口寺内町のみ防御する意図がないというのは違和感を覚える。もちろん、成立時期の違いが立地の違いに反映している可能性を視野に入れておく必要はあろうが、戦国末期まで同時に存在したことも一方で事実であり、互いに交流を持っていたことは、枚方寺内町に拠った実従の日記『私心記』などにもみられるところである。よって、仮に成立時に防御施設がなかったとしても、それから約一〇〇年間の戦国期を通じて防御施設を施すことがなかった、あるいは初期の寺内町の景観をそのままに残しているという評価には疑問を抱かざるを得ない。

たしかに出口集落は、西の淀川と東の香里丘陵に挟まれた平野部の中央に位置し、周囲を囲う堀や土塁と思しきものは現況や明治期の図36などからは確認できない。しかし、近世における地形の改変が想定されたことはなく、その景観が中世まで遡りうる確証もあるわけではない。よって、近世史的視点からの検討の余地は、まだ残されているといえるだろう。

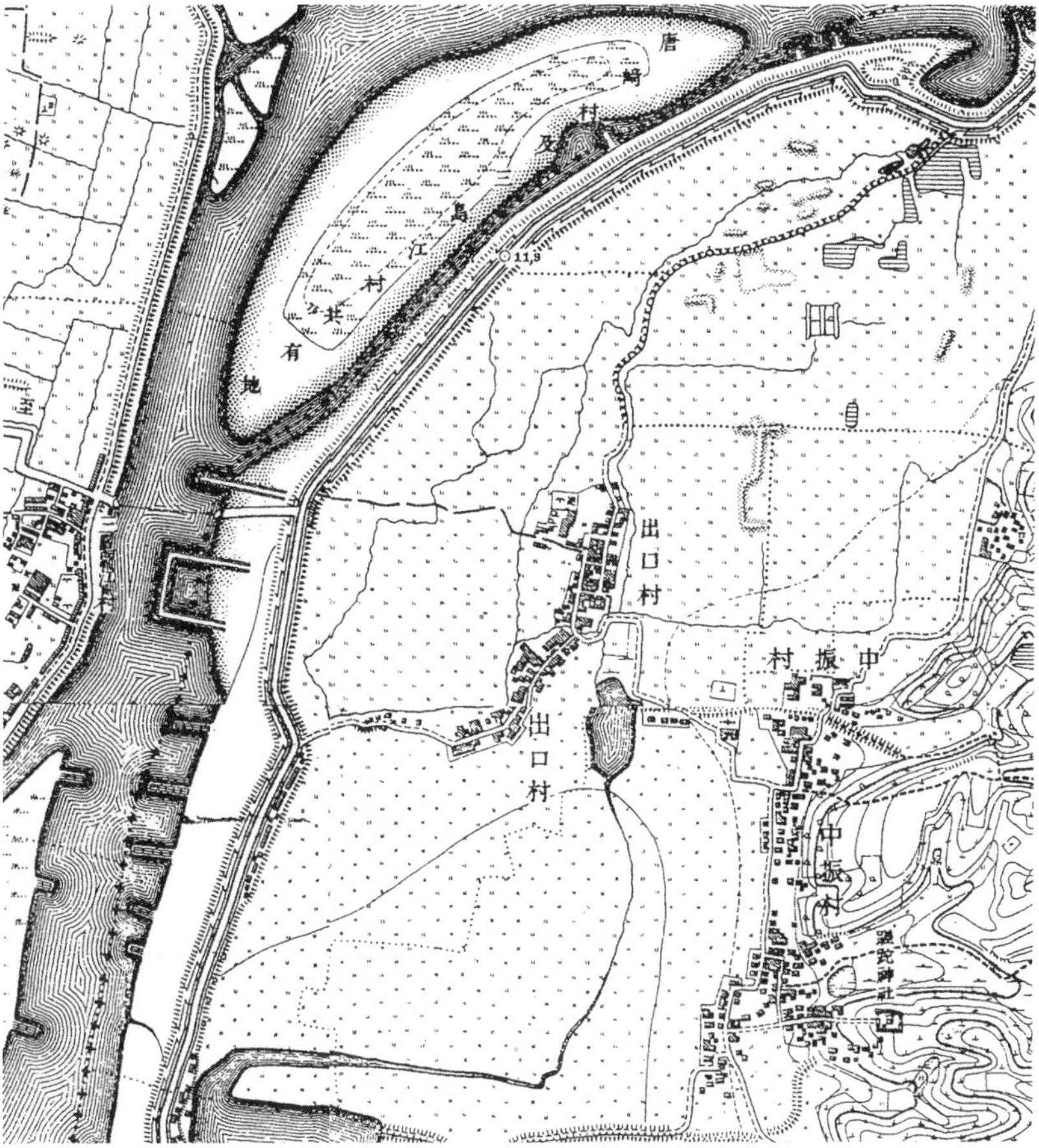

図36　明治期の出口（仮製二万分一地形図）

また、出口寺内町の成立過程については、縁起に依拠する部分が大きく、十分な議論が尽くされているとは言い難い。北河内における他の寺内町と全く異なる形態を持つほど、成立背景も隔絶しているのか、あらかじめ確認しておく必要があるだろう。

一　出口寺内町の成立過程

出口寺内町は、吉崎を退去した蓮如が文明七年（一四七五）に御坊を構えたことに始まるとされる。しかし、それに伴って御坊の周辺に寺内町が形成されたかどうかはよくわかっていない。これまでは、「東国・西国ノ道俗男女、群詣スルコト盛ナル市ノ如シ」という縁起の言葉から、(4) その繁栄を推測するに留まるのみであった。

ところが近年、光善寺が開基される以前から、本遇寺という真宗寺院がすでに出口に存在していたという説が広まりつつある。(5) その根拠は、新潟市の西厳寺が現蔵する方便法身像の「文明三年庚子十一月廿八日／河内国茨田郡中振郷出口村／□（中）之番本遇寺常住／願主賢秀」（／は改行）という裏書である。(6)

この裏書について、大阪市教育委員会の調査では、「年号は文明三年（一四七一）だが、干支は文明一二年のものである。いずれかの書き誤りと思われる」と一旦留保するものの、特に根拠を挙げることなく「文明三年には出口に本遇寺という寺院があったことは事実」と断定する。

そこで、原本に立ち帰って報告書に掲載された写真をみてみると、確かに一見「三」に見えるが、「十二」が掠れたものとも見えなくはない。常識的に考えて、文明三年辛卯の年に「庚子」と誤って書き入れることはなかろうから、この方便法身像は文明一二年のものと理解すべきである。

したがって、光善寺開基以前から出口に本遇寺があった証拠は何一つない。素直に考えるならば、文明一一年に蓮如は山科へ転居したものの、なお出口は重要な拠点と位置付けられていたため、光善寺に付属する下寺の本遇寺にこの方便法身像が与えられたと理解されよう。

では、本遇寺を取り除くと、出口寺内町の成立はどのように描けるであろうか。そこで注目したいのは、御坊建設からわずか三年半後の文明一一年に、甘露寺親長が「出口宿」に一泊していることである。(7) これは、親長が宿泊するに相応しい宿屋が早くから存在したことを意味するし、なにより注目すべきなのはその行程である。三月二日巳の刻に、住吉大社・天王寺と高野山を目指して京を出た親長は、八幡清水で食事をとり、晩に出口に到着している。八幡清水は淀川から若干内陸に入った東高野街道沿いの町場であるから、親長は陸路を出口目指して南下したのである。そして翌日出口で乗船し、渡辺津に上陸している。出港の時間は記さないが、渡辺津から天王寺と住吉大社を参詣し、その日のうちに堺まで行っていることから、朝のうちに出港したのであろう。これは、出口―渡辺津の航路の存在を知ったうえでの行動としか考えられない。ここから、出口寺内町は早くに港町として定着していたことが判明する。

出口御坊は、「中振郷出口村中之番」とされるように、中振郷の内に所在した。(8) そして、ここ中振郷には、一五世紀中頃に石清水八幡宮が勢力を伸ばしている。宝徳四年（一四五二）の八幡酬恩寺尊憙譲状のなかに、「中振包近・行近両名」や「中振下司分米」がみえるし、永正五年（一五〇八）の八幡報恩寺雑掌教重申状でも「八幡宮領河内国中振郷事者、往古よりの神領、報恩寺奉行地也」とみえるのである。(9) ただ、「往古より」とはいっても、石清水八幡宮祠官要略抄によると、中振郷の地頭職を保持しているのは酬恩寺の跡職を継承した尊憙・尊能・空孝の三代のみで、尊憙以前には遡らないことや、将軍家からの寄進状や安堵状をみても中振が登場するのは康正二年（一四五六）の足利義政御判御教書に限られることから、石清水八幡宮勢力が中振に積極的に進出するのは、一五世紀中頃と推測され、さらにその影響力を強く及ぼし続けることはなかったとみられる。(10)

かといって、ここに石清水八幡宮と本願寺勢力との対立があったとするのは早計であろう。吉崎を退去した蓮如が御坊をすんなり建立し、わずか数年後に港町として機能していたのも、石清水八幡宮勢力に受け入れられたからに他ならない。枚方寺内町の順興寺に拠った実従の日記『私心記』に「出口・中振衆」と並記されるのも、(11)石清水八幡宮勢力の拠点であった中振の人々の後押しによって出口寺内町が形成されたという関係を反映したものと考えられる。その関係は、出口寺内町が成立してからしばらく後も残されていた。

【史料1】(12)

御口入を候てもの事［　］今日八時分引付度［　］

不思懸雖申状候、河州出口郷神人候、雖然家領鞆呂岐庄隣郷事、□条隼人と申候物(者)候、自然儀申合子細候条、憑入由申候間、令申候、伊勢八良(貞就)方へ可申給子細候、憑入由申来候へ共、無縁事候間、奉憑候、可然候様御口入候儀、別而可為扶助子細候、内々令申候、先度出口輩於堺伊勢八良参会候、其時内々申合候神(八幡)領川開、別人申落可進退候由申□(候)間、さやうに候ハヽ、伊勢八良方へとられ候へく候と申候処、領状候、其子細就御許容者、彼隼人事八良方へ引合度候との□(申)事候、返々憑入候外□□□(無他候)、一与(向)爰元儀無案内候条、如此申候、謹言、

八月十日　　□（花押）

（切封墨引）

無量寿院御房［　］

発給者は不詳ながら、無量寿院領鞆呂岐荘（大阪府寝屋川市北部）の荘官と思われる。彼と出口郷の石清水八幡宮神人である「□條隼人」は、隣郷の関係から、万一の時には連携するという契約を結んでいた。これ以前に、出口郷の者は、堺にて伊勢貞就と交渉を持ち、「神領《八幡》川開」を内々に安堵されていた。ところが一転し、他者の支配になったというので、これでは伊勢貞就に取られたようなことになってしまう。そこで鞆呂岐荘の荘官を通じて、無量寿院から伊勢貞就に口入するよう依頼したようである。

伊勢貞就は、幕府政所頭人の一族である。彼が京都ではなく堺にいることから、【史料1】は「堺公方」である足利義維が堺に滞在していた頃のものと推測される。[13] 貞就とその父備中守貞辰については米原正義氏の研究に詳しいが、[14] 貞就が堺にいたことについては触れていないので、その点を若干補っておく。

米原氏が指摘するように、天文元年（一五三二）四月に貞就は東下しており、駿河府中にて冷泉為和と面会している。足利義維が阿波へ帰国したのは天文元年六月以降なので、東下の理由はここには求められない。義維を擁していた細川晴元は、享禄二年（一五二九）に義維と距離をおき、朽木にいた足利義晴と結ぶ。貞就は、おそらくこのとき堺に下ったものと思われる。ところが享禄四年になると、義維を推す三好元長が阿波から復帰し、勢力を盛り返してくる。これによって次第に居場所がなくなった貞就は、堺を離れたのであろう。それに対して享禄二年の貞辰は朽木の義晴のもとにおり、同年から天文二年にかけては越前に下っていた。天文三年には、貞辰と貞就が揃って後北条氏のもとに在国していることから、米原氏は貞辰と貞就の行動を一体のものとみているが、「堺公方」期に限定すると、家の存続を図って別行動をとっていたのである。[15]

したがって、【史料1】の年代も享禄二年から享禄四年に絞ることができる。すでに出口寺内町が成立して半世紀を経過しているが、出口郷の河川敷は、なお神人によって川開される「神領《八幡》」なのである。枚方寺内町や招提寺内町は、石清水八幡宮配下の勢力が本願寺をも推戴することで成立したが、出口寺内町も全く同じであったといえよう。(16)

二　一八世紀初頭の新田開発

天下統一を果たした豊臣秀吉は、治水政策の一環として、淀川沿いにこれまでにない大規模な堤を築いた。築堤時期から一般に文禄堤と呼ばれるこの堤の上は、京都と大坂を最短距離で結ぶ京街道としても利用された。江戸時代になると、淀川の堤は一国平均役で維持される国役堤と呼ばれるようになる。当初は京街道＝文禄堤＝国役堤であったと思われるが、沖合への開発が進んだ箇所では、京街道から国役堤が分離するようになる。ただし、枚方宿のように港湾機能のある集落周辺など、幕末まで京街道と国役堤の一致するところも少なからずあった。

では、出口村周辺では堤と街道の関係はどのようになっていたのであろうか。天和三年（一六八三）に描かれた図37によると、京街道は出口村の集落内を通過しているが、それ以降の絵図をみると、図38のようにどれをとっても京街道は集落から外れた淀川沿いを通るようになる。(17)淀川筋においては、国役堤に指定される箇所が移動することはままみられるものの、それとともに街道筋まで移動することは基本的にはありえないことである。よってこの事実は、一七世紀末以降に出口周辺の景観が大きく変化したことを想像させる。

そこでまずは、この堤と街道の移動について事実確認をしておきたい。享保二〇年（一七三五）に出口周辺の堤が切れた際、下流にあたる茨田郡藤田村《とうだ》（大阪府守口市）の酒井文治は、その洪水の要因を次のように記している。

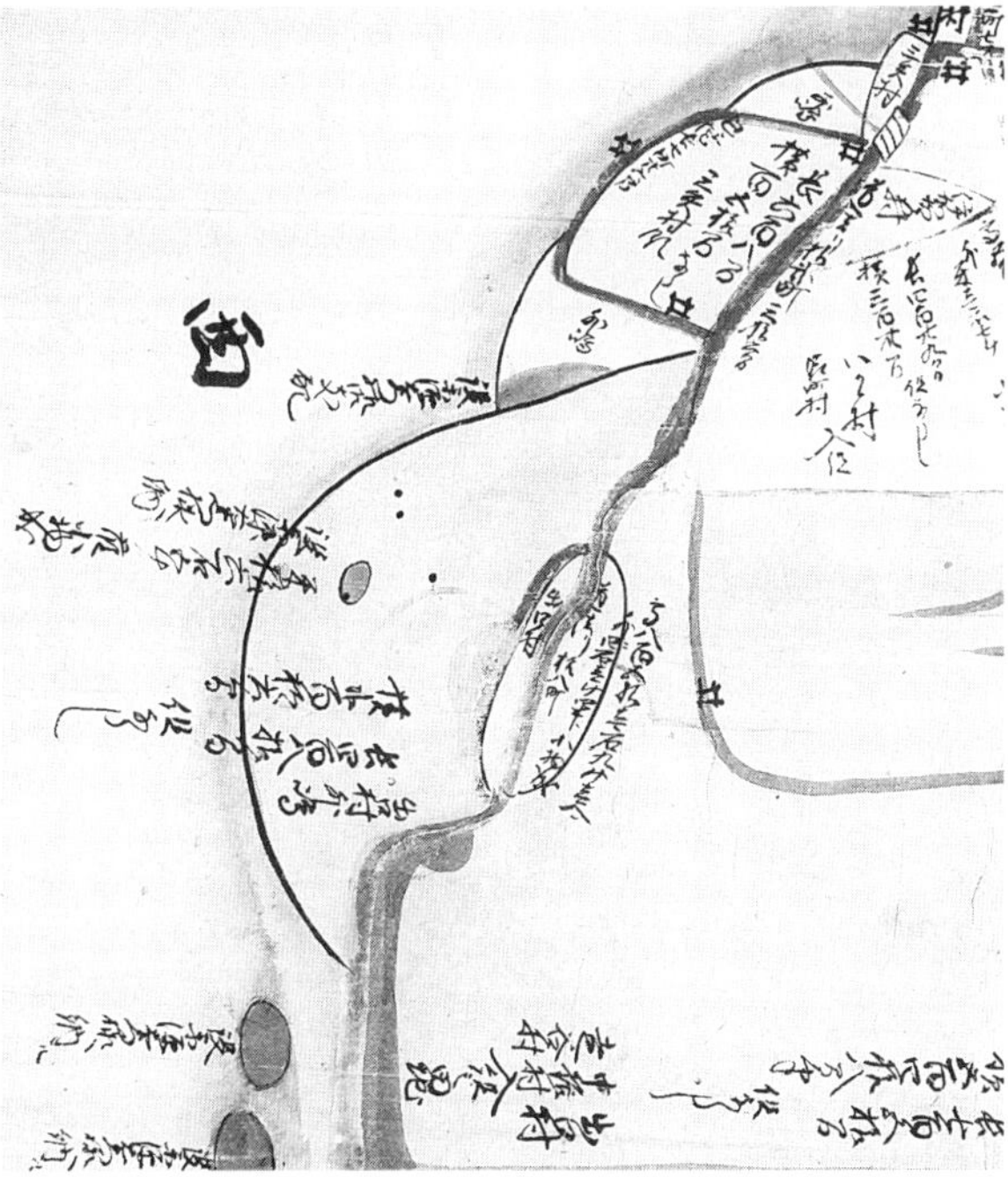

図37　天和3年枚方宿絵図（部分）
三矢村奥田家文書その4、ぬ19号（枚方市史資料室蔵・『市立枚方宿鍵屋資料館展示案内』枚方市教育委員会、2001年、4頁）

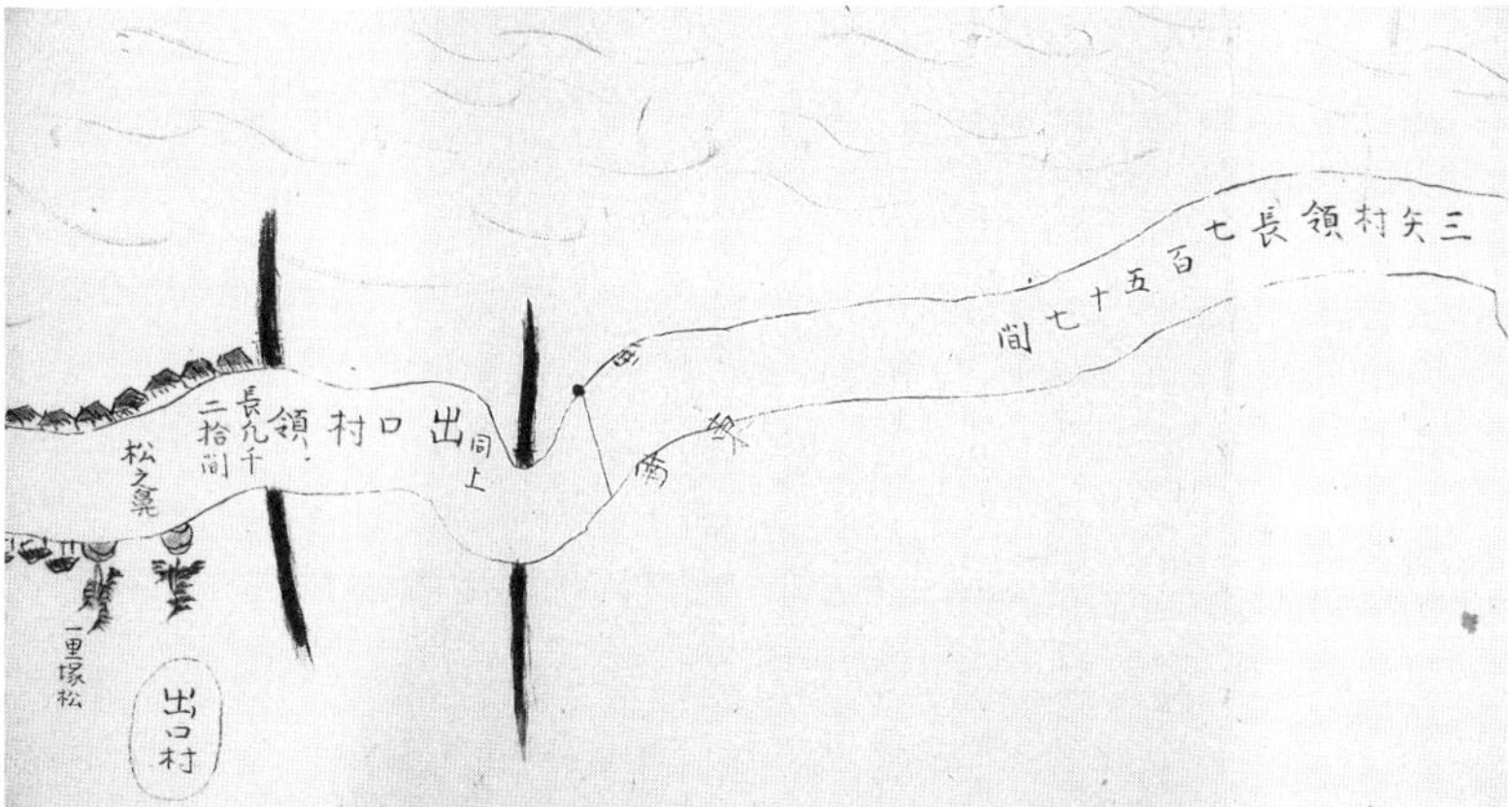

図38　京街道図巻（部分）
坂村三浦家文書Ｆ46号（枚方市史資料室蔵）

【史料2】(18)

此度切候所を出口之廻シと申所也、出口村在之北ニ元堤有之、則出口村東ゟいかゝ(伊加賀)迄ハ其堤旅人《たびひと》往来仕、淀川表之わき〳〵の堤と同前也、然所廿年ほと以前高谷太兵衛(盛直)殿御代官之時、出口・伊賀々(伊加賀)之庄や共、外《そと》との廻し堤ニ而大水出候而もあやうき事無之由申たて、元堤開願新田ニ仕申候、段々下郷ゟきしい(厳カ)訴訟仕、伊勢(貞敕)守様御巡見之時願候故、高谷太兵衛殿ハ切腹とやら流罰(罪)とやらニ被仰付候よし、然共開シ堤ハ其通ニ下郷之願通ニ成不申候、

かつて出口村から伊加賀村にかけては、「其堤旅人《たびひと》往来仕、淀川表之わき〳〵の堤と同前也」とあるように、周辺と同様、堤の上を街道として利用していた。これは文禄堤を踏襲するものと考えてよかろう。ところが二〇年程前、出口村と伊加賀村の庄屋が「外《そと》との廻し堤」、つまりより沖合にある堤でも大水に十分耐えうるといい、街道として使われていた「元堤」の新田開発を代官高谷《こうや》盛直に願い出、それが認められて新田になったという。堤防の決潰を危惧した下流の村々は、巡見にきた勘定奉行伊勢貞敕に開発の停止を求めて歎願した。結果高谷は処罰されたものの、堤の開発そのものはなされてしまった。これが享保二〇年の洪水のそもそもの原因とされている。ちなみに伊勢が「上方川々普請」について巡見に赴いたのは享保二年四月九日、高谷が処罰されたのは翌年二月六日のことである。(19)

続けて、この堤の開発の過程を出口の柿木家に残された絵図から詳細にみておきたい。(20)淀川堤の絵図をトレースした図39は、裏書から正徳五年（一七一五）一一月二五日に高谷へ提出したものの控えであることがわかる。享保二〇年の約二〇年前にあたることから、まさに堤の開発を願い出たときのものであろう。付箋によると、開発の狙いは単に古堤の新田化のみならず、古堤の土をもって古堤と新堤の間の低湿地を土盛りすることにもあっ

たことが窺える。また開発に先だって、翌申年にあたる享保元年一一月一一日には、新堤と古堤の間数改めがなされたことも確認できる。このように正徳末から享保初めにかけての出口村周辺には、古堤と新堤の二重の堤が存在した。図39が描かれた段階では、そのうち新堤が「新国役堤」とされることから、古堤は「元国役堤」と考えてよかろう。

図40のもととなった絵図は、同所の堤の仕様が変更される前の姿を描いたAの上に、変更後の姿を描いたBを貼り付け、比較できるようにしたものである。図40のAからは、新堤が一度にできたのではなく、上流から順に淀川沿岸の開発が進んだことが窺える。すなわち、京街道は①から③を経由して④へと繋がるため、これが旧来の文禄堤と考えられるが、まず北半分の開発がなされ、①から②を経由して③までが新たな国役堤となった。これによって、本来は国役堤であったと思われる①から③の区間は百姓堤となる。その時期はいずれも「往古ゟ」とされはっきりしないが、天和三年の図37では、すでに②を経由する部分が国役堤のように描かれているので、それ以前に遡るのだろう。こうして国役堤と京街道は一部分離することとなった。

さらに②から④までの百姓堤も「十八年以前辰年」に国役堤となり、[21] 同時に③から④までの国役堤は百姓堤になったという。これによって、新堤が国役堤、古堤が百姓堤という関係ができあがった。それから「十八年」の間のいつの頃からか、京街道筋も新堤上に移ったようである。問題となるのは、「十八年以前辰年」の年次であろう。

そこで注目されるのが、②から③の横手堤の開発年代である。新堤が一続きの国役堤となった結果、この横手堤は不用となり、「十年以前子年」に新田となったとされる。享保一五年の「三矢村新検改帳」には、「寛（宝）永五戊子年十一月横手堤跡新開、万年長十郎様御代官所之時竹内弥八殿・北角伝内殿御検地也」とみえ、享保二〇年

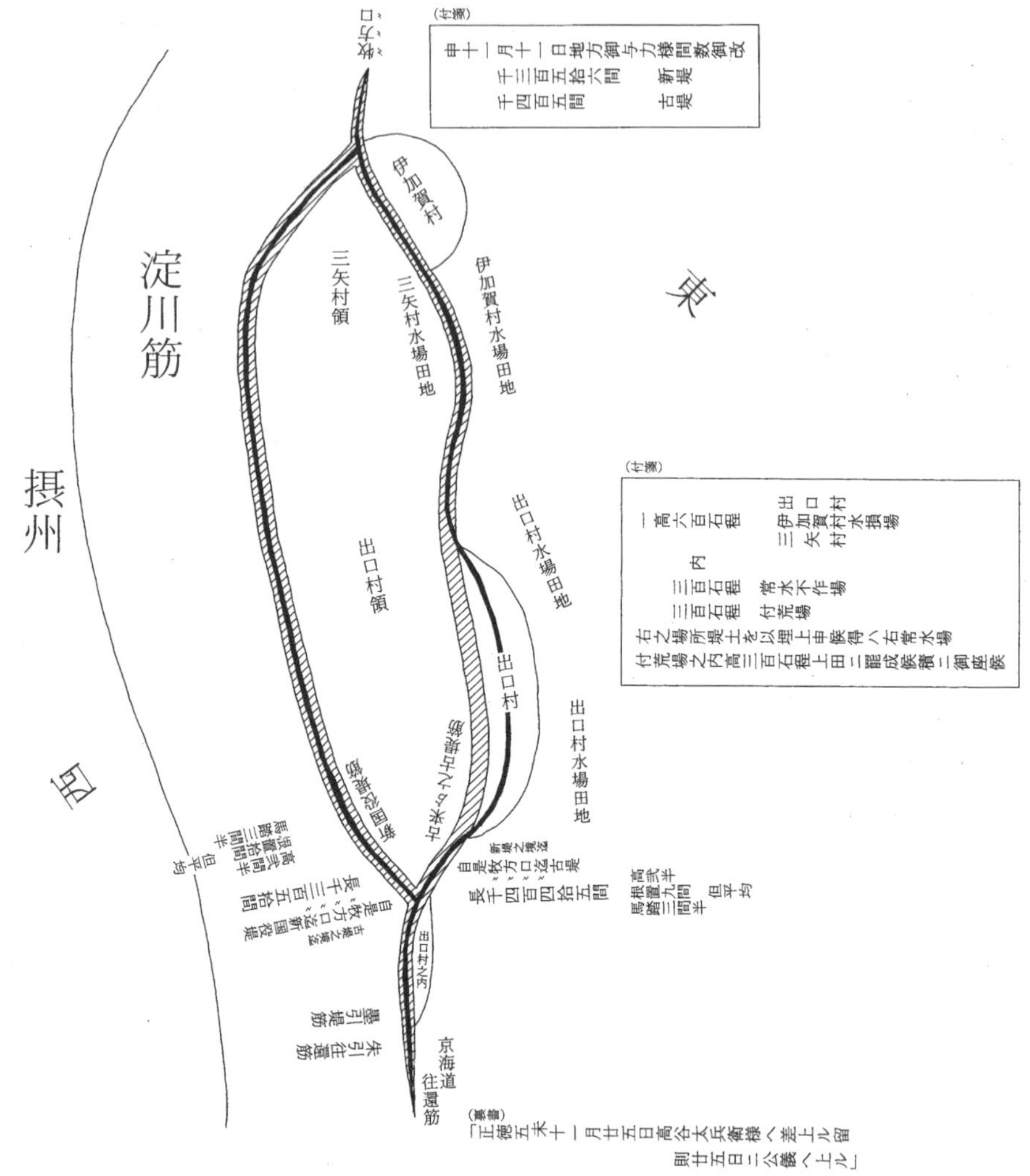

図39　正徳5年淀川堤絵図トレース図
原図は、柿木敏男家所蔵絵図21号

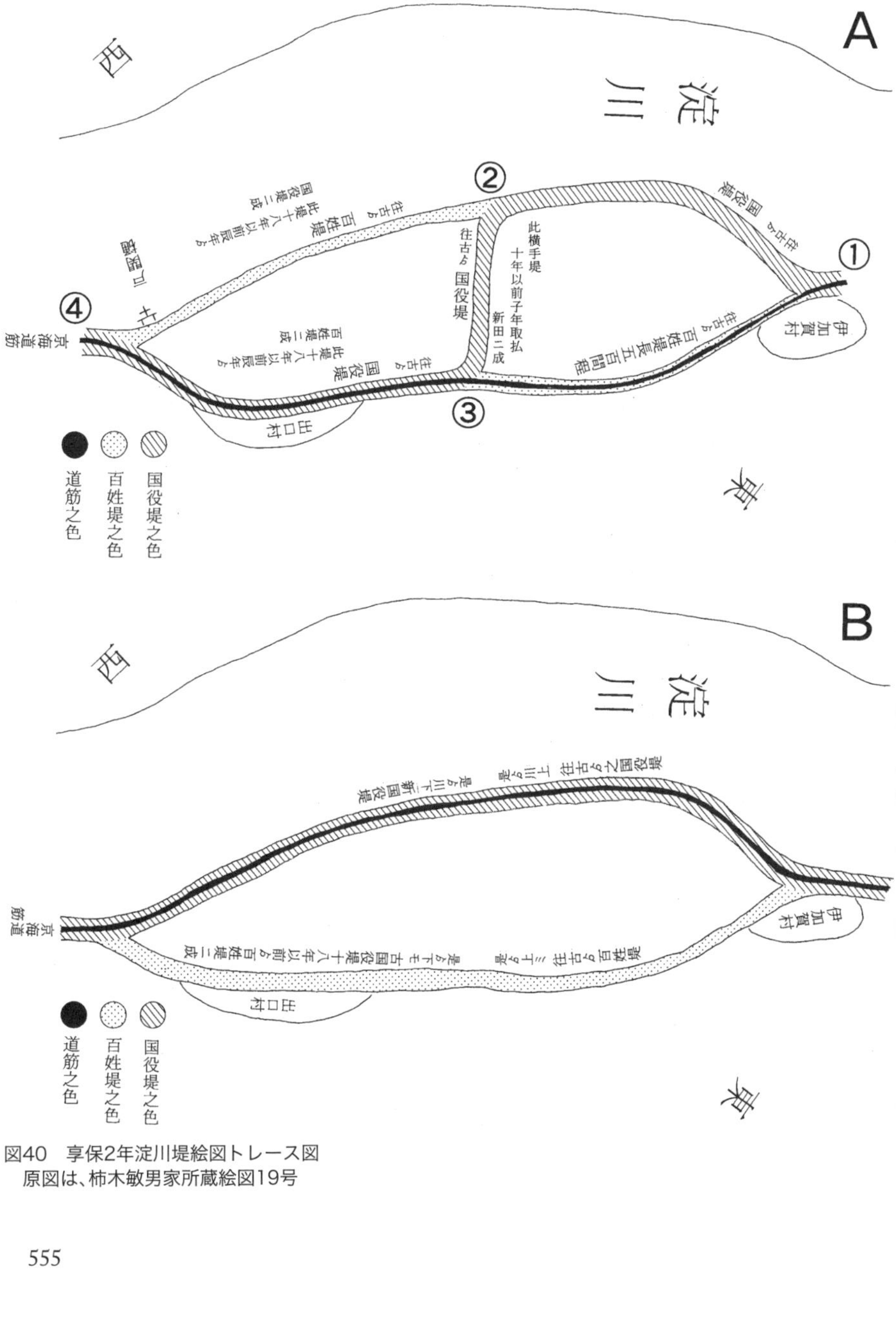

図40　享保2年淀川堤絵図トレース図
原図は、柿木敏男家所蔵絵図19号

の「三矢村屋敷田畑新検名寄帳」にも「宝永五子年新田」と注記のある田地が存在することから、横手堤の開発は宝永五年（一七〇八）のことと確認できる。[22] よって、新堤が一続きの国役堤となったのは元禄一三年（一七〇〇）であること、そして図40の作成年代は享保二年であることも判明する。

以上のように、図40のBは古堤開発直前の状況を描いたものであり、Aは約二〇年前まで遡ってそこに至る経過を示したものといえる。そのような情報は、正徳五年段階ですでに高谷の知るところであったはずであろうから、図40は、享保二年に巡見に来た勘定奉行伊勢貞敷に対してか、あるいはその後の穿鑿の過程において提出したものの控と考えるのが妥当である。

図40のBでは、京街道が新堤上に完全に移ったかのように描かれるが、その直前の図39の段階では、まだ古堤上と新堤上に併存しているように描かれている。[23] 高谷が処罰された理由は、こうした状況下で古堤の開発を始める際に、「往還の地たる事をまう《（申）》さゞりし」ことにあった。[24]

三　開発前の姿と出口寺内町の復原

図41は、年紀はないものの代官として間宮三郎左衛門の名がみえることから、高谷が処罰された翌々年の享保五年（一七二〇）に比定することができる。[25]【史料1】では、高谷が処罰されても「開シ堤ハ其通ニ」なったというが、図41では古堤と新堤が併存して描かれていることから、高谷が処罰された頃には、まだ古堤の旧観を残していたようである。高谷による開発は、早い段階で勘定奉行の知るところとなったため、工事は中途で一時停止されたのではなかろうか。[26]

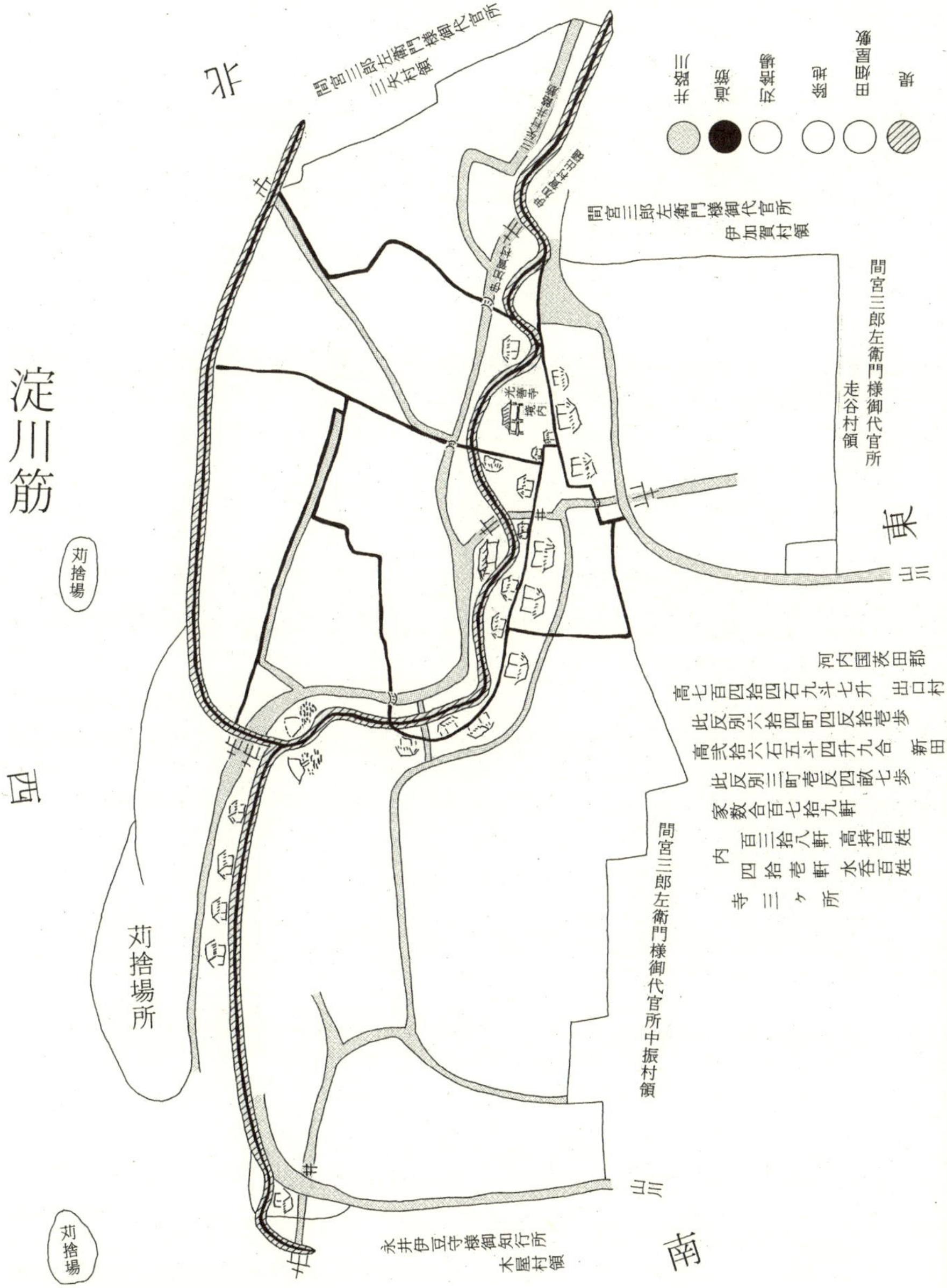

図41　享保5年出口村絵図トレース図
原図は、柿木敏男家所蔵絵図15号

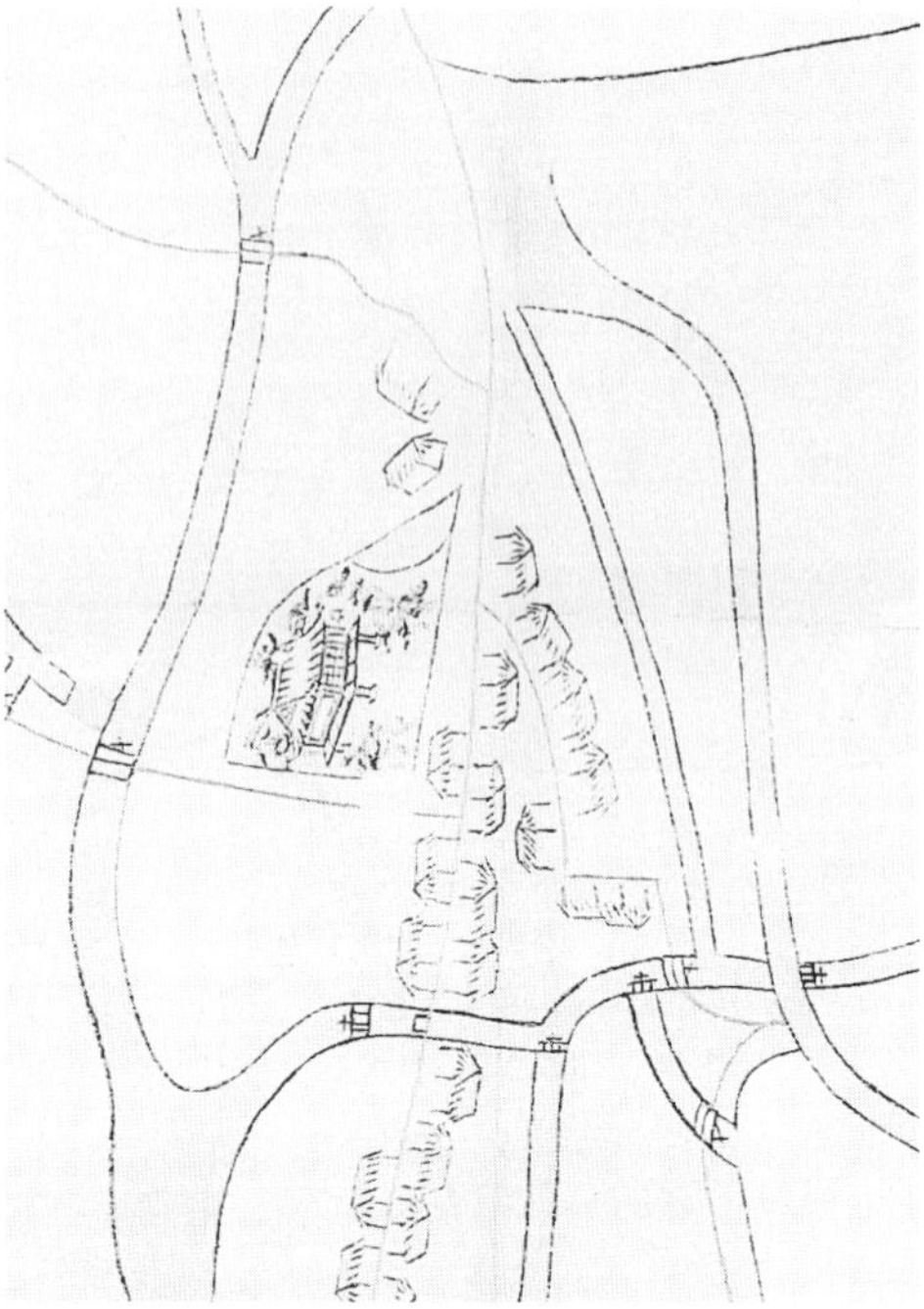

図42　古堤撤去後の出口村絵図（部分）
柿木敏男家所蔵絵図18号

その後方針が一転して古堤が開発されたのは、おそらく徳川吉宗による改革の一環で、享保七年に新田開発が奨励されてからのことと考えられる。よって、享保二〇年の洪水の段階では「開シ堤ハ其通ニ」なったと認識されているのであろう。これらの点から享保七年をさほどくだらない頃のものと考えられる図42では、図41と同じ構図ながら、古堤をきれいに撤去した姿が確認できる。地形の起伏という面では、これが現況の起点を描いた絵図といってよかろう。

では、古堤撤去直前の姿を描いた図41からは、出口寺内町の旧観をどのように復原できるだろうか。その点で注目されるのは、出口寺内町の核となる光善寺を北西隅にして堤が集落の西半分を囲っていることである。この堤を評価する上で問題となるのは、①寺内町段階まで遡りうるのか、②純粋に水防のみを目的としたものか、あるいは寺内町を囲郭する土塁としての機能も併せ持つのか、という二点であろう。

そのうち堤ができた時期については、他の淀川縁の集落と比較することで次のように推測できる。北河内においては、図43のように、文禄堤上に街村を形成するのが通例である。出郷の存在に顕著なように、これらの事例

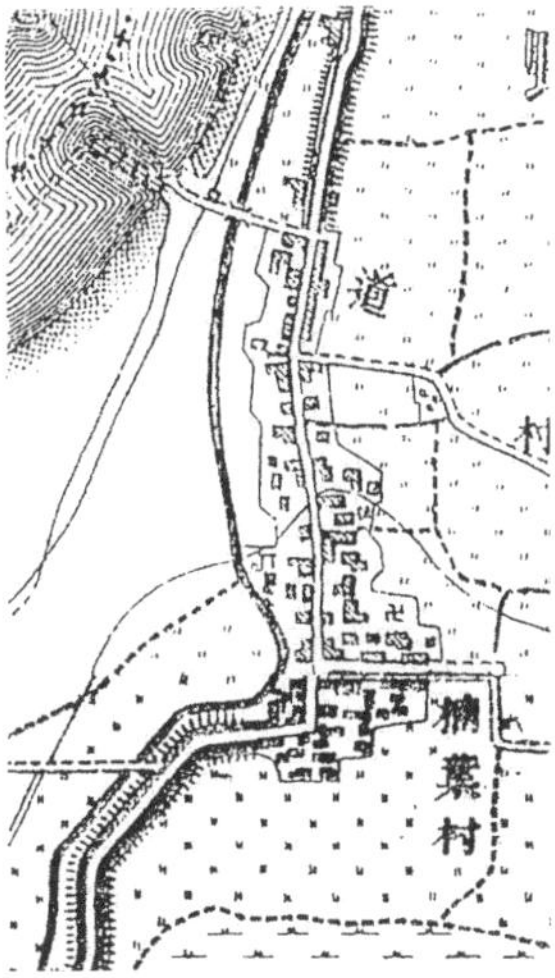

町組（楠葉村）

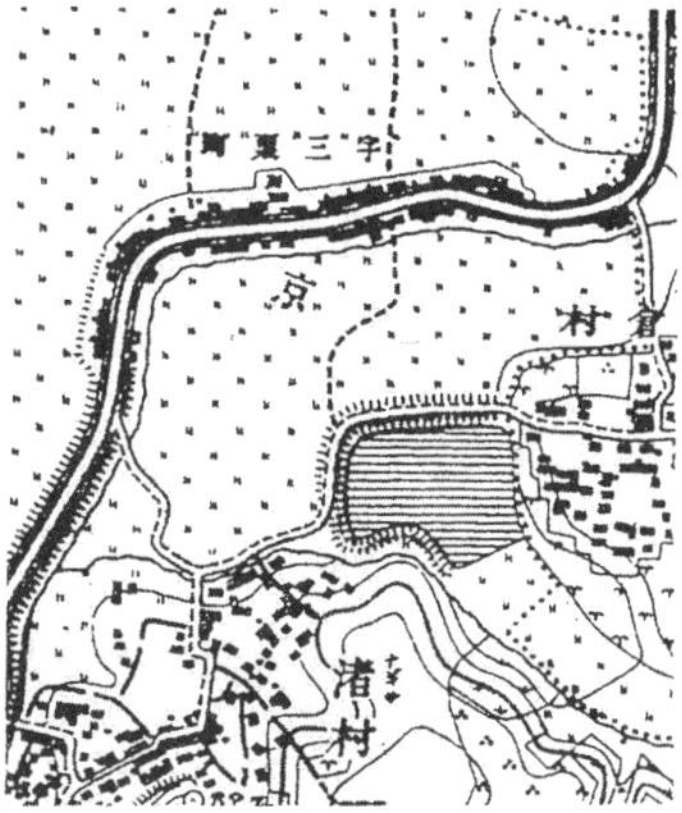

三栗（渚村出郷）

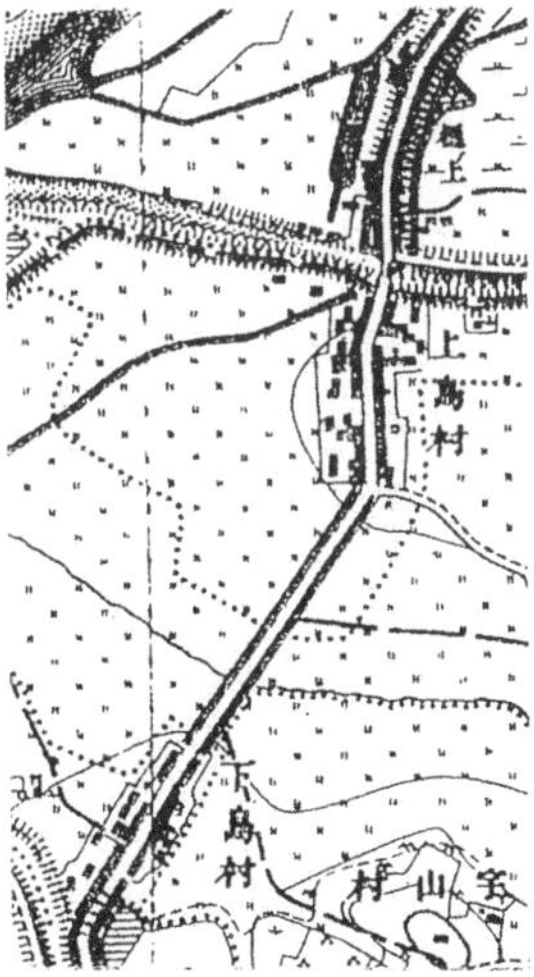

樋之上（楠葉村出郷）
上島村
下島村

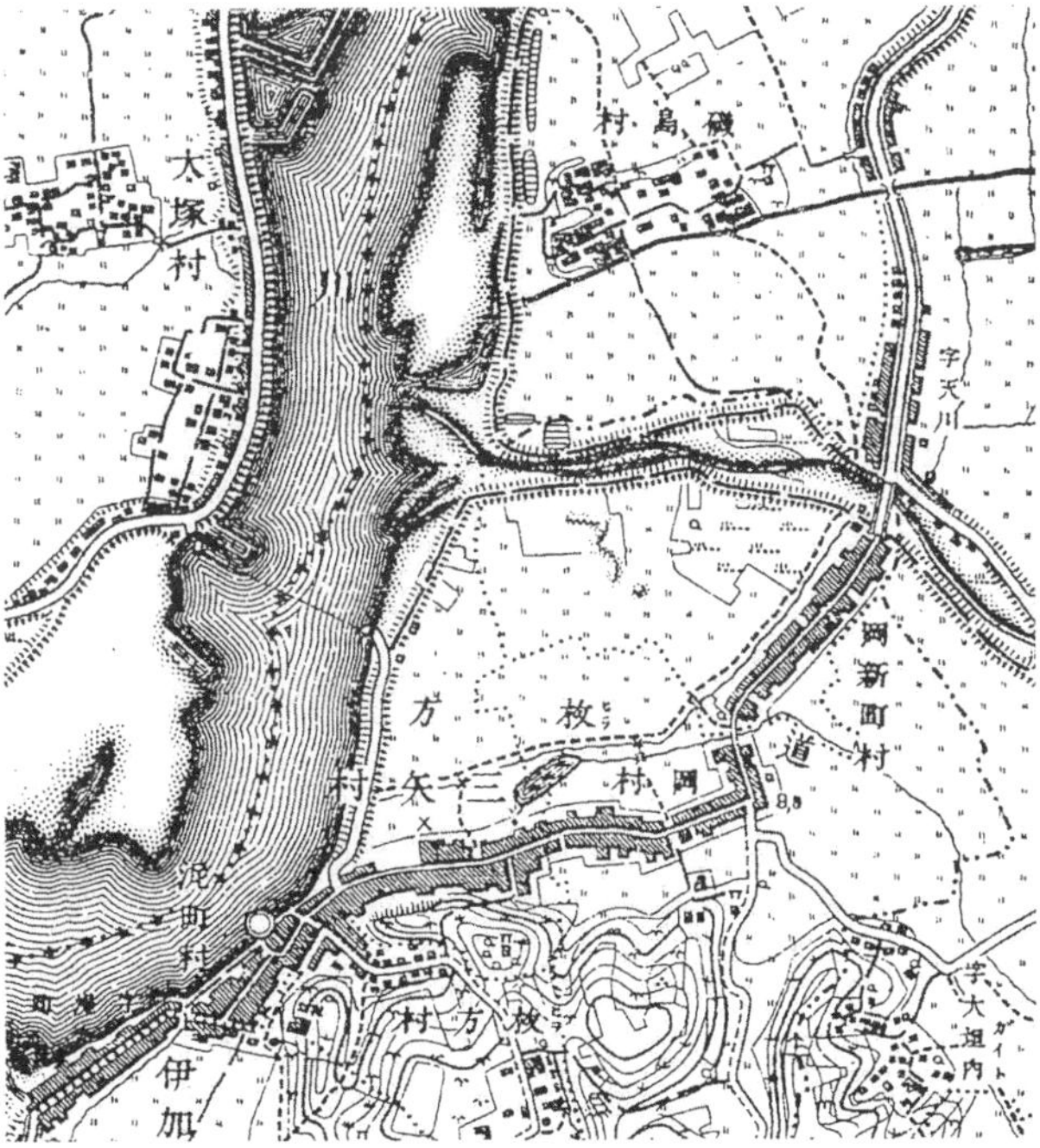

茶屋町（磯島村出郷）
天之川（禁野村出郷）
枚方宿（岡新町村・岡村・三矢村・泥町村）

図43　京街道筋の街村（仮製二万分一地形図）

は淀川縁で不安定かつ人家もあまりなかった土地が築堤によって安定し、次々と京街道沿いに新たな集落が形成されたことを示している。そのなかにあって、文禄堤が集落を取り囲んでいる出口の集落形態は極めて異例である。これは他の集落と異なり、出口の集落が元からここに存在したこと、よって文禄堤が築かれても集落内部は大きな改変を受けることがなかったことを意味する。

このように、出口は文禄堤が築造される以前から不安定な土地に形成された集落であるため、堤なくしては存立しえなかったのではなかろうか。そう考えると、出口周辺の文禄堤は寺内町に伴って築造されたものを踏襲している可能性が極めて高い。それを裏付けるかのように、一六世紀前半には伊加賀から出口にかけて堤が築かれていたことが文献史料で確認できる。そのうち伊加賀の堤は、地元の国人である土屋氏によって管理されていた(27)。

【史料3】(28)

就出口堤之儀、為合力自身被打越、別而御馳走之由、御気遣本望候、樋木善左衛門尉令逗留候間、弥御入魂喜悦候、猶期面候、恐々謹言、

遊佐

三月廿二日　長教（花押）

土屋喜左衛門尉殿（宗仲）

進之候

右の史料は、河内の守護代遊佐長教が、出口堤の普請において土屋が「合力」したことに謝意を表したものである。土屋が「合力」という立場にあることから、主体となって出口堤を管理していたのは、おそらく地元の出口寺内町だと思われる。以上の点から、出口集落の西半分を囲む文禄堤は、寺内町段階まで遡りうるものと考え

ておきたい。

続けて、この堤の機能について検討しておく。まず一点目に、水防の機能のみを期待するのならば、必ずしも大きく湾曲する必要はないということが指摘できよう。二点目に、水防という観点でも、防御という観点でも、最も要所となる北西端に光善寺が位置することから、堤とそれに囲まれた空間に計画性を窺うことができる。もちろん、これらの理由のみでは、堤に防御的機能もあったと断言するのは難しい。

そこで、反対の東側に目をむけてみると、かつては東部に広がる丘陵地から流れてくる「山川」を集落の手前で北上させ、集落の北端で溜め池としていたことが確認できる。淀川沿いの平地なので、基本的には南向きに傾斜しているはずであるから、この川は人為的に付け替えられている可能性が高い。

図42には、問題となる川と集落の間に、図41にはない新たな井路の存在を確認できる。柿木家には図44のように、この井路と古堤が共に描かれた絵図も別に存在することから、この井路は古堤撤去直前の享保期に開削されたことが判明する。明治期の地図では、集落の東側はこの新規井路しか残されておらず、山川は北上することなく集落南東の遊水池に流れ込むようになってしまっている。淀川周辺の川床が上昇したしたため、無理に北流させることが困難となった結果であろう。

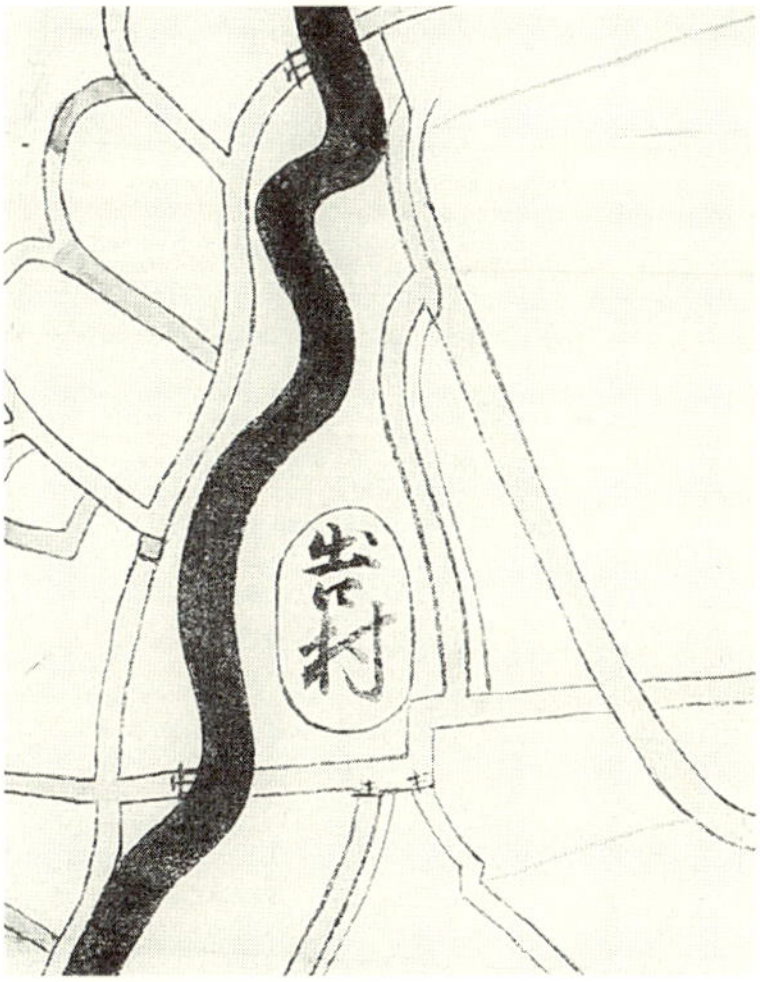

図44　新規井路と古堤
柿木敏男家所蔵絵図10号

　この川の消滅した部分は、枚方市所蔵の地籍図などにもその痕跡を留めている。すなわち、該当箇所には南北約五

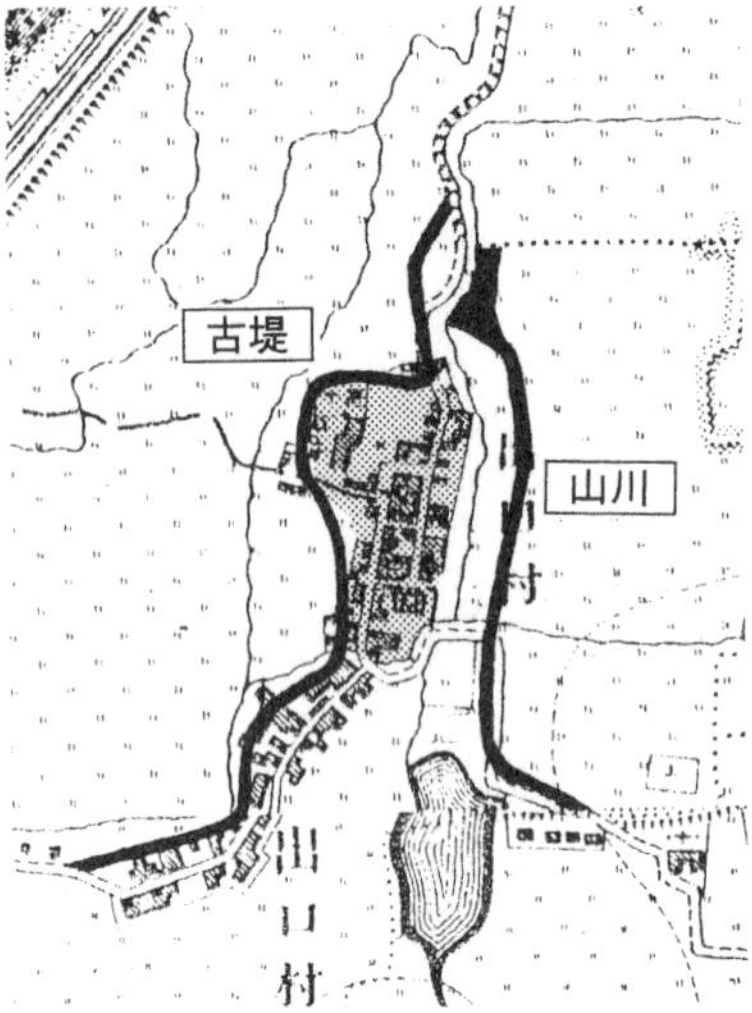

図45　享保期の出口村復原図
網掛け部分は本文註(2)文献が推定する寺内町の町割範囲

〇〇mにわたって、幅約一五mの細かい地割が三〇筆余連なっているのである。このように周囲と明らかに異なる地割を持つだけでなく、この三〇筆余の部分のみが小字「河原」となっていることから、明治初期までに川が付け替えられ、川床は新田となったことが判明する。これは、この川がある程度の川幅を持っていたことを意味している。

以上を踏まえて、享保期以前までの出口集落を復原すると、図45のように堤と川に囲まれていたことが確認できる。天野氏が指摘する「囲まれていない」出口寺内町の姿は、享保期以降の改変を受けた姿からの復原に過ぎないのである。天野氏は外郭の水路にも言及するが、「小規模なもので、堀としての機能は無かった」と判断している。その外郭の水路とて、享保期に開削されたものであった。

しかも、堤と川はただ寺内町を囲っていただけではない。改めて北上する川に目を向けると、溜池に注ぎ込む所と堤がくびれる所が一致し、虎口状の空間を形成していることに気付かされる。つまり、堤と川は出口寺内町を防御するために、計画的に配置されたと思われるのである。一方南側には防御施設らしいものはないが、これは沼地であったことによるのであろう(29)。

おわりに

本章第一節では、出口寺内町の成立過程を検討し、北河内における他の寺内町と同じく、石清水八幡宮の影響下にあることを確認した。第二節では、出口村に残された絵図の年次を比定したうえで、享保期の新田開発の結果、集落周辺の構造が大きく変化したことを明らかにした。第三節では、新たに知り得た開発直前の状況から、寺内町段階の景観を復原してみた。それによって、出口寺内町にも囲郭が存在したことを推定できた。

以上の結論から導き出される本章の主張点は、以下の二点である。

一つは、近世史料を踏まえることで、囲郭を持たない寺内町という評価が逆転したことからも明らかなように、寺内町研究に近世史的視点をより積極的に導入することの有効性である。近世在郷町としての再開発を戦国期の遺構とする誤解が指摘されることは、これまでもみられたが、反対に新田開発によって土塁・堀が消滅することも十分ありうるのである。いずれにせよ、寺内町を研究するにあたっては、近世が開発の時代であることをより意識しておく必要があるだろう。

そしてもう一点は、戦国期寺内町にとっての囲郭の評価についてである。天野太郎氏は、出口寺内町が囲郭を伴わないということを前提として、「寺内町は防御を第一義的な目的として囲郭を有しているのではなく、本質的には宗教的なアジールとしての象徴として、寺内の『外』と『内』とを空間的に区分する可視的な境界として機能している」とした。また、囲郭を有しないか、あるいは極めて形式的なものとして、鷺森・貝塚・天満・下京本願寺など石山合戦後の寺内町の事例をあげ、それと戦国期の出口寺内町を同列に論じることで、一定程度の普遍性を導き出そうとする。筆者も寺内町のアジール性や、囲郭が必ずしも寺内町の必要条件ではないとする見解を全面的に否定するつもりはないし、寺内町全体を包括的に概念規定しようとすること自体を無意味とはいわない。ただ、そのような議論は、不安定な時期と安定した時期を区別して論じたほうがより実態に即した評価になると考えられる。そうしなければ、戦乱が激化してもアジールだから身を守ることができるという議論になりかねないからである。

　実際、少なくとも戦国末期には、「飯守(盛)人数出候テ、岡・三屋・出口・地下・中振等放火候」と三好長慶の軍勢が出口周辺を放火していたり、三好三人衆の軍勢が「河内の出口・中堀(振)と云処に陣取」っているように、出口寺内町は度々戦乱に巻き込まれている。[30] また隣接する枚方寺内町では、恒常的に土居を築き、岸を切り、堀を掘っている様子が『私心記』から読みとれる。[31] このような環境下で、出口寺内町が防御の手だてをしなかったとは考えがたいのである。

　本章では、近世段階の出口集落が堤と川に囲まれていたことは明らかにしえたが、それが出口寺内町の防御に果たしてどれだけ機能したのかという検討にまでは、依拠した史料が近世絵図であるという限界もあって十分に論じることができなかった。また、これ以上の復原も余程の新出史料がない限り困難と思われる。現時点での出口寺内町の囲郭の評価は、住民がどれだけ戦乱に晒され、どれだけ危機感を持っていたのか、その読み取り方次第で変わってくるであろう。

註

（1）堀新「寺内町『由緒書』の成立と展開」（『民衆史研究』第三九号、一九九〇年）。近藤孝敏「貝塚寺内の成立過程について」（『寺内町研究』第一号、一九九五年）。小谷利明「戦国期の河内国守護と一向一揆勢力」（同『畿

内戦国期守護と地域社会』清文堂出版、二〇〇三年、初出一九九八年)。前川要『都市考古学の研究』(柏書房、一九九一年)。
(2)『出口・招提の町並』(枚方市教育委員会、一九九〇年)。
(3)天野太郎「寺内町の概念と囲郭の機能」(『地域と環境』No.1、一九九八年)。以下、天野氏の説は特に断らない限りこれに拠る。
(4)「蓮如上人縁起」第五巻第四段(『真宗史料集成』第二巻八三一頁)。
(5)大谷暢順『蓮如上人・空善聞書』(講談社、二〇〇五年)三四〇頁など。
(6)『新潟市文化財調査報告書』寺院Ⅲ(新潟市教育委員会、一九八八年)。『大阪市文化財総合調査報告書』六大阪市内所在の真宗関係史料　福島区所在史料について(一)(大阪市教育委員会事務局社会教育部文化財保護課、一九九七年)。
(7)『親長卿記』文明一一年三月二日条・三日条。
(8)文明七年に蓮如が出口に来た際の親鸞聖人御影裏書(『枚方市史』編年一〇一号)。中振郷には南北朝期に南朝方によって観心寺の河関が設置されたが、のちに北隣にあたる伊香賀郷の地頭で、北朝方についた土屋氏が勢力を伸ばす(『枚方市史』第二巻四九八頁~五〇〇頁)。その後、明徳の乱で山名氏清の謀反に同意したとみなされ、伊香賀郷地頭職を没収され、中振も押領されたという(『枚方市史』第二巻五一〇頁~五一一頁)。土屋家の動向については、水野恭一郎「河内国伊香賀郷地頭土屋家の文書」(同『武家社会の歴史像』国書刊行会、一九八三年、初出一九七六年)も詳しい。
(9)『唐招提寺史料』第一、二〇九号・一九九号。
(10)『唐招提寺史料』第一、二二六号。菊大路家文書一六八号(『石清水文書』六)。『枚方市史』第二巻五一一頁では、「中振は上位の地頭が八幡宮、下位の地主が土屋氏という関係」とするが、両者の支配が重なることはなかったと思われる。
(11)『私心記』永禄四年一〇月二三日条・一一月二日条。
(12)足利時代古文書(『国立国会図書館所蔵貴重書解題』第六巻八四号)。なお、写真版に基づき訂正を加えた。
(13)「堺公方」については、拙稿「『堺公方』期の京都支配と柳本賢治」(拙著『戦国期細川権力の研究』吉川弘文館、二〇一八年、初出二〇一四年）。

（14）米原正義「室町幕臣の東下り」（米原正義先生古稀記念論文集刊行会編『戦国織豊期の政治と文化』続群書類従完成会、一九九三年）。

（15）大永三年（一五二三）に伊勢貞忠の「同名衆」として貞辰・貞就父子がみえるように、「堺公方」期直前は一体の行動をとっていた（「伊勢貞忠亭御成記」〔『群書類従』第二二輯〕）。同様に、大永六年に伊勢貞辰と一色下総守の邸宅を訪問した宗長は、後日その息子たちである伊勢貞就兄弟と一色新九郎に誘われて下京の宿に赴いている（『宗長日記』大永六年九月条）。伊勢・一色両家は、ともに女房衆を曇華院に預けているように親族関係にあったようである（『言継卿記』大永七年一二月一一日条）。なお、貞就の弟は、のちに伊勢惣領家を継ぐ貞孝であろう。

（16）本書第三部第一章「楠葉郷の石清水八幡宮神人と伝宗寺」・第二章「石清水八幡宮勢力の展開と招提寺内町」・第四章「枚方寺内町の沿革と対外関係」。

（17）そのほか、正保国絵図（『楽しく学ぶ枚方の歴史』枚方市教育委員会、二〇〇六年、表紙写真）での京街道は出口の集落内を通過している一方で、享和三年（一八〇三）の京街道図巻（三矢村奥田家文書その二、一二号〈枚方市史資料室蔵〉）や文化三年（一八〇六）の絵図（『東海道分間延絵図』第二四巻、東京美術、一九七七年）では淀川沿いを通っている。

（18）樋口清春編『三矢切留帳』（大東古文書研究会、二〇〇〇年）。

（19）『寛政重修諸家譜』第八、二七九頁。同上第一九、三五二頁。【史料2】では切腹あるいは流罪とされるが、代官は罷免されるものの結果的に赦されている。

（20）柿木家の絵図については、蓮井岳史「柿木家所蔵絵図からみる上庄悪水井路と大和川付け替え」（『枚方市史年報』第一三号、二〇一〇年）。

（21）天和三年に摂津側の村々が、出口・三矢両村が築いた外島新堤の撤去を訴えているが（『高槻市史』第四巻（二）一六二号）、それが②から④にかけての堤に該当すると思われる。その訴状によると、元和八年（一六二二）にも両村は外島に堤を築いたが、そのときは奉行の裁決によって堤は切られている。ところが延宝三年（一六七五）にも無断で堤を築いたため、改めて堤奉行に訴えたところ、今度は取り合ってくれないまま天和三年に至ったという。したがって、②から④にかけての「往古ゟ百姓堤」とは、延宝期以降に無断で築いた堤を既成事実化したものと見なすことができる。
（22）三矢村畠中家文書その二、一〇二号（枚方市史資料室蔵）。同上一〇一号。
（23）この新旧街道の大坂側の合流点は、旧道の一里塚が存在したところと一致する。通常、一里塚は街道を挟むようにして両側に設置されるが、新堤上が京街道として確定すると、図38のように一里塚が片側に二つ並ぶという特異な景観を生み出した。
（24）『寛政重修諸家譜』第一九、三五二頁。
（25）近辺の代官の変遷は、田宮久史『東海道枚方宿』（枚方市教育委員会、二〇〇一年）一九頁にまとめられている。
（26）ただし、享保二年四月の中振・走谷・出口三ヶ村から代官高谷へ宛てた願書に、「此度古堤取払被為仰付候に付ては伊加賀村に大分埋田被致候」（旧『枚方市史』二三〇頁）とみえることから、工事がある程度進んでいたことは確かである。
（27）土屋氏文書四三号（『枚方市史』第六巻）。以下の堤普請については、前掲註（1）小谷論文が詳しい。
（28）土屋氏文書四二号。
（29）前掲註（2）文献九頁。
（30）『私心記』永禄三年七月二三日条。「細川両家記」永禄一二年正月二日条（『群書類従』第二〇輯・『枚方市史』編年一四七号）。
（31）天野太郎「淀川中流域における寺内町の展開」（足利健亮先生追悼論文集編纂委員会編『地図と歴史空間』大明堂、二〇〇〇年）の表Ⅲ―4―1にまとめられている。

第四章　枚方寺内町の沿革と対外関係

はじめに

枚方寺内町（大阪府枚方市）は、浄土真宗寺内町の内部組織をみる際に一つのモデルとされる。なぜなら、枚方寺内町に拠った蓮如の末子順興寺実従がその日記『私心記』を残しており、日常的な人間関係を把握できる稀有な存在となっているからである。そのため枚方寺内町の分析結果は、寺内町全般の理解を少なからず左右しているといっても過言ではない。

枚方寺内町の研究に先鞭を付けた鍛代敏雄氏は、住民の構成や経済的な機能など都市史的な側面からアプローチした。草野顕之氏はそれを批判的に継承しつつ、真宗史の立場から寺院の内部組織を明らかにする。また藤田実氏は、神社祭祀に注目して住民結合のありかたを捉え直そうとしている。(1)

寺内町の空間構造という視点では、天野太郎氏が『私心記』の記述をもとに現地形等との対比から景観復原を試みた。さらに福島克彦氏は、隣接する枚方宿場町に主要集落が移動しているため、在郷町化した他の寺内町に比べて近世における改変が少ないという特質に着目し、地籍図を用いてより精緻な分析をしている。(2)

枚方寺内町の研究史を振り返って総じていえるのは、『私心記』という一級史料があるだけに、それに多くを依存したものとなっていることであろう。ところが、実従が枚方に入寺したのは永禄二年（一五五九）末のことで、日記が残るのはそれから永禄四年末までのわずか二年余に過ぎない。言うなれば、長い歴史のうち、ある段階を輪切りにした断面だけで枚方寺内町の歴史は語られてきたということになろうか。

そのため、成立の時期等についてはまともに検討されたこともなく、ゆえに永禄期の寺内町社会が、どれだけの期間を経て形成されたものなのかといった点も不明のままである。折角の研究蓄積が宙に浮いたものとならないようにするためにも、枚方寺内町全体の沿革を明らかにする必要があるといえよう。

同様の問題として、寺内町の終焉についても、意識的に研究されたことはほとんどない。わずかに福島克彦氏が宿場町への展開を展望しているが、その明確な時期については言及しておらず、現状では近世初期に宿場町が成立するとともに何となく消滅したという理解に留まっている。寺内町の核となった順興寺も、一般的には元亀・天正年間に信長の焼き討ちでなくなり、寛永年間に京都で再興されたとされるが(3)、これに従えば約半世紀もの間、順興寺は行方がわからないということになる。

しかし、一門一家が配された有力寺内町で、こうもあっさりと消滅したものが他にあろうか。交通体系の変化によって衰微はみられても、その多くは在郷町として近世にも残っている。宿場町が成立すると寺内町が終焉を迎えるということを自明視するのではなく、宿場町の存在はまず措いて、枚方寺内町あるいは順興寺独自の沿革からその終焉を明らかにする必要もあるだろう。

『私心記』への依存は、以上のような時間的な問題の他に、構造的な問題にも影響を及ぼしていると考えている。分析が枚方寺内町内部で完結しており、外部勢力との関係について検討があまり進んでいないからである。

もちろん対外的な視点が皆無というわけではなく、内部組織については大坂本願寺・寺内町をモデルとした縮小版という点で、先行研究の共通認識となっている。しかし実従が、長年暮らした本願寺をある種の理想として無意識のうちに重ね合わせており、その埒外にあることは記していないという可能性も否定はできない。また、枚方寺内町の対外交渉についても検討がないわけではないが、交渉主体や交渉相手そのものの考察が十分に伴っていないため、実態と懸け離れた理解に留まっている。『私心記』が記さないことも交えながら、外部勢力との関係のなかで寺内町の内部組織を相対的に位置付けていくことも、『私心記』の枠組を乗り越えるうえで重要な課題といえる。

上記のような課題意識から、本章では『私心記』以外の史料博捜に力を注いだ。むろん枚方寺内町に関わる同時代史料が潤沢に見出せる見込みはないので、関連する近世に成立した系図や由緒書なども積極的に素材として取り上げる。当然のことながら、その手の史料は全てを鵜呑みにはできないし、都合のよい由緒だけを自説の補強材料として用い、そうでない由緒は存在すら無視するというのも科学的ではないので慎みたい。そこで、筆者がこれまで実践してきたように、由緒類をまず網羅的に集積し、そこに徹底した史料批判を加えることで虚飾を削ぎ落とし、消去法的に史実を浮かび上がらせるという手法を採ることとする。

なお枚方には、実従が入る以前から本願寺に属す坊舎があったことは確実である。のち永禄二年に、順興寺の寺号を持つ実従が大坂からこの坊舎に移ることで、枚方における順興寺がはじめて成立することになる。よって、実従入寺以前の坊舎は枚方坊、以後は順興寺と呼称することにする。

一　枚方坊の開基伝承

近世における枚方坊の開基伝承を検証するにあたり、まずは順興寺を継承する寺院が二つあることを紹介する必要がある。順興寺の法脈は、近世に入ると西本願寺に継承され新たに京都で寺院を構えるが、一方で東本願寺は枚方の地で本山別院の御堂を建立する。以下、近世の順興寺については、戦国期における順興寺との混乱を避けるため京都順興寺と呼称し、東本願寺の御堂については、天和二年（一六八二）に願生坊の寺号を授与されているのでこれを用い、それ以前は史料用語に従い枚方御堂と呼ぶことにする。[4]

1　京都順興寺の寺伝

枚方坊の開基については、管見の限り延徳元年（一四八九）・明応六年（一四九七）・永正一一年（一五一四）の三説がみられる。うち前二者は京都順興寺に伝わるもので、いずれも蓮如による開基としている。明応六年説の根拠は京都順興寺に残された蓮如から実従への譲状で、北西弘氏が指摘するように実従は明応七年生まれなので、これは偽文書である。[5]永正一一年説は、蓮如没後に息子の実如が開基したとするものだが、孫引きは多くみられるものの典拠がはっきりしない。しかし、少なくとも京都順興寺には一切伝わらない伝承である。これについては第3項で検討することとして、本項では、京都順興寺の延徳元年説が浮上する過程をみておきたい。

地誌類における京都順興寺の記述を検索してみると、宝暦四年（一七五四）刊『山城名跡巡行志』の「順興寺」の項では、「旧河州茨田郡牧方　開基実従天正年中移二今ノ地一ニ、実従諱兼智　本願寺蓮如末子」としている。[6]続く天明七年（一七八七）刊『拾遺都名所図会』の「順興寺」の項では、「初ハ河州証(招)提村にあり、寛永年中京都に遷す、開基ハ法印大僧都実従上人、是ハ本願寺第八代蓮如上人の息廿七男也、幼名を九九丸と号す、父蓮如上人八十一

歳の時出誕あるの謂也」となっている。(7)

わずか三〇年余を隔てた二つの地誌を比較しただけでも、京都順興寺の主張する由緒が時期を追って変化していることをみてとれるかと思う。それと関連して、今現在伝わる蓮如開基伝承がこの段階にはまだ存在せず、一貫して実従の開基としている点にも留意しておく必要がある。

二つの地誌の間での変化を具体的に述べると、まず開基の場所が、枚方から招提に移動している点があげられる。たしかに招提は戦国期に成立した寺内町だが、枚方からは北東に約五㎞ほど離れた全く別の寺内町で、戦国期の史料から実従との具体的な関係性は一切見出せない。(8) 枚方の由緒の地が東本願寺に押さえられてしまったため、その代わりの地を求めた可能性も考えられるが、他に史料がなくその真意はわからない。京都に移転した時期も変わっているかのようにみえるが、天正期に枚方の寺が廃されたことと寛永期に京都へ遷ってきたことのそれぞれ別の事象を指していると思われ、この点については変化とはみなされない。それよりも、新たに「実従＝九々丸」説が登場している点は注目される。

この「実従＝九々丸」説については、早くから難点が指摘されており、一九世紀前半の神田信久は、「蓮師八十一歳ノ御子ユヘ　童名九々丸ト云々　是不審ナリ　八十四歳ノ御子ニ当ル」と否定的な見解を示している。(9) しかし、秋里籬島が著した名所図会シリーズは人気を博し版を重ねたため、「実従＝九々丸」説は爆発的に広まった。しかもその人気をうけて、籬島は続けて『河内名所図会』を享和元年（一八〇一）に刊行する。それの「東本願寺御坊」すなわち願生坊の項に「当寺は蓮如上人八十一歳の時出産の季子、法印権大僧都実従の開基なり、順興寺と号す、幼名を九九丸といふ（中略）順興寺は京師にあり、西派なり」とあるように、(10) 京都で得た知識を河内でも披露するのである。

それ以後の由緒の変化を読み取るには、『南殿御堂御由緒略記』と題された由緒書が格好の材料となる。(11)寛政二年（一七九〇）仲春誌、弘化四年（一八四七）林鐘改の刊記を持つこの刷物の冊子は、後述のように明治期に至っても頒布されているようなので、広く流布したものと思われる。

本文が五丁にもわたる長文で、新たな話が多数盛り込まれているが、ここまでみた由緒との相違に絞れば、まず蓮如による延徳元年開基説が登場している点があげられる。蓮如開基説は、一八世紀末もしくは一九世紀に入って生まれた比較的新しい説だったのである。

そしてもう一つは、枚方と招提の位置づけの変化である。『南殿御堂御由緒略記』では、蓮如から実従へ枚方順興寺が譲られたとしており、開基の場所は招提から枚方へと『山城名跡巡行志』段階の説に戻している。それに伴い、「御由緒の地とて　顕如御門主台命を下して河内国交野郡招提村の辺に葬送し給ふ」と、招提を新たに実従の墓所と位置付けている。さすがに、順興寺の開基の場所まで変えることには無理があると考え直したのであろう。それでいて、招提の地名を抹消してしまうと、『拾遺都名所図会』の内容と大きく齟齬してしまうので、新たに墓所と位置付け直したのだと思われる。

しかしこの筋書では、枚方に居住する実従が枚方ではなく、なぜ招提で葬られたのかという新たな疑問も生じてしまう。そこで、実従は枚方順興寺に一旦入ったものの、蓮如没後は山科・大坂に居住し、大坂で最期を迎えたという筋書にしている。その後、「由緒の地」である枚方に程近い招提に葬ったということにしてしまうのである。

枚方と招提の位置付けからは、『拾遺都名所図会』の矛盾を修正しようとする意図がくみ取れるものの、実従開基説を否定する蓮如開基説の出現は、それとは別次元の大きな変化といえる。その変化の背景は、順興寺門徒中・講中・尼女房中に宛てた、弘化四年晩夏上浣付の門主広如の消息が教えてくれる。[12] その書中で広如は、「天明戊申（八年）の火災にかゝりて堂舎類焼せるよし伝聞ぬ、その後再建の企を催すといへとも時至らさる歟、今になお荏苒たり」と述べ、天明八年の火災後に京都順興寺の再建を企てたがうまくいかなかったので、改めて再建を促している。

『南殿御堂御由緒略記』の刊記にみえる寛政二年と弘化四年という二つの年次が、順興寺再建を企てた時期と見事に重なることを踏まえれば、浄財集めを目的としてこの冊子が作成されたことは明白である。その目的のもと、より多くの関心を集めるために、大胆にも実従から蓮如へと開基を変更したのであろう。[13] 招提と枚方の両者を由緒にうまく組み込もうとしたのも、単に『拾遺都名所図会』の矛盾を解消するだけでなく、より多くの順興寺関係者を生み出すことで浄財を増やす目的もあったかと思われる。次項でみるように、その成果は見事に発揮される。

2　「九々丸」伝承の拡大

今日、枚方市内には「九々丸塚」と呼ばれる実従の墓所とされるものが二ヶ所もある。一つは枚方の願生坊の墓地（枚方元町）、もう一つは招提の公園内（招提元町二丁目）に所在し、いずれにも枚方市教育委員会の説明板が一九九七年に建てられている。

実従の兄で、彼の葬儀に参列した願得寺実悟の記録「順興寺実従葬礼并中陰記」によると、永禄七年（一五六四）六月一日に「枚方村教善寺坊」で没した実従の遺体は、五日に荼毘に付され、八日には「実従拾骨灰共桶ニ入、今日塚ニツキ入、葬所ノアタリノ小□（山）ノアルニ、深ウツミウム」という。[14] おそらくこの小山は、現在願生坊の墓地となっている御坊山のことであろう。前に引用した『河内名所図会』にも、願生坊の「境内に実従上人の古墳あり」とあって、「九々丸塚」の名称はみえないが、実従の墓所と近世にも認識されていたようである。一方で、近世のどの地誌をみても、招提のうちに実従にまつわる史蹟は見当たらない。

六七歳で没した実従の墓がなぜだか幼名で呼ばれ、実従と直接的な関係のない招提に墓所があるという点から、ここに京都順興寺の影響があることは容易に想像がつく。本項では、京都順興寺の主張する由緒が枚方周辺で伝播する様子を把握するために、二つの「九々丸塚」が生み出される過程に着目する。

明治三年（一八七〇）に招提の住人神田喜重郎が、「堺県御出張御役人衆中」からの尋問に対して回答した「口上書」なるものの控が、招提に残る順興寺関係の「最古」の史料である。[15] 前半のあらすじは、『南殿御堂御由緒略記』そのものだが、元和頃に高山右近の家来らキリスト教徒が乱暴をしてきたが、実従の墓を守り切ったという荒唐無稽な話が付け加えられる。さらには「天正元年織田信長（中略）近辺を放火し給ふ、此時焼失せり」、「委しき書類は延享年中出火にて焼失仕候」、「文政二卯年十二月十一日出火し紛失す」と、証拠書類を悉く焼失したとする。このような内容からして、これが実際に提出されたかどうかは極めて疑わしい。後述のように、明治三年という年紀もまた疑わしいものである。

ところが明治中期になると、招提で俄に順興寺関係の由緒に火が付くようになる。前にも引用した広如の消息は、「南殿蓮如上人寿像譲状并歴代連続御書写」という京都順興寺に伝わる書状群を写し取った帳面に含まれるものであった。これは招提の片岡家に残るもので、[16] 表題からも明らかなように、京都順興寺の由緒のなかで重要視される明応六年（一四九七）の蓮如から実従への譲状も、ここに所収されている。

この帳面の表紙には明治一七年という作成年次が記されるが、同じ年、片岡家は京都順興寺の再建に出資しており、その時の契約書も残っている。(17)片岡家には、真宗関係の史料が豊富に残されているが、上記のもの以外に順興寺関連の史料となると、先述の『南殿御堂御由緒略記』という刷物しか確認できない。以上のような史料の残り方から推測するに、片岡家は明治一七年の出資にあたって、これら一式を京都順興寺から受け取ったのであろう。つまり、このとき初めて京都順興寺の由緒を具体的に知らされたのであり、それ以前に関係はなかったと考えられる。

このように明治中期から芽生え始めた京都順興寺と招提の関係は、最終的に明治四五年、招提にあった「ぼんさん塚」と呼ばれる墓地から掘り起こした骨を京都に改葬するという行動をもたらす。(18)京都順興寺がこだわりを持っていた「九々丸」という名称が、この過程で「ぼんさん塚」に与えられたことは想像に難くない。

それと時期を前後して編纂された『大阪府全志』は、墳墓の類も広く拾い集めているが、さすがに直近の出来事であるため「九々丸塚」が掲載されるはずもなかった。(19)明治三年の神田喜重郎による「口上書」が実在すれば、掲載された可能性もあったであろうが、おそらくこのときにはまだ成立していなかったか、あるいは直近の偽作と見抜かれたかのいずれかであろう。

その後、昭和三年（一九二八）に刊行された『大阪府史蹟名勝天然記念物』にも「九々丸塚」は取り上げられることはなかったが、同書の北河内郡部分を執筆した平尾兵吾氏が、これに補筆して三年後に単著として刊行した『北河内郡史蹟史話』では、神田氏所蔵の記録を典拠としつつ「九々丸塚」が初めて取り上げられている。(20)いうまでもなく、この初発の段階では、「九々丸塚」として取り上げられるのは招提のもののみである。

では願生坊の墓所に「九々丸塚」の呼称が生じたのはいつのことだろうか。旧『枚方市史』は、「願生坊」の項で、「こゝに当坊の開基法印大僧都実従上人（幼名九々丸）の墓がある。（中略）別項大字招提にも九々丸塚というのがある」とし、「九々丸塚（大字招提）」の項では「蓮如上人八十一歳の時の子九々丸（実従）の墓と称するものが当市内に二箇所ある。一は大字枚方願生坊の墓地内にあり、今一つは大字招提字宇山林の竹林中」と述べている。[21] ただの一言も願生坊の墓所を「九々丸塚」とは呼んでいないのである。しかし「九々丸塚」と立項して「当市内に二箇所ある」と述べてしまったがために、誤解を招くこととなってしまったのであろう。

以上のように、近世後期に京都順興寺で創作された寺伝が複雑に入り込んだ結果、枚方市内に「九々丸塚」が二つ生まれることとなったのである。次項では、ここまでみてきた京都順興寺の寺伝を取り除くことで、枚方に伝わった独自の由緒を抽出してみたい。

3　「牧方御坊来由」にみる開基伝承

鍛代・草野両氏ともに、枚方坊の開基については永正一一年（一五一四）説を紹介しているが、この説の史料的根拠が明示されたことはただの一度もなく、したがってこの説の信憑性についても一切の検証がなされていない。

鍛代氏が引用するのは旧『枚方市史』で、そこには「蓮如上人が（中略）晩年枚方にて順興寺の基礎を定め、その子実如が永正十一年九月本寺の開基となつた」とあり、草野氏が引用する旧『郷土枚方の歴史』には、「蓮如は、出口の光善寺に近い三矢蔵の谷に、順興寺（現在の願生坊）の基礎を定めておいたので、息子の実如が一五一四年（永正一一年）にこの寺を建立した」とあるのみである。[22] 筆者がみるところ『大阪府全志』がこの説を紹介した初見で、[23] 全てはここから派生したもののように思われるが、典拠はそこにも記されていない。

この説の特徴は、蓮如没後の永正一一年に子の実如が開基したとしながらも、それ以前に蓮如がすでに基礎を起こしていたという歯切れの悪さといえよう。この特徴からすると、願生坊に残る「記録」と題する冊子に所収される「牧方御坊来由」の項が、史料的根拠だと考えて間違いない。(24) この冊子は、端書によると天明七年（一七八七）に願生坊現住円諦が一旦まとめ、のち享和元年（一八〇一）に次代の了諦が補筆したという。叙述の関係上、「牧方御坊来由」を前後二分割にし、前半の【史料1A】はまずここで、後半の【史料1B】は織豊期以降を論じる際に引用する。(25)

【史料1A】

牧方御坊来由

①河州茨田郡牧方御坊と申ハ、往昔　実如上人御建立ニて蓮如上人御末子実従上人へ②（蓮師八十一才之御子 二十八人目幼名九々丸）御譲り被
遊候、③蓮如上人御往生之砌者、実従様漸五歳ニ被為成候故、④兼而実如上人を御頼被成、御末子九々丸様御事
ハ何卒上ミ方ニて御住居被遊候様ニとの御事ニ候故、⑤当院ハ永正十一年甲戌九月実如上人御建立⑥（元ハ蓮如上人 御開基歟）被
遊、⑦則寺号順興寺と御名付被遊候、然レ共新御堂の事故門徒一円無之、其節摂州・河州之内ゟ　御本寺江為
御仏供米数年米二百石余上納いたし候内を五拾石を即此順興寺江御付成被下、以是寺相続被遊候、然ル所後
⑧実従様五十六歳ニて永禄三年六月朔日御往生被遊、（以下【史料1B】に翻刻）

先述のように、願生坊は戦国末に廃された順興寺を近世に入って東本願寺が再興した寺院とされる。この史料は、その断絶を埋めるためにまとめられたものであろう。ここではまず、戦国期における枚方坊の成立から実従段階までの叙述について、丸数字を付けた傍線部に従い簡単に検討しておく。

開基（傍線部①⑤）

永正一一年九月に実如が建立したと明言する。

実従の生年（傍線部②③）

傍線部②で実従を蓮如八一歳の時の子とするが、蓮如は応永二二年（一四一五）生まれで、実従は明応七年（一四九八）生まれなので、神田信久が指摘したように正しくは八四歳の時の子である。明応八年の蓮如没時、実従は二歳であるが、傍線部③で五歳とするのは傍線部②の説で計算したためであろう。

枚方坊建立への蓮如の関与（傍線部④⑥）

傍線部①⑤で実如が開基したと述べながらも、傍線部⑥で元は蓮如が開基したという説を疑問形で付け加える。また傍線部④では、実従のために上方に住居を建立したいという蓮如の遺志に従い、永正一一年になって実如が建立したというが、実従が枚方に入寺するのは永禄二年（一五五九）、六二歳になってからのことなので、蓮如の遺志が影響しているとは考えがたい。傍線部⑥に引きずられて、蓮如による何らかの関与を与えようとしたのだと思われる。

順興寺の寺号（傍線部⑦）

順興寺の寺号が証如から実従へと与えられたのは天文一九年（一五五〇）のことである。[26] そのとき、実従と枚方の間に接点はないため、この寺号はあくまで実従個人に与えられたものと理解される。そもそも実従は、当初枚方坊ではなく堺坊に入る予定であった。[27] よって、枚方に建立された坊舎に順興寺という寺号が与えられたという解釈は正しくない。

実従の没年（傍線部⑧）

実従は永禄三年に五六歳で没したとするが、正しくは永禄七年に六七歳で没している。

実如開基の姿勢をみせながらも、傍線部⑥のように疑問形で蓮如の可能性も残す記述の仕方から、この史料が永正一一年開基説の典拠史料と判断される。一見して、史実と異なる点が極めて多く、鵜呑みにするのは危険とみられるかもしれない。

しかし、傍線部⑥が割註になっていることには注意が必要である。この部分の蓮如開基説は京都順興寺の主張であり、もう一つの割註傍線部②にみえる「実従＝九々丸」説もまた京都順興寺の主張だからである。この二点が割註となっている理由を探るため、「牧方御坊来由」の後半部分【史料1B】に続けて記される補註を先に読み進めることとする。

【史料1C】

ア一説ニ云、織田信長公石山一乱之節、当寺ハ及破却、宝物等引集京都へ逃行後、二条順興寺と成今西派院家無旦那同前、ト云此縁起ニよれハ　蓮如上人御建立ニて　実従様へ御譲り被遊候由御譲之御書等有之、当地寺屋鋪計残ルといふ、出口光善寺殿記録ニも当寺之義少異有之、（中略）

イ前件御坊由緒之義、出口光善寺殿書キ物ト引合候所、無間違一旦出口ニ引越一寺ニなりし也、但し京都順興寺も光善寺ゟ御兄弟之内分レ御相続之由、併実従様御事ハ八十一才之御子九々丸様なりと京都順興寺縁起ニも有之、然ルを光善寺之由緒にてハ九々丸と申候は八十一才之御子、後実孝と申て和州飯貝本善寺御相続、実従様ハ八十四才之御子ニて牧方御相続と云云、

前段アが紹介する「一説」によると、石山合戦の際に順興寺は破却されたため、宝物等を持って京都へ退散したという。この縁起によれば、枚方の順興寺は蓮如が建立し実従へ譲渡されたものといい、その際の「御譲之御書」も残っているという。「御譲之御書」とは言うまでもなく先述の明応六年の偽文書のことで、【史料1C】の

続きには、「京都順興寺来由御書」と題してこの偽文書も写しとっている。つまり「一説」とは京都順興寺の説ということになる。

さらには「出口光善寺殿記録ニも当寺之義少異有之」と、京都順興寺の縁起との「少異」はあるも、近隣の出口光善寺（枚方市出口）にも枚方順興寺の記述がみられるという。このように「牧方御坊来由」を記すにあたって、枚方に残る伝承だけでなく、京都順興寺や光善寺の記録も参照したのであった。

京都順興寺と光善寺の記録の間の「少異」とは、後段イに具体的に記される。京都順興寺の記録では枚方から直接京都へ退去したように記されるものの、願生坊と光善寺の記録を引き合わせたところ、枚方から出口へ退去したという点で一致するというのである。

しかも、京都順興寺の記録では、蓮如八一歳の時の子であるから実従の幼名が九々丸となったというが、光善寺の記録では、九々丸とは蓮如八一歳の時に生まれた実従の兄である本善寺実孝とされており、実従は八四歳の時の子だという。典拠とした光善寺の記録が、今となっては何を指すのかわからないが、管見の限りでは実孝の幼名を九々丸とする唯一の史料であり貴重である。

このように諸説があることを踏まえながらも、法脈を受け継ぐ京都順興寺の説を優先して、【史料1A】では、②と⑥に割註で京都順興寺の説を挿入し、それに合わせて実従の年齢と蓮如の関与を書き加えたため、矛盾の多い筋書きとなったのである。

「記録」は、天明七年に願生坊現住円諦が一旦まとめ、のち享和元年に次代の了諦が補筆したと端書に記されていた。しかし、円諦が知るよしもない天明八年の火災を契機として生まれた蓮如開基説や、天明七年以降享和元年までの記事も散見するので、実質は了諦が全面的に書きかえていると考えて間違いない。それでいて傍線部

⑧にみられるように、実従の没年や年齢など多少踏み込んで調べればわかることを単純に誤っているところからみると、願生坊に残る記録をそのまま写しているような記述も少なからず見受けられる。このような「記録」の性格からして、京都順興寺の由緒を目にしていない円諦がまず願生坊の記録をとりまとめ、それをもとに了諦が全面的に改訂したと考えられる。

つまり、「牧方御坊来由」から京都順興寺に伝わる伝承の要素を抜き取ると、願生坊に伝わっていた独自の由緒が浮かび上がるはずである。【史料1A】部分に限定すると、蓮如や実従とは無関係に、永正一一年に実如が独自に開基したということになろう。

願得寺実悟が撰述した「日野一流系図」では、実如が「後柏原院勅願寺被申請、河州牧方坊并参州鷲塚之坊開山」したとする。(28) 実如・実悟・実従は蓮如息の兄弟なので、事実を大きくねじ曲げることもなかろうから、実如による開基が実際のところと考えて間違いあるまい。

二　実従入寺までの枚方寺内町

1　教線の拡大

前節の検討から、「牧方御坊来由」のうち願生坊の伝承に基づく部分は、細かい誤りや若干の誇張はみられるものの、話の大筋では首肯できる部分も少なくないことが明らかになった。もちろん、数字の誤りは甚だしいことから、永正一一年（一五一四）開基説は即座に信用はできないけれども、実如による永正期の開基とすることは許されるのではなかろうか。その点を検証するため、枚方周辺に本願寺の教線が伸びてきた時期についてみておきたい。

吉崎を退去してきた蓮如が、文明七年（一四七五）に出口光善寺を一つの拠点としたことは、同年付の親鸞聖人御影裏書で確認できる(29)。しかし、しばらくは枚方市域周辺で光善寺の外に教線を伸ばした形跡はなく、文明一二年に光善寺の下寺で、同じく出口の内にある本遇寺に方便方身像が下付されているのを確認できるのみである(30)。

そこで、出口以外で本願寺の足跡を探ってみると、新たに次にみるような裏書を持つ方便法身像を確認することができた。

【史料2】

大□（谷）本願寺□（釈）□（実如（花押））
□（大）□（永）四年甲申十一月五□（日）
□（常）楽寺門徒
□□□（方便法）身尊像
河州交野郡
牧郷南条村
願主釈正雲

これは、枚方寺内町のすぐ裏手にあたる山之上村の常称寺に残るものである。欠損はしているが、大永四年（一五二四）という年代からして実如の署判があったことは間違いあるまい。実如が枚方坊を拠点として周辺に教線を伸ばしつつあったことを示す傍証となるものであるが、ここには常称寺の寺号も山之上の地名も記されないため、これが山之上に伝来し続けてきたことを証明しておく必要がある。

南条の地名は、元亀元年（一五七〇）に筆録したという「山之上神社縁起」にしかみられなかったが、この縁起の成立時期は文面等からみて明らかに疑わしいものであった[31]。よってこの裏書は、南条の地名が実在したことを証明する初めての史料といえる。問題は、山之上と南条が一致するか否かである。

南条の地名は、「交野郡北條船橋」・「交野南条」とみえるように[32]、古代に交野郡を南北に二分した際の行政区画を語源としているのであろう。よって本来はある特定の場所を示す地名ではないが、地形的にみて交野郡の南半で耕地が広がるのは、山之上も含む天野川沿岸に絞り込まれる[33]。

また、地名としての南条村は、「牧郷」という広域区画のうちに含まれていることに注意したい。この呼称は中世後期独特のもので、山之上より南側、すなわち山之上よりも天野川上流域はそれとは別の「交野庄」と呼ばれる区域となる[34]。しかも山之上より北になると、どちらかというと交野郡の北半に入ってしまう。このように考えると、南条村は山之上周辺に絞りこまれることとなる。

常称寺には、次のような慶長一〇年（一六〇五）の裏書を持つ顕如上人真影も残っている。

【史料3】

釈准如（花押）

慶長十年乙巳二月六日書之

常楽寺門徒河州交野郡

顕如上人真影

牧庄山上村常称寺常住物也

願主釈明秀

やはり牧郷（牧庄）に含まれており、【史料2】と同じく常楽寺の門徒であることから、南条村と山之上村は重なると考えて間違いあるまい。

ただし南条村とした場合、山之上に隣接する田宮の集落も含み込んでいる可能性がある。永享一二年（一四四〇）銘の鰐口に、「田宮郷内山上延命寺」と陰刻される例があり、時代が下って太閤検地の村切の際にも、田宮と山之上を合わせて一村扱いとされているように、古くより一つの地域的な枠組となっているからである。(35)

両者が分村するのは寛永頃のことであるが、興味深いのは、一〇世紀に編纂された「和名抄」以来、田宮郷の名は古くから史料上に所見があり、鰐口銘にみられるように山之上は田宮郷のうちに含まれていたはずだが、太閤検地から寛永頃までは田宮を含み込む形で山之上村の呼称となっていることである。このように、中世末期に田宮と山之上の間で優位性が逆転しており、その過渡期に限って南条村という呼称は用いられている。こうした状況から、田宮と山之上を上下関係で括るのではなく、対等の関係で包括するための便宜的な呼称として南条村が使用されるようになり、程なくして山之上が圧倒してしまったため用いられなくなったのだと推察される。その延長線上で、田宮の分村運動も生じてくるのであろう。

最後に、枚方寺内町と山之上・田宮の関係について『私心記』から裏付けを得ておこう。

山之上へは、高塚（鷹塚）を通じて尾根づたいに行ける場所にあり、実従は馬で見物に訪れている。(36)また、獅子窟寺からの見物帰りに山之上の「コマ寺」に立ち寄って酒食をとったこともあった。(37)あるいは山之上から取り寄せた松を寺内各所に植えている。(38)一方の田宮についても、そこの出身と思われる田宮左衛門を斎に呼んでいる事例が確認できる。(39)このように、山之上・田宮は、枚方寺内町と比較的近しい関係の土地であったことが読み取れる。

2　成立期の寺内町とその性格

実従入寺以前の枚方坊の所見については、次のような点が指摘されている。

ひとつは枚方に坊舎があったことを示す初見で、享禄二年（一五二九）正月に山崎での合戦にて敗北した柳本賢治が、「河内枚方の道場」に落ち延びたことを伝えている。(40) ただし、ここでは坊舎の性格や規模は不明である。しばらく間をあけて天文一五年（一五四六）に、証如は過書船の通航に支障を来さぬよう、富田・出口・枚方の三ヶ所の御坊を通じて諸関に通達している。(41) 鍛代・草野両氏ともに、本願寺に属する御坊としての確実な初見としてこれをあげている。過書の問題を扱っていることから、一定の町場化が進んでいるとも考えられよう。

また最近では、天文六年の石清水八幡宮社務領のなかにみえる「牧方寺」が注目されている。(42) 筆者は、枚方に先行して北河内の中心地であった石清水八幡宮膝下の楠葉の史料を網羅したうえで、度重なる相論や戦乱で疲弊した神人たちが楠葉を脱し、新天地を求めるなかで「牧方寺」が成立したことを説明した。(43) こうした成立背景は住人の構成にも反映しており、『私心記』に頻出する有力門徒の四人長衆のうち、好村宮大夫は石清水八幡宮の神人でもあった。

天文二〇年に証如が枚方を訪れた際に召し出され、朝食に相伴したのが「豊前・新兵衛・宮大夫・源二郎此四人」であったように、(44) 人数の一致から四人長衆は実従入寺以前から存在していたと思われる。しかも、ここにも宮大夫が含まれていることから、神人が四人長衆に含まれること自体は、取り立てて珍しいことではなかったようである。

鍛代敏雄氏も、天文一三年の「安居頭差符」のうちにみえる「枚方寺」在住の御綱引神人の存在を指摘したうえで、「牧方寺」は枚方坊のことを指しており、石清水八幡宮と本願寺の間の経済的・人的交流を前提として、社務領の内に枚方寺内町が成立したという見解を示している。[45]

　こうした関係は、実従の葬儀の際にもみてとれる。前に「順興寺実従葬礼并中陰記」を引用し、実従の火葬から三日後に拾骨を塚へ埋葬する様子を紹介したが、その続きには「他宗ノ中ナレハ加様ノ撰日。《人之》任意見、今日ウ□《(ツ)》ミ侍ル也、同宿・殿原等両三人出テ申付侍ル也」と記される。真宗では五〇日の間、拾骨を亭の押板の上に据えておくのが常であったが、[46]枚方の地は「他宗ノ中ナレハ」その慣習に従って納骨を大幅に早め、「亭中陰間也ニハ本尊ハカリニテ五旬ノ間拾骨モ其マヽ置」いた状態にあった。

　しかもこの埋葬は、真宗の葬儀の一環ではなかったため、実従の一族は参加せず、同宿・殿原数名が済ませてしまった。当時の石清水八幡宮領における葬儀がどのようなものか史料がなくわからないが、神葬祭の場合は仏教と異なり葬儀の直後に埋葬してしまうので、その流儀に従ったのであろう。[47]実従の目を通してみた枚方寺内町は、あたかも真宗の直轄地の如く映っていたが、石清水八幡宮領という大枠は厳然たるものであったことがこの葬儀からみてとれる。

　以上のように、枚方寺内町は石清水八幡宮勢力と本願寺勢力の密接な関係を背景として存立していた。その関係が史料的に遡れるのは天文期までだが、社務領に含まれていることを踏まえれば、成立当初からの関係とみてよかろう。

　残された課題は二つある。一つは、由緒や本尊裏書でみてきた永正・大永期の事例と、本項でみた天文年間の事例の間を結ぶのが享禄二年のわずか一例で、しかもその事例が真宗の寺院と断定できるものではないということである。もう一つは、そのような坊舎の有無とは別に、寺内町と呼べるようなまとまった集落がいつまで遡ることができるかということであろう。

前者の点で注目されるのは、享禄五年に証如が山科本願寺から大坂本願寺へ向かう途中に枚方に立ち寄っていることである。[48] この下向は、「坊主其外内衆已下」を引き連れての物々しい下向であった。[49] なぜなら細川晴元からの依頼で、一揆を煽動し畠山義堯を攻撃することを目的としていたからである。[50] とすると、証如は動員をかけるために、枚方に立ち寄った可能性も考えられるだろう。ここから、当時枚方が淀川左岸の浄土真宗の拠点となっていたことを窺うことができる。

後者の点で注目されるのは、享禄四年に没した細川尹賢が、「細川系図」によると「於河内国平堅（枚方）自殺」となっていることである。[51] 享禄四年六月の大物崩れを切り抜けて摂津の「富田寺ニ退去」していた尹賢は、「右馬頭（細川尹賢）於摂州ーー（ママ）渡生害云々、木沢衆打取云々」とみられるように、七月二四日に晴元方の木沢勢の攻撃を受けて、摂津の某渡し場で討ち取られたという。[52] その二日後に近衛尚通が得た「典厩（細川尹賢）入水云々、木沢（長政）衆執懸云々」という情報によると、実際の死因は入水であったようである。[53] 整理すると、木沢勢の追討を逃れて富田から淀川沿いまで行き、渡し船には乗ったものの、なぜだか対岸まで辿り着くことなく自殺したということになる。

直前に富田寺内町（大阪府高槻市富田町）に匿われていたことを踏まえると、その二年前に山崎での合戦に敗北した柳本賢治が対岸の「枚方の道場」へ逃げ込んだように、尹賢も枚方寺内町に逃げ込もうとしていた可能性が高い。上述の経過から、富田寺内町のように混乱に巻き込まれることを危惧した枚方寺内町が、入寺を拒否したため、尹賢は行き場がなくなり自殺したのだと推察される。

このことは、枚方寺内町が実従という頭目を持たずとも、自律的に意志表示をする集団であったことを窺わせる。町としての実態は確認できないが、以上の例から少なくとも享禄期までは、寺内町の存在を遡らせてもよいかと思われる。

3　実従の枚方入寺

では、本願寺一族が入寺することのなかった枚方坊に、なぜ開創から四〇年以上が経過した永禄二年（一五五九）一二月になって、実従が入ることになったのであろうか。

草野顕之氏は、実従の枚方入寺が検討されはじめたのは、前年末のことではないかと推測している。すなわち、永禄元年一二月一〇日に「平潟衆《枚方》」が大坂本願寺に何らかの目的で呼び出されており、それから七日後の一七日に本願寺御堂衆の浄照を通じて「平潟ノ事被申」ているのである。(54)このときはそれ以上に話は具体化していないが、たしかに永禄二年に入ると、これまでみられることのなかった「平潟坊主」が非時に参加しており、(55)枚方との繋がりが生じるようになっている。

「細川両家記」によると、永禄元年には三好勢が各方面から和泉へ侵攻し、同年一一月には河内守護の畠山高政と安見宗房の間で不和が生じて、高政が堺へ下向するという事件が起こっている。こうしたなかで枚方への入寺が検討されはじめたことになる。そして翌二年六月になると、畠山高政に味方した三好勢が安見宗房を攻撃するため、河内に乱入する。茨田郡十七ヶ所を始め、河内の各地で戦闘が繰り広げられたが、枚方に至近の「牧之内田之口要害」（枚方市田口）でも籠城戦が行われた。(56)このような戦況下で、周辺の住民は敏感に反応する。枚方に近い牧一宮は、同年七月に三好長慶から禁制を得ている。(57)おそらく枚方寺内町でも同様の動きを示し、実従の入寺が改めて検討されるようになったのであろう。しかも実従入寺後の永禄三年五月になると、畠山高政と安見宗房が和解することで三好勢と畠山勢の全面抗争となり、戦乱はより激化することとなる。

また次の事例から、枚方入寺の決断は、実従自身の心境の変化とも関係しているような気がする。永禄元年三月一六日に「おさか《大坂》のしゆんこう《順興》寺より中山大納言《孝親》して、せうそうつ《少僧都》の事申、御心えのよしあり」とあるように、実従は中山孝親を通じて「少僧都」の僧官を申請している。(58) これに応じた朝廷は、翌一七日に烏丸光康・広橋国光を使者として大坂に下した。(59) 彼らは四月五日まで大坂に滞在し、同日昼に上洛している。(60) そして四月九日に、「しゅんこう（順興）寺よりそうつ（僧都）の御れいに三かう（合）三かまい（荷）」っており、無事実従は「僧都」の僧官を得ることができた。(61)

すでに実従は還暦を越えているものの、長男証従は早世し、次男証珍は飯貝本善寺を継いでおり、家督を譲る予定の三男顕従は弘治三年（一五五七）に一二歳で得度したばかりであった。顕従へ安定的に家督を譲るためにも、実従は自身の地位と坊舎を確保する必要に迫られていたはずである。永禄元年から二年にかけての実従の一連の動きは、その流れのなかでも理解できるものである。そして、石清水八幡宮との連携が枚方寺内町の存立に不可欠であったことを踏まえれば、後述のように八幡善法寺から顕従の妻を迎えたことも、その延長線上で捉えられるものといえる。

三　枚方寺内町の対外交渉と殿原

1　葛野信濃について

山中玲子氏が紹介した「葛野氏系図」によると、葛野《かどの》流能楽大鼓方の創始者葛野九郎兵衛尉定之の祖父信濃守は、「本願寺御門跡之家来、（中略）大坂ヨリ東、平方（枚）ノ御坊ニ御門跡ノ御舎弟兼テ御在住被成候故、御防被成候、其介副に信濃守罷在候、其後扱仁成、御門跡大坂ヲ御開紀州ヱ御退被成候故、浪々ノ身ト成候」とされる。(62) 近世に作成されたものであり、永禄七年（一五六四）に没した実従が、石山合戦の頃まで生存していたかのような書きぶりとなっている点など検討も要するが、興味深い記述である。

もしこれが事実だとすれば、「御門跡之家来」とあるので、葛野信濃はいわゆる殿原（侍衆）の立場にあったと思われる。本願寺の教団運営においては、坊主だけでなく下間氏に代表される殿原も一翼を担っており、大坂本願寺における活動もよく知られているが、こと枚方寺内町の殿原となると、草野顕之氏がわずかに触れている程度でほとんど知られていない。その意味でも「葛野氏系図」は貴重な情報といえる。

草野氏は、『私心記』のうちにみえる「肥前」と「信濃」の両名を殿原としてピックアップする。そのうち肥前は、草野氏が指摘するように教行寺実誓から譲られた下間頼栄で、もとは「源三」と名乗っていたことが確実である。一方の信濃は、「下間系図」のうちに信濃を称した人物が下間頼円ただ一人であることと、彼の兄詮頼と弟の宣頼が枚方に近い摂津富田の教行寺で同様の地位にあることを理由に頼円に比定している(63)。

しかし、「葛野氏系図」の記述を踏まえると、信濃の姓は葛野である可能性が浮上してくる。もしそうだとすれば、大坂寺内町における下間氏の位置付けを、そのまま各地の寺内町に敷衍することに注意を促すものとなるだろう。

肥前・信濃の両名が、枚方寺内町の殿原を代表する存在であったことは、「順興寺実従葬礼并中陰記」からもみてとることができる。永禄七年六月五日晩に行われた拾骨にあたって「各前机前ニソロヒテ後、本善寺（証珍）・少将（顕従）両人、火屋ノ内へ入時、同宿以下少々供衆モ太刀モ○《信濃守》持セラル、ナリ、仍彼箸ニテ両人首骨ヲヒロヒテ桶ニ入、下間肥前サキニ持、後《ロ》ヨリ出テ前机ノ香炉ノサキニスヱヲク也」とあり、実従の次男証珍と三男顕従に従う枚方の「同宿以下少々供衆」として名前がみえるのである(64)。

そのうち太刀を持たされたのが信濃であった。そして証珍・顕従が拾った骨は、肥前が持つ桶に入れられた。「同宿以下少々供衆」のうちで名前が挙がるのは彼ら二名のみなので、彼らがその主たる存在として実従の最期まで従ったとみてよかろう。ここでは肥前の姓が下間であることは裏付けられるものの、残念ながら信濃の姓はわからない。

そこで注目されるのが、「孝親公記」永禄五年正月一七日条の「従枚方順興寺有音信、両種菱餅鯉五差樽二荷、使葛野信濃守給帯三筋」という記事である。[65] 葛野信濃守が中山孝親のもとへ実従の使者として赴いているのである。ここから『私心記』の信濃の姓は葛野に特定でき、「葛野氏系図」の信憑性も裏付けられることとなる。

なお下間頼円が、何らかの事情で葛野の別姓を用いたという可能性はない。山中氏が紹介する「葛野家由来」には、「先祖ハ田中信濃守とて本願寺之侍也」とあって、もとは田中姓を用いたとしており、「葛野氏系図」も「九条田中倶同氏也」としているからである。

2　役割からみた殿原の二系統

ここでは殿原の職務について整理しておく。

実従が枚方で暮らした永禄三年（一五六〇）から四年の二年間でみてみると、下間頼栄は実従の意をうけて文書を三度発給しているが、[66] 葛野信濃にはその例がない。後述のように信濃は松山新介のもとへしばしば派遣されるが、彼へ送る文書も頼栄が認めていることからして、取り次ぐ相手によって担当者が変わるのではなく、実従の側近として文書を発給するのは頼栄のみであったと考えられる。

頼栄が使者をつとめるのは、専ら教団内部対象の場合で、[67] 信濃が教団内部での使者をつとめることはない。信濃の使者の例は、先述の中山孝親対象のほか、『私心記』では下記の五例が確認できる。まず順興寺の院家成りにあたって、京都の万里小路家へ二度派遣されている。[68] また、松山新介が病気だと聞くと松山が滞在する総持寺へ派遣されているほか、飯盛山城の松永久秀や高槻城の入江氏など三好方の諸将のもとへも派遣されている。(69)それに対して、頼栄がこのように対外的な使者をつとめることは一切ない。

以上のように同じ殿原でも、実従の側近で教団内部に繋がりを持つ頼栄と、逆に外へ向けて多方面に顔が利く信濃とで性格の違いがあるように見受けられる。とりわけ戦乱のなかで枚方寺内町が生き抜くには、信濃のような存在が不可欠であったのではなかろうか。にも拘わらず、使者としての初見が永禄三年末と実従が枚方に来て一年も後のことで、しかもその最初の仕事が、万里小路家への使者という大役である点には違和感を覚える。

それ以前の登場はたった一回で、その初見事例では「信濃、受領ニ樽ハ無用由申候間、スヾ・サウメンタブ」とみえる。(70)草野顕之氏はこの一文を、信濃が「門徒からの献物に注文を付け」ていると解している。つまり、樽の献物は不要と信濃が意見したというのである。そして、門徒からの献物とその慣例を把握していることを示すこの例を根拠として、信濃は実従入寺の以前より枚方に住んでおり、さらには順興寺の経済面を担当していたとも推測する。

しかし、実従が入寺してから半年以上も経過して、そのようなことを意見するであろうか。入寺直後より、有力門徒の大文字屋四郎左衛門や越前クナミから樽を受け取っているように、(71)樽は日常的な贈答のなかで頻繁に登場しており、大いに矛盾する。そもそも、献物の拒否と素麺を食べるという行為が「間」という順接の接続詞で繋がれる理由がわからない。

史料中にみえる「スヾ」とは、「スヾノ物」の略で、「錫製の容器に入れられた酒」のことである。(72)順接の意を活かすと、樽酒が不要なので錫酒で素麺を食したということになろう。そしてこれが信濃の初見であることを汲むならば、「受領」とは受領名を授かることを意味するのではなかろうか。とすると、実従が祝儀として樽酒を開こうとしたところ、信濃が遠慮したので錫酒にて祝したという解釈になる。

『私心記』における「受領」の用例は、このほかに「左衛門大夫（下間頼資）・右近将監（同頼良カ）両人受領セラルベキ由御談合候、参候、存分申候、仍上野ト周防トニナサレ候」という一例がある。[73] ここでは受領名を与える意味で「受領」を用いていることが明白である。

ということは、信濃はそれ以前に他の名で『私心記』に登場している可能性が高い。そこで、信濃の主要な職務である対外交渉を信濃登場以前に誰がつとめているのかみておこう。確認できるのは次の三例である。

まず最初の例は永禄三年正月のことで、摂津芥川にいる三好長慶・松永久秀・松山新介の三名に酒肴を贈っており、頼栄が認めた書状を「越前」の子である「三護菴」が持参している。[74]「越前」とは有力門徒である四人長衆の一人越前クナミのことで、芥川へは親子連れで行ったらしい。[75] 二例目はその直後のことで、松山新介が芥川に不在であったため、河内十七ヶ所に在陣する新介のもとへ改めて忠兵衛を使者として送っている。[76] 三例目はのちに三好三人衆の一人となる三好宗渭が対象で、四人長衆の一人大文字屋四郎左衛門とともに忠兵衛が派遣されている。[77]

以上の三例から四人長衆を除くと、忠兵衛の存在が浮き上がってくる。さらには、対外交渉の範疇には含まれないかもしれないが、枚方寺内町に隣接する三矢の流通を握る関屋へ派遣されていることも見逃せない。[78] しかも忠兵衛は、実従入寺直後の永禄三年正月八日を初見とし、同年四月八日を終見とするので、時期的にも符合する。

もう一点、実従の日記の表記の仕方からも検討しておこう。実従が斎や酒食に頼栄を呼んだ場合は、「相伴越前・宮大夫・四郎左衛門也、源三相伴候也」、「相伴安立・宮大夫・四郎左衛門也、源三相伴也」のように相伴の相伴として付け足す形にするか、そこまで記さなくても「相伴越前・宮大夫・四郎左衛門・源三也」と末尾に名を連ねる形をとっている。(79)内衆として認識しているのである。

その観点から忠兵衛の全事例をあげると、「越前・宮大夫・四郎左衛門・源左衛門・孫七郎・忠兵衛ヨブ」、「越前・順正・四郎左衛門・忠兵衛ヨブ」、「順正・四郎左衛門・源左衛門・忠兵衛」、「順正・越前・忠兵衛ヨブ也」、「順正・忠兵ヨブ」となる。(80)他者の順序が入れ替わることはあっても、忠兵衛は必ず最後である。

以上の点から、信濃と忠兵衛は同一人物と推察される。実従入寺以前に『私心記』に登場しないことから、草野氏が指摘するようにそれ以前から枚方に居た可能性は高いが、経済面で活動した徴証は一切なく、主として対外交渉に従事していた。葛野の姓は本願寺の関係者では他に見出せず、出自も全くもって不明だが、その点からして枚方寺内町が独自に培ってきた殿原といってよいかと思われる。

肥前・信濃同様に「石見」という受領名で頻繁に登場する人物も、殿原に含まれると考えられる。「大工宗衛門」が石見のあとに続くなど若干の例外はあるが、相伴の際にはほぼ常に末尾に記されているからである。(81)

石見は、親鸞三百回忌にあたって本尊・御影前の供物を並べるなど実従の身近に仕えており、出口光善寺へも度々派遣されている。(82)実従の枚方入寺以降に登場する名で、「藤波」という本願寺の殿原にはみられない姓であり、飯盛山城から出撃してきた畠山・安見勢が枚方周辺を放火した際には、石見の息子新介が討死していることから、信濃同様に枚方に地盤を置く殿原と考えられる。(83)何より、京都の松山新介と中山孝親のもとへ使者に赴いている例から、信濃との立場の一致が裏付けられる。(84)

以上のように、職務を整理すると、側近の下間氏とは異なる在地系の殿原層の姿が浮かび上がってくる。

3　安見氏との交渉

草野顕之氏は、河内の覇権を巡って三好長慶と安見宗房が争うなか、三好氏には信濃のような殿原や四人長衆といった実従の身近な人物を派遣するが、安見氏との交渉に実従は直接関わらず、寺内の有力住民が独自に相手をしていたとする。こうして別々の組織が対立する勢力に対応することで、三好氏・安見氏のいずれが主権を握っても、枚方寺内町が生き残れるようにしていたのだという。

しかし前項まででみたように、殿原に関する従来の検討は不十分と言わざるをえない。一方の有力住民主導による交渉として挙げられるのは、次にみるように厳密にはたったの一例しかみられない。この状況下で下された草野氏の結論は、性急のような気がする。

草野氏が有力住民主導による交渉の例としてあげたのは、宗卜・松雲・油屋与左衛門の三者が、「公事等申調」えるために星田の安見右近のもとへ赴いた一件である。(85)宗卜は、右近の被官と思われる安見与介を連れて実従へ正月の挨拶に訪れており、右近の使が頼母子の代物を要求してきたときは、「宮大夫宿へ安見右近使付候、但宗卜宿へ引候」とあるように、右近の使者を宥める役を担った。(86)これらの例から、宗卜は安見氏と近い立場にあることは間違いなかろう。

ただし、右近の使が押しかけたのは四人長衆の「宮大夫宿」であり、星田への交渉の直前も「右近就借物石見宿へ使入候」と石見の宿が対象となっているように、(87)右近の矛先は常に実従近辺の人物に向いている。とすると、宗卜らは単に、実従と右近の間を仲裁したに過ぎないのではなかろうか。

草野氏が右近の背後に安見宗房を想定しているのも問題である。なぜなら、右近は宗房の一族とは考えられるものの、宗房とは別個に行動する交野郡南部の在地勢力であったからである。(88)「細川両家記」によると、永禄三年一〇月に畠山氏は高屋城を、安見氏は飯盛山城を明け渡して和泉に退いているため、右近が枚方寺内町に難題を持ちかけてきた頃の北河内は、三好方が席巻していたはずである。とすると、右近の背後に宗房を想定するのは困難と言わざるをえない。

枚方から右近のいる交野郡南部にかけては、牧・交野一揆と呼ばれる地域的な一揆を結ぶ関係にあり、枚方寺内町と同じく右近のいる星田も石清水八幡宮領で、右近はその代官をつとめていた。宗卜らは、こうした地域的枠組の内部において顔が利いたに過ぎない。このレベルの交渉と、畿内の覇権を握った三好氏や、万里小路・中山氏のような公家との交渉を同次元で論じるわけにはいくまい。

以上の点から、対外交渉にあたって二つの窓口を設けたという草野氏の説は成り立たないと考えるが、在地系の殿原が対外交渉にあたっていたという点で、枚方寺内町独自の交渉能力の高さが新たに浮き彫りとなった。

四　枚方寺内町の終焉

1　枚方城との関係

枚方寺内町の廃絶を検討するにあたって、無視できぬのが枚方城の存在である。豊臣期に入ると、秀吉の家臣本多政康が枚方城を築き、元和元年（一六一五）の豊臣家滅亡時まで当地を領したという。さらに秀吉は、政康の娘乙御前を妾とし、彼女のために枚方城近隣に御茶屋御殿を建てたとされる(89)。枚方周辺の中近世移行を検討するにあたっては、こうした都市改造も視野に入れる必要があるが、この問題については真正面から取り組まれたことがない。

なぜなら、中井均氏も指摘するように、どこを踏査しても城郭の名残は一切見出せないからである。(90)わずかに枚方市岡南町の一乗寺境内に、元和元年銘の本多政康の墓とされる宝篋印塔が残るが、どうみても近世後期以降のものである。小字蔵の谷を枚方城の米倉跡とみる説や、小字門口を城門の名残とする説もあるが、蔵の谷は『私心記』にも頻出する地名で、枚方城と関係しないのは明らかなので、門口の小字も寺内町との関係でみたほうがよいかもしれない。

ただし、御茶屋御殿が存在したことは紛れもない事実である。おそらく、慶長元年（一五九六）にみえる「枚方の小さな城」なるものが、確実な初見であろう。(91)のちに享保二年（一七一七）の幕領代官高谷太兵衛による吟味の際には、文禄四年（一五九五）に秀吉が建て、寛永三年（一六二六）に増築し、承応三年（一六五四）に主殿が朽ちたため解体して増築部分に収めていたところ、延宝七年（一六七九）の火災で全て焼失したと報告している。(92)延宝七年刊の『河内鑑名所記』に焼失直前の姿が描かれていることからも、(93)実在したことは間違いあるまい。

枚方城の初見史料は、並河誠所が享保二〇年に刊行した『五畿内志』だが、そこでは「枚方ノ故城　本多氏之所レ拠元和中廃ス」と記されるのみである。(94)以後、近世の地誌類では、『河内名所図会』に「牧方故城　本多氏これに拠る、元和年中廃す」とみえるように、ただ孫引きされるに過ぎない。(95)

筆者は兼ねてより、『五畿内志』が後世の歴史家たちに与えた影響について関心を持っている。(96)これまで指摘してきたように、並河の調査は少人数かつ短期間で広範囲を網羅するものであったため、徹底した史料調査や考証をすることは現実的に不可能であった。それでいて初の本格的地誌であるため、枚方城に限らず、所説の文献上の初見となっている事例が極めて多い。つまり、こじつけや調査不足としか思えない結論が無数に含まれているのである。

そのため近世段階から並河説は批判に晒されることが多かったが、一方で『五畿内志』の不十分な記述を、自らのアイデアで補強しようとする歴史家の動きもしばしばみられる。『五畿内志』の一項目が短文であるため、拡大解釈が可能である点もその動きに拍車をかけたはずである。彼らは、地元に残る話を要約して『五畿内志』に掲載されたかのようにみせかけ、ある特定の家や寺社の由緒となる複雑な話を作りあげるのである。枚方城の筋書は、その典型といえるものであろう。

　枚方城主の本多政康や乙御前の名を語る際、必ず引用されるのが「一乗寺の記録」である。『大阪府全志』で初めて紹介されたもので、実見はしていないが、内容は各所に紹介されており広く知られている。[97]「一乗寺の記録」は、本多氏の起源を辿ると、もとは百済王氏で本多善光も同族という。百済王氏とは、天智天皇三年（六六三）の白村江での敗北で帰国を断念し、日本に帰化した百済の王族であることはいうまでもない。一方の本多善光は、信濃の「善光寺縁起」によると推古天皇の時代、七世紀初め頃の人である。七世紀初めの人物が、七世紀後半に帰化する一族に含まれるわけがなかろう。

　本多氏を名族出身に仕立て上げる狙いがここにあるのは明白だが、なぜこのような矛盾含みの筋書としたのか。まず、百済王氏を取り上げた理由は、枚方近辺の中宮に百済廃寺が残るなど地元の名族として知られ、かつ近世段階ですでに断絶しているため自由な筋書が描けるからに他ならない。しかし、百済王氏が本多氏に改姓したとするには、それなりの説明が必要である。そこで、この話の作者が目を付けたのは『日本書紀』であった。『日本書紀』天智天皇三年三月条に「以㆓百済王善光王等㆒居㆓于難波㆒」とあるように、百済再興の旗印となった豊璋王の弟善光王（禅広とも）は、日本に残り難波に居所が与えられた。この百済王の善光王と、「善光寺縁起」の本多善光を繋ぎあわせることで、百済王から本多への改姓を説明づけようとしたのであろう。このようなたわいない言葉遊びが発端であることから、枚方城の創作は誰かを本気で騙すのが目的ではなく、知識を交えたユーモアの類であったに違いない。

乙御前の名前をあてたのも同様の発想によるものである。御茶屋といえば茶湯釜、茶湯釜といえば乙御前だからである。すなわち乙御前はお多福の異名であり、姥口の落ち込みが深く肩が高い、お多福を思わせる形の釜のことをいう。

乙御前の釜は、『信長公記』にみえる織田信長が催した茶会のなかで初めてその名が確認でき、のちに信長から秀吉に褒美として与えられている。(98) いわゆる太田牛一本『信長公記』は、写本のみが流布しており、近世には限られた人物しか目にすることがなかった。一般には小瀬甫庵本『信長記』が刊本で流布していたが、こちらにも秀吉への褒美のうちに乙御前の釜が登場する。(99) 仮にこれらの所見を知らなかったとしても、のちに天下人となった秀吉は、北野大茶会をはじめとして乙御前の釜を頻繁に茶会で用いているので、(100) 秀吉＝乙御前の釜という情報はどこかで仕入れることは可能である。

以上のような点から、いわゆる「一乗寺の記録」のもととなった話は、知識とユーモアを持ち合わせた人物の発想によるものと考えられるが、いつしか一乗寺の由緒として前面に押し出し、宝篋印塔や秀吉にまつわる什物が整えられるようになってしまったようである。(101)

では、『五畿内志』はいったい何を根拠としているのであろうか。「元和中廃ス」という記述に注目してその直前の歴史を探ってみると、大坂冬の陣に際して伊勢桑名藩主の本多忠政が、慶長一九年（一六一四）一〇月一九日から二八日までの間、枚方に在陣していたことを確認できる。わずか一〇日の出来事であるが、枚方の住人にしてみればこれは衝撃的な事件であったに違いない。なぜなら、伏見方面から進軍してきた徳川方の先鋒が忠政で、河内に入国し最初に陣取った場所が枚方だったからである。(102) 忠政とその後続部隊が陣取った場所は不明ながら、御茶屋御殿周辺が順当なところであろう。このような本多氏による一時的な在陣伝承を聞き取った並河が、言葉少なに『五畿内志』に著わしたのが「枚方城」の始まりであったに相違ない。

「一乗寺の記録」が一人歩きを始めるのは、時勢とも無関係ではなかった。「一乗寺の記録」を初めて世に紹介したのは、大正一一年（一九二二）発行の『大阪府全志』であった。それから三年後の大正一四年、市域拡張を記念して大大阪記念博覧会が開催される。大大阪の象徴として秀吉が担ぎ出され、天守台に建てられた豊公館の人気が、昭和六年（一九三一）の天守閣復興へと繋がるのはよく知られることである。[103] このとき豊公館では、一乗寺の所有する乙御前の釜が展示された。[104]

このような秀吉人気の高まりのなか、枚方町は紀元二六〇〇年記念事業として昭和一五年七月に町誌編纂委員設置の規程を定め、九月に委員を選任し編纂事業を開始する。[105] その過程で、町誌編纂の宣伝第一弾として、一一月に「枚方城址の珍しい記録　一乗寺で発見」という見出しの新聞報道が流された。[106] 枚方城を詳しく紹介する旧『枚方市史』は、戦争で一旦頓挫したこの町誌編纂事業の延長線上で刊行されたものであった。

2　「牧方御坊来由」にみる近世初期

枚方の織豊期を論じる前提が整ったので、留保していた「牧方御坊来由」の後半部分の検討に移ることとする。前半部分の検討による結論を改めて述べると、あらすじにおいては比較的正しいが、細部においては誤謬が多いと思われるので、その点に注意を払いながら読み進めたい。

【史料1B】

⑨其御子証順公と申御代ニ織田信長公一乱ニよりて、摂河門来之御仏供米も退転ニ相成候へハ、寺務御相続難

相成、⑩其砌隣坊出口村光善寺殿御無住ニて年来牧方と御兼帯被遊候事故、幸ニ牧方を御退去被成、彼出口へ御引越被成候事ニ相違無之事、⑪其節之御堂屋鋪ハ当所之畑ニ罷成、字を則御坊山と申、於今伝へて実従様御墓所罷在候事、右暫時順興寺ハ及退転有之候所、其後十二代　教如上人東六条御開基之折柄、毎歳大坂へ御下向被為成候節、⑫毎々牧方を御通行被遊候得共、此土地西派計りニて御休足被遊候方も無御座、牧方駅之本陣宿へ御入被為遊候所、或年紀伊侯江府へ御参勤ニ付本陣差支故、外ニ御入輿之家居とても無之、不及是非牧方之傍成野原ニ幕御打セヲ遊御小休被為遊候、然ル処⑬此一件殊之外御難義ニ思召候、折下先年順興寺門徒之内十一屋藤右衛門・丸屋太郎兵衛と申者、不思義ニ東御門徒と相成居候、此両人之事御聞被遊、右之人々を被召直ニ御頼有之候所、古へ順興寺迹之義申上候故、是幸ニ一宇御建立之思召被　仰出、⑭先年之寺跡とハ屋鋪地相替り候得共、以其由緒其年ニ御坊所御再興被仰出候処、⑮先年出口へ御引取之節、如何成所謂にてや、順興寺之御本尊ハ右之両人此時迄奉守護罷在候を早速当坊之御本尊と奉敬、一番形之御開山様并ニ顕如上人職掌之御影御添被下置御坊所一宇御成就、自夫已来於今御相続有之候御坊ニて、⑯古地文禄三年石川久五郎殿検地之節ハ御堂屋鋪年数不知除地と右之検地帳ニ御座候、其後本多兵部少輔殿延宝七年之検地其節之帳面ニも石川久五郎殿検地之時分より御堂屋鋪除地と御座候、

五畝拾三歩

村方ゟ是迄　拾三間　右村方
無高除地と書上候事、拾二間半　御図帳ニも有之、

実如上人　永正十一甲戌九月　御建立
⑰教如上人　慶長十六辛亥八月　御再建
云々、

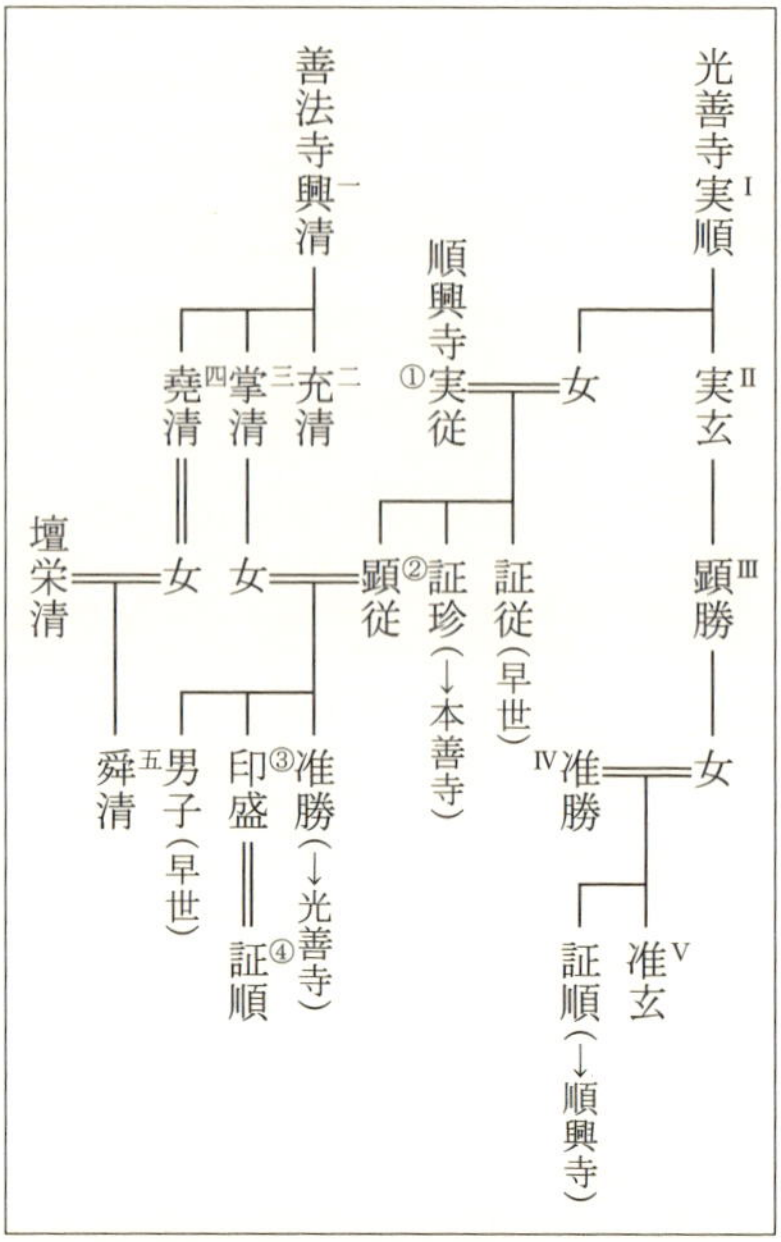

図46　順興寺と善法寺の関係
「日野一流系図」・「別格諸寺系図」（『真宗史料集成』第7巻）、「石清水祠官家系図」（『石清水八幡宮史』首巻）、『系図纂要』をもとに作成。

枚方退去後の転居先（傍線部⑨⑩）

傍線部⑨では実従の子を証順としているが、彼は実従の三代のちで、実従の跡を継いだのは図46にも示したように第三子の顕従である。西本願寺に接していれば難なくわかる情報と思われるので、これは円諦が記した情報をもとにしていると考えられる。

傍線部⑩によると、順興寺は兼ねてより無住となっていた光善寺を兼帯していたため、「信長公一乱」の煽りを受けた枚方を退去して出口に移ったという。「彼出口へ御引越被成候事ニ相違無之事」と強い語調で締めくくっているように、先述の【史料1C】での検証を反映して、この点においては京都順興寺の由緒は誤りと認識しており、自坊に伝わる由緒の正しさを強調している。いずれが正しいか検証しておこう。

顕従の最期と葬礼について、願得寺実悟筆の「順興寺顕従葬礼記」は次のように記している。(107)慶長一〇年

（一六〇五）冬、京都での報恩講に出仕していた顕従は、体調が優れなかったため門主准如から休養を勧められる。しかし治療の甲斐なく、一二月四日卯刻に息を引き取った。そして遺体は、「辰刻ニ乗物ニテ出口へ下」っている。信長の時期かどうかは別にして、順興寺が出口へ退去したというのはどうやら事実のようである。

棺はまず「御堂」すなわち光善寺に収められ、「十日辰剋葬礼、中振下出口ト中間ノ河原也」とあるように、荼毘に付すため葬礼は少し離れた場所で執り行われた。(108)「牧方御坊来由」は光善寺が無住だったとしているが、「光善寺准勝・同新発意准玄」も葬礼に参列しているので無住というわけではなさそうである。

図46にも示したように、光善寺准勝は実は顕従の長男で、光善寺顕勝の女と結婚し光善寺を継承していた。そのため顕従は光善寺に寄宿していたのである。顕従の母が光善寺実順の娘ということもあって、このような継承をしたのであろう。

順興寺跡地・枚方御堂再興地と検地（傍線部⑪⑭⑯）

傍線部⑪によると、かつての順興寺は字御坊山にあり、その一角に今も実従の墓所が伝わっているという。当然のことながら、ここでは「九々丸塚」と呼称されることはない。また出口移転後、順興寺の跡地は畑になってしまったといい、傍線部⑭でも明言されるように、願生坊の寺地はかつての順興寺とは場所が異なるという。旧『枚方市史』や旧『郷土枚方の歴史』にみられるように、願生坊のある蔵の谷が順興寺の跡地と長らく考えられてきたが、最近の天野太郎氏や福島克彦氏による歴史地理学的な検討では、御坊山の高台部分に比定されている。こうした学説と「牧方御坊来由」は、相互に補完しあう関係にあるといえよう。

傍線部⑯では文禄検地帳と延宝検地帳の記載について述べている。枚方村の文禄検地帳は確認されていないが、延宝七年（一六七九）の延宝検地帳は、近年発見された木南家文書のなかに含まれており、次のように表記されている。

【史料4】(109)

一五畝拾三歩 拾三間 拾弐間半　御堂屋敷

是者文禄三年石川久五郎（光元）検地之時分より除地

（中略）

一六畝歩 弐拾間 九間　三昧地

是者文禄三年石川久五郎検地之時分より除地

「枚方御坊来由」が述べる通り、文禄三年（一五九四）の石川光元による検地の際に、「御堂屋敷」部分はすでに除地となっていたことがわかる。ということは、枚方から退去したのを信長の時代とする部分には再検討が必要となってくる。その点は他の史料上の所見とも比較したうえで、次項で詳細に検討したい。

また【史料4】の後者「三昧地」は、御堂屋敷と同じく文禄三年以来の除地となっており、一七世紀後半の枚方村明細帳にみえる「墓　長弐拾間　横九間」と一致することから、(110)御坊山の墓地に該当する。

このほか延宝検地帳で注目されるのは、除地とは別に「御堂」を名請人とする土地が村内で二筆みられることである。そのうち一筆は、願生坊の敷地に隣接する字蔵の内に所在するが、残る一筆は字御坊山のうちにあって、高台にありながら中畑二畝二〇歩と比較的まとまった土地である。「御堂」が順興寺の跡地の一部を保有し続けていた可能性も考えられよう。

枚方御堂建立（傍線部⑫⑬⑮⑰）

教如による枚方御堂の建立は、傍線部⑰に基づき慶長一六年のこととされてきたが、(111)次に掲げる教如の消息から訂正の必要が生じる。

【史料5】(112)

態差向候、仍其元牧方にをいて此度御堂令建立候間、各馳走憑いり候、就其安心の趣不珍候へ共、もろ〳〵の雑行雑修の心をふり捨て、一心に弥陀如来に帰命し奉る人々ハ、ミなこと〳〵く極楽に往生すへき事努力〳〵疑あるへからす候、此うへには仏恩報謝の称名念仏油断あるへからさるものなり、あなかしこ〳〵、

（慶長九年）閏八月四日　　　教如（花押）

河内国惣坊主衆中

同門徒中

教如の活動期に閏八月は天正一三年（一五八五）と慶長九年の二度あるが、花押の形状から慶長九年に特定できる。(113) 幕府の後ろ盾を得て慶長八年に東六条の本堂を完成させるなど、東本願寺が分立すると、淀川対岸の茨木別院も慶長八年の創建といわれるように、(114) 西本願寺と対抗すべく教如は畿内の要所要所に御堂を建立していく。枚方御堂の建立もその流れのなかで理解すべきものであろう。したがって、京都・大坂間の中間地点ながら「西派計り」だったので、新たに御堂を築いたとする傍線部⑫の記述は、事実として認められる。

しかし、「紀伊侯江府へ御参勤ニ付本陣差支故」野原に幕を張って宿をとったというのは明らかな脚色といえる。教如は参勤交代の制度ができる以前の慶長一九年に没しているうえ、「紀伊侯」すなわち紀州徳川家の成立は元和五年（一六一九）のことだからである。

枚方御堂の建立にあたって尽力したのは、傍線部⑬によると枚方の商人十一屋と丸屋であった。枚方御堂に新たに安置された本尊は、傍線部⑮に従えば、順興寺の枚方退去にあたって両人が確保しておいたものであったと

いう。

十一屋と丸屋の屋号は、『私心記』にもそれぞれ一例ずつではあるが所見があって、「寺内大文字屋・丸屋・越前同子・源左衛門礼被来候、カン（羹）ニテ盃出候」、「十一屋・宮大夫・四郎左衛門内礼来、カンニテ逢也」とみえる。[115]共通するのは、正月の挨拶として大文字屋四郎左衛門・越前クナミ・好村宮大夫・村野源左衛門のいわゆる四人長衆のいずれかと来ていることである。

先述のように、四人長衆のうち好村宮大夫は神人でもあるため、正月一日には石清水八幡宮へ出仕しなければならない。したがって前者の丸屋は、四人長衆に準ずる立場で宮大夫の代理として参加したものと思われる。このように二番手に甘んじていた両家が、東本願寺の勃興を機と見て順興寺から鞍替えしたとするという筋書も十分に描ける。事例があまりに少ないので断言は避けたいが、丸屋・十一屋の中世と近世の事例の間には、何らかの連続性があるかもしれない。

3　枚方順興寺の廃絶

東本願寺による枚方御堂の建立で謎として残されるのは、慶長九年（一六〇四）のことながらも、その敷地はすでに文禄三年（一五九四）以来除地となっているという事実である。東西分派以前のことなので、文禄三年の除地は東本願寺に対して認められたものではなく、順当に考えれば順興寺に対して認められたものであろう。ただし、文禄三年の検地段階で現願生坊の土地が順興寺の除地として認められているからといって、顕従の居所がここである必然性はない。寺地だけ残して、すでに出口に移っている可能性もあるし、実従の没地が「牧方村教善寺坊」であったように、枚方寺内町の内には順興寺以外にも寺地が点在しており、最終的に願生坊の寺地となったのはその一部だったという可能性もある。延宝検地帳にみえる「御堂」を名請人とする御坊山の畑も、その可能性を示唆する。もちろん、文禄三年までに御坊山の旧地を離れ、宿場町が形成されつつある街道近くの現願生坊の場に下りてきたという可能性も残される。

いずれにせよ、のちに西本願寺に属する順興寺は、一貫して教如と距離を置いているにも拘わらず、枚方で折角得た除地がなぜ東本願寺側の手に渡ったのであろうか。その理由を最後に検討することで、順興寺が枚方から完全に離れていく過程を浮かび上がらせたい。

枚方寺内町が廃絶した時期ははっきりしないが、西田敏秀氏は元亀元年（一五七一）の信長による枚方寺内陣取りによって被害を受けた可能性を指摘している。(116)その可能性は否定できないが、この段階で順興寺が枚方を離れることはなかったはずである。なぜなら、願得寺実悟筆の「山科御坊事并其時代事」後半部分に、実従は「証如の御時枚方の坊を仰付られ、住し侍る事也、子孫いまにこれにあり」と記されているからである。(117)「山科御坊事并其時代事」の前半部分末尾に「天正参年乙亥林鐘上旬日」という日付と実悟の署判があるので、実悟がこの記事を書いたのは天正三年（一五七五）以降で、同年すでに実悟は八四歳の高齢に達していることから、天正三年を大幅に下ることもなかろう。天正年間に実従の子孫、つまり顕従たちは枚方に残っていたのである。

豊臣初期の知行割を示す天正一二年の「河内国御給人之内より出米目録」には、「廿二石　ひらかたまち　右之外二石二斗二升　出米」と記されている。(118)福島克彦氏が指摘するように、一六世紀後半より淀川沿いの三矢や岡など、のちに宿場町となる港湾部分も含めて枚方と認識されるようになるが、ここでは土地台帳という性格上、狭義の枚方を指していると思われる。

実際、楠葉・三矢・出口・守口といった淀川の港湾が、この帳面には一切掲載されていない。また、この帳面における村高・出米の合計値と、正保郷帳における村高とを比較すると、北河内においてはいずれの村もおよそ一・一倍から一・四倍程度の伸びを示している。(119) 正保郷帳における枚方村の村高は三三石なので、その範疇に収まる。

それを踏まえると、村ではなく「ひらかたまち」と呼称されているのは重要である。なぜなら七〇の集落名が記されるなかで、その呼称は枚方に限定されるからである。これは、豊臣期に入っても寺内町として、一般村落とは一線を画す景観を保っていたことを意味する。(120)

また、戦国期以来活動がみられる枚方寺内町在住の鋳物師は、禁裏御料所に所属する鋳物師として天正七年にもその存在を確認できる。(121) その鋳物師に対し夫役を賦課したとして、織田信長側近の長雲軒妙相が佐久間信盛を譴責していることからも窺えるように、枚方の鋳物師集団の存在は決して小さいものではなかった。

【史料6】(122)

河州交野《ママ》郡田原西庄
御湯釜
大日本河内州抹《茨》田郡□方
寺内大工彦左衛門
文禄五年八月吉日

これは讃良郡上田原村（大阪府四条畷市上田原）の住吉神社に残っていた湯釜の銘文で、先述の平尾兵吾氏が紹介したものである。平尾氏によると、□の字は読みづらいが「松」か「稱」のようだという。ただ、「高良神社、拝殿に宝暦年間の棟札あり。正法寺大工彦左衛門の建築せることを明記せり」とも述べるように、平尾氏は湯釜銘の「□方寺」部分を讃良郡清滝村にあった「正法寺」と読みたいようなので注意が必要である。前近代は、建築を扱う者も鋳物師も「大工」と呼ばれており、湯釜の製作に携わったのは明らかに鋳物師なので、両彦左衛門家が同一の家である可能性はない。難読文字は、偏と旁で構成されている、あるいは木偏のような文字くらいに理解しておいたほうがよかろう。

とすると、枚方が北河内随一の鋳物の名産地であったことから、茨田郡枚方の大工彦左衛門が鋳造した可能性が浮上する。上田原とは距離的に若干離れているものの、近世の枚方鋳物師は北河内全域を営業圏としているし、正しくは讃良郡とすべきところを、誤って「交野郡」と刻んでしまっているあたり、むしろ土地勘の働かない人物が鋳造したことを裏付けている。

すなわちこの銘文から、大工彦左衛門は「枚方寺内」に居住していると自覚していることがわかるのである。鋳物師は枚方上之町の順興寺に連なる高台に居住していたので、そこを寺内と認識する状況、つまりは順興寺そのものが、文禄五年に至っても残っていたということになる。

そのころの顕従にとっての課題は、家督の継承にあったはずである。図46のように、永禄一一年（一五六八）生まれの長男准勝は、光善寺の養子となっていた。(123)さらに次男の印盛は、顕従の妻が善法寺掌清の娘ということもあって、養子として八幡善法寺に入っている。そのため三男に順興寺を継がせる予定だったと思われるが、系図上は「男子」としか記されないので早世してしまったようである。そこで、「八幡善法寺住持、後順興寺相続」とあるように、(124)印盛を呼び戻し順興寺を継がせたようである。印盛を呼び戻しても、善法寺側に支障が生じなかったのは次のような事情による。

「石清水祠官家系図」によると、天文一二年（一五四三）に善法寺充清が没すると、彼には子がなかったため、弟の掌清が跡を継いだ。[125] 掌清は永禄八年に没するが、彼にも男子がなかったため、さらに弟の堯清が跡を継ぐ。その継承時にあたって、「掌清死去、依無実男落堕、善法寺相続、但掌清女嫁也、掌清死去砌、坊人等及違乱、以他流養子之儀相続之段雖企之、堯清終移畢」という問題が起こったという。掌清には男子がなかったが、他家に嫁いだ娘がいた。その娘の子を「他流養子」として迎えようと企てる一派が善法寺家中にいたが、最終的には堯清を家督とすることで落ち着いたというのである。

「他流養子」とはいうまでもなく印盛のことであるが、善法寺の系図のなかに印盛の名は一切登場せず、企てに留まり善法寺家には入っていないという扱いになっている。また、掌清が没した永禄八年には、兄准勝すら生まれていないので、印盛はまだこの世にいない。となると、この家督継承問題は、もう少し後になって、おそらく堯清が没する天正一二年になってから起こったのではないかと思われる。なぜなら堯清にも男子がいなかったからである。掌清の娘の子印盛をとるか、堯清の娘の子舜清をとるかで、善法寺家が揺れたのであろう。

結果として舜清が継ぐこととなるが、「石清水祠官家系図」がいうように印盛を養子とすることは単なる企てで終わらなかったはずである。

【史料7】[126]

（折紙切封上書）
「善法律寺
　知■衆御中」

貴寺之儀、印盛退出之後、無算用候由候、其上諸式諸事契約等相違之由候、印盛不届旨訴訟被申、只今御同前之躰、太以不可然候、所詮急度此中之算勘可令相遂候、但存分候者、有様承届、可得　御意候、恐々不宜、

円光寺

六月九日　　元佶（花押）

豊光寺

承兌（花押）

家督争いには負けたが、おそらく印盛は掌清の跡目としてしばらく善法寺家に留まり、財産をそれなりに消費していた。ゆえに、それらの算用をすることなく退出してしまったことを善法寺は契約違反だと咎めている。顕従が印盛を順興寺に呼び戻しても差し支えないと判断したのは、印盛が善法寺家にとって不要な存在となったからであろうし、善法寺としてもそれを制止する必要性はなかった。養子に入る際に算用の契約を結ぶのもおかしいので、【史料7】でいう契約とは、印盛を呼び戻すに際して結ばれた契約であろう。

これを発給しているのは江戸幕府の寺社行政にあたっていた三要元佶と西笑承兌なので、善法寺は幕府に訴え、その支援を受けたことになる。円光寺の開基が慶長六年秋で、「順興寺顕従葬礼記」によると慶長一〇年の顕従の葬儀に印盛は順興寺として参加していることから、【史料7】はその頃のものだが、印盛が善法寺家を離れた時期の特定は残念ながらできない。

ただ本項全体の課題に即せば、この訴訟が慶長期に絞りこめることのほうが重要である。なぜなら、この間に慶長九年閏八月の教如による枚方御堂の建立が始まるからである。本願寺を牽制するために東本願寺の分立を促した幕府の政策に従えば、【史料7】の問題は順興寺の寺地を召し上げる格好の口実となり、その跡地を東本願寺に与えればさらに効果的で、しかも願生坊の除地が文禄三年以来ということの説明もつく。

以上の点から、【史料7】の年次は慶長七年から九年の間に絞りこんでよいかと思われる。善法寺との間での借財問題で、【史料7】のような裁決が出た結果、御坊山や現願生坊が所在する順興寺の寺地は、闕所処分となったのではなかろうか。寺地を奪われた顕従は、実の息子がいる出口へと逃れ、失意のうちに没したのであろう。石清水八幡宮と本願寺の連携の上に成立した枚方順興寺の歴史は、最終的にその連携が破綻したところで潰えることになったのである。

なお、印盛の代に「遷京二条」とされるので、(127) 顕従没後しばらくして出口から京都へ順興寺は移転したようである。この点は、『拾遺都名所図会』の「寛永年中京都に遷す」を信じてよいかもしれない。

おわりに

本章の課題は、『私心記』以外の史料を駆使して枚方寺内町の沿革を明らかにし、それをもって『私心記』が描く永禄期の枚方寺内町を全体史のなかに位置付けることにあった。そのような時間的な相対化とともに、枚方寺内町と外部勢力との関係にも重点を置くことで、寺内町における内部組織の相対化も図った。扱う史料と論点が多岐にわたり、非常に煩雑な分析となってしまったので、まずは従来の説との相違を明確にしながら、本章で明らかにしたことを時系列に並べて整理したい。そのうえで、最後に枚方寺内町の内部組織について全体を通じての結論を述べることとする。

枚方坊の開基については蓮如説もみられたが、正しくは永正期に実如によって開基されたと考えられる。社務領内に設けられた枚方坊は、石清水八幡宮との協調路線を歩みながら教線を伸ばしていた。従来は、天文一五年（一五四六）が御坊としての枚方坊の初見で、そのころから寺内町が形成されたと考えられてきたが、享禄年間には枚方坊を中心とした寺内町が形成されていたと推測される。

となると、実従が入寺した頃の枚方寺内町は、かなり成熟した段階に入っていたことになる。その象徴ともいえるのが、下間一族とは異なる枚方寺内町独自の殿原であった葛野信濃であろう。彼は実従の側近下間頼栄とともに寺務を執り行ったが、枚方寺内町の顔として上級権力と渡り合うのは専ら信濃であった。他の寺内町の住人が対外交渉をすることもあったが、それは地域内部における知己であったため仲裁をしたに過ぎず、敵対する二者に対して別々の集団が交渉に当たったという従来の説は検討を要する。

枚方寺内町衰退の契機は、天正年間の信長と本願寺の闘争にあり、宿場町の成立とともに廃絶したと考えられてきたが、現実には存続していた。枚方宿が幕府指定の宿場町となるのは豊臣家滅亡をまたねばならないが、街道自体は文禄期に始まる秀吉による整備にまで遡る。それとともに街道沿いの町場も整いつつあったと思われるが、それそのものは寺内町衰退の一要因にはなっても、決定的な要因とはならなかったのである。

枚方が城下町化するという考えもあったが、その事実もなく、順興寺そのものは東本願寺が枚方に進出する慶長九年（一六〇四）の直前まで御坊山に残っていたと推測され、寺内という認識もそれに近いころまでは残っていた。最終的に、善法寺との間における借財問題を理由に順興寺顕従は枚方から退去せざるを得なくなり、しばらくは出口光善寺に寄宿するものの、印盛の代に寺地を京都へ移すこととなる。

上記のような沿革が示されたことで、天文期から天正期くらいの存在と考えられていた枚方寺内町の存在期間は、享禄期から慶長期と倍増したことになる。その内部組織については、大坂寺内町の縮小版というのが支配的な見解だったが、四人長衆のうちに神人がいるなど、地域性の色濃い寺内町であった。そうした性格は、実従の葬儀が石清水八幡宮領の流儀に一部従わざるを得なかったことにも表れている。これらは枚方寺内町の成立事情を反映したもので、長い歴史に培われたものだが、実従は『私心記』に石清水八幡宮との関係性を全くといってよいほど記さない。

大坂寺内町の縮小版という見解は、主要な殿原が下間氏で占められているという認識からも来るものであろうが、実際には側近の下間頼栄のほかに、在地系の葛野信濃・藤波石見がおり、こと対外関係ともなると彼らが重要な役割を果たした。その重要性に比して、『私心記』にさほど顔を出さないのは気に懸かるところである。実従が合戦とは無関係に普段通りの生活している中で、石見の息子新介が畠山・安見勢の攻撃を受け討死していたように、おそらく実従の預り知らないところで、枚方寺内町の在地系の殿原は、独自に積極的な活動をしていたのではなかろうか。石清水八幡宮との関係と同様、実従が余すところなく枚方寺内町の姿を記しているとは考えないほうがよかろう。

枚方寺内町は、従来の予想を大幅に超えて、近世初期まで存続していたことが明らかになった。その頃の寺内町の様相は史料が少なくよくわからないが、その存続の背景には、長い歴史のなかで培ってきた在地系の殿原に代表される人的資源と、その対外交渉能力があったような気がする。

以上の結論を踏まえて、従来の枚方寺内町の事例が寺内町全体に与えていた影響を訂正するならば次のようになる。すなわち、一家衆寺院で本願寺に近い畿内にあったとしても、寺内町の内部組織には在地土豪出身の殿原や地下人が深く入り込んでおり、運営に大きく関与している。それゆえに、本願寺の勢力が衰えようとも、余程のことがない限り寺内町は在郷町化するといえるだろう。

註

（1）鍛代敏雄「枚方寺内町の構成と機能」（同『戦国期の石清水と本願寺』法藏館、二〇〇八年、初出一九八五年）。草野顕之「一家衆の地域的役割」（同『戦国期本願寺教団史の研究』法藏館、二〇〇四年、初出一九九七年）。藤田実「寺内と惣寺内」（『枚方市史年報』第五号、二〇〇二年）。以下特に断らない限り、各氏の説はこれによる。

（2）天野太郎「淀川中流域における寺内町の展開」（足利健亮先生追悼論文集編纂委員会編『地図と歴史空間』大明堂、二〇〇〇年）。福島克彦「戦国期寺内町の空間構造」（『寺内町研究』第一〇号、二〇〇五年）。以下、両氏の説はこれによる。なお天野氏には、枚方寺内町の立地について検討した「淀川流域における寺内町の立地選定に関する一考察」（『地域と環境』No.3、二〇〇〇年）もある。

（3）旧『枚方市史』三一〇頁など。

（4）天和二年一二月二一日付御印書（願生坊文書）。旧『枚方市史』三一一頁の翻刻は、書留文言を「仍之預御印者也」と誤っており、正しくは「仍被顕御印者也」である。

（5）北西弘「解説」（『真宗史料集成』第三巻）。

（6）『新修京都叢書』第二二巻二六二頁。

（7）『新修京都叢書』第七巻五七頁。

（8）本書第三部第二章「石清水八幡宮勢力の展開と招提寺内町」。

（9）「大谷嫡流実記」（『真宗史料集成』第七巻六三八頁）。

（10）『河内名所図会』（柳原書店、一九七五年）四八〇頁。

（11）片岡家文書その三、七四五号（枚方市史資料室蔵）。

（12）片岡家文書その一、一三七四号。一三七三号も同内容。

（13）宝暦から天明にかけての由緒の変化も、宝暦三年三月一〇日付の南殿順興寺銀子借用証文（京都大学蔵「古文書纂」所収）によって再建計画に伴う資金繰りが確認できることから、同様の背景が想定される。

（14）「順興寺実従葬礼并中陰記」永禄七年六月一日条・五日条・八日条（『大系真宗史料』文書記録編一三）。誤読がままみられるため、本章では龍谷大学図書館ホームページの貴重資料画像データベースにおける写真版に拠った。

（15）旧『枚方市史』三九七頁。

(16) 同家文書については、拙編著『招提村片岡家文書の研究』（枚方市立中央図書館市史資料室、二〇〇九年）。
(17) 片岡家文書その三、三二六号。
(18) 旧『枚方市史』三九七頁。
(19) 井上正雄『大阪府全志』巻之四（大阪府全志発行所、一九二二年）。
(20) 『大阪府史蹟名勝天然記念物』第三冊（大阪府学務部、一九二八年）。平尾兵吾『北河内郡史蹟史話』（大阪府北河内郡教育会、一九三一年）二四三頁。
(21) 旧『枚方市史』三一二頁・三九七頁。
(22) 旧『枚方市史』三九頁。旧『郷土枚方の歴史』（枚方市役所、一九六九年）一〇六頁。
(23) 前掲註(19)井上著書一二二三頁。
(24) 願生坊文書（枚方市史資料室蔵写真）。
(25) 明治三一年に追記された傍註がいくつかあるが、煩雑となるので省略した。
(26) 『私心記』天文一九年八月二一日条。
(27) 「山科御坊事并其時代事」（『真宗史料集成』第二巻五五七頁）。
(28) 「日野一流系図」（『真宗史料集成』第七巻五二六頁）。
(29) 光善寺所蔵親鸞聖人御影裏書（『枚方市史』編年一〇一号）。
(30) 本書第三部第三章「享保期の新田開発と出口寺内町」。
(31) 旧『枚方市史』二七五頁。『枚方市史』第二巻五三五頁。
(32) 今中家文書その五、一号（拙稿「河内国楠葉の石清水八幡宮神人と室町将軍家祈願寺伝宗寺」〔『枚方市史年報』第九号、二〇〇六年〕）。田中家文書一二二号（『石清水文書』一・『枚方市史』編年三号）。
(33) 『枚方市史』第二巻三三九頁。
(34) 本書第三部第五章「牧・交野一揆の解体と織田権力」。
(35) 吉田晶子「山之上延命寺銘の鰐口」（『枚方市文化財研究調査会研究紀要』第四集、一九九七年）。拙稿「史料紹介『誓円ノ日記』（一）」（『枚方市史年報』第一一号、二〇〇八年）。以下、近世村の変遷はこれによる。
(36) 『私心記』永禄四年二月三〇日条。

(37)『私心記』永禄四年閏三月二一日条。
(38)『私心記』永禄四年二月八日条。
(39)『私心記』永禄四年五月一六日条。
(40)「細川両家記」享禄二年正月一日条（『群書類従』第二〇輯・『枚方市史』編年一三六号）。
(41)『天文日記』天文一五年六月二二日条。
(42)菊大路家文書五五号（『石清水文書』六）。
(43)本書第三部第一章「楠葉郷の石清水八幡宮神人と伝宗寺」。
(44)『天文日記』天文二〇年三月七日条。
(45)鍛代敏雄「中近世移行期の石清水八幡宮寺と幕府・将軍」（『戦国史研究』第六一号、二〇一一年）。
(46)例えば、「実如上人闍維中陰録」（『真宗史料集成』第二巻七七一頁）には「拾骨ハ五十日ノ間、御亭御寿像ノ前ニアリ」、「実孝葬中陰記」（同上七八九頁）には「五旬ノ間、拾骨桶ハ亭ノ押板ニ置シ本尊之前也」とある。
(47)中世は不明だが近世の例については、国学院大学日本文化研究所編『神葬祭資料集成』（ぺりかん社、一九九五年）。
(48)「稙通公記」享禄五年六月五日条（『図書寮叢刊　九条家歴世記録』四）。
(49)「厳助往年記」享禄五年六月五日条（『改定史籍集覧』第二五冊）。
(50)「細川両家記」享禄五年五月一九日条。
(51)『続群書類従』第五輯上。この系図の信憑性については、拙稿「細川晴国・氏綱の出自と関係」（拙著『戦国期細川権力の研究』吉川弘文館、二〇一八年、初出二〇一二年）。
(52)『後法成寺関白記』享禄四年六月七日条。『二水記』同年七月二四日条。
(53)『後法成寺関白記』享禄四年七月二六日条。
(54)『私心記』永禄元年一二月一一日条・一七日条。
(55)『私心記』永禄二年三月二五日条。
(56)（永禄二年）七月二九日付細川藤賢書状（尊経閣文庫蔵）。
(57)片埜神社所蔵文書四号（『枚方市史』第六巻）。

(58)『お湯殿の上の日記』永禄元年三月一六日条。
(59)『私心記』永禄元年三月一七日条。
(60)『私心記』永禄元年四月五日条。
(61)『お湯殿の上の日記』永禄元年四月九日条。実従はすぐ上の兄である本善寺実孝とともに、天文二〇年に法印の僧位を与えられており(『私心記』天文二〇年一二月三〇日条)、時期ははっきりしないが両者ともに最終的には権大僧都となっている(「日野一流系図」〔『真宗史料集成』第七巻五二九頁〕)。実孝は天文二二年に没していることから、実従もそれをさほど下ることなく権大僧都となったと考えるのが自然であろう。となると、ここで申請したのは少僧都ではなく、正しくは権大僧都である可能性も残される。
(62)山中玲子「葛野九郎兵衛」(『能楽研究』第八号、一九八三年)。
(63)もっとも、「信濃」を頼円に比定する例は、一九三〇年に発行された『石山本願寺日記』本の『私心記』永禄三年一二月一一日条にもみられる。
(64)ここでいう太刀は一般的なものではなく火葬の際に用いるもので、前々日に用意された葬具のなかに「太刀ヲ持事モ昔ハ無之、近年ノ事也、火ヲサス程ノ跡ノ子ハ一人モタスル也、常ニ持太刀ミシカキ吉也」とみえる。
(65)黒川春村編『歴代残闕日記』第二三巻(臨川書店、一九七〇年)。
(66)『私心記』永禄三年正月一四日条・七月六日条・同四年正月八日条。
(67)『私心記』永禄三年四月一六日条・同四年四月一七日条・五月一七日条・一一月一日条。
(68)『私心記』永禄三年一二月一一日条・一七日条。
(69)『私心記』永禄三年一二月二〇日条・同四年正月二〇日条・五月一二日条。
(70)『私心記』永禄三年七月二六日条。
(71)『私心記』永禄三年正月一二日条・二四日条。
(72)『私心記』天文一一年正月四日条。『日本国語大辞典』(小学館)の「錫」の項。
(73)『私心記』永禄元年一〇月二〇日条。
(74)『私心記』永禄三年正月一四日条。
(75)『私心記』永禄三年正月一五日条。

(76)『私心記』永禄三年正月一八日条。
(77)『私心記』永禄三年四月八日条。
(78)『私心記』永禄三年正月二六日条。
(79)『私心記』永禄三年正月一一日条・同四年三月九日条・同三年正月二三日条。
(80)『私心記』永禄三年正月八日条・一六日条・二月三日条・三月三日条・三月一一日条。
(81)『私心記』永禄三年三月二五日条・四月三日条・五日条・一六日条・二五日条・五月二六日条・六月二六日条・七月一四日条・一五日条・一六日条・一一月三日条・一二月三日条・四年正月一日条・八日条・二六日条・二月一六日条・二五日条・三月三日条・閏三月一六日条。例外的な事例は、『私心記』永禄三年七月三日条・一〇月二〇日条・同四年二月三日条。
(82)『私心記』永禄四年一一月一日条・一一月二〇日条・一二月一二日条・一三日条。
(83)『私心記』永禄三年四月二五日条・七月二五日条。
(84)『私心記』永禄四年一〇月二一日条。
(85)『私心記』永禄四年正月一七日条。
(86)『私心記』永禄四年正月一日条・九月二三日条。
(87)『私心記』永禄三年一二月一九日条。
(88)本書第三部第五章「牧・交野一揆の解体と織田権力」。
(89)枚方市史編纂委員会編『郷土枚方の歴史』(枚方市、一九九七年)一一二頁。
(90)中井均「枚方城跡覚書」(『まんだ』第三一号、一九八七年)。
(91)一五九六年九月一八日付で京都から発信された慶長地震を伝える宣教師の書信(『十六・七世紀イエズス会日本報告集』第一期第二巻、同朋舎出版、一九八七年、三〇三頁)に、「大坂から都へ行く途中にある枚方の小さな城は、押し迫っている山の地滑りによって多数の惨死者を出した」とある。従来主張されてきた「枚方城」とは異なり、丘陵のピーク部分にないことから、丘陵の中腹で山が「押し迫っている」御茶屋御殿のことを指しているとみてよかろう。
(92)『枚方市史』第七巻六五八頁。

(93)『河内鑑名所記』(上方芸文叢刊刊行会、一九八〇年)。
(94)『大日本地誌大系』第一八巻(雄山閣、一九二九年)二三〇頁。
(95)前掲註(10)文献四七八頁。
(96)本書第二部第一章「椿井文書の基礎的考察」・第四章「三浦蘭阪の『五畿内志』批判」。
(97)前掲註(19)井上著書一二一四頁・一二二四頁。前掲註(20)平尾著書六二頁。旧『枚方市史』三九〇頁。
(98)『信長公記』天正三年一〇月二八日条・天正五年一二月一〇日条。
(99)『信長記』天正五年一二月一〇日条。
(100)竹本千鶴「豊臣秀吉による名物蒐集」(同『織豊期の茶会と政治』思文閣出版、二〇〇六年)表1の40。
(101)本書第一部第四章「茄子作の村落秩序と偽文書」でみたように、たわいない偽文書が作者以外に利用されることによって、客観性を伴い流布することは往々にしてある。
(102)『大日本史料』第一二編之二六。以下、これに拠りつつ本多忠政の行動を整理しておく。一〇月に入って大坂の豊臣方が不穏な動きを示し始めると、早速一〇月二日には忠政ら伊勢衆に出陣が命じられ(五三頁)、一一日に桑名を発って一六日に伏見に到着する(四四一頁)。忠政へは伏見に入る直前の一四日の段階で、「平方《枚》辺へ早々可陣取」と指示が出されており、それも「手寄よき所ニ置」くという軍事的な占拠であった(四九九頁)。実際に枚方に入ったのは一九日のことで(五〇三頁)、「本多美濃守《忠政》殿ハ交《マヽ》野辺ニ可有御陣取候、井伊掃部《直孝》殿ハ美濃殿之次ニ可有御陣取候、松平下総守《清匡》殿ハ掃部殿之次ニ可有御陣取候」とされるように、第一陣の忠政が枚方から移動するとともに、次々と後続が入る手筈となっていた(五〇五頁)。忠政が枚方を出たのは二八日のことで、二九日には飯盛山に着陣している(七三四頁)。
(103)牧英正「昭和の大阪城天守閣築造」(『大阪市公文書館研究紀要』第五号、一九九三年)。酒井一光「大阪城天守閣復興と城内の聖域化」(橋爪節也編著『大大阪イメージ』創元社、二〇〇七年)。
(104)『大大阪記念博覧会』(大阪毎日新聞社、一九二五年)五一〇頁。
(105)『枚方市史』第一〇巻三二四頁。『大阪朝日新聞』昭和一五年七月一九日・同年九月五日(『朝日新聞記事集成』第九集)。
(106)『大阪朝日新聞』昭和一五年一一月一七日。以後同紙には、「由緒を物語る古文書　枚方の片埜神社から発見」

（昭和一六年一月一八日）、「禁裏鋳物師の家　枚方町誌に載る田中氏」（同年二月一日）、「資料〝くらはんか茶碗〞枚方の八尾さんが蒐集珍蔵」（同年二月二七日）、「弘仁の古仏像など十数躰　清岸寺で発見」（同年三月二七日）と町誌編纂に伴う資料発見記事が続く。実際にはすでに知られていたものばかりで、町誌編纂を市民に周知するために情報提供をしたのであろう。枚方町による町誌編纂は、それ以前から計画そのものはあったようで、「昭和六年　郷土誌（原稿）枚方町」と題された簿冊が残されており（枚方市史資料室蔵）、すでにその段階で一乗寺の記録や秀吉にまつわる什物等は把握されている。

(107) 龍谷大学図書館ホームページの貴重資料画像データベースにおける写真版に拠った。

(108) 中振は、淀川沿いの出口から東の内陸側に入ったところで、中振から出口にかけては淀川の支流となる小川が流れていた。本書第三部第三章「享保期の新田開発と出口寺内町」で指摘したように、この小川は出口寺内町の外郭部で付け替えられ、堀としても利用されていた。「中振下」で「出口ト中間」にあたる「河原」とはこの小川沿いのことで、今現在も光善寺の墓地となっている（本書第三部第三章図36）。享保五年（一七二〇）の村絵図で、出口村東端に描かれる長方形の区画がそれである（同上図41）。

(109) 木南家文書Ｌ一号（枚方市史資料室蔵）。同家文書の概要については、拙稿「御三卿職制の形成過程」（『史敏』通巻七号、二〇一〇年）。

(110) 『枚方市史』第七巻八九頁。『枚方市史』は寛文～貞享期のものと推定しているが、史料中に「看坊願生」や「豊嶋権丞御代官所」などとみえることから、枚方御堂が願生坊となる天和二年（一六八二）以降で、代官豊嶋の任期である貞享二年（一六八五）以前のものとなる。

(111) 旧『枚方市史』三一一頁など。

(112) 願生坊文書。『真宗史料集成』第六巻教如集一二号や旧『枚方市史』三一一頁にも翻刻される。

(113) 小泉義博「本願寺教如の花押」（『北陸史学』第四七号、一九九八年）。

(114) 『茨木市史』（茨木市役所、一九六九年）三六四頁。

(115) 『私心記』永禄三年正月一日条・同四年正月四日条。

(116) 西田敏秀「枚方寺内の甕倉」（『枚方市史年報』第六号、二〇〇三年）。

(117) 「山科御坊事并其時代事」（『真宗史料集成』第二巻五五七頁）。

(118) 大阪府立中之島図書館蔵。同史料については、福山昭「天正・慶長期の枚方」（『枚方市史年報』第三号、二〇〇〇年）も参照されたい。なお福山氏は、この史料の表紙を「河内国御給人之内より出米目録　御蔵入れニ野帳之うつし」と読むが、「御蔵入れニ」の部分は「御蔵入共ニ」の誤読で、しかも「野帳之うつし」に懸かる言葉ではなく、帳面の内容が給人知行地だけに留まらなくなったがゆえの「御給人」の脇に添えられた追記である。さしあたって本章では原題を採用した。

(119) 「河内国御給人之内より出米目録」の数値は本書第三部第五章「牧・交野一揆の解体と織田権力」。正保郷帳は『枚方市史資料第八集　河内国正保郷帳』（枚方市、一九八四年）。

(120) 類例を挙げると、寺内町として知られる大ヶ塚は、「大かつかやしき《（ヶ塚屋敷）》」と呼称される。

(121) 本書第三部第五章「牧・交野一揆の解体と織田権力」。

(122) 『大阪府史蹟名勝天然記念物』第三冊（大阪府学務部、一九二八年）二六七頁。

(123) 准勝の年齢は、『系図纂要』第四冊上四一〇頁。

(124) 「別格諸寺系図」（『真宗史料集成』第七巻七一八頁）。

(125) 『石清水八幡宮史』首巻（石清水八幡宮社務所、一九三九年）。

(126) 菊大路家文書四二四号（『石清水文書』六）。

(127) 『系図纂要』第四冊上四三二頁。

第五章　牧・交野一揆の解体と織田権力

はじめに

中近世移行期の地域社会を考えるうえで、織田権力が及ぼした影響を重視するのは衆目の一致するところであろう。しかし、織田権力による地域掌握過程の研究は、一国レベルの領域支配や国人層掌握などの広域的な視座と、検地論などの土地制度の視座に二極化している嫌いがある。(1)そのため、郷荘レベルで詳細に検討したものは、山城国西岡の事例を取り上げた仁木宏氏の研究程度しかみられない。(2)そこでは、国人衆が主体的に形成した西岡の地域社会を対象として、その中心となっていた勝龍寺城を石成友通や細川藤孝が居城とすることで、当該地域を掌握していく過程が明らかにされた。織田権力の実態を捉えるためには、こうした事例の積み重ねが求められているといえよう。

とはいっても、限られた時期と範囲を対象とするため、そこには史料的制約が必然的につきまとう。仁木氏の研究に学ぶならば、西岡のように一揆という地域的なまとまりをフィールドとすることで、織田権力が掌握すべき対象を明確にしておくことがある程度有効であると考える。そこで本章では、淀川を挟んで西岡の対岸に存在した牧・交野一揆を対象とする。

牧・交野一揆については、具体的な研究が皆無でその実態は不詳である。とはいうものの、それを分析するための前提をすでに筆者はいくつか示してきた。

北河内の戦国史研究は、八〇年代まで地域史の概説に徹していた。(3)それに対し近年は、真宗寺院を核とした寺内町の景観復原や人的構成の分析が重ねられてきている。(4)さらには、こうした宗教勢力による流通掌握の過程なども明らかにされつつある。(5)筆者はこれらの蓄積を踏まえたうえで、寺内町だけに焦点を絞るのではなく、周辺の地域構造と照らし合わせてその相対化を図ることで、北河内独自の寺内町像を提示してきた。(6)そこでは、石清水八幡宮の影響下で成長を遂げた侍衆や神人が、一五世紀の中頃から本願寺をも推戴するようになり、北河内に次々と寺内町を建設するという動向を確認した。牧・交野一揆は、こうした自立的な動きを反映して成立したと考えられる。

これを当該地域の主軸となる動向と措定したうえで、本章では次の二点から牧・交野一揆の実態とその解体過程に迫ってみたい。まず一つ目に、史料的制約により一揆の最盛期の実態が掴みづらいため、古代以来の地域秩序を踏まえたうえで、織田権力による掌握過程から遡って、一揆の勢力範囲を浮かび上がらせる。これを第一節での課題とする。そのうえで二つ目に、西岡の事例との対比を意識しつつ、山城国外延部における織田権力の地域掌握過程の共通点を確認する。これを第二節から第四節にかけての課題としたい。その際、本書でここまで対象としてこなかった交野郡南部も視野に入れながら検討することとする。そして最終的には、上記の点を踏まえることで、個別の一揆や織田権力期に視野を留めることなく、中近世移行期の山城国外延部一帯を一つの地域として捉え直してみたい。

一　交野郡の地域秩序と牧・交野一揆

1　交野郡の地域秩序

はじめに述べたように、先行研究の問題関心は専ら寺内町に限定されているため、その周辺の地域構造はほとんど顧みられたことがない。そこで、まずは一揆を生み出した交野郡の地域秩序について整理しておく。

古代の交野郡には、天皇の狩猟地である禁野が置かれていた。その範囲は概ね東部の山間部を除く天野川右岸一帯である。(7) 狩猟に訪れた桓武天皇が、楠葉にあったとされる藤原継縄の別荘を行宮としているように、(8) 交野郡の北端で淀川に面した楠葉は、禁野の玄関口として栄えた。さらに楠葉には、山陽道（のちに南海道）の駅も設置されていた。(9) こうした馬の需要を背景として、楠葉は官牧として機能しはじめる。

その後、楠葉牧は摂関家領として展開し、禁野の範囲一帯を覆うようになる。(10) この拡大した楠葉牧が、河北牧と河南牧に区分されていたことはよく知られるが、その境界が船橋川となるのか、あるいは穂谷川となるのかは決め手に欠けていた。(11) しかし、暦応二年（一三三九）の細川顕氏寄進状写に「河内国河南牧北条内養父庄」と出てくることから、(12) その境界は養父のすぐ北を流れる船橋川であったことが判明する。

さらに時代が下ると、河北牧は概ね楠葉郷、河南牧は牧郷と呼ばれるようになる。(13) 交野郡北半のうち東側の山間部は津田郷として独自の展開を遂げており、(14) それを除く西側の平地の大部分は牧郷に属していたと考えられる。ただし、摂関家領のなかにあって、先述の養父庄が極楽寺領として治安三年（一〇二三）や保元三年（一一五八）に確認できるように、(15) 牧郷は一元的な支配を受けていたわけではなかった。

一方、交野郡南半には、天野川右岸の山間部に平安時代以来三宅山と呼ばれる石清水八幡宮領があった。(16) また、平地部分には「円城寺《マヽ》領大交野庄」が存在した。(17) この興福寺円成院領大交野荘は、現在の大阪府交野市星田を中心としており、保元四年には「円成院星田御庄」ともみえる。(18) ところが、治承三年（一一七九）に平清盛は、日御供米として大交野荘を石清水八幡宮に寄進した。(19) 天福元年（一二三三）以前に、「南都東金堂衆」と称した悪党が家を焼き払い、神人を殺害するという事件が大交野荘で起こるが、(20) その背景もここにあると思われる。

その後、大交野荘は応永年間までに南北に分かれる。(21)「大交野南庄日御供米納所職」の請文がみられるように南庄が日御供米料所で、「石清水八幡宮日御供米領河内国交野郡星田郷」ともみえるように、現在の星田が中心となる。(22) さらに石清水八幡宮領「なすつくり」は「星田・茄子作」と並記されることもあり、「茄子作日御供米神人薩米屋兵衛三郎」ともみえるので、日御供米料所の南荘は星田から茄子作までの一帯に比定しうる。(23) さすれば北荘は、その北の私部郷に該当すると思われるが、その実態を示す史料は残念ながら存在しない。おそらく、星田を中心に展開した大交野荘は、拡充のすえに天野川を境として南北を区切ることとなったのであろう。

以上を整理すると、楠葉などの一部を除くと、交野郡の平地の大部分は牧郷と大交野荘という二つの地域で形成されていたことになる。保元元年に、平清盛が星田荘は「御牧内にハ不候也」としているように、(24) 古来両者は交錯しつつも、やはり明確に区分されていた。

そして、ここまでみてきた地域秩序は、豊臣初期の知行割を示す天正一二年（一五八四）の「河内国御給人之内より出米目録」（大阪府立中之島図書館蔵、以下「出米目録」）にも反映されている。福山昭氏が、「出米目録」をもとに作成した表を加筆修正した表14のように、(25) 交野郡は交野庄と牧郷に二分されている。ここでの交野庄には、私部・森・春日などの天野川右岸も含まれていることから、大交野荘が天野川を挟んで南北に分かれていたとする推測の妥当性は認められよう。また、山之上や村野のうち釈尊寺など、牧郷も一部は天野川左岸に及んでいた。(26)

表14　天正12年段階の交野郡内における給人

村名		知行	村高(石)	出米高(石)
交野庄	打上	金森五右衛門	254.5	54.171
	私部	蔵入(石田弥三正澄代官所)	1017.4	144.386
	森	長江庄左衛門	130	36.15
	〃	佐久間きく介	111	
	春日	石田弥三正澄	200	20
	〃	石田左吉三成	200	20
	燈油	石田喜平次	218	10.2
	茄子作	井上忠右衛門道勝	240	36
	〃	安威伝右衛門源秀	222	33.3
牧郷	村野・釈尊寺	桑原甚左衛門	400	60
	山之上	有馬中書則頼	300	45
	〃	尼子六郎左衛門尉	200	30
	片鉾・甲斐田・田口	木下勘解由利匡	813	342.592
	中宮	寺沢藤右衛門広正	400	60
	〃	寺沢忠次郎広高	200	30
	西小倉(渚)	鉢屋	770	192.5
	東小倉(小倉)	〃	230	23
	招提	石川加介光重・石川長松一宗	800	237.335
	養父	平野右京長治	286.23	70.7
	一ノ宮(坂)	大田清三	180.1	74.184
	川島(上島・下島)	松右兵衛	127.7	25.54

註）出典は「河内国御給人之内より出米目録」(大阪府立中之島図書館蔵)

このように、交野郡の平地部分に構成されていた牧郷と大交野荘の秩序は、牧郷と交野庄と名を変えて中世末まで継承されていた。そしてこの地域を地盤としたのが、本章で取り上げる牧・交野一揆である。

この名は、天文一五年（一五四六）に細川氏綱が西岡一揆に攻撃を加えるため、上山城守護代の安見宗房・鷹山弘頼に対し、「牧・交野一揆」の軍事動員を依頼した際に確認できる。[27] ここから牧・交野一揆が一定の軍事力を持っていたこと、そしてその表現から、両者は行動をともにしながらも、交野郡という一つのまとまりではなく、二つのまとまりとして認識されていたことがみてとれる。また、「交野」という固有名詞には、郡を指す広義と交野郡南部を指す狭義の二通りがあることにも注意が必要である。

天文一一年には、木沢長政を討つべく三好政長が南山城の国人である狛氏に対して「牧・交

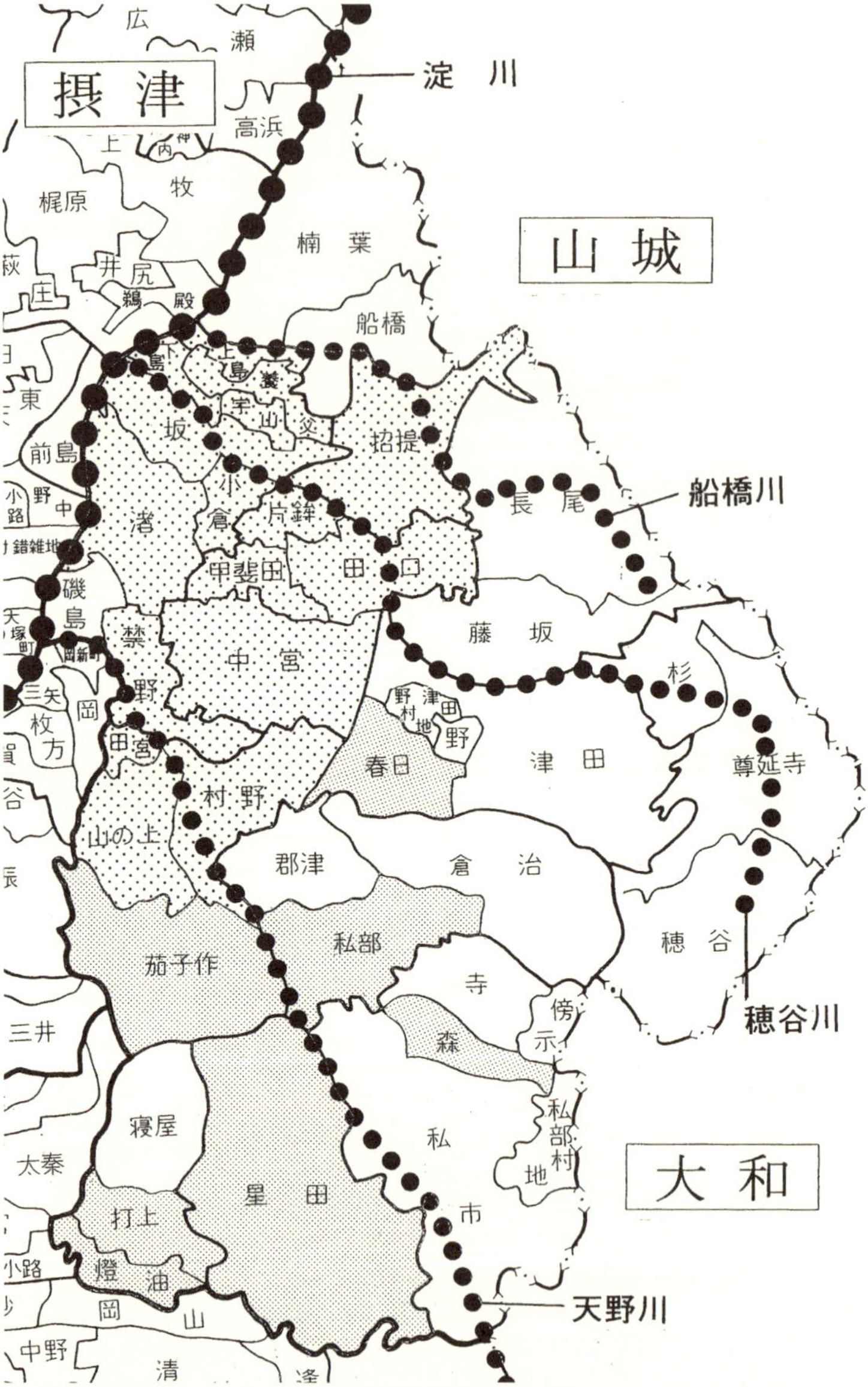

図47　牧郷と交野庄

『大阪百年史』付図をベースとし、表14をもとに牧郷と交野庄を塗り分けた。なお、禁野はその村名を、宇山は文禄検地帳(『枚方市史』第7巻3頁)を、田宮は本文註(25)拙稿「史料紹介『誓円ノ日記』(一)」を根拠に牧郷に含んだ。また星田は本文に従い交野庄と判断した。

野」の軍勢動員を期待している。[28] 天文一五年の事例と同様に、ここでも牧・交野一揆の動員は南山城の勢力と連動していることを確認できる。元亀元年（一五七〇）には、「松城《松永久秀》・十河《存保》・松山《重治》なとまき《牧》・かた野《交野》辺罷立候、少々川をこし高槻へ上り候由候」とみえるように、[29] 牧・交野が大和から摂津方面へ進軍する際の橋頭堡となっていることも窺える。牧・交野を組み合わせた表現は、観応三年（一三五二）の「牧・片野《交野》郷民」を初見とするも、[30] 戦国期後半になって以上の三例が集中することから、古代以来の地域秩序を母体としつつも一六世紀中頃に新たに形成された一揆的な地域の枠組を想定できる。

それとともに、「牧・交野」という表現が一七世紀初頭までに限定されることから、比較的短命であったことも推察される。この近世の事例は、牧郷の内部における相論の中人が交野庄から出されるというものである。[31] ここに、自律的かつ広域的な一揆の残滓をみてとることができる。

ただし土地制度の面からみると、「出米目録」からは、右にみた中世的な地域秩序を残しつつも、その内実は村切をして細分化した近世的知行割となっている様子が窺える。また、「出米目録」に楠葉郷や津田郷が含まれない事情は不詳ながら、両郷が牧郷・交野庄とは異質の地域であったことが、ここからも看取できよう。

2　中世後期の私部郷

招提寺内町（大阪府枚方市招提）には、戦国末期から近世初期にかけての牧郷宛の文書がいくつか残されていることから、牧・交野一揆のうち、牧一揆の中心は招提寺内町にあると思われる。[32]「出米目録」で牧郷最大の村が招提となっているのも、それを反映したものであろう。一方の交野一揆は、結論から述べると私部郷（交野市私部）を中心にしていたと考えている。現在も交野市役所が所在しているように、私部集落はこの地域の中心的な場であった。「出米目録」で最も村高が高いことにもその点をみてとれるが、唯一蔵入地となっているのもそのためであろう。

ただし、前項でみたように、大交野荘は星田を中心としていた。かつての交野郡南部における中核が星田にあったことは、延喜式内社の片野神社が星田に比定しうることからも裏付けられる。[33] よって、ある段階から私部の地位が上昇していたものと想定される。

すでにみたように、天野川左岸の大交野南荘だけでなく、右岸の山間部にも三宅山という石清水八幡宮領があったが、一五世紀に入ると、右岸の大交野北荘に該当する私部にも石清水八幡宮が徐々に勢力を伸ばしていたことを確認できる。永享五年（一四三三）の「石清水八幡宮駕輿丁前床神人交名」には、交野郡下私部の住人として四人の名がみえる。[34] そのほか、正平一二年（一三五七）に「河州交野郡下私部大隠禅庵」、応永二五年（一四一八）に「河内国交野郡下私部《北》報恩寺」とみえるように、[35] 一四世紀から一五世紀前半にかけては、私部は上下に分かれていたようであるが、そのような分割表現はそれ以降みられなくなる。下私部の事例しかみられないのでこちらが中心的な場で、上私部はのちの春日村等に該当するのかもしれない。

この中世私部郷の「顔」といってもよいのが、高僧として知られる別峰が晩年に暮らし、応永九年にその最期を遂げた光通寺である。[36] 以降、聖地と崇められた光通寺は、応永一八年に足利義持によって将軍家の祈願寺に認定され、さらに延徳四年（一四九二）には勅願寺にもなっている。[37] そして翌明応二年（一四九三）以降、光通寺より天皇家へ、巻数・祈禱札及び茶を三〇袋献上することが毎年の通例となり、断続的に近世まで続いている（表15）。先の「石清水八幡宮駕輿丁前床神人交名」には一二四人の名があげられるが、そのうち三名が法名で、そのいずれもが私部の住人であることにも、私部の「寺の町」としての側面を窺うことができる。

永正一五年（一五一八）に、私部郷の特質を如実に示す事件が起こる。石清水八幡宮造営時の通例である「交野郡役千貫文」が難渋していた最中、社家が用木を伐採しようとしたところ、私部郷地下人がそれを承引せず、使に対して狼藉を加えたという。(38) このように私部郷は交野郡のなかでも、石清水八幡宮に対しとりわけ自立的な動きを示していた。

さらに大永八年（一五二八）には、次のような事件が起こる。

【史料1】(39)

石清水八幡宮領河州交野郡私部郷内光通寺事、去々年以来依衆僧悪行、寺家并神領為亡所云々、以外之次第也、所詮於光通寺領、同他人知行者除之、至彼悪行人数買得田畠山林等目録在別帋者、以便宜地可被奉寄之旨、任去十月十日御立願、被寄附畢、早全神用、可被専御祈禱之由、所被仰下也、仍執達如件、

大永八年八月十一日

沙　彌（飯尾貞運）（花押）

丹後守（松田晴秀）（花押）

善法寺雑掌

表15　光通寺からの献上

年月日
明応 2(1493).　2. 9
明応 4(1495).　4.13
明応 5(1496).　2.16
明応 8(1499).　2.17
大永 7(1527).　4.13
天文10(1541).　5.23
天文11(1542).閏3.19
天文12(1543).　3.13
天文15(1546).　2. 9
天文16(1547).　4.22
天文17(1548).　4.11
天文18(1549).　4.15
天文19(1550).　4.22
天文21(1552).　3.13
天文22(1553).　3.26
天文23(1554).　3. 7
弘治 2(1556).　4. 2
弘治 3(1557).　3.18
永禄 2(1559).　3.22
永禄 9(1566).　6.28
天正 3(1575).　6. 5
慶長 8(1603).　3.15

註）出典は『お湯殿の上の日記』

大永六年、光通寺の「衆僧悪行」により、光通寺と石清水八幡宮領が亡所になったという。これによって光通寺領のうちこの悪行僧の所領は幕府に没収され、石清水八幡宮の善法寺に寄進されることとなった。

これと同様の出来事が、石清水八幡宮膝下の楠葉郷でも起こっている。(40)応永三一年に楠葉郷の伝宗寺は、将軍家の祈願寺に認定された。これは、楠葉郷の住人たちが石清水八幡宮からの一定の自立をめざし、祈願寺認定による寺領安堵・守護不入を前提とした自治を志向するものであった。永正一五年の石清水八幡宮に対する私部郷の抵抗は、光通寺の祈願寺化が楠葉郷と同様の背景でなされたことを想起させる。楠葉郷の動きに対し、善法寺は足利将軍家の義稙系と義澄系の対立を巧みに利用しながら伝宗寺領を獲得しようとしたが、その結果幕府は住持の狼藉を理由に、伝宗寺領を善法寺に寄進するという対処をとった。【史料1】のように光通寺でも全く同じ対処がとられている。これは単なる偶然というよりも、自立しつつある住民への、石清水八幡宮側の領主としての対応と考えるほうが自然なのではなかろうか。つまり光通寺の僧らの罪は、あくまで勝訴した善法寺の視点で述べたものであって、濡れ衣である可能性も否定できないのである。

【史料2】(41)

光通寺公私敷地之事

限東西南北四方之堀

右大永六年丙戌夏四月寺家没落之後、経二箇年、被収于武家、於此享禄二年己丑秋九月、李庵橘致訴訟於武家、依之武家先被寄附敷地於開山塔院者也、然則寺中之敷地曠野悉皆為開山塔院之進上（止）者也、仍而永代之支証文如件、

于時天文六年丁酉六月日

勅願　光通禅寺住持沙門李庵寿橘記

のちの光通寺住持である李庵の記録である。ここでいう大永六年の「寺家没落」とは、先の「衆僧悪行」と年が一致する。李庵は、このことを「大永六年四月二十二日、賊火俄起」とも述べていることから[42]、必ずしも「衆僧悪行」とは認識していない。したがって、大永八年の寺領没収直後の翌享禄二年（一五二九）には幕府への訴訟を開始し、その結果別峰を祀る開山塔院に寺領が寄付される。そして【史料2】が記された天文六年（一五三七）頃に、開山塔院を中心として光通寺は復興し始めたのであろう。

この一連の動きは、表15と連動している。「衆僧悪行」と言われながらも、大永七年にしばらく滞っていた献上を実施したのは、極めて政治的な判断と思える。また、寺領を没収されて以降の献上はしばらく確認できないが、復興後の天文一〇年から再開している[43]。

光通寺と行動をともにしたと考えられる地下人の動きについては、次の事例が参考となる。大永五年以前に、幕府は「河州交野大塚兵衛」に対して、石清水八幡宮の遷宮費用として三〇〇〇貫を用意するよう命じている[44]。大塚兵衛は、これに素直に応じなかったようである。この大塚兵衛は、私部郷の住人か否かは判断しがたいが、私部郷のなかに「大塚分」が存在することからも[45]、交野郡南部の狭義の交野に在住していたことは間違いなかろう。前述のように「交野郡役千貫文」であるのに対し、ここでは個人に対しその三倍の負担が命じられている。この数字から、大塚兵衛は単純に土地支配から収益を得ていたわけではないと考えられる。

実際、「東寺過去帳」には、永正六年に没した「河内交野郡　有徳者」の「大塚兵衛」や、永正九年に没した「徳人」の「交野大塚兵衛」がみえる[46]。このように、永正段階から大永段階にかけて三代にわたって大塚兵衛の名を受け継ぎ、顕著な経済的活動を示した有徳人の名はよく知られており、後世にも語り継がれている[47]。彼が交野一揆の中心にいた蓋然性は高い。

以上の点から、中世私部郷の特質を端的に述べると次の二点に集約できるだろう。すなわち、朝廷・幕府と結びつく光通寺の存在と、財を成し石清水八幡宮からの自立を志向する私部郷の姿である。この私部郷の性格を踏まえると、招提寺内町を中心とした牧一揆と並ぶ、私部郷を中心とした交野一揆の姿が浮かび上がってくるのである。

二　安見氏による交野城の築城

1　交野城の縄張

近年、山城・河内・大和国境周辺に基盤を置き、戦国末期の畿内を席巻した安見宗房の実像が明らかになりつつある。(48) 他方、信長の配下にも安見氏が存在する。元亀元年（一五七〇）一〇月頃には、「南方三好三人衆の事、野田・福嶋の普請を改め、諸牢人河内・摂津国端々へ打廻を致すといへども、高屋に畠山殿、若江に三好左京大夫、片野《交野》に安見右近、伊丹・塩河・茨木・高槻、何れも城々堅固に相抱」とみえ、(49) 三好三人衆に対する信長方の備えとして、河内の守護所である高屋城や若江城に並び、交野城の安見右近が現れる。安見氏が織田権力下の北河内支配において、重きをなしたことが如実にあらわれる一文といえよう。

この交野城は平城で、私部にあるため私部城とも呼ばれ、戦国期以来の安見氏の居城とされる。この所在から、交野城の名は狭義の交野に由来するはずである。すでに中井均氏や中西裕樹氏によって縄張図が作成され、関東に多くみられる「列郭式」あるいは「群郭式」の城郭と評価されているが、(50) こうした城郭は河内では交野城に限定されるため、極めて異様な分布といわざるをえない。加えて、河内における平城は、守護所の若江城や高屋城など限られた事例しか確認できない。そこで、この分布状況を整合的に説明することによって、交野城と安見氏の性格を再評価することとしたい。

交野城は都市部にありながらも比較的良好に遺構が残存しているが、それでも中央を東西に横断する道路が敷設されるなど、現況と昭和二九年（一九五四）の航空写真（枚方市史資料室蔵）を比較するといくつかの改変がみられる。そこで、図48にこの航空写真をベースとして、現地調査を踏まえた縄張図を作成した。

従来の縄張図には、南西隅の大規模なL字型の水堀はなかった。この水堀は仮製二万分一地形図など、明治時代にもその存在が確認できる。城内を通るかつての旧道はこの堀に挟まれ、曲輪Ⅱから見下ろされるところに虎口を形成するが、現状ではその南側に新しい道が付け替えられたため、堀も削られ窪地として痕跡を留めるに過ぎない。

新道は、ここから曲輪Ⅳの北東部へと続いているため、曲輪Ⅳや曲輪ⅠとⅢの間は大幅な改変を受けていることが判明した。本来曲輪Ⅳは整った形をしており、西側と同様、東側にも明確な虎口が存在していた。ただ、Ⅳの曲輪南側は航空写真では林となっているため、光通寺との繋がりは不明である。

図48をみる限り、織豊期城郭というには不十分な部分も多いが、中井氏や中西氏が光通寺に出曲輪的機能があると指摘するように、南側の城下集落への虎口部分に、光通寺・無量光寺・想善寺が固まって配置され、これらの寺院によって城道が屈折するなど、計画的なプランも窺える。

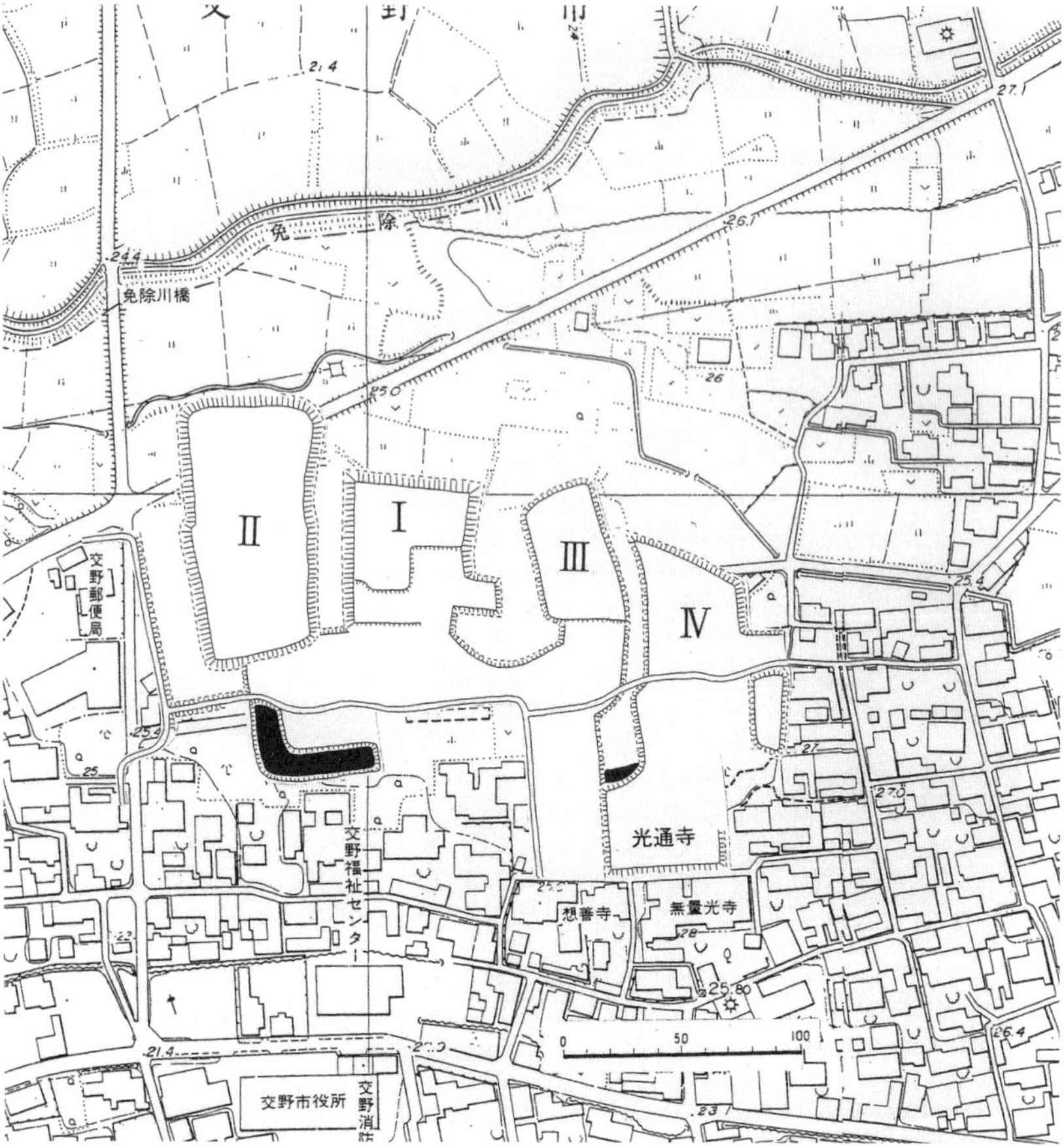

図48　交野城復元縄張図（馬部隆弘作図）

2　交野城の築城時期

戦国期の安見氏の基盤が山城・河内・大和の国境周辺にあったことは明らかなものの、その拠点は史料的に不明確である。しかし、次の理由から私部に本拠を構えていたという考え方が主流となっている。

一つは、「保見氏系図譜」が南北朝期に安見氏は私部に居城を構え、以来戦国期の安見直政に至るとしていることにある。(51)しかし、一次史料では戦国期に初めて安見氏が登場するうえ、その名は直政ではなく宗房であることが論証された。(52)加えて、「保見氏系図譜」は一九世紀前半に創作された「椿井文書」という偽文書であり、その内容は信ずるに値しない。(53)

もう一つの理由は、織田期に安見右近や新七郎が私部に居城を構えていたことにある。しかし、前節での検討を踏まえると、朝廷・幕府と結びつく光通寺と自立的な集落である私部郷を城下に取り込むことが戦国期の安見氏に果たして可能なのか、という疑問が浮かび上がる。そこで本項では、織田期から戦国期へと遡及することの妥当性を問いたい。

安見宗房は、永禄一三年（一五七〇）に幕府の奉公衆として京都で活動しているのを最後に姿を消してしまう。(54)交野郡にいる安見右近がそれ以前より宗房とは別個の動きをみせていることや、安見新七郎が健在であった天正五年（一五七七）に津田宗及らの茶会で安見宗房の遺品が鑑賞されていることから、(55)安見右近や新七郎は一族であっても、宗房の直接の後継者ではないと思われる。

そこで、安見右近の動向を枚方寺内町に拠った実従の日記『私心記』から拾っておきたい。永禄二年末、安見右近は検断をするため、二人の家来を枚方寺内町に入部させている。(56)二名はおそらく翌年正月に実従と対面した神尾と安見与介のことで、このうち与介は枚方寺内町に宿を持っており、吉田という者を留守居としていた。(57)吉田は、実従から朝斎や昼食に呼ばれたり、与介の使をつとめたりするなど、枚方寺内町における安見方の窓口となっていた(58)。しかし、公事について本格的な交渉になると、枚方寺内町の者たちは与介の宿ではなく、右近のもとを訪ねていることから(59)、安見右近―安見与介―吉田という重層的な関係にあったことが窺える。重要なのは、その右近を訪ねた時の記述である。「一昨日十五日、宗卜・松雲・与左衛門等ホシ（星）田へ行、右近ニ公事等申調候云々」とあるように、右近は私部ではなく星田にいるのである。

では、『私心記』に私部はどのように出てくるのかみてみよう。獅子窟寺を訪ねた実従は、帰路私部の光通寺を見物しているが、ここでは交野城や安見については一切触れられない(60)。私部まで人を見送った際も同様である(61)。私部の無量光寺は、近世には北河内における浄土真宗の重要な拠点となったが、戦国期にも覚道なる僧がおり、さらには実従が私部出身の彦四郎を使者として京都に送るなど、私部は本願寺との繋がりも持っていた(62)。

以上のように、安見右近が私部を掌握しているどころか、むしろ星田に拠点を構えているということが『私心記』からは読み取れるのである。無論、私部に所領が一切ないとまではいわないが、私部郷にはそのほかにも大和の国人鷹山氏が所領を抱えるなど(63)、信長が上洛する以前は、安見氏の本拠であった徴証は何一つない。

安見右近が交野城に居を構えたことが初めて史料に現れるのは、さきにみた三好三人衆に対する備えとしてで、信長配下となってからのことである。そこでは交野とあるのみなので、私部である確証はないが、元亀三年（一五七二）に登場する交野城が私部に所在することから(64)、これに従ってよいかと思われる。また、その初見史料は信長の対三好三人衆戦略を示すものであったが、河内の高屋・若江、塩川を除く摂津の伊丹・茨木・高槻、といずれも東高野街道・西国街道に沿った平城という共通点がみられる。よって、ここに含まれる交野城は東高野街道沿いの私部にあると考えるのが自然であろう。

ここまでの検討を踏まえると、実は織田権力下に入ることによって、初めて交野城を構えたとするほうが正しいように思える。この点について、地元私部では次のように伝えられていた。

寛文四年（一六六四）の光通寺棟札では、「信長公之時公小臣安見右近太夫守《（ママ）》、此地下仁無義無道賊法而破光通之寺壁仏閣」と安見右近によって破壊されたが、結果「安見首領夫敵陣白刃之裏刑罰、豈避乎後人可懼可戒也」と罰が下ったとされる。(65) また、享保一五年（一七三〇）の無量光寺鐘銘には、「至天正年間平信長以盟主之勢、欲滅真宗大軍南下」して本願寺を攻めたが、無量光寺住職覚心の活躍もあって落とすことができず講和、その後「私辺《（部）》乃安見右近者之采地而築小城拠焉、以甞属信長従大坂之役、旋軍之後怒覚心所為欲殺之、有人告之、因逃匿者二十余年」と、覚心の行動に怒った安見は彼を殺そうとし、それを察知した覚心は二〇年間逃亡したと刻まれる。(66)

二者の時期は異なるが、興味深いことに揃って安見右近が退転の元凶とされている。もちろんこれらを鵜呑みにするのは危険であるが、戦国期の安見氏ではなく、いずれも信長配下としての安見により退転したとする点には注意が必要である。

なぜなら、両寺は交野城の大手口に寄り添うように立地し、退転したとしながらも、光通寺は天正三年にも例年通り天皇家へ茶を献上しているからである。両寺のいう退転とは、安見による交野築城とそれに伴う寺地の強制移転を寺院の衰退と結びつけたものではなかろうか。現在の光通寺の立地は、勅願寺としての自尊心を傷つけるものではあっても、見方を変えれば安見氏による庇護を受けていたともとれるのである。

このように、交野築城は自立性の高かった私部郷を安見右近が掌握したことを意味しており、信長の力を背景として成長しつつある安見氏権力の一つの到達点を示すものでもある。寺院の強制移転による掌握は、私部住民の掌握に、ひいては交野一揆の掌握に繋がったであろう。とはいえ、織豊期城郭としても、また織豊期城下町としても未完成な交野城の縄張は、安見氏権力の限界面をも同時に示している。(67)おそらく、慣れない平地に見様見真似で織田風の城を築いた結果、周辺にはない縄張となったのであろう。

三　織田権力下における安見氏の支配

1　安見氏と交野城の役割

三好三人衆に対する抑えとして、順調に歩みはじめたようにみえた安見家に大きな転機が訪れる。「河州之八隅《(安見)》右近、昨日於多門令生害云々」とみえるように、元亀二年（一五七一）五月一〇日に当主の右近が奈良で殺害されるのである。(68)

奈良在住の二条宴乗は、事の子細をより詳しく記録しているので、日を追ってみておこう。(69)五月九日に蔵庄（奈良県天理市蔵之庄町）へ出陣していた松永久通は、一一日に帰陣し、そのまま交野城へ出陣する。その理由は「安見左近《(右)》西新屋小屋とにて腹被切候、今度出陣此段也、何共不知出陣、各国衆気遣仕候処、安見左近《(右)》身上也、和田高屋衆と申合可成敵クハダテ之間腹を被切也、金吾《(松永久通)》則片野《(交野)》安見左近《(右)》城へ出陣也、又城州《(松永久秀)》ハ九ツ過後夜の前ニ出陣」とされるように、安見右近が西新屋（奈良市西新屋町）で切腹したことにあるという。一五日条には「安見右近腹切申候刻、不退寺安右衆陣取申候、寺ニ又菊川衆陣取候、菊川衆在所へ乱妨仕候」とみえ、小規模な合戦の末の切腹であったことが判明する。「各国衆気遣仕候処」とは、この時期信長方についていた松永久秀が不穏な動きを示しはじめていたことを意味するのであろう。そして、離反の最終的な契機となったのが、安見右近の

「和田高屋衆と中合可成敵クハダテ」であった。これは、あくまで松永側の視点から宴乗が表記したものであって、事実上松永久秀の信長方からの離反、そしてそれに同意しなかった安見右近という図式で理解すべき文言である。

元亀元年末に信長方と三好三人衆方で和睦が成立するが、翌二年三月に松永久通が若江城の三人衆のもとを訪れたことが確認できるように、松永と三人衆は次第に連繋しはじめる。[70]安見右近の切腹はその矢先の出来事であった。安見方は当主不在という窮地に立たされたものの、「安見右近城雖責之不落之由也」とあるように、[71]交野城攻防戦は安見方の勝利で終わり、五月二七日に「片野《交野》より開陣」する。

ただし、包囲は完全に解かれたわけではなさそうである。元亀二年六月六日付の松永久秀書状に、「今日和田《惟政》やう〳〵六七百にて川をこし、少々所々煙をあけ、はや引申候、居陣候者、懸合可打果との調儀之処、たまらす引申候、此間事々敷申候て、手もなき仕置、交野表あい《相》城の衆心安候ハんと申事候」とみえるからである。[72]和田惟政が淀川を渡河してきたが、結果「交野表あい《相》城」は無事であったとしているように、交野城を包囲する付城は残されていたのである。

元亀二年八月七日付の鷹山氏に宛てた久秀書状にも「和伊《和田惟政》其表へ動可申望之事、幸之儀候、懸合打果可申候」、同じく同月二〇日付のものにも「其方か城なとへ取懸候事、中々難仕候、和田《惟政》事勿論一向無人にて候間、不可出勢候」とみえる。[73]鷹山氏は、和田惟政から攻撃されそうな城に在城しているのである。これは交野城の付城とみてよいのではなかろうか。

そして翌年四月になると、松永勢は再び本格的に「安見新七郎居城交野」を攻撃するが、交野城は持ちこたえ、信長からの援軍によって松永勢は撃退される。[74]攻城する側の三好義継が「交野要害堅固之儀候」ということを理由に安宅神五郎の軍勢を催促しているように、攻め手からみても堅城であった。[75]このとき義継は、「於様躰者此中申旧候」とも述べていることから、交野城の包囲はそれ以前より継続していたようである。このように右近に代わって新七郎が交野城を守り、引き続き松永勢を大和に封じこめる役割を担ったことがわかる。

その後の交野城については、天正六年（一五七八）に信長が九鬼水軍の大船を見物した帰りに、「安見新七郎所に暫し御休息」した程度しか確認できない。[76]したがって、交野城が河内一国破城の適用を受けたか否かも不明だが、[77]天正九年の馬揃から、安見新七郎が織田末期まで北河内の抑えとして重要な役割を担ったと考えられる。

この馬揃については、準備を担当した明智光秀に対し、招集する武将を指示した信長朱印状の写が残っているため、当時の武将の配置を知るうえで恰好の素材となる。朱印状の写は立入文書・三宝院文書のほか「士林証文」所載のものが確認できるが、奥野高広氏が「士林証文」所載のものを紹介していることもあって、便宜的にこれがよく引用される。ここでの河内から招集する武将は、「河内にてハ多羅尾父子三人・池田丹後守・野間左橘・三好山城守、是ハ阿波へ遣候間、其用意可除候、但主於望者、覚悟次第可乗候」とされる。[78]

これだけだと安見氏は馬揃に招集されていないかにみえるが、立入文書の該当箇所は「河内にてハ多羅尾父子三人・池田丹後・野間左橘・同与兵衛、其外取次者結城・安見新七郎、三好山城、是ハ安波《阿波》へ遣候間、其用意可除之、但於望者覚悟次第可乗候」（傍線は筆者註）となっており、[79]広く知られる「士林証文」の朱印状写には約一行分の欠落があり、原文書には安見新七郎の名もあがっていたことがわかる。重要なのは、安見新七郎が下層領主層を束ねる立場とみられる「取次者」に含まれることである。このように、安見新七郎は織田末期まで、北河内の有力領主であった。

2　佐久間信盛との重層的な関係

天正八年（一五八〇）に信長は佐久間信盛を追放するが、その時の折檻状から、佐久間には三河・尾張・近江・大和・河内・和泉衆と根来寺衆が与力としてつけられていたことがわかる[80]。佐久間は本願寺攻めの総指揮をとっていたため、なかでも隣接する河内・和泉への影響力が大きかったと想像される[81]。そこで本項では、佐久間と安見の関係について検討しておきたい。

【史料3】[82]

尚々、佐右《（佐久間信盛）》より被仰付由、地下人申ニ付て、先日申遣候処、返事御入候、其写をも彼地下人かたへ遣し候、同篇御用捨専一候、已上、

久不覚面談候、去十一日就　御上洛、致御供候、仍ひらかた在之鋳物師事、自其方夫役被仰付之由候、惣別諸国候鋳物師事　禁裏御料所ニ付て、諸役御免許ニ候、御朱印をも被遣候条、向後御用捨尤可然候、自柳原殿被仰候間、申入事候、若又無御存事候歟、彼在所候者共、有御尋、急度可被仰付候、此方御用之儀候者、相応不可有疎略候、恐々謹言、

九月十八日　　妙相

長雲軒

（封上書）
「安見新七郎殿　　妙相

御宿所　」

枚方の鋳物師への夫役賦課に関するこの史料を、笹本正治氏は元亀三年（一五七二）から天正六年頃のものと推定し、現在その説が定着をみているが、根拠は提示されていない[83]。そこで、内容の分析に入る前に、この史料

の年次比定を試みる。

その手掛かりとなるのは、「去十一日就　御上洛、致御供候」とあるように、差出の長雲軒妙相が信長に従って九月十一日に上洛していることである。(84)天正七年には、「九月十一日、信長公御上洛、陸を勢田通御出京」と確認できるので、(85)これが【史料3】の上洛と一致するならば、笹本氏の推定は成立しないこととなる。次に掲げる未紹介史料は、【史料3】を天正七年のものとする決定的な証拠となる。

【史料4】(86)

芳札披見本望之至候、仍伊丹面之様子具被仰越、是又祝着候、将亦牧方《(枚)》ニ在之鋳物師事、最前如申、一円不存義候、従我等彼ものニ諸役申付候と、誰哉之者申候哉、其段承度候、只今折帋可進之候へ共、様子無案内之義候間、牧《(枚)》方へ相尋、其上ニて可進候、貴所承儀候間、不可有疎意候、近日可罷上候間、以面旁相積儀可申述候、恐々謹言、

十月二日　　定盛《(佐久間信盛)》

（封上書）「　　佐右

長雲軒　　定盛

御返報　　」

その内容が、枚方の鋳物師に対する諸役賦課の問題であることから、【史料3】と【史料4】はさほど時を隔てていないはずである。妙相は差出の佐久間に対し「伊丹面之様子」を伝えているが、これは天正七年の伊丹城攻めの戦況報告と考えられる。

念のため、この頃の信長の動向を確認しておくと、九月二一日に「信長公、京都より摂州伊丹表に至つて御馬

を出だされ」、途中山崎や池田に立ち寄りながら、二七日には「伊丹四方御取出御見舞、古屋野《昆陽》にて滝川左近《一益》所に暫く御逗留、其より塚口、惟住五郎左衛門《丹羽長秀》所御成り、御休息なされ、晩に及び池田へ御帰り」、翌二八日に茨木へ立ち寄って帰洛している。(87) このように、九月一一日の上洛は「伊丹四方御取出御見舞」を目的としたものであった。それに付き従っていた妙相は、帰洛前後に佐久間に対して「伊丹面之様子」を伝えたのである。

この案件に関する未紹介史料はもう一通存在する。

【史料5】(88)

誠其以後無音候処、芳墨珍重候、今度御上洛御供由、御辛労事候、自然御用之儀候者、可被仰越候、仍ひらかた鋳物師令沙汰人夫役事、従此方申付候間、書無之者不審ニ候、能被聞召、届出被下候、恐々謹言、

佐右
定盛（花押影）

九月十六日
長雲軒
御返報

暫く無音にしていたことから、この案件は九月一六日以前に初めて妙相から佐久間に対して知らされたようである。よって一連の史料はいずれも天正七年のもので、時系列で並べると【史料5】・【史料3】・【史料4】となる。

以上を踏まえて、全体を解釈しておこう。事の発端は、【史料3】尚書にあるように、枚方の鋳物師が諸役免除のはずなのに佐久間から夫役を仰せ付けられたと訴え出たことにある。上洛直後の妙相からそれを譴責された佐久間は、【史料5】にて、こちらから申しつけたというので、それでは書状がなければ不審であると返答した。それに加えて、おそらく口頭で安見新七郎が夫役を賦課したのではないかと主張したのであろう。よって、その

二日後には【史料3】の発給に至ったのである。ここでいう「彼地下人かたへ遣し」た「其写」とは、まさに【史料5】のことを指している。これに対して安見は非を認めず、関与していない、あるいは佐久間の命に従って賦課したと回答したようで、妙相は改めて佐久間に対して問い糾した。それへの佐久間の回答が【史料4】である。

最終的な結論は不明だが、一連のやりとりのなかから、枚方への諸役賦課は、安見が主体となる場合と佐久間が主体となる場合があったことがみてとれる。だからこそ、この問題はなかなか解決しなかったのである。戦国期に、安見右近が枚方寺内町にも公事を賦課していたことはすでに確認したが、それは織田期にも継続していた。それに覆い被さるように、佐久間の上級支配権があったようである。

とはいっても、どちらが賦課したかが不明確なように、佐久間―安見という明確な指揮系統があるのではなく、安見の支配は一定程度独立しており、緩やかな上下関係に留まっているように見受けられる。【史料3】で妙相が、鋳物師が諸役免除であることを「若又無御存事候歟」と低姿勢で接していることからも窺えるように、織田権力に属しながらも安見は自立的な支配を行っていたようである。

3　安見氏の交野庄支配とその終焉

星田は、石清水八幡宮領の大交野荘に属し、内殿日御供米の料所と位置づけられていた。

永禄一二年（一五六九）に石清水八幡宮は、「内殿日御供米料所河州星田庄之儀、安見右近丞令領知条、及数度雖相届、無沙汰」となっているので、社納するよう命じてほしいと室町幕府に対して訴えている。(89) このように、星田は安見右近が領知しており、「彼庄雖為過分之地、於御供米者、員数百廿石相定処、近年恣候」とも述べるように、そのうち日御供米として一二〇石を社納することとなっていた。永禄四年にも、大交野荘の日御供米の未納が問題となっているが、[90] このときすでに安見右近は星田に居を構えていたから、ここにも安見の関与があると思われる。

天正四年（一五七六）にも「当社内殿日御くうれう（供料）所河州ほし（星）田のしやう（荘）、せん〳〵（先）ちきむ（直務）たりといへとも、百廿石ニうけきりしやなう（社納）の処ニ安見新□□（七郎）きんねんそのうちをけんし（減）、あまつさへ去年一えん（円）ニしやなう申さす候」と、同様の訴えをしているように、新七郎の代に至っても無沙汰は続いていた。[91] こうした事態が慢性化していることに、織田期における安見氏の支配の進展と、それによる石清水八幡宮勢力の衰退をみてとれる。もはやこの段階では、石清水八幡宮が問題とするのは大交野荘ではなく、日御供米のわずか一二〇石であった。

このように織田末期まで、交野郡における安見氏の活動が確認されながらも、その本拠である私部が、天正一二年の「出米目録」ですでに豊臣蔵入地となっているように、安見新七郎は突如として姿を消す。[92] 安見は佐久間の与力的な立場にあったことから、天正八年の佐久間追放に連座したと考えられなくもなかったが、馬揃の事例で確認したように、少なくとも天正九年までは重要な位置にいた。よって、天正一〇年の山崎の合戦にて明智方に付いて逼塞した可能性が極めて高い。

「出米目録」に星田はあげられていないが、石清水八幡宮の善法寺に宛てた天正一二年の秀吉朱印状には、「河州交野星田庄内当社御供米百弐拾石事、市橋壱斎（長利）遣候領知高頭外を以、令寄附訖、社納不可有相違候也」とあり、安見が支配していた星田も早々に市橋長利に遣わされ、そのうちより先例の日御供米一二〇石が社納されることとなった。[93]

以上のように、豊臣政権下における安見氏の足取りは摑めないが、近世に加賀藩に仕えた安見氏がいるので、参考までにその系譜を辿ってみる。

【史料6】(94)

安見元勝右近ト称ス、後チ森右近大夫忠広ノ称ヲ避ケテ隠岐ト更ム、先世河内白壁城交野郡ヲ領ス、祖右近信国ニ至リ松永久秀ノ誘殺スル所ト為ル、信国ノ寡婦守城三年ニ迄ルト云フ、父隠岐勝之関白秀吉ニ事ヘ、伊予麻布邑宇摩郡一万石ヲ食ム、慶長五年来リテ瑞龍公ニ事ヘ六千石ヲ賜ハル、元勝其長子ナリ、勝之歿後襲禄ス、

河内交野郡の「白壁城」（キサキべの誤訛ヵ）を居城とした安見「右近信国」は、松永久秀に誘殺されたという。この記述は、先にみた元亀二年（一五七一）の出来事と合致する。そして残された妻は、三年の間居城を守り続けたともいう。(95)

実際、天正八年には「阿州《(河)》安見右近後室申上云、旧冬廿八日之夜、鶏之雌如雄之鳴時、希代之由家中之取沙汰也、祈念之事頼入之由申談了」とみえるように、吉田兼和に祈禱を依頼した安見右近後室の存在が確認できる。(96)その目的は、雌鶏が雄のように鳴くという奇怪な事件で動揺する「家中」を鎮めることにあった。ここから、右近なきあとの安見「家中」を切り盛りしている様子が窺える。

さらに同年には、「河州安見右近後室書状到来、子息十歳此度所労祈念之事申来了」とあり、右近殺害とほぼ同じころに生まれた子息がいたことが判明する。(97)以上の点から、右近殺害直後から活動がみられる新七郎は、安見家当主ではなく、右近の子息が成長するまでの名代的立場にあったと推測される。

【史料6】でいう「信国」の子「勝之」は、安見流炮術の祖である安見右近丞一之の名と音通し、その子「元勝」も【史料6】の続きで「尤モ銃術ニ長ス」とされ、安見流を継承していることが窺えることから、「勝之」

と一之は同一人物と考えてよかろう。「勝之」は秀吉に仕え、伊予宇摩郡麻布村で一万石を与えられたというが、伊予宇和郡の河後森であれば、安見右近が存在した伝承が残っている。[98] しかし、右近実子の年齢からすると、炮術を大成するのがあまりに早すぎる。[99] そのため、安見一之が仕官のために逼塞した安見氏の後裔を偽って語っていた可能性も残されるが、であるからこそ、【史料6】は戦国・織田期の安見家に関する知識をある程度踏まえたものになっているのだと思われる。[100]

四　淀川川中島の寄進にみる牧郷の支配

1　淀川川中島寄進状の分析

永禄一二年（一五六九）に、今井宗久は野尻備後守から借銭の返済が滞っているため、信長に対し彼の所領の差し押さえを要求する。このとき差し押さえられたのが牧郷であった。[101] このころの牧郷の所領は錯綜していたと思われるが、この一件から、代表的な領主は野尻氏であったと考えられる。浮き沈みはあったものの、野尻氏は戦国期以来北河内に勢力を持っていた有力国人であったが、[102] これからまもなく史料上から姿を消してしまう。

奥野高広氏は、右の事例から信長が牧郷を今井宗久に給与したとするが、[103] あくまで知行を差し押さえただけで、今井宗久に宛行ったわけではない。さらに奥野氏は、牧郷のうちには三好康長の所有地もあったとするが、[104] 今井宗久はもちろん三好康長が牧郷を支配した形跡は一切ない。そこで長文となるが、奥野氏が典拠とした史料を次に掲げ検討しよう。

【史料7】[105]（冒頭のアルファベットと傍線は筆者註）

A

［　］叡慮永代進上［　］川島屋敷事、
［　］居共以東西三町［　］、
［　］入交可苅事、
［　］公物以下令難渋於居［　］入催促事、
　［　］進上之状、如件、

□月十日

池田丹後守
　教正（花押）
野間左吉兵衛尉
　康久（花押）
多羅尾常陸介
　綱知（花押）

B

［　］慮永代進上［　］川島屋敷事、
［　］居共以東西三［　］、
［　］入交可苅事、
［　］以下令難渋於［　］可入催促事、
［　］可致進上之状、如件、

津田主水佑

［　］十日　　　重兼（花押）
［　］

C　河内国牧郷之内、養父河原致□□軒屋敷事、
一敷地傍示者、土居堀共以三町四方事、
一草之儀者、隣郷可入交事、
一公物以下令難渋者、雖為□□□入催促事、
　右、条々令寄進□□如件、
　　　　三好山城□
　　　　康慶（康長）判
　天正六年八月吉日
　禁裏様御倉
　　立入左京（宗継）進殿

D　　①右之文言にて同前若江三人衆連符
E　御方様御料所ニ申付候へ共、　多羅尾□□
諸国次々御検地に相果候、　野間左吉兵衛尉
乍去替領を五拾分請取　池田丹後守
②則其御替領を山科内へ御領進

刻被参候、于今山科内ニ在之、③津田主水助別紙在之、
無足には無之候、④当在所者主水方所領内也、
右之本紙共ハ
立入河内守（康善）所へ遣候、⑤日記箱はねすミくひやふり候て、本紙疵を付候、乍去判形者其まゝ在之、
⑥天正三年ニ始而下河島ニ在所を「　」芝をひらき在所百拾間余雖在之、⑦六年ニ大水出て過半流
候間、上高三人なかれ候、衆中なを「　」在所仕立、両河島申付候、毎年御公物運上之事、

これは、禁裏御料所を管理した御倉職の立入家に伝わった史料で、淀川中島の寄進に関するものである。傍線部④を素直に読めば津田重兼の所領と考えられるのに、奥野氏は【史料7】の一部を抜き取って三好康長が所領を寄進したと説明し、津田については一切触れない。【史料7】には、同一の土地に関わる寄進状が複数含まれることから、それぞれの史料の相互関係や人物の立場を整理する必要があるといえよう。

右の一件に関連する文書は、池田・野間・多羅尾ら若江三人衆の寄進状A、津田重兼の寄進状B、三好康長の寄進状写Cが一見して確認できるが、それに加えて傍線部①とその左脇の連名から判断するに、多羅尾・野間・池田ら若江三人衆によるCと同文言の寄進状Dと、傍線部③にある津田重兼の別紙Eの計五点が存在した。傍線部⑤に記されるように、鼠に食い破られて難解な部分も多いが、以下可能な範囲で解釈を進める。

まずは、寄進状の年代について。傍線部⑥で天正三年（一五七五）に下河島を初めて開いたとし、続く傍線部⑦で天正六年にこの土地の過半が流失したので、衆中が新たな在所を仕立てたとする。C～Eはいずれも天正六年のものとみられるから、その新規の寄進に伴うものであろう。AとBは文言も似通い、破損部分もあるが「十

日」という日付が一致すること、寄進地の在所もおそらく同一で「□川島」であることから、いずれも天正三年の同日付と考えられる。

次に、寄進地の所在について。傍線部⑥から考えて「□川島」とは下川島を指しているに違いない。この下川島とは、近世の下島村（枚方市牧野下島町）に該当する。下島村とそのすぐ北にある上島村（同上島町）は近世初期には川島村という一つの村で、本来は淀川の川中島であった。[106] その名は、「出米目録」にも登場する。近世初期の豊臣秀吉による文禄堤の築造によってここは完全な陸続きとなり、いつしか下川島は下島と略称されるようになった。

一方、川島村のうち上島村部分は「川島新家上の町」と呼称されることもあった。このように上島・下島が新旧の関係にある点、そして近世の上島村と下島村の間に東側から突き出すように養父村が入り込んでいる点は、上島村の成立過程を考えるうえで注意を要する。養父は「養父庄」として一一世紀からみえるように、比較的古い集落であった。そして、上島村のうち養父村の先端西側には、広い範囲にわたって養父河原（もしくは薮河原）の小字が残っている。これらのことから、上島村は養父の外港的集落として形成されたと想定される。【史料7】の養父河原もここを指しているとして間違いあるまい。なぜなら、傍線部⑦にあるように、AとBにみえる天正三年に寄進された下川島と、Cにみえる天正六年に寄進された養父河原を合わせて、「両河島」としているように、ここでの養父河原は上川島と認識されているからである。以上の点から、天正三年に下川島が禁裏御料所となり、同六年には下川島が縮小したため上川島にて補充されたことが明らかとなった。

続けて同一の土地に関する寄進状が複数ある理由について。Aの池田・野間・多羅尾ら若江三人衆は、若江城にあって織田権力下で河内半国を支配していた三好義継の重臣であった。天正元年に信長勢が若江城を攻撃すると、若江三人衆は義継を裏切る。これによって、義継が滅ぼされると、若江三人衆に河内半国の支配が任されることとなる。傍線部④のように、隣の養父河原が津田の所領であることと併せて考えると、Bの津田重兼は下川島の直接の支配者といえる。Aの存在を踏まえると、この寄進は津田による私的な寄進ではなく、半国公権による公的な寄進であったということができる。したがって、津田に対しては、替地などの補塡があった可能性が高い。

この天正三年の寄進と天正六年の寄進を比較すると、AとD、そしてBとEは対応関係にあると思われ、新たにCの三好康長の寄進状が登場した点に相違がある。三好康長は、天正三年四月に信長方に降るまで信長に徹底抗戦の姿勢を示していたが、信長の配下になってしばらくすると、河内国の半分を与えられる[107]。つまり、CとDが同文言であるのは、河内半国支配者のそれぞれが寄進状を用意し、河内一国として寄進したことを意味するのである。よって、Cのみを取り上げて三好康長が所領を寄進したとする奥野氏の解釈は妥当ではない。

以上のように、淀川沿いの荒れた川島であるにも拘わらず、河内の公権者を交えた周到な手続がとられたことから、この寄進には公的に極めて重要な意義があったと想定される。しかも、川島が流されていながら、その補充が川島であることにも何かしらの意味があるはずである。

2　淀川川中島寄進の意義

前項でみたように、戦国期までに失われていった禁裏御料所が織田権力の庇護下で徐々に回復しつつあるなか、天正五年（一五七七）に万里小路充房は細川藤孝に書状を送り、大岡の禁裏御料所を調えるよう働きかけている。すなわち、「禁裏御料所大岡之事、先年被　仰出候処、于今一途無之候、然者片野（交野）御料所も、従当年致運上候間、堅被申付候者、尤可為神妙候」と述べ、「片野（交野）御料所」ではすでに当年から公物の運上が始まったことを引き合いに出して催促するのである。[108] 管見の限り、この段階で交野郡内の禁裏御料所は先の川島しか確認できないことから、天正三年一〇月の寄進後、天正五年になって運上が開始されたといえる。

万里小路は書中で「女房奉書如斯候」とも述べるように、この書状は女房奉書をうけて発給されたものであるが、その女房奉書には、「御れう所大おかの事、いつそやも仰出され候、いまたその色なく候、かたの丶きし《雉》なともことしよりまいり候」とあり、交野よりの運上物を雉と明記している。[109] この一言が、川島寄進の意義を物語っている。

先述のように、牧郷はかつて朝廷の狩猟場「禁野」であった。そこでの狩猟は廃れたが、その伝統は交野御料所からの雉の献上というかたちで戦国期にも残っていた。例えば、文明一二年（一四八〇）や文明一六年には雉（鳥）が到来している。[110] この献上は、明応三年（一四九四）を最後に確認されなくなるが、大永七年（一五二七）に「かた野の御れう所の事おほせつけられて」、永禄九年（一五六六）に「かたの丶事に文申いたさせらる丶」ともみえる。[111] しかし、いつのころからか運上が滞っていた。そして天正五年に漸くそれが実現したのである。

奥野氏は、【史料7】の傍線部②を根拠に、天正六年の洪水によって川島が流されたため山科郷へ替え献ぜられたとするが、傍線部⑦やCにあるように、このときは八月に「両河島」で補塡された。実際、この後の展開をみてみると、天正六年九月には「河内河嶋より御たる進上」とあり、いまだ替地となっていないことが確認できる。[112] たしかに、「今夜川嶋御料所中申事、川嶋大水に相なかれ候ゆへ別所江相移、相残へき衆申事也、相移衆百疋、相残へき衆二百疋、今日一日申事有之也」とみえたり、「川嶋談合庭田《重保》・甘《甘露寺経元》・入道中入候也」とするなど、翌月にかけてしばしば御料所の移転について議論されているが、[113] 少なくとも天正六年の洪水直後に山科へ移転したというのは誤りである。

それよりも、洪水で流されながら全てを「別所江相移」すのではなく、一部「相残へき衆」が必要であるという認識は重要である。朝廷にとって川島御料所にはそれなりの意味があり、由緒など実利以上に重視すべきものがあった。また、寄進に際して、河内半国支配者双方が動いていることから、その背景に信長の指示があったことは疑い得ないところである。これらの政治的な意味については後考に期したいが、少なくとも織田権力下の交野郡では、中世的秩序に基づく所領の再編が進められていた様子はみてとれよう。

3　津田重兼と招提寺内町

三好康長や若江三人衆の影に隠れてその存在が看過されていた津田重兼は、牧郷周辺を支配していたことが明らかとなった。それに加えて、交野郡東部の津田城（枚方市津田）に拠ったとされる「津田」という国人と同一視されることによって、津田重兼の存在はさらに深く埋もれていた。すでに明らかにしたように、「津田」は津田重兼をモデルとして一七世紀末に創作された存在であり、実在はしない[114]（以下津田城主は「津田」と表記）。津田重兼については不明な点も多いが、在地領主ではなく、織田権力の中心に比較的近い人物で、明智光秀とも繋がりを持っていた。

年次は不明であるが、天正年間のものと思われる津田重兼宛の佐久間信盛書状では、「従一宮急々材木相付候、招提之人足有次第、一日相頼度候、被仰付候者可為祝着候」とあり、一宮（枚方市牧野阪）から某所まで材木を運搬するので、招提からも人足を出すよう依頼している[115]。この関係は、佐久間と安見の緩やかな上下関係と似通っているが、この依頼から津田重兼は川島だけでなく、招提も支配していたことが判明する。おそらく、野尻氏から接収した牧郷は津田が引き継いでいたのであろう。ここで注意したいのは、津田が牧郷に広く所領を持ちながらも、佐久間が招提の人足に限定して要求していることである。これは、招提が津田の本拠地であったためではなかろうか。

招提寺内町の研究は、明和八年（一七七一）に作成された「招提寺内興起後聞記并年寄分由緒実録」に基づいて進められてきたが、この史料の信憑性は必ずしも高くないことが論証されている。[116]それは「津田」が頻繁に登場することにも明らかである。ただし、目的を持って事実をねじ曲げたところを除くと、一定の史実に則っていることから、ここまでの検討を踏まえて読み直すと新たな解釈が可能となる。

例えば、山崎の合戦の際、招提寺内町の侍衆は「津田」に誘われてやむを得ず明智方に参陣し、合戦後秀吉方に寺内町を接収されてしまう。[117]このくだりは、「津田」を光秀とも関係のあった招提の領主津田重兼に置き換えると非常にすっきりと読める。また、合戦後「津田」は八幡に隠棲するが、三家老のうち高槻孫助と谷村伝助は招提寺内町を頼ってきた。[118]谷村家は招提のなかでも由緒ある家として現実に残っていることから、[119]存在もしない「津田」の家老ではなく、実際に津田重兼の重臣であった可能性が高い。つまり、このくだりは単に帰農しただけと理解することも可能であろう。

以上、史料的制約から推測に留まる部分も大きいが、安見氏の私部同様、招提も織田権力下の津田重兼の拠点となり、それによって牧一揆も掌握されたと考えられる。招提寺内町は丘陵先端部に位置し、大規模な堀で囲まれている。従来、津田重兼の存在が看過されていたため、その遺構は戦国期の寺内町に伴うものとされてきた。しかし、織田期の改変も視野に入れる必要が出てきたといえよう。

おわりに

本章では、牧郷と交野庄という地域秩序を意識しながら論を進めてきた。こうした枠組が明示されたことはこれまでなかったため、それによって見落とされていた側面は少なからずあると思う。その点も含めて交野郡における中近世移行の様相を改めてまとめておきたい。

古代以来交野郡の性格を規定したと思われる禁野、あるいは牧という側面に注目した場合、そこに成立した都市的な場の立地条件に一つの共通点を指摘できる。楠葉は禁野の北端に存在した。枚方は茨田郡に属するが、石清水八幡宮領「交野散在三屋郷号牧（枚）方寺」が存在するように、[120] 交野庄（あるいは交野郡）の散在といった認識もあり、やはり禁野の南西端に位置する。さらに、私部郷も禁野の縁辺部にあり、元来は大交野荘の中心部から外れていたが、のちに交野庄の中心的な場となっていく。このように都市的な場がいずれも禁野（牧郷）の境界領域に成立している点は興味深い。

しかし、戦国末期に至ると牧郷の中に招提寺内町が建設され、ここが牧一揆の核となっていった。そして、それと対になる交野一揆の核が私部郷である。このように二つの核を中心として、一揆によって新たに形成された地域社会は、この二核それぞれが信長配下の拠点として掌握されることで、換骨奪胎され織田権力に組み込まれたと考えられる。ここには西岡における勝龍寺城との共通性を見出せよう。

このように、信長配下によって一揆に楔が打ち込まれたことは、当該地域の中近世の移行を一気に進展させたという意味で高く評価すべきである。その一方で、牧郷と交野庄という中世的な地域秩序を、そのまま受け継がざるを得なかったという限界もここにみてとれる。そして一揆への楔となった安見・津田の両者が山崎の合戦で明智方についたがために、いち早く豊臣政権の基盤となり、そうした中世的秩序にとらわれない知行割がなされ、牧郷と交野庄という枠組は解体へと向かった。

奈良の多聞院英俊は、光秀追討後の清洲会議の結果、秀吉に配分された領地を「山城一円・丹波一円コレハチクセンカ弟ノ小七郎へ・西ノ岡勝龍寺以下河内ニテ東ノ山ノ子キ以上」と伝え聞いている。(121) ここで問題としたいのは、山城・丹波と共に与えられた西岡以下、河内の東の山際以上という範囲である。河内の山際といっても、どこまでの範囲を指すかこれだけでは不明だが、同時に池田恒興に対して配分された領地が大坂、及び枚方の南に広がる十七ヶ所と呼ばれる地域であったことから、ここでいう秀吉に配分された河内の領地は、牧郷・交野庄及び楠葉郷と枚方周辺と考えてよかろう。英俊が「大旨ハシ（羽柴）ハカマ、ノ様也」とも記すように、ここは京都を掌握するうえで、秀吉にとってはどうしても押さえておきたい要地であった。

このように、西岡と北河内は山城国外延部に帯状に広がる地域として認識されていた。それだけでなく、牧・交野一揆の東には津田郷、(122) そして著名な南山城と一揆が連なっている。北河内の一揆を補うことによって、西岡から南山城へと山城国外延部に連なる一揆地帯が浮かび上がってくるのである。大名領国の境界付近で成立した「境目」と呼ばれる両属的・自立的地域が戦国史研究において注目されるようになって久しいが、弱体化しつつもなお幕府や諸権門の庇護を強く受けていた山城国中心部と山城国外からの外圧の狭間で、両属的・自立的な地域が展開したという意味で、この地域は確固たる大名領国が成立しなかった畿内型の境目地域と捉えられるのではなかろうか。

もちろん、守護所的な機能をもった勝龍寺城を中心とする西岡の一揆や、石清水八幡宮と本願寺に両属的な性格を持つ牧・交野一揆など、それぞれには個性があるため、それらを一律に捉えることには問題がある。今後は、山城国外延部の共通性と個性の両面を意識しながら議論を深めていく必要があるだろう。

註

（1）　前者は、脇田修『織田政権の基礎構造』（東京大学出版会、一九七五年）が提起した「一職支配」論を肯定的もしくは批判的に継承したもの。後者については、近年のものとして、池上裕子『戦国時代社会構造の研究』（校倉書房、一九九九年）や深谷幸治『戦国織豊期の在地支配と村落』（校倉書房、二〇〇三年）などをあげておく。なお、橋詰茂『瀬戸内海地域社会と織田権力』（思文閣出版、二〇〇七年）は「地域への視点」の重要性を説くものの、織田権力による瀬戸内地域支配の拡大過程を示すにとどまっている。

（2）　仁木宏「戦国期京郊における地域社会と支配」（本多隆成編『戦国・織豊期の権力と社会』吉川弘文館、一九九九年）。

（3）　片山長三『津田史』（津田小学校創立八十周年記念事業発起人会、一九五七年）。旧『枚方市史』。『枚方市史』第二巻・第三巻。

（4）　金井年「寺内町プランの解明」（同『寺内町の歴史地理学的研究』和泉書院、二〇〇四年、初出一九九一年）。天野太郎「淀川中流域における寺内町の展開」（足利健亮先生追悼論文集編纂委員会編『地図と歴史空間』大明堂、二〇〇〇年）。同「淀川流域における寺内町の立地選定に関する一考察」（『地域と環境』№3、二〇〇〇年）。福島克彦「戦国期寺内町の空間構造」（『寺内町研究』第一〇号、二〇〇五年）。鍛代敏雄「枚方寺内町の構成と機能」（同『戦国期の石清水と本願寺』法藏館、二〇〇八年、初出一九八五年）。草野顕之「一家衆の地域的役割」（同『戦国期本願寺教団史の研究』法藏館、二〇〇四年、初出一九九七年）。藤田実「寺内と惣寺内」（『枚方市史年報』第五号、二〇〇二年）。

（5）　鍛代敏雄『中世後期の寺社と経済』（思文閣出版、一九九九年）。前掲註（4）鍛代著書。

（6）　本書第三部の各章。

（7）　本書第一部第五章「蝦夷の首長アテルイと枚方市」。

(8)『枚方市史』第二巻二三七頁。
(9)『枚方市史』第二巻一四〇頁。
(10)『枚方市史』第二巻三二六頁〜三三六頁。
(11)『枚方市史』第二巻三三一頁。
(12)金沢市立玉川図書館近世史料館所蔵「善法寺家文書」四〇号（『石清水八幡宮社家文書』）。
(13)『枚方市史』第二巻三三一頁。楠葉郷の南部は船橋郷と呼ばれるが、文明三年段階に「河内国交野郡楠葉御牧北条船橋郷」とされるなど、広義の楠葉に含まれる地域であった（拙稿「史料紹介　一五〜一六世紀の楠葉今中家文書」〔『枚方市史年報』第八号、二〇〇五年〕）。
(14)本書第一部第二章「城郭由緒の形成と山論」。津田郷に該当する近世村は津田・藤坂・杉・尊延寺・穂谷と長尾の一部。
(15)田中家文書三一三号・一二三号（『石清水文書』一・『枚方市史』編年八号）。
(16)『枚方市史』第二巻三一六頁。
(17)興福寺別当次第裏文書（『枚方市史』編年一三号）。
(18)興福寺別当次第裏文書（『平安遺文』二九六七号・『枚方市史』編年九号）。
(19)「石清水八幡宮末社記」（『続群書類従』第二輯上一二一頁・『枚方市史』編年補一号）。
(20)「宮寺縁事抄」（『石清水文書』五、五八九頁）。
(21)『唐招提寺史料』一、一五二号。
(22)菊大路家文書三〇九号（『石清水文書』六）。『唐招提寺史料』一、一五八号。
(23)田中家文書一一六六号（『石清水文書』三）。『唐招提寺史料』一、一七九号。「安居大差符」（鍛代敏雄「中近世移行期の石清水八幡宮寺と幕府・将軍」〔『戦国史研究』第六一号、二〇一一年〕）。円成院領の段階で「□(円)城院御領星田南北御庄」ともみえることから（興福寺別当次第裏文書〔『平安遺文』三三三一号・『枚方市史』編年一一号〕）、星田のうち北側が茄子作として分離した可能性もある。
(24)興福寺別当次第裏文書（『平安遺文』一八五四号・『枚方市史』編年七号）。
(25)福山昭「天正・慶長期の枚方」（『枚方市史年報』第三号、二〇〇〇年）。なお、拙稿「史料紹介『誓円ノ日記』

（一）」（『枚方市史年報』第一一号、二〇〇八年）に基づき、訂正を加えた。また、「出米目録」の史料名については、本書第三部第四章「枚方寺内町の沿革と対外関係」の註（118）参照。
(26) 村野村本郷は天野川右岸だが、出郷の釈尊寺・藤田は左岸となる。
(27) 興福院文書（『城陽市史』第四巻二〇三頁）。
(28) 酒井宇吉氏所蔵文書（『戦国遺文三好氏編』一六五号）。
(29) 福地源一郎氏所蔵文書（『戦国遺文三好氏編』一五二四号）。
(30) 『園太暦』観応三年四月二四日条。この事例については、本書第二部第四章「三浦蘭阪の『五畿内志』批判」も参照されたい。
(31) 拙稿「元和・寛永期における交野郡の村落支配」（『枚方市史年報』第一二号、二〇〇九年）。
(32) 本書第三部第二章「石清水八幡宮勢力の展開と招提寺内町」。
(33) 本書第二部第四章「三浦蘭阪の『五畿内志』批判」。
(34) 菊大路家文書二九五号（『石清水文書』六）。
(35) 「大方等大集経」巻末刻記（和田維四郎『訪書余録』本文編、臨川書店、一九七八年、一八九頁）。「東寺観智院金剛蔵聖教目録」（『大日本史料』第七編之巻三二、三六〇頁）。
(36) 『大日本史料』第七編之五、六〇七頁〜六二二頁。
(37) 『大日本史料』第七編之一四、四九九頁。『交野町史』改訂増補二（交野町、一九七一年）六二〇頁。『光通寺』（交野市教育委員会・財団法人交野市文化財事業団、一九九五年）。永正四年卯月五日付で、「河内国交野郡長寿山光通寺法雲庵住僧永川同行三人」が越後の松苧神社を訪問した記念に墨書しているのも、この頃の光通寺の活発な動きを反映したものとして注目される（『重要文化財　松苧神社本殿修理工事報告書』松苧神社本殿修理委員会、一九八二年、七六頁）。
(38) 菊大路家文書一八一号（『石清水文書』六）。
(39) 菊大路家文書二四二号（『石清水文書』六・『枚方市史』編年一三五号）。
(40) 以下、楠葉の動向については本書第三部第一章「楠葉郷の石清水八幡宮神人と伝宗寺」。
(41) 前掲註（37）『光通寺』三〇頁〜三一頁。

(42) 同右。

(43) このときは、「つのくに《摂津》光つう寺」と誤解されている。例年は「としくの御ちや」や「いつもの御ちや」などと表現されるが、この年にはそれがないことからも、この誤解は献上がしばらく途絶えていたことを意味すると考えられる。

(44) 菊大路家文書一八三号（『石清水文書』六）。

(45) 興福院文書（永島福太郎編『大和古文書聚英』天理時報社、一九四三年、七九号・『戦国遺文三好氏編』一三八〇号）。

(46) 馬田綾子「中世東寺の過去帳について」（『東寺における寺院統括組織に関する史料の収集とその総合的研究』研究代表者高橋敏子、二〇〇五年）№九七二・№一〇九三。「東寺過去帳」（東京大学史料編纂所蔵岩崎男爵家本写本）は、東寺観智院真海の私的な過去帳である。「河州交野郡獅子窟寺縁起」（京都府立京都学・歴彩館蔵東寺観智院文書二三号）にも記すように、真海は獅子窟寺を度々訪れるなど交野郡南部との関わりが深かったため、当地の人名が多く記載される。

(47) 『醍醐笑』上巻（角川書店、一九六四年）八九頁には、交野の領主で周辺からの崇敬を集める「大塚彦兵《ママ》衛」の名がみえる。また、「足利季世記」（『改訂史籍集覧』第一三冊）のうち、大永七年五月頃の「柳本高屋合戦之事」には、「河内ノカタノ《交野》郡キンヤ《禁野》ト云処ニ大塚兵衛ト云、富ミタル庄官」が登場する。ここでは、交野郡北部の禁野と南部の交野を混同している。

(48) 弓倉弘年「天文期の政長流畠山氏」（同『中世後期畿内近国守護の研究』清文堂出版、二〇〇六年、初出一九八九年）。小谷利明「山城国上三郡と安見宗房」（同『畿内戦国期守護と地域社会』清文堂出版、二〇〇三年、初出一九九四年）。

(49) 『信長公記』元亀元年一〇月条。

(50) 中井均「交野城」（『日本城郭大系』第一二巻、新人物往来社、一九八一年）。同「交野城跡と北河内の城跡」（『まんだ』第一六号、一九八二年）。中西裕樹「私部城」（『図解　近畿の城郭』Ⅰ、戎光祥出版、二〇一四年、初出二〇〇四年）。

(51) 「保見氏系図譜」（交野市立歴史民俗資料展示室蔵複写版）。『交野町史』改訂増補一（交野町、一九七〇年）二

〇二頁～二〇七頁や井上正雄『大阪府全志』巻之四（大阪府全志発行所、一九二二年）一二八〇頁～一二八一頁などでは、「安見家系譜」・「安見氏系譜」の名称で引用される。
(52) 前掲註（48）弓倉論文。
(53) 本書第一部第一章「津田山の山論と三之宮神社文書」。椿井文書の性格については、本書第二部の各章を参照されたい。
(54) 『言継卿記』永禄一三年正月三日条。
(55) 『天王寺屋会記』六（淡交社、一九八九年）二七九頁。
(56) 『私心記』永禄二年一二月二〇日条。
(57) 『私心記』永禄三年正月三日条。
(58) 『私心記』永禄三年五月朔日条・六月一〇日条・一二日条。
(59) 『私心記』永禄四年正月一七日条。
(60) 『私心記』永禄四年三月二一日条。
(61) 『私心記』永禄四年四月三〇日条。
(62) 『私心記』永禄四年二月二八日条・八月一〇日条・一二月一三日条。石清水八幡宮の膝下だったがために、楠葉郷の神人たちは南下して寺内町を建設せざるを得なかったのに対し、私部郷は一定の距離をおいていたため、当地の神人たちは移住することなく本願寺勢力を迎え入れたのだと思われる。
(63) 前掲註（45）。
(64) 本書第一部第二章「城郭由緒の形成と山論」。
(65) 前掲註（37）『光通寺』所収。
(66) 『交野町史』改訂増補二、六五七頁。天岸正男編『大阪府鐘銘聚』第五冊（私家版、一九七二年）一九九頁に基づいて若干の訂正を加えた。
(67) 本章の初出以後、小谷利明「文献史学からみた私部城」（『私部城跡発掘調査報告書』交野市教育委員会、二〇一五年）が発表された。筆者は、築城したい武家側の論理と築城を許さない地域側の論理の相克から築城時期の説明を企図し、本文のように信長の後押しがあって初めて交野城の築城が可能になったと結論づけた。それに対して小谷氏は、北河内の「武家領化」が進んでいたことから、交野城の築城は織田期以前に遡るとする。ここでは、小谷氏のいう「武家領化」の実態について検証しておきたい。

まず小谷氏は、大塚兵衛を交野庄全体を統括できるほどの在地領主とするが、本文でも述べたように有徳人で、土地支配に立脚する領主とは思われない。彼らを最初に編成したのが木沢長政で、以後「武家領化」したとするが、仮に軍事編成が事実だとしても、土地支配からは遊離していた可能性がある。また、永正八年（一五一一）の船岡山合戦において、遊佐就盛に属して戦死した星田の中井一族がみられるように（「東寺過去帳」№一一二九・№一一三〇）、個別の動員はそれ以前からも珍しいものではない。さらに、当該地域での動員は、あくまでも自立性の高い「牧・交野一揆」の与力を求めるものであり、被官の動員ではないことに注意が必要である。一揆の動員をもって「武家領化」と呼ぶには、飛躍があるのではなかろうか。

しかも小谷氏は、右の「武家領化」を前提として、天文一一年（一五四二）に「交野ニ鷹山居陣」した場所が、交野城の前身にあたる可能性を示唆する。これも広域地名たる交野のどこかに鷹山氏が陣取ったことを意味するだけで、自立的な交野一揆の中心集落に築城が可能な状況なのか、もう少し慎重に検討する必要があるだろう。

さらに小谷氏は、安見右近丞が交野城に進出したのは、松永久秀の後ろ盾があったためとする。その根拠が、永禄八年（一五六五）のものと推定される松永久秀に宛てた遊佐信教の書状で、「安見右近丞儀、先書如申候、長々被召置候、御存分□□□□（委内々申）事候、於様躰者、佐但（佐□辰親）可被申分候」と述べている事例から、信教が久秀との同盟の要として、安見右近丞を久秀のもとに置いたとする（大阪城天守閣所蔵文書〔『大阪狭山市史』古代中世史料編〕）。しかし、そのように解釈するならば、「可被召置候」となっているべきであろう。「被召置候」だと、信教の主君である畠山高政もしくは政頼（秋高）が、右近丞を手元に置いておいたと解釈するほうが自然なのではなかろうか。さすれば、畠山方から松永方に対して「申分」けることも納得がいく。ここから読み取るべきは、安見右近丞が松永麾下に入ったということよりも、それ以前から右近丞が松永氏と畠山氏に両属的であったということであろう。当該地域が大和と河内に両属的なのは、この時期に始まったことではないので（拙稿「木沢長政の政治的立場と軍事編成」〔拙著『戦国期細川権力の研究』吉川弘文館、二〇一八年、初出二〇一七年〕）、松永氏に属すことと交野城築城との間に直接の因果関係があるという根拠にはなりえない。

以上を踏まえたうえで、交野城の築城時期について再論しておきたい。近年は、その所在地から私部城と呼称されることが多いが、同時代史料では、広域地名を冠した交野城として登場する点には改めて留意しておく必要がある。これは、単なる防御拠点ではなく、広域支配を意識した城であったことを示唆する。

交野城築城以前の北河内における戦闘をみると、永禄二年の「牧之内田之口要害」や「明応二年御陣図」の犬田城など、淀川支流や東高野街道を抑えつつ、淀川水運との断絶を図る場所が係争地となっている（本書第三部第四章「枚方寺内町の沿革と対外関係」・拙稿「犬田城」〔『図解　近畿の城郭』Ⅰ、戎光祥出版、二〇一四年、初出二〇〇四年〕）。しかし、本章第三節第1項でみるように、信長上洛後にはかかる合戦から地域拠点たる交野城を巡る合戦へと明らかに変化している。ここからも、交野城の築城時期は織田期に求められるように思われる。同じく本章第三節第1項で論じるように、元亀二年（一五七一）から翌三年にかけての交野城包囲戦は、緩やかな形で約一年間継続した。おそらく、交野城が経験したもっとも長く厳しい戦いであったに違いない。織田権力下の築城でありながらも、石垣などの織豊期城郭の技術がほとんど導入されていない交野城は、このときに改修されたのではないかと思われる。

(68)『言継卿記』元亀二年五月一一日条。
(69)「二条宴乗記」元亀二年五月九日条～二七日条（『ビブリア』第五四号、一九七三年）。
(70)「二条宴乗記」元亀二年三月二二日条。
(71)『多聞院日記』元亀二年五月一二日条。
(72)信貴山文書（『大日本史料』第一〇編之六、三一九頁～三二二頁・『戦国遺文三好氏編』一五九八号）。『特別展国宝信貴山縁起絵巻』（奈良国立博物館、二〇一六年）七四号の写真に基づき一部修正した。
(73)興福院文書（『戦国遺文三好氏編』一六〇三号・一六〇四号）。いずれも写真に基づき一部修正した。
(74)『大日本史料』第一〇編之九、二八頁～五一頁。本書第一部第二章「城郭由緒の形成と山論」。
(75)「土佐国蠹簡集残篇」や「土佐国蠹簡集竹頭」（『高知県史』古代中世史料編・『戦国遺文三好氏編』一六三三号）。東京大学史料編纂所謄写本で一部修正した。
(76)『信長公記』天正六年一〇月一日条。
(77)小林清治「信長・秀吉権力の城郭政策」（同『秀吉権力の形成』東京大学出版会、一九九四年）。
(78)奥野高広『増訂織田信長文書の研究』下巻（吉川弘文館、一九八八年）五七五頁。

（79）「左京亮宗継入道隆佐記」（『禁裏御倉職立入家文書』六〇号）。その他、板原家文書九三号（『京都府立総合資料館紀要』第一六号、一九八八年）もほぼ同文。

（80）『信長公記』天正八年八月一二日条。

（81）和泉における佐久間信盛の動向については、拙稿「永禄九年の畿内和平と信長の上洛」（『史敏』通巻四号、二〇〇七年）で若干触れた。

（82）真継文書二七三号（名古屋大学文学部国史研究室編『中世鋳物師史料』法政大学出版局、一九八二年）。原文書に基づき訂正を加えた。

（83）笹本正治「中・近世における鋳物師と田中家」（『河内惣官鋳物師枚方田中家と鋳物の歴史』枚方市教育委員会、一九八四年）。『枚方の鋳物師（一）』（枚方市教育委員会、一九九〇年）。『増改訂　枚方市立旧田中家鋳物民俗資料館』（枚方市教育委員会、一九九七年）。

（84）長雲軒は信長に仕える坊主衆の一人。詳しくは、谷口克広『織田信長家臣人名辞典』（吉川弘文館、一九九五年）。

（85）『信長公記』天正七年九月一一日条。

（86）名古屋大学文学部所蔵真継家文書C四五一六号。天正八年（一五八〇）八月、織田信長に追放された佐久間信盛は高野山に入り、出家して夢斎定盛《むさいじょうせい》を名乗ったとされる（前掲註（78）奥野著書補遺九六頁・前掲註（84）谷口著書）。この説を再検討すべく、信盛晩年の発給文書を表16に整理した。奥野高広氏は、③が入道後の定盛となっていることを不審とするが、表16では①から②の間に信盛・信栄父子が揃って定盛《さだもり》・定栄と改名したことをみてとれる。信盛の「信」の字が織田家から与えられた確証はないが、織田家の通字からの決別は、信長に対する遠慮か、あるいは信長から距離を置いたことを反映したものではなかろうか。いずれにせよ、両者のぎくしゃくした関係を暗示してい

表16　佐久間信盛・信栄の署名

年月日	署名	出典
①天正5. 10.21	信盛・信栄	下巻329頁
②天正6.　7.15	佐甚九定栄	下巻370頁
③天正6.　8.14	佐久間甚九郎定栄・佐久間右衛門尉定盛	補遺 95頁
④天正6.　9.　2	佐甚九定栄・佐右定盛	『泉佐野』
⑤天正7.　9.16	佐右定盛	【史料5】
⑥天正7. 10.　2	佐右定盛	【史料4】
⑦天正8.　9.15	佐久間右衛門入道定盛	下巻539頁
⑧天正8.　9.25	不干斎定栄・夢斎定盛	下巻540頁

註）出典の『泉佐野』は『新修泉佐野市史』第4巻732頁。これと【史料4】・【史料5】以外は『増訂織田信長文書の研究』

るように思える。

(87)『信長公記』天正七年九月二一日条〜二八日条。

(88)名古屋大学文学部所蔵真継家文書C一五〇号。

(89)菊大路家文書二八七号（『石清水文書』六・『枚方市史』編年一四九号）。

(90)菊大路家文書二二二号（『石清水文書』六・『枚方市史』編年一四二号）。

(91)『唐招提寺史料』第一、一九三号。

(92)ただし、「出米目録」では、高安郡恩智村のうちで一二〇石を知行する「やすみ左兵衛」の存在が確認できる。

(93)菊大路家文書四二〇号（『石清水文書』六・『枚方市史』編年一五六号）。

(94)永山近彰編『加賀藩史稾』（尊経閣、一八九九年）巻之一二「安見元勝」。

(95)『寛政重修諸家譜』は、佐久間信盛の娘を安見右近大夫の妻とする。

(96)『兼見卿記』天正八年正月一一日条。

(97)『兼見卿記』天正八年二月二九日条。

(98)松浦郁郎校訂『清良記』（私家版、一九七五年）四一三頁〜四一四頁。「宇和旧記」（『予陽叢書』第二巻二一三頁）。麻布なる地名は伊予には見出せないが、浮穴郡に麻生《あそう》、喜多郡に阿蔵《あぞう》という地名がある。

(99)宇田川武久『鉄砲と戦国合戦』（吉川弘文館、二〇〇二年）一七四頁には、慶長四年（一五九九）三月一五日付の安見一之の伝書が掲載される。砲術家としての安見右近丞の活動は、文禄四年（一五九五）には確認できる（立花文書四六〇号（『柳川市史』史料編V近世文書（前編）））。

(100)近世の比較的早い時期に成立した『室町殿日記』下（臨川書店、一九八〇年）一〇九頁には、「安見か後家城を持事」という項目もある。本書第一部第一章「津田山の山論と三之宮神社文書」の註(28)でも述べたように、『室町殿日記』の内容には疑わしい点が多いものの、かつては織田権力下における安見家の状況が広く知られていたのであろう。この状況は、さらに巷間に広まっており、近世の交野城跡は「後家か城」とも呼ばれていた（『枚方市史資料第八集　河内国正保郷帳写』枚方市、一九八四年、一頁）。なお、『室町殿日記』にみる交野城の様相については、拙稿「私部城（交野城）」（仁木宏・福島克彦編『近畿の名城を歩く』大阪・兵庫・和歌山編、吉川弘文館、二〇一五年）。

(101)「今井宗久書札留」(『堺市史』続編第五巻、堺市役所、一九七四年、九一二頁)。
(102)小谷利明「戦国期の河内国守護と一向一揆勢力」(前掲註(48)小谷著書、初出一九九八年)。前掲註(48)弓倉論文。
(103)前掲註(78)奥野著書上巻三二二頁。『枚方市史』第三巻も基本的にそれを踏襲する。
(104)同右。同『皇室御経済史の研究』後編(中央公論社、一九四四年)二三五頁。
(105)『禁裏御倉職立入家文書』一一六号～一八号。
(106)前掲註(51)井上著書一三五〇頁。以下、川島村についてはこれによる。
(107)前掲註(84)谷口著書。
(108)真継文書一八五号(前掲註(82)文献所収)。
(109)真継文書一八四号(同右)。
(110)『お湯殿の上の日記』文明一二年一一月一四日条・同一六年一一月一七日条。
(111)『お湯殿の上の日記』明応三年一一月一六日条・大永七年一〇月二九日条・永禄九年一〇月一七日条。
(112)『晴豊記』天正六年九月七日条。
(113)『晴豊記』天正六年九月一九日条・一〇月一九日条。
(114)本書第一部第二章「城郭由緒の形成と山論」。
(115)片岡恭子氏所蔵文書(『枚方市史』編年一五四号)。
(116)『枚方市史』第六巻三一七頁～三四六頁・第七巻七一七頁～七四〇頁。前掲註(102)小谷論文及び本書第三部第二章「石清水八幡宮勢力の展開と招提寺内町」。
(117)『枚方市史』第六巻三三四頁・三三八頁。
(118)『枚方市史』第六巻三三六頁。
(119)『枚方市史』第七巻七一八頁。
(120)菊大路家文書五五号(『石清水文書』六)。三屋郷は、近世の枚方宿を構成する三矢村に該当する。
(121)『多聞院日記』天正一〇年七月七日条。
(122)本書第一部第二章「城郭由緒の形成と山論」。

附記　本章には、初出段階に加えて、二〇一六年八月一一日に開催された一六一七会交野研究集会での報告「北河内の地域秩序と交野城（私部城）」の成果を一部反映させている。

補論　河内における「神君伊賀越え」

　本能寺の変によって、当時、堺見物に赴いていた徳川家康は一転窮地に陥る。そこから本拠の岡崎までの逃避行は、一般に「神君伊賀越え」と呼ばれる。その経路を記したものは、ほとんどが後世の編纂物で、家康を警護したという由緒を誇りにする伊賀・甲賀の者たちも多いため信用できない記述も多く、実際の経路については謎が多い。

　それはともかく、伊賀・甲賀においては警護の者たちがいたこと自体は事実であろうから、家康にとっては、ごく少数の側近のみで、明智光秀方につく可能性の高い北河内を突破することが第一の課題であったに違いない。家康とともに堺にいた穴山梅雪も、家康のあとを追って帰国の途につくが、一足遅れたため山城国綴喜郡飯岡（京都府京田辺市飯岡）で土民に殺害されてしまう。このように、伊賀・甲賀と同じく、初日の行程も大きな危険を伴うものであった。しかし、従来の問題関心は伊賀・甲賀に集中しており、河内国内については、まともに検討されたことがない。したがって、現在のところ堺から東へ向かい、生駒山系と平行する東高野街道か、あるいはその脇街道の山根街道を北上し、津田から田辺街道（現在の国道三〇七号線）を山城へ抜けるという、当時のごく一般的な旅路を通ったとされることが多い。

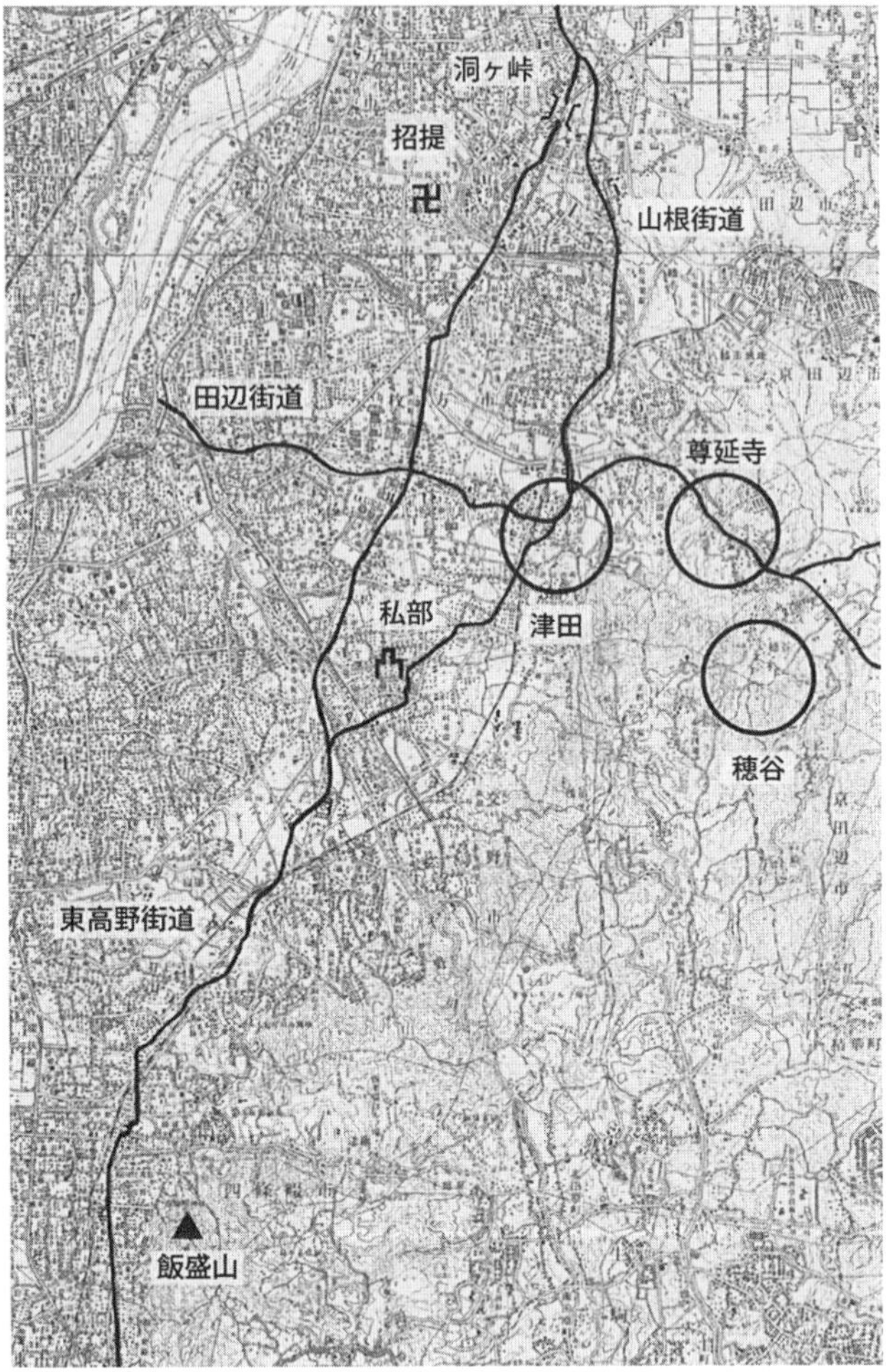

図49　北河内の街道

家康が通った経路について、最も信頼性の高い史料とされる「石川忠総留書」によると、本能寺の変の翌日である六月三日、未だ変を知らない家康は上洛するつもりで堺を出発する。[1] 京都と河内を結ぶ主要街道である東高野街道を北上しはじめるところまでは、当時の一般的な旅路である。その行路、飯盛山（大阪府四條畷市）付近にさしかかったところで、本多忠勝と茶屋四郎次郎が家康のもとへ駆けつけ、変の事実を伝える。

この瞬間に、次の二つの可能性が家康の頭の中をよぎったはずである。一つは、のちに光秀が陣を置いたように、東高野街道と男山山系が交差する洞ヶ峠は、京都防衛上の軍事拠点であるため、すでに光秀方の手に渡っているという可能性である。[2] そしてもう一つは、大和の筒井氏や北河内の安見氏・津田氏など光秀と親しい領主が、すでに光秀方になびいている可能性である。[3] よって、敵地の真っ直中となっているかもしれない東高野街道を、北へ突き進んだとする通説は再検討を要する。

「石川忠総留書」は、六月三日に家康が通過した地点として「堺、平野、阿部（阿倍野）、山ノねき、ほたに（穂谷）、尊念（延）寺、草地（内）、宇治田原」を挙げ、同日は宇治田原の山口玄蕃のところで宿を取ったとする。改めて経路を整理すると、堺を出発後、平野・阿倍野を経由し「山ノねき」に出た。これは生駒山系の山麓を南北に走る東高野街道に出たことを意味するのであろう。ここから北上する途上、飯盛山付近で変の報告を受けると、交野郡内の穂谷と尊延寺を経由して綴喜郡の草内に出た。

ここで注目されるのは、田辺街道からそれる穂谷を通っていることである。通説のように、津田から木津川沿いの草内を目指して東へ進もうものならば、尊延寺だけを通過して山城国境を越えるので、穂谷を通ることはない。穂谷のような小村の名が失念されることはあっても、誤って挿入されることはなかろうから、穂谷を通過したことは間違いあるまい。ここは素直に、穂谷から尊延寺の順で通過したと理解すべきであろう。つまり、生駒山麓を進む家康一行は、どこからかは不明なものの山中に入り、尾根伝いに穂谷へ出て、さらに尊延寺まで抜けたのである。

家康にとっての課題は、洞ヶ峠近辺を避けつつ、光秀方勢力圏となっている可能性のある大和と北河内の隙間を無事に通過することにあった。そう考えると、津田郷内の穂谷・尊延寺という山中を通るコースをとったのは至極妥当なことである。現代的な感覚では、山に登る分、遠回りのように思えるが、生駒山中はかつて山岳修験の宿坊が点在し、戦国時代には大和・山城・河内を往来する軍勢や公家なども頻繁に通るところであった。[4]
史料的な質は落ちるが、津田郷には信長の恩恵を受けた土豪が数多くいるので、彼らのうちから案内者を呼び出し、その案内に従って穂谷・尊延寺を通ったという記録もある。[5]家康が一般的な旅路ではなく山中を通ったことから、この記述は俄に信憑性を帯びてくる。安見氏や津田氏が津田郷に支配を及ぼした形跡はみられないことから、織田権力下の津田郷では、戦国期以来の土豪たちによる一揆的な支配が残されていたとしてよいのではなかろうか。このように家康の行路は、当時の交野郡情勢を紐解く恰好の素材ともなるのである。
余談だが、穴山梅雪はひどい痔であったことが、薬を所望した彼自身の書状から知られる。[6]おそらく、乗馬もままならなかったのであろう。たかがこれくらいのことが、生死を分ける世の中であった。

註

（1）「石川忠総留書」（『大日本史料』第一一編之一、一一〇頁）。
（2）「蓮成院記録」天正一〇年六月条（『多聞院日記』五）。
（3）本書第三部第五章「牧・交野一揆の解体と織田権力」で触れたように、安見氏・津田氏は実際に光秀方についたとみられる。
（4）本書第一部第二章「城郭由緒の形成と山論」。
（5）『武徳編年集成』（『大日本史料』第一一編之一、一七五頁）。
（6）富永家文書（『戦国遺文武田氏編』三八五二号）。

終章　北河内の戦国時代

一　津田城・氷室・椿井文書

1　津田城の構造

地域の歴史を解明するうえで主要な素材となるのは、古文書などの文献史料と、発掘調査によって得られる遺物や遺構の情報である。しかし、我々が当たり前のように紙屑を捨て、あるいは古紙として再利用するように、それなりの目的がなければ紙きれは残らない。江戸時代になると、各村に置かれた庄屋たちが業務をする上で先例をテキストとするため、全国的に万遍なく古文書が残されるが、それ以前ともなると中世以来続く大寺社や公家などにしか古文書はまず残されない。また、発掘調査にも限界はある。そもそも地下に眠るものを掘り当てるには運・不運があるし、通常、開発の事前調査など必要に迫られなければなされないため、必ずしも任意の場所を掘ることができるわけではない。

だが、戦国時代には、こうした限界を乗り越えるための第三の素材、山城がある。戦乱の時代だけあって、山城は大小あわせると全国に数万も築かれたといわれる。また山上にあることから、開発の手を免れ当時のままに地形を残していることが多い。こうした無数に残る山城の平面プラン（縄張）を図化し、そのサンプルを分類し系統立てることによって、築城者や築城の時期・目的などについて様々な議論が可能となる。こうした方法が確立したのは、比較的近年になってからのことである。

枚方市域の戦国時代を語る際、東部の国見山山頂に築かれた津田城が、まず間違いなく引き合いに出される。そこで、近年の城郭研究を踏まえたうえで、この城の構造を他の山城と比較するといったいどのようなことがいえるのか、その点から北河内の戦国史について考えてみたい。

津田城は、旧来の領主中原氏を駆逐した津田周防守正信によって、延徳二年（一四九〇）に築かれたとされる。その孫にあたる正明の代には、三好長慶に仕えることによって茨田郡の友呂岐六郷（大阪府寝屋川市北部）と交野郡の牧八郷（同枚方市中西部）を安堵され、枚方市域の大部分を治めたという。これが事実だとすると、北河内最大の領主である。

では、津田城の構造を縄張図に従ってみてみよう（本書第一部第二章図４）。城下の北側から谷筋を登り切ったところに中心となる人工的な削平地（城郭研究では曲輪と呼ぶ）がある。今は何も残されていないが、建物の敷地として造成されたものであろう。現在、歩道が中央を走っているため曲輪Ⅰ・Ⅱは分断されているが、平坦面の高さが一致するため、かつては方形に整えられた区画であったと推察される。国見山の山頂は、そこから西側の尾根筋に伸びる土塁Cを登りきった北端となる。

いくつか山城を歩いたことのある者ならば、津田城は通常の山城ではありえない極めて特異な構造を持っていることに気付くであろう。なぜなら、本丸ともいうべき中心となる曲輪は、まさに最後の砦になるため、基本的には山頂に設けられるはずだからである。しかし曲輪Ⅰ・Ⅱは谷の最奥部にあり、仮に攻城兵が国見山山頂に陣取ってしまえば、上部から矢の雨に晒されてしまう。防御ラインにも不可解な点が多い。たしかに曲輪Ⅰ・Ⅱの南側には強固な土塁で挟まれた立派な入口Aがあり、さらにその先には土橋Bがあって容易に入ることのできない構造となっている。だが、ここは城下とは逆方向である。肝心の城下となる北側には、防御施設が一切ない。

ここから津田氏は戦術に疎かったという結論を導き出すことも不可能ではなかろうが、それよりも、そもそもこれは本当に城なのかという疑問を持つほうが自然である。

2　津田山山論

津田城が津田氏の居城であることを記した史料を探してみると、意外な事実が判明する。「三之宮旧記」・「当郷旧跡名勝誌」・「国見城主歴代略縁」など、そのほとんどは津田村民が編纂した史料で、いずれも一七世紀末以降のものなのである。また、津田村外部に目を向けてみると、『五畿内志』などの地誌にしばしばみえるが、一八世紀以降にしか確認できない。このように、戦国期の史料には津田氏の姿が見あたらず、津田氏の実像を追いかけていくと、一七世紀末という大きな壁に阻まれる。

折りしもその頃、国見山西側の津田村と東側の穂谷村との間で、津田山（国見山をピークとした周辺の山地一帯）の支配権をめぐる争い（山論）が始まっていた。この山論は、近隣諸村をも巻き込みながら、波はあるものの明治時代まで二〇〇年近く続けられる。容易に解決しなかった要因は、単純に境界を巡る争いではなかったことにある。

津田山を中心とする周辺一帯は、鎌倉時代以来津田郷と呼ばれていた。津田郷の氏神は三之宮神社で、津田山はこの神社に帰属する宮山であった。その後、山間部の開発が進むと、津田郷内には藤坂村・杉村・尊延寺村・

穂谷村など、新たな集落が次々に誕生した。しかし、これら後発の村々は、三之宮神社の祭祀にあたって奉加という協力者の立場にしかありつくことができず、主催者である願主はあくまで津田郷の本村である津田村のみであった。戦国末期にその関係は解消され、三之宮神社は津田村以下五ヶ村の惣社となるものの、歴史的経緯から津田山の支配権は津田村に限定されていた。

ところが厄介なことに、津田郷内に次々と集落が形成されていった結果、三之宮神社は穂谷村の中に立地することになってしまった。一七世紀末の山論は、穂谷村がこの矛盾を利用し、自村にも津田山の支配権があることを主張したことに端を発する。

この争いは、元禄七年（一六九四）に京都町奉行所での裁判に持ち込まれるが、歴史的にみても津田村の支配に正当性があり、翌年津田村の勝訴に終わった。この争いの渦中、先に挙げた「三之宮旧記」などの津田村の歴史をまとめた書物が次々と編纂される。これは、津田村による津田山支配の正当性を主張するためであろう。その中ではじめて津田氏の存在が生み出されるのである。

裁判にあたって津田村が提出した津田山絵図には、その中央に津田氏の城が描かれ、周辺には計九ヶ所にわたり「津田村山内」と記されていた。いうまでもなく、これは津田村の津田氏の城があったので、津田山は自村のものなのだということを視覚に訴えたものである。このように、津田氏の存在は山論をより優位に進めるようとする津田村によって生み出された。結果、津田村の主張が公的な裁判で認められたことによって、津田城の名は巷間に知られることとなる。

3　津田城の実像

津田氏と津田城の存在が疑われなかったのは、現実に遺構があったからであろう。しかし、どうもこれは城ではなさそうである。そこで、城郭とは別の視点で国見山の歴史を遡ってみてみると、国見山を含む生駒山系が、かつて山岳修験の修行の場であったことを知ることができる。鎌倉時代の「諸山縁起」という史料には、南北に伸びる生駒山系に一定間隔で置かれた宿坊が列挙されるが、そのうち交野山と尊延寺の間の宿坊として「高峯」の存在が確認できる。事実、かつて国見山は地元でもそう呼ばれていたことから、津田城といわれる遺構は、実は山岳寺院のものである可能性が極めて高い。山頂部分には手を加えず、そこから若干下った谷地形の最奥部に中心となる坊舎を置くのが山岳寺院の一般的な構造であることを踏まえると、そう考えるのが自然である。

ただし、山岳寺院と限定的にみるのも厳密には誤りかと思われる。永禄七年（一五六四）に畿内の覇者三好長慶が没すと、配下の松永久秀と三好三人衆（三好長逸・三好宗渭・石成友通）の間で対立が激化する。その渦中、大和の松永久秀が河内方面へ進出するときには津田を足がかりとし、逆に三好勢が大和を攻撃する際も同じく津田を足がかりとしているように、津田城が軍事的に利用された形跡を文献で確認できる。おそらくは山岳寺院跡を駐屯地として利用したのであろう。曲輪Ⅰ・Ⅱ以外にこまごまと残る削平地は、その時のものではなかろうか。

そしてこの事例からは、津田郷が特定の武将の配下になく、両属的な地域であったことをみてとれる。このような性格は、国境や山間部などの勢力間の境界付近で成立する自立的な一揆地帯によくみられ、津田郷のすぐ東にあたる南山城の一揆も同様の性格を持つ。こうしたことから、津田郷は津田氏のような有力領主を生み出す環境にはなく、山城国縁辺に広がる一揆地帯の一部であったと想定される。戦国末期に三之宮神社が津田村一村の氏神から周辺五ヶ村の惣社へと変化したのも、度重なる外部勢力の侵攻に対して、津田郷の人々が結束した結果と捉えられよう。

4 「津田城」対「氷室」

話を一七世紀末に戻し、津田城がこの地域の歴史に定着する過程をみておきたい。穂谷村にとって、敗訴の直接的理由は理解の範疇にあったと思われるが、津田氏と津田城の存在は寝耳に水の話であり、素直に承引できるものではなかった。以後の穂谷村の言動をみれば、その点は明白である。

その穂谷村の言動とは、穂谷にかつて氷室があったという新たな由緒の主張である。氷室とは氷の貯蔵庫で、古代においては食品の保存などのために朝廷に氷を供給する施設であった。これがまず最初に穂谷に設けられ、さらに天長八年（八三一）には尊延寺・杉・傍示（大阪府交野市傍示）に増設されたというのである。これによって、朝廷と結びつきが深い穂谷こそが、元来この地域の中心的存在だと主張するようになる。

たしかに、平安後期に成立した歴史書『日本紀略』には、天長八年に河内と山城に三ヶ所ずつ氷室を増設したと記される。穂谷村はその記述に目をつけ、具体的に河内のどことは記されないことを逆手にとって利用したのであろう。氷室に目をつけた理由も明白である。平野部に面し近隣では最大の村であった津田村に対し、穂谷村は山間の小村であった。数の論理でも不利な穂谷村が津田村と戦うには、同じく山間部の尊延寺村・杉村との連繋を必要とした。その点で、所在不明の氷室が三ヶ所増設されたという事実は、三之宮神社のある穂谷村の優位性を示すと同時に、三ヶ村の結束を固める恰好の素材であった。この物語に、津田山山論や三之宮神社とは無関係の傍示村が加えられた理由も、物語の信憑性を高めるためである。なぜなら、傍示村には氷室山八葉蓮華寺という寺があり、氷室の伝承が残っていたからである。

氷室伝説が一七世紀末の津田城伝説にやや遅れて登場することは、長期にわたって残る津田村の庄屋日記で確認することができる。三之宮神社では、雨乞い神事が頻繁に行われていたが、その結果雨が降ると、村々は神社に能や狂言を奉納し返礼するのが習わしであった。一八世紀以降、穂谷村や尊延寺村が能を奉納するときには、五番演じるうち一番目の演目は必ず「氷室」となる。その初見は享保一九年（一七三四）で、津田村の庄屋にとってその言葉は聞き慣れなかったとみえ、「ひむろ」とふりがなが振られている。

かくして氷室の存在は徐々に定着し、同時に穂谷・尊延寺・杉村は結束を固めることとなった。その熱が上がれば上がる程、対する津田村も津田氏の存在を語ることとなる。このように利権が絡んだ争いを背景としているため、互いに積極的に伝説を主張することとなり、ありもしない伝説が定着をみたのであった。

先に述べたように、この山論は明治時代まで持ち越された。明治政府は、明治二二年（一八八九）に町村制を施行し全国的に合併を推し進めるが、一七世紀末以来の対立はここでも形となって表れる。津田村以下五ヶ村は本来津田郷として一体であり、三之宮神社を共通の神とするものの、津田村は三之宮神社とは関係のない野村・春日村を吸収合併する。一方の穂谷村・尊延寺村・杉村は、合併して氷室村と命名される。一八世紀前半に遡る穂谷村の画策は、ここに至って現実のものとなった。

5　並河誠所・三浦蘭阪・椿井政隆

枚方市東部に氷室があったとする言説は、一八世紀前半に創作されたものであるが、それとは相反する古文書が三之宮神社には残されている。それは、永正一七年（一五二〇）に南都興福寺の最高責任者である三綱が、氷室のできた由来を承認するもので、花押もしっかりと据えられている。この年紀が信じられることによって、氷室の実在性は高められていた。それとともに、「河内国交野郡氷室郷惣社穂谷三之宮大明神年表録」と題した史料も残されているが、津田郷の惣社を「氷室郷惣社」とし、あたかも穂谷村の神社のように記していることから、これは明らかに穂谷村の論理で記した偽文書である。しかし、一連の史料は緻密に計算されたうえで創られているため、その内容に対して異論が唱えられることは、長らく皆無であった。そこで、その創作者と作成方法を多少詳しく紹介しておこう。

津田氏と氷室の伝説が史実として周囲に拡大した最大の要因は、享保二〇年（一七三五）刊行の並河誠所（一六六八～一七三八）が編んだ『五畿内志』という地誌で、いずれもが紹介されたことにある。このように、一部の地域でしか知られていないマイナーな史蹟が掲載されていることから、並河の調査は綿密だったとすることも不可能ではなかろうが、直近に捏造された史蹟が掲載されているように、今日的にみれば杜撰な調査であった。事実、当時の記録には、並河が逐一史蹟に赴くのではなく、周辺の村役人を一ヶ所に集めて聞き取りをした様子が記されている。また、歴史の空白部分を埋めるために、並河の想像や思いこみもふんだんに盛り込まれている。並河の主眼は、正確な本を作ることよりも、山城・大和・摂津・河内・和泉の五畿内を網羅した地誌を作成することに置かれていたのである。

しかし、この地域で初の本格的地誌ということもあって、『五畿内志』はのちの歴史家たちにとって、良くも悪くもバイブル的存在となり、また地誌の見本とされ、各所で引用されるようになる。これを背景として、一八世紀後半になると『五畿内志』をめぐる立場に、二つの潮流が生まれる。

一つは、『五畿内志』の内容を客観的に読み、史実性の低い記述を批判する立場である。その潮流の代表的な存在として、坂村（枚方市牧野阪）の医師三浦蘭阪（一七六五～一八四三）が挙げられる。彼は、現代の歴史学にも通じるような客観的な歴史観を持ち、数多くの著書で『五畿内志』に徹底的な批判を加えている。

もう一つの考え方が、歴史の空白部分を想像で埋めるという並河以来の発想を受け継ぐ立場である。その代表は、山城国相楽郡椿井村（京都府木津川市山城町）出身の椿井政隆（一七七〇～一八三七）といってよかろう。彼は、精力的に各地を歩き回っては史料を収集し、そこで得た知識をもとに無数の偽文書を作成しており、ときには金銭と引き替えに依頼に応じることもあった。彼によって作成された偽文書は、概ね中世の年号を有し、あたかも中世に作成されたように偽装されている。それらは椿井文書と呼ばれ、彼が主として活動した近江・山城・大和・河内の広範囲にわたって、数百点も分布している。

6　椿井文書の幻惑と枚方の地域性

三之宮神社に残された古文書も、実は氷室伝説を補強しようとする穂谷村の依頼に基づき、椿井が作成したものである。それだけでなく、枚方市内には現在のところ計二九点の椿井文書が存在したことを確認できる。歴史学とは、偽文書と正しい古文書を峻別し、正しい古文書から史実を組み立てていくものであるが、残念ながら椿井文書に関する認識は甘く、今こうしている間にも、一部の研究者たちが偽文書と知らずに椿井文書を使い続けているのだから、一般に信用されるのも致し方ないことである。

かといって、椿井文書が精巧に出来ているのかというと、必ずしもそうではない。出来不出来よりも、その内容が人々を誘惑して放さないのである。その魅力の淵源は、史実と史実の間の空白を、人々がこうあってほしいと期待するかたちで埋めていることにある。一例をあげておこう。

枚方市藤阪東町には、日本に漢字を伝えた王仁の墓とされる小さな自然石がある。彼は実在の人物ではないと思われるが、仮に実在したとしても、当時日本には墓石を立てる習慣もなく、そもそも王仁は世界最大の墓の主、仁徳天皇の弟菟道稚郎子の師とされるので、荒唐無稽な話である。しかしこの話には根拠があって、元和二年（一六一六）に禁野村和田寺の道俊が識した「王仁墳廟来朝紀」には、すでにその所伝がまとめられているという。のちに並河誠所がこれを閲覧し、『五畿内志』に反映させたと考えられてきた。

「王仁墳廟来朝紀」は、枚方市内の別の家に残る古文書と内容に一致する部分がみられることから、確かな史料とされることが多い。しかし、「王仁墳廟来朝紀」と内容が関連する史料は、全てが椿井文書である。椿井文書がなかなか見破られなかった理由の一つは、このように各地に残った史料が相互に関係することで、傍証があるかのように見せかけていることにあった。有力農家の由緒を飾る椿井文書の多くは、それぞれの家に分散して残されたのである。

並河の思想を受け継ぐ椿井は、『五畿内志』の根拠のない記述を徹底的に補うことを一つの目標としており、並河があたかも見たものであるかのような偽文書を創るのは、その常套手段であった。その点は三之宮神社文書でも確認できる。したがって、「王仁墳廟来朝紀」も同一の目的のもとに作成されたことは明白である。この手法によって、『五畿内志』の信憑性を高めるだけでなく、世に知られた『五畿内志』の典拠として「王仁墳廟来朝紀」の正当性も確保されることとなる。

また、椿井が王仁の墓に目を付けたことから、すでに江戸時代からその説には懐疑的な見方が強かったこともわかる。実際、三浦蘭阪は、並河が王仁墓と指定したのは単なるこじつけだとし、文政一〇年（一八二七）に王仁墓の傍らに石碑を建立した家村孫右衛門を「並河に謀られた者」と呼び、無知であることを自ら晒していると厳しく批判する。しかし、実在すら疑わしいのに、王仁を信奉する者やその存在を政治的に利用する者はいつの時代もあとを断たないため、「王仁墳廟来朝紀」の魅力は今も衰えることがない。
その最たるは、戦前の右翼の指導者内田良平といってよかろう。内田は朝鮮人皇民化政策のシンボルとして、日韓を結ぶ王仁墓に目をつけ整備事業を推し進める。それに追随した大阪府が、昭和一三年（一九三八）に史跡に指定することで、王仁墓は確固たる地位を築くこととなった。こうした戦前の国策は、椿井文書と『五畿内志』の相互補完が有力な裏付けとなり、戦後になっても払拭されず、いまだに日韓の「架け橋」として機能し続けている。

偽文書等に基づいた架空の史蹟は、それだけではない。枚方市内にはその他にも、昭和五〇年頃に創作された「アテルイの首塚」がある。同様に、少なくとも昭和二六年までは何ら伝承のなかった中山観音寺跡の「牛石」が、昭和三四年に同寺跡を調査した片山長三氏によって「牽牛石」と名付けられると、最近になって七夕の伝承地だと言う人が増えている。歴史的にみれば、平安時代から江戸時代にかけて枚方市域に特別な七夕伝承など何一つないので、市内の七夕伝承地とされるものは全て「都市伝説」の類といってよい。

偏狭な郷土愛や単なるお国自慢から史蹟が生み出されることはどこでもよくある話だが、狭い範囲にこれだけ集中するのは全国的にみても非常に珍しい。しかも、現代になっても脈々と続き、こうした史蹟に基づいて韓国全羅南道の霊岩郡と友好都市関係まで結んでしまうのだから、もはやこれは地域性といっても過言ではなかろう。事実、次節でみるように、この地域で偽文書が多用されるのは戦国時代まで遡りうるのである。

こうした歴史の改竄は、科学的な現代歴史学の範疇で捉えようとすると、負の側面しか見出せない。ただ、その活動の前提としてある程度の知識は必要であるし、それを蓄積するには金銭的・時間的余力がなければならない。ここから、生活水準や知識水準の高さを評価することは許されよう。よって、世間に通用する偽史には、都市的な要素を読み取ることができる。その反面、椿井政隆が都市部を避けて偽文書を創作していたように、知識が蓄積された都市部では偽りも露見しやすい。かといって、経済的な余裕がなければ偽文書の需要もないため、都鄙両面の性格を有する畿内の村落は椿井政隆にとって格好のフィールドであった。つまり、偽史とは都鄙が交錯するところで展開しやすいといえよう。

現代の枚方市においても似たようなことがいえる。枚方市が津田町を吸収合併した昭和三〇年段階の人口はわずかに六万人弱であったが、のちにベッドタウンとして爆発的に人口が増加し、昭和四五年には二〇万人、昭和五一年には三〇万人、平成一〇年（一九九八）には四〇万人を突破している。比較的高学歴で経済的に安定したサラリーマン層が大量に流入し、鄙びたところに俄に都市的要素が入ってきたのである。教育意識の高まりと同時に急増した各小中学校では、地元出身でもない子供たちに対して、限られた校区単位でのなかば強引な郷土愛の涵養が図られた。あるいは定年退職後の余暇を過ごすなかで、どこからか知られざる史的シンボルの存在を耳にして、地元出身ではないにも拘わらず俄に郷土愛に目覚める高年者が増加している。このような都鄙が交錯する空間で、歴史的積み重ねのなかで醸成される既存のそれとは異なった、新たな「郷土愛」あるいは「伝承」が生まれてくるのである。

以上のように、過去と現在では事情が異なるが、都会の気質と田舎の気質が入り交じった複雑な環境という点は共通する。結論を出しにくい問題で印象論に近いが、右の要素が相俟って、偽りの史的シンボル群が林立する結果になったと考えられる。ただし、インターネットが普及したことに加え、友好都市の締結に顕著なように行政が便乗したことによって、「伝承」が急速に巷間へと広まったことだけは確言できる。

二　楠葉から枚方へ

1　戦国時代の枚方をみる視点

戦国時代というと、ついつい武田信玄や毛利元就のような大名が割拠する状況を思い浮かべてしまう。津田氏の存在が定着した背景にも、そうした先入観があった。しかし、有力領主が活躍する一方で、民衆が力を持ち始めたのもこの時代の特質である。よって名のある戦国大名は、こうした民衆の要求に腐心しながらも、何とか味方につけることに成功した者たちであったという見方もできる。この時期の戦乱は、ただ荒廃を招いただけでなく、その根底に常に新たな時代を求める民衆の要求があった。それゆえ、戦乱を通じて地域秩序が再編され、現代にも繋がる新たな時代の基礎を作り上げることとなった。我々が生活する身近な世界も、この時期の戦乱に多大な犠牲を払いつつ形成されたといっても過言ではないのである。

現在、京阪枚方市駅周辺は、官公庁や金融機関、あるいは商業施設が並ぶ北河内の中心的な場となっている。その理由を枚方の歴史に多少関心のある人に問えば、当たり前のように京都と大阪の間にあって淀川の中継港として栄えたからと答えるであろう。しかし、そのこと自体を疑ってみる価値もあるように思える。なぜなら戦国時代以前の北河内をみると、その中心的な場は常に枚方市北端の楠葉にあったからである。

歴史的常識といっても、枚方周辺では誤解や先入観に基づくものがとりわけ多い。それを正すには、前節でみたように前後の時代に視野を広げてみたり、一揆地帯や山論激戦区といったその地域独自の性格と照らし合わせたりすることが有効である。楠葉と枚方の関係もその視点から問い直すべき問題といえる。

そこで欠かせないのは、戦国期以前に楠葉がこの地域の中心となった要因と、この地域独自の民衆の動向や争乱の質を見極めることである。そのうえで、後者が前者に与えた影響から、「楠葉から枚方へ」という地域秩序の再編を捉えてみたい。

2 楠葉の歴史的位置

和銅三年（七一〇）に都が平城京に遷ると、翌年山陽道が整備され楠葉に人馬を継ぎ立てる駅が置かれる。山陽道はここから淀川を渡り、南西へと進む。奈良から迂回して楠葉まで北上した理由は、ここより下流の淀川両岸には氾濫原が広がっていたことにあると思われる。楠葉周辺は、両岸から男山と天王山が迫って地盤が安定しているため、淀川を確実に渡河できる場所であったのであろう。こうした事情もあって、楠葉周辺は淀川の渡河点として発展してきた。

それと同時に、淀川を上下する船の中継港としての機能もあった。その理由は地盤が安定しているのみならず、楠葉よりやや上流で木津川・宇治川・桂川などの淀川支流が合流していることにもある。つまり、楠葉の上下で川の規模も異なるため、往来する船の規模も異なっていたのである。例えば、奈良の興福寺が淀川下流から材木を運ぶ際、草地氏（木津川沿いにあたる京都府京田辺市草内在住の土豪）にその船の警備を命じているが、その担当箇所は奈良の外港木津までではなく、彼の地元草内まででもなく、楠葉までであった。ここから上流の木津川へは、別の船に乗せ替えられたと考えられる。これは南北朝期の事例であるが、近世以降にみられるような淀川大改修が中世以前にあったとは思われないので、この状況はそれ以前にも遡るとみてよかろう。

その傍証をいくつかあげておく。楠葉のすぐ上流にあたる橋本（京都府八幡市橋本）は、奈良時代の行基が淀川に架けた山崎橋のたもとにあたるゆえ、橋本という地名になった。この橋の存在を前提にすると、楠葉より上流への往来は、橋をくぐることのできる規模の船に限定されていたということができる。また、南山城の木津（木津川市木津町）の地名は、奈良へ運ぶ「木の港」に由来することはよく知られるが、行基が楠葉に建立したとされる久修園院の別称も「木津寺」であり、付近には「木津代」の地名も残る。このように、水揚港木津に並ぶもう一つの木津が中継港楠葉であった。

平安時代になると、交野郡の北部一帯は朝廷の狩猟場「禁野」になる。禁野の最北端にあたる楠葉は、京都からの玄関口としても機能するようになり、貴族の藤原継縄なども別荘を構えたとされる。桓武天皇は、ここを拠点として禁野での狩猟を楽しんでいる。また、馬の需要に応えるために、朝廷は楠葉牧という牧場を置いた。

この楠葉牧は、のちに摂関家が代々受け継ぐ「殿下渡領」として藤原氏に吸収される。さらに時代が下って鎌倉時代になると、楠葉牧は鎌倉幕府の執権北条氏の得宗領となった。このように、楠葉はいつの時代も「時の人」が支配する重要拠点として認識されていた。楠葉の歴史は、まさに日本史の縮図なのである。

貞観二年（八六〇）、北河内の歴史をのちのち大きく左右する出来事が起こる。宇佐八幡宮から石清水八幡宮が勧請されるのである。当初北河内への影響力は持たなかったが、平安時代末期以降、源氏を始めとした武家から武神として信仰を集めるようになると、各地で荘園の寄進を受けて力を持つようになる。

中世における日本の国家制度は権門体制といい、権門勢家と呼ばれる有力な武家・公家・寺社などの諸勢力が、共同で統治するシステムであったという説がある。その権門の一つでもある石清水八幡宮が、膝下の楠葉へ影響力を及ぼさないはずがなかった。

3　自立する石清水八幡宮の神人

古来流通の要衝であったため、楠葉には多くの商工業者が居住していた。楠葉は、その富を狙う幕府や朝廷・摂関家などから複雑な支配を受けていたが、それに対し楠葉の有力住民たちは、新興勢力である石清水八幡宮の神人となることで、その利権を確保するようになる。神人とは、神事において様々な役をつとめる者で、その見返りとして諸公事免許などの一定の特権を認められていた。こうした動きが顕在化するのは鎌倉末期頃で、駕輿丁神人や綱曳神人など様々な神人集団があるなか、「楠葉神人」あるいは「楠葉方禰宜」と呼ばれる集団が新たに確認できるようになる。

室町時代になると、楠葉神人はそうした諸集団のなかにあって最も大きな勢力となり、一五世紀までに構成員は三〇人に固定化する。もちろん三〇人の楠葉神人は、あくまで楠葉住民の上層部の数であり、その傘下にはこれを大幅に上回る商工業者がいた。またこのころになると、楠葉は本来石清水八幡宮領ではないのに、一般に「八幡領」や「神領」と認識され、「楠葉郷」あるいは「楠葉惣郷」として一体的な行動をとるようになる。この楠葉郷人たちの総意を代表するのが楠葉神人で、彼らは「座衆」という連帯的な組織を形成していた。

一方、楠葉の在来勢力が石清水八幡宮を主として仰ぐようになるにつれ、石清水八幡宮も積極的に楠葉郷の支配に乗り出す。一四世紀頃には、石清水八幡宮の有力神職であった紀氏神人の一部が、預所（荘園支配の現地責任者）として楠葉郷に入部してくる。彼らは「紀氏一座」や「紀氏座中」などと呼称されるように、一つの集団として結束していた。こうして楠葉郷には、楠葉郷人の代表である楠葉神人と、石清水八幡宮を代表する紀氏神人の二つの神人集団が成立することとなった。

外部からの新興勢力の流入は、必然的に対立を生むこととなる。具体的な内容は不明ながら、応永年間（一三九四～一四二八）には毎年のように楠葉郷で揉め事が起こっていることを確認できるが、その背景には楠葉神人と紀氏神人の対立があったのであろう。

しかし戦国期以前は、両者の対立が大きな争乱に展開することはなく、話し合いの場が持たれていた。その場となったのが、楠葉郷の氏神である交野天神社である。例えば、この時期の交野天神社の修復は、預所の紀氏神人を中心に楠葉郷の住人をあげて盛大に執り行われたことが、同社に残る応永九年（一四〇二）や嘉吉二年（一四四二）の棟札から窺える。また、永享九年（一四三七）には、交野天神社の祭祀を取り仕切る小頭役選出の方法が定められ、紀氏神人と楠葉神人たちが署名し、両者の間で証文が作成されている。

こうした事例にみられるように、一五世紀中頃には紀氏神人と楠葉神人の関係は安定期を迎え、両者の協調による楠葉郷の自治的な運営がみられるようになる。と同時に応永三一年には、楠葉郷の伝宗寺という寺院が、室町将軍足利家の祈願寺となった。この祈願寺とは、足利家や室町幕府の安泰を祈願する寺のことで、その見返りとして寺領が安堵され、そこにかかる諸役などが免許される特権を得ることができた。おそらく、楠葉郷の人々は金品を提供するなどして、幕府に積極的に訴えてその特権を得たと思われる。その意図は、自身の土地などを寺領として伝宗寺に寄進することで、他者の侵害から保護することにあった。幕府の宗教行事を取り仕切る京都相国寺の僧が、伝宗寺領の目録を一目みて、同様の資料を見慣れているにも拘わらず「田地多々有之」と驚いているように、その規模は相当のものであった。

楠葉郷の人々は成熟するとともに、ただ石清水八幡宮を頼むだけでなく、自らの身を自らで守る新たな術を模索しはじめていた。また、神人の成長を背景として、石清水八幡宮の勢力圏も拡大することとなる。淀川には古くから数多くの河関が設けられ、船舶から通行税が取られていた。その多くは興福寺の所有で、莫大な収益があったが、嘉吉・文安年間（一四四一〜一四四九）にその収益をめぐって大和の筒井氏と興福寺が争うと、その隙をついて神人たちが淀川沿いに新たな関所を乱立する。このように、一五世紀中頃を端緒に石清水八幡宮勢力の南下がみられるようになる。

4　楠葉における文明の乱とその激化

しかし、楠葉の平和もそう長くは続かなかった。一時は落ち着きをみせていた楠葉神人と紀氏神人の対立が、顕在化するからである。その発端は、文明三年（一四七一）ころに伝宗寺の住持が人を殺めたため、祈願寺の号が廃されたことにある。これを契機として、紀氏神人が伝宗寺領の横領を企て、対して楠葉神人と伝宗寺住持はそれを阻止すべく鋭く対立する。これが、楠葉における文明の乱の始まりであった。

文明一二年に至ると、その対立は武力行使となってあらわれる。この年の大晦日、紀氏神人の北向光氏が、石清水八幡宮からの帰宅の途上、楠葉の岸宮（枚方市町楠葉周辺）で楠葉神人の西村弥太郎大夫らに殺害される。それへの報復として、翌一三年一月、紀氏神人らは楠葉郷中に火を放ち、楠葉神人らを殺傷する。この戦闘は、鎮圧のために幕府軍も出動するほど激しいものであった。楠葉神人たちはその非法を訴えて石清水八幡宮の社頭に閉じ籠もった。この行為は神訴といい、神事を停滞させることで石清水八幡宮を突き動かし、その裁定を仰いだり、要求を突きつけたりする一つの訴願方法である。ただ、このときの石清水八幡宮の判断は、そのまま立て籠もり続けるのならば討ち取るという厳しいものであった。石清水八幡宮が、楠葉郷の支配を推し進める紀氏神人の肩を持つのは、当然のなりゆきだったといえよう。

石清水八幡宮の判断を聞いた楠葉神人は、失意のうちに退出し、楠葉から追放される。これによって西村らの土地や争点となっていた伝宗寺領は、紀氏神人らに分配された。しかし、文明一六年、程なくして西村ら楠葉神人は、畠山義就の支援を得て楠葉に舞い戻ってくる。ここに畠山義就が登場することは、応仁・文明の乱と楠葉の争乱が無関係ではないことを示している。

そもそも応仁・文明の乱とは、京都における畠山氏の家督を巡る争いに端を発し、それが全国に飛び火したものであった。畠山氏は河内国の守護なので、その争いは河内国の取り合いともなった。楠葉は河内の玄関口であるため、この時期の戦乱に常に巻き込まれている。これが一つの引き金となって、潜在していた楠葉神人と紀氏神人の対立が再燃し、終わりの見えない争いとなるのであった。

西村ら楠葉神人の帰還は、当然新たな争いを生み出すこととなる。今度は、紀氏神人が社頭に籠もって楠葉神人を訴えるのである。文明一八年になると、西村らは力ずくで紀氏神人を追い出し、入れ替わりに自らが社頭に籠もる。その際、けが人も出て、神域が流血で穢された。

しかし、流血騒ぎはそれに留まらなかった。激昂した紀氏神人が、暗殺された北向光氏の息子光成を大将として三〇〇の兵を率い、楠葉神人と社中で合戦するという前代未聞の出来事を起こすのである。伊勢神宮に次ぐ国家第二の宗廟と謳われた社中での合戦は、楠葉の戦国時代を象徴する大事件といえる。西村たちはこれによって戦死するが、石清水八幡宮もさすがに今回は紀氏神人の肩を持つことはなく、両者を処罰した。

こうなると、石清水八幡宮の社務をつとめていた善法寺は、伝宗寺領を直接獲得しようと目論むようになる。応仁・文明の乱を契機として、足利将軍は義澄方と義稙方に分裂するが、善法寺は義澄方につき、楠葉神人たちは義稙方について、以後も伝宗寺領の取り合いを続ける。やはり、楠葉の争乱は中央の歴史とは無関係ではなかったのである。

一方、追われた紀氏神人たちも、天文八年（一五三九）には善法寺に奪われた北向氏の土地を奪還することに成功している。その方法はそれまでの争いに比べると極めて平和的で、幕府に対して証拠書類を提出したところ、その支配が認められたというものである。しかし、再度吟味するよう善法寺が幕府に訴えた結果、紀氏神人が提出したのは偽文書であったことが露見する。当然、その土地は善法寺に返却されることとなった。

当時の裁判は文書主義で、文書の形式や花押などがチェックされたはずであるが、そこで一度は認められたことから、その偽文書は非常に精度が高かったものと思われる。それを可能にさせたのは、やはり金銭的な余力や豊富な知識であろう。こうした偽文書のテキストとするためであろうか、当時の楠葉住民が盗品の土地証文を購入していた事実も確認できる。このように、偽文書は富と知識の蓄積をあらわす一つの指標といえる。

5　神人の南進

先に述べたように、神人の活動が活発になると、一五世紀中頃から石清水八幡宮の勢力圏が淀川伝いに拡大する。実際にこの頃より、枚方市域中南部に中振郷（枚方市北中振・南中振・走谷・出口一帯）や三屋郷（同三矢町）・枚方寺（同枚方元町・枚方上之町）といった、これまでにはなかった石清水八幡宮領の名がみえるようになる。楠葉で伝宗寺領をめぐるとりとめのない争いが続くと、神人たちは楠葉を脱して、これらを新たな拠点とすべく、本格的な南下を始めるようになる。

その際、新たな拠点の求心力として期待されたのが、当時勢力を伸ばしつつあった浄土真宗であった。文明七年（一四七五）、浄土真宗の宗主蓮如が越前の吉崎御坊を退去すると、まず最初に彼を受け入れたのが中振郷で、郷内の出口に建立した草坊がのちの光善寺となる。わずか四年後の文明一一年には、公家の甘露寺親長が出口に宿泊し、翌日ここから乗船して大坂方面に向かっている。この事例から、中振の住民は石清水八幡宮の配下でありながらも、蓮如をも推戴することで、新たな港町を確立したことがみてとれる。

三屋郷や枚方寺も同様である。この周辺には、浄土真宗寺院の順興寺を中心とした枚方寺内町が形成された。設立の経緯は不明ながら、順興寺に入寺した蓮如の一三男実従の日記『私心記』が永禄二年（一五五九）から同四年まで残されており、寺内町の日常を垣間見ることができる。そこでは、寺内町の運営を取り仕切る四人長衆の存在を確認できるが、注目すべきはそのうちの一人である好村宮大夫が、実は紀氏神人という顔も持つという事実である。彼の両属性が端的にあらわれるのは正月一日で、その日四人長衆は実従のもとへ年賀の挨拶に訪れるが、宮大夫だけは石清水八幡宮に参詣し、翌日実従のもとへ参上する。もちろん、実従と疎遠というわけでなく、普段は親しく接している。このように、寺内町は必ずしも浄土真宗の熱狂的信者によって建設されたのではなく、北河内においては南下してきた石清水八幡宮勢力が大きくそこに関与していた。

伝宗寺領を巡る血で血を洗う争いによって、楠葉郷は荒廃へと向かった。それだけ、伝宗寺領の価値や楠葉に集まる利権の魅力は大きく、徹底的に争うことでしか楠葉を離れるきっかけはつかめなかったのである。社中で戦乱が起こったように、石清水八幡宮の権威も失墜したが、それでも好村宮大夫のように、南下する神人たちは石清水八幡宮との関係を維持しつづけた。これは、単に楠葉が崩壊したのではなく、楠葉における利権が解体に向かっていたことを意味するのであろう。それを後押ししたのが浄土真宗の存在であった。楠葉郷では伝宗寺の祈願寺化によって自治の方向を模索したが、この戦乱によって石清水八幡宮膝下での自治は不可能であることを悟らざるを得なかった。そのタイミングで力を伸ばしてきた浄土真宗は、祈願寺に代わって彼らの利権を保護する格好の寺院を提供するものであった。こうして北河内には、神人たちの手によって寺内町が次々と勃興する。

そのなかで、最終的に枚方寺内町がその中心となった要因は、次の点にあった。

石清水八幡宮勢力の助力もあって、本願寺勢力は次第に淀川流通に影響力を持つようになる。この本願寺の力を背景に、廻船業者の淀屋は本願寺の拠点大坂と淀の間の航路を確立させ、江戸時代における三十石船の原型を築く。こうなってはじめて、その中間地点にあたる枚方は中継港として主要な役割を担うようになり、解体しつつある楠葉の中継港としての機能を吸収するのである。

以上のように、楠葉から枚方へこの地域の中心が移ったのは、楠葉での苦い戦乱の経験を踏まえ、石清水八幡宮からの一定程度の自立と平和な町づくりを目指した、民衆達の運動の結果であった。

三　牧・交野一揆と織田権力

1　交野郡の地域構造

北河内における民衆の運動方向は、石清水八幡宮の神人たちが、戦乱の過程で本願寺勢力をも推戴することを踏まえて、初めて理解できるものである。その結果促進された神人たちの南下は、必ずしも淀川沿いに限定されるものではなかった。また、その流動性は戦国期に限定され、次第に固定的になっていく。それらの様相をみる前に、あらかじめ交野郡全体が、どのような地域構造を持っていたのかを述べておこう。

古代に設置された禁野は、概ね東部の山間部を除く天野川右岸であった。ここに置かれた楠葉牧は、時代を重ねるごとに様々な勢力が支配するようになるが、それとともに拡大し、禁野が機能しなくなった中世には禁野一体を覆うようになる。この拡大した楠葉牧は、船橋川以北が河北牧、以南が河南牧と区分されていた。さらに時代が下ると、河北牧は先にみた楠葉郷、河南牧は牧郷と呼ばれるようになる。また、東部の山間部は独自の展開をとげ、津田郷と呼ばれていた。その南に続く天野川右岸の生駒山系からその麓にかけての地域は、三宅山と呼ばれ、古くより石清水八幡宮領であったが、その範囲はよくわからない。

天野川左岸の星田や茄子作あたりは、いつからかははっきりしないが、興福寺円成院領の大交野荘（星田荘）であった。ところが治承三年（一一七九）に、平清盛は大交野荘を石清水八幡宮に寄進した。この石清水八幡宮領は天野川右岸にも拡充し、戦国期に至ると大交野荘の荘域両岸を併せて「交野庄」あるいは「交野」と呼ばれることが多くなる。したがって、地名の交野については、この狭義と郡域を指す広義とがある。そのほか、枚方周辺は茨田郡ではあるものの、「交野散在」とも言われるように、交野庄（あるいは交野郡）の延長で捉えられることもあった。

以上のように、戦国期段階の交野郡は、概ね楠葉郷・牧郷・津田郷・交野庄で構成され、そこに枚方周辺が付随するという様相を呈していた。そのうち、ここまで触れることのなかった牧郷と交野庄の展開をおさえたうえで、交野郡周辺が織田権力下に入ることでどのような変容を遂げたのかみてみよう。

2　私部郷の神人

交野郡内における石清水八幡宮神人の拠点は楠葉だけでなく、天野川流域にもあった。この地域の有力者も率先して石清水八幡宮の神人となっていたため、次第に石清水八幡宮領も拡大し、一五世紀には右岸の私部郷が天野川流域における石清水八幡宮領の中心となる。

楠葉郷は石清水八幡宮の神人が中心となって運営しながらも、その支配に対して自立的な動きを示していたが、ここ私部郷もそれと極めて類似する性格を持つ。石清水八幡宮の造営に際しては、交野郡一円に様々な負担が課せられていたが、永正一五年（一五一八）にはその徴収に抵抗し、石清水八幡宮の使に狼藉を加えている。また郷内の光通寺は、応永一八年（一四一一）に室町将軍家の祈願寺に認定され、私部郷の顔ともいうべき存在となった。大永八年（一五二八）には光通寺の僧の悪行により、光通寺領は幕府に没収され、石清水八幡宮の善法寺に寄進されている。光通寺はその翌年には寺領の奪回運動を始め、その結果還付を果たした。祈願寺の存在や寺領をめぐる善法寺との争論などは、楠葉郷とまるで同じである。

このように私部郷には楠葉郷と同じく自立性の高さがみてとれるが、その後の顚末を規定した決定的な相違点がある。それは、石清水八幡宮と若干距離を置いているということである。楠葉が八幡にあまりに近かったため、その自立的な動きは最終的に神人の南下、そして衰退という形に結果したが、私部は適度な距離を保っていたため、最後までこの地域の中心的な場として機能した。したがって神人たちが本願寺をも推戴するようになると、私部の住民は移動することなく、浄土真宗寺院を招き入れた。それがのちに北河内における浄土真宗の中心的な寺院となる無量光寺である。市役所が置かれるなど、私部が現在も交野市の中心的な機能を果たしている背景には、こうした歴史的経過があった。

3　招提寺内町の建設と牧・交野一揆

楠葉の自治が崩壊してのち、伝宗寺領は鶴原分と名を変えて享禄三年（一五三〇）に幕府に収公されたが、実質的にそれを支配したのは河内守護方の有力家臣であった。まず最初に名のみえるのが、河内を中心に畿内において強大な権力を握っていた木沢長政である。当時、河内の守護畠山稙長は守護代遊佐長教と対立し紀州に追われていたが、両者は和睦し天文一一年（一五四二）三月に木沢長政を討つ。これによって、楠葉の支配は長教家臣の萱振賢継が継承することとなった。天文二一年に萱振も安見宗房に暗殺されると、安見が代わって楠葉を支配した。彼ら楠葉の支配者は、北河内全体に影響力を持った人物でもあった。

木沢長政の討伐軍には、南山城の侍たちも合流したが、そのなかには河内への進出を目論む八幡出身の侍たちもいた。そのうちの一人、小篠兵庫助房純は、木沢討伐後の天文一一年八月頃に、守護畠山稙長と守護代遊佐長教に対して、招提寺内町建設の許可を申請している。と同時に片岡五郎右衛門正久は、蓮如の六男で本願寺宗主証如を後見する蓮淳にも働きかけ、本願寺方よりの許可も得た。こうして、小篠氏と片岡氏の協力体制のもと、招提寺内町は建設された。小篠氏は安見氏の家臣という顔も持っていたため、安見宗房がこの地域における実権を握ると、招提寺内町も最盛期を迎えたと考えられる。

招提寺内町は、この地域に展開した牧・交野一揆の中核であった。天文一五年に、淀川対岸の西岡一揆が八幡から人質を取った際に、それを攻撃するため安見宗房は牧・交野一揆を軍事動員する。ここから牧・交野一揆は、一定の軍事力を持っていること、安見宗房と関係を持っていること、そして石清水八幡宮とも関係性があることを確認できる。八幡出身で安見宗房の家臣でもあった小篠房純は、この牧・交野一揆の中心的なメンバーであったと思われる。

牧・交野一揆の勢力圏は、牧郷と交野庄を合わせた範囲で、この地域が豊臣秀吉の支配下に入った天正一二年（一五八四）段階でも、その枠組は概ね残されている（本書第三部第五章表14）。このうち、牧郷最大の集落である招提と交野庄最大の集落である私部が、いずれも自立的な集落であることから、牧・交野一揆はその二つの集落を核とした複合的な性格を持っていたと想像される。いずれも北河内の地域性を反映して、石清水八幡宮と本願寺に両属的であったことは、ここまで見てきた通りである。

また、牧郷の中心に招提寺内町が建設されたことは、この地域にとって極めて画期的なことであった。牧郷は、神聖な狩猟場とされた禁野に相当する地域であるため、淀川沿いには集落の展開がみられるものの、その内部にさして大きな集落が建設されることはなかった。近辺の主要な集落といえば、禁野の北端にあたる楠葉、南西端にあたる枚方、そして南東端にあたる私部といったように、いずれも禁野の縁辺部に形成されているのである。その意味で、牧・交野一揆もまた、戦国期に新たに作られた地域秩序であり、交野郡内陸部の発展の礎となるものであった。

4　織田権力下の交野郡

永禄一一年（一五六八）に足利義昭を擁して織田信長が上洛してくると、この地域の様相は一変する。当時、三好三人衆と対立していた三好義継・松永久秀らはいち早く信長のもとを訪れ、恭順の意を示す。松永久秀の配下には、安見宗房の一族で北河内を地盤とした安見右近丞がいたが、これによって右近丞は北河内における信長方の有力部将となる。もともと右近丞は星田にいたが、これを機に自立的な集落であった私部郷を直接的に掌握し、新たに私部城を築城する。ちなみに、安見氏の私部城築城をこれ以前に遡らせる見解もあるが、それは「保（安）見氏系図譜」という椿井文書に基づくものである。

右近丞は信長配下として順調に歩み始めたかにみえたが、元亀二年（一五七一）に信長を裏切ろうとした松永久秀に従わなかった右近丞は、奈良で松永勢に囲まれ切腹する。その勢いを駆って松永勢は私部城を攻撃するが、籠城する安見方は持ちこたえる。翌年、再び包囲されるが、ここでも持ちこたえ、信長からの援軍によって松永勢は撃退される。このように私部城は、北河内の戦史に残る名城である。

しばらくすると、信長方の津田重兼という人物が、新たに招提寺内町に入ってくる。重兼に関する史料は断片的にしか残されておらず、その素性は今ひとつ不明だが、織田権力中枢でしか知られていない情報に精通していたり、明智光秀とも関わりを持っていることなどから、右近丞とは異なり北河内の在地勢力ではない。彼が支配した範囲も今ひとつわからないが、推測する手だては若干ある。

牧郷における禁野としての機能は早くに消滅していたが、朝廷への雉の献上が、戦国初期まで細々と続いているように、その伝統は薄れつつも朧気ながら残っていた。しかし、招提寺内町の建設に象徴されるように、戦国期の混乱でそれも完全に断絶してしまう。そこで信長は、朝廷復興策の一環として、天正三年（一五七五）に牧郷の一部を朝廷に献上する。とはいっても、それは生産力の低い淀川に浮かぶ河島（枚方市上島町・牧野下島町）であった。この牧郷の淀川縁の支配者も津田重兼であることから、おそらく重兼の支配域は、牧郷一帯であったと思われる。

このように、安見右近丞と津田重兼は牧・交野一揆の範囲を支配し、それぞれ一揆の中核に拠点を置いた。これによって、一揆は解体へ向かったと考えられる。その意味で両者は、信長によって一揆に打たれた楔であったが、この地域の民衆が創り上げた新たな地域秩序は、そのまま維持された。

なお津田重兼は、津田村が津田城主を創り出すときにモデルとされた人物である。津田城主の存在が受け入れられた理由は、山頂に遺構が存在したことにもあったが、かつて北河内に津田氏という有力領主がいたことまでは事実だったからでもあろう。これによって、重兼は津田城主にすり替えられ、重兼の存在そのものはかき消されてしまった。そのうえ重兼は、わずか数年しか北河内におらず、記録類もほとんど残されていない。本能寺の変を機に、早くもその支配に終止符が打たれるのである。

天正一〇年六月二日、明智光秀が本能寺にて織田信長を討つと、豊臣秀吉はすぐさま西国から上洛し、両者は山崎にて刃を交える。大和郡山城主の筒井順慶は、洞ヶ峠まで出陣するも、対岸の形勢をみたうえで去就を決めようとしたことから、「洞ヶ峠」は日和見の代名詞とされる。

しかし、史実は異なり、順慶は郡山に留まっていた。光秀は郡山に使者を送り、順慶の出陣を促していたが、順慶はすでに秀吉方につくことを決心していた。信長配下のうち、いち早く上洛してきたのが秀吉だったため、光秀は結果的に西国街道沿いの山崎に布陣するが、当初の戦略は京都盆地を守衛することにあったため、洞ヶ峠や河内方面にも出陣して、なかなか動かない順慶の軍勢を催促している。史実に従えば、さしづめ「洞ヶ峠」は、「痺れを切らす」といったところであろうか。

ただ、この軍勢催促は全く無意味に終わったわけではない。交野郡の領主津田・安見の両氏はそれ以前からの関係もあって、どうも光秀方についたようである。両者は光秀方の敗北によって逼塞し、領主不在となった交野郡は合戦後いち早く秀吉に接収され、家臣たちに分配された（本書第三部第五章表14）。このように個々の村が個別に掌握されることで、戦国期独特の流動性はなくなり、北河内は秀吉が天下を取るうえでの重要な権力基盤となったのである。

あとがき

京都と大坂の中間に位置する枚方の都市的発展は、本書で述べたように戦国期の寺内町に始まる。続く近世には、枚方市のホームページなどによると、京街道の宿場町として、そして淀川舟運の中継港として栄えたという。

しかし、実際のところ、京都・大坂間はさほど距離がないし、それこそ淀川舟運は至便なので、枚方宿でわざわざ足をとめる必要性はあまりなかった。西国大名の多くは参勤交代で淀川対岸の西国街道を用いるため、枚方宿に宿泊する主立った大名も紀伊徳川家ぐらいである。とはいえ、宿場町には宿駅機能を果たす義務が課されていたため、枚方宿が経営を維持するには、何らかの収入源を別途確保する必要があった。こうして枚方宿は、旅籠の体をとった遊郭が並ぶ、京坂間随一の歓楽街としての道を歩むこととなる。

事実、淀川対岸の摂津国島下郡十一村（大阪府茨木市）における若者を対象とした文政七年（一八二四）の村定では、第一条に「枚方通、堅無用之事」と掲げられている（『茨木市史』〔茨木市役所、一九六九年〕史料編八四頁）。また、市立枚方宿鍵屋資料館では、かつての鍵屋は「船待ち宿」として繁盛したと説明されるが（『市立枚方宿鍵屋資料館展示案内』〔枚方市教育委員会、二〇〇一年〕一八頁）、まともに船を待つ旅人がどれだけいたかも疑問が残る。なぜなら、鍵屋から出土した通い徳利には二種類があり、「かぎや」・

「牧方」と記されたものと、「牧方ちや店」・「廓」と記されたものが確認できるからである（『枚方宿の陶磁器』〔枚方市教育委員会・財団法人枚方市文化財研究調査会、二〇〇一年〕三六頁）。このように、枚方宿を象徴する鍵屋もまた、純粋な「船待ち宿」ではなかった。江戸から一つ目の宿場町である品川宿もそうであったように、旅籠が遊郭化する現象は、大都市近郊の宿場町に宿命的であったといってもよいかもしれない。

したがって、宿場町や中継港として栄えたという枚方市の評価は、必ずしも虚偽ではないが、現実のごく一部を都合よく切り取ったものに過ぎない。同様に枚方市では、虚偽を避けるための〇〇の首塚「といわれています」という語尾や、「〇〇伝説」というぼやかした表現を目にする機会も多い。こうした枚方市の特質は、本書で繰り返し紹介してきた通りである。

序章でも述べたように、本書は私が非常勤職員として枚方市に勤務していた際の成果が中心となっている。右のような史実と虚偽のきわどいせめぎ合いに常日頃から接していたおかげで、歴史叙述には客観性がなくてはならないということや、行政の発言には重い責任があるということを身をもって学ぶことができた。その意味では、行政と地域史の関係について踏み込んで考える格好の場であったし、私の反骨精神もこの環境なくして育まれることはなかった。

枚方市では、たくさんの出会いがあり、実に多くの方々に支えていただいた。私みたいな者をケーブルテレビの番組に何度も呼んでいただいたり、あるいは講演会の講師として酒席にまで招かれたりすることも少なからずあった。三之宮神社での挙式も、生涯忘れることができない思い出である。

しかし、正直な気持ちを吐露すると、枚方市に勤務していた日々は思い出すだけでも辛くなってくる。

市役所から図書館への引っ越し作業は、毎日毎日運んでも運んでも荷物はなくならなかった。その作業も終盤に差し掛かった頃に、段ボール一五〇箱の古文書が水浸しになった姿をみて絶句した。四〇度を超えるプレハブ倉庫で、山積みとなった行政文書を一人で整理していたところ、腰を痛めて身動きがとれなくなったこともあった。アテルイの首塚や王仁墓は史実に基づくものではないと主張しても、なかなか聞き入れてもらえなかった。何よりも絶望的だったのは、将来が見えないなかで、二〇代後半から三〇代前半の研究者として最も大事な時期に、自身が志した戦国期権力論にほとんど手をつけることなく、ほぼ毎日残業に追われるという現実であった。実際のところ、終盤は憔悴しきっていたし、職場に対する恨み言も増えた。

それでも一縷の望みを掛けて、研究者らしきことをしている証拠を残すため、限られた時間のなかで可能な限り文章を書き続けるしかなかった。幸い、枚方周辺に関する史料に限れば、誰よりも駆使できる立場にあった。その点では、史料の利用等をお許しいただいた百済王神社・三之宮神社・長寸神社・願生坊・常称寺・尊光寺の市内外の寺社をはじめ、赤松道栄氏・岩田恵人氏・柿木敏男氏・上武治己氏・小林凱之氏・中西喜美男氏・西村利彦氏・端野吉彦氏・端野寛昭氏・深尾武氏・深尾正氏・松井淳氏・三浦義徳氏・三嶋宏氏・三宅寛氏・村上紀夫氏・山大路憲祐氏・山本甚助氏の所蔵者の方々には、大変感謝している。また、国立歴史民俗博物館・江北図書館・名古屋大学・奈良県教育委員会・日野町教育委員会・米原市教育委員会、そして枚方市教育委員会などの史料保存機関にもご高配を賜った。そのほか、本書に所収できなかった拙稿も含めると、お世話になった方々は数えるときりがない。

右のような不安定な状況のなかで編まれた本書は、今読み返すと拙い部分も多々あるが、現場における若者の試行錯誤の跡として理解していただければありがたい。かかる私の経験が、これからも厳しい環境のもとにおかれるであろう行政内部の研究者や若手研究者にとって、何かしらの指針や希望を得るヒントとなれば幸いである。

このたび一書をなすにあたって、研究者としての私は、あの厳しい環境のなかで培われたということを改めて実感した。枚方市を退職して以降、そのこと自体を素直に認めることはできなかったが、本書のかたちがみえてくるとともに、ようやく次のような気持ちも芽生えてきた。感謝の意を込めて、本書を枚方市と市民の皆様に捧げたい。

二〇一八年一二月

馬部隆弘

本書の刊行にあたっては、平成三〇年度大阪大谷大学特別研究費の助成を受けた。記して謝意を表する次第である。

初出一覧

序章第一節・第二節　「楠葉台場研究の回顧と展望」のうち前半部分
（後藤敦史・髙久智広・中西裕樹編『幕末の大阪湾と台場――海防に沸き立つ列島社会――』戎光祥出版、二〇一八年）

序章第三節・第四節　（新稿）

第一部

第一章　「大阪府枚方市所在三之宮神社文書の分析――由緒と山論の関係から――」
（『ヒストリア』第一九四号、二〇〇五年）

第二章　「城郭由緒の形成と山論――『津田城主津田氏』の虚像と北河内戦国史の実態――」
（『城館史料学』第二号、二〇〇四年）

第三章　「交野天神社末社貴船神社の祭祀構造と樟葉宮伝承地」
（『枚方市建造物調査報告VI　枚方市指定文化財交野天神社末社貴船神社本殿保存修理工事概報』枚方市教育委員会、二〇〇九年）

補　論　「『交野天神縁起』」
（『重要文化財交野天神社本殿及び交野天神社末社八幡神社本殿保存修理報告書』交野天神社、二〇〇五年）

第四章第一節〜第四節　「茄子作の村落秩序と偽文書（上）――近世宮座の勢力抗争――」
（『枚方市史年報』第一四号、二〇一一年）

第四章第五節〜第八節　「茄子作の村落秩序と偽文書（下）――近現代の修史事業と伝承――」
（『枚方市史年報』第一五号、二〇一三年）

第五章　「蝦夷の首長アテルイと枚方市――官民一体となった史蹟の捏造――」
（『史敏』通巻三号、二〇〇六年）

第二部

第一章　「偽文書からみる畿内国境地域史――『椿井文書』の分析を通して――」
（『史敏』通巻二号、二〇〇五年）

第二章　「椿井政隆による偽文書創作活動の展開」
（『忘れられた霊場をさぐる3――近江における山寺の分布――』財団法人栗東市文化体育振興事業団、二〇〇八年）

第三章　「偽文書『椿井文書』が受容される理由」
（小澤実編『近代日本の偽史言説――歴史語りのインテレクチュアル・ヒストリー――』勉誠出版、二〇一七年）

第四章第一節　加島美和・中野賢治・馬部隆弘「蘭阪随筆――翻刻と解説――」のうち筆者執筆部分
（『三浦家文書の調査と研究――近世後期北河内の医師三浦蘭阪蒐集史料――』研究代表者村田路人、大阪大学大学院文学研究科日本史研究室・枚方市教育委員会、二〇〇七年）

第四章第二節・第三節　（新稿）

第三部

第一章　「河内国楠葉の石清水八幡宮神人と室町将軍家祈願寺伝宗寺――寺内町成立前史――」
（『枚方市史年報』第九号、二〇〇六年）

第二章　「戦国期における石清水八幡宮勢力の展開と寺内町――肥後藩士小篠家と河内国招提寺内の関係から――」
（『熊本史学』第八九・九〇・九一合併号、二〇〇八年）

第三章　「享保期の新田開発と出口寺内町」
（『枚方市史年報』第一三号、二〇一〇年）

第四章　「枚方寺内町の沿革と対外関係――『私心記』の相対化をめざして――」
（『史敏』通巻一〇号、二〇一二年）

第五章　「牧・交野一揆の解体と織田政権」
（『史敏』通巻六号、二〇〇九年）

補　論　「河内における『神君伊賀越え』」
（瀬川芳則・西田敏秀・馬部隆弘・常松隆嗣・東秀幸『枚方の歴史』松籟社、二〇一三年）

終　章　「戦乱の枚方」（同右）

索　引

凡　例

人名・地名・寺社名および事項名を採録し、地名・寺社名等には〔　〕内に旧国名を記した。また、町村制施行後の地名には〔　〕内に府県名を記した。なお、図・表および研究者名・書名・論文名・史料名・国名・郡名・現在の地名は、採録の対象から除外した。

【あ行】

【か行】

【さ行】

【た行】

【な行】

【は行】

【ま行】

【や行】

【ら行】

【わ行】

著者略歴

馬部隆弘（ばべ・たかひろ）

1976年生まれ。大阪大谷大学准教授。
専門は日本中世史・近世史。
著書に『戦国期細川権力の研究』（吉川弘文館、2018年）、『楠葉台場跡（史料編）』（財団法人枚方市文化財研究調査会・枚方市教育委員会、2010年）などがある。

由《ゆい》緒《しょ》・偽《ぎ》文《もん》書《じょ》と地《ち》域《いき》社《しゃ》会《かい》
――北河内を中心に――

著者　馬部隆弘
発行者　池嶋洋次
発行所　勉誠出版㈱
〒101-0051 東京都千代田区神田神保町三-一〇-二
電話　〇三-五二一五-九〇二一㈹

二〇一九年二月二十日　初版発行

印刷
製本　太平印刷社

ISBN978-4-585-22231-6　C3021

古文書料紙論叢

湯山賢一 編・本体一七〇〇〇円（＋税）

古代から近世における古文書料紙とその機能の変遷を明らかにし、日本史学・文化財学の基盤となる新たな史料学を提示する。

中世地下文書の世界
史料論のフロンティア

春田直紀 編・本体二八〇〇円（＋税）

中世において、朝廷・幕府や荘園領主の側ではなく、「地下」の側＝地域社会において作成され、機能した文書群である地下文書の実態を明らかにする。

織田信長という歴史
『信長記』の彼方へ

金子拓 著・本体三八〇〇円（＋税）

複数残る『信長記』の自筆本や写本の系統分類と比較検討をとおして、成立・伝来に関わった中世末から近世にかけての人びとの歴史に対する向きあいかたに迫る。

『信長記』と信長・秀吉の時代

金子拓 編・本体三八〇〇円（＋税）

自筆本や新出写本、秀吉の事跡を記した『大かうさまくんきのうち』など牛一著作の詳細な調査・比較検討を通じて、通説とされてきた事件・事象に光を当てる。

関ヶ原はいかに語られたか
いくさをめぐる記憶と言説

虚像（文学および美術）を中心に武将の銘々伝的アプローチを行い、この多様な語りの諸相を整理し、関ヶ原の戦いのイメージの形成過程を明らかにする。

井上泰至 編・本体二二〇〇円（＋税）

関ヶ原合戦を読む
慶長軍記　翻刻・解説

『慶長軍記』二種（寛文三・八年本）全編を本邦初翻刻。関ヶ原合戦をめぐる歴史叙述の理解が一層深まる充実の解説と多彩なコラム、主要人名索引も収載した決定版。

井上泰至・湯浅佳子 編・本体六〇〇〇円（＋税）

長篠合戦の史料学
いくさの記憶

諸資料の分析により、後世の人々が合戦をどのように認識し、語り伝えたのかを解明する。「長篠合戦図屏風」諸本に言及し、成立過程や制作意図に関する新解釈を提示。

金子拓 編・本体五〇〇〇円（＋税）

吉利支丹抄物
隠れキリシタンの布教用ノート

影印・翻刻・現代語訳

十六世紀の終わりごろ、宣教師と日本人信者により著されたと目され、異文化接触の実際を伝える貴重資料の全篇を影印・翻刻。現代語訳と解説を附した決定版。

大塚英二 編・本体一〇〇〇〇円（＋税）

日本近世都市の文書と記憶

情報の伝達・蓄積媒体である文書。その文書の保管と記憶の創生という観点から、近世都市の歴史叙述のありかたを考察する。

渡辺浩一 著・本体九〇〇〇円(+税)

近代日本の偽史言説
歴史語りのインテレクチュアル・ヒストリー

近代日本に、何故、荒唐無稽な物語が展開・流布していったのか。オルタナティブな歴史叙述のあり方を照射し、歴史を描き出す行為の意味をあぶりだす画期的成果。

小澤実 編・本体三八〇〇円(+税)

偉人崇拝の民俗学

歴史上の人物は、共同体の記憶の中で変容し伝説化していく。人々は彼らに何を託すのか。彼らを祀る神社や史蹟、祭礼を丹念に検証し、その表象の現在に迫る。

及川祥平 著・本体六二〇〇円(+税)

日本古代史の方法と意義

多様な視点から、日本古代史を読み解く方法論、そしてそこに横たわる歴史研究の意義を提起し、多面的に存在する歴史との対話とその記述の可能性を示す。

新川登亀男 編・本体一四〇〇〇円(+税)